3판

다문화의 이해와 건강

Understanding & Health *for* Multi-Culture

다문화의 이해와 건강 3판

Understanding & Health for Multi-culture 3rd edition

2012년 9월 1일 1판 1쇄 발행
2015년 6월 30일 2판 1쇄 발행
2021년 2월 25일 3판 1쇄 발행
2024년 6월 20일 3판 2쇄 발행

지은이 | 김성혁 · 강혜정 · 김선미 · 김순희 · 김유정 · 신현희 · 이정숙 · 이창금
펴낸이 | 김진환
펴낸곳 | 학지사메디컬 HAKJISA MEDICAL
04031 서울특별시 마포구 양화로 15길 20 마인드월드빌딩
대표전화_ 02-330-5188 팩스_ 02-326-0338
등 록 | 2010년 2월 8일 제313-2010-36호
메 일 | hakjisamd@hakjisamd.co.kr
홈페이지 | http://www.hakjisamd.co.kr

ISBN 978-89-6069-925-0 93510

가 격 | 26,000원

3판

다문화의 이해와 건강

김성혁 · 강혜정 · 김선미 · 김순희 · 김유정 · 신현희 · 이정숙 · 이창금 공저

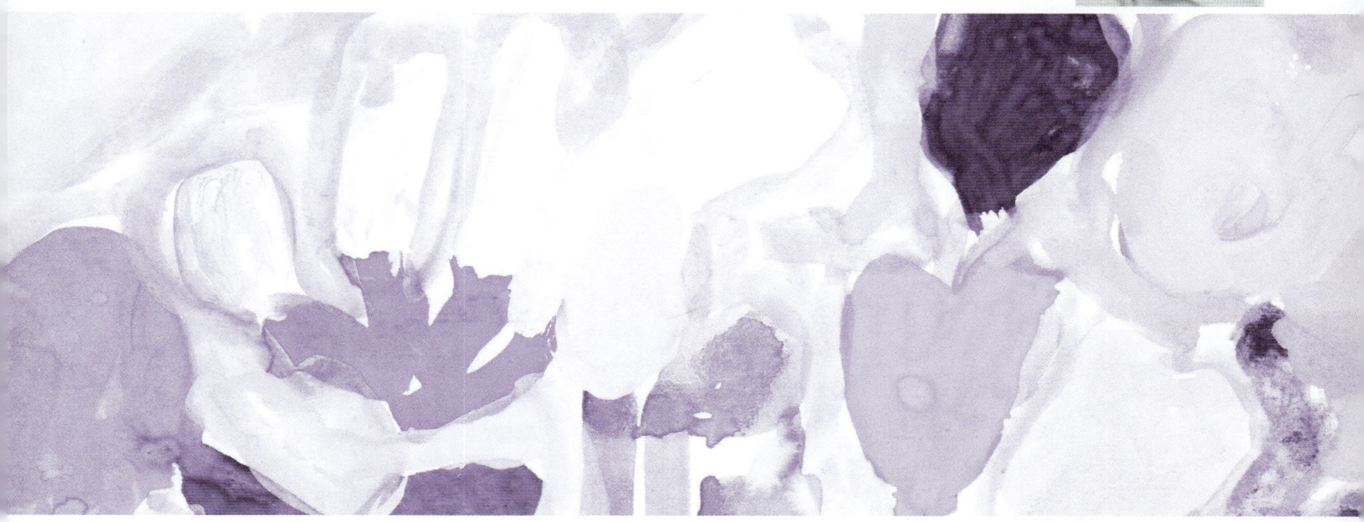

Understanding & Health *for* Multi-Culture

저자 소개

김성혁 (前) 제주한라대학교 phdksh@hanmail.net

강혜정 선문대학교 ddalggi@hanmail.net

김선미 영진전문대학교 tjs999@empas.com

김순희 대구과학대학교 star-hui@hanmail.net

김유정 울산과학대학교 yjjd30@hanmail.net

신현희 대구과학대학교 hhshin@tsu.ac.kr

이정숙 대경대학교 2001nurse@daum.net

이창금 우송정보대학교 gchangkeumlee@gmail.net

3판 머리말

「다문화의 이해와 건강」은 2012년에 초판을 발행한 이래 2015년에 개정판을 내었으며, 이어 2021년에 제3판을 출판하게 되었다. 이 책은 국제사회가 '국경 없는 다문화사회'로 급속히 변화하고 있는 시점에서 다문화에 대한 이해와 건강 차원에서 문화적 다양성을 수용하고 적절한 중재를 제공하기 위한 다문화교육의 교재로 활용하고자 출판하였다.

초판이 발행된 이래 여러 대학교에서 다문화 교육 교재로 활용되었으며, 특히 다문화 구성원의 건강 문제를 다루는 간호 · 보건 · 복지 분야 학과의 강좌에서 주요 교과서로 뿌리를 내리게 되었다. 이에 본 저자들은 이 책의 주 독자인 학생들과 교수님들이 교육뿐만 아니라 다문화 관련 연구자들이 연구 자료로 활용할 수 있도록 하는 점을 염두에 두고 집필하였다.

제3판은 코로나19가 전 세계를 쇼크에 빠지게 한 팬데믹 상황에서 원고 작업이 이루어졌다. 단일민족을 강조해 왔던 우리나라가 다인종 · 다문화사회로의 전환은 우리 사회에 다른 인종과 문화에 대한 이해를 바탕으로 하여 개방과 포용의 과제를 제시하고 있다. 이러한 관점에서 코로나19로 인한 팬데믹 현상은 다문화사회에 어떠한 문제를 유발하고 있으며 이 시대에 우리사회는 어떻게 변화해 가야 할 것인가에 대한 과제를 던져 주고 있다. 따라서 제3판에서는 다문화사회와 팬데믹에 대한 내용을 새롭게 포함하였다.

이 책은 총 3부 11장으로 구성하였다. 1부는 다문화에 대한 이해(1~5장), 2부는 다문화사회와 정책(6~8장), 3부는 다문화와 건강(9~11장)에 대하여 다루었다.

제1장에서는 문화와 다문화의 개념을 소개하였다. 다문화사회를 이해하기 위하여 문화의 개념, 다문화의 개념을 파악하고 다문화사회로 이행되어 가는 과정과 다문화사회로 진입하게 되는 배경을 살펴보았다.

제2장에서는 다문화에 대한 이론을 소개하였다. 학자들에 의해 다양하게 정의되고 있는 다문화 용어에 대한 개념을 정리하고, 한국식 다문화사회에 적합한 통합 모델을 선별하기 위하여 대표적인 모델과 이론을 제시하였다.

제3장에서는 세계화와 다문화에 대하여 살펴보았다. 세계화에 대한 총체적인 개념과 인구이동의 역사적 배경 및 인구이동으로 출현되는 문화적 갈등을 파악하여 다문화사회로 전환되면서 드러나고 있는 문제에 대한 성찰을 위하여 서술하였다.

제4장에서는 한국 다문화사회를 이해하기 위하여 한국 다문화의 현황을 살펴보고 다문화사회에서 나타나는 문제와 나아가야 할 방향을 모색하였다.

제5장에서는 외국의 경우 우리사회와 다문화주의 배경은 다르지만 각국의 다문화 현황과 다문화사회에서 나타나는 문제를 살펴보았다.

제6장에서는 다문화사회의 진정한 이해와 나아가야 할 방향을 모색하기 위하여 다문화 관련법과 제도를 소개하고, 이민정책에 대하여 살펴보았다.

제7장에서는 한국에서의 다문화정책을 살펴보았다. 현재 추진 중인 다문화가족 생애주기별 지원 대책, 외국인 정책 기본계획, 보건의료 정책, 사회복지 정책 및 교육 정책 등에 대하여 제시하였다.

제8장에서는 외국의 다문화정책으로 미국, 캐나다, 호주, 독일, 프랑스, 영국, 중국, 일본의 다문화정책과 현황을 소개함으로써 외국 다문화사회의 정책에 대한 이해를 돕고자 하였다.

제9장에서는 다문화사회의 건강적 접근을 위하여 다문화사회의 건강 개념, 다문화건강 관련 이론, 문화적 역량과 건강에 대하여 기술하였다.

제10장에서는 우리나라에서 다문화사회를 구성하고 있는 외국인 이주민들의 건강문제를 확인하고 이에 대한 대책에 대하여 논의하였다.

제11장에서는 다문화사회와 팬데믹에 대한 검토를 통하여 이 시대에 우리 사회가 어떻게 변해 가야 할 것인가에 대한 과제를 제시하고자 하였다.

제3판을 내면서 아쉬움과 염려가 되는 것은 초판을 발행할 때와 다를 바 없음을 고백한다. 이에 본서를 애독해 주시는 학생과 교수님 그리고 연구자들이 해주시는 충고와 성원에 더하여 우리 사회에서 다문화에 대한 이해를 높이고 건강한 다문화사회가 되는데 밑거름이 되도록 노력하고자 한다.

다문화에 대한 교육의 중요성을 공감하고 많은 열정과 수고를 아끼지 않으신 모든 저자분들께 고마운 말씀을 전하며, 본서의 출간을 위하여 아낌없는 지원을 해주신 학지사메디컬 김진환 사장님과 임직원 여러분께 깊은 감사를 드린다.

2021년 2월

대표 저자 김성혁

머리말

최근 한국 사회는 국제화 · 세계화의 추세에 따른 인종적 · 문화적 다양성으로 인해 다문화사회로 이행되고 있으며, 이러한 추세는 더욱 가속화할 것이라는 점에 이견이 없다.

우리나라에 거주하고 있는 외국인은 126만 5,000명(2011년 6월 말 기준)으로 대한민국 전체 인구의 2.5%에 이르고 있으며, 이들은 외국인근로자, 결혼이주자, 북한이탈주민, 다문화가정 자녀, 유학생 및 난민 등으로 구분된다. 이들이 우리 사회에 적응하는 과정에서 겪는 공통적인 고통과 어려움으로는 한국어 소통 능력의 부족, 문화적 부적응, 경제적인 어려움, 비인간적인 대우 등을 들 수 있으나, 근본적인 문제는 우리 사회가 가지고 있는 외국인에 대한 배타성과 이에 따른 차별이라 할 수 있다.

이에 따라 우리나라는 정부의 주도하에 외국인에 대한 차별 금지 및 국제결혼가정 복지 증진에 대한 각종 정책과 제도 등을 추진하고 있다. 그러나 이와 같은 정책과 제도는 외국인거주자들의 다양한 요구와 어려움을 충족시키기에 한계를 드러내고 있으며, 앞으로 도래할 다문화사회의 미래상에 대한 장기적 전망과 이에 따른 정책과 제도의 강화로 이어지지 못하고 있는 것이 사실이다.

다문화교육은 세계 평화와 안전을 위한 교육적 관심 분야로서 세계시민 교육, 국제이해 교육, 평화 교육, 인권 교육, 지속가능발전 교육 등으로 표현되고 있다. 특히 우리 사회의 주역이 될 2세들에게 다문화교육은 세계시민으로서 세계인들과 함께 생활하고, 세계화에 능동적으로 대처할 수 있게 하기 위하여 시급히 요청되고 있다. 다문화교육을 통하여 다문화사회에 대한 이해를 높이고 편견 없이 다문화가정을 수용할 수 있는 능력, 즉 문화적 역량과 그 구성 요소인 다문화인식, 다문화지식, 다문화 기술 등을 확인하고 발전시키는 노력이 필요하다.

이 책은 우리 사회에서 '다문화에 대한 이해'의 폭을 확장시키기 위하여 학부생, 대학원생, 다문화 관련 기관 종사자 및 일반 시민들을 대상으로 하는 다문화교육의 교재로 활용하고자 집필하였다. 특히 다문화구성원들의 건강 문제를 다루는 의학 · 간호 · 보건 분야 학생들의 강좌와 상담심리 · 교육 · 복지 · 행정 분야, '다문화의 이해'에 대한 대학의 일반교양 강좌에서 활용할 수 있을 것이다.

이 책의 집필진들은 우리나라에서 다문화가족의 건강 문제 해결을 위한 필요성을 인지하고 '다문화건강학회'를 창립한 학회의 임원들로서 그동안 대학에서 다문화 관련 강의를 담당하거나 다문화 관련 연구를 수행해 왔다. 따라서 이 책에서 다문화가족의 적응, 고통과 어려움의 실태와 그들에 대한 인식 등은 그간의 연구 결과를 토대로 인용하여 반영하였으며, 학술지에 보고된 논문은 참고문헌에 소개하였다.

이 책은 독자에게 다문화에 대한 단순한 이해를 넘어 전반적인 개념을 간결하게 제시하는 가운데, 다문화와 건강에 대한 복잡한 내용을 쉽게 이해할 수 있도록 집필하고자 노력하였다. 그러나 내용 면에서 다소 중복되는 점과 원고의 완성도 측면에서 미흡한 점을 부인할 수 없다. 이에 독자들께서 해주시는 충고와 조언을 겸허한 자세로 받아들임으로써 우리 사회에서 다문화에 대한 이해를 높이고, 다문화와 건강에 대한 활발한 논의를 통하여 다문화적 측면에서 건강한 사회가 되는 밑거름이 되기를 기대한다.

이 책이 출판되기까지 적극적으로 참여해 주신 '다문화건강학회 교재개발연구회' 집필진 여러분, 정담미디어의 김진환 사장님과 관계자 여러분께 진심으로 깊은 감사를 드린다.

2012년 9월

대표 저자 **김성혁**

차례

PART 1 다문화의 이해

CHAPTER 1 문화와 다문화의 개념

김성혁

CHAPTER 2 다문화에 대한 이론

이정숙

CHAPTER 3 세계화와 다문화

이정숙

CHAPTER 7

강혜정

한국의 다문화정책

CHAPTER 8

이창금

외국의 다문화정책

PART 3 다문화사회와 건강

CHAPTER 9 다문화사회의 건강적 접근

김선미

CHAPTER 10 다문화사회의 건강 문제

김유정

CHAPTER
11 다문화사회와 팬데믹

김성혁

부록

김순희

PART

1

다문화의 이해

CHAPTER

1

문화와 다문화의 개념

개요

다문화사회를 이해하기 위해서는 먼저 '문화'와 '다문화'에 대한 개념을 파악하고, 다문화사회로 이행되어 가는 과정과 다문화사회로 진입하게 된 배경을 이해하여 '다문화의 이해와 건강'에 대하여 학습해야 하는 필요성을 인식해야 한다.

특히 학자들에 의해 다양하게 정의되고 있는 '문화', '다문화와 다문화주의' 담론을 살펴보고, 다문화사회의 유형을 인식하여 다문화사회로 이행되는 단계에서 예측할 수 있는 위험에 대한 검토를 통하여 우리 사회가 어떤 모습으로 변해가야 할 것인가 하는 구체적인 논의가 필요하다.

본 장에서는 문화의 개념, 다문화의 개념, 다문화사회로의 이행, 다문화사회의 진입 배경에 대하여 알아보고자 한다.

1. 문화의 개념

1) 문화의 의미

문화란 일반적으로 한 집단을 묘사하기 위한 일련의 특성, 행동, 신념 등 생활양식을 뜻하며, 한 집단의 생활양식에 대한 총체적인 표현이며, 공통된 생활양식으로 인하여 타집단과는 구분되어 변화되고 발전하는 것으로서, 인류학자와 사회학자에 의해 다양한 방법으로 정의되고 있는 복합적인 개념이다.

문화라는 용어는 라틴어의 'colere(경작하다)'에서 유래되어 'cultus(경작)', 'cultura(문화, 교화)', 'cultura mentis(정신 교화)'라는 의미로 사용되어 오다가 문화, 교양, 수양, 재배, 배양이라고 하는 영어인 'culture'로 사용되고 있다. 문화란 정신적인 것에서부터 물질적인 것에 이르기까지 가치관, 윤리, 믿음, 사회 구조와 제도, 인간의 행동 등 그 범위가 광범위하기 때문에 여러 학자들이 문화에 대하여 각각 다양하게 정의를 내리고 있다.

1871년 영국의 인류학자인 타일러(Taylor)는 문화를 "지식, 신앙, 예술, 도덕, 법률, 관습 등 인간이 사회구성원으로서 획득한 능력 또는 습관의 총체"라고 정의하였다. 이 문화의 정의는 능력이나 습관보다 공유된 지식과 신념 체계 혹은 상징이나 의미에 초점을 둔 최근의 정의와 대조된다. 기어츠(Geertz, 1973)는 문화를 "역사적으로 전달된 상징에 의해 채택된 의미의 형태, 사람들의 소통과 교류의 도구로 쓰인 상징의 형태 안에 표현되어 계승된 개념, 영속되고 발전된 그들의 삶에 대한 지식과 태도"라고 설명하였다. 스프래들리와 맥커디(Spradley & McCurdy, 1975)는 문화를 "사람들의 경험을 해석하거나 사회적 행동을 하기 위해서 사용하는 습득된 지식"으로 정의하면서 "문화적 지식은 행동과 가공물을 생산해내기 위한 조리법 같은 것"이라고 하였다. 리바인(LeVine, 1986)은 문화를 "공동사회 안에서 지식, 도덕, 미(aesthetic)의 판단에 널리 사용되는 기준과 의사소통의 도구를 포함하는 공유된 생각의 조직"이라고 설명하였다.

현재도 학문 영역에 따라 문화에 대한 정의를 달리하고 있는데, 특히 인류학과 문화사회학 분야의 학자들은 각각의 정의를 내리고 있다. 그러나 문화는 인간 사회의 보편적인 특징이며, 어떤 특정한 사회와 지역의 문화로 볼 수 있다. 과학적으로 어떤 문화를 연구하기 위해서는 그 문화의 특정 형태를 명확히 정의할 수 있는 사회문화적 체계가 필요하다. 사회문화적 체계란 현대 국가의 국민 등과 같이 자율적 인간 집단이 가지는 문화로 정의할 수 있다. 모든 인간 사회는 고유의 사회문화적 체계를 지니고 있고, 모든 사회문화적 체계는 전체 인간 문화의 구성 요소, 즉 기술, 제도, 관념 등을 가지고 있다. 또한 문화는 "인간 삶의 총체로서 유형적인 것(물질문화)과 무형적인 것(비물질문화)을 포함한다. 유형적이라 함은 과거와 현재의 문화 유적을 포함한 예술 문화 혹은 일상적인 삶의 도구를 의미하고, 무형적이라 함은 종교 사상, 세계관, 가치관, 인간관, 시간관 등을 의미한다."(이종복 등, 2012).

한편, 넓은 의미에서 문화의 개념은 인간의 '적응 체계'와 '관념 체계'로 이해할 수 있다. '적응 체계'로서의 문화는 문화를 자연환경에 대한 적응 체계로 간주함으로써 생태학적으로 유용하고 사회적으로 전달되는 행동 양식으로 여겨 문화의 변화를 적응의 과정으로 보는 것이다. '관념 체계'로서의 문화는 문화를 사람들의 지각 · 신념 · 평가 · 행동에 관한 일련의 규준으로 여김으로써 자연 환경적 요인보다 인간의 정신 활동을 중시한다(동서문화, 1999; 박주현 · 최덕경, 2011). 따라서 인간을 대상으로 하는 학문 영역에서의 문화에 대한 개념적 접근은 대상자를 이해하고 중재적 활동을 함에 있어 균형적인 접근이 필요하기 때문에 적응 체계로서의 정의와 관념 체계로서의 정의를 결합하여 개념화할 필요가 있다.

종합적으로 문화란 한 사회의 구성원들이 주어진 환경에 적응하면서 전승되어 온 공통된 생활양식으로 유적, 오락, 예술, 예절, 종교, 사상 등을 모두 포함한다,

2) 문화의 속성

문화를 이해하기 위해서는 문화를 정의하고 그 정의에 따라서 문화를 규정하기보다 문화의 속성을 이해할 필요가 있다. 문화의 속성은 학습성, 공유성, 누적성, 가변성 및 전체성으로 구분하여 다음과 같이 설명할 수 있다.

첫째, 문화는 학습하는 것으로(학습성), 생득적이라기보다 인간이 성장하면서 후천적 학습과정을 통하여 습득한다. 그러나 인간 집단이 공유하고 있는 모든 것을 문화라고 할 수는 없는데 어떤 것을 문화적인 것으로 간주하기 위해서는 지속적으로 학습이 되어 습득된 것으로, 예를 들면 언어와 같은 것이라야 한다.

둘째, 문화는 공유하는 것으로(공유성), 인간은 집단의 가치와 의미 · 감정 · 사고방식 · 습관에 대한 감각 · 역사 경험 등을 무의식적으로 공유하며 생활하게 된다. 즉, 개인은 소속된 집단의 행동양식을 따르게 되고, 이러한 행동양식은 집단 구성원들이 공유하게 된다.

셋째, 문화는 누적된다는 것으로(누적성), 상징적 수단인 언어와 문자를 통하여 세대 간에 전승되고 축적되어 간다. 즉, 한 세대에서 이루어진 문화는 다음 세대로 전해지고 시간이 지남에 따라 추가되면서 누적된다.

넷째, 문화는 변화해 가는 것으로(가변성), 한 사회의 문화는 규칙성이 있지만 고정적인 것이 아니라 시간적 흐름에 따라 변화하게 된다. 문화는 누적되는 속성이 있지만, 항상 같은 형태를 지니는 것이 아니라 점진적으로 변화되어 간다. 또한 부분적인 변화는 다른 부분으로 연쇄적 변화를 일으켜 전체적인 문화변동을 일으키기도 한다.

다섯째, 문화는 여러 가지 요소가 모여서 전체를 이루는 것으로(전체성), 각각의 요소들은 상호 밀접한 연관성을 통하여 전체를 이루게 된다. 문화는 하나의 영역이 고립되어 있는 것이 아니라 거의 모든 영역이 서로 부수적인 영향을 미치고 있다. 즉, 한 집단이 가지고 있는 지식, 예술, 예의, 종교, 법률 등과 같은 다양한 부분은 각각 독립적으로 존재하는 것이 아니라 상호 긴밀한 관계를 유지하면서 하나의 전체를 이루는 통합체라는 것이다.

3) 문화의 형태

문화의 형태는 민속문화, 하위문화, 주변문화, 은둔문화로 구분할 수 있으며, 구체적인 내용은 다음과 같다(한상복 외, 1997; 박주현 · 최덕경, 2011).

(1) 민속문화

민속문화(folk culture)는 어느 한 민족에서 오랫동안 일반 대중에게 전승되어 온 전통적인 문화를 의미한다. 즉, 민간생활과 결부된 신앙, 습관, 풍속, 전설, 기술 등 민간에 전해 내려오는 문화이다. 민속문화는 도시문화에 대비하여 농촌문화와 비슷한 의미로 사용되기도 한다. 이 문화는 변화에 따른 적응이 느리며, 친족 중심적이면서 인간관계가 지적인 측면과 정서적인 측면을 모두 포함하는 전인적인 형태를 띠고 있다. 또한 성스럽고 종교적 색채가 강하며, 자연과 관련된 경우가 많고, 고립적이며 관습화된 생활양식의 특성을 가지고 있다.

(2) 하위문화

하위문화(subculture)는 전체 문화의 일부분을 이루는 문화를 말한다. 즉, 하위문화는 한 사회집단 내에서 다른 것과 구분되도록 다르게 나타나는 생활양식을 말한다. 이 문화는 한 사회집단의 각 부분에서 특징적으로 나타나는 행위양식이나 사고방식을 포함한 생활양식의 차이를 나타내며, 그러한 차이를 통해서 사회의 각 부분에 대한 이해를 촉진하고 변화에 적절히 대처할 수 있게 한다. 예를 들면 어떤 사회의 지배적 문화와는 별도로 청소년이나 히피와 같은 특정 사회집단에서 생겨나서 발전하는 독특한 문화이다.

(3) 주변문화

주변문화(marginal culture)는 특정한 대상이나 지역의 주변에서 형성된 문화로서, 문화의 중심으로부터 멀리 떨어져 문화영역의 경계지역에 있어 문화적 특질을 적게 지닌 것을 말한다. 이 문화는 다른 문화의 특질도 가질 수 있어 문화가 혼합되는 형태를 보이기도 한다.

(4) 은둔문화

은둔문화(covert culture)는 외부에서 손쉽게 파악할 수 없는 감추어진 문화를 말한다. 즉, 인간의 행동이나 사물을 통해서 나타나지 않는 것으로, 문화의 내부나 하부에 존재하는 가치관, 내세관 등을 의미한다. 은둔문화는 내재된 문화라고도 하며 나타내 보이지는 않지만, 인간의 행동과 사고에 크게 영향을 미친다. 이 문화는 외적으로 나타난 문화와 서로 관련되어 역할을 하고 있으며, 전체 문화의 일부를 차지한다.

2. 다문화의 개념

1) 다문화의 의미

다문화란 하나 이상의 복수 문화를 의미한다. 다문화라는 용어는 여러 문화 간에 발생하는 충돌이 가시화되면서 문화 간에 생기는 여러 유형의 문제를 조화롭게 극복하자는 의도에서 만들어졌다. 다문화란 여러 나라의 문화를 연결시키고 반영하고 적용하는 것으로, 각 문화의 차별화를 강조하고 문화의 다양성을 추구하는 것이다. 또한 다문화는 여러 인종과 민족으로 구성된 국가와 사회에서 문화의 중심이 되는 주류문화에 대한 하위 개념으로, 위계관계와 다양성의 존중을 포함하는 개념이라 할 수 있다.

다문화사회란 한 국가나 지역사회 속에 다른 인종, 민족, 계급 등 여러 집단이 가진 문화와 함께 존재하는 사회를 말하며, 가치 · 규범 · 언어 · 생활방식 등 모든 부분에서 문화적 다양성이 존재한다.

'다문화'와 '다문화사회'의 정의를 바탕으로 다문화의 속성을 살펴보면 다음과 같다.

첫째, 다문화는 다양성을 기반으로 세상을 새롭게 바라본다는 것에서 출발한다. 다문화의 다양성은 고정관념, 편견, 선입관을 내려놓는 일이다.

둘째, 다문화는 관계적이며 상문화를 존중하고 상생을 기초로 하는 공동체성을 형성하게 된다.

셋째, 문화는 지속적으로 창조된다. 문화는 독립적이지 않고 상호교류, 충돌, 전이, 지배, 호환 등의 과정을 통해 발전된다. 따라서 다문화사회에서는 서로 다름을 통하여 배우고 이러한 다름의 문화적 교류를 통하여 상호 원만한 사회적 적응을 할 수 있다.

2) 다문화주의

다문화사회를 형성하게 된 배경은 다문화주의(multiculturalism)에서 비롯되었다. 다문화주의의 '다문화'라는 의미는 '많을 다(多)' 자에 '문화(文化)'라는 말을 합한 뜻으로 하나 이상의 복수 문화를 말하며, '여러 나라의 생활양식'을 의미한다. 즉 여러 유형의 이질적 문화가 하나의 제도권 안에서 상호 교류를 통하여 형성되는 것을 의미하며, 이는 인종, 민족, 언어, 종교, 성, 장애 등을 포괄한다.

다문화주의는 인종과 민족의 차원에서 구성의 다양성과 관련되어 한 사회가 여러 인종과 민족으로 구성되어 있을 때 그 사회를 다문화사회라고 하며, 다문화주의는 구성 차원에서의 다양성을 의미한다. 즉, 서로 다른 인종과 민족집단들이 평등한 권리를 가지고, 무시나 멸시를 당하지 않는 상황을 의미하는 것이다. 이러한 차원의 다문화주의는 세상에 존재하는 여러 문화들은 차이가 있을 뿐 차별하는 것이 아니라는 이념을 토대로 하고 있다.

다문화주의는 집단 간 문화뿐만 아니라 집단 내 소수자의 문화와 권리를 존중해야 한다는 의미도 포함하고 있다. 이는 한 집단의 지배적인 생활양식을 따르지 않는 소수자들의 생활양식과 문화에 대한 존중 차원의 다문화주의로서, 예를 들면 양심적 병역 거부자, 동성애자, 비서양문화 지향자들과 같은 소수의 사람들의 문화와 권리도 존중되어야 한다는 것이다. 또한 국가의 비합법적 소수자 정책을 지칭할 때도 사용되는데, 불법 이민자, 미등록 체류자, 난민을 포용하고 옹호하는 것 등이 이에 속한다.

캐나다의 철학자 테일러(Taylor, 1992)는 다문화주의를 문화적 다수집단이 소수집단을 동등한 가치를 가진 집단으로 인정하는 '승인의 정치(politics of recognition)'로 정의하였다. '승인의 정치'라는 의미는 소수집단이 다른 집단의 권리를 침해하지 않는 한도 내에서 자유롭게 생활하는 것을 인정하는 수준만이 아니라 다수집단이 소수집단의 문화가 존속되도록 적극적 조치를 취하는 것도 포함한다고 해석된다.

다문화주의는 현대사회가 평등한 문화적 · 정치적 지위를 가진 상이한 문화 집단을 끌어안을 수 있어야 한다는 믿음이라고 할 수 있다. 그러나 다문화주의는 자칫하면 문화의 경계를 강고히 한 것으로 간주되는 등 철저한 상대주의로 흐르면서 분리주의를 조장하거나 문화적 게토(ghetto)를 만들어 내기도 한다. 다문화주의는 국내의 지역 문화를 재발견하는 등 내적인 이국 취향을 통하여 과거를 되살리거나 지역 문화의 정체성을 추구하기도 한다(권재일 등, 2012).

다문화주의는 자민족중심주의(ethnocentrism)를 배제한다는 의미도 함축하고 있다. 자신의 문화가 다른 새로운 문화와 접했을 때 자신의 문화를 중심으로 하여 타문화를 부정적으로 평가하거나 폄하하게 되는 의미의 자민족중심주의는 다문화주의와 대립된다고 할 수 있다. 다문화주의에 대치되는 자민족중심주의의 특징은 다음과 같다(Brewer & Campbell, 1976; 조원탁 등, 2012 재인용).

❖ 나의 문화권에서 일어나는 일들은 자연스럽고 정상이며, 다른 나라 사람들이 보여주는 행동은 비적절하며 틀린 행위로 생각한다.

❖ 우리의 습관이 세계적으로 정당하다고 인식하며, 우리의 것이 다른 나라 사람들에게도 최고라고 인식한다.

❖ 같은 집단의 규범, 역할, 가치관이 항상 옳다고 생각한다.

❖ 같은 집단에서는 서로 도와주고 협조하는 것을 당연하다고 본다.

❖ 같은 집단 사람들끼리 좋아하는 것을 행한다.

❖ 같은 집단 사람들끼리 자부심을 느낀다.

❖ 다른 집단의 사람들에게는 적대감을 느낀다.

다문화주의와 대비되는 개념으로는 단문화주의(monoculturalism)가 있다. 단문화주의는 하나의 국가나 민족이 하나의 문화를 가진다는 것을 의미하는 것으로, 민족의 동질성을 강조하는 개념이다. 현재 세계적으로 단문화주의의 국가는 10%도 되지 않는 것으로 알려져 있다. 한편 다문화주의와 혼동되는 개념으로 문화적 다원주의(cultural pluralism)라는 개념이 있다. 이는 미국에서 널리 사용되는 개념으로 여러 집단이 고유한 문화를 유지하면서 전체 사회에 참여하는 것을 의미하는 것으로, 지배적인 문화에서 다른 집단의 문화를 보유할 가치가 있다고 간주하는 것이다.

다문화주의에 입각한 다문화사회는 미국이나 캐나다처럼 국가를 형성한 시점부터 다양한 민족과 문화를 공유하며 시작된 경우와 영국, 프랑스, 독일과 같이 근대화로 인하여 부족해진 노동력을 외국인근로자로 대체하며 다문화사회로 변화한 두 가지 차원으로 분류할 수 있다. 한국의 다문화사회는 유럽 국가와 같은 후자에 속하며 세계화와 함께 외국 노동력의 유입으로 인한 이주근로자와 1990년대 이후 결혼이민자의 증가에 따라 나타난 결과이다.

다민족 · 다문화사회의 원리가 되는 다문화주의는 1970년대 호주와 캐나다에서 제기되면서 영국, 스웨덴 등 유럽 국가도 이민자, 외국인근로자, 난민 등의 급증에 따라 공존 정책으로 받아들여 왔다. 결과적으로 다문화주의란 세계화가 진행됨에 따라 단일한 민족 국가가 가지고 있던 다양한 문화를 서로 인정하고 교류하기 위하여 여러 문화를 존중하고자 하는 의미로, 이질적인 문화의 주변 문화를 제도권 안으로 수용하자는 입장을 일컫는 말이다. 최근 급속히 진행되고 있는 세계화 속에서 여러 국가의 문화를 이해하고 자유롭게 접할 수 있는 문화의 다양성을 인정하기 위해서는 상호 존중과 문화적 차이에 대한 관용과 배려를 중시해야 한다.

3) 다문화사회의 유형

다문화사회의 유형은 집단 구성원 간의 결속 형태에 따라 결정되므로 구조적 · 기능적 · 감정적 차원에서 구분할 수 있다.

첫째, 구조적 다문화사회(structural multicultural society)는 다문화구성원 간의 시간적 · 공간적인 관계에 의해 모여진 공동체로 다문화구성원의 집합체, 대면적 다문화공동체, 지정학적 다문화공동체, 문제 해결 다문화공동체 등이 있다. 집합체(aggregate)는 다문화구성원이 모인 이유에 상관없는 '집합' 그 자체로 큰 집단에서 소수의 집단에 이르기까지 다양하며, 동일한 다문화적 요구를 가진 집단이나 생활환경 자체에서 위험에 노출되어 있는 집단 등을 의미한다. 즉 외국인근로자 집단, 결혼이주여성 집단, 외국인유학생 집단 등이 이에 속한다. 대면적 다문화공동체(face to face multicultural communities)는 다문화구성원의 기본적인 집단으로, 구성원 상호 간에 상호 교류가 빈번하여 소식이 쉽게 전달되고 사람들끼리 서로 친근감과 공동 의식을 소유하는 집단으로 가족, 이웃, 왕래가 있는 교민회 등을 들 수 있다. 지정학적 다문화공동체(giopolitical multicultural communities)는 법적 · 지리적 경계로서 행정구역 상 특별시, 광역시, 도, 시, 구, 군, 면, 읍 등 또는 외국인근로자들의 숙소와 같은 물리적 경계를 지닌 다문화사회를 의미한다. 다문화사회의 구조적 차원에서의 조직(organization)은 외국인 이주민이 특정한 목표를 추구하기 위하여 일정한 구조를 가진 단위를 의미한다. 예를 들면 외국인 이주민을 위한 어학원, 쉼터, 산업체 등이 이에 속한다. 문제 해결 다문화공동체(multicultural communities)는 문제를 확인하고 공유하며 해결할 수 있는 범위 내에 있는 공동체를 의미한다. 즉, 외국인 이주민이 가진 문제를 해결하기 위한 지역사회 및 정부기관 등이 이에 해당한다.

둘째, 기능적 다문화사회(functional multicultural society)는 어떤 것을 성취하는 데 도움이 될 수 있는 지역적 공감을 기반으로 한 다문화구성원의 집합체이다. 이는 단순한 지리적 경계보다는 목표 성취라는 과업의 결과로 나타난 다문화적 공동체를 의미한다. 기능적 다문화사회는 동일한 요구를 지닌 다문화공동체, 자원 공동체 등이 있다. 동일한 요구를 지닌 다문화공동체(multicultural communities of identifiable need)는 특별한 문제를 가지고 있는 장소나 위협 요인을 포함한다. 즉 학교에서 따돌림을 받고 있는 다문화가정 자녀를 가진 학부모와 같은 공통적인 문제와 요구를 가진 공동체를 의미하며, 행태학적 문제나 특수한 흥미를 가진 공동체와 유사하다. 예를 들면 언어 문제를 가지고 있는 외국인 이주민의 모임, 산업 현장에서 불공정 대우를 받고 있는 외국인근로자의 집단 등이 이에 해당한다. 자원 공동체(critical mass communities)의 'critical mass'는 '사업을 제공하기 위한 충분한 자원'을 의미한다. 자원으로는 경제력, 인력, 소비자, 다른 공동체에 대한 영향력, 물자 등이 있으며, 이러한 자원은 문제 해결, 요구 충족을 위하여 제공한다. 자원 공동체란 지정학적 경계를 벗어나 어떤 문제를 해결하기 위하여 자원의 활용 범위를 한계로 하여 모인 공동체이다.

셋째, 감정적 다문화사회(emotional multicultural society)는 감각이나 감성을 중심으로 모인 공동체로서, 소속 공동체, 특수 흥미 공동체 등으로 분류할 수 있다. 소속 다문화공동체(belonging multicultural communities)는 출신지가 어디인가에 따라 감성적인 동지애로 결속된 공동체이다. 예를 들면 외국인 이주민 중 어느 나라 어느 도시에서 이주해 왔는가 하는 차원에서 결속된 집단을 말한다. 특수 흥미 다문화공동체(special interest communities)는 특수 분야에 서로 같은 관심과 목적을 가지고 관계를 맺고 있는 공동체이다. 예를 들면 외국인근로자 산악회, 결혼이주여성들의 노래 교실, 유학생들의 동아리 등이 있다.

위와 같이 다문화사회를 구조적 · 기능적 · 감정적 다문화사회로 구분하여 살펴보았다. 외국인 이주민에 대한 정책이나 문제 해결을 함에 있어서 여러 유형의 다문화사회의 형태가 존재함을 인식하여 다원적으로 접근할 필요가 있다. 또한 다문화사회에서 외국인 이주민은 개인을 기본 단위로 하여 가족, 지역사회, 더 나아가 보다 넓은 범주의 사회를 형성하고 있어 총체적인 하나의 체계로서 기능한다는 점을 인식해야 한다.

결국 다문화란 하나 이상의 복수 문화를 말하며, 다문화사회란 다양한 문화가 함께 공존하는 사회를 말한다. 그러나 다문화는 다인종, 다민족으로 구성되어 있는 나라 또는 사회에서 주류문화에 대한 하위 개념으로서 문화적 차이에 대한 상호 존중을 중시하는 개념이다.

다문화사회의 특성은 다양한 문화가 함께 공존하므로 상이한 문화 집단을 평등한 문화적 · 정치적 지위를 가질 수 있도록 끌어안아야 한다는 것이다. 따라서 주류문화에 속하는 사람들은 외국인 이주민의 행동을 고유문화의 편향된 시각으로 보거나 해석하는 자문화 중심주의에서 먼저 탈피해야 한다.

4) '다문화사회의 이해'의 필요성

최근 국제사회는 정보, 경제 및 인적 교류가 활발해지면서 탈국가 현상이 가속화되고 있으며, 이에 따라 우리나라도 '국경 없는 다문화사회'로 급속히 변화하고 있다. 우리나라의 다인종 · 다문화사회로의 전환은 단일민족을 강조해 온 우리 사회에 다른 인종과 문화에 대한 이해를 바탕으로 한 개방과 포용의 과제를 제시하고 있다. 이를 바탕으로 '다문화사회의 이해'의 필요성은 다음과 같이 국민적, 정책적, 보건의료적 차원으로 구분하여 설명할 수 있다.

첫째, 국민적 차원에서 우리 국민들이 자민족 · 자문화 중심주의로부터 비롯되는 '다름'에 대한 무지와 편견, 차별과 배제의 관행으로부터 벗어난 관용과 배려의 가치를 요구받고 있다는 점을 인식해야 한다는 것이다. 우리 사회는 다문화적 사태가 가져올 수 있는 갈등과 충돌의 위기상황을 방지하고 공존과 상생의 사회로 나아가기 위하여 다문화주의 및 다문화사회에 관한 올바른 국민적 이해와 인식이 필요하다.

둘째, 정책적 차원에서 외국인에 대한 차별을 금지하고, 국제결혼 가정의 복지 향상 등 정책적 · 제도적 장치가 마련되고 있으나 미래에 대한 장기적 전망과 정책적 강화는 미흡한 실정이다. 무엇보다도 차세대가 다문화사회의 세계시민으로서 더불어 살아갈 수 있도록 다문화교육이 확대 · 강화되어야 할 필요가 있다.

셋째, 보건의료적 차원에서 의료인들은 보건의료대상자의 문화적 다양성을 수용하고 적절한 보건의료서비스를 제공하기 위하여 보건의료 전문인력 양성 교육에서부터 교육을 강화해야 한다. 또한 보건의료대상자의 문화적 배경을 고려한 보건의료서비스를 제공하기 위하여 다문화적 역량을 발휘해야 할 필요가 있다.

'다문화의 이해'에 대한 교육은 유네스코가 이루고자 하는 세계의 평화와 안전을 위한 매우 중요한 교육적 관심 분야이기도 하다.

3. 다문화사회로의 이행

최근 국제사회는 과거의 이데올로기적인 반목과 적대적 관계에서 벗어나 전 세계적 차원에서 경제, 정보 및 인적 교류가 활발해지면서 탈국가 현상이 가속화되어 가고 있다. 보다 높은 수입을 위하여 값싼 자국의 노동시장을 떠나 수입이 좋은 외국의 노동시장으로 이동하는 것이 보편화되고 있으며, 정보 기술의 발달은 국가와 지역사회의 경계를 차단하고 있는 벽을 무의미하게 만들고 있다. 이른바 국제사회는 경제, 정보 및 인적 교류가 국경을 자유롭게 넘나드는 '국경 없는 다문화사회'로 급속히 변화하고 있다. 그러나 다문화사회에서 인간의 문화 적응 문제는 새로운 곳으로 이주해 온 이주자만의 문제가 아니라 새로운 이주민을 받아들이는 국가나 지역사회 측면에서도 이들과의 적응 과정에서 다양한 문제를 유발하게 된다.

국가나 지역사회가 이주민을 받아들여 다문화사회로 이행되어 가는 과정은 **표 1.1**과 같다.

어떤 사회가 이주민을 받아들여 다문화사회로 이행되어 가는 과정은 다음과 같이 세 단계로 설명할 수 있다(Banting & Kymlicka, 2006; 장미혜, 2008 재인용; 조원탁 등, 2019).

첫 번째 단계는 다문화사회로 진입하는 단계로서, 전체 인구에서 외국인 이주민이 차지하는 비중이 점차 증가하는 단계이다. 이 진입 단계에는 같은 민족으로 구성되어 있던

표 1.1 다문화사회로의 이행 단계

다문화사회로의 이행 단계	현상	예측할 수 있는 위험
1단계: 다문화사회로의 진입	이주민이 전체 인구 구성에서 차지하는 가시적 비율의 증가	• 주류사회에서 상식적으로 통용되던 민족 국가의 구성원에 대한 혼란 • 이민자에 대한 주류사회의 심리적 저항과 차별적 태도 • 행동의 다양성이나 가치관의 상이에 따른 규범의식의 저하
2단계: 다문화사회로의 전환	다문화가족의 형성: 체류기간 연장에 따라 독신 이주자들이 점차 가족 형성, 출신 국가별 이주민 공동체 형성(집단 거주지 출현)	• 다문화가족 내 가족구성원 간의 무관심과 정서적 유대 관계의 약화 • 언어 장벽으로 인한 가족 내의 의사소통 약화 • 다문화가족 이혼율 증가와 가족 해체 현상 • 소수 인종 공동체의 사회적 고립 혹은 사회적 빈곤 계층화 • 인종에 따른 소득 격차로 인한 새로운 차원의 사회적 불평등 심화 • 사회적 일체감의 해체
3단계: 다문화사회에 정착	다문화가족 내에서 2세가 사회에 진출하면서 이주민 공동체 재생산	• 이주민 2세의 인종적 정체성의 혼란 • 교육 수준이 낮고 소득수준이 낮은 이민자들에 대한 사회복지 부담의 증대 • 이주민 2세의 경우 가족 내 사회화를 통하여 습득된 주류사회의 문화 사회에서 혼란과 갈등, 이를 집단의 범죄와 실업 문제에 가시화 • 인종 간 사회적 마찰의 증대 • 사회적 일체감의 해체 • 주류문화에 대한 저항 표면화(집단 소요)로 인한 사회적 불안의 가중

출처: 장미혜(2008): 조원탁 등(2012)에서 재인용.

동질적 사회에 다른 민족 또는 인종이 유입되면서 상시적으로 통용되던 민족적 구성원에 대한 혼란이 유발된다. 주류 사회의 구성원은 이주민에 대하여 진정한 관용의 태도를 갖기 어렵기 때문에, 상당수의 구성원은 이민자에 대하여 낯설어하면서 이주민과 함께 사는 것에 대하여 심리적인 저항과 차별적 · 편견적 태도를 보이게 된다. 이주민은 주류 사회의 구성원으로부터의 차별적 · 배타적 태도에 자신감과 자긍심이 저하되고 열등감으로 인하여 정체성의 문제를 드러낼 수 있는 시기이다.

두 번째 단계는 다문화사회로 전환하는 단계로서, 외국인 이주민이 이주한 국가에서의 체류 기간이 길어지면서 이주한 국가에서 가족을 형성하게 되고 이들 간의 교류가 활발해지면서 이주민 공동체가 형성되어 집단 거주지가 형성됨으로써 다문화사회로 전환되는 시기이다. 우리나라의 경우에는 결혼이주여성이 한국 남성과 결혼함과 동시에 가족 형성이 이루어진 경우가 많기 때문에 이 단계를 거치지 않았다 할 수 있다. 이 단계에서는 일반적으로 언어 장벽에 따른 의사소통 부재로 인하여 다문화가족 구성원 간에 무관심과 정서적 지지의 약화로 인한 문제가 출현된다. 이 시기에 의사소통의 부재와 정서적 지지가 원만하게 해결되지 않을 경우 이혼율은 증가하게 되고 가족해체 현상이 초래되며, 소수 이주민 집단은 주류 사회로부터 고립되고 빈곤층으로 전락할 수 있으며, 이주민 집단에 대한 새로운 사회계층화 현상이 나타날 수 있다. 따라서 이 시기에는 이주민에 대한 언어 교육과 새로운 문화 적응에 대한 교육이 이루어져 의사소통 장애와 정서적 불안정의 장벽을 조기에 극복할 수 있도록 하는 중재적 접근이 필요하다.

세 번째 단계는 다문화사회에 정착하는 단계이다. 다문화가족 내에서 자녀가 성장하여 사회 진출이 본격화되면서 이주민의 공동체가 새로운 국면을 맞이하게 되는 시기이다. 다문화사회로의 진입과 전환 단계에서 제기되었던 위험 요인을 성공적으로 관리하지 못할 경우에는 정착 단계에서 사회적 불안 상황이 유발될 수 있다. 즉 민족적 · 인종적 정체성의 혼란과 낮은 교육 수준, 인종 간 사회적 마찰 및 주류문화에 대한 저항 표면화 등의 위험 요인은 이주민 자녀의 실업 문제, 범죄 및 집단 소요 등으로 가시화될 수 있다.

4. 다문화사회의 진입 배경

최근 국제사회는 인적 교류, 경제적 교류 및 정보의 교류가 활발해지고 탈국가 현상이 가속화되면서 급속하게 다문화시대로 전환되고 있다. 우리나라도 세계 최저의 출산율과 노인 인구의 증가, 3D(Dirty, Difficult, Dangerous) 업종에 대한 기피 현상으로 인한 노동력 부족으로 인하여 제3세계로부터 외국인근로자를 유입하는 결과를 가져오게 되었다. 1980년대 말부터 외국인근로자가 증가하였고, 1990년대 중반부터 국제결혼이 급증하면서 다문화사회로의 변화가 급속히 진행되고 있는 것이다. 한국 사회가 다문화사회로 진입하게 된 배경은 '세계화에 따른 노동력의 이동', '저출산 · 고령화 현상', '국제결혼의 증가' 등에서 찾아볼 수 있다.

1) 세계화에 따른 노동력의 이동

1980년대 초반에 영국과 미국에서 출발한 신자유주의(neoliberalism)에 의한 경제 정책은 세계경제의 중심축으로 작용하면서 세계화를 가속화시켰고, 1990년대에 이르러 활발해진 국제 교역은 선진 자본주의 국가에서 노동력 부족 현상으로 나타나게 되었다. 이에 반하여 개발도상국에서는 국가적 차원에서 빈곤과 실업 문제를 해결하지 않으면 안 되는 긴급한 상황이 전개되었다. 이에 따라 선진국에서는 모자라는 노동력을 해결하기 위하여 문호를 개방하지 않으면 안 되었고, 개발도상국의 노동력은 일자리를 찾기 위하여 문호가 개방된 선진국으로 이동하기 시작하였다.

세계화에 따른 세계경제는 점차적으로 국가 간 교류와 상호 의존도를 높이고 있으나 빈익빈 부익부 구조가 확장되면서 부를 소유한 20%의 인구가 전 세계경제의 80%를 소유하는 부의 편중 현상이 두드러지게 나타났다. 2000년 ILO(International Labour Organization, 세계노동기구)의 보고서에 의하면 세계 노동 인구의 3분의 1은 실직자이며, 전 세계 인구 60억 중 약 30억 인구는 1일 생활비가 2달러도 채 안 되는 것으로 보고한 바 있다. 따라서 경제적으로 가난한 국가의 노동자들이 수입을 위하여 경제적으로 부강한 나라로 이동하는 현상이 가속화되었다.

서구의 경제 선진국은 값싼 외국의 노동력을 받아들이면서 경제 발전을 더욱 가속화하고 있지만 외국의 이주민을 수용해야 하는 사회적인 문제에 봉착하게 되었다. 따라서 외국인 이주민을 수용하는 나라에서는 국가적 차원에서 이들을 수용하기 위하여 이주국의 지배 문화에 흡수하기 위한 동화 정책을 시행하였다. 그러나 시간이 갈수록 이주민의 수는 증가하였고, 이주민 집단의 요구도가 증가하면서 수혜와 혜택 사이에서 이주민과 원주민 간의 갈등이 표출되기 시작하였다. 외국의 이주민은 불공정한 차별 대우와 인종차별 등에 저항해 일련의 폭력 사태가 유발되어 사회적인 갈등이 증대되었다. 이에 따라 최근 외국인 이주자들을 받아들이는 수용 국가에서는 노동 통제 정책을 통하여 자국의 경제적 이익과 보호를 위하여 개발도상국에서 이주해 오는 노동력을 조절하고 통제하는 경향을 보이고 있다.

우리나라는 1980년대 말부터 제조업과 건설업에서의 노동력 부족 현상이 대두되면서 외국인 이주노동자가 유입되었다. 그 이후 외국인근로자의 수는 급속히 증가하였으나 주로 3D 업종에서 국내의 부족한 노동력을 충원하는 실정이었다. 그러나 법무부의 제3차 외국인정책 기본계획(2018)에 의하면, 최근 기업수요에 부응한 해외 우수기술인력 유치를 위한 노력을 하고 있다. 그렇지만 우리 사회는 단일민족의 이데올로기적 의식이 팽배하여 타 민족에 대한 배타심과 차별, 주류 집단으로서 이들에 대한 정책 상의 미비 등으로 인한 인권침해, 임금체불과 착취 등 심각한 사회적 문제가 유발되고 있다.

2) 저출산 · 고령화 현상

출산율이 낮으면 인구는 점차 고령화되고 노인을 부양하기 위한 생산 인구가 감소하여 국가적으로 심각한 재정 위기에 봉착할 수 있다. 그러므로 현재의 인구를 유지하기 위한 출산율은 2.2~2.3명 수준으로 유지되어야 한다. 이는 결혼한 부부가 최소한 두 명 이상의 자녀를 낳아야 현재의 인구가 자연 감소되지 않고 유지된다는 것을 의미한다. 그러나 현재 전 세계적으로 볼 때 75개국의 출산율은 2.0명에도 못 미치고 있으며, 특히 경제적으로 부강한 선진국은 개발도상국에 비해 출산율이 낮다.

최근 우리나라는 세계적으로 가장 낮은 저출산과 세계에서 가장 빠른 고령화 현상이 두드러지게 나타나고 있다. 이와 같은 저출산 · 고령화 현상은 미래의 지속 발전 가능성에 제동을 거는 위협 요인이 되고 있다. 저출산으로 초래되는 유소년 및 생산연령인구의 감소와 급격한 고령화 현상은 노동생산성을 저하시켜 결국 미래의 성장 동력 기반을 붕괴시킬 우려가 있으며, 노인 인구의 증가로 사회보험 수급자가 급격히 증가하여 사회경제적 안정성을 위협하게 된다. 또한 저출산 · 고령화는 국가와 지역사회의 잠재성장률을 둔화시키고 대외 경쟁력을 약화시키는 요인으로 작용하게 된다.

경제협력개발기구(Organization for Economic Cooperation and Development,

OECD) 가입 국가의 평균 출산율(2018)은 1.63으로 나타나고 있는데, 이 중 이스라엘의 출산율이 3.09, 프랑스 1.84, 호주 1.74, 미국 1.73, 영국 1.68, 독일 1.57, 네덜란드 1.59, 캐나다 1.50, 일본 1.42 등의 순위를 보이고 있다. 한국은 2018년 0.98명에서 2019년 0.92명으로 2년 연속 1.0명 미만을 기록하여 OECD 37개 회원국 가운데 합계출산율이 1 미만인 유일한 국가이며, 세계에서도 출산율 순위가 최하위인 것으로 보고되고 있다. 또한 출생아 수도 2018년 32만 7,000명에서 2019년 30만 3,000명으로 감소하였다. 우리나라의 초저출산이 지속되는 인구학적 요인은 주 출산 연령대의 상향이동과 저 출산율 저하, 주 출산 연령 인구수의 감소이다. 주 출산 연령대의 연령이 높아지게 되면서 평균적인 초산연령이 높아지게 되고 전체적으로 가임기간이 감소하여 출생아수와 합계출산율이 감소하게 되는 것이다. 또한 2010~2019년 동안, 25~29세 여성인구는 22.8만 명이 감소(−1.48%)하였고, 30~34세 여성인구는 38.5만 명이 감소(−2.47%)하였다(미래인프라연구소, 2020).

출산율의 급격한 저하는 곧 고령화 사회로의 전환을 촉진하게 된다. 국가의 총 인구 중에서 65세 이상의 노인 인구 비율이 7%를 넘게 되면 고령화 사회(aging society)로, 14%를 넘으면 고령 사회(aged society)로, 20% 이상이 되면 초고령 사회(super aged society)로 분류하게 되는데, 이미 고령화 사회를 넘어 고령 사회, 초고령 사회로 진입한 국가도 다수 있다. 고령화 사회에서 초고령 사회로 진입하는 데 소요된 기간은 프랑스의 경우 154년, 미국은 90년, 일본은 35년이다. 그러나 우리나라의 경우에는 2000년도에 노인 인구가 전체 인구의 7.2%로 고령화 사회가 된 이래 2018년에는 14.3%로 고령 사회에 진입했고, 2025년에는 20.3%로 증가하여 초고령 사회에 진입할 것으로 전망하고 있다(통계청, 2020). 우리나라는 고령 사회에서 초고령 사회로 진입하는데 불과 7년이 소요될 것으로 보여 OECD 주요국에 비해 고령화 속도가 매우 빠르게 진행되고 있다. 우리나라가 OECD 주요국에 비해 고령화 속도가 빠른 것은 현재 우리나라의 총 인구에서 상당부분을 차지하는 베이붐 세대가 고령화되고 있기 때문이다.

결과적으로 선진국에서는 출산율 저하와 인구의 고령화가 가속화되고 있는 반면, 저개발국의 인구는 오히려 증가하고 있는 인구 변동의 추이에 따라 저개발국의 노동 인구는 선진국으로 이동하는 현상이 가속화되고 있다. 우리나라의 경우에도 저출산 · 고령화 사회로의 전환에 따라 노동력 부족 현상이 초래되었으며, 이에 따라 외국인근로자와 결혼이주자 등이 대거 유입되는 결과를 가져오고 있다.

3) 국제결혼의 증가

단일민족이라는 이데올로기적 의식이 팽배한 우리나라에서 한국 전쟁 이후 국제결혼에 대한 이미지는 부정적이었다. 그러나 최근 세계화 시대를 맞이하여 국제결혼의 건수가 급속히 증가하고 있다.

신자유주의적인 경제 변화에 적응하는 도시와 이에 편승하지 못한 농촌의 경제적인 격차가 심화되면서 농촌에서는 성별 인구 비율의 불균형이 초래되었다. 도시에서의 신자유주의적 경제 변화와 서비스 산업의 확장으로 농촌 여성의 도시로의 이동이 자연스럽게 이루어졌고, 이에 비해 농촌의 남성은 성비 불균형과 함께 결혼을 하지 못하는 사례가 증가하게 되었다. 또한 과거의 사회적 분위기에서는 여성은 당연히 결혼을 해야 하는 것으로 인식되어 왔으나, 현재의 사회적 분위기에서는 여성이 관습적으로 결혼을 하기보다 자아실현을 하는 것을 더 선호하는 분위기로 전환되고 있다. 한편 도시 남성의 경우에도 경제적 수준이나 문화적 수준의 차이로 인하여 한국 여성과 결혼을 하지 못하는 사례가 점차 증가하고 있다.

한편, 우리 사회의 전통적인 남아선호사상은 남녀 성비의 불균형을 초래하여, 여성 비율에 비해 남성 비율이 높아짐으로써 남성들이 결혼하기 어려운 요인이 되고 있다. 통계청(2020)에 따르면 여자 100명당 남자의 비율은 15~19세까지 108.4, 20~24세까지 112.4, 25~29세까지 115.8, 30~34세까지 111.9, 35~39세까지 107.3으로 나타나고 있어 젊은 연령층에서 여성의 비율이 남성에 비해 부족한 것으로 나타나고 있는데, 그 이유로는 1980년대부터 1990년대까지 이어져온 남아선호사상으로 인한 여아 낙태 문제가 가장 큰 요인이라 할 수 있다. 이와 같은 성비 불균형의 결과는 결혼을 하지 못하는 남성의 비율을 증가시키는 요인으로 작용하고 있으며, 여성결혼이민자의 수요를 늘려 국제결혼의 증가와 다문화가정의 확산을 더욱 가속화하고 있다.

자율학습

선택형

1. 문화의 속성을 옳게 설명한 것은?
   ① 문화는 생득적으로 전승된다.
   ② 문화는 학습을 통하여 습득되기 어렵다.
   ③ 문화는 계속해서 변하지 않고 정체되어 있다.
   ④ 문화는 여러 가지 요소가 모여서 전체를 이루는 것이다.
   ⑤ 문화는 학문적 영역과 관계없이 일정하게 정의되어야 한다.

2. 다문화와 다문화주의에 대한 개념을 옳게 설명한 것은?
   ① 다문화주의와 문화적 다원주의의 의미는 동일한 개념이다.
   ② 다문화주의는 과거를 되살리거나 지역 문화의 정체성을 추구하기도 한다.
   ③ 다문화는 여러 문화의 차별화와 문화의 다양성을 최소화하는 것을 추구한다.
   ④ 다문화는 다인종 사회에서 문화의 중심이 되는 주류문화에 대한 상위 개념이다.
   ⑤ 다문화주의는 2000년대에 미국과 유럽에서 인종 간의 공존정책에서 시작되었다.

3. 우리나라가 다문화사회로 진입하게 된 배경과 거리가 먼 것은?
   ① 실업률 상승
   ② 출산율 저하
   ③ 인구의 고령화
   ④ 국제결혼 빈도의 증가
   ⑤ 세계화에 따른 노동력 이동

4. 다문화사회로의 진입과정에서 예측할 수 있는 가장 큰 위험요인은?
   ① 사회적 일체감의 해체
   ② 인종 간 사회적 마찰 증대
   ③ 주류문화에 대한 저항 표면화
   ④ 이민자에 대한 주류사회의 차별적 태도
   ⑤ 소수 인종의 사회적 고립 및 빈곤의 계층화

5. 문화를 "지식, 신앙, 예술, 도덕, 법률, 관습 등 인간이 사회구성원으로서 획득한 능력 또는 습관의 총체"라고 정의한 인류학자는?

① Margaret Mead

② Raymond Williams

③ John Murray Gibbon

④ Spradley & McCurdy

⑤ Edward Bumette Taylor

비판적 사고

1. 다문화사회의 유형을 구조적, 기능적, 감정적 차원으로 구분하고, 예를 들어 설명하시오.

2. 다문화사회를 이해하고 학습해야 하는 필요성에 대해 논하시오.

3. 다문화주의(multiculturalism)와 자민족중심주의(ethnocentrism)의 의미를 대별하여 약술하시오.

선택형 정답: 1.④, 2.②, 3.①, 4.④, 5.⑤

CHAPTER

2

다문화에 대한 이론

개요

다문화에 대한 이론은 외국인들과 이민자들을 받아들임에 있어 국가가 어떠한 정책과 제도를 채택하고 있으며, 국민들이 외국인들과 이민자들에 대해 어떠한 태도를 견지하는지에 따라 분류를 달리하고 있다.

다문화 이론은 세계 여러 이민 국가에서 생성되었으며 여러 학자들에 의해 다양하게 정의되고 있다. 이에 이 장에서는 다문화 용어에 대한 개념을 정리하고, 문화다양성을 위한 국가의 대처방식으로 동화주의, 차별배제주의, 다문화주의 등의 방식에 대하여 알아보고자 한다.

또한 다문화교육과 관련된 이론으로 베넷(Bennett)의 다문화교육 과정 이론, 뱅크스(Banks)의 시민화 교육과정 등에 대하여 알아보고, 다문화 대상자를 위한 임상적 접근으로 1960년대 중반 Madeleine Leininger에 의해 개발된 횡문화 돌봄 이론에 대해서도 알아보고자 한다.

1. 다문화 이론

1) 사회통합정책 모델

(1) 동화주의 모델

세계 각국이 이주민을 사회에 수용 · 통합하는 방식은 크게 동화주의 모델과 다문화주의 모델로 나누어 볼 수 있다. 노동 · 자본 · 사람의 이동은 비교적 동질적인 한 사회가 이질적인 요소를 받아들이는 과정이라고 할 수 있다. 동화주의 모델은 이주민들이 출신국가의 언어, 문화, 사회적 특성을 버리고, 이주국가의 주류사회에 순응적으로 편입되어 문화적으로 동질화되는 것이다(김순양, 2013). 다양한 국가로부터 유입된 이주민들은 고유성을 잃고 주류사회의 단일한 성격의 국민으로 동화된다(김수진, 2018). 동화(assimilation)란 소수민족이나 다수 또는 우세 문화에 일치되는 것을 말한다. 시간이 흐르면서 다른 소수민족집단이 점차로 우세 문화와 같이 되어, 결국 모두가 우세 집단으로 유형화된 하나의 공통 문화로 합치된다는 이론이다.

동화주의 모델은 이주민들이 자신의 문화, 종교, 언어 등을 포기하고 자신들을 수용한 국가의 문화와 언어 등에 흡수되어 동화되도록 하는 정책모델이다. 이주민들이 거주지의 문화규범을 받아들여 자신의 문화적 정체성을 포기하도록 요구하며 주류사회의 문화와 언어를 습득하고 거주지의 규범을 익히도록 제도적인 지원이 이루어진다. 이주민들은 몇 세대를 거치며 자신의 정체성을 잃고 모든 이질감이 사라지며 결국 주류사회에 동화된다. 이 모델은 이주민에게 문화적 정체성의 포기를 강요하지는 않지만, 그들의 고유문화를 지키기 위한 정책적 지원은 하지 않는다(김학태, 2015). 반면에 동화 대상인 이주민에 한하여 직업과 교육의 기회에서 차별을 금지하고 이들의 사회활동 참여를 적극 지원한다(김수진 외, 2018).

Gordon(1964)은 동화(assimilation)를 "주류사회와 소수민족집단들 사이의 종족적 · 인종적 구별이 사라지는 과정을 가리킨다."라고 하였다. 이 유형은 흔히 용광로 모델이라 불리며, 1960년대 이전 미국의 정책이 대표적이다. 동화주의 모델 정책은 이주민들을 동화시키는 과정에서 내국민들에게 역차별이 발생하는 등 많은 갈등을 야기하고 있으며, 이주민 입장에서 자신의 고유한 문화 정체성을 빼앗아 간다고 볼 수도 있다. 결과적으로 동화주의 모델은 다문화적 현실을 수용하고 받아들이는 정책이 아니라 거부하고 억압하는 가치관이며, 강한 주류문화가 약한 문화를 흡수하는 정책모델이다. 이주민의 권리를 인정하지 않고 단지 주류문화만이 인정되고 강조될 뿐이다(지종화 외, 2009). 동화주의 모델을 채택하는 국가의 정책은 문화적 적응과 정체성의 전이가 용이하도록 지원하고 그 속도를 높이는 데 초점을 둔다. 그리고 이 모델을 선택한 국가에서는 표면적으로 소수 인종에게 고유의 문화를 포기할 것을 강요하지는 않으나, 사회 분위기나 제도를 통해 이를 은밀하게 요구한다. 또한 소수 인종의 고유문화와 언어를 유지하기 위한 법적 · 제도적 지원을 하지 않는다.

(2) 차별적 배제 모델

차별적 배제 모델은 국가가 특정 영역에만 이민을 받아들이고, 복지 및 여러 정치, 문화, 사회적 영역에서는 받아들이지 않음으로써 원치 않는 외국인의 정착을 차단하는 유형이다(김은미 외, 2009). 노동력이 필요한 국가에서 이주노동자를 3D직종과 같은 특정 영역에만 받아들이고, 복지 혜택, 국적 또는 시민권, 선거권과 피선거권 등의 기본권을 보장해 주지 않고, 국방의 의무 부과와 같은 사회적 · 정치적 영역에는 절대 받아들이지 않는 입장이다(설동훈 외, 2013). 차별적 배제 모델은 이주민들이 많지 않아 국가의 정체성을 위협하지 않을 정도일 경우 이들을 수용하고, 자국의 문화를 포함한 국가 정체성을 위협할 가능성이 있을 경우 이주민들을 배제하는 유형의 정책이다. 즉 국가의 이익을 최우선으로 하여 일부 집단은 인정해 주고, 다른 집단은 인정해 주지 않는 입장을 취한다.

김학태(2015)에 의하면, "이 모델은 이주자 집단이 갖는 위협의 정도와 경제적 효율성에 따라 정책적으로 배제 여부가 결정되는 특징이 있고, 이주자에 대하여 높은 제도적 · 문화적 장벽을 쌓아 정착을 어렵게 하는 유형으로, 독일이 대표적인 사례다"라고 하였다. 차별적 배제 모델은 이주민들을 정치 · 사회적 영역에서 배제하여 원치 않는 이주민들의 유입을 차단하는데, 과거 독일의 초청노동자제도가 여기에 해당되며, 이 모델은 이주민들을 사회의 구성원으로 인식하지 않는다(송형주, 2014). 차별적 배제 모델은 독일이나 일본 등의 동북아시아 국가에서 주로 수용하고 있지만 세계화 현상에 의해 차별적 배제 모델을 사회통합정책의 기본적 가치관으로 유지하는 국가는 거의 없다(김수진 외, 2018). 차별적 배제 모델은 다문화적 상황을 인정 · 수용하기보다는 인종적 소수자를 제거하고 인종적 편견과 차별의 표출이라는 상당한 비판을 받는다(지종화 외, 2009). 즉, 인도적 측면에서 바람직한 정책이론은 아니며 경제적 측면에서도 중 · 장기적 시각에서 국가발전에 부정적이지만, 다문화사회의 현실에서 대다수의 국가 정책에 가미되어 있다고 볼 수 있다. 즉 특정한 이주민에 대해서는 자국 국민에 준하는 공식적 권리를 인정하는 반면, 그 밖의 이주민에게는 일시적 체류자격만 부여한 채 이들을 사회통합 대상에서 배제하고 각종 권리도 인정하지 않는 전략을 말한다.

(3) 다문화주의 모델

차별적 배제 모델과 동화주의 모델은 다문화를 수용하는 정책으로 볼 수 없다라는 비판에서 다문화주의 모델이 등장하였다. 즉 다문화주의 모델은 다양한 인종으로 구성된 다문화사회의 사회통합을 위해 대두되었다. 오늘날 다문화주의는 인종, 민족, 국가 등의 거시적인 차원에 국한되지 않는다. 다문화주의는 사회의 소수 인종, 소외계층, 성역할의 차이 등 미시적인 문제까지 포함하는 매우 광범위한 주제이기 때문에 명확한 하나의 의미로 정의내리기는 매우 어렵다(지종화 외, 2009). 다문화주의 모델은 이주민들의 문화적 정체성을 인정하고, 이들의 고유한 문화와 관습의 유지를 장려하며, 다양한 인종 및 민족의 문화가 공존할 수 있게 함으로써 사회통합을 지향하는 정책 유형이다(김순양, 2013). 이주민들이 내국민들과 상호 공존하는 것을 정책 목표로 삼고, 그들의 문화, 언어 등이 주류사회와 공존할 수 있게 적극 지원하는 상호성의 원리와 조화를 추구하는 정책 유형이다. 동화가 아니라 공존에 핵심적 가치를 부여하고, 이주민들의 다양한 문화를 주류사회의 문화와 같이 평등하게 지켜나가자는 입장이다(김학태, 2015). 다문화주의 모델을 "민주주의, 문화적 다원주의, 기회균등을 기본원리로 하고 다양성의 사회를 목표로 삼아 서로의 차이를 인정하고 상호 공존을 지향하는 사회통합"이라고 하였다. 이 모델은 이주민들의 언어, 문화, 종교 등을 주류사회와 공존시켜 상호간의 조화를 강조하고 서로의 가치를 존중하는 통합방식이다. 또한 민주주의와 문화적 다원주의를 추구하며 민족, 인종을 넘어 사회의 소외계층이나 소수집단과 주류사회의 연대를 강화하여 갈등의 해소를 목표로 한다(김학태, 2015).

다문화주의 모델은 이주민들의 주류사회와의 공존을 강조하며 정치적 대표성까지 인정하는 등 매우 개방적인 유형이다. 하지만 국가마다 문화적 전통과 정치적 환경에 따라 사회통합정책으로서 다원주의의 범위와 정도에 차이가 있을 수 있다(김영화, 2009).

다문화주의 모델의 정책은 기회의 평등을 위해 공용 언어 학습을 장려하고 이주민의 잠재력 개발을 위해 다언어 방송, 다언어 교육을 추진하여 소수 언어를 사용할 수 있도록 한다. 의료 및 사회보장 서비스 등의 공적분야에 통역을 위한 다언어 직원을 배치하는 등 다문화적 현실을 수용하고 보호한다. 직장에서 차별을 금지하고 공직으로의 취직을 적극 지원하며 직업훈련에 대한 제도적 지원도 이루어진다. 이 모델은 정책과정에 이주민들의 참여를 보장하여 그들의 의견을 수렴하며, 지방선거 등의 참여를 보장하는 참정권도 주어진다. 뿐만 아니라 이주민들과 주류 집단 간의 갈등완화를 위해 주류 집단 대상으로 다문화교육을 시행하는 등 국가 차원에서 다양한 조치가 적극적으로 이루어진다(지종화 외, 2009). 다문화주의 모델은 가장 바람직한 사회통합정책으로서 우리나라가 추구하는 정책모델이기도 하다. 이처럼 다문화주의 모델은 기본적으로 각 집단에 존재하는 문화적 이질성을 존중하며 이들의 다양한 언어, 문화, 종교, 민적 등을 보장해 줌으로써 사회통합을 유지하려는 전략을 말한다. 하지만 한국 다문화사회의 현실은 이주민 유형별로 각기 다른 정책모델의 가치관이 혼재하며 사회통합에 대한 원칙과 철학이 정립되지 못한 채 다문화관련 정책들이 수립 · 집행되어 왔다(김수진 외, 2018).

한편, 다문화주의 모델에도 비판점이 있다. 첫째, 개인의 문화적 정체성에 혼란을 초래할 수 있다. 다문화주의는 주류문화 집단에 개인을 귀속시켜 자신의 정체성을 지킬 수 있게 지원하는 것이다. 이는 집단들 간의 경계가 더욱 공고히 되어 배타주의적 다문화주의로 변질되어 개인을 그 집단 안에 고립시킬 수 있다.

둘째, 사회적 연대를 해치고 사회적 갈등과 분열을 초래할 우려가 있다. 다문화주의 모델은 주류문화와 소수 문화의 경계를 획정하여 다른 인종집단과 상호작용이 거의 없는 문화적 게토(getto)를 초래할 수 있다는 것이다. 캐나다의 경우 영어권 캐나다인들이 불어권 캐나다인들에 대해 전혀 관심이 없고 교류도 없으며 불어로 발행되는 매체와 방송을 보지 않는 현상이 이를 보여준다. 이 경우 동화주의 모델 정책으로 하나의 문화로 편입시키는 것이 사회통합에 이롭다는 역설이 존재할 수도 있다.

셋째, 소수 이주민에 대한 적극적 지원과 보호는 다수에 대한 역차별을 초래할 수 있다. 정책과정에 참여하려는 소수집단의 종류와 수가 늘어나면서 자신의 욕구와 특수한 정체성에 대한 인정과 재정적 지원, 특별 대우 등을 더욱 요구하게 되었다. 이것은 집단 간의 경쟁을 유발하여 사회의 분열과 갈등을 조장할 수 있고 다른 구성원들이 차별을 받을 수도 있다. 다문화주의 모델은 민주주의와 번영을 이루며 소수집단의 권리를 존중하는데 많은 성과가 있었다. 반면에 다문화주의 모델의 정책이 추구하는 다문화사회와 역행하는 결과를 낳을 수도 있다(지종화 외, 2009). 동화주의, 다문화주의 및 차별적 배제 모델을 요약하면 **표 2.1**과 같다.

차별적 배제 모델, 동화주의 모델, 다문화주의 모델은 각국의 사회통합정책을 쉽게 설명하기 위해서 만들어낸 이념형(ideal type)으로서, 차별적 배제 모델은 정착이민을 거의 정하지 않던 1990년대 일본의 통합정책, 용광로 모델로 불리는 동화주의 모델은 1965년 이전 미국의 통합정책, 다문화주의 모델은 캐나다와 호주의 이민자 통합정책

표 2.1 사회통합정책의 유형

구분	차별적 배제 모델	동화주의 모델	다문화주의 모델
문화적 지향	문화적 배제, 타문화에 대한 이해의 노력 없음	문화적 동질화 추구, 타문화에 대한 추상적 이해와 수용	문화적 이질성 존중, 다문화에 대한 인정과 보호
정책 정향	국가가 원하지 않는 이주민의 영주 가능성을 막고, 내국인과 차별적 대우를 유지함	동화를 지원하고 제도적으로 내국인과 동등하게 대우하려 함	소수자의 동등한 가치를 인정하고 적극적 조치 등 우대조치를 마련함
정책 목표	인종적 소수자의 제거 및 최소화	소수자집단의 주류사회로의 동화	문화적 다양성의 인정과 주류사회와 소수자집단의 공존을 통한 사회통합
국가 역할	적극적 규제	제한적 지원	적극적 지원
이주민에 대한 관점	이방인, 노동력, 위협적 존재	완전한 동화를 전제로 인정, 통합의 대상	상호존중과 관용, 다양성의 원천
평등 개념	차별의 정당성 강조	사회보장 및 기회의 평등	적극적 조치
법적 수단	단속 및 추방	소수자집단 차별방지의 법제화(소극적 수단)	제반 권리의 허용, 소수자집단 문화와 권리 보호의 법제화(적극적 수단)
국적 부여	속인주의, 엄격한 조건	속지주의, 용이한 조건	속지주의, 이중국적 허용
정체성	이질화	동질화	이질화
갈등 해소 방안	배제 및 사전규제를 통한 갈등의 방지	완전한 동화를 통한 사회갈등 해소	완전한 참여를 통한 사회갈등 해소
문제점	불법체류 단속의 강화, 인권침해 문제 등 발생	이주민 동화의 현실적 어려움, 현실적인 사회적 배제	민족정체성 약화 및 사회적 분열 초래

자료: 한승준(2008); 박진경(2010: 266); 김순양(2013:39)

을 근거로 추출한 것이다(설동훈 외, 2013).

이 외에 어느 한 형태의 유형으로 통합정책을 고집하는 것이 아니라 정책별로 상황과 조건에 따라 다르게 적용하는 경우가 있다. 이주민의 다양한 역사적 · 사회적 배경과 내국민의 성향 그리고 그 당시의 국내 환경에 따라 복합적인 모델을 추진하기도 한다(김학태, 2015).

2) 다문화 이론

(1) 용광로 이론

용광로 이론(theory of melting pot)은 다문화의 대표적인 이론으로 18~19세기부터 정립되기 시작하였다. 미국이라는 사회를 하나의 거대한 용광로로 보고 수많은 이민자를 철광석에 비유하여 그들이 미국 사회에 정착하는 과정에서 백인 주류인 WASP(White Anglo Saxon and Protestant, 앵글로색슨계의 신교도 백인종이라는 의미) 문화에 용해되어 미국인이라는 새로운 인종으로 바뀐다는 이론으로, 동화교육을 의미한다.

계몽사상과 다윈(Darwin)의 진화론 그리고 백인 주류문화를 바탕으로 생겨났으며, 1921년 영국의 철학자인 길버트 체스터톤(Gilbert Chesterton)이 미국을 방문해 다양한 인종이 한데 어울려 사는 모습을 매우 인상적으로 느껴 그것을 용광로에 비유한 데서 비롯되었다. 마치 여러 성분이 섞인 쇠붙이가 용광로에 들어가 일정 시간이 지나면 녹아 순도가 높은 금, 은 그리고 강철이 되어 나오듯 미국이라는 거대 용광로를 통해 다양한 혈통의 이민자가 뒤섞여 새로운 인종인 순수 미국인이 태어난다는 것이다. 이러한 개념은 18~19세기부터 정립되기 시작하였고 'melting pot'라는 용어는 미국이 다양한 인종과 문화를 흡수하는 사회라는 개념으로 사용하게 되었다.

(2) 모자이크 이론

모자이크 이론(theory of mosaic)은 캐나다의 존 머레이 깁슨(John Murray Gibbon)이 그의 저서 '캐나다식 모자이크(canadian mosaic)'에서 1938년 처음으로 모자이크 이론이라는 용어를 사용한 데서 유래되었다.

캐나다는 이민자의 나라로서, 역사와 문화적 배경을 달리하는 세계 각지에서 온 수많은 이민 집단으로 구성되어 있다. 따라서 다수의 이질적인 집단을 조화시켜 원만한 사회통합을 이루는 것이 우선적인 국가적 관심사가 되어 왔다. 인종과 문화의 뿌리가 다양한 사람들이 모여 총체적으로 만들어낸 국가로서의 캐나다가 지향하는 중요한 가치가 다문화주의이다. 흔히 미국 문화를 '인종의 도가니', 캐나다 문화를 '인종의 모자이크'라고 말한다.

미국은 다양한 인종을 이민으로 받아들여 미국 정신이라는 일종의 도가니에서 용해시키는 반면, 캐나다는 소수민족 문화를 용해시키기보다는 각 문화를 살려 내 화려한 모자이크 패턴을 만드는 다문화주의를 추구한다는 뜻이다. 이와 관련하여 현재 캐나다에서는 문화적 다양성을 국가 정체성으로 표명하는 다문화주의 정책(multiculturalism policy)을 구현하고 있다.

그러나 1970년대 캐나다에서 생성된 모자이크 이론도 여러 색상의 조각인 이민자들이 모여서 하나의 아름다운 모자이크의 완성을 이룬다 해도 그것 역시 바탕이 되는 밑그림은 서구 문화를 근간으로 한다는 이유로 미국의 용광로 이론처럼 비난을 받는다.

(3) 샐러드 볼 이론

캐나다의 모자이크 개념과 유사하고 미국에서 최근에 지향하는 정책으로 문화 다원주의 이론의 동의어로 사용하며, 하위 문화의 다양성을 인정하고 존중하는 터전 위에 문화 통합, 국가 통합의 가능성을 인정하는 이론이다(김문홍, 2010). 미국의 경우 2차 세계대전까지 이른바 '용광로 이론'으로 유명하였다. 이것은 세계의 모든 민족이 미국에 유입되면 마치 용광로와 같이 녹아 미국인이라는 새로운 인간으로 변화하고 미국에는 미국인만이 존재한다는 것이다. 그러나 근년에는 용광로 이론이 아니라 샐러드 볼 이론(theory of salad bowl, salad bowl theory)이 지배적이다. 미국에 온 모든 민족이 자기의 독특한 맛을 내어 이루는 다양한 조화가 미국이 지향하는 정책이라는 것이다. 용광로 이론이 단일민족 국가의 이론이었다면 샐러드 볼 이론은 다민족 국가의 이념이다.

이 이론은 20세기 후반 세계화 시대로 진입하면서 제기된 다문화교육 이론으로, 국가나 민족의 경계를 허물어 이민자의 정체성을 보존하게 하려는 것이다. 이는 다양한 고유문화의 특성을 살릴 뿐만 아니라 문화를 스스로 선택할 수 있는 문화다원주의에서 비롯되었다.

3) 다문화교육 이론

다문화교육이라는 용어가 부각되기 시작한 것은 2006년 하인즈 워드(Hines Word)의 방문 이후이다. 미국에서는 1970년대부터 다문화교육이라는 용어를 사용해 오고 있다. 다문화교육을 정의하는 것은 학자마다 조금씩 다르다. 그 중 다문화교육의 선두자격인 뱅크스(Banks)는 다문화교육을 다음과 같이 정의하고 있다. "다문화교육은 교육 철학이자 교육 개혁 운동으로, 교육기관의 구조를 바꾸어 학생들에게 평등한 교육 기회를 제공하는 것이 중요한 목표다." 또한 여러 개념을 조합한 베넷(Bennett)은 다문화교육을 네 가지 구성요소인 평등교육, 교육과정 개혁, 다문화적 능력, 사회정의를 향한 교육으로 구분해서 "다문화교육은 평등교육을 목표로 교육과정 개혁을 통하여 주류 집단과 소수집단의 모든 사람이 다문화적 능력을 배양하여 사회정의의 실현에 참여할 수 있도록 하는 교육"이라 정의하였다. 이처럼 다문화교육의 유형을 구분하는 다양한 이론들이 있지만 뱅크스와 베넷의 대표적인 두 가지만 살펴보기로 한다.

(1) 뱅크스의 시민화 교육과정과 다문화교육 과정

다문화교육의 대표적인 이론가인 뱅크스는 전 세계적으로 국민, 국가 내부의 다양성이 증가하고 그에 대한 인식도 증가하고 있는 상황에서 우리는 위험하고 혼란스러운 불화의 세계 속에 살고 있으며, 이러한 세계는 문화적 · 민족적 · 종교적 경계선을 연결하고, 참신한 가능성을 구상하며, 새로운 패러다임을 창출하고, 개인적 변혁과 미래지향적 행동에 종사하는 지도자와 교육자, 교사를 필요로 한다고 하였다. 뱅크스는 다문화교육을 다양한 사회 계층, 인종, 민족, 성배경을 지닌 모든 학생이 평등한 교육기회를 경험할 수 있도록 교육과정과 교육제도를 개선하고자 하는 교육 개혁 운동으로 정의하였다.

뱅크스는 다문화교육영역을 5가지 차원으로 구분하였다. 첫째, 내용통합이다. 내용통합은 다양한 문화를 통합하여 가르치는 것을 말한다. 둘째, 지식구성 과정이다. 지식구성 과정은 지식이 문화적 맥락에 의존해서 구성된다는 것을 가르치는 것이다. 셋째, 편견 감소이다. 편견 감소는 반 편견 교육을 강화하는 것이다. 넷째, 평등한 교수-학습방법으로 학생들의 다양한 문화에 맞게 다양한 교수법을 사용한다. 다문화교육은 비판이론과 구성주의를 결합한 교육사상을 가지고 여러 문화적 · 인종적 집단에 존재하는 학습 습관에 부합하는 다양한 교수법을 사용하며, 지식 구성 및 활용, 문화 감응 교수, 협동학습 등을 강조한다. 다섯째, 다양한 집단으로 구성된 학생의 역량을 강화하는 학교 문화이다. 학생들에게 다문화교육의 기회를 제공하는 학교 문화를 창조한다.

결론적으로 뱅크스에 의하면 다문화교육은 다양한 집단의 요구와 열망을 반영하여 다양한 형태의 프로그램과 실천으로 출발하였으며, 교육적 형평성, 여성, 인종, 언어적 소수, 저소득층, 장애인과 관련된 광범위하면서 다양한 프로그램과 실천 국면을 총칭하는 개념으로 정의한다. 다문화교육은 소수자만을 위한 교육이 아니며 백인, 남성, 중산층 학생을 포함하여 모든 학생이 문화적 · 민족적 다양성이 증대되는 오늘날의 세계를 살아가는 데 필요한 지식, 기술, 태도를 함양하는 총체적 개혁 운동으로 보기도 한다.

이러한 다문화교육의 가장 중요한 목적은 다양한 인종 · 민족 · 사회적 계급이 교육적으로 평등을 경험할 수 있도록 학교와 교육 제도의 개혁을 촉구하는 것이다. 또 다른 중요한 목적은 남학생과 여학생에게 교육적 성공과 사회적 이동을 경험할 수 있도록 동등한 기회를 제공하는 것이라고 하였다.

(2) 베넷의 다문화교육 과정 이론

베넷(Bennett, 2007)은 문화적 다원주의를 함양하는 민주주의 가치에 근거한 교수 학습 접근으로 학업 수월성과 공평의 요구, 다민족 사회의 현존, 상호 연관된 세계의 현존, 공평과 민주적 가치의 측면에서 다문화교육의 필요성을 역설한 바 있다. 또한 그는 다문화교육이란 다문화가 공존하는 민주주의 사회에서 이루어지는 교육으로, 상호 의존적인 세계 속에서 문화적으로 다양한 사회 안에 존재하는 문화다원주의를 수용하도록 가르치고 배우는 교수–학습 방법이라 하였다.

베넷은 미국과 같은 다원적 민주주의에서 다문화교육을 지지하는 사람은 모든 학생의 지적 · 사회적 · 개인적 발달의 가능성을 최대한 촉진하는 것이 공교육의 핵심 목표라고 주장한다. 또한 다문화교육의 정의의 네 가지 구성요소로 평등 교수법, 교육과정 개혁, 다문화적 역량, 사회정의 교육을 주장한다. 그 중 평등교육은 다문화가정의 자녀에게 학교에 입학하는 기회를 제공하는 것과 같은 기회의 평등에 그치는 것이 아닌 각각의 아동이 가지고 있던 잠재력을 발현할 수 있도록 또는 문화적 차이에 따른 결핍이 없도록 지원해야 함을 의미하는 과정의 평등이라고 할 수 있다. 다음으로 교육과정 개혁은 다른 사람의 입장이 되어 판단할 수 있는 비판적 사고력을 키울 수 있는 내용이 교육과정에 포함되도록 하는 것이다. 다문화적 역량은 다양한 방식으로 인식하고 생각하고 평가하고 행동할 수 있는 역량을 말하는데, 자국 내 또는 국가 간에 존재하는 문화적 다양성을 이해하고 조율하는 방법을 학습하는 것이 중요하다. 마지막으로 사회정의를 향한 교육은 사회정의를 향한 교육을 통해 깨닫지 못했던 인종차별, 계급차별 등의 차별을 인식하고 적절한 대응이나 문제해결 행동으로 옮기는 것을 말한다. 이처럼 다문화교육을 구성하며 상호 관련성을 가진 4가지 범위를 제시하고 있는데, 다문화교육은 문화다원주의를 지지하고 확장하는 과정이며, 이는 소수민족집단이 자신의 고유문화를 포기하고 주류사회에 흡수되는 동화주의나 용광로의 이미지가 아니라 자신의 문화적 양식을 자유롭게 유지하도록 승인한다는 것이다.

다시 말해 다문화교육은 인권 운동에서 시작하여 인종주의에 반대하고 다양한 형태의 차별을 거부하는 학교 교육 개혁 운동으로 확장되었으며, 문화적 다양성에 대한 학생들의 긍정적인 인식을 확대하려 하였다. 그리하여 자신과 타인의 문화에 대한 상호이해, 타문화를 바르게 평가하고 각 개인의 인생관을 존중하며 다양한 형태의 차별에 저항하는 힘을 기르는 다문화적 역량을 가진 교수–학습의 변혁까지 발전하였다. 따라서 다문화교육은 문화다원주의를 지향하는 다문화사회에서 모든 학생이 문화적 · 민족적 다양성을 존중하고 발전시키는 데 필요한 지식 · 기능 · 태도를 함양하는 총체적 교육 운동이라 할 것이다.

이처럼 이 두 이론은 사실 크게 다르지 않다. 교육과정을 개편하여 다문화사회인으로 살아가는 데 필요한 문화역량을 강화시키기 위한 교육내용에 맞는 새로운 교수, 학습전략을 적용하는 공통적인 요소가 들어있기 때문이다.

4) 횡문화 돌봄 이론

횡문화 돌봄 이론은 다문화 대상자를 위한 임상적 접근으로 기존 이론들에 비해 비교적 최근에 대두되었다. 메들린 레닌저(Madeleleine Leininger)는 횡문화 돌봄의 창시자이며 인간돌봄이론의 선두주자이다. Nebraska Sutton Denver St.Anthony 간호학교를 졸업하고 간호사 생활을 시작했다. 졸업한 후 그는 미국 최초로 소아정신간호 임상전문 간호사 과정을 이수하였고 신시내티 대학교에서는 대학원생들에게 정신간호를 가르쳤다. 1950~1960년대 간호와 인류학이라는 책을 발간하였고 1978년에는 횡문화 돌봄 개념, 이론 및 실무라는 책을 발간하여 횡문화 돌봄의 주요 개념과 건강과 문화적 돌봄의 개념적 기틀을 설명하였다. 이처럼 레닌저 이론은 인류학에서 유래되었으나 간호학에 맞는 독특한 방법으로 개념화되어 횡문화 돌봄(transcultural nursing)이라는 주제로 제시되었다. 횡문화 간호는 문화와 그 하부 문화를 대상으로 그것에 적합한 돌봄과 보편적 돌봄을 제공하기 위해 돌봄 행위를 연구하여 비교분석하는 데 초점을 두고 지식체를 구성해 가는 간호의 영역이라고 정의하였다. 횡문화 돌봄의 목적은 문화적 차이를 이해하는 데 그치지 않고, 문화를 기초로 개념화되고 계획, 수행되는 간호지식과 실무를 구성하는 것이다. 돌봄 활동과 과정은 인간의 출생과 발달, 성장, 생존 및 평화로운 죽음을 위해 필수적이다. 돌봄은 생물학적, 문화적, 사회적, 환경적 차원을 가지며, 문화의 개념은 돌봄을 알고 이해하는 데 폭넓은 수단을 제공한다. 돌봄은 하나의 현상으로서 인간의 상태나 생활방식을 개선하고 향상시키기 위해 분명한 또는 예상되는 욕구를 가진 개인이나 집단을 도와주고 지지하고 촉진하려는 활동이다. 문화는 사고, 결정, 행동 및 생활방식 등을 인도해주는 학습되고 공유되어져 전수된 가치, 신념, 규범 및 생활방식을 말한다.

레닌저 이론은 돌봄에 대한 의사결정과 행위가 서로 다른 문화에서는 돌봄의 방식도 서로 다르다는 가정 하에 문화간호의 특수성과 보편성을 강조하였다. 또한 횡문화적 돌봄 이론은 사회구조, 세계관, 문화적 가치, 환경적 배경, 언어표현, 민간과 전문적인 체계 등을 포함하고 있기 때문에 인간 삶의 정체성과 시간경과에 따른 존재를 다룬 가장 광범위한 총체적 간호이론이라 할 수 있다.

(1) 해돋이 모형

간호이론의 4가지 패러다임에 따라 레니저의 이론을 살펴보면 우선 간호는 돌봄(caring)으로 개인차원의 간호에 초점을 둔다. 대상으로서의 사람은 가족, 집단, 공동체를 포함하지만, 이 이론에서 사람 역시 문화에 한정된 것이다. 레닌저는 이론의 본질적인 구성요소를 설명하기 위하여 이론의 핵심적인 요소를 묘사한 해돋이 모형(Sunrise model)을 개발하였다(**그림 2.1**). 해돋이 모형(해가 떠오르는 것을 상징화시킨 것)은 인류의 문화적 배경과 사회구조, 그 문화 속에 살면서 배우거나 습득한 세계관 즉 언어, 역사, 환경적 맥락 등과 분리될 수 없다고 설명한다. 위쪽 반원은 기술적, 종교와 철학적 요인, 친족 및 사회적 요인, 문화적 가치 및 생활양식, 정치적 및 법적, 경제적 · 교육적 요인의 7가지 차원이 개인, 가족, 집단의 건강과 질병에 영향을 미친다고 하였다. 가운데 반원은 문화적 건강체계, 돌봄의 표현, 간호체계의 영향요인과 상호관

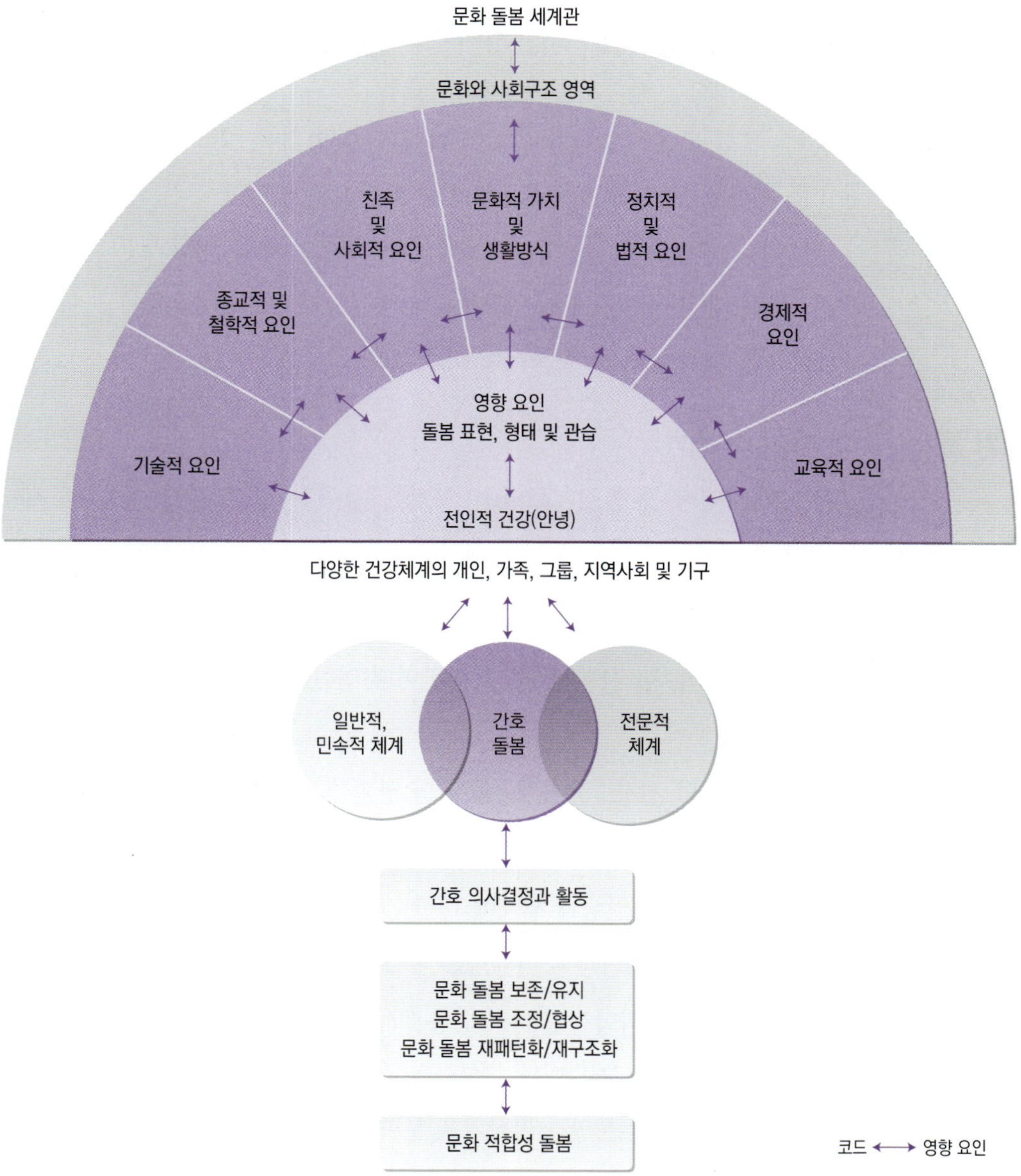

그림 2.1 해돋이 모형

출처: Leininger's Sunrise enabler to depict the Theory of Cultural Care Diversity and Universality(Reprinted by permission form Leininger, M. M., & McFarland, M. R.[2006]. Culture care diversity and universality: A worldwide theory for nursing[2nd ed. p.25]. Sunbury. MA: Tones & Bartlett, Publishers).

계를 나타내고 있으며, 이 두 개의 반원이 모여 하나의 큰 태양을 이루기 위해서는 간호사는 반드시 적절한 인간적인 간호와 건강을 고려해야 한다는 것이다. 또한 레닌저는 간호행동이 세 가지 형태인 문화적 돌봄의 보존과 유지, 문화적 돌봄의 조정과 협상

그리고 문화적 돌봄의 재패턴화와 재구조화의 간호활동을 통해서 민속적 영역과 전문적 영역 사이의 가교 역할을 한다고 주장하였다.

레닌저 이론은 문화 돌봄의 의미가 완전히 파악될 수 있으면 개인, 가족 그리고 집단의 건강관리를 예견할 수 있고 문화적으로 적절한 돌봄을 제공할 수 있다는 것이다. 문화 돌봄의 세계관을 어떻게 가지고 있느냐가 중요하며 그 다음 문화와 사회구조의 구조적 영역이 어떻게 되는지 7가지로 이해하고 돌봄의 표현, 형태, 관습은 문화권마다 다르고 이것은 건강, 죽음에 이르기까지 영향을 준다.

(2) 문화 돌봄 이론의 주요 개념

문화 돌봄 이론 개념에서 '문화적(culture)'이라는 용어가 가장 많이 사용되는데, Leininger는 이론과 관련하여 많은 용어를 개발하였다. Leininger가 제시한 문화 돌봄 이론의 몇 가지 주요 개념의 정의를 살펴보면 다음과 같다.

- ❖ **문화:** 인간의 생활양식, 한 사회의 개인, 집단이 자연환경 위에서 만들어내는 물질적 · 정신적 산물의 총체
- ❖ **문화적 돌봄:** 대상자의 건강, 장애, 죽음 등의 상황에 대하여 대처할 필요가 있는 사람들을 도와주며 촉진하는 종합적인 문화적 활동
- ❖ **세계관:** 개인 또는 그룹이 인생과 세계에 대한 가치, 자세, 심상 또는 견해처럼 그들과 관련된 주변 세상을 내다보고 이해하는 방법
- ❖ **횡문화 돌봄:** 인간적이고 과학적인 지식과 총괄적인 문화적 돌봄 현상에 초점을 맞춘 실무의 형식적 영역이며, 개인이나 그룹들의 건강(웰빙)을 유지하고 회복하는 것을 돕고 장애, 죽음 또는 다른 인간의 상황을 문화적으로 적합하고 이로운 방법으로 다루는 영역을 말한다. 즉, 서로 다른 문화에서 건강을 유지하고 회복하는 것을 돕고 장애, 죽음 등의 다양한 상황에 대하여 문화적으로 적합한 방법으로 다루는 능력
- ❖ **문화적 돌봄 보존 또는 유지:** 특정 문화의 사람들이 웰빙을 위하여 의미 있는 가치와 생활방식을 보존하고 유지하는 것과 질병으로부터 회복되고 장애나 죽음을 처리할 수 있도록 돕고 지지하고 지원하며 촉진하는 전문적 활동과 의사결정을 의미
- ❖ **전문적 돌봄 조정 또는 협상:** 지정된 문화(또는 하위문화)를 가진 사람들에게 의미있고 도움이 되며 일치된 건강 결과를 얻을 수 있도록 다른 사람들에게 적응하거나

협상하는 것을 돕는 지지적, 지원적, 촉진적 또는 전문적인 활동과 의사결정을 가능하게 하는 것

❖ **문화적 돌봄 재패턴화 또는 재구조화:** 대상자들의 삶의 방식을 재질서화, 변화, 또는 수정하여 보다 색다르고 도움이 되는 건강결과를 얻을 수 있도록 지지적, 지원적, 촉진적 또는 전문적 활동과 의사결정을 가능하게 하는 것

2. 다문화 관련 용어

1) 다문화

다문화란 앞에서 설명한 것처럼 하나 이상의 복수 문화를 의미한다. '많을 다(多)'자에 '문화(文化)'라는 말이 붙어서 '여러 나라의 생활양식'이라는 뜻이기도 하다. 영어로 multiculture 또는 multicultural이라고 하며, 한 사회 안에 여러 민족이나 여러 국가의 문화가 혼재하는 것을 이르는 말이다. 특히 '다문화'라는 용어는 여러 문화가 밀접한 관계를 맺는 가운데 하위문화 간에 생기는 여러 유형의 문제를 조화롭게 극복하고자 하는 의도에서 만든 용어라 볼 수 있다.

2) 다문화가족

한국의 다문화가족은 우리와 다른 민족 또는 다른 문화를 가진 사람들이 만나 구성된 가족을 총칭하는 용어이다. 세계화와 이주화의 영향으로 우리 사회는 외국인이 전체 인구의 2.2%를 차지할 정도의 다문화사회로 이미 진입하였고, 이는 국제결혼의 급증, 다문화가족 자녀의 증가, 외국인가족의 대두 등 가족 영역에서도 그대로 재현되어 다문화가족이 증가하고 있다. 근대 이후 한국의 다문화가족은 1950년 한국전쟁 이후 생겨난 미군 병사와 한국여성으로 구성된 가족, 1980년대 중반 이후 외국으로부터 유입된 이주노동자를 중심으로 구성된 가족 그리고 1990년대 후반 이후 결혼이민자와 한국인 배우자로 이루어진 가족을 다문화가족의 주체로 포함시킬 수 있다. 또한 외국인으로만 구성된 가족이나 외국인과 귀화자로 이루어진 가족 등도 다문화가족으로 볼 수 있다. 시대별로 다문화가족의 모습이 변화할 뿐만 아니라 다문화가족 개념 자체는 연구자에 따라 상이하여 다양하게 정

의되고 있다. 좁은 의미에서는 국제결혼으로 한정하여 결혼이민자와 한국인으로 형성된 가족을 지칭하기도 하고, 넓은 의미에서는 우리와 다른 민족 · 문화적 배경을 가진 사람들로 구성된 가족을 통칭하여 규정하기도 하며, 한국 사회에 거주하고 있는 외국인노동자, 결혼이민자, 외국인 거주자 및 그들의 자녀까지 포함하여 정의하기도 한다. 북한이탈주민이 대한민국에 넘어오게 되면 대한민국 국적을 취득하게 되므로 다문화가족의 범주에 포함될 수 없으나, 그들이 외국인노동자 및 외국인 거주자와 결혼하여 가정을 꾸리게 되면 다문화가족 범주에 포함된다. 또한 1990년대 중반 사회주의 체제의 와해와 더불어 북한 체제가 식량난으로 붕괴될 조짐을 보이던 시기에 탈북자가 늘어나면서 북한이탈주민, 즉 새터민 가정도 늘어나고 있다.

'다문화가족지원법'은 다음 각 목의 어느 하나에 해당하는 가족을 '다문화가족'으로 정의하고 있다(다문화가족지원법 제2조제1호). 결혼이민자와 출생, 인지 또는 귀화에 의하여 대한민국 국적을 취득한 자로 이루어진 가족, 인지 또는 귀화에 의하여 대한민국 국적을 취득한 자와 출생, 인지 또는 귀화에 의하여 대한민국 국적을 취득한 자로 이루어진 가족으로 한다.

3) 다문화교육

다문화교육의 개념과 정의에 대한 견해는 매우 다양한데, Bank(2006)는 다문화교육을 다양한 인종적, 민족적, 사회 계급 집단 출신의 학생들이 교육적 평등을 경험할 수 있도록 학교, 대학 등 교육기관을 변혁하는 것이라고 정의하였다(이신동 · 김진호 · 이상희 · 이경숙 · 차재경 · 이영, 2017). 다양한 민족, 인종, 계층, 성별, 지역 등의 차이로 인해 가지게 되는 다양한 집단의 문화를 이해하며, 문화적 가치를 존중하고 문화적 차이에 의해 발생하는 편견이나 갈등의 문제를 적극적으로 대처하는 능력을 함양하는 교육이 다문화교육이라는 정의도 있다(은지용, 2007). 여러 가지 정의가 있지만, 다문화교육의 가장 보편적 정의는 문화와 인종 배경이 다른 사람들이 상호의 문화를 이해하고 존중함으로서 인간의 존엄성과 인간의 평등성을 증진시키는 교육(권순희 · 박상준 · 이경한 · 정윤경 · 천호성, 2010; 박남수, 2007)으로 볼 수 있다. 다문화교육은 주류문화 속에 사회적 약자나 소수자의 문화에 대한 편견과 고정관념을 타파하며 주류사회나 문화에 완전히 동화되는 과정에서 겪게 되는 정체성 혼란, 소외 등과 같은 고통과 차별이 고착되도록 하는 사회구조를 개선하여 다양한 가치와 문화가 상존하는 사회를 지향한다(Bank, 2008). 즉, 다문화교육은 다양성을 인정하고, 평등을 추구하는 교육으로 인종, 언어, 문화, 종교, 성 등의 차이가 존중되어지며 차이가 결점이 아닌 장점으로 그리고 경쟁력으로 인정되어질 수 있도록 지원한다. 그래서 다문화교육은 차이를 동등하게 인정하는 교육이라고 볼 수 있다(Ghosh & Galczynski, 2016). 최근 들어 교육부도 다문화교육에 대한 통일된 정의는 없으나 가급적 포괄적인 정의를 사용하여 모든 학생이 다문화교육의 대상이 될 수 있도록 정의할 것을 권하고 있다(교육부, 2017). 다문화사회에 맞이하여 일반인과 성인도 평생교육의 관점에서 글로벌 시민교육과 시민참여교육의 한 형태로 다문화교육을 강조하기도 한다(강순원, 2010; 김진희 · 윤한수 2016; 배영주, 2009; 백은순 · 박형민, 2013).

이외에도 (1) 자신들이 속해있는 문화에 대한 올바른 이해와 서로 다른 문화에 대한 올바른 지식, 가치, 태도를 갖출 수 있도록 다양한 문화에 대한 교육의 필요성을 강조한 것(김선미, 2000), (2) 다양한 문화적 배경을 지닌 학생들의 다양한 교육적 요구에 보다 적합한 교육의 개념, 관점, 틀 혹은 기준(Gay, 1982; Grant, 1977; Frazier, 1977), (3) 다양한 문화, 인종, 사회에 속한 집단들이 사회에 서로 다르게 기여한 사실을 강조하고, 이를 가르치는 교육과정을 채택, 실행하는 것(미국백과사전, 1996), (4) 문화적 · 인종적 배경이 다른 사람들의 상호 문화적 전통을 이해하고 존중함으로써 궁극적으로 인간의 존엄성과 모든 인간의 평등성을 증진시키는 교육(Cambell) 등으로 개념을 정의하였다.

4) 국경 없는 마을

'국경 없는 마을'이란 경기도 안산시 원곡동 일대의 주민들을 대상으로 안산외국인노동자센터가 1999년부터 추진하고 있는 지역에서의 다문화 지역 공동체이다. 또한 최대의 이주민 집단 거주지인 안산 시화공단과 반월공단이 인접한 원곡동 마을을 지칭하는 용어이다. 현재는 차별 문화를 극복하고 다문화공동체의 형성을 도모하는 외국인 밀집 지역이라는 용어로 통용되고 있다. 원곡동은 본래 반월공단 노동자들의 배후 거주지로 조성된 곳이었는데 외환위기를 계기로 공단에 이주노동자들이 급속하게 유입됨으로써 이주노동자들의 집단 거주지로 급변하게 된다. 주민의 50% 이상이 이주노동자들로 대체됨으로써 원곡동의 경관과 상권이 그들의 중심지로 재편되고 그에 따른 사회문화적 문제들도 출현된다. 이처럼 한국 사회에서 유래없이 다문화적 시공간으로 변모한 원곡동에서 공동체적인 삶의 방식을 만들어 내는 시도라 할 수 있다. 문화적 사고로서 국경 없는 마을의 형성은 지역사회의 차별 문화, 즉 배타문화, 소외문화, 경쟁문화를 극복하고 더불어 살아가는 다문화공동체를 형성하고자 하는 것이다. 기존 체제에 대한 도전과 저항의 의미를 지니면서 기존 체제를 안정화하는 역할도 동시에 수행한다. 변화를 위한 실천을 강조하는 측면에서 국경 없는 마을은 다문화 지역사회 공동체이다.

5) 글로컬

세계를 의미하는 글로벌(global)과 지역을 말하는 로컬(local)의 합성어가 글로컬(glocal)이다. 세계화를 의미하는 글로벌의 의미를 포함하여 지역 단위에서 현지화를 추구하는 개념으로 사용되고 있다.

6) 혼종성

오늘날 문화 생산과 기획이 소위 지역을 넘어 초국적인 영역을 대상으로 하고 있는 혼종성(hybridity)은 서로 다른 문화가 섞이면서 생기는 정체성의 이중성, 중간성이 혼종성의 중요한 특성이다.

우리의 생활 세계에서 이질적인 문화와의 만남은 이미 일상적 조건이 되었다 해도 과언이 아니다. 이로 인해 발생한 문제는 문화의 지배와 피지배, 문화 간 이동의 역학 관계 변화 등이다. 이에 피에터스(Pieterse)는 세계화를 '전 지구적인 혼합물을 부상시키는 혼종화(hybridixation)의 과정'으로 정의하였다.

7) 디아스포라

어원상으로 디아스포라는 그리스어 전치사 dia('over' 혹은 'through', 우리말로 '~넘어', '여러 방향으로')와 동사 spora('to sow', 우리말로 '씨를 뿌리다')에서 유래되었다. 이는 우리말로 민족 분산 또는 민족 이산으로 번역되는데, 단지 같은 민족 구성원이 세계 여러 지역으로 흩어지는 과정뿐만 아니라 분산한 동족과 그들이 거주하는 장소와 공동체를 가리키기도 한다.

고대 그리스인은 소아시아와 지중해 연안을 무력으로 정복하고 식민지로 삼은 뒤 자국민을 그곳으로 이주시켜 세력을 확장하였는데, 이때의 디아스포라는 이주와 식민지 건설을 의미하는 능동적인 의미를 가졌으나, 디아스포라가 유대인의 유랑을 의미하는 용어로 사용되면서 부정적인 의미를 갖게 되었다. 1990년대 들어서면서 디아스포라는 다른 민족의 국제 이주, 망명, 난민, 이주노동자, 민족 공동체, 문화적 차이, 정체성 등을 아우르는 포괄적인 개념으로 사용되고 있다.

8) 국제결혼가정 자녀

한국인과 결혼한 외국인 배우자(이하 "결혼이민자") 사이에서 출생한 아동으로, 국적법 제2조제1항에 따라 출생과 동시에 한국 국민이 되므로 헌법 제31조에 의한 교육권을 보장받는다.

9) 중도입국자녀

중도입국자녀란 어린 시절을 대부분 외국에서 보내다가 어머니(외국인)가 한국인과 재혼하면서 뒤늦게 입국한 자녀들로, 우리말과 우리 사회에 대한 이해 없이 입국한 자녀를 말한다.

여성가족부 자료에 따르면 귀화신청을 한 중도입국자녀는 5,726명으로, 귀화신청을 하지 않는 수까지 포함하면 1만여 명으로 추정하고 있고 그 수는 매년 증가하고 있는 추세다. 이러한 상황에서 중도입국자녀들은 다양한 어려움을 겪고 있다. 그 중 가장 심각한 문제는 학업중단이다.

10) 코시안(온누리안)

코시안(Kosian)은 한국인과 아시아인 또는 온누리안은 한국인 아버지와 아시아인 어머니 사이에서 태어난 한국인 2세를 일컫는 용어이다. 코시안의 의미는 크게 4가지인 (1) 국제결혼 2세, (2) 이주아동, (3) 코시안 다문화가족, (4) 다문화가정이 모여 사는 동네로 사용되고 있는데 현재 코시안은 국제결혼가정 자녀, 이주 아동을 주로 지칭하여 사용하며, 지역적 개념의 '코시안 타운(kosian town)'은 '국경 없는 마을'로 불린다. 1996년경 안산외국인노동자센터에서 다문화가정을 가리키는 말로 처음 사용되었는데, 코시안이란 용어가 인종차별적이라는 지적이 여러 번 제기되었다. 현재 이들 아동들은 전체 대한민국 아동인구의 0.5%에 불과하지만, 2020년경에는 30%까지 확대될 것으로 예상되고 있다. 이러한 추세의 예상은 대한민국의 저출산과 국제결혼 증가에 기인한다.

11) 새터민가정

탈북자 출신의 남성과 여성 또는 탈북자 출신의 남성 또는 여성이 한국에 입국 후 한국의 여성 또는 남성과 결혼하여 구성된 가정을 말한다.

자율학습

선택형

1. 다문화 이론을 옳게 설명한 것은?

① 국가가 적극적으로 규제하는 모형은 동화주의 모델이다.
② 동화란 단일민족이나 우세문화에 일치되는 것을 말한다.
③ 문화적 동질화를 추구하는 모형은 차별적 배제 모델이다.
④ 문화사회의 사회통합을 위해 대두된 것이 다문화주의 모델이다.
⑤ 동화주의 모델은 완전한 참여를 통한 사회갈등을 해소하고자 한다,

2. Bennett의 다문화교육 구성의 4가지 범위에 해당되지 않는 것은?

① 편견감소
② 사회정의
③ 평등교수법
④ 다문화적 능력
⑤ 교육과정 재편성

3. 다음 중 Banks의 다문화교육의 구성요소에 해당되지 않는 것은?

① 내용통합 ② 편견감소
③ 평등교수법 ④ 지식습득과정
⑤ 교육문화역량강화

4. 차별문화를 극복하고 다문화 공동체의 구성을 도모하는 외국인 밀집 지역이라는 용어로 통용되는 말은?

① 다문화 ② 혼종성
③ 온누리안 ④ 디아스포라
⑤ 원곡동 마을

5. Leininger의 횡문화 돌봄 이론에서 3가지 간호 전달 행위 중 대상자의 생활방식을 수정, 변화시켜 도움이 되는 건강결과를 얻을 수 있도록 돕는 지원적 · 전문적 활동을 무엇이라 하는가?
   ① 문화적 돌봄의 재구조화
   ② 문화적 돌봄의 보존과 유지
   ③ 문화적 돌봄의 조정과 협상
   ④ 문화적 돌봄의 결정과 활동
   ⑤ 문화적 돌봄의 적용과 과정

비판적 사고

1. 한 국가가 이주근로자나 이주민을 수용하는 유형에 따라 분류한 모델 중 다문화 모델의 특징에 대하여 기술하시오.

2. Leninnger의 횡문화 돌봄 이론인 해돋이 모형에 대하여 설명하시오.

3. 다문화교육이 필요하다고 생각하는 이유는 무엇인가?

선택형 정답: 1.④, 2.①, 3.⑤, 4.⑤, 5.⑤

CHAPTER

3

세계화와 다문화

개요

현대사회는 세계화의 물결로 인해 국가 간에 존재하던 인위적 장벽이 무너지고 세계가 일종의 거대한 단일 시장으로 통합하는 추세를 보이고 있다. 이에 따라 국가 간 인구 이동이 증가하면서 문화적 갈등이 증폭되고 있다.

따라서 세계화에 대한 총체적 개념과 인구 이동의 역사적 배경 및 인구 이동으로 발생하는 문화적 갈등을 파악하여 우리 사회가 다문화사회로 전환되면서 드러나고 있는 문제를 성찰해 볼 필요가 있다. 또한 인구 이동으로 인해 이주민뿐만 아니라 내국인도 문화적 갈등을 경험하고 있어, 상호 존중에 바탕을 둔 조화로운 다문화사회 구현을 위한 방안이 논의되어야 한다.

본 장에서는 세계화의 의미, 세계적인 인구 이동의 역사, 인구 이동과 문화적 갈등에 대하여 알아보고자 한다.

1. 세계화의 의미

세계화(globalization)는 “국가 간의 교통 · 통신 수단 및 정보 · 통신 기술의 비약적인 발달이 뒷받침되어 국가 및 지역 간에 존재하던 상품 · 서비스 · 자본 · 노동 · 정보 등에 대한 인위적 장벽이 제거되어 사회 · 경제적 생활 공동체의 범위가 국가를 초월하여 확대되면서 전 세계가 하나로 통합되고, 상호 의존성이 증대되는 현상”을 의미한다.

세계화의 개념은 보는 시각과 관점에 따라 규정이 다양하다. 워터스(Waters)는 ‘세계화란 사회적 · 문화적 제도에 대한 지리학적 구속이 약해지고 이러한 사실을 사람들이 인식하게 되는 사회적 과정’이라고 정의하였다. 세계화라는 용어는 콜럼버스가 신대륙을 발견하면서 유럽에서 유래되어 영국의 산업혁명을 통하여 노동 간 · 나라 간 이동으로 사용이 확대된 것으로 볼 수 있다. 19세기까지의 세계화는 서양식 근대화였으며, 주로 경제적 패러다임에 기초한 시민 국가를 세우는 것이었다. 서구의 합리주의적인 정신은 아프리카, 남아메리카, 아시아를 원료 채취국과 상품 판매국으로 전락시켰으며, 이에 제3세계의 민족 국가는 서구식 경제체제에 의해 통합되었다(이종복 등, 2012).

20세기의 세계화는 경제적 차원보다는 정치적 패러다임에 의한 국제 관계를 강조하고 있다. 20세기는 인류가 냉전 구도와 함께 1차 · 2차 세계대전을 거치면서 전쟁이나 식민지 개척이 공존에 이롭지 않다는 것을 인식하고 국제 간 협력의 필요성에 대한 이해를 이루었던 시기이다. 최근의 세계화 개념은 일반적으로 자본과 상품의 전 세계적 유통 과정과 이로 인해 파생되는 경제적 변화에 초점을 두는 관점에서 지칭하고 있다. 세계화는 각 나라의 경제가 세계경제로 통합되어 국가 간에 존재하던 자본, 노동, 정보, 상품, 서비스 등에 대한 인위적인 장벽이 제거되고 세계가 일종의 거대한 단일 시장으로 통합되는 추세를 의미한다. 이와 같은 경제적 차원의 세계화로 인한 국가 간 · 기업 간 무한 경쟁의 극대화, 거대 기업의 주도적 역할로 인한 단일 시장화 등의 문제점도 드러나고 있다.

일반적으로 세계화란 “국제적인 상호 의존도와 네트워크 형성으로 모든 사람이 국경을 초월하여 삶의 터전을 전 세계로 확대해 가는 현상”이라 할 수 있다. 또한 “지구를 인류 공동의 삶의 터전으로 인식하여 세계가 당면한 문제를 공동으로 해결하면서 국경 없이 자유롭게 교류하고자 하는 의도와 이를 실천하는 현상”이라고도 할 수 있다.

21세기를 관통하고 있는 정보화와 세계화는 지구촌을 엮는 하나의 거대한 망(web)을 형성하는 구성적 측면에서의 특징으로 나타나고 있다. 과거의 인류는 지리적 영토를 중심으로 하는 국경을 바탕으로 배타적인 주권을 행사하는 세계 구성원으로서의 지위와 권리 그리고 의무를 행사해 왔다. 그러나 정보 · 통신의 발전으로 인한 시공간의 초월, 국경을 넘나드는 자본의 흐름 그리고 자연재해 및 전쟁 등 여러 가지 위기 상황을 인류가 겪게 되면서 개별 국가의 범주를 넘어 인류의 보편적 가치를 지향하는 세계인으로서의 관심이 증대되고 있다.

현재 전 세계는 세계화의 물결 속에 휘말려 있다. 따라서 오늘날을 살고 있는 모든 사람은 이를 피할 수 없으며, 우리나라도 예외가 아니다. 이러한 세계화는 경제 · 사회 · 문화 등 우리 사회의 전 분야에서 많은 변화를 일으킬 것이며, 개인의 삶과 가치관의 변화가 이루어질 것이다. 개인이나 사회가 세계화 현상을 받아들이지 못한다면 모든 측면에서 경쟁력을 상실할 수 밖에 없다.

세계화는 인류에게 많은 기회를 제공해 줄 것이다. 경제 체계의 변화로 높은 경제 성장을 이룩하고, 사회적 · 문화적 가치 체계의 변화는 보다 효율적이고 자유와 평등이 보장되는 사회로 발전할 수도 있다. 이러한 변화 속에서 개인이 세계화된 가치를 받아들이고 경쟁력을 갖출 때 더 많은 기회를 제공받게 되며, 기회를 효율적으로 활용할 수 있을 것이다. 그러나 세계화에 이러한 장점만 존재하는 것은 아니다. 오히려 '국경 없는 무한 경쟁'이라는 세계화의 특징적 추세에 적절하게 대응하지 못한 국가나 사회는 경제적으로 선진국에 종속될 수 있으며, 가치관의 혼란과 대립으로 인하여 정체될 수도 있고, 획일화된 전 세계의 문화는 각국의 고유한 문화를 소멸시키는 결과를 낳을 수도 있다. 따라서 세계화의 개념을 올바르게 이해하여 세계화의 양면성에 효율적으로 대처할 필요가 있다.

2. 세계적인 인구 이동의 역사

1) 인구 이동의 개념

인구 이동(human migration)은 경제적 · 문화적 · 지리적 · 인구학적 요인에 의해 인구가 한 지역에서 다른 지역으로 이동하는 현상을 말한다. 또한 영구적인 이동에서부터 유목민의 주기적인 이동까지를 총칭한다. 인구 이동의 유형은 자신이 원치 않음에도 불구하고 이루어지는 무력, 침략, 정복에 의한 식민지 정착과 노예제를 포함하는 강제적 이동, 경제적 활동의 필요성에 의한 상업적 이동, 자연재해로 인한 대피를 목적으로 하는 일시적 이동 등으로 다양하다. 그러나 현대에 있어서의 인구 이동은 경제적 · 사회적 목적을 위하여 개인이나 가족이 이동하는 것을 말한다.

국제연합(UN)은 인구 이동을 '지리상의 단위 지역에 있어서의 지리적 유동성, 즉 공간적 유동성의 한 형태로서 일반적으로 출발지에서 목적지로의 주소 변경을 수반하는 것'이라고 규정하고 있다. 인구가 이동하는 요인으로는 경제적 요인, 정치적 요인, 인구학적 요인, 문화적 요인, 지리적 요인 등 많은 요인이 있으며, 이들 다양한 요인이 복합되어 인구 이동이 이루어지기도 한다.

2) 인구 이동의 역사

인류의 역사에서 가장 큰 규모로 국제적 이동이 일어난 것은 유럽인들이 16세기부터 20세기에 걸쳐 신대륙으로 이주한 것이다. 세계의 인구 이동은 크게 몇 가지로 구분할 수 있다. 오늘날에는 세계 인구 중 약 2억 명이 이민 또는 취업을 위해 다른 나라로 이주하고 있다. 세계화에 따라 국가 간 생산 요소의 이동이 자유로워지면서 국가 간 노동자의 이동도 더욱 활발해졌다. 노동자의 국제 이동은 대체로 가난한 나라에서 잘 사는 나라로 이루어진다. 자신이 태어나고 자란 나라에서는 일자리를 구하기 어려운데 외국에 취업하면 더 많은 돈을 벌 수 있기 때문이다. 국제 이동 노동자 중에는 박사 학위를 가진 고학력 노동자도 있지만, 단순 노동을 하는 사람이 대부분이다.

세계적인 인구 이동의 역사는 인류가 시작되면서 비롯되었다고 할 수 있다. 그러나 국경이라는 개념이 형성되면서 인구의 이동은 통제를 받기 시작하였고, 대규모의 인구 이동은 19세기 후반 이후 다음과 같이 세 번에 거쳐 이루어졌다고 할 수 있다. 첫 번째로 19세기 후반에 서유럽에서 농업과 공업에 새로운 기술이 도입되면서 실업자가 급증하게 되자 약 3,500만 명 정도의 많은 농민과 수공업자들은 새로운 삶의 터전을 찾아 아메리카, 러시아, 오세아니아로 이주하게 되었다. 두 번째는 산업혁명으로 인한 인구 이동이다. 서유럽에서 시작된 산업혁명의 영향은 서유럽인을 이동시키는 것에서 끝나지 않았다. 서유럽의 공장에서 기계에 의해 값싸게 생산된 공업 제품이 아시아로 수출되면서 수많은 아시아의 농민과 수공업자들이 실업 상태에 놓이게 된다. 당시에 아시아의 농민은 가내 부업으로 공업 생산을 겸하는 수준에 머무르고 있었으므로 값싸게 수입되는 서유럽의 공업 제품과 상품 경쟁 · 가격 경쟁에서 크게 뒤처질 수밖에 없었고, 이로 인해 많은 실업자가 발생하게 된 것이다. 따라서 19세기 후반부터 20세기 전반에 이르기까지 약 6백만 명의 인도인이 실론과 동남아시아 그리고 라틴아메리카로 이동했으며, 그와 비슷한 수의 중국인이 동남아시아로 이주하게 되었다. 그리고 100만 명 이상의 일본인이 아메리카로 이동했고, 조금 늦게 시작되기는 했으나 우리나라도 20세기 전반에 약 300만 명이 다른 나라로 이동하였다. 세 번째의 인구 이동은 2차 세계대전 이후에 일어났다. 그 이전의 인구 이동은 주로 농업 경영을 목적으로 하여 이루어졌으므로 인구 밀집 지역에서 인구 밀도가 낮은 지역으로 이동하는 형태였으나, 이 시기에는 후진 공업국의 실업자가 공업 노동자가 되기 위하여 선진 공업국으로 이동하는 형태였다. 그 대표적인 사례로 라틴아메리카인과 아시아인의 미국으로의 이동, 아랍인의 서유럽으로의 이동, 동북아시아인의 일본으로의 이동이 있다.

현재 세계적으로 이주한 인구는 약 2억여 명으로 알려져 있다. 과거에 무력으로 이주했던 것과는 달리 현대는 자본의 힘과 경제적 차원에서 이주하는 시대라 할 수 있다. 1998년 ILO에서 발표한 세계 이주자는 아프리카 1,600~2,000만 명, 아시아 600~900만 명, 유럽 2,000만 명, 북아메리카 1,500~1,700만 명, 남 · 중앙아메리카 700~1,200만 명, 서아시아 600~700만 명 등이다(이종복 등, 2012).

인구 이동은 자본 이동과 마찬가지로 제약이 따르지만 현재에도 지속적으로 증가하고 있다. 경제적인 부를 창출하고 더 나은 삶의 기회를 찾아 이동하려는 사람은 어느 나라에나 존재한다. 또한 경제적으로 부강한 나라에서는 외국인이 유입되는 것을 방지하기 위하여 이들을 법률적으로 통제하기 위한 노력을 하지만, 그 사회의 구성원과 기업은 값싼 노동력이 필요하기 때문에 인구 이동은 지속적으로 증가하고 있는 것이다. 경제적으로 부강한 나라가 외국인근로자의 유입을 엄격히 규제한다고 하더라도 그 나라의 생산력은 외국인근로자가 있으므로 유지되고 있다. 이러한 인구 이동 현상은 국가 간 자본 이동과 더불어 세계 경제의 불안정성을 줄이는 완충제 역할을 하고 있다고 할 수 있다.

3) 한국인의 인구 이동과 성찰

우리나라의 경우 인구 이동은 국내이동과 국제이동으로 구분되는데, 국제이동은 다른 나라로 유출되는 인구 이동과 다른 나라에서 유입되는 인구 이동, 두 가지 차원에서 살펴볼 수 있다.

근대적 의미에서 한국인이 다른 나라로 가는 이민 역사는 미국으로의 첫 이민이 그 시초라고 할 수 있다. 1903년 1월 13일 101명의 한국 이민자를 실은 여객선이 하와이 부두에 도착하였으며, 1905년까지 만 3년간 7,200여 명의 한인이 하와이로 이주하게 되었다. 이민 후 이들은 주로 사탕수수 밭에서 중노동을 하였고, 그들 중 일부는 더 나은 임금을 위해 로스앤젤레스 등 미국 본토로 진출하기 시작하였다. 한편 이와 때를 같이하여 1905년 1,000여 명의 한인이 멕시코로 이민을 갔다. 미국은 1924년에 동양계 이민 불허법의 제정으로 한인에게 이민의 문호가 사실상 폐쇄되었던 기간도 있으나, 해방 이후 1950~1964년 동안 1만 4,000여 명의 한국인이 미국으로 이주하였으며, 주로 미군과 국제결혼한 여성과 전쟁고아의 입양 이주가 대부분이었다.

1960년대부터 1990년까지 다른 나라로의 한국인 인구 이동은 월남전 파병과 간호사와 광부의 서독 송출, 미국으로의 이동, 중동 지역으로의 건설 인력 송출 등을 들 수 있다. 이 시기에 외국으로 이동한 한국인들은 한국의 경제 발전과 대외 관계에 크게 기여하였다. 이러한 인구 이동이 한국 사회의 경제적 도약에 지대한 영향을 미친 경우는 독일로 송출된 간호사와 광부의 사례에서 찾아 볼 수 있다. 이처럼 한국간호사의 독일파견 초기에는 가톨릭과 기독교 중심의 민간이 주도했고 독일과의 제1차 간호요원 협정 후 1970년부터는 주로 정부가 주도하는 시기로 5년간 7,000여 명을 독일로 송출하였다. 서독으로 송출된 간호사와 광부의 수는 1966~1976년까지 간호사 약 1만 2,000여 명과 광부 8,000여 명에 이른다. 또한 한국간호인력의 중동 진출은 1970년대 중반부터 시작되었다.

표 3.1은 1963~1977년까지 파독 간호사와 광부 인력의 규모를 나타내고 있다. 1967년과 1968년의 파견 인원은 소규모였으나 광부는 1970년과 1974년에 파견 인력이 증가하였으며, 간호사는 1970~1974년까지 5년간 지속적으로 1,000명 이상이 파견되었다. 이 프로젝트가 시행되던 초기인 1960년대 초반 한국의 경제 구조는 농경 사회의 틀을 벗어나지 못하였다. 당시 한국은 높은 실업률과 외화 부족으로 전 세계적으로 국민 소득이 최하위인 실정이었다. 이에 따라 한국 정부는 유휴 노동력의 해외 송출을 통하여 국내 실업의 중압을 완화함과 동시에 기술 습득과 외화 획득을 위하여 간호사와 광부를 서독으로 파견하기에 이른다. 개인적으로 이들 간호사와 광부의 독일로의 파견이나 이주를 자극했던 요인은 가난으로부터의 탈출, 국내에서의 취업 기회의 부족 및 자기 계발 욕구의 작용이었다. 당시 한국 사회에서 미국화가 매우 강렬하였으므로 미국으로의 이주를 희망하는 사람이 많았다. 그러나 미국으로 가지 못하는 경우 독일을 포함한 선진 유럽으로의 이주도 차선책으로 작용했다.

외국으로 이주하는 이주민들은 서로 다른 꿈과 동기와 목적으로 국경을 넘게 된다. 그

표 3.1 1960~1970년대 서독으로의 인력 파견 현황

(단위: 명)

연도	간호사	광부	비고
1963	1,043	247	제1차 광부협정
1964		806	
1965		1,180	
1966	1,227	286	해외개발공사 간호사 파독
1967	421	7	
1968	91	3	
1969	837	10	간호요원협정
1970	1,717	1,305	제2차 광부협정
1971	1,363	982	
1972	1,449	71	
1973	1,182	842	
1974	1,206	1,088	간호요원 제2차 협정
1975	459	–	
1976	62	314	
1977	–	975	
합계	11,057	7,936	

출처: 독일병원협회(1995): 이애주 등(2011)에서 재인용

러나 국제적인 노동 이주의 경우에는 일반적인 공통된 특성과 패턴이 존재한다. 파독 간호사와 광부의 경우에도 국제 노동 이주에서 나타나는 공통점을 공유하고 있다. 이들에게 있어서도 국제 노동 이주의 주된 동기는 경제적인 것이었다.

당시 한국의 해외개발공사에서 간호조무사 자격증을 취득하고 1972년 독일로 떠나 일을 하다가 의학 공부를 마치고 의사가 된 이영숙씨의 수기에서는 한국의 경제 개발 시기에 가족을 위해 헌신한 '불쌍한 큰 누이 신드롬'이 전형적으로 나타난다. 한국 전쟁이 끝난 후 전라남도 해남에서 가난한 가족의 일곱 자매 중 맏이로 태어난 저자는 중학교를 졸업한 뒤 돈을 벌어 살림에 보탬이 되도록 일수놀이 수금원, 남의집살이 등을 하다가 중학교 선생님의 소개로 서울의 한 문구점에서 숙식을 해결해 주는 조건으로 일을 하고 있었다(이영숙, 2009: 재인용).

파독 간호사의 고백 1

그러던 어느 날 아버지께서 나를 찾아오셨다. "이북 고향 사람을 만났는데 해외개발공사에 1년 동안 다녀서 간호보조원 자격증을 따면 3년 계약으로 독일에서 일할 수 있다"라고 말씀하셨다. 그리고 "네가 만일 남자라면 3년간 군대에 가야 하는데 군대에 가는 대신 독일에 가지 않겠느냐"라고 물으셨다……. 내 나이 만 열일곱 살 때였다……. 부모님은 어려서부터 내게 아들 노릇을 해야 한다고 하면서, 동생들을 보살피다가 시집은 늦게 가라고 하셨다……. 맏이로서의 책임은 무겁고 막중했다……. 허름한 옷을 입고 주막집을 하시던 어머니는 빚을 내서 새 옷을 장만하는 나를 물끄러미 바라보셨다. 부러움과 슬픔이 반반 섞인, 말로 표현할 수 없는 그런 표정이셨다. 아버지는 "우리 영숙이는 독일에서 우리한테 꼭 돈을 보내줄 거야!"하며 자꾸 다짐을 하셨다. 나는 가족과 이별하는 슬픔보다 독일에 가서 일을 할 수 있고, 내가 번 돈을 송금하면 우리 집이 가난에 허덕이는 삶에서 벗어나고 동생들도 복학할 수 있다는 생각으로 가슴이 부풀어 올랐다.

출처: 이영숙(2009): 이애주 등(2011)에서 재인용

위의 사례에서 우리 국민의 경우에도 당시 경제적인 이유로 인하여 국경을 넘어야 했던 상황을 엿볼 수 있다. 이는 현재 우리나라에 들어와 있는 외국인주민 중 외국인근로자의 경우 국제 노동인구의 주된 이민 동기라 할 수 있는 경제적 이유로 인하여 꿈과 희망을 가지고 우리 사회로 들어오고 있는 점과 유사하다.

1990년대부터 현재까지 한국인의 해외 이주 현황은 **표 3.2**에서 보는 바와 같다. 해외이주자는 국내에서 해외 이주 신고를 한 후에 출국한 경우와 신고 없이 출국하여 거주 여권을 신청 · 발급 받은 경우, 출국한 후에도 신고를 하지 않은 경우 등이 포함된다. 표 3.2의 해외 이주 현황은 상기 출국 전 신고자와 신고 없이 출국 후 거주 여권을 발급 받은 경우를 말한다.

1990년대 이후 한국인의 주요 이주 국가로는 미국, 캐나다 등 북미 지역이 주류를 이루고 있는데, 그 주요인은 영어를 사용하는 선진국으로서 자녀 교육, 직업 선택의 폭, 기후, 종교 등의 측면에서 생활 여건이 양호하고, 이미 많은 동포가 진출하여 한인 커뮤니티(community)를 형성하고 있어 현지 정착이 용이하기 때문인 것으로 추정하고 있다. 이와 같은 해외 이주 신고자는 당분간 소폭의 증감을 보일 것으로 예상되고 있다.

이주 수민국별로 보면 미국의 경우 1990년에 1만 9,922명이었던 것이 점차 감소하여 2000년에는 5,244명, 2001년에는 4,565명으로 감소하다가 2002년부터 증가하는 추세를 보이고 있다. 2005년 17,393명, 2010년 12,447명으로 유지되다가 2015년부터 지속적

표 3.2 한국인의 해외 이주 현황(1990~2019년)

(단위: 명)

이주 수민국	1990	1995	2000	2005	2010	2015	2016	2017	2018	2019
미국	19,922	8,535	5,244	17,393	12,447	2,434	1,436	909	3,223	1,868
캐나다	1,611	3,289	9,295	3,898	2,721	225	69	209	1,092	789
호주	1,162	417	392	1,761	1,608	107	118	105	547	374
뉴질랜드	119	3,612	348	1,422	721	96	53	41	255	154
기타	500	64	28	4,233	3,521	4,269	3,108	179	1,213	852
계	23,314	15,917	15,307	28,708	21,018	7,131	4,784	1,263 (4,483)	6330	4,037

출처: 외교부 「해외이주신고」

※ 2017.12.21부터 개정 해외이주법이 연고이주자, 무연고이주자 외에 현지이주자도 신고하도록 함에 따라 2017년 통계부터는 연고이주, 무연고이주, 현지이주를 모두 합친 수치임[단, 2017년도의 경우, 2017.1.1.~12.20.간 이주목적 거주여권 발급자 수치(3,220명)는 포함되지 않음]

※ 해외이주신고자 현황에는 국제입양아가 포함되어 있지 않음

으로 감소하여 2018년에는 최저 수준인 909명으로 감소되었다. 그러다가 2018년 3,223명, 2019년 다시 감소한 1,868명이었다. 캐나다의 경우에는 1990년에 1,611명이었던 것이 점차 증가하여 2000년에는 9,295명으로 증가하여 한국인 이민자 수가 가장 많은 수민국이었다가 점차 감소하는 추세를 보이고 있고, 2015~2016년까지 지속적으로 감소하여 최저수준을 나타내었다. 2017년 209명, 2018년 1,092명으로 증가하였다가 2019년 789명으로 다시 감소추세를 보이고 있다. 호주의 경우에는 1990년에 1,162명이었던 것이 점차 감소하여 2000년에는 392명이었다가 그 후 점차 증가하여 2005년 1,761명, 2006년 1,940명으로 증가하였으나 그 이후 매년 소폭 감소추세이다. 그러다가 2018년 547명, 2019년 374명으로 다소 증가추세를 보이다가 감소되고 있다. 뉴질랜드는 1990년 119명이었던 것이 1995년 3,612명, 1996년 2,045명으로 급증한 이후 1997년 117명으로 급감하였으며 2005년 1,422명으로 증가추세였으나 2014년 96명으로 급격히 감소하였고 2017년 41명으로 최저수준을 보이고 있다. 2018년 255명으로 증가되었다가 2019년 154명으로 감소되었다. 기타 이민 수민국으로의 해외 이주는 2005~2016년까지 증가하는 추세를 보이고 있는데, 이는 중국으로의 이주가 많아진 결과이다. 그러다가 2017년 179명으로 대폭 감소되었고 2018년 1,213명, 2019년 852명으로 감소추세를 보이고 있다.

한국인의 해외 이주 목적 및 형태별로는 취업 이주, 독립 이주, 연고 이주(초청), 국제결혼, 사업 이주의 순으로 나타나고 있고, 2010년 대비 2011년의 경우 현지 이주자의 수

는 소폭 증가하고 있으며, 영주 귀국자는 소폭 감소하고 있다. 또한 국내에서부터 해외 이주를 준비하여 신고한 해외 이주 신고자는 감소세가 두드러지나 해외 이주의 목적으로 출국하였다가 거주국의 영주권 또는 장기체류사증을 취득한 현지 이주 신고자의 증감폭은 상대적으로 크지 않은 것으로 분석된다(외교통상부, 2012).

한국인의 해외 이주 추세는 1990년(2만 23,314명)부터 소폭 감소하다가 IMF 경제 체제 시기인 1997년(1만 12,484명)에 최저 수준을 보였으며, 2000년대 들어 점차 증가하는 추세를 보여왔으나, 2011년 22,628명으로 가장 높은 증가 추이를 보인 이후 2012년부터 급격히 감소하는 추세를 보이고 있다.

2017~2018년 해외이주신고자 수가 대폭 증가한 것은 개정 해외이주법이 2017년 12월 21일 시행됨에 따라 해외이주신고에 '현지이주' 항목이 추가되었기 때문이다. 우리나라가 아닌 해외에 거주하면서 영주권을 취득한 우리 국민은 기존에는 해외이주신고 대상이 아니었으나, 2017년 이후 현지이주 항목의 해외이주신고 대상에 포함하였다. 우리 국민이 해외 출국 전 신고하는 해외이주신고자(연고이주, 무연고이주)의 증감폭은 2017년 825명에서 2018년 879명으로 상대적으로 크지 않다.

1998년 이후 해외이주에는 미국에서 캐나다가 이주 1순위 국가가 되었다. 캐나다가 자국의 경제발전과 인구성장을 위해 독립, 사업, 투자이민을 적극적으로 수용하면서 비자발급을 미국보다 자유롭게 했기 때문이었다. 캐나다 외에 호주, 뉴질랜드 등도 사정은 비슷해 많은 한인 이민자들이 몰렸다. 그러나 2004년 미국이 다시 해외이주 1순위 국가로 바뀌었다. 또 한 가지 중요한 변화는 종전에는 가족 초청 이주가 주된 형태였지만, 최근 몇 년 사이 국내 경제의 불안정과 교육 여건에 대한 불만으로 30대 중산층들이 사업 또는 취업을 목적으로 하는 이주를 하고 있다. 이들은 우리 사회에서 전문직, 관리직 등에 종사하면서 중산층을 형성하던 사람들로, 해외이주를 선택한 주된 이유는 고용불안정, 지나친 경쟁, 자녀 교육, 사회복지 등 소위 '높은 삶의 질' 추구를 위해서 였다. 전 세계 영토 순위 109위인 우리나라 국민은 세계 181개국의 나라에서 뿌리내리며 살고 있다. 우리의 해외 이주는 아직 진행형이다.

이처럼 인구 이동 양상은 세계적인 차원에서나 한국의 이민사에서나 새로운 이주 현상으로 드러나고 있으며, 이와 같은 추세는 더욱 가속화될 것으로 보인다. 그러나 이와 같은 인구 이동을 외압으로 억제할 수는 없기 때문에 근본적인 문제 해결을 위한 정책을 통하여 인구 이동이 우리 사회에 초래할 충격에 대하여 적절히 대응해야 할 것이다.

3. 인구 이동과 문화적 갈등

1) 내국인의 문화적 갈등

한국으로 이주하고 있는 이주민의 체류 형태는 여전히 단순 기능 노동자와 결혼이주여성이 많지만 유학생, 단기 취업, 생산 숙련직 등 다양한 유형으로 변화하고 있다. 한편 이주민의 증가와 체류 기간의 연장, 정착하는 비율이 높아지면서 한국은 진정한 다문화사회로 진입하고 있는 중이라고 할 수 있다.

한국으로 이주한 이주민의 규모가 급증하면서 이주민의 출신 국가나 체류 형태의 다양성은 한국 사회의 정체성을 변화시키고 있다. 다문화현상에 의한 문화적 충격은 새로운 문화권으로 유입된 이주민에게만 나타나고 있는 것이 아니라 이들을 받아들이는 내국인에게도 이주민에 대한 편견, 배타성과 거부감 등 정체성의 문제를 통해 드러나고 있다.

한국인은 '한국인으로 인정받기 위한 조건'으로 부모가 한국인이라는 혈통적 요인보다 국적이나 한국 정치 제도와 법 존중 등 정치적 · 법적 요인을 중시한다. 이는 곧 단일민족임을 강조하던 전통적인 국민성이 점차 변하고 있음을 의미한다. 그러나 이주민의 출신 국가에 따라 편견의 정도가 다르고, 이주민은 '데니즌(denizen)'과 '마지즌(margizen)'으로 차별화된 삶을 살고 있다.

데니즌은 주로 전문직에 종사하는 사람으로, 일시적 이주를 통해 타국에 머물더라도 출신 국가의 시민권을 포기하지 않으며 체류 국가에 영주할 의사가 없는 주민을 말한다. 그럼에도 이들은 체류 국가에서 다국적 기업을 비롯한 소속 기업이 제공하는 복지 혜택 등 다양한 권리를 누리고 산다. 반면에 마지즌은 이주노동자처럼 체류 국가에서 법적 · 정치적 · 사회문화적 권리를 보장받지 못하고 주변적인 범주에서 살아가는 사회경제적 취약자를 일컫는다(권재일 등, 2012).

한국에 체류하고 있는 데니즌에 대한 한국인의 태도는 우호적이며 문화 교류 차원에서도 적극적인 양상을 보이고 있다. 그러나 마지즌에 대한 한국인의 태도는 편견과 반감이 적지 않은 것으로 나타나고 있다. 한국인은 이주민 가운데에서도 미국 출신을 가장 높게 평가하고 있는 반면, 동남아시아 또는 서남아시아 출신을 낮게 평가하고 있다. 이와 같은 차별은 공간적 차원에서도 나타나고 있다. 데니즌이 거주하는 지역은 중산층이 선호하는 지역으로 자리를 잡고, 마지즌이 형성하고 있는 공간은 게토화되어 기존 주민과 마찰이나 불화를 겪기도 한다.

한국에 체류하고 있는 외국인 이주민 중 약 30%가 거주하고 있는 경기도의 경우 도민의 10명 중 6명은 다문화사회로의 변화를 긍정적으로 평가하고 있다. 그러나 다문화사회화로 인한 불만을 느끼는 경우에서의 이유는 범죄 · 사회 불안전이 53.8%로 높게 지적되고 있다. 또한 다문화정책에 대한 지원 수준에 대해서는 적절하다는 응답이 40.4%로 가장 높게 나타나고 있으며, 다음으로는 부족(32.6%), 매우 부족(5.3%), 과도(3.4%) 등의 순으로 나타나고 있다(뉴스리더, 2011). 다문화정책에서 우선해야 할 분야에 대해서는 다문화가정 자녀 지원 사업 및 다문화의식 개선 등 다문화사회 조성 사업에 높은 관심을 보이고 있다. 이 지역은 외국인근로자의 밀집도가 높은 특성을 보이고 있지만, 예산의 70% 이상을 결혼이주자와 그 가족을 지원하는 데 할애하고 있어 외국인근로자에 대한 생활 실태 파악에서부터 다양한 관리 및 지원 정책을 보완해야 할 것이라고 지적되고 있다.

외국인 이주자 유입의 역사가 짧은 우리 사회에 이주자가 증가하고 시간이 지나면서 저출산 · 고령 사회의 대응 방안 및 노동시장과 국가 경제에 긍정적인 효과가 있다는 인식으로 외국인 이주자 유입의 필요성은 공감하고 있지만, 현실적으로는 불편을 느끼는 양면성이 나타나고 있다. 다문화사회가 빠르게 진행되고 있는 한국에서 이주민에 대한 편견과 차별은 사회 결속의 커다란 걸림돌이 되고 있다. 정책적인 차원에서도 국가경쟁력을 우선하는 외국인 인력 정책과 결혼 이민정책으로 접근함으로써 외국인 이주민을 권리를 가진 사회구성원으로 옹호하고 있지는 못하다. 따라서 이주민의 인권을 옹호하고 다양한 문화를 공적으로 인정하는 정책과 제도적인 개혁이 필요하다.

2) 이주민의 문화적 갈등

새로운 문화권으로 유입된 이주민의 문화적 갈등은 일상생활의 변화와 의사소통의 문제에 봉착하면서 비롯된다. 이주민의 새로운 문화에 대한 충격으로 인하여 나타나는 현상으로는 첫째, 배타 문화(anti stranger) 현상이 있다. 이는 타문화를 피하여 주변에 작은 고향을 만들게 되는 것을 말한다. 둘째, 타문화 몰입 현상(going stranger)이다. 자신의 문화를 무시하고 타문화를 무조건적으로 수용하고 몰입하는 현상으로, 타문화를 수용하고 맹신(accept－believe)하게 된다. 셋째, 타문화를 수용하고 존경하며 동일시하는 이중 문화 현상이다. 넷째, 자신이 공유한 정체성(identity)을 유지하며 살아가려는 경향이다(이종복 등, 2012). 거주 기간이 짧은 이주민의 경우에는 당장의 생활에 필요한 서비스를 필요로 하지만, 거주 기간이 길어지면서 이주자들은 집단을 형성하게 된다. 집단을 형성한 이주자들이 초기의 소극적 태도에서 벗어나 직업, 교육, 의료, 사회보장 등을 둘러싼 권리 확보와 차별 반대에 대해 강력히 요구하게 되면서 사회문화적 갈등이 증폭된다. 이에 따라 국가와 지역사회에서는 정책을 통하여 이주민에게 내국인과 동등한 대우와 권한을 부여하기도 하지만, 이주자에게도 이주민과 내국인의 공존에 필요한 상호 협력과 책임을 요구하게 된다.

한국은 이주자 정책을 통하여 이주자가 겪는 문화적 갈등을 최소화하고 한국 사회에 대한 적응을 돕기 위하여 경제, 건강 · 교육 · 영양, 정치, 사회문화, 보호 등 다섯 가지의 차원에서 그들의 권리를 보장하기 위해 노력하고 있다. 이에 따라 사회 적응, 직업 훈련, 가정 상담 및 육아 등 다문화가정에 대한 다양한 지원을 펼치는 상황이다. 하지만 이와 같은 정책이 현실과 격차를 보이고 있는데, 즉 이주민을 한국 문화에 적응시키기보다 동화시키려는 경향이 더 많은 것으로 지적되고 있다. 예를 들면 결혼이주여성에게는 한국 문화를 배우고 익히도록 하고 있지만 국제결혼을 한 남편이나 가족은 아내의 문화를 배우려 하지 않는다는 점과 국제결혼자녀에게 어머니 나라의 언어를 가르치는 데 소극적이라는 점을 들 수 있다. 또한 별거나 이혼을 하려는 다문화가정에 대한 중재에 있어서도 해결하기 어려운 법률 서비스를 지원하기보다 부부의 화해에만 집중하는 경향이 있다는 점이다.

우리나라의 이주자 정책은 전반적으로 이주민의 인권보호보다는 국가 경쟁력을 강화하는 데 더 초점을 맞추고 있기 때문에 국제사회의 보편적인 기준에서 볼 때 부족하다는 평가를 받고 있다. 진정한 다문화사회가 되기 위해서는 이주민만이 아니라 한국인에게도 문화적 차이를 충분히 인식할 수 있도록 교육하고, 상호 존중, 차별 금지를 위한 정책을 통하여 사회정의를 실현하고 조화로운 사회를 구현해야 할 것이다.

자율학습

선택형

1. 한국의 간호인력의 해외이주에 대한 설명으로 옳지 않은 것은?
   ① 간호사의 미국진출은 1965년 이후 활발해졌다
   ② 간호사의 중동진출은 1960년대 중반부터 시작되었다.
   ③ 간호사의 해외진출은 국가경제 발전의 원동력이 되었다.
   ④ 한국간호사의 독일파견 초기에는 가톨릭과 기독교 중심의 민간이 주도했다.
   ⑤ 독일과의 제1차 간호요원 협정 후 1970년부터는 주로 정부가 주도하는 시기로 5년간 7,000여 명을 독일로 송출하였다.

2. 데니즌(denizon)에 대한 옳은 설명은?
   ① 전문직에 종사하는 사람을 일컫는 말이다.
   ② 주변적인 범주에서 살아가는 취약자를 말한다.
   ③ 체류국가에서 복지혜택 등 다양한 권리만 누리지 못한다.
   ④ 체류국가에서 법적, 정치적, 사회 · 문화적 권리를 보장받지 못한다.
   ⑤ 출신국의 시민권을 포기하고 체류국가에 영주할 의사가 있는 주민을 말한다.

3. 세계화에 대한 설명으로 옳지 않는 것은?
   ① 상호 의존성이 증대되는 현상을 의미한다.
   ② 국제적인 상호 의존도와 네트워크 형성한다.
   ③ 사회적 · 문화적 제도에 대한 지리학적 구속이 약해지는 사회적 과정이다.
   ④ 모든 사람이 국경을 초월하여 삶의 터전을 전 세계로 확대해가는 현상이다.
   ⑤ 획일화된 전 세계의 문화는 각국의 고유한 문화를 발전시키는 결과를 낳을 수도 있다.

4. 이주민의 문화적 갈등과 이주 현황에 대한 옳지 않는 것은?
   ① 일상생활의 변화와 의사소통의 문제가 발생한다.
   ② 문화적 충격은 새로운 문화권으로 유입된 이주민에게만 나타나고 있다.
   ③ 이주민의 체류 형태는 여전히 단순 기능 노동자와 결혼이주여성이 많다.
   ④ 이주자에게도 이주민과 내국인의 공존에 필요한 상호 협력과 책임을 요구하게 된다.
   ⑤ 이주민의 출신 국가나 체류 형태의 다양성은 한국 사회의 정체성을 변화시키고 있다.

5. 한국인의 이주 현황에 대한 옳은 설명은?
   ① 1967~1968년에 파독 인원은 대규모였다.
   ② 2004년 캐나다가 해외이주 1순위 국가로 바뀌었다.
   ③ 1998년 이후 해외이주에는 미국이 이주 1순위 국가가 되었다.
   ④ 간호사의 파독은 1970~1974년까지 3년간 지속적으로 1,000명 이상이 파견되었다.
   ⑤ 2017년에서 2018년 해외이주신고자 수가 대폭 증가한 것은 개정 해외이주법에 '현지 이주신고' 항목이 추가되었기 때문이다.

비판적 사고

1. 인구 이동의 요인에 대하여 설명하시오.

2. 문화적 관점에서 세계화의 장 · 단점에 대하여 생각해 보시오.

3. 간호인력의 해외이주에 대하여 교재 이외에 추가적으로 찾아보고 학습하여 정리해 보시오.

선택형 정답: 1. ②, 2. ①, 3. ⑤, 4. ②, 5. ⑤

CHAPTER

4

한국 다문화사회의 이해

개요

우리나라에 거주하고 있는 외국인 이주민은 2019년 11월 현재 전 인구의 4.3%에 달하고 있다. 경제협력개발기구(Organization for Economic Cooperation and Development, OECD)는 체류 외국인이 차지하는 비중이 전체인구의 5% 이상인 경우 다문화사회로 분류하는데, 외국인 이주민 증가세를 감안할 때 한국은 곧 다문화사회로 진입될 전망이다.

우리나라에서 다문화적 배경을 가진 집단은 국민의 배우자(결혼이민자), 외국인근로자, 북한이탈주민, 다문화가정 자녀, 유학생 및 난민 등으로 구분된다. 한국에서의 다문화 현황과 한국인의 다문화에 대한 인식과 교육의 필요성을 살펴보고, 외국인 이주민의 개인적 · 가족적 · 사회적 차원에서의 적응 문제를 파악하여, 지역사회 구성원과 학생의 다문화에 대한 이해를 증진시켜 다문화사회로 변화하고 있는 우리나라에서 이주민과 그 자녀에 대한 차별을 없애고 건전한 사회적 통합을 위한 노력을 강구해야 한다.

본 장에서는 한국의 다문화 현황, 한국 다문화사회의 문제에 대하여 논의하고자 한다.

우리나라는 오랫동안 '단군신화', '백의민족', '단일민족'임을 강조하면서 순혈주의의 자긍심을 가지고 살아왔다. 우리나라의 건국신화는 단군을 시조로, 하늘에서 내려오신 아버지와 곰으로부터 사람이 된 어머니 사이에서 태어난 민족이라는 데 대하여 여러 가지 의미를 시사하고 있지만, 한국인은 다른 어떤 민족과도 비교할 수 없는 단일민족이라는 자긍심을 가져왔다. 이와 같은 민족적 태동의 배경은 우리나라 국민이 초기 다문화사회에서 외국인을 경계하는 배타주의 또는 편견주의적인 행태로 나타났으나 점차적으로 다문화에 대한 인식이 변화되어 가고 있다.

한국 사회가 다문화사회로 변화하고 있는 주요인은 산업 기술의 발전과 자본, 노동력 이동에 따른 이주근로자의 증가와 저출산 · 고령화로 인한 인구의 변동에 따른 결혼이주자의 유입 및 국제 교류의 증가 등이라 할 수 있다. 인구가 유입된다는 것은 인구 증가만을 의미하는 것이 아니라 유입되고 있는 사람들이 가지고 있는 문화까지 이동하고 있는 것을 의미한다. 즉, 인구 변화에 따른 유입 인구의 증가는 새로운 문화 형성을 의미하고 이는 곧 다문화사회를 형성하게 되는 것이다. 따라서 다문화사회로 변화하고 있는 우리나라에서 지역사회 구성원과 학생을 대상으로 다문화에 대한 이해를 증진시켜 이주민과 그 자녀에 대한 차별을 없애고 건전한 사회적 통합을 위한 노력을 강구해야 한다.

1. 한국의 다문화 현황

행정안전부(2020)의 발표에 따르면 우리나라에 거주하고 있는 인구 100명당 4명은 외국인 이주민인 것으로 나타났다. 우리나라에 거주하는 장기체류 외국인 · 귀화자 · 외국인 이주민 자녀(이하 '외국인 이주민')는 모두 221만 6,612명으로, 전체인구(51,779,203명) 대비 4.3%에 해당하고 있다. 이는 17개 시 · 도 인구 순위로 보면 8위 정도로 충청남도(218만 8,649명)와 대구(242만 9,940명) 사이에 해당하는 규모이다.

행정안전부(2020)에 따르면 우리나라에 거주하고 있는 외국인 이주민의 최근 6년간 연도별 증가 추이는 **그림 4.1**에서 보는 바와 같이 매년 증가하였다. 외국인 이주민은 2014년에 156만 9,740명이었던 것이 2015년에는 171만 1,013명으로 전체인구 대비 3.4%가 증가하였으며, 2016년에는 176만 4,664명으로 3.4%, 2017년에는 186만 1,084명으로 3.6%,

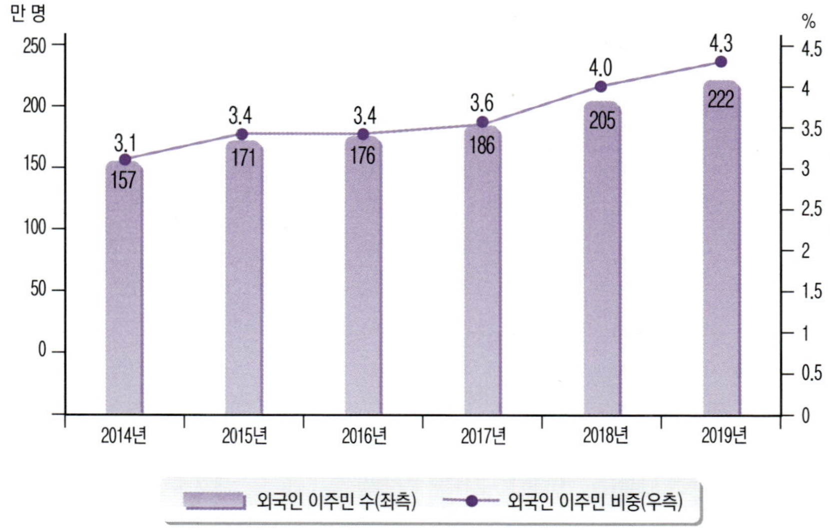

그림 4.1 외국인 이주민 연도별 증가 추이

출처: 행정안전부(2020)

2018년에는 205만 4,621명으로 4.0%, 2019년에는 221만 6,612명으로 4.3%가 증가하였다.

우리나라에 거주하고 있는 외국인 이주민은 한국 국적을 가지지 않은 사람과 한국 국적을 취득한 사람 및 외국계 주민의 자녀로 분류할 수 있는데, 한국의 지역별 총인구와 외국인 이주민 현황은 **표 4.1**과 같다.

외국인 이주민의 유형별 분포(**그림 4.2**)는 한국 국적을 갖지 않은 사람이 1,778,918명(전체 외국인 이주민의 80.3%), 한국 국적을 갖고 있는 사람은 185,728명(8.4%), 외국인 이주민 자녀(출생)는 251,966명(11.4%)으로 집계되고 있다.

한국 국적을 갖지 않은 사람 중 외국인근로자는 515,051명으로 29.0%를 차지하였으며, 외국 국적 동포는 303,245명(17.0%), 결혼이민자는 173,882명(9.8%), 유학생은 160,610명(9.0%), 기업 투자자, 취재 등 기타 외국인은 626,130명(35.2%)이다.

주요 국적별 분포(**그림 4.3**)는 한국계 중국인을 포함한 중국 국적자가 757,037명(42.6%)으로 가장 큰 비중을 차지하고 있으며, 이어서 베트남 197,340명(11.1%), 태국 182,160명(10.2%), 미국 78,539명(4.4%), 우즈베키스탄 62,076명(3.5%) 순이다.

외국인 이주민의 성별은 남성 1,184,176명(53.4%), 여성 1,032,436명(46.6%)으로 비교적 균등한 분포를 보이고 있다. 그러나 세부 유형별로 보면 외국인근로자는 남성

표 4.1 한국의 총인구와 외국인 이주민 유형 및 지역별 현황

(단위: 명)

구분	총인구 ('19.11.1.)	인구 대비 (%)	외국인 이주민 (합계)	한국 국적을 가지지 아니한 자						한국 국적 취득자	외국인 이주민 자녀 (출생)
				소계	외국인 근로자	결혼 이민자	유학생	외국국적 동포	기타 외국인		
계	51,779,203	4.3%	2,216,612	1,778,918	515,051	173,882	160,610	303,245	626,130	185,7228	251,966
서울	9,639,541	4.8%	465,885	390,177	75,322	33,281	54,647	91,166	135,761	42,208	33,500
부산	3,372,692	2.3%	77,968	60,502	13,855	7,257	12,475	3,815	23,100	5,998	11,468
대구	2,429,940	2.2%	53,023	40,092	9,358	5,382	5,960	3,212	16,180	4,330	8,601
인천	1,489,730	4.4%	130,292	100,174	25,209	11,545	6,068	18,942	38,410	14,666	15,452
광주	1,498,839	2.9%	43,053	33,286	7,312	3,635	6,156	2,944	13,239	3,297	6,470
대전	1,143,692	2.3%	34,148	25,147	2,879	3,457	7,009	1,798	10,004	3,059	5,942
울산	338,136	3.3%	37,284	28,064	8,338	3,503	1,704	4,830	10,229	3,145	5,535
세종	13,300,900	2.9%	9,814	7,829	2,117	824	1,437	832	2,619	666	1,319
경기	1,520,127	5.4%	720,090	594,795	199,634	52,697	21,200	124,647	196,617	60,403	64,892
강원	1,629,343	2.5%	38,504	27,008	6,550	3,873	4,406	1,854	10,325	3,786	7,710
충북	2,188,649	4.6%	74,880	59,783	20,077	5,601	4,406	9,342	20,355	5,382	9,715
충남	1,188,649	5.8%	127,057	104,018	34,757	9,089	7,662	17,827	34,683	8,234	14,805
전북	1,807,423	3.4%	62,151	43,960	11,096	6,000	8,234	2,177	16,453	5,595	12,596
전남	1,787,543	3.8%	68,719	47,778	18,8339	6,684	2,197	2,274	17,784	6,038	14,903
경북	2,668,154	3.9%	104,596	81,840	26,483	8,007	11,117	6,085	30,148	7,118	15,638
경남	3,347,209	4.0%	134,675	105,908	43,162	10,305	3,640	9,413	39,388	9,691	19,076
제주	665,048	5.2%	34,473	28,017	10,063	2,742	2,290	2,087	10,835	2,112	4,344

※ 외국인 이주민 자녀는 '결혼이민자'와 '한국 국적 취득한 자'의 자녀임
출처: 행정안전부(2020)

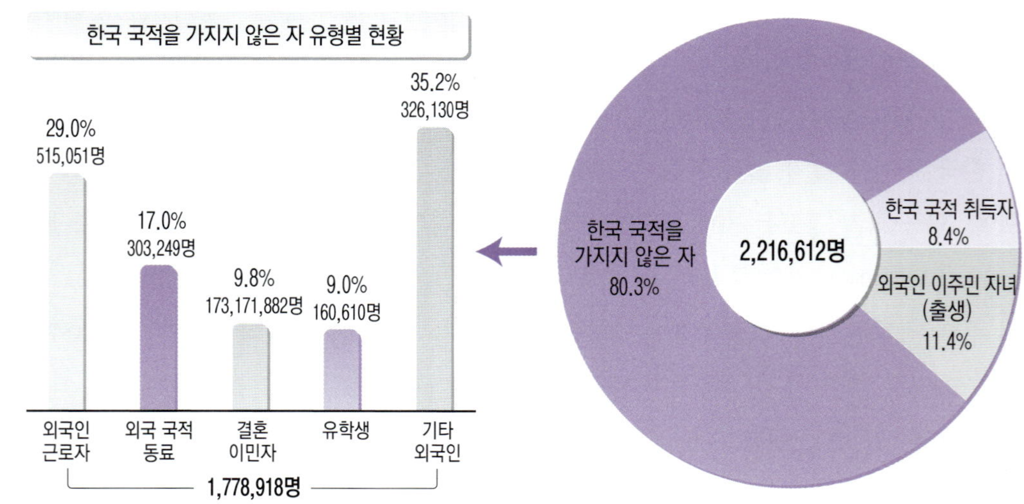

그림 4.2 외국인 이주민 유형별 현황

출처: 행정안전부(2020)

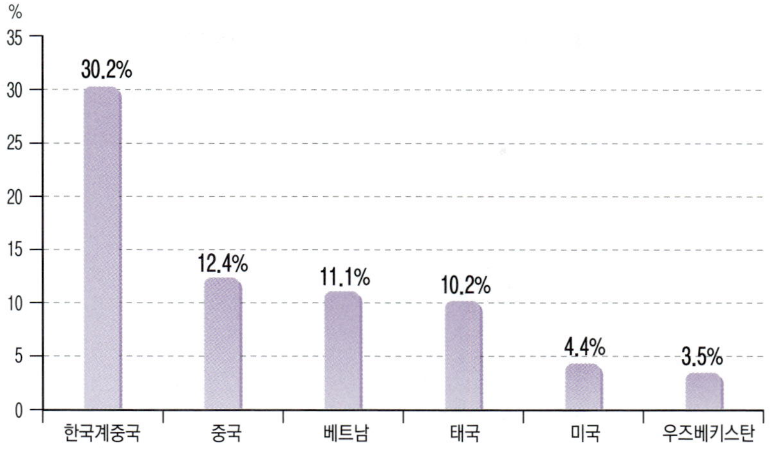

그림 4.3 한국 국적을 가지지 않은 외국인 이주민 국적별 분포

※국적비율 3% 이상 국가만 표기. 출처: 행정안전부(2020)

(78.3%)이 대부분인데 비해, 한국 국적을 가지고 있는 사람(여성 79.7%)과 결혼이민자(여성 80.1%)는 여성이 대부분을 차지하고 있다.

외국인 이주민의 지역별 분포(**그림 4.4**)는 경기 720,090명(32.5%), 서울 465,885명(21.0%), 경남 134,675명(6.1%), 인천 130,292명(5.9%), 충남 127,057명(5.7%) 순으로, 기업체와 대학 등이 많이 소재하고 있는 수도권(서울 · 경기 · 인천)에 59.4%가 집중거주하고 있다.

시 · 군 · 구별로는 경기 안산시(92,787명)에 가장 많은 외국인 이주민이 거주하며, 경기 수원시(67,073명), 경기 화성시(65,040명), 경기 시흥시(59,634명), 서울 영등포구(55,524명) 순으로 거주하고 있다. 외국인 이주민이 1만 명 이상 또는 인구대비 5% 이상 거주하는 시 · 군 · 구는 경기(23개), 서울(17개), 경남(10개) 등 95개 지역이며, 2018년보다 외국인 이주민이 증가한 곳은 226개 지역으로 나타났다.

외국인 이주민의 연령별 분포는 한국 국적을 갖지 않은 경우 20대(26.9%)와 30대(27.2%)가 전체의 과반수(54.1%)을 차지하고 있으며, 한국 국적을 취득한 사람은 20대(10.1%), 30대(32.4%), 40대(24.5%), 50대(16.9%)로 30대가 가장 많았고, 외국인 이주민 자녀는 초등학생 이하(83.5%)가 대부분을 차지하고 있는 것으로 나타났다.

우리나라에서 다문화적 배경을 가진 집단은 국민의 배우자(결혼이민자), 외국인근로자, 북한이탈주민, 다문화가정 자녀, 유학생 및 난민 등으로 구분할 수 있다. 따라서 이들

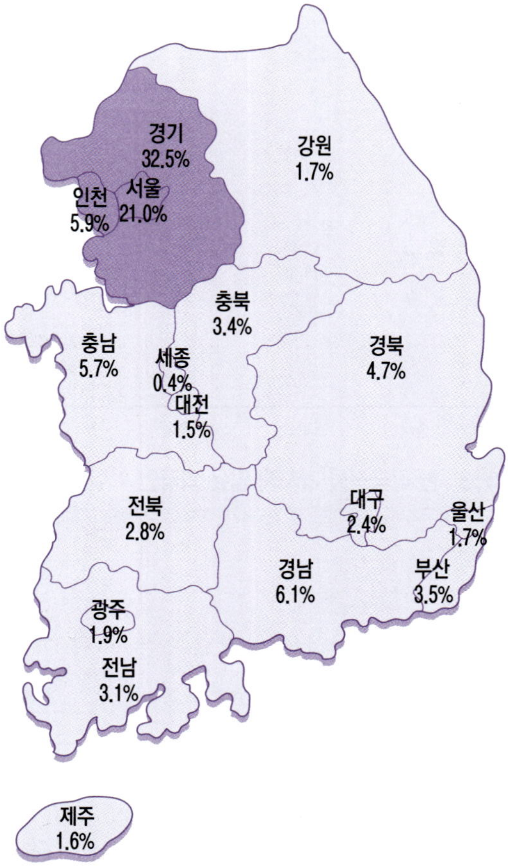

그림 4.4 외국인 이주민 지역별 분포

출처: 행정안전부(2020)

에 대한 다문화적 특성과 현황을 살펴보면 다음과 같다.

1) 국민의 배우자(결혼이민자)

우리나라 국민이 국내에서 외국인과 결혼하는 형태로는 국민의 배우자(결혼이민자)와 혼인귀화자가 있다. 국민의 배우자(결혼이민자)란 우리나라 국민과 결혼한 사람으로서 한국 국적을 취득하지 않은(못한) 외국인을 말하며, 혼인귀화자란 외국인이 우리나라 국민과 결혼하여 한국 국적을 취득한 사람을 말한다.

우리나라에서 1980년대 전반까지의 국제결혼은 주로 외국인 남성과 한국인 여성 사이에서 이루어졌으나 1980년대 후반부터는 한국인 남성과 외국인 여성의 결혼 건수가 점차 증가하였다. 1990년대 초반까지는 국제결혼 건수가 전체 결혼 건수에 비해 1% 수준에 불과하였다. 당시 한국인 남성과 결혼한 외국인 여성은 대부분 미국과 일본 여성이었다. 그러나 1992년 중국과의 수교 이후에는 한국계 중국인 여성과 한국인 남성의 결혼이 증가하였으며, 1997~1999년 사이에는 증가추세를 보이던 국제결혼 건수가 IMF 경제체제로 인한 경제 사정의 악화로 현저히 퇴조하였으나, 2000년대 들어 한국인 남성과 외국인 여성의 국제결혼은 급속히 증가하였다.

법무부 출입국 · 외국인정책본부(2020b)의 조사결과에 의하면 우리나라 국민의 배우자(결혼이민자)의 연도별 증감 추이는 **표 4.2**와 같다. 우리나라의 결혼이민자는 2015년 15만 1,608명, 2016년에는 15만 2,374명(0.5%)에서 2017년 15만 5,457명(2.0%) 전년대비 약 4배 정도의 증가율을 보였으며, 2018년에는 15만 9,206명(2.4%), 2019년에는 16만 6,025명(4.3%)으로 꾸준히 증가하였으나 2020년 6월에는 16만 7,834명(3.2%)으로 전년대비 증가추세가 조금 감소하였다.

한편 혼인귀화자의 연도별 증감 추이는 **표 4.3**과 같다. 2014년까지 전체 누계 혼인귀화자는 10만 1,560명에서 2020년 6월에는 13만 7,495명으로 크게 증가하였다.

국민의 배우자(결혼이민자)의 국적별 · 성별 현황은 **표 4.4**와 같다. 2020년 6월 현재 우리나라 결혼이민자의 출신 국가는 한국계를 포함한 중국 36.0%, 베트남 26.6%, 일본 8.5%, 필리핀 7.2%, 태국 3.3% 등의 순위를 보이고 있다. 우리나라의 전체 결혼 가운데

표 4.2 국민의 배우자(결혼이민자) 연도별 증감 추이

(단위: 명)

연도	2015년	2016년	2017년	2018년	2019년	'19년 6월	'20년 6월
인원	151,608	152,374	155,457	159,206	166,025	162,582	167,834
전년대비 증감률	-	0.5%	2.0%	2.4%	4.3%	-	3.2%

2020.06.30. 현재
출처: 법무부 출입국 · 외국인정책본부(2020b).

표 4.3 혼인귀화자의 연도별 증감 추이

(단위: 명)

연도	2014년	2015년	2016년	2017년	2018년	2019년	'20년 6월
혼인귀화자(전체누계)	101,560	108,526	114,901	121,339	129,028	135,056	137,495

2020.06.30. 현재
출처: 법무부 출입국 · 외국인정책본부(2020b).

표 4.4 국민의 배우자(결혼이민자)의 국적별 · 성별 현황

(단위: 명)

<table>
<tr><th>국적
구분</th><th>계</th><th>중국*</th><th>한국계</th><th>베트남</th><th>일본</th><th>필리핀</th><th>태국</th><th>캄보디아</th><th>미국</th><th>기타</th></tr>
<tr><td rowspan="2">전체</td><td>167,834</td><td>60,430</td><td>22,760</td><td>44,657</td><td>14,299</td><td>12,043</td><td>5,514</td><td>4,701</td><td>4,024</td><td>22,166</td></tr>
<tr><td>100%</td><td colspan="2">36.0%</td><td>26.6%</td><td>8.5%</td><td>7.2%</td><td>3.3%</td><td>2.8%</td><td>2.4%</td><td>13.2%</td></tr>
<tr><td rowspan="2">남자</td><td>29,604</td><td rowspan="2">13,651</td><td rowspan="2">8,146</td><td rowspan="2">2,964</td><td rowspan="2">1,219</td><td rowspan="2">484</td><td rowspan="2">103</td><td rowspan="2">417</td><td rowspan="2">2,894</td><td rowspan="2">7,872</td></tr>
<tr><td>(17.6%)</td></tr>
<tr><td rowspan="2">여자</td><td>138,230</td><td rowspan="2">46,779</td><td rowspan="2">14,614</td><td rowspan="2">41,693</td><td rowspan="2">13,080</td><td rowspan="2">11,559</td><td rowspan="2">5,411</td><td rowspan="2">4,284</td><td rowspan="2">1,130</td><td rowspan="2">14,294</td></tr>
<tr><td>(82.4%)</td></tr>
</table>

2020.06.30. 현재
*한국계 포함
출처: 법무부 출입국 · 외국인정책본부(2020b)

국제결혼 비율은 농촌지역을 중심으로 2000년부터 급격히 증가하고 최근에는 도시지역으로 확대되어 전체 결혼 10건 중 1건은 외국인과의 결혼으로 국제결혼 비중이 높게 유지되고 있다. 이에 따라 다문화가정에서 출생한 자녀도 급증하고 있는데, 특히 한국인 남성과 동남아 출신의 여성 결혼이주자 사이에 태어나는 자녀가 점차 증가하면서 그들을 '코시안'이라고 칭하기도 한다(2장 참조).

2020년 6월 현재 결혼이민자의 성별 분포는 총 16만 7,834명 가운데 여자 13만 8,230명, 남자 2만 9,604명으로 나타나고 있으며, 한국인 남성과 결혼한 여성 결혼이민자의 비율은 82.4%로서, 한국인 여성과 외국인 남성의 결혼 비율인 17.6%보다 매우 높은 비율을 보이고 있다. 이에 따라 우리나라에서 국민의 배우자(결혼이민자)라고 하는 의미는 일반적으로 여성 결혼이민자를 지칭하는 것으로 이해되고 있다.

국민의 배우자(결혼이민자)의 거주지역별 분포는 **표 4.5**와 같다. 2020년 6월 30일 현재 우리나라 16개 시 · 도에 거주하는 지역별 분포는 경기 29.7%, 서울 17.0%, 인천 6.7%, 경남 6.5%, 충남 5.9%, 경북 4.9%, 부산 4.5% 등의 순위를 보이고 있다. 그러나 이 비율은 우리나라 지역별 전체 인구 대비에 따른 것이므로 지역별 국제결혼 빈도와는 상관관계가 없다.

여성가족부(2019a)의 조사결과에 의하면 결혼이민자 및 혼인귀화자는 동 지역 거주자가 77.0%, 읍 · 면 지역 거주자는 23.0%인 것으로 집계되었다. 이는 2000년대 초반 농촌지역에 상대적으로 집중되었던 한국인 남성과 외국인 여성의 국제결혼이 중소도시를 중심

표 4.5 국민의 배우자(결혼이민자) 거주 지역별 분포현황*

(단위: 명)

계	경기	서울	인천	경남	충남[1]	경북	부산	전남
166,017 (100.0%)	49,249 (29.7%)	28,239 (17.0%)	11,181 (6.7%)	10,796 (6.5%)	9,704 (5.9%)	8,095 (4.9%)	7,432 (4.5%)	6,773 (4.1%)
	전북	대구	충북	강원	광주	울산	대전	제주
	6,070 (3.7%)	5,614 (3.4%)	5,515 (3.3%)	3,857 (2.3%)	3,736 (2.3%)	3,498 (2.1%)	3,487 (2.1%)	2,771 (1.7%)

2020.06.30. 현재
*국민의 배우자 중 등록외국인의 지역별 현황임(미등록자 제외)
1) 세종특별자치시 819명 포함
출처: 법무부 출입국 · 외국인정책본부(2020b)

으로 도시로 확대되고 있음을 보여준다.

결혼이민자 및 혼인귀화자의 배우자와 만나게 된 경로는 **그림 4.5**에서 보는 바와 같이 친구 또는 동료의 소개(31.5%)가 가장 많고, 스스로 만난 경우(24.6%), 결혼중개업체(21.1%), 가족 또는 친척의 소개(19.0%) 등의 순으로 나타나고 있다. 여성은 결혼중개업체에서 소개받은 경우(24.8%)가 4명 중 1명 꼴로 나타나지만, 남성의 경우 1.9%에 불과하며, 남성은 스스로 만난 경우(40.3%)가 여성(21.6%)의 2배에 이른다. 결혼중개업체 소

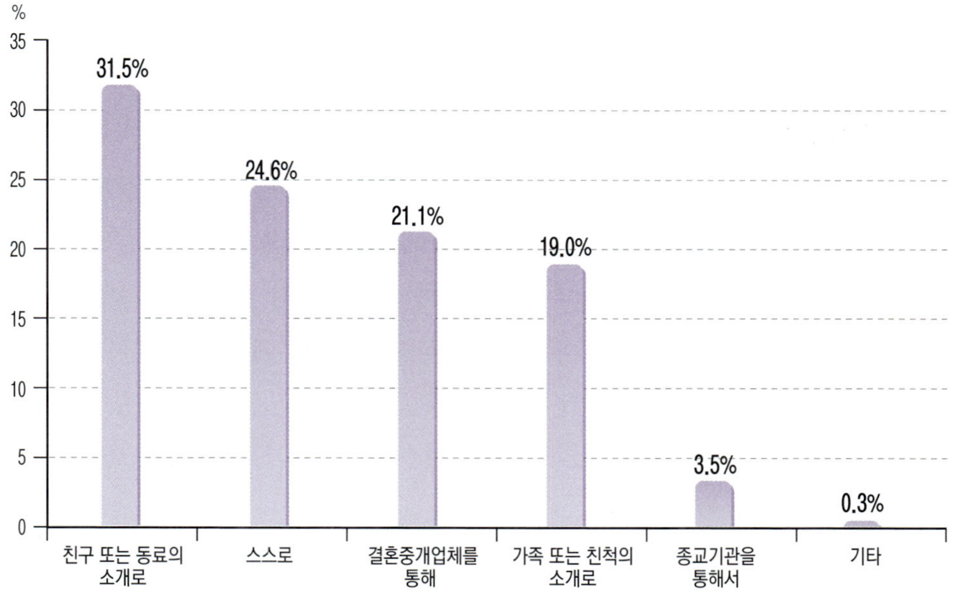

그림 4.5 결혼이민자 및 혼인귀화자의 배우자 만남 경로

출처: 여성가족부(2019a)

개로 만난 비율은 동 지역 거주자(17.1%)보다 읍 · 면 지역 거주자(32.7%)에서 더 높게 나타나고 있다. 결혼중개업체를 통한 결혼이 결혼이민자 및 혼인귀화자의 혼인 통로로 상당한 비중을 차지하고 있으며, 특히 여성과 농촌지역에 집중되어 있다.

국제결혼으로 출발한 다문화가정의 거주 기간이 증가하면서 이혼 건수가 증가하고 있으며, 초혼 가정에서 재혼 가정의 형태가 증가하는 추세를 보이고 있다. 이혼 또는 별거 중인 가정의 비율은 2015년 6.9%에서 2018년에는 16.4%로 2배 이상 증가하였는데, 그 이유는 성격차이(52.0%)가 가장 많고, 경제적 문제(12.6%), 가정폭력(8.6%), 외도 등의 애정문제(8.4%) 등으로 지적되고 있다. 가정폭력 때문에 이혼이나 별거를 한 경우가 2015년에 비해 3.0% 증가하였고, 여성(10.2%)에게서 더 높게 나타난다.

결혼을 목적으로 고국을 떠나 낯선 타국으로 이주하는 것은 개인의 삶에 엄청난 변화이고 충격적인 사건일 것이다. 그러나 대다수의 결혼이주여성들은 한국 사회에 적응하기 위한 준비 기간을 갖지 않고, 한국생활을 시작함으로 인하여 언어적인 문제로 야기되는 의사소통의 어려움, 한국문화 이해, 배우자 및 시부모와의 관계, 자녀양육 및 교육 등 다양한 문제들로 한국생활에 쉽게 적응하지 못하고 어려움을 경험하는 것으로 보고되었다(임지영, 2018).

결혼이주여성의 적응 경험에 대한 질적 연구결과에 의하면 결혼이주여성이 한국으로 이주하여 적응하는 경험은 **표 4.6**과 같다.

결혼이주여성의 적응 경험과정은 다음과 같다[박동숙 · 임해영 · 김은경(2019)].

① 새 출발 단계

첫 단계는 새 출발의 단계이다. 본국에서의 어려운 가정 경제로 인해 진학을 포기하고, 집안의 실질적 가장의 역할을 수행하고 있는 현실 상황 속에서 이들은 돈을 벌어야 한다는 목표를 가지고 한국으로 이주해 오거나 한국으로 시집 잘 간 사람을 모델링 혹은 한국 드라마를 통해 형성한 한국에 대한 좋은 이미지 덕분에, 결혼이민이라는 도전적 선택을 하게 된다.

② 혼란과 불만족의 단계

두 번째 단계는 혼란과 불만족의 단계이다. 기대했던 결혼생활과는 다른 현실이 닥쳐오면서 결혼이란 선택을 후회하는 모습을 보이기도 한다. 또한 결혼이주여성들은 결혼 후 경제적 상황이 여의치 않으면서, 본국에 있는 가족들에게 지속적인 도움을 주지 못

표 4.6 국제결혼이주여성의 적응 경험

개념	하위범주	범주
• 가정 형편상 진학 포기(참여자 1) • 진학하지 않고 바로 취업해 가계에 보탬(참여자 3) • 학업을 지속하기 원하였으나 동생들이 많아 포기함(참여자 8)	어쩔 수 없는 진학 포기	가족을 위한 희생
• 한국에서 번 돈을 본국 가족에게 보내야 하는 실질적인 가장 노릇을 함(참여자 1) • 어려운 가정 형편상 돈을 벌 목적으로 한국으로 이주함(참여자 5) • 생계를 위해 한국의 취업전선에 뛰어 듦(참여자 10)	실질적 가장의 역할	
• 한국으로 시집가서 잘 살게 된 주변의 소식에 코리안 드림을 가짐(참여자 8) • 한국 드라마를 보며 한국에 대한 좋은 이미지를 키움(참여자 3) • 한국에서 열심히 일하면 내 인생이 달라질 것만 같은 기대(참여자 10)	환상 속의 한국	새 희망을 찾아서
• 한국에서 새롭게 시작하고 싶은 희망(참여자 3) • 이루지 못한 꿈을 한국에서 이루고 싶음(참여자 2) • 경제적으로 능력이 좋은 남편감을 만나 새롭게 살고 싶었음(참여자 5)	새로운 도전	
• 결혼 후 계속 친정에 도움을 주고 싶지만 어려운 형편에 지속적으로 도움을 주지 못함(참여자 1) • 부푼 꿈을 가지고 왔지만 결혼생활이 너무 힘듦(참여자 3) • 결혼이란 선택의 후회(참여자 6)	기대와 달랐던 결혼생활	기대와 현실의 차이
• 생각보다 많이 벌지 못하는 돈벌이(참여자 2) • 일을 하고 싶지만 아이를 맡길 곳이 없어 일할 수 없음(참여자 8) • 만족스럽지 못한 월급(참여자 5)	생각과는 다른 현실	
• 가사와 양육에 무관심한 남편(참여자 1) • 재정 상황을 서로 공유하지 않음(참여자 2) • 마음을 알아주지 못하는 남편에게 서운함(참여자 9) • 남편의 퉁명스런 말투에 대한 서운함(참여자 10) • 아이와 잘 놀아주지 않는 남편(참여자 7) • 한국어를 잘 하지 못한다고 무시하는 남편(참여자 4)	쌓여만 가는 남편에 대한 불만감	결혼초기 지속적으로 발생하는 불만족
• 시댁식구들의 차별(참여자 4) • 오직 아들밖에 모르는 시어머니(참여자 3) • 시댁만 갔다 오면 부부싸움이 벌어짐(참여자 5) • 아들과 딸을 차별하는 시부모님(참여자 8)	시댁과의 갈등	

표 4.6 국제결혼이주여성의 적응 경험(계속)

개념	하위범주	범주
• 자신의 어눌한 한국어를 배울까 봐 아이 앞에서는 되도록 말을 삼감(참여자 3) • 자녀의 언어발달 속도가 느린 것이 엄마의 탓 같음(참여자 1) • '엄마는 발음이 왜 그래?'라는 말을 들을 때 속상함(참여자 2) • 내 아이 언어발달이 제일 느린 것 같아 속상함(참여자 10) • 나중에 내 아이의 말을 알아듣지 못할까봐 두려움(참여자 5) • 엄마의 언어가 시끄럽다고 할 때 속상함(참여자 4)	내가 자녀의 언어발달에 부정적 영향을 미치는 존재 같아 속상함	자녀양육에 대한 불안감과 부담
• 한글을 몰라 자녀의 학업을 도와줄 수 없음(참여자 4) • 다른 아이들보다 뒤떨어지지 않을까 불안함(참여자 1) • 다문화가족의 아이라는 탓을 들을까 봐 걱정스러움(참여자 6) • 다른 아이보다 뭐든 잘 해야 한다는 압박감(참여자 7) • 무한경쟁시대에서 다문화인인 내 아이에 대한 걱정이 큼(참여자 4) • 아이가 따라가지 못해도 억지로 교육을 시킴(참여자 2)	경쟁력에서 뒤처진 아이가 될까봐 불안함	
• 따돌림 당할까 봐 걱정스러움(참여자 5) • 자신감이 없어 친구들에게 다가가지 못함(참여자 7) • 다문화가족의 친구들하고만 어울리는 자녀(참여자 4) • 친구들과 잘 어울리지 못해 걱정스러움(참여자 10)	협소한 자녀의 친구관계에 대한 걱정	
• 국적 취득을 위해 열심히 공부함(참여자 5) • 마음가짐도 한국인처럼 갖고자 함(참여자 3) • 한국인으로 살아가기 위해 개명(참여자 1) • 스스로 한국인이라고 생각하며 자랑스러움(참여자 2) • 한국 사회에 편입하고 싶은 욕구(참여자 8) • 한국의 문화를 존중하고 따르려고 하는 마음(참여자 6)	한국인으로서의 정체성	정체성 세우기
• 자녀를 양육하며 부모님의 마음을 이해하게 됨(참여자 7) • 내 자녀에게만큼은 인정받을만한 엄마이고 싶음(참여자 4) • 열심히 사는 나를 보며 자녀도 열심히 살 것 같아 매 순간 열심히 하려고 노력함(참여자 3) • 부모가 되어가는 것은 어렵지만 보람 또한 있는 일(참여자 7) • 하기 싫어하는 공부를 억지로 시키는 것을 보며, 나도 어쩔 수 없는 부모인가 생각함(참여자 9)	부모로서의 정체성	

표 4.6 국제결혼이주여성의 적응 경험(계속)

<table>
<tr><th>개념</th><th>하위범주</th><th>범주</th></tr>
<tr><td>• 양육에 관한 시어머니의 과도한 간섭(참여자 8)
• 양육방식 차이로 인하여 남편과 다툼(참여자 3)
• 내 아이를 내 마음대로 양육하지 못함(참여자 9)
• 육아에 참견하는 것이 못마땅함(참여자 8)</td><td>양육방식의 차이가 주는 불편함</td><td rowspan="3">생활방식에 대한 문화차이가 주는 혼란</td></tr>
<tr><td>• 직장과 가사 모두 하기를 바라는 남편(참여자 1)
• 남편의 말이 곧 법임, 권위주의적인 남편의 태도(참여자 2)
• 가사는 여성의 몫이라 생각하는 남편(참여자 10)
• 남편과 나의 경제개념, 특히 지출방식의 차이(참여자 5)</td><td>본국의 남성과는 다른 가치관을 가진 남편</td></tr>
<tr><td>• 학원에 보내지 않는 본국의 교육환경(참여자 1)
• 어릴 때는 뛰어 놀아야 한다는 생각이 강함(참여자 4)
• 공부를 잘 하는 사람만 살아남는 한국 사회(참여자 10)
• 과정보다는 결과만 중시하는 교사들의 지도방식(참여자 7)
• 선생님 한 명당 맡겨지는 학생 수가 너무 많음(참여자 6)</td><td>본국과는 다른 교육환경</td></tr>
<tr><td>• 한국에 처음 와서 가장 힘들었던 일은 소통의 어려움(참여자 1)
• 무엇을 해도 한국어가 통하지 않아 답답하고 힘듦(참여자 4)
• 학교에서 아이의 생활을 알 수 있는 알림장, 가정통신문, 학교 홈페이지 이용 등의 어려움(참여자 2)
• 남편과의 의사소통에서도 통역사가 필요한 현실(참여자 9)
• 궁금한 것이 있어도 물어볼 사람이 없음(참여자 3)
• 언어 소통 문제로 자존감 하락(참여자 7)</td><td>원활하지 않은 의사소통</td><td rowspan="3">낯선 한국생활에서 마주하게 된 한계 상황</td></tr>
<tr><td>• 생활비가 여유롭지 않아 아이만 키울 수 없음(참여자 3)
• 자녀에게 용돈 한번 주지 못함(참여자 7)
• 남편과 경제적 주도권 갈등(참여자 4)
• 남편과의 싸움의 주된 이유는 경제적 이유(참여자 2)
• 친정에 용돈을 보내고 싶었으나 그렇지 못함(참여자 1)
• 빠듯한 생활비로 아이들 사교육을 시킬 수 없음(참여자 8)
• 학원에 보내고 싶어도 사교육비 부담이 너무 큼(참여자 7)
• 교육비 부담으로 아이가 원할지라도 학원에 보낼 수 없음(참여자 9)</td><td>어려운 경제적 상황</td></tr>
<tr><td>• 다문화센터가 있는지 몰라서 혼자 감당할 수밖에 없음(참여자 7)
• 도와주는 사람 없어 독학할 수밖에 없는 한국어 공부(참여자 6)
• 엉겁결에 한 결혼 임신 · 출산은 모두 내 몫(참여자 2)
• 누구 원망할 곳도 없이 온전히 책임지고 감당해야 할 내 선택의 짐(참여자 3)</td><td>홀로 감당해야 할 고달픈 한국생활</td></tr>
</table>

표 4.6 국제결혼이주여성의 적응 경험(계속)

개념	하위범주	범주
• 아이가 딸꾹질만 해도 대처방법을 몰라 응급실 행(참여자 5) • 부모라는 준비, 교육 없이 양육에 바로 뛰어듦(참여자 9) • 처음 해보는 자녀양육이라 어느 것이 맞는 것인지 분간하기 어려움(참여자 2) • 훈육 방법을 몰라 때리기도 함(참여자 7) • 다급한 마음에 밤늦은 시간에도 가족들에게 도움을 청함(참여자 8)	초보엄마로써 겪을 수밖에 없는 당혹스러움	낯선 한국생활에서 마주하게 된 한계 상황
• 자신을 이용한 한국 지인으로 인해 사람에게 정을 쉽게 주지 못함(참여자 1) • 편견의 눈으로 바라보는 한국인이 싫음(참여자 4) • 직장을 다니고 있어 한국인과 친해질 수 있는 환경, 시간이 부족함(참여자 10)	쉽게 친해지기 어려운 한국인	가깝지만 먼 한국 사회
• 외국인 혜택을 많이 줌. 하지만 사실 별로 없음(참여자 2) • 한국 사람이었으면 안 그랬겠지(참여자 8) • 차별대우를 받아 억울함(참여자 7) • 외국인에 대한 부정적 꼬리(참여자 5)	자신들을 대하는 한국 사회에 대한 불편한 마음	
• 담임 선생님께서 다문화가족 중 자녀한테 이렇게 관심 많은 엄마는 처음 보았다는 위로의 말(참여자 5) • 인터넷으로 알림장 보는 방법을 알지 못했는데, 선생님께서 친절하게 알려주심(참여자 1) • 도움을 청할 데가 없어 문구점 사장님께 자녀 학교입학 관련 서류에 대해 물어봄(참여자 6)	지지자의 역할을 해주는 지역사회	지지체계
• 한국어교육 수강 기회를 제공해주는 다문화센터(참여자 5) • 다문화센터에서의 다양한 문화 행사 참여기회 제공(참여자 8) • 직장인을 위한 평일 외 한국어교육 지원(참여자 9) • 행정 서비스 외 상담 서비스를 안내해 주는 공무원(참여자 3)	다문화복지 전달체계상의 지지	
• 포기했던 꿈을 위해 도전(참여자 3) • 미래를 위해 자격증 취득 도전(참여자 4) • 언젠가 학교 공부를 다시 도전할 용기를 가져봄(참여자 8) • 배우면 배울수록 더 배우고 싶은 욕구(참여자 9)	미래를 위한 준비	도전하는 삶

표 4.6 국제결혼이주여성의 적응 경험(계속)

개념	하위범주	범주
• 모든 것을 잘하는 슈퍼우먼이 되고 싶음(참여자 1) • 돈 잘 벌어서 아이들이 하고 싶다는 것을 다 시키고 싶음(참여자 9) • 힘들게 일하지만 자녀양육을 하며 보람을 느낌(참여자 6) • 대출받아 어렵게 장만한 집에서 원금과 이자를 내고 살고 있지만 보람이 큼(참여자 10)	일, 가사, 양육 모두를 잘 하는 엄마	도전하는 삶
• 아무것도 모르는 엄마가 되지 않기 위해 국적 취득 후 역사공부를 시작함(참여자 1) • 엄마는 외국인이라 그렇다는 말을 듣기 싫어 더 열심히 살아가려고 노력함(참여자 5) • 학교 갈 때 외모를 꾸미고 가면 자녀가 예쁘게 하고 왔다고 반겨줌(참여자 6)	당당한 엄마가 되기 위한 노력	
• 자녀가 좋은 직업을 갖고 어려움 없이 살아가기를 원함(참여자 2) • 포기해야 할 것이 많았던 나와는 다른 직업적 삶을 살았으면 함(참여자 9) • 보통의 한국인처럼 평범하게 성장해서 잘 살았으면 함(참여자 4) • 자녀가 좋아하는 일을 하며 나보다는 더 행복하게 살았으면 함(참여자 6)	나와는 다른 삶을 살기 원함	자녀의 삶을 향한 희망과 노력
• 엄마의 모국어도 당연히 알아서 사용했으면 함(참여자 1) • 엄마의 모국어를 배워서 나중에 자원이 되었으면 함(참여자 5) • 뛰어난 외국어 실력은 취업에 도움이 됨(참여자 6)	엄마의 모국어를 통해 언어적 강점을 갖기를 원함	
• 본국의 음식이 그리움(참여자 3, 4) • 고향에 대한 그리움(참여자 7) • 언젠가 모국으로 돌아가고 싶음(참여자 2, 6)	본국에 돌아가고 싶은 마음	엄마이지만 동시에 외롭고 그리움을 느끼는 한 인간
• 본국에서 고생하시는 부모님에 대한 그리움(참여자 7) • 돌아가시기 전에 볼 수 있을지 걱정됨(참여자 8) • 한국에서 같이 살고 싶지만 그러지 못함(참여자 9) • 건강이 좋지 않은 부모님에 대한 걱정(참여자 5)	그리운 부모님에 대한 걱정	
• 아는 사람은 많지만, 마음으로 의지할 곳 없는 타국생활(참여자 4) • 세월이 흘러도 고립된 존재처럼 느껴짐(참여자 7)	여전히 섬과 같은 존재	

표 4.6 국제결혼이주여성의 적응 경험(계속)

개념	하위범주	범주
• 바쁜 엄마를 대신해 빨래, 청소, 식사준비 등을 도와줌(참여자 10) • 외국인 엄마에 대해 부끄러워하지 않는 자녀가 고마움(참여자 4) • 아플 때 아프지 말라고 약 챙겨주는 자녀(참여자 2) • 엄마가 잘 못 읽는 한글을 옆에서 대신 읽어주는 자녀(참여자 1) • 공부하는 엄마를 자랑스럽게 여기는 자녀(참여자 8)	자녀의 도움과 위로	자녀에 대한 고마움과 미안함
• 오히려 자녀에게 새로운 정보를 많이 배움(참여자 1, 4) • 자녀로 인해 살아갈 수 있는 힘을 얻음(참여자 7) • 자녀가 엄마의 모국어를 배우고 싶어함(참여자 6, 9) • 한국생활이 힘들지만 잘 커가는 자녀를 보면 뿌듯함(참여자 3) • 건강하게 잘 커주는 것뿐이 바랄 게 없음(참여자 8)	엄마의 버팀목	
• 엄마는 왜 그것도 모르냐고 물을 때 미안함(참여자 2) • 자녀의 학습지도를 제대로 해 줄 수 없어서 미안함(참여자 5) • 한글을 쓸 줄 몰라 알림장 회신을 다른 사람에게 도움 요청해야 할 처지여서 미안함(참여자 6) • 제대로 알지 못해 가방 및 준비물을 잘 챙겨주지 못함(참여자 7)	무지로 인해 아이를 챙겨주지 못한 미안함	
• 자녀가 엄마와 보내는 시간이 부족함에 마음이 아픔(참여자 1) • 바쁜 엄마 때문에 스스로 해야 하는 아이가 안쓰러움(참여자 4) • 하루 종일 엄마만 기다린다는 생각을 하면 눈물이 남(참여자 2)	바쁜 엄마여서 미안함	

출처: 박동숙 · 임해영 · 김은경(2019)

하게 된다. 또한 가사와 양육, 자신들에게 무관심한 남편, 넉넉하지 않은 경제적 상황, 시어머니의 양육에 대한 참견 등으로 인해 혼란스러운 마음을 느끼기도 한다. 이러한 일련의 경험 과정 속에서 결혼이주여성들은 자신의 결혼생활, 자녀양육에 대한 혼란감과 불만족감을 드러내게 된다.

③ 한계 상황의 단계

세 번째 단계는 결혼이주여성들이 낯선 한국생활에서 마주하게 된 한계 상황을 말한다. 먼저 이들은 한국어로의 의사소통이 원활하지 않았기에, 모든 것이 답답하고 힘든 상황으로 연결된다. 결혼이주여성들은 초보엄마로서 준비 없이 바로 양육에 뛰어들었고, 자신의 양육방식이 맞는 방법인지 아닌지 조차도 명확하게 인지하지 못하게 된다. 더욱이 이들은 한국에서 좀 더 나은 경제적 상황을 기대하지만, 자신들의 자녀에게 충분한 물적 자원을 제공하지 못하는 현실의 한계를 느끼게 된다.

④ 도전하는 삶의 단계

네 번째 단계는 도전하는 삶의 단계이다. 이 단계에서 결혼이주여성들은 한국생활이 주는 온갖 어려움과 한계에도 불구하고, 그들 스스로는 자녀 앞에서 당당한 엄마가 되기 위해 여러 가지 도전을 시도하는 단계이다. 참여자들은 아무것도 모르는 엄마가 되지 않기 위해 자녀의 공부를 미리 공부하여 자녀에게 가르쳐 주기도 하고, 스스로 한국어 공부를 솔선하여 열심히 하는 적극성을 보인다. 또한 이들은 스스로 세운 새로운 꿈에 도전하는 모습을 보이기도 한다. 결혼이주여성들은 한국인으로 살기 위해 국적 취득을 하고, 스스로도 한국인이라고 생각하며, 이 과정 속에서 본국에서 자신의 모습보다 한국인으로서의 자신의 모습에 더 신경 쓰는 태도를 보이기도 한다.

⑤ 정체성 형성의 단계

다섯 번째 단계는 정체성 형성의 단계이다. 이들은 스스로가 한국인이 되기 위해 다양한 노력 속에서 몸과 마음가짐부터 한국인처럼 되고자 노력하였다. 이러한 노력은 개명을 통해 한국 이름을 취득하는 등 적극적인 노력 속에서 분명하게 나타나게 되며, 스스로 한국인이라는 자부심 속에서 생각도 한국인처럼 하려는 태도를 취하게 된다. 동시에 이들은 부모로서의 정체성도 함께 형성해 가는데 자녀를 키우면서 부모의 위치와 역할이 어렵지만 스스로도 부모라는 것을 인식하게 되면서, 자녀에 대한 헌신적 사랑의 마음을 드러내기도 한다. 또한 이들은 자신이 열심히 살아가는 모습이 자녀에게도 모델이 된다는 것을 자각하면서 더 좋은 부모로서의 모습을 갖추려고 노력하기도 한다. 그렇지만 이들은 어머니이기 이전에 자신들의 본국 부모와 떨어져 살아가는 한 여성이다. 그래서 이들의 한국생활 적응 경험 한 켠 속에는 외로움과 고독감이 한 부분을 차지하고 있다. 이와 더불어 자녀에게 느끼는 고마움과 미안함 속에서 부모로서 자기정체성을 완성해나가는 모습이다.

이와 같은 연구 결과는 결혼이주여성의 한국 사회 적응 경험을 파악함으로써 조기에 한국 사회에 적응할 수 있도록 이들의 결혼생활과 자녀양육을 지원해줄 수 있는 프로그램 개발과 확대의 필요성을 제기하고 있다. 또한 다문화가정의 건강과 행복을 추구하기 위해서는 결혼이주여성들을 대상으로 한 부부, 부모교육 프로그램의 확대와 이들의 직업훈련 및 취업을 연계하는 서비스와 더불어, 이들이 보유한 능력과 경력을 개발할 수 있는 서비스가 필요함을 시사하고 있다.

2) 외국인근로자

우리나라에 외국인근로자가 처음 들어온 것은 1987년 노동자 대투쟁 이후 국내 노동자 임금 상승과 3D 업종에 대한 취업기피 현상으로 중국과 동남아에서 관광 또는 단기 방문 사증으로 입국하여 일을 하기 시작하면서부터였다(김범수 등, 2008; 김성률 · 이원식, 2017). 그 후 1991년 우리나라 정부의 해외투자기업산업기술 연수제도 도입으로 국내 기업이 해외투자를 하면서 현지에서 고용했던 외국인 인력을 국내에 유입함으로써 우리나라에 외국인근로자가 공식적으로 등장하게 되었다(김성률 · 이원식, 2017).

외국인근로자에 대한 명칭은 현재 다양하게 사용되고 있다. 대다수의 국민이나 언론에서는 '외국인노동자'로 호칭하고 있으며, 정부에서는 '외국인근로자'로, 국제노동기구(International Labour Organization, ILO)와 비정부기구(Non Governmental Organization, NGO)는 '이주노동자'로 호칭하고 있다(김태환, 2016).

외국인근로자의 고용 등에 관한 법률 제2조에 의하면 외국인근로자라 함은 '대한민국의 국적을 가지지 아니한 자로서 국내에 소재하고 있는 사업 또는 사업장에서 임금을 목적으로 근로를 제공하고 있거나 제공하려는 자'로 정의하고 있다. 이는 임금 소득이 있는 모든 외국인을 포함하고 있는데, 이와 관련하여 정부는 '일정 기간 노동력만 제공한 후 되돌아갈 사람'을 강조하는 '외국인근로자'라는 용어를 사용하고 있는 반면 관련 NGO 단체는 정착을 전제로 하는 '이주노동자'라는 용어를 사용하고 있다(이홍구, 2011).

2019년 11월 현재 국내에 체류하고 있는 외국인근로자는 51만 5,051명으로 국내에서 거주하고 있는 전체 외국인 이주민(221만 6,612명)의 29.0%를 차지하고 있다. 법무부 출입국 · 외국인정책본부(2020a)의 통계에 의하면 **표 4.7**에서 보는 바와 같이 체류외국인 중 불법체류자의 비율이 10.4%로 나타나고 있으며, 전문인력은 8.2%로 매우 낮은 수준이고, 단순기능인력이 91.8%를 차지하고 있다.

표 4.7 취업자격 체류 외국인 총괄현황

(단위: 명)

구분	총계	전문인력	단순기능인력
총 체류자	567,261(100.0%)	46,851(8.2%)	520,680(91.8%)
합법체류자	508,367(89.6%)	42,110	466,257
불법체류자	58,894(10.4%)	4,471	54,423

2019.12.31.
출처: 법무부 출입국 · 외국인정책본부(2020a)

체류 외국인의 자격별 현황을 분석해 보면 **표 4.8**에서 보는 바와 같이 전문인력의 경우에는 특정활동(45.5%), 회화지도(29.7%), 예술흥행(7.6%), 연구(6.7%), 교수(4.7%) 등의 순으로 나타나고 있으며, 단순기능인력의 경우에는 비전문취업(53.7%), 방문취업(48.1%), 선원취업(3.4%)의 순으로 분류되고 있다.

표 4.8 취업자격 체류 외국인 자격별 현황

(단위: 명)

구분		총 체류	합법 체류	불법체류
총계		567,261	508,367	58,894
전문인력	소계	46,581	42,110	4,471
	단기취업(C-4)	1,645	1,284	361
	교수(E-1)	2,187	2,186	1
	회화지도(E-2)	13,910	13,875	35
	연구(E-3)	3,132	3,130	2
	기술지도(E-4)	220	218	2
	전문직업(E-5)	624	617	7
	예술흥행(E-6)	3,549	2,136	1,413
	특정활동(E-7)	21,314	18,664	2,650
단순기능인력	소계	520,680	446,257	54,423
	비전문취업(E-9)	276,755	230,633	46,122
	선원취업(E-10)	17,603	11,397	6,206
	방문취업(H-2)	226,322	224,227	2,095

2019.12.31.
출처: 법무부 출입국 · 외국인정책본부(2020a)

외국인근로자들이 취업하고 있는 사업체가 속하고 있는 지역은 대부분 서울과 수도권으로 나타나고 있는데, 이는 외국인근로자를 활용하고 있는 특례업종이 대부분 서비스업, 건설업이 많기 때문인 것으로 분석된다. 산업별 외국인근로자 현황을 살펴보면 제조업이 46.3%로 가장 많고, 서비스업(35.1%), 건설업(11.0%), 농림어업(6.0%), 전기 · 운수 · 통신 · 금융(1.6%)의 순으로 나타났다(통계청 · 법무부, 2019).

외국인근로자의 국적별 분포는 **표 4.9**에서 보는 바와 같이 총 체류자 526,827명 중 중국이 191,956명으로 가장 많고, 그 다음은 베트남(45,703명), 캄보디아(34,878명), 네팔(34,411명), 우즈베키스탄(32,450명), 인도네시아(32,268명), 필리핀(26,122명), 태국(24,874명), 미얀마(24,473명), 스리랑카(20,709명) 등의 순위를 보이고 있다(법무부 출입국 · 외국인정책본부, 2020b).

외국인근로자의 근로 활동은 우리나라 산업경쟁력을 강화시키는 데 기여하고 있으며, 부가가치 생산성을 증가시키고 있는 한편 내국인 노동자가 취업할 수 있는 신규 일자리를 창출하고 있어 내국인의 노동시장을 보완하는 역할도 담당하고 있다. 그러나 외국인근로자들에게 제대로 된 임금과 근로환경, 사회보장이 이루어지지 않고 있다. 또한 외국인근로자들은 차별대우, 폭언, 폭력 등의 인권침해를 받고 있으며, 불법체류자들의 경우 자신의 신분 때문에 최소한의 자유권도 보장받지 못하고 있는 실정이다(김성률 · 이원식, 2017; 박미숙 · 손영화, 2018). 따라서 우리 사회는 외국인근로자에게 산업 현장에서의 노동권과 인권 보장을 통하여 안심하고 일할 수 있는 보다 체계적인 제도적 장치와 대책을 시급히 마련해야 할 것이다.

표 4.9 취업자격 체류 외국인 국적별 현황

(단위: 명)

계	중국	베트남	캄보디아	네팔	인도네시아	우즈베키스탄	필리핀
526,827	191,956	45,703	34,878	34,411	32,268	32,450	26,122
	미얀마	태국	스리랑카	방글라데시	미국	카자흐스탄	몽골
	24,473	24,874	20,709	9,953	9,496	7,427	5,962
	파키스탄	키르기즈	인도	동티모르	영국	우크라이나	기타
	3,428	2,514	2,235	2,194	2,171	1,941	11,662

2020.06.30.
출처: 법무부 출입국 · 외국인정책본부(2020b)

3) 북한이탈주민

북한이탈주민이란 북한에 주소, 직계가족, 배우자, 직장 등을 두고 있는 자로서 북한을 벗어난 후 외국의 국적을 취득하지 아니한 자를 말한다. 우리나라에서 북한이탈주민에 대한 용어는 여러 번 바뀌고 있다. 1993년 이전에는 귀순자 · 귀순용사로, 1994~2004년까지는 탈북자로, 2005~2008년까지는 새터민으로, 2008년 이후에는 북한이탈주민으로 불리고 있다.

북한이탈주민의 현황을 살펴보면 1990년 중반부터 북한의 식량 사정의 악화를 계기로 꾸준히 증가하기 시작하였다. 북한을 탈출한 주민들은 주로 중국과 동남아 등 제3국을 거쳐 우리나라에 입국하게 되는데, 2020년 6월에 통일부(2020)가 발표한 북한이탈주민의 수는 **표 4.10**에서 보는 바와 같이 3만 3,670명에 이르고 있다.

연도별 입국자를 살펴보면 90년대 중반 이후 큰 폭으로 증가하여 2009년에는 연간 3,000명 가까이 입국하다가 접경지역의 통제 강화 등으로 2012년 이후부터 연간 1,100~1,500여 명 수준으로 입국 인원이 감소하였고, 2020년 6월에는 147명으로 전년 대비 73.2% 감소한 것으로 보고하고 있다. 이는 최근 코로나19로 인한 탈북 이동 경로 국가들의 국경패쇄 등이 주원인인 것으로 분석된다. 성별 분포를 보면 여성의 입국 비율은 1998년까지는 12%에 불과했으나 2002년을 기점으로 남성을 추월하였으며, 이후 지속해서 증가세를 유지하여 2020년에는 전체 입국자의 72%로 매우 높은 비율을 보이고 있다.

최근 입국한 북한이탈주민의 특성을 살펴보면 정치적 이유보다는 빈곤 탈출이나 더 나은 삶을 찾아 입국하는 사람들이 증가하고 있는데, 이러한 탈북 동기의 변화와 가족 동반 입국 여성, 청소년 및 장년층의 비율이 증가하고 있다는 점이다. 과거에는 젊은 세대의 단독 입국이 많았으나 가족 단위의 입국이 증가하면서 우리 사회에서 육아 문제, 학교생활

표 4.10 북한이탈주민 입국 현황

(단위: 명)

구분	~'98	~'01	'02	'03	'04	'05	'06	'07	'08	'09	'10	'11	'12	'13	'14	'15	'16	'17	'18	'19	'20.6 (잠정)	합계
남	831	565	510	474	626	424	515	573	608	662	591	795	404	369	305	251	302	188	268	202	41	9,404
여	116	478	632	811	1,272	960	1,513	1,981	2,195	2,252	1,811	1,911	1,098	1,145	1,092	1,024	1,116	939	969	845	106	24,266
합계	947	1,043	1,142	1,285	1,898	1,384	2,028	2,554	2,803	2,974	2,402	1,502	1.502	1,514	1,397	1,275	1,418	1,127	1,137	1,047	147	33,670

*2020년 6월 말 기준 잠정 수치임

출처: 통일부(2020)

적응 문제, 노인 문제, 경제적 적응 문제 등이 대두되고 있다.

북한이탈주민이 북한에 살고 있을 당시 직업별 유형은 무직이거나 가족 부양이 15,140명(45%)으로 가장 높게 나타나고 있으며, 노동자가 13,342명(40%)으로 노동자 이하 직업이 85%로 대다수를 차지하고 있다. 다음은 봉사 분야 1,528명(5%), 군인 858명(3%), 전문직 746명(2%), 관리직 550명(2%), 예술 · 체육 302명(1%)의 순으로 나타났다(통일부, 2020). 따라서 북한이탈주민 중 노동자 비율이 절대적으로 높다는 것은 지식기반 사회로 전환된 우리 사회에 그들이 적응하기가 더욱 어려운 상황이라는 의미임을 예상할 수 있다. 이들은 목숨을 걸고 국경을 넘어 우리나라에 도착하지만, 우리 사회에서의 생활에 경제적 · 문화적 · 사회적 · 심리적 차원에서 적응하기에 상당한 어려움을 경험하고 있다.

북한이탈주민은 북한이라는 사회주의 체제에서 성장하고 생활해 온 사람들이므로 자본주의 체제는 생소하고, 단절된 기간만큼이나 언어와 사고의 차이로 인하여 다양한 문화적 스트레스를 경험하고 있다. 북한이탈주민후원회(2005)는 북한이탈주민의 사회 · 심리적 특성을 다섯 가지로 구분하여 설명하고 있다. 첫째, 행동 의지의 적극적인 표현이다. 목숨을 건 탈북을 단행할 수 있을 만큼 결단력과 추진력이 강하다는 점이다. 둘째, 자기중심적인 인식과 태도를 가지고 있다. 이는 의사결정 과정에서 타인의 의견이나 충고를 받아들이기보다 자신의 생각과 주관이 강하여 다양한 의견을 수렴하지 않는 특성이 있음을 의미한다. 셋째, 정부의 보호와 지원에 대하여 당연하다는 태도를 갖고 있다. 사회주의 체제에 익숙한 그들은 국가에 의한 정착금이나 지원금 등의 지원에 대하여 당연시하고, 책임과 의무보다 권리를 주장하는 경향이 강하다. 넷째, 심리적 정체성 혼란을 겪고 있다. 이는 자신의 신분에 대한 자아정체성의 혼란을 경험함으로 인해 우리 사회에서 적응하지 못하여 이방인으로 머물게 하는 요인으로 작용할 수 있다. 다섯째, 안전에 대한 욕구가 강하다. 북한에 남은 가족에 대한 처벌과 보복에 대한 걱정을 하며 신분 노출에 대한 거부감이 강하다.

결국 북한이탈주민의 원만한 한국생활 적응을 돕기 위해서는 적응유연성, 자기효능감 및 직업의식을 향상시키는 것이 중요하다. 적응유연성이란 한국의 이질적인 문화권 내에서 적응해 나가는 구체적인 적응 요소나 기제, 외부 자원 동원력 등을 포함하여 다차원적 접근에서 중요한 요소로서, 외상 경험과 문화적 변화에도 불구하고 중요한 적응상의 문제를 일으키지 않고 정상 수준의 기능을 유지하며 살아가는 것을 의미한다. 자기효능감은 개인이 어떤 결과를 산출하기 위하여 요구되는 행동을 성공적으로 수행할 수 있다는 자신감으로서, 주어진 상황을 처리하기 위하여 개인이 가지고 있는 인지적 자원이나 동기 혹은 다양한 행동 과정을 동원할 수 있다는 자신의 능력에 대한 판단 및 신념을 말한다(Bandura, 1977). 직업의식은 지각, 사고, 느낌을 통하여 주어진 시점에서의 일에 대하여 정확한 표상의 신념 체계를 갖고 가치를 형성하는 한편, 다양한 신념 체계에 의하여 행동적인 표상의 태도를 가지며, 태도 · 가치 · 신념 등에 의해 복합적으로 표상하고, 언어적으로 의견을 표현하며, 일에 대하여 빈번히 반복되는 행동인 습관을 갖는 것을 의미한다. 북한이탈주민의 직업과 직업의식은 남북한 통일 과정에서 대두될 사회경제적 통합 문제의 중요한 부분으로 인식된다.

북한이탈주민의 적응유연성과 자기효능감과의 관계에서 직업의식의 조절 효과에 대한 연구에 의하면 북한이탈주민의 직업의식은 적응유연성과 자기효능감과의 관계를 조절하는 데 영향을 주는 요인이라고 하였다(민순 · 김혜숙, 2011). 또한 자기효능감은 북한이탈주민의 한국사회문화적응에 가장 높은 영향력을 미치는 내적 요인으로 보고되고 있다(김명선, 2019). 따라서 북한이탈주민의 한국생활 적응을 위한 내면의 향상을 위해서는 그들의 꿈과 목표를 키워 주고, 친밀감 있는 사회적 지지를 통하여 자기효능감과 적응유연성, 직업의식을 길러주는 정책적 전략이 필요하다.

우리 사회에서 북한이탈주민은 통일 시대를 준비하는 중요한 인적 자원이라는 점을 인식할 필요가 있다. 통일 시대에 있어서 이들은 우리에게 북한 사회에 대한 이해를 돕는 한편 남북 양쪽 사회 간의 가교 역할을 하는 자원이 될 수 있다. 북한이탈주민들은 이질적인 우리 사회에서 적응하기에 경제적 · 문화적 · 사회적 · 심리적 차원에서 상당한 어려움을 경험하고 있다. 우리 사회의 구성원들과 국가는 이들이 자립하여 안정적으로 생활할 수 있도록 적극적으로 지원해야 할 것이다.

4) 다문화가정 자녀

우리 사회에서 다문화가정이 증가함에 따라 그 자녀의 수도 급증하고 있다. 우리나라는 1977년 국적법이 개정되면서 국제결혼가정에서 태어난 자녀들도 한국 국적을 가지고 내국인과 동일한 권리를 갖게 되었다. 다문화가정의 자녀들은 크게 국제결혼가정 자녀와 이주노동자 자녀로 구분하고 있으나 그 밖에 북한이탈주민, 유학생, 난민의 자녀도 포함된다.

다문화가정의 자녀는 매우 다양한 형태로 분류할 수 있다. 국제결혼가정 자녀의 경우 일반적으로 배우자 중 한 명이 외국인과 결혼하여 자녀를 출산하여 국제결혼가정 자녀로 분류되지만, 어머니가 외국인이고 아버지가 한국인인 경우와 어머니가 한국인이고 아버지가 외국인인 경우가 있으며, 외국인 어머니가 한국인 아버지와 재혼하면서 본국에서 자녀를 데리고 온 경우와 부모가 이혼을 하면서 아버지가 외국인 어머니와 결혼한 경우도 있다. 이주노동자의 경우에도 본국이 동일한 나라에서 부모가 자녀를 데리고 입국하는 경우와 부모 중 한 명이 자녀를 데리고 입국하는 경우가 있으며, 부모가 한국에서 일을 하다가 기반이 잡힌 뒤에 본국에서 자녀를 데리고 오는 경우도 있다. 또한 미혼 노동자끼리 결혼하여 가정을 이루어 자녀를 출산하는 경우와 미혼 이주노동자가 한국인과 결혼하여 자녀를 출산하여 다문화가정을 형성하는 경우 등 다양하다.

행정안전부(2020)의 보고에 의하면 다문화가정의 자녀는 2007년에 4만 4,258명이었으나 2019년 말에는 26만 4,626명으로 증가하였다(**표 4.11**). 이는 전체 외국인 이주민의 11.9%의 비율을 점하는 수치이며, 이 중에서 만 6세 이하의 미취학 아동은 11만 7,045명(44.2%), 만 7세 이상에서 만 12세 이하의 초등학생은 10만 4,064명(39.3%)으로 초등학생 이하가 83.5%를 차지하고 있다(**표 4.12**).

부모의 출신국별로는 베트남이 33.4%로 가장 많고, 그 다음은 중국 18.8%, 한국계 중국인 15.5%, 필리핀 9.3%, 캄보디아 4.1%, 미국 3.2% 등의 순으로 동남아시아와 중국 출신 부모의 자녀가 다수를 차지하고 있다(**그림 4.6**). 다문화가정 자녀는 국제결혼가정

표 4.11 다문화가정 자녀의 연도별 증감 추이 (단위: 명)

연도	2007	2008	2009	2010	2011	2012	2013	2014	2015	2016	2017	2018	2019
전체누계	44,258	58,007	107,689	121,935	151,154	168,583	191,328	204,204	197,550	201,333	222,455	237,506	264,626

출처: 행정안전부(2020)

표 4.12 다문화가정 자녀의 연령별 현황 (단위: 명)

구분 / 합계	만 6세 이하	만 7~12세	만 13~15세	만 16~18세
264,626(100.0%)	117,045(44.2%)	104,064(39.3%)	26,524(10.0%)	16,993(6.4%)

2019.11.1. 기준
출처: 행정안전부(2020)

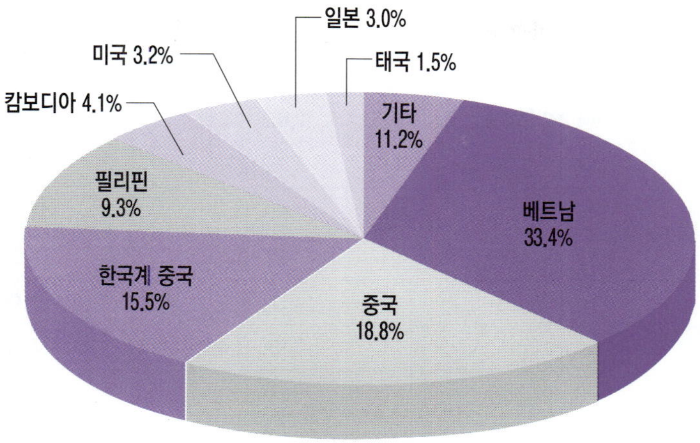

그림 4.6 다문화가정 부모의 국적 현황

출처: 행정안전부(2020)

자녀가 90.7%로 대부분을 차지하고 있으며, 외국인가정 자녀는 9.3%로 아직까지는 소수이다.

다문화가정 자녀들의 거주 지역별 분포는 경기가 26.2%(69,439명)로 가장 높은 비율을 보이고 있고, 그 다음으로 서울 13.8%(36,532명), 경남 7.4%(19,578명), 인천 6.3%(16,570명), 경북 6.0%(1,599명) 등의 순으로 수도권에 46.3%(12,541명)가 거주하는 것으로 나타났다(**표 4.13**).

다문화가정 자녀의 취학률은 **그림 4.7**과 같이 2015년에 비해 2018년에는 8.6%가 증가한 것으로 나타나고 있으며, 매년 급증하고 있다. 그러나 다문화가정 자녀의 취학 학교급별 비율은 초등학교 98.1%, 중학교 92.8%, 고등학교 87.9%, 고등교육기관 49.6%로 학교급이 높아질수록 격차가 심화되는 양상을 보인다(여성가족부, 2019a).

앞에서 살펴본 바와 같이 다문화가정 자녀는 지속적으로 증가하고 있다. 그러나 다문화자녀는 부모의 국적과 출생 상황에 따라 개인별 문화적 특징이 다양한 데 반해 교육 체계는 획일화되어 있기 때문에 적응하는 과정에서 다양한 어려움을 경험하고 있다. 다문화자녀가 경험하는 공통적인 문제는 의사소통의 문제, 정체성 혼란, 사회적 편견, 소외 및 배제, 차별, 학교 부적응 등이 있다. 특히 다문화자녀의 성장 과정에서 사회화 과정이 시작되는 시기의 학교 교육은 매우 중요하다. 그러나 학교에서는 소통과 교류를 통하여 다문화학생을 포용하기보다 편견과 차별, 집단 따돌림 등으로 소외감과 이질감을 느끼게 하

표 4.13 다문화가정 자녀의 지역별 분포

(단위: 명, %)

시 · 도	합계(구성비)	귀화 및 외국 국적(구성비)	국내출생(구성비)
계	**264,262 (100.0)**	**12,660 (100.0)**	**251,966 (100.0)**
서울특별시	36,532 (13.8)	3,032 (23.9)	33,500 (13.3)
부산광역시	11,872 (4.5)	404 (3.2)	11,468 (4.6)
대구광역시	8,919 (3.4)	318 (2.5)	8,601 (3.4)
인천광역시	16,570 (6.3)	1,118 (8.8)	15,452 (6.1)
광주광역시	6,651 (2.5)	181 (1.4)	6,470 (2.6)
대전광역시	6,119 (2.3)	177 (1.4)	5,942 (2.4)
울산광역시	5,694 (2.2)	159 (1.3)	5,535 (2.2)
세종특별자치시	1,367 (0.5)	48 (0.4)	1,319 (0.2)
경기도	69,439 (26.2)	4,547 (35.9)	64,892 (25.8)
강원도	7,878 (3.0)	168 (1.3)	7,710 (3.1)
충청북도	10,047 (33.8)	332 (2.6)	9,715 (3.9)
충청남도	15,326 (5.8)	521 (4.1)	14,805 (5.9)
전라북도	12,906 (4.9)	310 (2.4)	12,596 (5.0)
전라남도	15,202 (5.7)	299 (2.4)	14,903 (5.9)
경상북도	15,999 (6.0)	361 (2.9)	15,638 (6.2)
경상남도	19,578 (7.4)	502 (4.0)	19,076 (7.6)
제주특별자치도	4,527 (1.7)	183 (1.4)	4,344 (1.7)

출처: 행정안전부(2020)

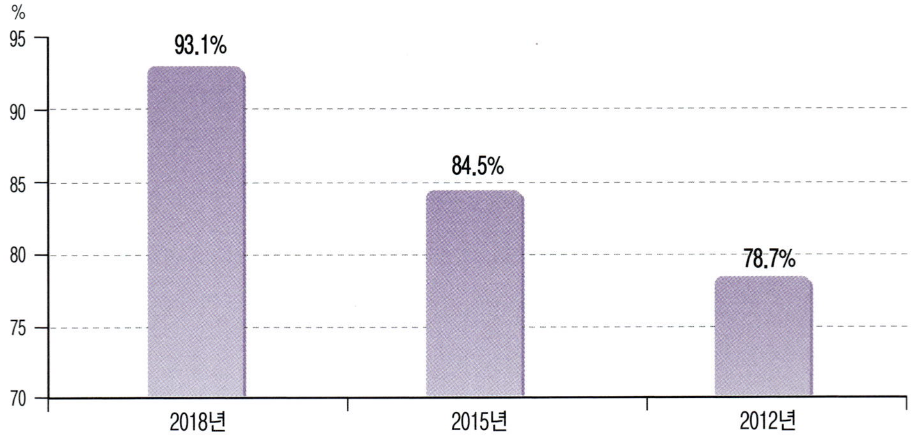

그림 4.7 다문화가정 자녀의 취학률

출처: 여성가족부(2019a)

고 있으며, 이와 같은 학교생활 부적응의 문제는 심각한 사회문제로 대두되고 있다.

자녀는 우리 사회의 미래이므로 다문화학생이 가지고 있는 적성과 재능을 개발하여 소중한 인재로 성장시켜야 한다. 그러나 우리 사회는 지금까지도 다문화자녀를 소외 · 취약계층으로 분류하여 지원의 대상으로만 인식하는 경향이 있다. 다문화사회를 구성하고 있는 모든 사회구성원은 다양성에 대한 이해와 차이에 대하여 올바르게 인식해야 한다. 따라서 학생뿐만 아니라 모든 사회구성원을 대상으로 사회 교육 차원에서의 다문화교육 및 다문화자녀가 올바르게 성장할 수 있도록 하기 위한 각종 지원 서비스의 확대가 필요하다.

5) 유학생

세계화 시대로의 전환에 따라 국내 체류 외국인이 급증하면서 우리나라에 입국하여 수학하고 있는 외국인유학생의 수도 2014년 이후 꾸준히 증가세를 보이다가 2020년에는 전체적인 감소세를 나타내고 있다. 외국인유학생의 연도별 증감 추이는 **표 4.14**와 같다.

법무부 출입국 · 외국인정책본부(2020b)가 발표한 자료에 의하면 국내 외국인유학생 수는 2020년 6월 현재 15만 3,426명으로 2019년의 17만 1,714명에 대비하여 10.7%가 감소하였다. 전체 외국인유학생 중에서 정규 유학생은 10만 986명으로 65.8%를 차지하고 있으며, 어학 연수생은 5만 2,440명으로 34.2%를 차지하고 있다(**그림 4.8**).

유학생의 주요 국가별 현황을 보면 **표 4.15**와 같이 베트남 유학생이 5만 5,944명으로 가장 많으며, 한국계를 포함한 중국인(52,374명), 우즈베키스탄(9,829명), 몽골(8,179명), 네팔(2,681명), 일본(2,060명), 파키스탄(1,746명), 인도네시아(1,346명), 인도(1,317명), 방글라데시(1,297명), 미얀마(1,010명) 등의 순위를 보이고 있다.

표 4.14 외국인유학생 연도별 증감 추이

(단위: 명)

연도	2015년	2016년	2017년	2018년	2019년	'19년 6월	'20년 6월
합계	96,357	115,927	135,087	160,671	180,131	171,714	153,426
유학(D-2)	66,334	76,040	86,875	102,690	118,254	110,696	100,986
한국어연수(D-4 · 1)	30,017	39,873	48,208	57,971	61,867	61,006	52,432
외국어연수(D-4 · 7)	6	14	4	10	10	12	8
전년대비 증감률	11.5%	20.3%	16.5%	18.9%	12.1%	-	-10.7%

2020.06.30. 현재
출처: 법무부 출입국 · 외국인정책본부(2020b)

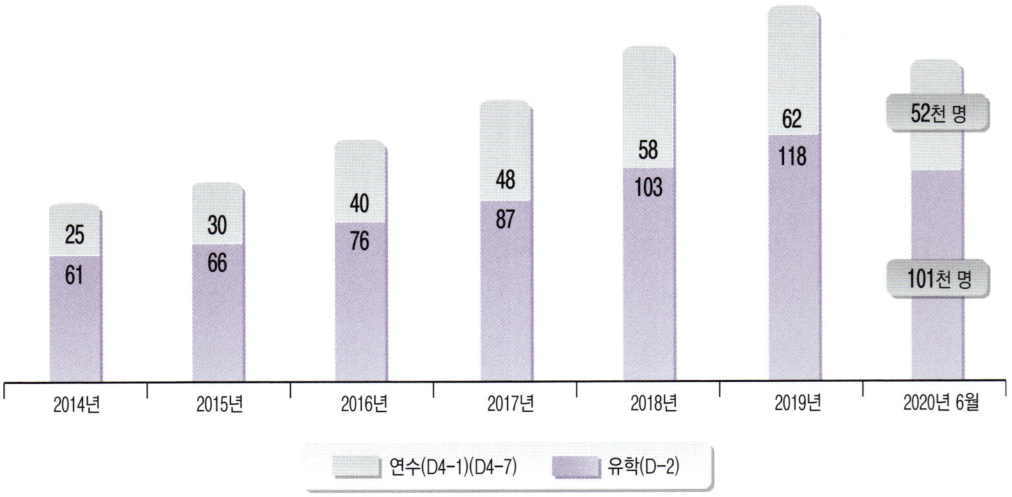

그림 4.8 외국인유학생 연도별 증감 추이
출처: 법무부 출입국 · 외국인정책본부(2020b)

현재 국내 대학들은 학령인구 감소로 인한 정원유치 및 재정 운용의 어려움을 해결하기 위해 외국인유학생을 유치하고자 노력하고 있다. 이에 우리나라 정부도 대학들의 국제 경쟁력을 강화하고, 우수한 외국인유학생을 유치하기 위한 '스터디 코리아 2023 프로젝트'를 추진하여 2023년까지 외국인유학생 20만 명을 유치할 계획이다. 이러한 정부 정책에 힘입어 유학생은 증가하고 있지만, 외국인유학생 관련 체계적인 관리 부족, 중도이탈 등의 문제들도 지속적으로 제기되고 있다. 우리나라에 체류하고 있는 외국인 중 유학생은 학업을 마치고 본국으로 돌아가게 된다는 점에서 이민자와는 다른 특성의 체류자(sojourner)에 속한다. 유학생들은 정해진 기간 내에 언어, 학업 및 타문화에 적응해야 하며, 단기간 내에 목표를 달성해야 하는 자아중심성이 강한 청년기에 해당하는 사람으로서 새로운 환경에 적응함에 있어 여러 가지 문제들이 발생할 수 있다. 외국인유학생들은 음식, 날씨 변화, 향수병, 문화적 · 종교적 관습, 교육 체제 적응, 인종차별, 경제적 문제 등으로 어려움을 겪고 있는 것으로 보고되고 있다(강현민 · Nigora Khon · 홍유나, 2014; 김재은 · 윤필규, 2017; 아지조바 피루자 · 오영훈, 2019).

한국 고등교육 브랜드 가치의 질적 제고를 도모하기 위해서는 외국인유학생들이 한국생활에 잘 적응할 수 있도록 체계적인 관리 방안 마련이 시급하며, 이를 위해 상호 간에 폭넓은 문화적 이해가 선행되어야 한다. 그러므로 외국인유학생들의 유학생활 적응 과정을 이해하여 이를 도울 수 있는 방안을 강구하는 것이 중요하다.

표 4.15 외국인유학생 국적별 현황

(단위: 명)

국적명	총계	유학	한국어연수	외국어연수
총계	**153,426**	**100,986**	**52,432**	**8**
베트남	55,944	19,852	36,089	3
중국(한국계 포함)	52,374	46,226	6,147	1
한국계	1,149	1,027	122	0
우즈베키스탄	9,829	6,903	2,926	0
몽골	8,179	5,868	2,311	0
네팔	2,681	2,279	402	0
일본	2,060	1,421	639	0
파키스탄	1,746	1,704	42	0
인도네시아	1,346	1,196	150	0
인도	1,317	1,204	113	0
방글라데시	1,297	1,238	59	0
미얀마	1,010	674	336	0
프랑스	919	792	127	0
러시아(연방)	874	534	340	0
카자흐스탄	765	652	113	0
미국	456	557	199	0
말레이시아	697	600	97	0
타이완	688	457	231	0
독일	584	551	33	0
기타	10,360	8,278	2,078	4

2020.06.30. 현재
출처: 법무부 출입국 · 외국인정책본부(2020b)

국내 외국인유학생의 문화적응 경험에 대한 현상학적 연구에 의하면 이들의 문화적응 경험의 의미는 '새로운 세계에 대한 열망', '경계에 선 이방인', '언어의 높은 장벽', '인정받기 위한 노력', '커뮤니티를 통한 정서적 유대감', '다양한 관계 맺기', '상호문화적 매개자'로 나타났다(최승은, 2020). 외국인유학생들은 출신 문화에 대한 정체성을 유지하면서 새롭게 접한 거주지 문화와도 긍정적인 관계를 맺는 통합된 이상적인 문화적응 양상을 보여주었고, 문화적응 과정에서 나타난 이들의 다양한 경험들은 성공적인 유학생활을 위한 토대가 될 것이다(**표 4.16**).

표 4.16 외국인유학생의 문화적응 경험에 대한 의미

증상 의미	세분화된 의미 단위
새로운 세계에 대한 열망	• 한국 드라마를 보며 동경하게 된 한국 • K-POP을 통해 높아진 한국에 대한 관심 • 유학에 대한 간절함으로 한국에 대한 정보 수집 • 장학금으로 인한 유학 결정 • 새로운 세상, 새로운 장래, 새로운 전망
경계선에 선 이방인	• 여기도 저기도 아닌 느낌 • 편견에 대한 두려움 • 외롭고 힘든 유학생활 • 그리운 가족과 친구들 • 모국어로 하는 대화
언어의 높은 장벽	• 한국어로 인한 스트레스 • 의사소통의 어려움 • 부담스러운 학과 시험 • 한국 학생들과의 대학 수업
인정받기 위한 노력	• 끊임없는 발음 연습 • 전공 시험을 위한 전략 • 영어를 통한 한국어 공부 • 외국인 대상 학업 도우미 프로그램 • 교수와 동료들로부터 인정받는 기쁨
커뮤니티를 통한 정서적 유대감	• 도움을 주고받는 모임 • 누군가를 도와주면서 얻는 힘 • 함께 보내는 명절 • 춤과 놀이를 통한 유대
다양한 관계 맺기	• 적극적인 질문과 대화 • 솔직한 이야기와 열린 마음 • 북클럽에서 만나는 다양한 친구 • 교수와 선후배로부터 받는 도움 • 한국인의 시선 • 환영으로 인한 감동
상호문화적 매개자	• 왜곡된 문화에 대하여 바로잡기 • 상호 인식의 전환 • 좋은 일로 사회에 참여 • 두 나라를 잇는 다리

출처: 최승은(2020)

외국인유학생의 문화적응 경험의 의미를 요약하면 다음과 같다(최승은, 2020).

❖ 새로운 세계에 대한 열망

한국에 온 외국인유학생들은 미디어를 통한 한국 드라마나 K-POP의 영향에 따른 한국에 대한 동경, 등록금 · 학비 지원, 나은 삶을 향한 열망 등으로 유학을 결정한다. 이들은 새로운 세계로의 도전으로 한국에 왔으며, 낯선 것에 대한 열린 마음에서 이들의 학업에 대한 도전은 기대와 설렘으로 출발했다.

❖ 경계에 선 이방인

한국에 오기 전 적극적인 자세로 유학을 준비하고 왔지만, 타국에서의 생활로 힘들고 외로울 때가 많고, 한국에 와서 현실적 문화접촉을 하면서 이들은 갈등과 혼란을 겪는다. 본국에 있을 때는 느끼지 못했던 자신의 정체성에 대하여 다시금 생각하게 되는 것이다. 하지만 멀리서 응원하고 있는 가족들과 고향 친구들 덕분에 유학생활을 이어나갈 수 있으며, 모국어로 하는 소통은 유학생들에게 일종의 해방감을 안겨주어 정서적인 안정과 위로를 준다.

❖ 언어의 높은 장벽

한국에 오기 전 한국어를 공부하고 왔지만, 유학생으로서 언어의 장벽은 높다. 수강하는 수업에서 외국인유학생이라 배려를 받는 경우도 있지만, 한국인 학생들과 동등하게 학업을 수행해야 하는 경우가 많다. 일상적인 대화를 넘어서 대학에서 수업에 참여하여 학문적인 용어를 사용해야 하는 유학생들에게 한국어는 넘어야 할 관문이다.

❖ 인정받기 위한 노력

대학생활에서 학업을 안정적으로 수행하게 되면 교수와 친구들에게 인정을 받게 된다. 유학생들은 한국어뿐만 아니라 학업을 수행하는 데 쉽지 않다. 그러나 자신의 학업 능력을 향상시키기 위하여 자기주도적 학습, 대학에 마련된 글로벌센터에서 외국인 대상 학업 도우미 프로그램을 적극 활용하여 학업에 도움을 받는 등 부단히 노력하고 있다. 이것은 유학생활의 성공을 위한 나름의 전략이라 할 수 있다.

❖ 커뮤니티를 통한 정서적 유대감

한국 유학생활에서 두드러지게 나타나는 특징은 같은 국가 출신 유학생 커뮤니티의 활성화였다. 캄보디아 출신 유학생들은 신입생에 대한 지원 서비스가 지속적으로 이어지도록 하고 있으며, 선배들은 후배가 한국에 오는 날 공항에 마중을 가서 기숙사까지 데려오기도 한다. 이러한 커뮤니티는 다양한 정보를 제공하고, 주기적인 모임을 조직하여 돈독한 교제를 유지한다.

❖ 다양한 관계 맺기

주변의 사람들과 적극적으로 관계를 맺으며 다양한 인맥을 활용하여 학업에 도움을 받고 새로운 생활에서의 적응을 주도해 나간다. 외국인유학생들은 유학생활에서 대학에서의 생활뿐만 아니라 일상에서도 한국인들을 만난다. 다문화사회로 진입하였음에도 불구하고, 정주민들 중에는 외국인에 대한 왜곡된 시선을 보내는 경우도 있다. '금발의 백인'에게는 보내는 환대의 시선이 동남아시아 출신 외국인에게는 경계의 시선으로 바뀌는 것이다. 하지만 한국인과의 관계 속에서 문제를 해결해 나가는 모습을 보여 주고 있다.

❖ 상호문화적 매개자

외국인유학생들은 두 나라 사이에서 자신의 가능성을 발휘하고자 하는 목표를 지니고 있다. 글로벌 시대에서 이들은 초국적 지식, 자본, 기술을 이동시키는 주체로서의 역할을 적극적으로 감당하며 상호 문화적 매개자로서의 역할을 한다.

이와 같은 연구 결과는 한국으로 유학을 오는 유학생이 급증하고 있는 현시점에서, 유학생이 자국의 문화적 정체성을 유지하면서 한국의 문화를 수용할 수 있도록 본질적 구성 요소에 부합하는 적응 요인을 개발해야 함을 시사하고 있다. 또한 유학생의 적응 요인을 강화시키는 실천적 지도 체계를 확립하고 지도적 중재 방안을 구축하여 이를 프로그램화할 필요성을 제시하고 있다.

외국인유학생은 국내 대학의 중요한 교육 소비 주체이므로, 국내 대학은 외국인유학생의 요구에 맞는 경쟁력 있는 교육 환경을 갖추고 교육의 질을 높이려는 노력이 필요하다. 또한 한국인 대학생의 입장에서도 외국인유학생과의 활발한 교류와 이들에 대한 문화적 이해를 통하여 성숙된 국제적 시민의 자세를 확립함과 동시에 다문화 사회인으로서의 대학 문화를 조성하는 계기가 되어야 할 것이다.

결국 우리나라에서 외국인유학생의 긍정적인 유학 경험은 머지않은 장래에 유학생이 자국에서 친한국적 인재로 활동하는 계기가 될 것이며, 외국인유학생에 대한 한국인 유학생의 폭넓은 이해와 그들에 대한 배려는 국제적 교류에 긍정적인 영향을 주는 것은 물론 한국이 다문화사회로 발전해 나아가는 데 있어서 긍정적으로 작용하게 될 것이다.

6) 난민

난민(refugee)이란 전쟁이나 천재지변으로 곤경에 빠진 사람, 전화(戰禍)나 정변을 피해 타국이나 다른 지방으로 가는 망명자 또는 피난민, 생활이 곤궁한 궁민을 말한다. 그러나 최근에는 사상적 · 정치적인 이유로 인한 집단 망명자를 난민이라고 하고 있다. 난민은 체류 국가로부터 공식적으로 인정을 받게 되면 체류자격을 획득하게 되고 각종 사회보장의 혜택을 받게 된다.

우리나라는 1992년에 국제연합(United Nations, UN) '난민 지위에 관한 협약과 난민 의정서'에 서명하였고, 1994년 출입국관리법상 난민 관련 규정을 신설한 이래 2001년 2월 최초로 에티오피아인에게 난민의 지위를 인정하였다. 2011년 12월 국회에서는 난민 관련 법안을 통과시켜 국내 난민 지위 신청 절차를 명시하고 난민인정자와 난민신청자의 처우를 개선하였다. 출입국 · 외국인정책 통계연보에 의하면 2019년 난민신청 건수는 15,451건이며, 이 중 난민으로 인정받은 사람은 총 79명이다(법무부 출입국 · 외국인정책본부, 2020a). 난민인정자 중 미얀마 국적자가 34명(43.0%)으로 가장 많았으며, 다음으로 에티오피아 6명(7.5%), 방글라데시 6명(7.5%) 등의 순으로 나타났다(**그림 4.9**).

2019년 현재 한국의 난민 인정률은 0.4%로 유럽연합(European Union, EU) 평균 난민 인정률 33%와 비교해 현저히 낮은 수치이다. 2013년 7월 1일 난민법이 제정 · 시행으로 난민신청자가 크게 증가하고 있으나, 난민법이 시행된 2013~2019년까지 평균 인정률

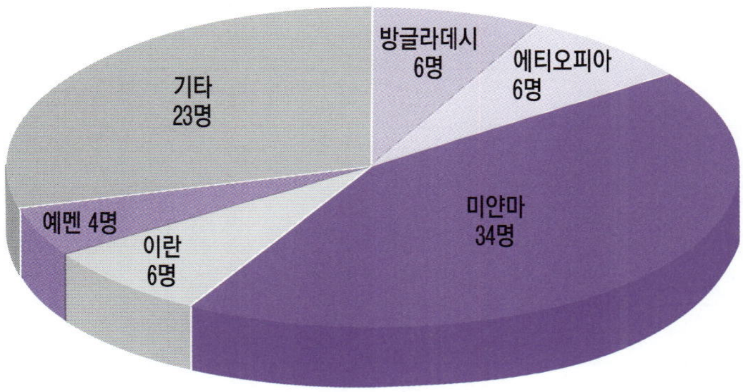

그림 4.9 국적별 난민인정자 현황

2019.12.31. 출처: 법무부 출입국 · 외국인정책본부(2020a)

은 3.7%로, 난민법 시행 전의 평균 인정률 18.9%와 비교하면 훨씬 낮은 수치이다(난민인권센터, 2020).

우리나라의 경우 **표 4.17**에서 보는 바와 같이 1994년 이후 2020년 6월 말까지 난민신청자는 6만 9,636명이며, 이들 중 1,058명이 난민인정을 받았으며, 2,320명이 인도적체류허가를 받아 국내에서 생활하고 있다. 난민신청 사유는 종교적 사유가 16,616명으로 가장 많고, 정치적 의견 12,273명, 특정 사회집단구성원 7,122명, 인종 4,049명 등의 순이다(법무부 출입국 · 외국인정책본부, 2020b).

난민심사제도 개선을 위한 연구에 따르면 한국에서 난민신청을 한 이유는 '한국이 난민에 대하여 우호적이라고 생각했다'가 45.7%로 가장 많았고, 그다음으로 '처음에는 다른 목적(취업, 유학 등)으로 왔으나 돌아갈 수 없어서 신청' 14.3%, '평소 한국 사회나 문화에 대해 많이 들어서 한국에 친밀감이 높아 신청' 11.4% 등의 순이었다(김대근 · 강태경 · 이일, 2017). 난민신청은 입국 후 3개월 이내 신청한 경우가 다수(75.4%)로 나타났다. 난민신청 기간 제한 규정을 두지 않았음에도 불구하고 이른 시기에 난민신청을 하는 경향은 '난민법' 시행으로 난민심사제도에 대한 기대가 커졌고, 이에 대한 인식수준이 높아졌음을

표 4.17 연도별 난민업무 처리현황

(단위: 명)

구분 / 연도	신청	인정	인도적 체류	불인정	철회
총계	**69,636**	**1,058**	**2,320**	**27,721**	**13,291**
'94~'12년	5,069	324	171	2,151	0
2013년	1,574	57	6	460	0
2014년	2,896	94	533	947	408
2015년	5,711	105	198	2,452	351
2016년	7,541	98	252	5,315	0
2017년	9,942	121	316	5,438	0
2018년	16,173	144	508	3,312	0
2019년	15,452	79	231	4,774	4,266
'20년 1~6월	5,278	36	105	2,872	2,549

2020.06.30. 현재
출처: 법무부 출입국 · 외국인정책본부(2020b)

반영한 것으로 보인다. 난민인정절차와 관련해서는 신속한 접수와 통역서비스에 대하여 대다수가 만족하였으나, 담당공무원의 부정적 태도, 신청서 작성의 어려움을 호소하였다. 또한 난민신청자의 급증과 난민심사관 부족으로 인해 난민신청자의 1/3정도가 난민인정 신청 후 난민인정 · 불인정 결정을 받기까지 1년 이상 걸렸던 것으로 나타났다.

표 4.18 난민의 한국 사회 정착과정에 관한 패러다임 분석

패러다임	주제	내용
인과적 조건 (난민 신청 동기)	전쟁의 공포	• 전쟁의 두려움, 공포 • 고향을 떠남, 새로운 정착지
	종교적 갈등	• 이슬람교, 불교를 믿는 나 • 민족분쟁, 종교분쟁
맥락적 조건 (난민을 선택한 이유)	자유와 안전을 찾아	• 자유를 찾아서, 안전한 나라에서 살기 • 사람다운 삶, 인간답게 살기
	자녀교육을 위해	• 잘 키우고 싶은 자식, 나보다 귀한 자식 • 자녀교육, 자녀를 위한 삶
중심현상 (한국에서 난민으로 살아남기)	난민생활의 어려움	• 낯선 문화와 어려운 한국어 • 난민 비자와 힘든 생활고 • 이방인의 서러움, 한국인의 편견과 차별 • 갈 수 없는 모국, 보고싶은 엄마
중재적 조건 (난민생활의 어려움 극복)	가족이 함께 이주	• 가족이 함께 이주, 가족과 함께 살기 • 가족을 통한 위로, 모국어 사용
	공동체의 도움	• 공동체 생활, 공동체의 도움 • 서로 돕는 공동체, 정보 교류
작용/상호작용 (난민생활의 조력자)	한국인 멘토	• 한국인 멘토, 한국어 배우기 • 찾지 않는 멘토, 다시 배우고 싶은 멘토
	종교 시설을 통한 활동	• 교회 및 절을 통한 소통, 예배공간 • 한국인과의 교류, 같은 민족과 소통
결과 (난민생활로 인한 변화)	현실에 적응하기	• 난민의 지원 요구, 난민 지원정책 • 난민 정책의 불합리점, 난민 지원
	영원한 이방인	• 한국 국적 취득으로 한국에 통합하기 • 그래도 여전히 이방인, 한국인의 차별
	난민을 위한 봉사하는 삶	• 다른 난민 돌아보기, 난민을 위한 삶 • 난민 인권, 난민으로 투쟁하기

출처: 박미숙(2019)

난민의 한국 사회 정착과정에 관한 질적 연구 결과에 의하면, 한국으로 들어온 난민들이 한국 사회에서 새로운 삶을 구성하며 살아가는 정착과정은 **표 4.18**과 같다(박미숙, 2019).

난민들의 한국 이주 동기인 인과적 조건은 모국의 내전과 종교적 신념에 대한 박해이다. 이러한 결정을 내리게 된 맥락적 조건은 자유롭고 안전한 곳에 살면서 자녀를 교육하고 싶어서였다. 연구의 중심현상은 한국에서 난민으로 살아나가는 것이다. 난민들은 낯선 한국문화, 언어, 생활고, 한국인들의 차별과 편견, 향수병, 모국을 버렸다는 죄책감 등 다양한 어려움을 겪고 있었지만, 이를 극복하기 위해 노력하였다. 한국에서 난민으로 살아가면서 발생하는 문제들을 중재하는 역할은 가족이나 공동체가 담당하고 있었다. 특히 난민들은 공동체를 형성하여 취업, 한국어 공부, 자녀교육정보 등 한국 사회를 살아가는데 필요한 도움을 주며 서로 공생하고 있었다. 또한 한국인 멘토 및 커뮤니티 활동, 종교활동을 통한 상호작용과정을 통하여 한국 사회에 잘 적응하여 통합되고자 노력하였다. 이들은 한국 국적을 취득하여도 한국 사회에서 여전히 이방인으로 남았다는 소외감을 느끼며, 같은 처지의 난민들을 돕고 난민의 인권회복을 위해 노력하는 삶을 살아가면서 보람을 느끼고 있었다.

이와 같은 연구 결과를 토대로 난민들이 한국 사회에 안정적으로 정착하여 재사회화가 이루어질 수 있도록 난민에 대한 국민들의 인식변화를 위한 교육방안 마련과 이들의 문화적 특성이 반영된 한국어 교재 개발, 가족지원정책, 장기적이고 실질적인 멘토링 지원을 확대해야 한다. 또한 난민들은 다른 이주민과 달리 모국에서의 박해로 인한 정신적인 외상을 가지고 있기 때문에 이들을 위한 심리지원 프로그램 지원정책이 함께 이루어져야 한다.

2. 한국 다문화사회의 문제

최근 전 세계적으로 개인 및 가족이 사회 · 경제적 욕구 충족을 위하여 소득수준이 낮고 생활환경이 좋지 않은 국가에서 보다 안정적이고 바람직한 환경을 보유한 국가로, 교육기회가 낮은 국가에서 높은 국가로 이주하는 경향이 있다. 이에 따라 우리나라에서도 중앙아시아, 동남아, 동북아, 남부아시아 등으로부터 결혼이주자, 외국인근로자, 북한이탈주민 및 유학생 등의 유입이 증가하고 있어 이미 '국경 없는 이주민 시대'로 전환되었고 다인종 · 다문화사회로의 진입이 빠르게 진행되고 있다. 따라서 최근 우리 사회에 외국인 이주민이 미치는 긍정적 · 부정적 영향은 피해 갈 수 없는 현실이 되었으며, 이들이 우리 사회에 미치는 이러한 영향은 다음과 같이 보고되고 있다(김윤정, 2019).

첫째, 외국인 이주민의 증가는 저출산 · 고령화 현상으로 인구구조에 변화가 생기고 있는 현 시점에 있어서 결혼과 출산율을 증가시킴으로써 사회적 안정성을 가져다주고 있다.

둘째, 우리나라의 노동 인구가 모두 꺼리고 있는 3D 업종 산업을 채워주는 것으로 중소기업 노동력 부족 문제를 해결하고 있다.

셋째, 노동시장 및 국가 간 교류 영역에 이중 언어 구사 능력 및 다문화적 감수성을 갖춘 유능한 글로벌 인재를 제공함으로써 국가경쟁력 제고를 위한 동력이 되고 있다.

넷째, 우리나라의 경우 단일민족주의 문화가 심한 나라로 외국인 이주민에 대한 거부감과 차별현상이 나타나고 있다. 외국인에 대한 사회적 차별이 지속되고 결혼이민자와 그 자녀가 사회적으로 소외될 경우 심각한 사회 갈등 요인으로 작용할 우려가 크다. 즉 민족주의와 인종주의에 따른 차별 대우와 외국인 배척 현상이 지속될 경우, 선진국이 먼저 경험했었던 문제가 재현될 수 있다. 예를 들면 프랑스에서 발생한 이슬람 청년 폭동, 2007년 미국 버지니아 주립 대학교에서 재미한국인 1.5세에 의해 벌어진 총격 사건과 같은 '문화 충돌' 현상이 나타날 것이 우려되고 있다. 그 외에도 외국인 이주민은 언어적 · 문화적 차이, 사회문화적 부적응, 사회적 편견, 법적 · 제도적 차별, 가족 갈등, 가족 해체 등의 각종 위험에 노출되어 있다(조원탁 등, 2019).

이상에서 살펴본 바와 같이 다문화가족이 우리 사회에 주는 영향은 긍정적인 영향과 부정적인 영향으로 구분할 수 있다. 다문화사회의 문제는 다양한 측면에서 다룰 수 있지만 본 장에서는 우리 사회에서 다문화에 대한 수용성 제고와 교육의 필요성을 살펴보고, 외국인 이주민이 우리 사회에 유입되어 적응하면서 나타나는 문제를 개인적 적응의 문제, 가족적 적응의 문제, 사회적 적응의 문제로 구분하여 살펴보고자 한다.

1) 다문화에 대한 수용성과 교육

우리 사회는 2000년대 초반부터 다문화사회로의 전환을 대비한 다문화정책과 제도를 추진해왔다. 그러나 우리나라 정부가 추진해 온 다문화정책은 사회통합보다는 외국인과 이주민, 그리고 그 가족을 한국 사회로 동화시키는데 편중되어 있고, 자국민들의 다문화 수용도를 높이는 데에는 소홀했다는 비판이 제기되어 왔다(김지윤 · 강충구 · 이의철, 2014; 김진희, 2018). 이에 따라 안정적인 다문화사회 정착을 위한 사회통합 지원이 사회적 관심으로 증대되고 있으며 다문화적 공존과 존중이 중요한 사회적 과제가 되었다(김진희, 2019). 그럼에도 불구하고 우리 사회는 새로운 문화권으로 진입한 외국인 이주민에 대한 수용성 부족으로 그들의 사회적 지위적 · 언어적 · 문화적 배경에 따라 많은 차별과 인권침해를 하고 있어 다양한 차원에서의 문제를 유발하고 있다. 따라서 우리 사회의 다문화 수용성 정도를 파악하고 이에 따른 다문화교육을 통한 다문화 수용성 증진과 각 분야에서의 실천적 중재 시행이 필요하다.

다문화 수용성이란 자신과 다른 구성원이나 문화에 대하여 편견을 갖지 않고 자신의 문화와 동등하게 인정하고 서로 협력하는 태도로서 다문화사회의 구성원으로 살아가는 데 필요한 적응능력를 말한다(김미진 · 정옥분, 2010). 그러나 우리 사회에서 기존 주류 문화권에 있는 사람들의 다문화 수용성 정도는 아직 낮은 편이다. 여성가족부(2019b)의 국민 다문화 수용성 조사에 의하면 성인의 다문화 수용성은 100점 만점에 52.8점인데 반해 청소년은 71.2점으로 큰 격차를 보인다. 이는 청소년들이 외국인 이주민의 증가가 일상화된 환경 속에서 성장하였고, 학교 등에서 이루어지는 다문화 이해에 관한 교육의 영향으로 인해 외국인 이주민과 다문화사회에 대해 개방적인 태도를 지니고 있기 때문으로 볼 수 있다.

이주민에 대한 태도를 살펴보면, 우리 사회는 이주민의 출신국가나 경제발전 수준 등 '배경'에 따라서 이주민을 달리 대하는 이중적 태도와 한국 문화에 일방적으로 동화하기를 기대하는 경향이 높은 것으로 나타났다. 단일민족지향성은 '여러 민족을 수용 시 국가 결속력을 저해한다' 34.9%, '단일민족 혈통유지는 자랑스러운 일이다' 46.5%, '단일민족이 국가경쟁력을 높이는데 도움이 된다' 34.3%로 전반적으로 낮아지는 추세를 보인다(**그림 4.10**).

우리 사회는 다양한 문화가 공존하는 생활 세계에 대한 이해와 다원적 시야 및 편견 없는 자세로 외국인 이주민을 수용해야 한다. 특히 다문화에 대한 교육과 의료서비스를 제공하는 전문가에게 있어서 이러한 자세는 더욱 필요하다. 따라서 이들에게 직접적인 교육과 서비스를 제공하고 있는 보육 교사, 교사, 간호사들을 대상으로 다문화에 대

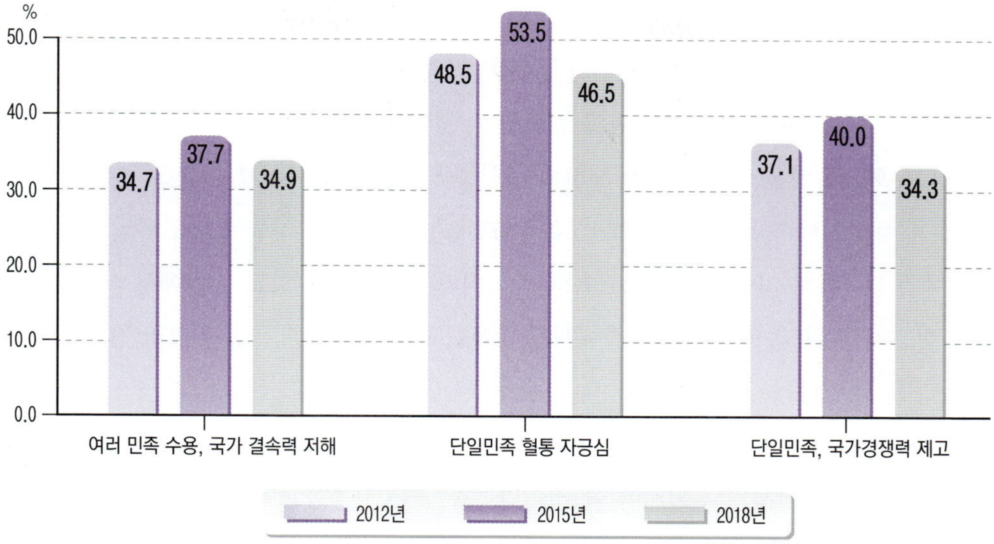

그림 4.10 일반 국민의 단일민족지향성

출처: 여성가족부(2019b)

한 수용성 정도를 조사한 연구 결과에 의하면 보육 교사의 경우 5점 만점에 3.52점(김미리 · 안선희, 2018), 초등학교 교사 3.53점(심미선 · 전주성 · 강종훈, 2017), 간호사 4.24점(변혜선 · 박미경, 2020)을 나타내고 있다.

문화적 역량은 소수집단의 문화를 인구 집단의 독특한 욕구로 이해하고, 이에 반응할 수 있는 작업을 실행할 수 있는 능력으로 정의되는데, 다양한 문화적 배경의 사람들과 효과적으로 상호작용하며 소수집단 문화의 어려움을 이해하고 열린 마음의 자세를 갖기 위한 지식, 기술, 태도가 필요하다(Betancourt, Greenm, Carrillo & Ananeh-Firempong, 2003). 외국인 이주민을 긍정적으로 수용하기 위해서는 자문화와 타문화를 동시에 인정하는 문화적 역량이 필요한데, 자기 민족에 내재된 문화에 대한 올바른 인식과 함께 다른 사람, 인종, 지역의 문화적 차이를 인식하고자 하는 능력을 더욱 함양해야 한다(Banks & Banks, 2008). 문화적 역량에 대한 연구 결과에 의하면 초등학교 교사의 경우 5점 만점에 3.53점(심미선 등, 2017), 보육 교사 3.56점(김미리 · 안선희, 2018), 간호사 5.04점(변혜선 · 박미경, 2020)을 나타내고 있다.

다문화교육은 다문화 수용성을 높이기 위한 가장 기본적인 정책수단이라고 할 수 있다. 다문화교육 실태에 대한 조사연구에 따르면 일반 대학생의 경우 21.8%(권혁 ·

임진혁, 2019), 사범계 학생의 경우는 21.5%(이미지, 2020), 간호 대학생의 경우는 60.8%(박효진 · 박희옥, 2020)가 다문화 관련 교과목 수강경험이 있는 것으로 보고되고 있다. 일반 국민의 경우 다문화교육을 받은 경험이 있는 사람은 4.6%에 불과하며, 이는 다문화교육에 참여할 기회가 제한되어 있음을 보여준다(여성가족부, 2019b).

우리 사회에서 다문화를 이해하기 위한 교육은 사회 교육 차원에서도 폭넓게 이루어져야 한다. 특히 지역사회에서 교육의 중심이라 할 수 있는 학교 교육에서 다문화교육은 반드시 시행되어야 하며, 대학에서의 다문화교육은 전공별 특성에 따라 접근 방향이 달라질 수 있다.

일반 대학생의 경우 다문화사회에 대한 올바른 인식을 위해 다문화의 이해에 대한 교육이 교양 차원에서 이루어져야 할 것이다. 초 · 중 · 고등학교와 유치원 및 어린이집 등에서 교육에 종사할 사범계 학생에게 있어서 다문화교육은 필수적이며, 보건의료 현장에서 문화적 배경이 다른 대상자에게 보건의료서비스를 제공할 의학계, 간호 · 보건계 학생과 사회복지를 전공하는 학생에 있어서도 다문화교육이 반드시 이루어져야 한다. 보건의료서비스나 복지의 대상이 다양한 문화권의 사람들로 확대되면서 사회적 편견이나 의사소통의 곤란은 더 이상 다문화권 사람들만의 문제가 아니라 보건의료 분야와 복지 분야에서도 어려움으로 다가오고 있어 해결 방안을 모색할 필요성이 높아지고 있다. 특히 보건의료현장에서 간호는 인간관계와 대상자의 욕구 만족을 우선시하는 실무이므로 다문화적 요소를 가진 사람들의 건강 문제를 다룰 예비 간호사에게 '다문화의 이해와 건강'에 관한 교육은 필수 교과로 이수되어야 할 것이다(Ackerman-Barger, 2010).

2) 개인적 적응의 문제

(1) 의사소통의 문제

언어는 인간과 인간을 연결시켜 주는 가장 중요한 수단이라고 할 수 있다. 개인이 한 사회의 구성원으로서 생활한다는 것은 그 사회에서 통용되는 언어를 사용하고, 그 언어 속에 내포되어 있는 사회문화적 환경에 적응하여 다른 사람과 더불어 살아간다는 것을 의미한다. 그러나 자신이 속한 집단의 언어와 문자를 이해하지 못한다면 자신이 속한 사회와의 분리와 단절을 의미하며, 이는 그 사회에 대한 오해와 갈등을 일으키는 큰 장애 요인이 될 수밖에 없다. 특정 문화권에서 특정 언어를 사용해 온 사람이 자신이 사용해 온 언어와 그것을 둘러싼 사회문화적 맥락이 상이한 다른 문화권으로 이주할 경우 가장 우선적인 문제는 바로 의사소통의 문제이다. 실제 우리나라로 입국한 이주민의 경우에도 한국어 습득이 그들의 한국생활 적응에 가장 중요한 과제가 되고 있다.

2018년 전국 다문화가족실태조사 연구(여성가족부, 2019a)에 의하면 결혼이민자의 주관적 한국어 능력은 5점 만점에 말하기 3.85점, 듣기 3.94점, 읽기 3.77점, 쓰기 3.57점으로 4가지 영역 모두 보통보다는 잘하는 편으로 인식되고 있는 것으로 나타났다. 통상적으로 언어는 말하기 · 듣기 · 읽기보다 쓰기가 난해하기 때문에 결혼이민자의 한국어 쓰기 능력은 다른 영역들에 비해 상대적으로 낮다. 한편 체류기간이 길수록 한국어 말하기 · 듣기 · 읽기 · 쓰기 분야 모두에서 능력이 높아지는 것으로 나타났다. 국제결혼이주여성들은 대부분 한국어에 대한 이해가 부족한 상태로 입국하기 때문에 한국어 능력 미흡으로 인해 일상생활에서 다양한 어려움을 겪고 있어 체류기간이 2년 미만인 결혼이민자의 한국어교육에 대한 필요성이 높은 것으로 보고되었다(나영이 · 홍용희, 2016; 여성가족부, 2019a). 따라서 다문화가족을 대상으로 하는 한국어교육, 한국 사회 적응 교육은 체류기간이 2년 미만인 최근 입국자를 중심으로 강화할 필요가 있다.

결혼이민자가 한국어 부족으로 겪는 갈등과 부적응은 다양하게 나타나고 있다. 국제결혼이주여성들은 부부 의사소통에 문제로 결혼안정성이 위협받고 있는 것으로 나타나고 있으며, 한국어 부족에 따른 자녀양육의 문제는 가장 흔하게 겪는 어려움으로 지적되고 있다(박동숙 등, 2019; 조원탁 등, 2019). 어머니의 언어 부족은 자녀의 언어 발달 수준에 문제를 일으킬 뿐만 아니라 모자 관계에도 부정적인 영향을 미친다(Hoff & Naigles, 2002; Weizman & Snow, 2001). 또한 결혼이민자가 직장에서 무시, 조롱, 폭언 등으로 피해를 입는 주원인은 자신의 한국어 실력 부족과 그로 인한 주위 사람들의 오해 때문인 것으로 생각하고 있어 의사소통의 문제는 외국인 차별의 문제로 이어지고 있다.

결혼이민자의 의사소통 및 언어의 문제에 있어서 우리나라에서 다른 나라로 국제결혼을 한 한국인 여성의 경우에도 유사한 경험을 하게 된다. 그러나 각 국가와 지역사회에서 다문화에 대한 이해의 정도에 따라 결혼이민자에 대한 정서적 지지 정도는 다르게 나타나고 있다. 1960년대 파독 간호사 중 한 명이 당시 현지 독일 남성과 결혼하여 언어 문제와 문화적 차이를 겪은 과정을 묘사한 사례가 있다(파독 간호사의 고백 2 참고).

파독 간호사의 고백 2

가장 힘든 것이 언어 문제, 이건 말을 이해 못하는 것이 아니라 말에 들어 있는 내용을 다 이해 못하는 거예요. 말을 사용하는 법이 다르고, 우리말에는 "어 그거 있잖아" 하면 "어 그거!" 하는데 여기는 그게 없어요. 여기 말에는 '거시기'가 없어요. 저는 그것 때문에 정말 미칠 것 같았어요. 말을 정확하게 해야 하고 내용을 확실하게 해줘야 해요. 그런데 우리는 그런 게 너무 빡빡하게 느껴지고, 애들도 그래요. 우리 애들도, 시어머니도 마찬가지고, 그걸 구박이라고는 할 수 없지만 구박을 당하는 것 같은……. 말의 구박이에요. 그게, 문화의 구박.

그리고 제일 힘이 드는 게 아직까지도 너와 나의 분별을 못하는 거. 우리 남편은 남편이고 나는 나인데, 한국식으로 한꺼번에 집어넣는 걸 이 사람은 제일 싫어해요. 그래서 항상 물어보고 확인해야 해요. "당신 이것을 원하세요?" 아니면 이 사람한테는 명령할 수 없어요. 이것을 해라 하고 이것 좀 해 주시겠습니까? 가능합니까? 하고 물어야 해요. 좀 숨 막히는 일이에요. 그런데 사실 이건 좋은 점이에요. 그 사람도 저를 완전히 개인으로 인정하거든요. 나를 그대로 인정해 주고 배려해 주고, 어느 쪽이 더 좋은 건지는 모르겠어요. 이래라 저래라 하면서 편하게 하는 것이 좋은 건지. 우리 남편은 편한 사람은 아니에요. 그렇지만 기댈 수는 있어요. 믿을 수는 있으나 이렇게 푸근하게 풀어질 수 있는 부분은 없는 거죠. 그죠? 그래서 그게 조금 저한테는 아쉬운 점인데 서로 보충하면서 살아요……. 예를 들어 제가 예전에 아팠을 때에도 계속 밥을 못 먹는데도 밥 먹고 싶냐, 뭐 먹고 싶냐 묻지를 않는 거예요. 제가 어찌나 속상하던지, 제가 요리사를 오게 했어요. 밥 좀 해 달라고, 한참 뒤에 남편한테 말했어요. 그때 밥도 안 해주고 그랬다고. 그랬더니 우리 남편은, "말을 하지 그랬냐. 말을 했으면 그걸 왜 안 해주었겠느냐, 말을 하지 않으니까 네가 원하지 않는 것으로 알았다." 그러는 거예요. 반대로 우리 남편은 그래요. 남편이 아프면 내가 "차 끓여다 줄까?" 하고 물으면, "내가 원하면 끓여 달라고 할 테니 그냥 둬." 그러는 거예요. 그런 게 큰 차이점이에요. 그 요리사 밥 한 끼 해주고 가는데 300마르크(Mark) 줬어요. 그런데 우리 남편은 그 돈을 아까워하지 않아요. 당연한 거 아냐, 아파서 밥 못하는데, 뭐 그런 식이에요. 아마 한국 남자들 같으면 난리 났겠죠. 그런 차이에요."

출처: 이애주 등(2011)

외국인근로자의 경우에서도 입국 전에 준비하지 않은 한국어 수준으로 인해 유발되는 문제가 다양하게 나타나고 있다. 한국어를 모르는 외국인근로자가 장비 조작법에 대한 설명을 이해하지 못하여 작업장에서 상해를 입거나 사고를 일으키는 경우가 종종 발생하고 있으며, 자신의 불합리한 근로 조건에 대하여 항의하거나 정당한 대우를 받기 위한 주장을 할 수 없는 경우도 있다.

유학생의 언어 능력은 학업 성취도와 관련성이 높음에도 불구하고 국내 유학생들의 경우 학교 차원에서의 한국어 구사 능력과 전공수업에 대한 어려움을 도와주는 체계적인 프로그램이나 기관이 없거나 충분하지 않아 학습 장애를 초래하는 것으로 나타나고 있다(최승은, 2020). 다음은 우즈베키스탄 유학생의 한국어 실력이 고급 수준임에도 불구하고 전문용어실력이 부족하기 때문에 수업을 이해하는데 어려움을 느끼고 있다는 내용이다(아지조바 피루자 · 오영훈, 2019).

"제 전공이 한국어문학과이기 때문에 전문용어를 사용하는 수업을 많이 들어요. 발표 · 토론 · 말하기 · 보고서 쓰는 걸 배우는 수업들을 많이 듣지만 어려워요. 우리 외국인들을 위한 전공별 전문용어 사전이나 전문용어 실력 늘리기 같은 프로그램이 있으면 좋겠어요."

또한 교수의 말이 빠르고 사투리도 사용하기 때문에 수업내용을 알아듣기 어려웠지만, 수업을 같이 듣는 한국인 학생들이 이를 지적하지 않기에 같이 침묵한다고 표현하고 있다.

"교수님의 말씀이 너무 빨라요. 수업을 들을 때마다 이해하기에 어려운 주제이면 녹음하고 집에 와서 반복하면서 무슨 말인지를 이해하려고 해요. 게다가 교수님이 경상도 분이신데 사투리도 쓰셔서 알아듣기가 쉽지는 않아요. 그런데 교수님이 '내 말이 빠르지? 천천히 할까?'라고 하실 때 같이 수업 듣는 한국인들이 아무 말을 안 하니까 나만 못 알아듣는다고 못 해요. 곤란해서요. 그냥 과묵해요."

다음은 언어장벽으로 인한 학습장애는 물론 의사소통의 어려움을 표현하고 있다(최승은, 2020).

"의사소통이 어려워요. 어떻게 표현하는지 어려워요. 친구들이 이야기하는 거 잘 알아들을 수 있지만 의사소통은 어려워요. 표현도 걱정되고. 잘못 표현하면, 오해가 생길 수 있어서 말이 많지 않아요. (중략) 그리고 교수님 말씀이 너무 빠를 때는 놓치기 쉬워요. (중략) 중간시험과 기말시험도 어렵고 부담스러워져요."

그 밖에도 외국인 이주자가 자신에게 건강 문제가 발생하였을 때 어떻게 해야 하며, 어디가 불편하고 아픈지에 대한 설명을 할 수 없는 문제도 흔하게 발생되고 있다. 따라서 이주민들은 현실적으로 당장 도움을 받고 싶은 문제를 '의사소통'으로 지목하면서 한국어교육의 필요성을 공통적으로 강조하고 있다. 이러한 필요성에 따라 우리나라 정부에서도 다양한 정책을 추진하고 있지만, 한국어교육에 대한 효율성은 여전히 낮다는 지적을 받고 있으며, 가장 큰 원은 외국인 이주민들의 참여율 저조로 보고 있다(지미영, 2017). 2018년 전국 다문화가족실태조사 연구(여성가족부, 2019a)에 따르면 외국인 이주민들의 한국어 및 한국사회 적응 교육 참여율은 51.8%이다. 한국어 교사들은 '전문성 부족(33.3%)'이 한국어 교사의 가장 큰 문제점이며, 이주민의 의사소통 증진방안으로 '한국어교육 과정 지속적인 연계교육의 필요성(93.9%)'을 중요하게 인식하고 있다. 따라서 한국어교육 효과를 증진하기 위해서는 프로그램에 대한 적극적인 홍보와 더불어 외국인 이주민들의 참여를 이끌어 낼 수 있는 동기부여 방안 마련이 시급하다. 또한 이들의 한국어 능력 향상을 위한 심화학습이 이루어질 수 있도록 지속적인 연계교육의 운영과 한국어 교사 역량 강화를 위한 교사연수 등의 지원이 이루어져야 한다(지미영, 2017).

(2) 정체성 혼란의 문제

국제결혼가정의 아동 중 동북아에서 이주한 일본인과 중국인의 경우에는 외관상 한국인과 비슷하여 외국인 자녀임을 인식하지 못한다. 그러나 필리핀, 베트남 등 외모가 한국인과 다른 경우 자신의 외모가 또래의 아동과 다르게 생겼다는 것을 이해하기 시작하면서 자아정체성에 혼란을 느끼게 된다. 이와 같은 정체성 혼란의 문제는 유치원이나 초등학교에 입학하면서 더욱 두드러진 문제로 부각되는데, 이는 한국인 친구들이 다르게 생겼다고 놀리고 집단따돌림을 하는 데에서 비롯되고 있다(손보영, 2020).

2018년 전국다문화가족실태조사(여성가족부, 2019a)에 따르면 다문화가정 자녀의 9.2%가 다문화가정의 자녀라는 이유로 차별이나 무시를 당했으며, 대부분은 학교 친구들로부터(64.0%) 차별을 받은 것으로 나타났다. 또한 학교폭력을 경험한 다문화가정 자녀의 3분의 1에 해당하는 33.4%는 교유관계에서의 집단따돌림을 경험한 것으로 보고된다. 이들은 본인의 의사와는 무관하게 한국인과 다른 모습으로 태어났고, 본인의 노력으로 해결될 수 없는 문제이기 때문에 집단따돌림에 대한 경험은 한국인에 대한 적개심과 자살 충동 등의 정서적 충격 및 정체성 혼란의 문제로 드러나고 있다.

청소년기는 성인기로 가기 위한 발달 과정으로서 신체적 · 정서적 · 사회적 변화가 현저하게 나타나는 시기이다. 모든 청소년은 사춘기를 거치면서 일어나는 변화라 할 수 있는 자아정체성, 성별 정체성, 이성 친구에 대한 관심 증대, 자기 이미지와 자율성에 대한 욕구 증가 및 자신의 미래에 대한 열망을 보이게 된다. 다문화사회에 노출된 외국인 이주민 자녀의 경우에는 청소년이 겪는 발달 단계의 변화와 더불어 문화적 차이에 대한 적응 문제 등이 추가되어 대응 방식에 더 큰 영향을 미치게 되면서 일반 청소년에 비해 정체성 확립에도 더욱 큰 부담과 혼란을 느낄 수 있다.

새로운 문화권으로 들어온 외국인 이주민이 정체성 혼란의 문제를 겪을 경우 일부는 계속 분리된 생활을 하고, 아니면 다수 그룹과 동화 또는 문화 변용을 일으키게 된다. 동화(assimilation)는 다수 그룹의 문화의 가치, 신념, 행동을 따라 하면서 자신의 원래 민족 전통을 포기하는 것이다. 문화 변용(acculturation)은 자신의 원래 문화와 다른 문화를 모두 수용하는 것이다. 문화 변용을 하는 경우에는 여러 문화에 맞게 행동하는 유연성을 보여주고 두 문화 또는 여러 문화에 맞게 행동하는 능력을 가진 사람으로 인정을 받게 된다.

정체성 혼란의 문제는 흔히 가정이라는 울타리를 벗어나 어린이집, 유치원 및 초등학교 등 집단생활을 하게 되면서 표면적으로 드러나게 된다. 따라서 다문화가정 아동의 정체성 혼란 문제를 최소화하기 위해 보다 장기적인 측면에서 다문화와 관련한 인식 개선을 돕는 학교와 지역사회의 인식 개선 교육 및 프로그램이 필요하다. 이에 보육 교사, 유치원 교사 및 초등학교 교사를 양성하는 교육과정에 '다문화의 이해'에 대한 교과목이 필수 교과로 개설 · 운영되어야 할 것이다. 이와 더불어 다문화가정 자녀들도 자신의 다문화 배경을 새롭게 이해할 수 있는 차원의 다양한 교육이 제공되어야 할 것이다(손보영, 2020).

(3) 문화적 적응의 문제

인간은 자기 자신을 중심으로 외부의 문화적 환경에 둘러싸여 있는 동시에 자신의 내부에 문화적 요소를 지니고 있으며, 자기 외적 문화와 내적 문화의 상호작용에 따라 자신이 속한 환경에서 문화적 적응을 하며 살아가게 된다. 그러나 이미 체득된 자아정체성, 가치관, 삶의 양식과 문화는 쉽게 변화되기 어렵다.

타문화에 들어온 사람들이 적응 과정에서 경험하는 정서적 반응은 밀월(honeymoon), 위기(crisis), 회복(recovery), 적응(adjustment)의 단계를 거치게 된다(Ward, Bochner & Furnham, 2001). 처음에 새로운 문화를 접하는 밀월 단계에는 행복감, 도취감, 황홀감을 경험하다가 두 번째 단계인 위기 단계를 거치게 되는데 이 시기에는 새로운 문화에 대한 부적합감과 좌절, 불안, 분노를 느끼게 된다. 그러다가 새로운 문화를 배워가면서 위기를 해결하게 되어 회복 단계에 접어들고 마침내 새로운 문화를 즐기고 기능성을 획득하는 적응 단계에 이른다.

우리나라에 이주한 외국인 이주민 역시 그동안 다른 사회문화적 배경에서 살면서 모국의 언어, 음식, 관습, 제도, 가치관 및 생활양식이 형성된 사람들이다. 따라서 그들은 우리나라의 상이한 맥락의 문화와 환경을 접하게 되면서 새로운 문화에 적응하는 과정에서 문화적 충격으로 인한 상당한 어려움과 압박감을 느끼게 된다.

유학생의 경우에도 새로운 문화에 들어와 적응하는 과정에서 여러 가지 어려움을 겪고 있다. 다음은 우즈베키스탄 유학생이 비언어적 의사소통 상에서의 문화적 차이로 겪는 어려움을 표현하고 있다(아지조바 피루자 · 오영훈, 2019).

"면 대 면 이야기할 때 놀라운 것이 있었어요. 어떤 한국 학생과 이야기할 때 그 학생이 제 얼굴 안 보고 계속 바닥을 보거나 옆을 보면서 질문을 했을 때 제가 좀 왜 그렇게 하는지 이해 못 하고 계속 눈 마주치려고 했어요. 제가 여자이기 때문에 그렇게 하는 줄 알았어요. 우리 문화에서는 상대방의 얼굴, 즉 눈을 보고 이야기를 해야 해요. 눈을 마주치지 않거나 얼굴 보지 않은 것은 우리 속이는 것으로 받아들이거든요. 그래서 그 학생에 대해 좀 다른 인식을 갖게 되었어요. 나중에 알아보았더니 한국인들은 상대방의 눈을 보고 이야기 하는 것을 선호하지 않는다는 것이었어요."

결혼이주여성의 경우 문화적 이질감 속에서 일방적으로 한국의 문화에 동화되길 바라는 주변의 기대와 압력으로 인하여 극심한 고통을 겪게 된다. 가부장적인 한국 남편과의 성격 · 생활 방식의 차이, 시부모와 친척의 가족 문화에 적응하면서 겪는 어려움을 극복하는 동시에 문화적 차이에서 오는 부부간의 신뢰, 애정, 친밀감 등의 차이도 극복해야 하는 어려움에 직면하게 된다.

외국인근로자의 경우에도 마찬가지이다. 더운 나라에서 온 근로자의 경우 비교적 낙천적이고 여유로운 성격의 소유자라 할 수 있다. 그러나 빨리빨리 문화에 익숙한 한국인은 그들이 게으른 것으로 오인하여 갈등을 빚거나 여유로움을 쉽게 받아들일 수 없는 부분으로 치부하기도 한다. 이처럼 서로 다른 문화에 대한 이해가 부족할 때 불필요한 마찰과 갈등이 유발되기 쉽다.

북한이탈주민 역시 북한과 남한의 문화적 이질성이 매우 큰 탓에 여러 방면에서 심리적 스트레스를 경험하고 있다. 이들은 사회정착 지원을 위하여 설치한 통일부 소속기관인 '하나원'에서 3개월간의 사회적응교육을 받지만, 퇴소 후 생활용품 구입 방법, 대중교통 이용 방법, 공공기관이나 서비스시설 이용, 차별, 생계유지 등 일상생활에서 적지 않은 스트레스를 경험하기도 한다. 이와 같이 남한의 자본주의체제에서의 생활뿐만 아니라 북에 두고 온 가족에 대한 그리움과 죄책감, 정체성 혼란, 경직된 사고방식 등으로 인해 남한 사회 적응에 어려움을 겪고 있는 것으로 보고되고 있다(민경숙, 2015).

3) 가족적 적응의 문제

(1) 부부 관계의 갈등과 가정폭력 문제

다문화가족이 가족적 차원에서 적응해야 하는 가장 큰 문제로 거론되는 경우는 국제결혼가족이다. 국제결혼가족의 부부 관계에서는 의사소통 장애, 가부장적인 남편과의 성격 및 생활방식의 차이가 있는 것으로 드러나고 있으며, 이로 인한 부부 간 갈등이 폭력으로 이어지기도 한다. 여성가족부(2019a)의 조사에 의하면, 결혼이민자의 절반 이상이 지난 1년간 부부갈등을 경험한 것으로 나타났다. 부부갈등은 교육 수준이 높을수록 비율이 높게 나타났는데, 부부갈등의 이유로는 '배우자와의 성격차이'가 가장 많고, 그 다음은 자녀양육 문제, 언어소통의 어려움, 경제적 문제, 문화 · 종교 · 가치관 차이 순으로 나타나고 있다. 이와 같은 부부갈등은 가정폭력과 이혼 등 심각한 결과를 야기하기도 한다.

가정폭력범죄의 처벌 등에 관한 특례법 제2조 제1호에 의하면 가정폭력이란 '가정구성원 사이의 신체적, 정신적 또는 재산상 피해를 수반하는 행위'이다. 이주여성들의 경우는 의사소통 장애와 문화적 부적응 등으로 인하여 폭력을 경험하고도 행정 처리 미숙으로 가정폭력의 피해자로 인정받지 못하여 국내 체류권을 인정받을 수 없는 문제도 발생하고 있다.

결혼이주여성이 한국인 배우자에게 경험하는 가정폭력은 한국에 정착하면서 겪는 문제 중 가장 심각한 문제로 지적되고 있다. 국가인권위원회(2017)의 실태조사에서도 결혼이주여성의 10명 중 4명(42.1%)은 가정폭력을 당한 적이 있는 것으로 나타났으며, 한국 여성의 가정폭력 피해 경험률 28.9%(여성가족부, 2019c)보다 높게 나타났다. 이는 가정폭력으로 인한 결혼이주여성의 인권침해가 심각함을 보여준다. 가정폭력 유형으로는 심한 욕설을 하여 괴롭히는 정서적 폭력이 가장 많았다. 또한 구타 등의 신체적 폭력과 성적 학대, 한국식 생활방식 강요하는 경우도 높은 비율을 차지하였으며, 생활비나 용돈을 주지 않거나 송금 또는 외출 통제, 주민등록증을 빼앗는 인권침해 수준의 폭력 등이 폭넓게 나타나고 있다. 거주지역별로 비교해 보면 대도시보다 중소도시나 농어촌 지역에 거주하는 결혼이주여성이 정서적 폭력, 신체적 폭력, 성적 학대를 더 많이 겪는 것으로 나타난다.

(2) 경제적 문제

다문화가족의 가족적 차원에서의 경제적인 문제는 각 가정에 따라 많은 차이가 있겠으나 대체로 북한이탈주민의 경우 경제 문제와 자녀 문제로 인한 가족 생활의 어려움이 가장 큰 것으로 부각되고 있다. 통일부 산하 남북하나재단(2020a)의 북한이탈주민 실태조사에 따르면, 북한이탈주민의 경제활동참가율은 62.1%였으며, 취업자 중 상용직 근로자의 비중은 55.3%에 불과하였고, 단순 노무직이 가장 많은 것으로 나타났다. 이들은 직업이 있어도 절반 정도(49.9%)가 월평균 소득이 200만 원 미만 수준이어서 가정의 재정 형편이 매우 열악한 것으로 지적되었다. 또한 북한이탈주민의 실업률은 6.3%로 일반국민(3.0%) 대비 2배 이상 높은 것으로 보고된다.

이러한 경제적 어려움은 북한이탈주민의 자녀교육에도 상당한 애로사항으로 작용하는 것으로 나타났다. 이에 북한이탈주민들은 경제적 자립을 할 수 있는 취업교육, 취업알선 등의 취 · 창업지원과 의료지원, 교육지원, 소득지원 등을 필요로 하고 있다.

결혼이민자의 경우에도 한국 남성과의 결혼을 통하여 경제적 여유를 누릴 수 있을 것으로 기대했지만, 배우자가 단순노동자인 경우가 많으며, 이들 가구 중 약 3분의 1 가량은 월평균 가구 소득이 최저생계비보다 낮은 실정이다. 이들은 이러한 넉넉하지 않은 경제적 상황으로 인하여 부부 간 갈등과 자녀의 교육비, 용돈 등을 충분히 제공해주지 못하는 현실에 부모 역할의 어려움을 겪고 있다.

(3) 자녀양육의 문제

결혼이주여성의 경우 자녀양육의 문제는 가장 흔하게 경험하는 어려움으로 지적되고 있다. 우리나라의 경우 자녀양육과 교육의 역할은 어머니의 고유 역할로 간주하고 자녀와 관련된 모든 책임을 어머니의 책임으로 전가하는 문화이므로 결혼이주여성에게 어머니의 역할은 수행하기 어려운 숙제가 아닐 수 없다(안경식 등, 2009). 다문화가정의 자녀양육상의 어려움은 한국어 소통 능력 미흡, 자녀교육에 대한 정보 부족, 양육비 · 교육비 지출, 자녀양육자 · 보육 시설의 부재, 자녀양육 방식의 갈등, 자녀 문제행동 등으로 보고되고 있다(여성가족부, 2019a).

결혼이주여성의 한국어 능력 부족은 자녀의 언어 수준 발달 차이뿐만 아니라 모자 관계에도 영향을 미치게 되는데, 한국어를 가르칠 수 없으며 자녀의 숙제를 돕지 못하고 언어로 타이르기보다는 행동적 체벌이 더 강화되는 것으로 나타나고 있다. 어머니의 한국어 부족과 경제적 활동으로 자녀를 조기에 어린이집에 위탁하게 되고, 그 결과 자녀가 어머니보다 한국어를 더 빨리 습득하게 되어 어머니를 무시하거나 도움을 요청하지 않음으로써 모자간의 부정적 상호작용이 드러나고 있다(송선화 · 안효자, 2011). 한편 자녀는 언어 문제가 발생하여 언어 치료 기관에서 검사와 치료를 받거나 전문 병원에서 장애 진단을 받는 경우도 있으며, 이로 인하여 학습 부진과 정서적 문제가 유발되고 있다. 다문화가정의 자녀는 어휘력이나 독해력, 언어 구사력 등이 낮고 학습 이해도와 기초 학습 능력이 저하되는 것으로 보고되고 있다. 또한 정서적인 문제는 어머니에 대한 과도한 집착, 중간 대상에 대한 과도한 집착, 학교 등교거부 등의 문제로 이어지고 있다.

결혼이주여성의 자녀는 언어 지체와 학습 부진 외에도 정체성의 혼란을 겪게 된다. 다문화가정의 2세는 성장하면서 다른 또래 아이들과 비교하여 남과 다른 외모, 어눌한 말투, 학습 부진 등으로 동료로부터 따돌림의 대상이 되고, 부모의 인종적 · 문화적 차이를 지각하게 되면서 자신은 어느 쪽에 속하는가 하는 정체성 혼란에 빠지게 된다. 또한 주변에서 국제결혼가정 2세에 대한 편견이나 차별, 멸시를 경험하게 되면서 심리적으로 상처를 받게 되고 자신감은 더욱 상실된다.

외국인근로자는 불법체류자 신분이 많으므로 그들의 자녀는 교육 제도권 밖에 방치되고 있다. 또한 국적을 취득한 저소득층이 밀집된 지역 다문화가정의 자녀의 경우에도 언어 장애 및 경제적 이유 등으로 학교에서 소외되어 있는 경우가 많다.

북한이탈주민 자녀의 경우에도 학교생활 부적응의 문제가 심각한 것으로 드러나고 있다. 남북하나재단(2019)의 실태조사에 따르면, 북한이탈주민 자녀들의 학업중단율은 3.0%로 일반학생들의 학업중단율 0.9%에 비해 3배 이상 높은 것으로 나타났다. 이들은 학력 결손 및 기초학력 부족으로 인하여 학교 수업을 제대로 따라가지 못하고, 언어 · 문화적 차이, 경제적 문제 등의 이유로 학업을 중도에 포기하는 것으로 파악되었다.

따라서 결혼이주여성, 외국인근로자, 북한이탈주민 등 다문화가정 구성원과 그 자녀의 실태와 문제를 파악하고, 한국어교육, 경제적 지원, 돌봄 서비스 제공 등 다양한 지원 정책을 강구하여 자녀양육을 지원해야 할 것이다.

4) 사회적 적응의 문제

(1) 사회적 관계와 차별의 문제

다문화가족 중 절반 이상(60.6%)이 10년 이상 한국 거주자로 장기 정착자들이 증가하고 있지만, 이들의 사회적 관계망은 여전히 취약한 실정이다. 2018년 전국 다문화가족 실태조사(여성가족부, 2019a) 결과, 몸이 아플 때나 일자리 또는 자녀교육과 관련해 의논이 필요하거나 집안의 어려움 등이 발생했을 때 30~40% 가량이 가족을 제외하면 도움을 받거나 의논할 사람이 없는 것으로 나타나 사회관계망이 부족한 것으로 파악되었다. 이는 2015년과 비교해보면, 외로움 호소, 도움 요청이나 의논할 상대가 없다는 비율이 증가하는 등 사회적 소외문제가 심화되는 양상을 보인다. 이와 같은 문제는 지역사회 주민으로서 모임이나 조직에 참여하여 관계망을 넓힘으로써 해소될 수 있다. 그러나 이들의 각종 모임 참여는 주로 모국인 친구 모임(58.0%)으로 이루어지고, 종교활동(18.5), 지역주민 모임(11.0%), 민간단체활동(5.2%) 등에서의 참여율은 상대적으로 낮았다. 더욱이 모임·활동 참여에 관심 자체도 저하된 것으로 나타나 한국인과의 상호작용 기회 감소뿐만 아니라 사회적 관계가 위축되는 양상을 보이고 있다.

우리나라에 들어온 다문화가족은 한국 사회에 적응하기 위하여 우리의 말과 문화를 익히고, 결혼 후 가족을 이루고, 자녀를 양육하며, 사회적 관계망을 형성하는 동안 다름을 인정받거나 존중받지 못한 채 배타적인 사회 분위기와 차가운 시선 속에서 살아가야 하는 고통에 직면하고 있다. 아직까지도 한국인에게 내재되어 다문화가족에 대한 차별의 유형 또한 무시, 조롱, 폭언, 폭행, 착취, 성추행 및 성폭력 등 다양하게 나타나고 있다.

차별의 정도에 대한 조사 결과를 살펴보면 결혼이민자의 경우 31.6%가 외국 출신이라는 이유로 차별 대우를 받은 경험이 있다고 하였다. 이들은 직장과 일터에서의 차별 경험이 가장 많았으나 이들 가운데 약 20%는 집이나 공공기관에서도 차별을 경험한 것으로 나타났다. 특히 결혼이주여성에 대한 냉대와 멸시는 그들의 자녀에게도 이어지고 있다.

외국인근로자의 경우에도 24.5%가 근로 현장에서 차별 경험을 하였고, 그 내용은 차등 대우나 부당한 대우, 욕설, 폭력 등을 지적하였다(박신규, 2017). 다음은 외국인근로자들이 한국에서 일하면서 겪었던 어려움이나 불만을 드러내고 있는 상황이다(이주와 인권연구소, 2019).

"이주노동자들을 차별하면 안 됩니다. 왜냐하면 우리도 인간이기 때문입니다. 인간성이 훼손되고 있습니다. 인간에게 적절한 예의를 지켜야 합니다. 10년 후에도 일할 수 있는 환경을 만들어야 합니다. 회사에서 욕을 하면 안 됩니다. 노동자를 감옥에 있는 죄수처럼 대하면 안 됩니다. 노동자의 목소리를 들어야 합니다."

(네팔 제조업 남성)

"회사의 한국인들 중 일부가 인종차별주의자이다."

(필리핀 제조업 여성)

"한국 사람들과 외국 사람들을 다르게 대우해요. 예를 들어 한국 사람들은 식사 3번 주고 기숙사도 있는데 외국 사람들에는 식사도 기숙사도 주지 않아요. 한국 사람들은 외국 사람보다 월급을 더 많이 받아요."

(필리핀 제조업 남성)

"한국 사람들은 외국인을 무시합니다. 외국인이 잘못한 일이 없어도 욕을 합니다. 가끔씩 때리는 경우도 있습니다. 회사에서 너무 힘들고 어렵고 안 좋은 일은 외국인들에게만 시킵니다."

(방글라데시 제조업 남성)

북한이탈주민의 경우에도 한국인들의 무관심, 냉대, 멸시 속에서 힘겨운 삶을 살고 있다. 남북하나재단(2020b)의 조사에 의하면 북한이탈주민의 17.2%가 차별이나 무시를 당한 경험이 있는 것으로 나타났다. 이들이 경험한 차별로는 '문화적 소통방식이 다르다는 점에서(61.6%)', '북한이탈주민에 대한 부정적 인식(16.0%)', '전문적 지식 · 기술 등이 남한 사람보다 부족하다고 생각되어서(12.7%)' 등이 지적되었다(**그림 4.11**). 이와 같은 차별 대우는 그들의 구직과 관련하여 두드러지게 나타나고 있는데, 이는 경제적인 문제와도 관련되어 있다.

외모가 다른 다문화이주민이나 그들의 자녀들은 '혼혈아', '튀기'라는 용어에 대하여 자신을 폄하하는 용어라 생각하면서 매우 강렬한 저항감을 가지고 있다. 북한이탈주민의 경우에도 2005년 통일부에서 '탈북자'라는 부정적 이미지의 용어를 개선하기 위하여 '새터민'(새로운 터전에서 삶의 희망을 갖고 사는 사람)이라는 용어를 제정하였으나, 그들은 이 용어에 대해서도 반대하며 사용을 중단할 것을 공식적으로 요청한 바 있

A: 차별 · 무시당한 경험(지난 1년간)

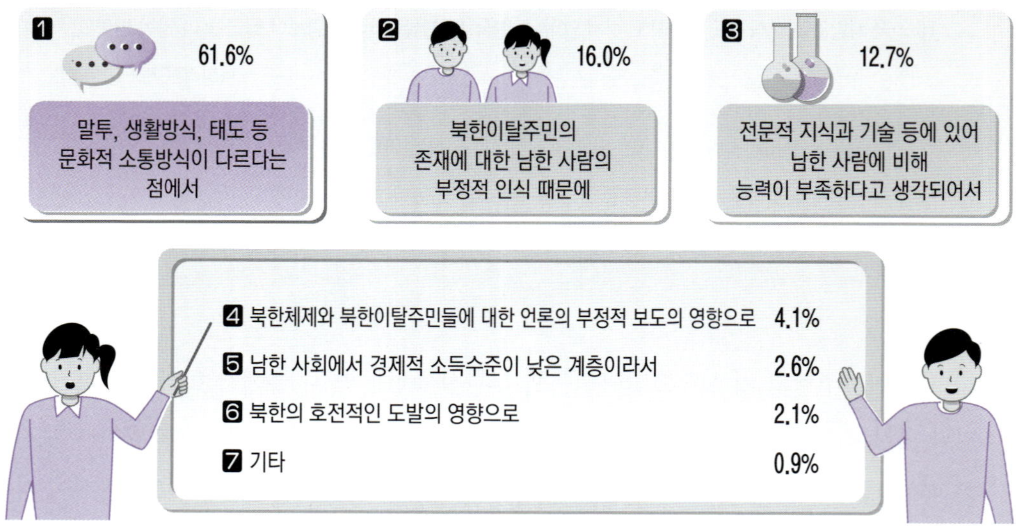

B: 차별 · 무시당한 이유

그림 4.11 북한이탈주민의 차별 · 무시당한 경험과 이유

출처: 남북하나재단(2020b).

다. 이와 같은 현상은 편견과 차별로 인한 그들의 피해 의식을 반영하는 것이라 할 수 있다.

다문화가정에 대한 편견과 차별이 없는 사회적 분위기 조성은 반드시 필요하다. 그러나 '차별적 시각'과 마찬가지로 '특별한 대우' 역시 그들을 불편하게 만들 수 있다는 점을 간과해서는 안 될 것이다(심규석, 2008).

(2) 다문화가족의 보건의료 문제

우리나라의 다문화가족법에 의하면 다문화가족이란 외국계 주민 중 '한국인과 결혼하여 형성된 결혼이민자와 배우자 및 그 후손으로 구성된 가족'을 말한다. 이민자의 건강 수준에 영향을 미치는 요인은 연령, 출신 국가의 건강에 대한 사회문화적 인식, 이민 전후의 사회경제적 상태, 보건의료시스템에 따른 미충족 의료서비스 수준 등으로 여러 요인이 상호 복합적으로 작용한다.

보건의료적 측면에서 볼 때 다문화를 일찍 접한 서양에서도 사회적 지위, 언어, 문화적 배경에 따라 소수의 대상자는 의료현장에서 차별을 겪고 있으며(Majumdar, Browne, Roberts & Carpio, 2004), 우리 사회에서도 다양한 문제가 유발되고 있다.

2018년 전국 다문화가족 실태조사(여성가족부, 2019a)에 의하면 주관적인 건강 상태가 매우 좋거나 건강하다고 응답한 이민자의 건강 인지율이 여성 67.8%, 남성 68.2%로 우리나라 국민을 대상으로 한 통계청(2020)의 사회 지표 결과(여성 46.1%, 남성 54.7%)보다 월등히 높게 나타났다. 이와 같은 결과는 이민자의 경우 젊은 연령층에 속하며, 이민 초기에 좋은 건강 수준을 가지고 있는 이유로 분석된다. 그러나 연령이 높을수록, 교육수준과 가구소득수준이 낮을수록, 체류기간이 길어질수록 건강 인지율은 낮아지고 있다. 여성의 경우 남성보다 건강 인지율이 낮았고, 특히 낮은 가구소득과 비경제활동 상황, 차별 경험, 국민기초생활보장급여 및 의료보호 수급자일 때 주관적 건강상태가 좋지 않은 것으로 나타났다(윤지원, 강희선, 2015).

이민자 가운데 지난 1년간 아파서 병원에 가고 싶을 때 가지 못한 경험이 있는 사람은 11.5%(32,311명)로 남성(9.4%)에 비해 여성(12.0%) 비율이 다소 높았고, 교육수준이 낮을수록, 가구소득이 낮을수록 병원에 가지 못한 경험률이 높은 것으로 나타났다. 이주민이 병원에 가지 못한 이유는 근무 · 육아 등으로 인한 시간 부족(42.0%), 치료비 부담(30.2%), 한국어를 잘하지 못해서(12.0%)의 순이었다. 상대적으로 '이용 절차의 복잡함(4.1%)'이나 '어떤 종류의 병원을 가야될지 몰라서(4.4%)'는 낮은 것으로 나타나고 있다. 체류기간이 짧은 이민자일수록 '한국어를 잘하지 못해서' 가지 못한 경우가 많은데 비해, 체류기간이 길어짐에 따라 '치료비 부담'을 의료기관 이용에 장애 요인으로 인식하고 있다. 이는 이주민의 건강지원정책에 아이돌봄지원, 치료비 지원, 한국어교육지원 등을 중점적으로 고려할 필요성을 시사한다(박영주 등, 2020).

결혼이주여성의 임신 · 출산 실태를 살펴보면, 임신 시 산전관리의 중요성에 대한 인식이 저조하고, 우리나라 일반 여성에 비해 불임, 자연유산, 인공임신중절술의 비율이 높으며, 임신 · 출산 · 육아와 관련된 정보를 찾는데 의료기관을 통한 정보보다는 비전문적 방법에 의존하고 있어 이들의 생식건강이 취약한 실정이다(박영주 등, 2020).

탈북여성과 결혼이주여성 219명을 대상으로 실시한 건강실태조사(문가을 등, 2015)결과, 이들은 우리나라 일반 여성과 비교할 때 클라미디아, 인유두종바이러스와 같은 성병 유병률이 높고, B형간염 항원 양성률이 높아 B형간염 예방접종 및 만성적인 간질환 모니터링이 필요한 대상이 많은 것으로 파악되었다. 이와 같은 건강 문제는 임신 · 출산 · 양육과 밀접한 관련이 있으므로 매우 중요한 보건의료 문제이다.

다문화가족의 건강 문제는 향후 우리나라 전체 국민의 건강 수준에 영향을 미치는 중요한 과제라 할 수 있다. 특히 결혼이주여성의 경우 임신 · 출산 · 양육의 문제는 한국 문화에 적응하기에 앞서 모자보건서비스 수준에서 필수적인 보건의료서비스이다. 다문화가족에 대한 보건의료서비스는 건강 상태를 지속적으로 모니터링하여 건강 요구에 부응하는 보건의료서비스를 제공하는 등 이주민들의 건강권 확립과 전체 국민의 건강수준 향상을 위하여 정책적 차원에서 강화되어야 한다.

(3) 다문화가정 자녀의 적응 문제

다문화가정을 이루고 있는 형태에 따라 자녀의 적응 정도에는 많은 차이가 있다. 국제결혼가정 자녀 중 농촌 지역 결혼이주여성이 출산한 자녀의 경우에는 그 지역에서 출생하고 성장한다. 하지만 도시 지역의 여성은 대부분 생계를 위하여 노동 현장에서 일을 해야 하며, 자녀가 어머니의 나라에서 성장하다가 입국하는 경우도 있다. 이러한 경우 언어와 학교 문화의 적응에 더욱 큰 어려움에 봉착하게 된다. 그 밖에도 결혼이주여성이 한국인 배우자와의 이혼이나 별거로 인하여 혼자 노동에 종사하면서 자녀를 양육하는 경우도 있으며, 외국에서 성장하다가 한국으로 돌아오는 한국인 자녀나 단기 체류로 한국에 와 있는 외국인 자녀 등 학교에서의 다문화사회를 구성하고 있는 다문화 자녀는 매우 다양하다.

다문화가정의 형태에 따라 자녀교육의 문제에는 다소 차이가 있으나 성장 과정에서 공통적으로 나타나는 여러 가지 문제와 어려움이 있다. 다문화가정에서 자녀교육 문제는 최대 관심사라고 해도 과언이 아닐 만큼 이들의 학교 교육은 매우 중요하다. 그러나 여러 연구 결과에 따르면 다문화가정 자녀는 언어 문제, 정체성 혼란, 사회적인 편견과 차별, 소외감 및 배제 경험, 학교폭력 문제 등으로 학교 부적응을 경험하고 있어 심각한 사회문제로 대두되고 있다.

① 언어 문제

다문화가정 자녀는 언어를 습득해야 하는 중요한 시기에 한국말을 잘 하지 못하는 어머니에게 양육되면서 언어 발달에 어려움을 겪게 된다. 한국말이 서투른 어머니는 자녀에게 자신의 모국어를 사용하게 되고 자녀는 이중 언어와 이중 문화에 속하게 된다. 그러나 가족은 우리말과 우리 문화를 우선적으로 습득해야 한다는 인식으로 이를 인정하기보다 한국 방식을 강요하고 어머니 나라의 언어와 문화를 무시하고 억압하는 경향이 있다.

다문화가정 자녀가 가정 내에서 이중 언어로 소통할 수 있도록 환경을 조성하면 어머니를 통해 또 다른 나라의 말과 문화를 자연스럽게 배우며 글로벌 인재로 성장할 수 있는 동력을 갖게 되며, 자아존중감이 향상되어 학교 적응력이 강화된다(고은선 · 김성훈, 2018; 김영의, 2019). 특히, 한국어가 서투른 다문화가정 어머니의 경우 자녀와의 원활한 소통에도 도움이 된다(김영의, 2019). 따라서 다문화가정 어머니는 모국의 문화와 언어에 대하여 자신감을 가지고 자녀에게 이를 계승할 필요가 있다. 그러나 다문화사회에서 이중 언어는 사회경제적 수준이 높은 가정의 아동에게는 긍정적인 결과를 가져오지만 반대로 사회경제적 수준이 낮은 가정의 아동에게는 부정적인 영향을 줄 수도 있다. 아동의 이중 언어 습득은 부모나 가족, 더 나아가서는 지역사회가 또 하나의 언어를 사용하는 데 대하여 긍정적 혹은 부정적 태도를 가지고 있느냐와 밀접한 관련이 있다(황상심, 2007).

다문화가정 어머니의 한국어 습득은 단기간 내에 이루어지는 것이 아니므로 모국의 문화와 언어를 자녀에게 계승시키기 위해서는 우선 자신이 한국어를 체계적으로 습득해야 한다. 그러기 위해서는 우선 남편을 비롯한 가족의 지지와 가정의 화목이 선행되어야 하며, 다문화가정 어머니로부터 자녀들에게 계승되는 이중 문화와 이중 언어에 대한 긍정적인 인식과 이를 존중하는 사회적 분위기 조성이 필요하다.

다문화가정 어머니는 한국어를 체계적으로 습득하는 것이 아니라 한국에 입국하여 가족과 생활하면서 눈치로 습득하기 때문에 습득 기간이 늦고 정확한 발음이 어려워 자녀의 언어 발달에 저해 요인이 되고 있다. 어머니의 미숙한 언어는 자녀와의 대화에도 영향을 주게 되어 자녀의 학업 수준과 학교생활 적응에 영향을 주게 된다. 그동안 시행된 여러 연구 결과에 의하면 다문화가정 아동은 일상적인 의사소통에는 큰 어려움이 없으나 일반 아동에 비해 독해와 어휘 능력, 글쓰기 및 글짓기 능력이 현저히 낮은 것으로 보고되고 있다. 특히 일상적 의사소통에서도 존댓말 사용이나 상황에 따른 즉각적인 대화에서 어려움이 있는 것으로 나타나고 있다.

다문화가정 자녀들은 한국어 능력 및 한국문화 이해가 부족하여 친구들과 잘 어울리지 못하고 전반적으로 학교생활에 잘 적응하지 못하고 있는 것으로 보고되고 있다(선봉규, 2017). 특히 중도입국자녀의 경우 학교생활에 안정적으로 적응하지 못하는 문제가 발생하고 있다. 2018년 전국다문화가족 실태조사(여성가족부, 2019a)에 의하면 다문화가정 자녀가 학교생활에 잘 적응하지 못한 이유는 '학교공부가 어려워서'가 63.6%로 가장 많은 것으로 나타나고 있다. 다음으로 '친구들과 잘 어울리지 못해서(53.5%)', '한국어를 잘하지 못해서(12.0%)'순이다. 특히 중도입국자녀들의 경우 국내에서만 성장한 자녀들보다 한국어를 잘 못해서 학교생활에 잘 적응하지 못하는 것으로 나타나고 있다.

다문화가정 자녀가 언어 장애와 이로 인한 학습 장애를 극복하기 위해서 대상별 맞춤형 한국어교육 강화와 학교에서 방과 후 교실 운영을 통한 학습 부진에 대한 보충 교육, 언어 문제 해결을 위한 학습 도우미 제도, 방문 교사제 등을 보다 확대 운영할 필요가 있다. 또한 다문화사회의 교육을 위하여 정부, 교육청, 학교 및 지역사회가 협력하고 지원하는 체계를 구축할 필요가 있다.

② 정체성의 문제

다문화가정 자녀는 성장하면서 한국인도 아니고 외국인도 아닌 이중 정체성으로 인하여 혼란을 겪고 있다. 다문화가정 자녀는 일반가정 자녀에 비해 긍정적 자아정체감이 낮으며(황윤미 · 방명애 · 김혜인, 2018), 자아정체감 수준은 외모에 의한 차별, 한국어 실력, 가정의 경제적 수준, 학업성취도, 사회적 지지, 외모 만족도 등 다양한 요인들이 영향을 미치는 것으로 보고되고 있다(박진우 · 장재홍, 2014; 박진우, 2015; 손보영, 2020; 윤아름, 2013). 다문화가정 자녀는 외모의 차이만으로도 정체성 혼란을 경험한다(손보영, 2020). 앞에서 논했듯이 일본인이나 중국인 이주민의 자녀는 한국인과 외모가 비슷하므로 정체성 혼란의 문제가 적게 드러나지만 동남아시아계의 경우 외모가 현저히 다르기 때문에 어린이집 또는 유치원 등에서 집단생활이 시작되면서부터 정체성의 혼란을 경험하게 된다.

다문화가정 청소년의 자아정체성 형성에 대한 현상학적 연구(박진우, 2015)에 의하면, 다문화가정 청소년의 자아정체성 형성 과정은 단지 외국인 어머니가 있다는 이유만으로 놀림과 소외를 당하였으며, 이는 자신에게 '나는 누구인가?'라는 정체성의 의문을 제시하게 하였다. 이러한 정체성의 혼란 속에 고립되어 있을 때 다문화가정 청소년과 중요하게 상호작용하는 외국인 어머니와 외가 가족, 교사와 친구의 지지를 경험하게 된다. 이러한 지지를 경험한 후 자신의 이중 정체성을 탐색하면서 다문화가정 자녀로서의 장점을 발견하게 되면서 긍정적인 자아정체성이 형성되는 것으로 나타났다(**그림 4.12**). 또한 외국인 어머니의 언어를 배우는 것은 다문화가정 청소년의 자아정체성 형성에 긍정적인 기여를 하였다.

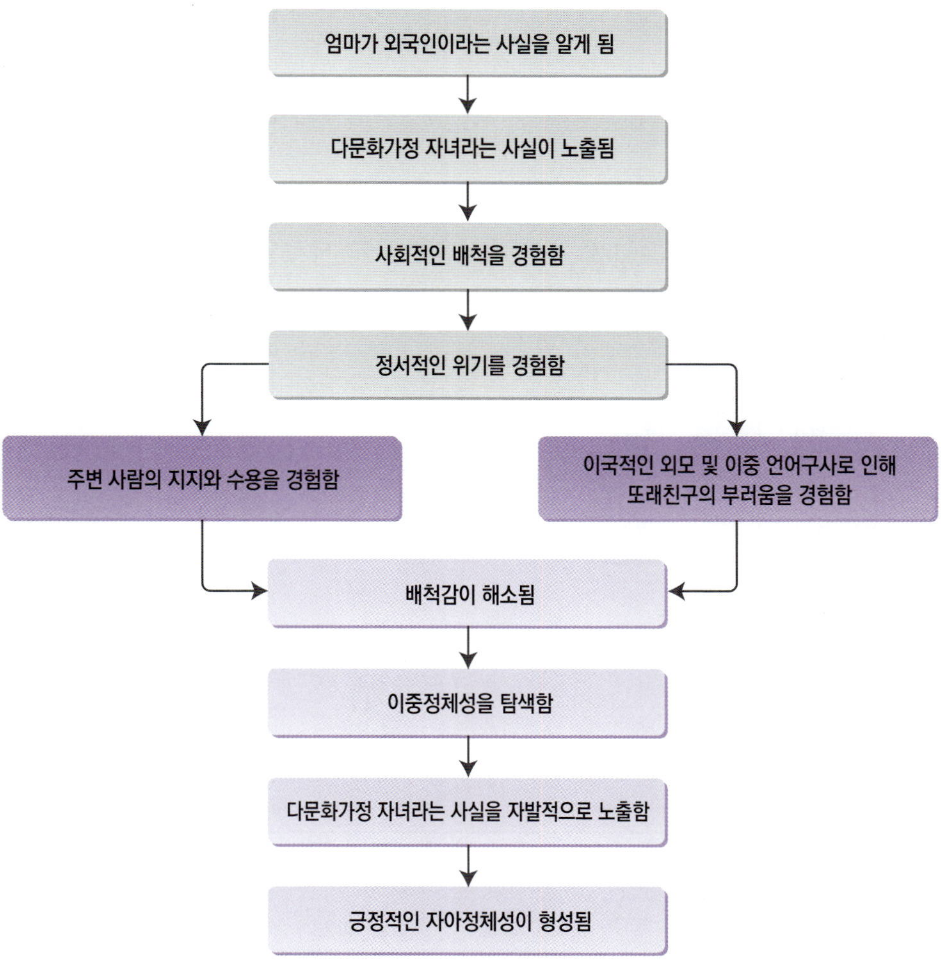

그림 4.12 다문화가정 청소년의 자아정체감 형성 과정

출처: 박진우(2015)

다문화가정 자녀의 정체성 혼란을 감소시키고 적응을 위협하는 요인을 완화시켜 주기 위해서는 가정, 학교, 지역사회의 노력이 요구된다. 가정에서는 화목한 분위기 조성과 어머니 나라의 문화와 언어 습득을 위한 노력, 학교에서는 교사와 일반 학생의 다문화가정 자녀에 대한 보호, 지역사회에서는 다문화가정에 대한 고정관념을 없애고 이들을 수용하는 세계시민 의식을 가지려는 노력이 필요하다.

③ 학교폭력 문제

2018년 인천에서 러시아 출신 어머니를 둔 다문화학생이 자신을 집단폭행하는 또래들을 피하려다가 추락사한 사건은 우리 사회에 큰 충격을 주었다(위성욱, 박진호, 백경서, 2018). 여성가족부(2019a)의 조사 결과, 다문화가정 자녀의 8.2%가 학교폭력

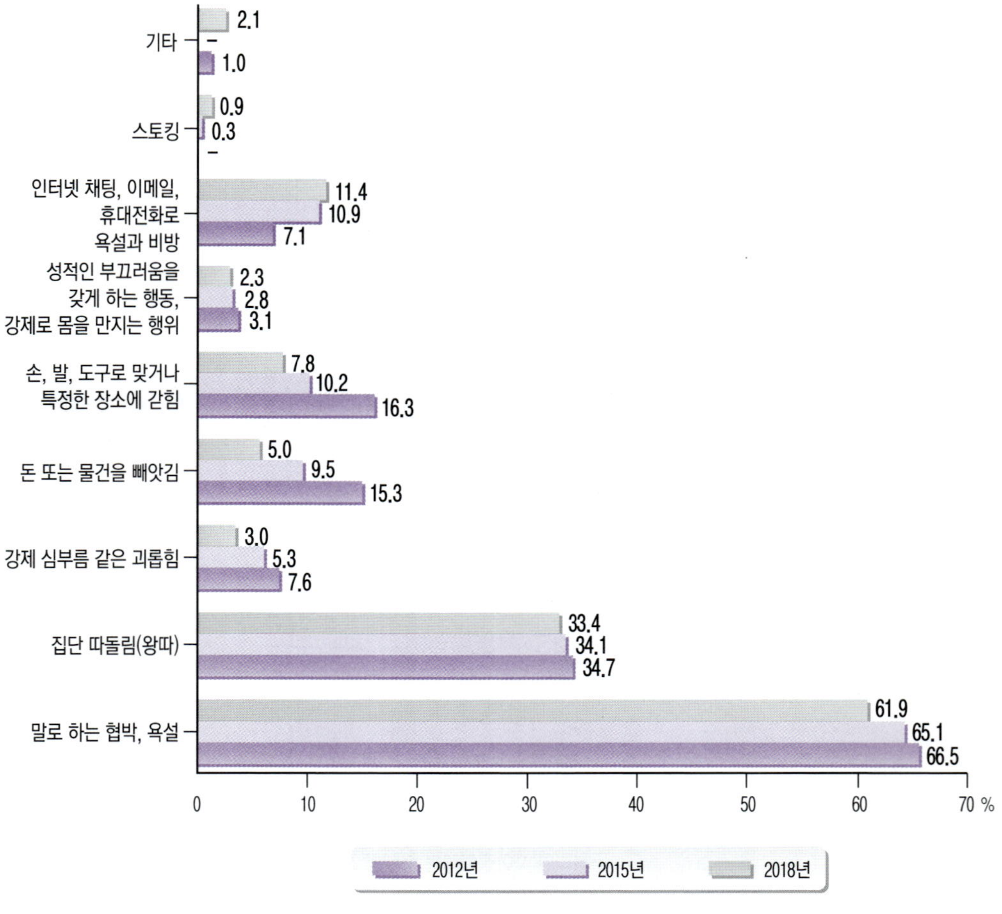

그림 4.13 다문화가정 자녀의 학교폭력 피해유형

출처: 여성가족부(2019a)

피해를 경험한 것으로 나타났으며, 이는 2015년(5.0%)에 비해 약 1.5배 증가하였다. 다문화가정 자녀들이 겪는 학교폭력은 말로 하는 협박과 욕설이 61.9%로 가장 많았고, 다음으로 집단 따돌림(33.4%), 인터넷 채팅 · 이메일 · 휴대전화로 하는 욕설과 비방(11.4%), 폭행 · 감금(7.8%), 돈이나 물건을 빼앗기는 갈취(5.0%) 등의 순이었다. 2012년 조사 이후, 말로 하는 협박이나 욕설, 집단 따돌림은 점차 감소하는 반면, 인터넷이나 휴대전화로 하는 욕설과 비방은 증가 추세를 보이고 있어 학교폭력은 대면에서 모바일 등 가상공간으로 옮겨가고 있는 실정이다(**그림 4.13**). 다문화가정 자녀들은 학교폭력을 당하면서 스트레스를 받고 있을 뿐만 아니라 심리적 고립감과 소외감과 같은 정서적 충격을 경험하면서 적개심과 자살 충동을 받기도 한다.

부모가 외국인이고 외모가 다르다는 것은 다문화가정 자녀 본인의 노력으로 해결될 수 없는 문제임에도 불구하고 이와 같은 이유로 인하여 집단생활에서 놀림과 따돌림 등의 학교폭력의 대상이 되고 있는 것이다.

외국인 부모를 두었다는 이유로 인한 집단 따돌림 · 폭행 사례

어머니가 필리핀 출신인 강원지역의 한 고등학교 2학년 이 모(18)양은 중학교 3학년 때부터 친구들로부터 괴롭힘을 당했다. 처음에는 신발을 던져 주워 오라는 식의 괴롭힘이었지만, 시간이 갈수록 강도가 세져 나중에는 주먹으로 맞았다.

"학교에 가면 나에게만 적용되는 벌이 있다. 수업시간에 졸거나 질문에 대답을 제대로 못하면 받는 벌이다. 교사가 아니라 같은 반 친구들이 나에게 주는 벌이다. 그 애들은 오전 11시 50분 점심시간이나 오후 2시 40분 청소시간에 나를 다목적실로 데려간다. 거기서 옷을 벗기고 때리기도 한다. 싫다고 저항해 봤지만 2명을 상대하기엔 역부족이었다."

"어떤 날은 매직으로 몸에 낙서도 했다. 옷도 숨겼다. 그런 날은 옷을 찾느라 수업에 늦게 들어가 선생님에게 눈총을 받았다. 다목적실에 머무르는 시간은 너무나 괴롭고 수치스러웠다. 하교 후에도 괴롭힘은 계속됐다. 밥을 먹으면 돈은 항상 내가 냈다. 그 돈을 마련하려고 피자가게에서 아르바이트도 했다. 이렇게 사느니 내가 없어지면 다 괜찮아지겠지라는 생각이 들어 극단적인 마음을 먹은 적도 여러 번이다."

이양은 그동안의 학교생활에 대해 "나에겐 지옥과 같았다"고 말했다.

특히 한국어가 서투르고 부모의 출신 국가가 필리핀, 베트남, 파키스탄 등 외모가 한국인과 다른 경우 학교폭력을 당하는 사례가 많이 발생한다.

피부색이 다르다는 이유로 인한 욕설 · 집단 따돌림 · 폭행 사례

아버지가 파키스탄 출신인 고등학생 A군(18)은 초등학교 5학년 때부터 검은 피부색 때문에 괴롭힘의 대상이 됐다. 친구들은 그를 '튀기 · 초코파이 · 깜둥이'로 불렀다. 당시 같은 반에 40명이 있었는데 그중 4~5명이 그를 괴롭혔다. 쉬는 시간이면 아무 이유 없이 발로 차고 놀렸다. A군은 "오전 9시 등교해 오후 2시 하교 때까지 친구들에게 들은 말은 욕밖에 없었다"고 말했다.

출처: 중앙일보(2018.12.13.)

다문화가정 자녀에게 행해지는 학교폭력은 심리적 스트레스로 인한 고립감, 소외감 및 적개심을 유발시키고, 이는 발달 장애와 학습 장애로 발전하고 있다. 다문화가정의 자녀도 문화적 동질성을 가진 자녀와 다름없는 우리 사회의 미래라 할 수 있다. 따라서 학교는 물론 지역사회에서도 세계시민으로서의 의식을 고취시키고 다문화의 이해를 위한 교육을 확대할 필요가 있다.

④ 학업 중단의 문제

교육부(2020)의 자료에 의하면 우리나라의 초 · 중 · 고교에 재학하고 있는 전체 학생 중 다문화학생 수는 2019년 13만 7,225명으로 전체 학생의 2.5%를 차지하고 있으며, 다문화학생 비율은 향후 지속적으로 증가할 것으로 추산된다(**표 4.19**). 다문화학생은 국제결혼가정 학생이 85%(국내출생학생 10만 8,069명, 중도입국학생 8,697명)로 대부분을 차지하고 있으며, 외국인가정 학생은 15%로 나타났다. 특히 중도입국 및 외국인가정 학생수는 급격한 증가세를 보이고 있다(**그림 4.14**).

다문화가정 학생들의 비중이 급격히 증가하고 있지만, 앞에서 살펴본 바와 같이 이들에 대한 우리 사회의 편견과 차별의 시선은 여전하다. 이로 인해 다문화가정 학생들

표 4.19 다문화학생의 연도별 증가 추이 (단위: 명)

인원수 \ 연도	2013	2014	2015	2016	2017	2018	2019
다문화학생 수(A)	55,780	67,806	82,536	99,186	109,387	122,212	137,225
전체학생 수(B)	6,489,349	6,294,148	6,097,297	5,890,949	5,733,132	5,592,792	5,461,614
다문화학생 비율(A/B*100)	0.86%	1.08%	1.35%	1.68%	1.91%	2.19%	2.51%

출처: 교육부(2020)

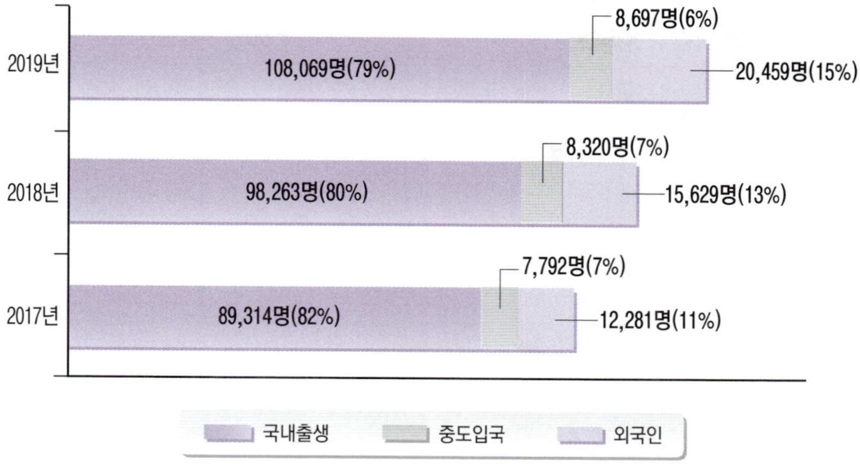

그림 4.14 **다문화학생의 유형별 증가 추이**

출처: 교육부(2020)

은 학교생활 적응에 상당한 어려움을 겪고 있는 실정이다. 다문화가정 학생은 인종과 국적이 다르다는 이유로 학교에서 집단 따돌림 등의 학교폭력에 노출되기도 한다. 학교폭력에 의한 피해를 입은 학생의 경우 학교생활 부적응으로 발전할 가능성이 크며, 학업이 중단되면 소외감과 적개심 등으로 심한 사회적 갈등이 유발될 우려가 있다.

다문화가정 학생의 학업 중단 현황은 **표 4.20**과 같다. 다문화가정 학생들의 학업 중단율은 2017학년도에 1.17%(1,278명)였으나, 2018학년도에는 0.14% 감소한 1.03%(1,263명)였다. 2017학년도에 비해 2018학년도의 경우 전체 학생 수와 다문화학생 수는 증가한 반면 학업을 중단한 다문화학생 수는 감소하고 있어 매우 다행스러운 일이지만, 학업을 중단한 학생은 학습 기회의 부재와 소외감을 느끼며 살아가게 된다. 특히 이들은 발달 단계에 있어 감수성이 예민한 청소년이므로 사회적으로 소외될 경우 앞으로의 사회생활에 더욱 큰 어려움이 초래될 가능성이 있음을 예상할 수 있다.

다문화가정 자녀가 학교생활 부적응으로 학업을 중단하는 것을 방지하기 위해서는 우선 학교에서 집단 따돌림 등의 학교폭력에 노출되지 않도록 해야 하며, 학교생활 적응을 위한 지원 서비스가 강화되어야 한다. 지역사회에서는 배타적인 민족주의를 지양하고 다문화를 이해하여 이들을 인정하는 자세가 필요하며, 이에 따른 법적 · 제도적 장치가 마련되어 공교육 이탈 방지를 위한 적극적인 대처가 이루어져야 할 것이다.

표 4.20 다문화학생 학업 중단율 현황 (단위: 명, %)

구분	2014년	2015년	2016년	2017년	2018년
다문화학생 재적학생 수	67,806	82,536	99,186	109,387	122,212
다문화학생 학업중단자 수	668 (258)	700 (236)	876 (283)	1,278 (354)	1,263 (330)
초	435 (110)	423 (86)	547 (84)	819 (126)	810 (102)
중	146 (75)	159 (65)	175 (78)	235 (83)	243 (80)
고	107 (73)	118 (85)	154 (121)	224 (145)	210 (148)
다문화학생 학업중단율	1.01 (0.38)	0.85 (0.29)	0.88 (0.299)	1.17 (0.32)	1.03 (0.27)
초	0.90 (0.23)	0.71 (0.14)	0.74 (0.11)	0.99 (0.15)	0.87 (0.11)
중	1.17 (0.60)	1.41 (1.01)	1.16 (0.52)	1.47 (0.52)	1.34 (0.44)
고	1.53 (1.05)	36	1.53 (1.20)	2.11 (1.37)	1.91 (1.35)

출처: 교육부(2020)

*괄호 안은 부적응 관련 학업 중단(질병, 유학, 해외출국 등 제외)

자율학습

선택형

1. 외국인 이주민에 관한 설명으로 옳은 것은?

① 다문화가정 자녀는 외국인이 우리나라 국민과 결혼하여 국내에서 출산한 자녀만을 말한다.

② 국민의 배우자는 외국인이 우리나라 국민과 결혼한 사람으로서 한국 국적을 취득한 사람을 말한다.

③ 외국인노동자는 외국인이 귀화하여 한국 국적을 가지고 임금을 목적으로 근로하고 있는 사람을 말한다.

④ 결혼이민자는 우리나라 국민과 결혼한 사람으로서 한국 국적을 취득하지 않았거나 못한 외국인을 말한다.

⑤ 북한이탈주민은 북한에 주소, 직계가족, 직장 등을 두고 북한을 벗어난 후 외국 국적을 취득한 사람을 말한다.

2. 한국의 다문화 현황에 대한 설명으로 옳은 것은?

① 외국인 이주민은 농촌지역에 집중거주하고 있다.

② 외국인 이주민의 성별은 비교적 균등한 분포를 보이고 있다.

③ 외국인 이주민의 연령별 분포는 40대가 대부분을 차지하고 있다.

④ 한국에 거주하고 있는 외국인 이주민 수는 급격히 감소하고 있다.

⑤ 한국 국적을 갖지 않은 외국인 이주민 중 결혼이민자가 가장 큰 비중을 차지하고 있다.

3. 한국에 거주하고 있는 외국인 주민유형별 현황에 대한 설명으로 옳은 것은?

① 결혼이민자는 남성의 비율이 높다.

② 북한이탈주민은 젊은 세대의 단독 입국이 많다.

③ 가정폭력으로 인한 국제결혼가정의 이혼이나 별거가 증가하고 있다.

④ 외국인근로자는 대부분 단순기능인력이며, 불법체류자의 비율이 높다.

⑤ 한국의 난민인정률은 난민법의 제정 및 시행으로 EU 평균 난민인정률보다 높다.

4. 새로운 문화에 적응하는 과정에서 경험하는 정서적 반응 순서로 옳은 것은?

① 밀월 - 위기 - 적응 - 회복
② 위기 - 밀월 - 적응 - 회복
③ 적응 - 밀월 - 위기 - 회복
④ 위기 - 회복 - 밀월 - 적응
⑤ 밀월 - 위기 - 회복 - 적응

5. 한국 다문화사회의 문제점에 대한 설명으로 옳은 것은?

① 한국 청소년들의 다문화 수용성은 성인들에 비해 낮은 편이다.
② 다문화가정 학생들의 학업 중단율이 매년 지속적으로 증가하고 있다.
③ 북한이탈주민들은 남한과 언어적 · 문화적으로 동질성을 갖고 있어 남한 사회 적응도가 높다.
④ 다문화가정 자녀들은 외국인 부모를 두었다는 이유만으로도 집단따돌림 등의 학교폭력 피해를 경험한다.
⑤ 외국인 이주민들의 한국어교육 참여율은 높은 편이지만, 여전히 낮은 한국어 수준으로 인하여 한국생활 적응에 어려움을 겪고 있다.

비판적 사고

1. 외국인 이주민이 한국 사회에 미치는 긍정적, 부정적 영향에 대하여 설명하시오.

2. 북한이탈주민의 사회 · 심리적 특성과 한국 사회에 적응하면서 나타나는 문제점을 설명하시오.

선택형 정답: 1.④, 2.②, 3.③, 4.⑤, 5.④

CHAPTER

5

외국 다문화사회의 이해

개요

21세기에 들어서서 세계화, 빈곤, 민족 분쟁, 신자유주의 등으로 인해 전 세계적으로 인구 이동이 활발히 진행되면서, 세계는 많은 변화를 겪고 있다. 특히 세계 곳곳에서 이주민과 난민에 대한 편견과 차별로 인한 다양한 문제가 발생하고 있다.

이민자가 많은 다문화 국가들에서는 오래 전부터 인종차별, 소요, 폭동 등 사회의 분열과 갈등을 초래하는 여러 가지 문제들이 일어났다. 또한 이주노동자의 실업 문제와 경제적 빈곤, 거주 지역의 슬럼화 현상은 중요한 사회 문제로 부각되고 있다. 최근 전쟁으로 인한 난민들의 대거 유입으로 여러 나라들에서 종족 간 갈등을 낳고 있기도 하다.

대표적인 이민자의 나라라고 할 수 있는 미국, 캐나다, 호주에서는 다양한 유형의 문화가 공존하고 있다. 그러나 이들 나라들은 다문화사회로 진행되는 과정에서 수많은 갈등과 어려움을 겪어왔으며, 이제 보다 효과적인 다문화정책을 고려해야 할 시대에 직면해 있다.

본 장에서는 이미 외국인 이주민과 난민 등 다문화주의 사회로 변화되어 가고 있는 미국, 캐나다, 독일, 프랑스, 영국, 일본 등 각국의 다문화사회를 차별적 배제 모델, 동화주의 모델, 다문화주의 모델로 분류하여 그 사회의 특징을 살펴보고자 한다.

1. 외국의 다문화 현황

다양한 문화가 한 사회 내에 존재하는 다문화사회는 모든 문화가 공존의 가치를 인정받는 것을 이상으로 한다. 다문화사회는 독특한 양상의 문화 형태들이 조합을 이루어 한 사회가 동일하지 않은 다양한 문화로 구성되어 공존하는 사회, 다양한 문화와 사회에 속한 개인, 집단, 국가 간 평등, 상호존중, 공조할 수 있다는 믿음을 갖는 보편적 가치 등으로 설명된다. 즉, 다문화사회는 문화의 상호이해와 공존을 가장 중요한 가치로 내세운다(김진중, 2014). 그럼으로써 다문화사회에서는 한 사회 내에서 다양한 인종과 민족 출신이 함께 어우러져 상호 간에 다른 인종과 민족 때문에 받는 사회적 차별 없이 시민으로서 기본적으로 갖게 되는 권리를 향유한다. 다문화사회를 이루기 위해서는 사회의 이질적인 구성요소가 상호작용 과정에서 나타날 수 있는 갈등을 회피 혹은 최소화하여 공동체의 조화를 이루려는 노력이 필요하다.

다문화사회를 이해하기 위해서는 다문화 모델에 대한 이해가 우선시되어야 하므로, 캐슬스와 밀러(Castles & Miller)가 한 국가가 이주노동자나 이주민을 수용하는 유형에 따라 분류한 차별적 배제 모델, 동화주의 모델, 다문화주의 모델을 살펴보고자 한다(**표 5.1**).

첫째, 차별적 배제 모델은 한 국가 내의 소수 인종들의 존재를 인정하지 않고, 단지 국민의 단일성을 위협하는 요인으로 소수 인종과 소수 문화를 간주하는 모델을 말한다(신현태 · 정우열 · 유근환, 2012). 이 모델은 유입국 사회가 3D(difficult, dangerous, dirty) 기피 직종과 같은 특정 경제적 영역에만 이민자를 받아들이고 복지 혜택이나 국적, 시민권, 피선거권 같은 사회 · 정치적 영역에서는 받아들이지 않는 것을 말한다(김선영, 2009). 이 모델은 독일, 일본, 한국 등의 국가에서 주로 수용하고 있는데, 이들 국가들은 공통적으로 내국인과 외국인을 모두 혈통주의에 입각하여 구분하고 있다. 한국의 경우 '단일민족의 신화'를 가지고 여전히 이민자들을 사회 안으로 받아들이지 않는 현실을 지적할 수 있다. 차별적 배제 모델을 따르는 국가들은 이민이 아니라 혈통주의를 기반으로 성립된 국가로서 현재에도 여전히 외국인의 대량 유입에 대한 거부감을 보이고 있다.

둘째, 차별적 배제 모델보다 한 단계 진전된 모델인 동화주의 모델은 이민자가 자신의 언어와 사회문화적 특성을 포기하고 주류사회에 완전히 동화되는 것을 목표로 한다. 즉, 동화주의 모델은 이민자가 자국 사회에 융화되어 한 구성원으로 살아가기 위한 정책을 목표로 하는 모델이다(김선영, 2009). 사회학적인 의미에서 동화(assimilation)는 문화

표 5.1 다문화정책 모델의 특징 비교

구분	차별적 배제 모델	동화주의 모델	다문화주의 모델
공통점	• 이념형으로 현실에서는 그 순수성을 찾기 힘듦		
문화적 지향		• 주류문화와의 문화적 동질화 추구 및 추상적인 타문화의 이해와 수용	• 문화적 이질성 존중 • 구체적인 타문화 인정과 보호
국가 역할	• 거의 없음	• 매우 제한적	• 매우 적극적
정책 목표	• 원치 않는 이민자 차단	• 이주자 집단의 주류사회 동화	• 다양성 인정을 통한 사회 통합
갈등 해소 방안	• 강제 추방	• 주류사회와 완전한 동화를 통한 사회 갈등 해소	• 완전한 참여를 통한 사회 갈등 해소 및 주류사회로의 완전한 진입
정책 수단	• 이주자 규제정책	• 소수집단 차별 방지를 위한 규정	• 소수집단 문화와 권리 보호 규정
다양성 개념	• 이질적 문화에 대한 배타성	• 사적 영역의 문화적 다양성 보호	• 사적, 공적 영역의 문화적 다양성 보호
평등 개념		• 기회 평등	• 결과 평등
이주자에 대한 관점	• 배제의 대상	• 노동력, 이방인 통합의 대상	• 사회구성원 • 사회 다양성의 원천
비판	• 이주의 시대에 부적합	• 이주민 동화의 어려움 • 이주민에 대한 현실적 사회 배제	• 민족 정체성 약화 및 사회적 분열 초래 가능
해당 국가	• 한국, 일본, 독일	• 프랑스, 1960년대까지의 미국의 용광로 정책	• 캐나다, 스웨덴
모델의 한계점	• 이주 정책의 특성을 파악하는 것은 가능하나, 구체적 내용 파악에는 부적합하다는 한계를 지님		

출처: 이선주 · 민무숙 · 신현옥 · 이태정(2009)

적으로 상이한 집단이 생물학적인 융합 내지 혼혈을 수반하지 않은 채 병합 내지 합류되는 현상을 가리킨다. 동화주의 모델에서는 다양한 이민자들의 집단적 정체성(collective identity)을 인정하지만, 오직 '공적 영역의 밖'에서만 이를 허용한다. 즉, 어떤 종교나 인종(민족) 집단도 국가의 공공정책에서 특권을 누리거나 보호를 받지 못하며, 오직 개인이 능력을 발휘하여 신분 상승을 이루도록 차별이 없는 공공정책이 시행된다. 동화주의 모델은 '비(非) 다문화적'이며, 이민통합과정에서 국가의 역할이 지나치게 강조된다(김복래,

2009). 동화주의 정책의 기조를 유지하고 있는 대표적인 나라는 프랑스이며, 미국, 캐나다, 호주, 뉴질랜드 등은 차별적 배제 모델에서 출발하여 동화주의로 이행하였다가 점진적 통합 단계를 거쳐 현재 다문화주의 모델을 채택하고 있다.

셋째, 다문화주의 모델은 1970년대를 전후하여 차별적 배제 모델과 동화주의 모델을 비판하면서 본격적으로 사용되었다. 다문화주의는 전 세계적으로 이주 현상이 보편화되는 가운데 다른 문화, 다른 언어, 다른 종교 집단의 정체성을 인정함으로써 사회분열을 예방할 수 있다는 점에서 다양성에 기반을 둔 국민 통합정책으로 파악될 수 있다(송종호, 2007). 즉, 다문화주의는 민족마다 다른 다양한 문화나 언어를 단일의 문화나 언어로 동화시키지 않고 공존시켜 서로 승인 · 존중하는 것을 목적으로 하는 사상 · 운동 · 정책을 말한다(정치학대사전 편찬위원회 2010: 545). 이러한 정책에 따라 이민자가 이민국에서 자국의 문화를 지켜나가는 것을 인정하고 장려하여 다양한 소수민족들이 주류사회와 공존할 수 있게 하는 것이다. 이주민은 자국의 문화적 전통을 포기하지 않아도 되고, 이주국은 문화적 다양성을 인정함으로써 사회통합을 쉽게 이룰 수 있다는 것이 다문화주의가 갖는 장점이다. 이 유형은 이질적인 문화의 충돌 과정에서 발생할 수 있는 수많은 갈등을 최소화함으로써 단일 문화를 형성해야 한다는 강한 압박에서 벗어날 수 있는 특징이 있다. 현재는 미국, 캐나다, 호주, 뉴질랜드, 스웨덴 등이 다문화주의 정책을 채택하고 있다.

다문화 모델별로 분류하여 각 모델에 해당되는 국가의 다문화 현황을 살펴보고자 한다.

1) 차별적 배제 모델

(1) 독일

독일은 혈통주의 중심의 이민정책 기조를 오랫동안 유지해 왔으나, 최근 사회통합 문제를 겪으면서 이민행정기구가 급속히 발전되었다. 중앙과 지방 간 역할 분담을 통해 최근 100만 명 이상의 난민을 큰 소요 사태 없이 수용하면서 독일의 현 다문화정책의 능력을 유감없이 발휘하였다(허준영 · 권경득, 2018). 독일은 소수 인종 · 민족과의 접촉을 최소화하여 갈등을 피하고자 하는 차별주의적 방식을 취해왔다. 캐슬스와 밀러(Castles & Miller) 역시 독일이 서로 다름을 근거로 이주자를 배제하는 차별적 배제 모델을 취하였다고 본다. 즉, 독일은 2차 세계대전 이후 급속한 속도로 다문화사회로의 변화를 겪으면서도 오랫동안 이민국의 현실을 인정하지 않으려 했고 "독일은 이민국이 아니다!"라는 명제를 앞세워 왔다. 이렇게 독일은 오랫동안 혈통을 우선시한 차별–배제적인 이주민 정책을 고수해 오면서 적극적인 통합정책 노력은 의도적으로 외면해 온 것이다. 이처럼 독일의 이주자 통합 방식은 전형적인 차별적 배제 모델로써 자국 내 영구 정착을 전제로 한 이민자에 대해 다문화 · 다중 문화주의를 거부하면서, 계약에 의해 단기간 취업한 후 모국으로 돌아갈 것을 약속한 이주노동자만을 받아들이는 것이 특징이었다. 이에 따라 2차 세계대전 이후 부족한 노동력을 해결하기 위한 외국인노동자가 1960년대부터 유입되었으며, 1990년대 동유럽으로부터 독일계 이주자와 통일 이후 동유럽과 구소련 연방의 독일계 주민까지 대거 이주하면서 이주 정책의 전환 시점을 맞았다(신현태 · 정우열 · 유근환, 2012).

차별적 배제 모델에서는 다른 문화의 존재를 쉽게 인정하지 않으며, 외국인의 귀화 역시 매우 어렵고 까다롭다. 이와 같이 혈통주의에 바탕을 둔 독일은 구소련과 동유럽에서 이주한 독일계 정착민(aussiedler)과 외국인노동자에 대한 정책적 입장이 매우 달랐다. 즉, 혈통주의(jus sanguinis)에 입각한 독일의 통합정책에서는 독일계 정착민을 주요 대상으로 간주하여 통계상으로도 외국인으로 분리하지 않은 반면, 외국인 초청노동자(gastarbeiter)에게는 임시로 독일에 거주하다가 향후 본국으로 돌아가는 정책을 실시하였다. 1960년에 실시된 외국인 초청노동자 정책은 외국인노동자의 개념을 상품을 수입하는 것과 같이 보았는데, 입국한 노동자가 일정기간 근무를 마치면 다시 출국하게 되고, 이들을 대신할 신규 외국인노동자를 다시 도입하는 '순환' 개념이 근저에 자리 잡고 있었다. 하지만 숙련이 필요하지 않거나 임금이 낮은 업종에서는 기존 노동자에 대한 지속적인 수요가 있고, 외국인노동자들 역시 독일에 뿌리를 내리게 됨에 따라 이 제도는 1973년에 종료되었다(허준영 · 권경득, 2018).

독일의 외국인정책도 2000년대에 접어들면서 제한적이기는 하지만 변화하기 시작하였다. 독일에 정착하는 외국인이 증가하면서 점차 차별적 배제 모델에서 벗어나고 있다(Castles & Miller, 2009: 재인용). 2000년부터는 국적법과 관련하여 합법적으로 체류하는 외국인 부모에서 출생한 아동이 독일 국적을 취득할 수 있는 속지주의적 입장을 취하게 되는 국적법을 시행하였다.

또한 사회통합 문제 해결을 위한 신이민법(immigration act)이 2004년 7월 상 · 하원을 통과하여 2005년 1월에 시행되었다. 신이민법이 제정되면서 연방이민난민청(BAMF)이 사회통합의 권한을 가지고, 사회통합에 관한 기본정책, 통합정책, 통합과정

프로그램 개발과 집행을 하게 되었다. 또한 연방이민난민청에 '이주와 통합을 위한 전문위원회'도 설치되어 이주와 사회통합에 관한 정책 개발과 평가를 하고 있다. 신이민법은 독일 이민정책의 변화를 보여주는 것으로, 독일을 이민국으로 규정하는 패러다임의 전환을 반영한다. 이러한 패러다임 전환의 가장 큰 이유는 독일 인구의 고령화에 따른 노동력 부족이 경제에 미치는 부정적인 영향으로, 이를 극복하기 위해 젊은 노동력을 제공할 수 있는 이민자 수용이 필요하였기 때문이다(김나연, 2011). 하지만 이와 같은 패러다임 전환에도 불구하고 독일은 아직까지 국가 차원에서 다문화주의를 수용하지 않고 있으며, 지방 정부가 사회 서비스와 교육 서비스를 이주민에게 제공함으로써 통합정책에 있어서 지방 정부의 역할이 커지고 있다.

독일의 이주민 사회통합정책은 '국민 통합 계획(NIP)'을 기초로 크게 언어 통합, 사회통합, 노동 시장 통합의 세 부분으로 구분하여 시도하고 있다. 2007년 연방정부, 주정부 및 자치단체 등 모든 국가적 차원뿐만 아니라 이슬람 단체를 비롯한 시민 사회 단체와 이주민이 포괄적으로 참여하여 함께 '국민 통합 계획'을 수립하였다. 이 계획의 특징은 직업 교육, 언어 교육, 경제, 문호, 미디어 등 각 분야에서 연방정부와 주 정부, 지방자치단체 및 사회단체, 이주민단체가 수행해야 할 과업을 명확히 설정하여 제시하고 있다는 것이다(신현태 · 정우열 · 유근환, 2012).

독일은 인도적인 차원에서 난민 수용에 가장 적극성을 보여왔다. 따라서 시리아 내전 등으로 인해 유럽난민위기가 촉발된 2015년부터 100만 명 이상의 대규모 난민을 적극 받아들였다. 그러나 2015년 이후 대규모 난민 유입과 이들의 수용과정에서 나타난 수차례의 테러 사건으로 인해 큰 사회적 문제가 야기되었다. 독일은 그동안 난민 수용에 그나마 가장 관대했지만 점차 난민을 대하는 정서가 급격히 변화하고 있으며, 테러에 대한 공포가 확산되고 있는 위험한 상황이다. 대표적인 테러 사건들로는 2016년 쾰른 집단 성폭행 사건, 열차 테러 사건, 크리스마스 시장 테러 사건 등을 꼽을 수 있다. 때문에 독일은 난민폭증에 따른 수용과 통합에 최우선적인 관심을 가지고 있으면서 동시에 저출산 · 고령화에 따른 노동력 필요 및 국가경쟁력 제고에 대응하는 다문화정책을 펼치고 있다(허준영 · 권경득, 2018).

지금까지 살펴본 독일의 이주노동자나 이주민을 수용하는 유형과 사회통합의 개념, 특징, 교육, 수용 방향, 추진체계 등을 정리하면 **표 5.2**와 같다.

표 5.2 독일의 사회통합

구분	내용
유형	• 차별적 배제 모델에서 벗어나는 과도기
특징	• 1990년대 후반까지 혈통주의에 입각하여 독일계 정착민과 외국인근로자를 분리 하는 차별적 배제 모델을 유지 • 외국인의 장기 거주가 증가하자 2000년 국적 관련법의 개정으로 속지주의 수용 등 통합정책 변경 • 신이민법의 제정(2004)으로 이주민 통합교육 실시
개념	• 유입국 사회는 이주민에게 내국인과 동등하게 노동 시장과 교육 제도 등에 접근 할 수 있는 기회를 제공 • 이주민이 유입국 사회의 시민권을 획득할 수 있는 기회를 제공하여 정치 영역에 참여할 수 있도록 함
대상	• 새 통합정책은 영주권을 획득하고자 하는 새로운 이주민과 함께 현재 독일에 거주하고 있는 이민 2, 3세대까지 포함
통합교육	• 총 645시간의 통합교육 중 600시간은 독일어 교육, 나머지 45시간은 독일의 역사, 문화, 법체계 습득 • 이민자, 장기 거주자, 독일계 정착민, EU시민으로 독일 사회의 일부가 되고자 하는 사람들을 주요 대상으로 함
수용 방향	• 이주민 수용을 통한 저출산 · 고령화 사회에 대응 • 저숙련이나 미숙련의 노동력이 아닌 전문인력 위주의 노동력을 수용함으로써 경제적 경쟁력 강화
추진체계	• 내무부, 법무부가 주무 부처 • 이민, 난민 및 통합 프로그램 국장(Commissioner for Migration, Refugees and Integration Programs)이 있음

출처: 이선주 · 민무숙 · 신현옥 · 이태정(2009)

(2) 일본

일본에는 1970년대 이후부터 외국인이 유입되기 시작했다. 이들 중 닛케이진(日系人)이라고 부르는 남미의 일본계 외국인을 비롯해 한국, 필리핀, 중동 등지의 많은 외국인 노동자가 돈을 벌기 위해 일본으로 들어왔다. 당시 일본은 '단순 노동자'를 받아들이지 않았기 때문에 이들의 대부분은 관광 비자나 학생 비자, 연수 비자로 일본에 들어와 불법 취업의 형태로 건설업이나 제조업 등에서 일하였다(정미애, 2010).

1980년대에 들어오자 일본의 경제 발전으로 노동력 부족이 표면화되면서 외국인노동자 문제가 나타나기 시작하였다. 버블 경기에 힘입어 1980년대 중반 이후부터 외국인노동자의 유입이 급증하자, 일본 정부는 1989년 12월 입관법을 개정하고 1990년부터 개정 입관법을 시행하였다. 개정 입관법은 이후 일본 내 외국인의 판도에 결정적 영향을 미치게 되는데, 일본 내에서 취업 활동에 제한을 받지 않는 '정주자'라는 체류자격이 신설되었기 때문이다. 정주자는 주로 닛케이진을 대상으로 한 것으로, 닛케이진은 일본 민족이라는 '혈통'에 근거를 두고 있기에 일본 노동 시장의 폐쇄성을 보여주고 있다. 닛케이진이라 하더라도 일본의 피가 적은 닛케이진 4세부터는 이 대상에 포함되지 않았다. 즉, 철저하게 혈통주의에 기반하여 차별적 포섭과 배제가 이루어진 것이다(정미애, 2010).

1990년대에는 버블 경제가 붕괴되면서 불황의 장기화로 인해 외국인노동자에 대한 수요가 감소하여 외국인노동자가 감소할 것으로 예상되었다. 하지만 예상과 다르게 만성적으로 노동력 부족 상태를 겪는 지역 산업 기업의 외국인노동자에 대한 높은 수요로 인하여 외국인노동자는 1990년대에도 지속적으로 증가하였다. 이에 따라 일본은 국적과 민족 등이 다른 사람들이 서로의 문화적 차이를 인정하고 대등한 관계를 구축하면서 지역사회의 구성원으로 함께 살아가는 '다문화공생'이라는 용어를 사용하면서 현재에 이르고 있다(신현태 · 정우열 · 유근환, 2012). 2004년 '외국인집주도시회의'가 발표한 도요타 선언에 의하면, 다문화공생이란 일본인 주민과 외국인 주민이 서로의 문화와 가치관에 대해 깊게 이해하고 존중하며, 건전한 도시 생활에 없어서는 안 될 권리의 존중과 의무 수행을 기본으로 하는 진정한 공생 사회를 말한다(이선주 등, 2009).

2006년 3월에 '다문화공생'이라는 표현이 나오기 전까지 일본 정부는 외국인을 일본 사회의 문제로 인식하고 있었으며, 따라서 문제 해결의 관점에서 관리해야 한다는 입장을 가지고 있었다. 그러나 일본 정부는 사회 변화에 부응하여 '외국인=일시적 존재'라는 인식에서 벗어나, 외국인 이주민도 생활자이며 지역주민이라는 관점에서 외국인이 지역사회의 구성원으로서 함께 살아갈 수 있도록 하기 위한 조건을 종합적으로 검토하기 위해 2005년 6월 처음으로 총무성에 '다문화공생의 추진에 관한 연구회'를 설치하였다(정미애, 2010). 또한 이 연구회에서 2006년 3월에 '다문화공생의 추진에 관한 연구회 보고서-지역의 다문화공생 추진을 향하여'가 발표되었고, 이어서 '지역이 다문화공생추진 플랜'이라는 지침을 각 지자체에 내려 보내 지자체가 지역의 실정과 특성에 기초해 다문화공생 정책을 실시하도록 요청하고 있다. '다문화공생 추진연구회 보고서'에 따르면, 다문화공생은 '국적이나 민족 등 서로 다른 사람들이 상호 문화적 차이를 인정하고 대등한 관계를 맺어가면서 지역사회의 구성원으로서 함께 살아가는 것'으로 정의하고 있다. 일본 정부는 고령화 사회로 인한 노인 돌봄 일손 부족을 해결하기 위해 2008년부터 EPA (Economic Partnership Agreement) 협정을 토대로 필리핀, 인도네시아로부터 외국인 간호사를 수용하기로 했다. 2018년에 일본 정부는 단순노동자를 수용하지 않는다는 기본방침 하에 산업적 요구가 큰 건설업 등 15개 업종에 대한 외국인 체류자격을 신설하여 출입국관리법을 개정했으며, 이로 인해 2019년 4월부터 특정 기능을 가진 외국인의 일본 국내 활동을 인정하였다. 이에 대해 사실상 이민 정책이라는 비판이 일자 일본 정부는 이민정책이 아니라 경제 사회기반의 지속가능성을 확보하기 위해 필요한 분야에 외국인 인재를 유입한 것이라고 답변하였다(김경희, 2020).

현재까지 '다문화공생'이라는 개념으로 대표되는 일본의 다문화정책은 전체 이주민보다는 중국계 일본 후손과 닛케이진 등 일본계 외국인을 대상으로 하여 일본 사회로의 수용에 초점을 맞추고 있고 점차 다른 외국인들에게까지 확대되어 가고 있는 추세이다. 일본의 다문화정책은 독일과 유사하게 문화의 다양성을 인정하면서 갈등을 줄이고, 교육을 통하여 자연스럽게 일본 사회에 흡수되도록 유인하는 특징이 있다. 특히 인구의 국제적 이동이 활발해지고 인구가 급격히 감소하고 있는 일본은 이주민을 지역주민으로 인식하고, 사회 참여를 촉진하기 위해서 지역의 다문화공생의 필요성에 대한 사회적 공감대를 형성하고 있다.

2) 동화주의 모델

(1) 미국(1960년대 이전)

미국은 건국 초기부터 다양한 이민자의 유입을 통하여 국가가 형성되었다. 1607년 영국 버지니아 회사 소속 104명의 사람들이 미국 버지니아 제임스 타운(James Town)에 정착하여 첫 번째로 식민지를 건설하였다. 1620년에는 영국의 청교도(puritan)들이 국교회(성공회)의 박해를 피해 메이 플라워 호를 타고 미국 보스턴 남쪽의 플리머스(Plymouth)로 이주해 왔다(서범석, 2010). 이후 많은 유럽 출신의 이민자가 미국으로 이주하였으나, 선별적인 이민자 정책으로 인하여 1900년대 초반까지 중국인 배척법(chinese exclusion act) 등을 통하여 아시아계 이민을 제한적으로 허용하였다. 그에 반해 유럽계 이민자는 미국 내에서 꾸준히 증가하였다(박은숙, 2010). 1965년 새로운 이민법이 제정되고 이민정책의 균등제라는 정책이 실시되면서 비유럽국의 이민자들에게 이민의 문호가 개방되기 시작했으며, 그 결과 아시아인들이 본격적으로 미국에 이민하기 시작했다.

미국의 다문화정책은 1960년대 이전과 이후로 크게 구분할 수 있는데, 1960년대 이전까지는 '용광로' 개념으로 대변되는 동화주의 정책을 편 시기였다.

18세기 이후 미국은 대규모 이민자들이 다양한 국가에서 미국으로 들어왔으며, 이민의 증가에 따른 이민자들을 미국의 주류문화에 동화시키려는 목적으로 용광로(melting pot)라는 개념이 탄생하였다. 동화주의(assimilation)라는 다문화정책의 대안으로 용광로라는 개념이 만들어지게 된 것이다. 용광로 개념은 미국이 당면한 인종 갈등 등의 이질적인 요소를 융해시켜 하나의 공통 국가 내에서 단일 언어 · 정치 체제, 애국주의 · 사회 발전의 이상을 추구하면 해소된다는 개념이다(김종석, 1984: 재인용). 커다란 용광로에 섞여 이민자의 출신국별 고유성을 잃고 단일한 성격의 국민으로 융해되는 것을 목적으로 하는 용광로 개념은 문화적 다양성을 반영하지 못하였고, 주류문화에 소수 문화가 녹아드는 형태를 취하였기 때문에 사회적인 갈등과 문제는 점점 고조되었다(박은숙, 2010). 용광로 개념은 다양한 민족과 문화가 서로 조화롭게 녹아들어 미국 특유의 동질문화를 형성한다는 이상을 제시했다. 하지만 실제로는 앵글로색슨계를 중심으로 한 다수 지배민족의 민족중심주의를 강화하고, 소수민족의 민족성과 문화를 포기할 것을 강요했다. 즉, 용광로 개념은 미국의 지배계급을 형성하고 있는 앵글로색슨계의 문화에 동화할 것을 강요하는 정책이었다.

(2) 프랑스

프랑스는 유럽의 대표적인 다민족국가이다. 일찍이 1851년부터 프랑스 정부는 속지주의 국적법을 도입하여 이민자 자녀에게 국적을 부여하는 방식으로 외국인을 프랑스인으로 수용했다. 프랑스는 1차 세계대전 직후 인구가 부족한 상황에서 경제 재건을 위해 외국인노동자의 이민을 수용한 바 있으며, 이로 인해 민족구성이 다양해졌다(오정은, 2017). 프랑스는 전통적으로 외국인 이주민의 인종이나 문화적 다양성을 프랑스 국가가 추구하는 하나의 가치에 용해시키기 위해 '동화주의' 전략을 추구하고 있다. 프랑스가 자유, 평등, 박애라는 혁명정신에 기초하여 공화국을 건설했다는 사실을 고려할 때 이는 다소 의외의 일이다. 프랑스 통합정책의 핵심은 국적법으로, 이주민은 프랑스 국적을 취득해야 그 사회에 온전히 통합될 수 있다(이선주 등, 2009). 즉, 프랑스에서는 이주민 통합의 일차적 전제 조건이 귀화이다. 프랑스는 교육을 통하여 사회문화적 차이까지도 제거한다. 2004년부터 학교와 같은 공공장소에서 이슬람 여성의 히잡(hijob) 사용에 대한 법적 금지가 대표적 사례이다. 또한 1993년 개정된 국적법에 따르면 1998년 9월 1일 이후 프랑스에서 출생한 사람은 만 18세에 국적을 취득할 수 있지만, 11세 이후에 입국한 자는 최소 5년 이상 프랑스에 거주했다는 사실을 증명할 수 있어야 국적 취득이 가능하다. 속지주의와 속인주의를 보완적으로 적용하고 있는 것이다.

프랑스는 2000년부터 유럽연합의 방침에 따라 인종적으로 '차별화'된 접근방식을 사회통합정책에 다양하게 사용하고 있다. 대표적인 예로, 2001~2002년에는 고용과 주택 면에서 차별화를 금지하는 법령을 통과시켰다. 2005년에는 '차별을 반대하고 평등을 지향하는 고등위원회(High Authority Against Discrimination)'가 설립되었으며, 2006년 5월에 드디어 첫 번째 보고서를 발행했다. 그 당시 이 기관이 설립된 첫 해에 개인별로 무려 2,000여 통의 민원이 접수되었는데, 그 중 45%가 고용차별을 호소했다(김복래, 2009).

프랑스는 사회통합을 위해 이주민들의 교육에도 힘을 쏟고 있다. 즉, 2003년 '유입통합계약'을 시행하면서 이주민 통합을 위해 프랑스어와 시민 교육을 실시하였다. 2006년에는 유럽연합의 이민과 통합정책의 변화를 반영하여 '이민과 통합법(law of immigration and integration)'을 시행하였는데, 필요한 고급 인력의 이민은 장려하고 불법체류자 등에 대해서는 강력히 단속하며, 기존 이민자에 대해서는 프랑스 사회에 잘 적응할 수 있도록 동화주의 정책을 강화하는 것이 특색이었다. 이주민의 통합에 관한 주무 부처는 사회복지부와 노동부이며, 내무부와 법무부도 통합 업무를 담당한다(김나연, 2011).

오늘날 프랑스의 다문화정책은 강력한 통제와 적극적 통합으로 요약된다. 적극적 통합은 2005년 이슬람계 이민 2세들이 일으킨 방리유 소요사태를 계기로 프랑스 정부에서 적극적으로 추진하는 정책이다. 귀화를 원하는 외국인에게는 공화국 시민의 권리와 헌장에 서명할 것을 요구한 것이 대표적인 예이다. 또한 2016년 7월부터는 귀화를 원하는 사람이 아니더라도 프랑스에 정착하기를 원하는 이민자들에게 의무적으로 사회통합교육을 받도록 강제하는 계약제도(CIR)를 도입하여 더욱 적극적으로 이민자 통합을 추진하고 있다. 이 외 2011년에 발발한 시리아 내전으로 난민들이 유럽 각국에 유입되기 시작하였는데, 프랑스 역시 난민신청자들이 매년 늘어나면서 프랑스의 다문화정책에 영향을 미치고 있다(오정은, 2017).

이상 살펴본 바와 같이 프랑스가 이주노동자나 이주민을 수용하는 유형과 사회통합의 개념, 특징, 교육, 수용 방향, 추진체계 등을 정리하면 **표 5.3**과 같다.

3) 다문화주의 모델

(1) 미국(1960년대 이후)

1960년대 이후 미국은 다문화주의를 중심으로 정책을 시행하기 시작했다. 문화 다원주의(cultural pluralism)란 주류사회의 문화가 존재한다는 것을 인정하면서 동시에 다양한 집단의 정체성을 존중하는 입장이다(박성혁 · 곽한영, 2009). 2차 세계대전 이후 유럽과 미국에서 여성운동과 흑인인권운동의 발전과 함께 근대주의 이성 중심주의에 회의를 느끼고 탈근대주의(postmodernism)라는 사조가 형성되었다. 이는 해체주의와 탈중심적 · 다원적 사고를 기본 특징으로 하는데, 이로 인해 각 대학에서는 소수 인종

표 5.3 프랑스의 사회통합

구분	내용
유형	• 동화주의
특징	• 공화주의 평등과 자유의 원칙하에 개인 존중, 집단의 정체성과 차이는 인정하지 않음 • 통합의 일차적 조건은 귀화이며, 교육을 통해 사회문화적 차이를 제거함 • 2003년 유입통합계약 실시 • 법으로 공공장소에서 히잡 사용 금지(2004)
개념	• 국적 획득으로 프랑스 사회에 온전히 통합
대상	• 프랑스에 정착하고자 하는 사람
통합교육	• 유입통합계약의 실시로 통합교육 실행 • 최대 500시간의 프랑스어 교육과 하루 동안의 시민 교육
수용방향	• 이주민 수용으로 저출산 · 고령화 사회에 대응 • 2006년 신이민법 통과로 미숙련, 저숙련 노동력보다는 고급 전문인력 중심으로 이주민 수용
추진체계	• 부처 간의 업무를 조정하는 정부 부처 간 위원회가 있음 • 내무부, 법무부, 사회복지부, 노동부가 통합 업무를 담당하고 사회복지부와 노동부가 통합정책의 주무 부처가 됨

출처: 이선주 · 민무숙 · 신현옥 · 이태정(2009)

과 민족, 여성, 노동계층 등의 정체성에 대한 연구가 활발히 진행되었고, 1980년대에는 문화운동으로 발전되었다. 이 운동이 바로 지금의 '다문화주의'이다. 이는 미국 동화주의 정책인 '용광로 개념'에 대한 자성을 바탕으로 각각의 소수민족이 야채 샐러드처럼 미국이라는 그릇 속에서 각자의 문화와 정체성을 가짐과 동시에, 상호 존중과 협조를 통하여 국가 목표를 달성해야 한다는 '샐러드 볼(salad bowl)' 문화의 개념으로 볼 수 있다.

다문화적 배경을 바탕으로 형성된 미국은 시행착오를 거듭하며 다문화주의의 발전을 위해 현재까지 다양한 시도를 하고 있다. 1977년 교사교육인증위원회(NCATA)에서 다문화교육 기준안을 마련하여 교사 양성 과정(일반 및 전문 과정)에 다문화교과가 포함되어야 함을 강조하였다. 또한 1990년 초반에는 예비 교사의 다문화교육 지식 기본 습득을 권장하였고, ESL (English as a Second Language)과 같은 '외국어로서의 영어' 프로그램과 영어와 모국어를 사용하는 '이중 언어' 프로그램을 지원하였다(황범주, 2008). 2000년 이후에는 유치원 및 대학 교육에서 다문화교육을 강화하였으며, 현재는 다문화교육 담당 교사 양성 부분에서 다문화 배경을 가진 교사 배출에 힘쓰고 있다(박은숙, 2010).

미국의 건국 이념은 자유주의와 평등주의이다. 아이러니하게도 미국은 과거 미국 원주민(native american) 학살과 흑인 노예 제도 유지 및 사회 곳곳의 인종차별이 가장 심했던 나라이기도 하다. 하지만 앵글로색슨계 백인 개신교도(WASP)들로 대변되는 미국 내 전통 주류 집단과 소수민족집단 간의 갈등을 해결하는 과정에서 다문화주의가 발전적으로 작용하였다고 볼 수 있다. 2009년 1월 아프리카 이민자의 후손인 버락 오바마(Barack Obama) 대통령이 제44대 대통령에 취임함으로써 미국은 역사상 최초로 흑인 대통령을 배출하게 되었으며, 이는 전 세계적으로도 변화와 희망을 상징하는 사건이 되었다. 오바마 대통령은 이민정책의 변화에도 적극적이어서 2012년에는 '아동 이주자 추방유예(Deferred Action for Childhood Arrivals, DACA)'을 위한 행정명령에 서명하여 150만 명이 추방을 면하게 되었고, 2014년에는 이를 확대하는 행정명령에 서명하여 400만 명이 추방을 면하게 되었다. 또한 '서류미비자 부모 추방유예(Deferred Action for Parental Accountability, DAPA)'라는 조항도 추가되었다. 2012년에 발효된 DACA는 아동 시절에 부모를 따라 미국에 이민했다가 추방 위기에 놓였던 아동들의 추방을 유예하는 행정명령이었고, 2014년에 추가된 DAPA는 시민권 또는 영주권 자녀의 부모로서 서류미비자의 추방을 유예하는 행정명령을 의미했다. 2016년 1월 도날드 트럼프(Donald Trump) 대통령이 제45대 대통령으로 취임하면서, '미국우선주의(America First)' 정책을 전면에 내세워 이민자들과 유색인종 등 비백인들의 사회적 지위가 크게 약화되었고, 이민의 문호도 대폭 축소되었다. 트럼프 대통령은 '미국을 위대하게'라는 구호를 외치며 오바마 대통령이 시행한 다문화주의와 이민정책 등을 행정명령으로 중단시키거나 정책을 전환시켰다. 오바마 시대에 이민자를 중시하고 다문화정책을 폈던 미국의 사회적 분위기가 전통적 백인 중심의 국가로 다시 바뀐 것이다. 하지만 2020년 11월 조 바이든(Joe Biden)이 대통령에 당선되면서 다시 미국 사회의 분위기가 바뀌고 있다. 오바마 대통령 시대까지 이어져왔던 '아메리칸 드림'으로 표상되는 이민자의 나라라는 미국의 이상이 다시 되살아날 것으로 기대된다.

오늘날 미국의 다문화교육은 사회 · 정치적 맥락과 밀접하게 연관되어 있다. 특히 다문화교육은 포괄적인 교육 개혁과 학생들을 위한 기본 교육과정을 포함한다. 다문화교육은 학교와 사회에서 벌어지고 있는 인종차별주의와 온갖 종류의 차별행위들을 단호히 거부하며, 학생과 교사 및 지역사회가 반영하고 있는 다양한 인종, 언어, 종교, 경제, 성을 그대로 인정하는 것을 의미한다(Nieto and Bode, 2008). 이런 점에서 미국의 다문화교육의 목표는 다양한 배경을 가진 이민자에 대한 성, 인종, 계급, 민족에 관계없는 평등한 권리 부여와 문화적 다양성의 이해 및 차별과 편견의 감소를 통한 다문화적 시민 육성이라고 말할 수 있다.

(2) 캐나다

캐나다의 다문화주의는 2차 세계대전 종전까지의 유색인종에 대한 차별적 배제 정책과, 1967년 이민 점수제 도입으로 인한 개방적 이민정책, 이어 1971년 '이중 언어주의에 기초한 다문화주의'로 구분할 수 있다.

2차 세계대전 종전까지 캐나다는 미국의 예처럼 유럽인에 대해서는 자유롭고 관대한 정책을 취하였으나, 유색인종에 대해서는 차별과 배제의 정책을 시행하였다. 캐나다는 폐쇄적이고 선별적인 이민정책을 수행하였지만 유럽 북동부 이민자들이 대거 서부 지역에, 후에 중남부 이민자들이 동부 대도시를 비롯한 곳곳에 자리 잡음으로써 이전의 영국계와 프랑스계의 두 지배 문화가 아닌 제3의 집단이 자신들의 존재와 정통성을 부각시키게 되었다(박은숙, 2010). 1962년 이민법이 개정되어 아시아, 아프리카 등에서 이민자들이 유입되어 다인종, 다문화사회로 변화하게 되었다.

1967년 캐나다는 이민 점수제를 도입하면서 인종 또는 민족이 이민 수용의 기준이었던 것이 연령, 학력, 능력 등으로 바뀌었고, 그 결과 유색인종의 이민이 증가하였다. 1969년 언어적 평등을 위해 영어와 프랑스어를 공용어로 하는 공용어법이 제정되어 이중 언어화가 개시되자 유럽계 출신자들이 자신의 존재를 주장하기 시작하였다. 이에 1971년 피에르 트뤼도(Pierre Trudeau) 총리는 "캐나다의 공식 언어는 두 가지가 존재하지만 공식 문화는 존재하지 않고 모든 민족집단이 평등하다"는 '이중 언어주의에 기초한 다문화주의'를 공식적으로 선언하였다(황범주, 2008). 이렇게 세계 최초로 선택된 다문화주의 정책(multiculturalism policy)은 동화적인 방식이 아닌 통합적 방식에 의한 것이라는 특징을 지니고 있으며, 이주민들의 문화 유지와 공유가 강조되었고, 언어와 문화 보존을 위해 기금 지원을 받기까지 했다(이진아, 2015).

이어 1972년 11월에는 다문화주의 담당 장관이 임명되었고, 1973년에는 다문화주의국이 국무부 내에 설치되었다. 다문화주의 이념은 그 후 1982년 헌법 제27조 '기본권과 자유에 관한 헌장(charter of right and freedom)'에 삽입되며 혜택을 헌법으로 보장받게 되었다. 이어 1985년에는 다문화정책 전반을 조정하는 '다문화주의에 관한 상임위원회'가 발족하였고, 1986년에는 노동현장 내에서의 차별을 금지하는 고용평등법(employment equity act)을 제정하였다. 또한 1988년에는 다양성을 캐나다의 기본적인 성격으로 인정하여 캐나다인의 다양한 문화적 유산을 유지하고 강화하는 것과 병행하여, 경제적 · 문화적 · 정치적 생활에서의 모든 캐나다인의 평등 달성을 목적으로 다문화주의 정책을 취할 것을 선언'하는 캐나다 다문화주의 법(canadian multiculturalism act)이 제정되었다. 이로써 단순한 선언으로 시작되었던 다문화주의는 캐나다의 국가 경영 원칙으로 법제화되었다(박은숙, 2010). 2015년 11월 캐나다 23대 총리로 쥐스탱 트뤼도(Justin Trudeau)가 당선되면서 캐나다는 다문화주의 국가로 더욱 힘차게 발을 내딛었다. 트뤼도 총리는 남녀 15명씩 동수로 내각을 구성했고, 또한 소수종교 신자, 원주민, 성소수자, 장애인 등 캐나다 국민의 다양성을 반영하는 인물들을 내각에 기용했다. 성, 종교, 인종과 사회계층의 구분을 뛰어넘는 사회통합 내각인 것이다. 트뤼도 정부는 2017년 11월에 향후 이민자를 100만 명 가까이 수용하겠다고 발표했으며, 2020년 11월에는 다시 향후 3년간 역사상 가장 많은 120만 명 가량의 이민자를 받아들이겠다고 발표했다. 캐나다가 다문화주의 국가로서의 위상을 더욱 강화하고 있는 것이다.

캐나다 다문화주의 정책의 특징은 소수민족의 문화적 정체성과 자신감을 배양하는 것을 목표로 하고 소수민족 · 집단 간 교류를 강조하며 이중 언어 교육에 중점을 두는 것을 예로 들 수 있다. 또한 다문화에 대한 학교 지원과 교사의 교육 프로그램을 강화하여 다문화환경이 조성되도록 노력하고 있다.

이상 살펴본 바와 같이 캐나다가 이주노동자나 이주민을 수용하는 유형과 사회통합의 개념, 특징, 교육, 수용 방향, 추진체계 등을 정리하면 **표 5.4**와 같다.

표 5.4 캐나다의 사회통합

구분	내용
유형	• 다문화주의
특징	• 언어, 민족/인종, 종교, 문화 등의 다양성을 인정하면서 통합과 결속 추구
개념	• 유입국 사회에 참여하고 시민권을 획득하는 과정
대상	• 장기 거주자와 시민권을 획득하고자 하는 사람들
통합교육	• 이주민 정착과 적응 프로그램은 오리엔테이션, 생활 정보, 취업 지원 관련 서비스 등을 제공 • 이주민을 위한 언어 교습 프로그램(Language Instruction for Newcomers to Canada, LINC)과 언어 교습 심화 과정(Enhanced Language Training, ELT)으로 구분하여 언어 통합교육 실시 • LINC(1992)는 기본적인 영어 및 프랑스어 의사소통의 능력 배양을 위해 무료로 제공 • ELT(2003)는 노동 시장 이해 및 취업을 위한 높은 단계의 언어 계발 및 구사를 목적으로 이주민이 구직 활동과 직장 생활을 보다 원활히 할 수 있도록 지원
수용방향	• 경제적 경쟁력 강화를 위해 이주민 수용
추진체계	• 캐나다 시민권 및 이민부가 주무 부처 • 캐나다 이민 및 난민국과 캐나다 인적 자원 및 기술부 통합 업무 담당

출처: 이선주 · 민무숙 · 신현옥 · 이태정(2009)

2. 외국 다문화사회의 문제

많은 나라들이 다문화사회로 이행하게 되면서 긍정적인 효과와 부작용을 동시에 경험하고 있다. 특히 외국 노동력의 유입으로 인한 경제 성장의 효과와 함께 이질적인 문화와의 공존이라는 새로운 과제에 직면하고 있다. 즉, 노동현장에서의 인력 수급난이 해소되면서 경제적 이익이 먼저 발생하였지만, 다문화사회로 변화되면서 일자리 경쟁, 사회 갈등 등의 비용이 증가하고 있다. 이제 외국 사례에서 나타난 다문화사회에서의 문화적 갈등, 사회적 분열, 경제적 비용 등 외국 다문화사회로 부작용에 대하여 살펴보고자 한다.

1) 문화적 갈등

첫째, 세계 각국에서 다양한 인종의 유입에 따른 언어적 · 문화적 · 종교적 갈등이 발생하고, 이를 사회적으로 해결하고 통합하는 비용이 증가한다. 서로 다른 이질적인 언어, 문화, 종교를 가진 구성원이 한 사회에서 공존할 경우 가치관의 갈등이 생겨나고 문화적 차이를 인정받기 위한 정치적 경쟁이 더불어 발생한다. 기존 사회는 새로 유입된 문화를 위협으로 인식하고, 동화시켜야 할 대상으로 간주하며, 서로 같은 종교나 이념을 가진 사람끼리 모이기를 원하기 때문에 사회적 네트워크가 분열하게 된다. 한 예로 독일은 2차 세계대전 이후 급속한 속도로 다문화사회로의 변화를 겪으면서도 오랫동안 독일인 혈통을 우선시한 차별-배제적인 이주민 정책을 고수해 오면서 적극적인 통합정책 노력을 의도적으로 외면해 왔다. 그러나 이민자들이 지속적으로 유입되고, 이로 인한 다양한 사회정치적 문제가 파생되면서 결국 2000년대 이후 다문화사회를 인정하고 통합정책으로의 방향 전환을 시도했다.

둘째, 종교 · 문화의 차이를 기존의 사회 질서와 생활 규범을 위협하는 것으로 인식한다. 한 사회에 오랫동안 존재하고 있는 기존 종교와 다른 종교가 유입되면서 특정 종교의 교리나 행동 규범이 사회의 정서나 법 질서와 충돌할 때 갈등이 발생할 소지가 있다. 최근 유럽에서는 '부르카(전신을 가리는 이슬람 여성의 전통 의상)' 착용과 이슬람 사원의 첨탑 건설을 금지하면서 종교 갈등이 심화되었다. 17세기부터 '방임주의(live and let live)'의 철학 아래 여러 소수집단이 자신만의 방식으로 살아가는 것을 허용하였으며, 진보적 · 실용적인 다문화정책을 시행하는 것으로 알려진 네덜란드에서도 국민의 63%가 이슬람 문화와 현대 유럽의 생활양식이 맞지 않는다고 응답하고 있다. 프랑스에서는 풍자 주간지 샤를리 엡도(Charlie Hebdo)가 2011년에 이슬람의 창시자 무함마드를 부정적으로 묘사한 그림을 실어 프랑스 이슬람계 이민자들의 비판을 받는 등 논란의 중심에 서게 되었고, 곧 이어 방화로 추정되는 화재로 사무실이 불타기도 했다. 또한 샤를리 엡도는 2012년에도 무함마드의 누드를 묘사한 만평을 게재했다가 이슬람 단체로부터 명예훼손으로 제소되기도 했다. 이런 지속적인 이슬람 풍자로 인해 결국 2015년 1월에 테러로 직원들이 살해되는 비극을 겪었다. 표현의 자유를 중시하는 서구의 문화와 종교 창시자를 소중히 여기는 이슬람 문화가 서로 충돌한 대표적인 경우이다.

2) 사회적 분열

첫째, 교육 및 취업 기회 제한 등으로 이민 2세대의 사회적 상향 이동이 제약을 받으면서 실업률과 범죄율이 증가한다. 프랑스에서는 이민 2세대가 경제 악화로 고용 시장에서 먼저 배제되어 사회통합을 위협하는 심각한 문제로 대두되었고, 20대 전체의 실업률은 12%이나 이민 2세대의 20대 실업률은 33%로 높게 나타났으며, 비유럽 이민자는 백인에 비해 일자리를 구할 가능성이 17분의 1 밖에 되지 않는다. 또한 외국인 인구의 주거지 부족과 실업 문제가 사회적 비용을 초래한다. 프랑스는 1973년 오일 쇼크 이후 노동 수요가 감소하면서 이주노동자 유입을 차단하였으나, 가족 합류와 장기 불법체류자 거주권 부여 등으로 매년 이주노동자가 증가하고 있다. 이렇게 늘어나는 이민자들에 대한 차별로 인한 사회적 분열은 2005년 프랑스 대도시 주변의 외곽지역인 방리유(Banlieue)에서 일어난 소요 사태가 대표적인 예이다. 방리유에는 주로 이민자들과 저소득층이 거주하며, 경제적 · 사회적으로 낙후되고 차별을 당하는 지역으로써 프랑스 사회의 분열을 상징한다.

둘째, 민족 · 문화 · 종교의 차이를 인정하지 않는 동화주의 정책이 사회분열을 심화시킨다. 동화주의 통합 모델은 이민자 문제를 특정 출신 국가 또는 종교의 차이가 아닌 개인의 문제로 판단하여 차이를 공식적으로 인정하지 않고 있으며, 이로 인하여 '이주'나 '이민' 자체가 문제가 아니라 '이민정책의 부재'라는 문제가 발생하고 있다. 2015년 시리아 내전 등으로 인해 유럽 난민 위기가 촉발되자, 독일과 프랑스 등에서 이들을 받아들이기 시작했는데, 난민의 대량 유입에 대한 유럽 국가들의 부담이 점차 가중되었고 동시에 2015년 11월 파리 테러, 2016년 3월 브뤼셀 테러, 2016년 쾰른 집단 성폭행 사건, 열차 테러 사건, 크리스마스 시장 테러 등 유럽 각지에서의 테러 발생으로 인해 새로운 난민들을 이주민으로 통합시키는 문제가 새로운 사회적인 문제로 떠올랐다.

3) 경제적 비용

첫째, 새로 유입된 이민자들이 자국의 저소득층과 일자리를 경쟁하게 된다. 신규 이민자는 주로 저소득층, 비숙련 노동자로 이들이 기존 저소득층 노동자의 임금을 감소시키게 하며, 이에 저소득층 노동자가 중심이 되어 이민을 반대하는 정치적 갈등이 대두되고 있다. 영국에서는 폴란드 출신 이민자가 내국인의 일자리를 차지한다는 주장이 2010년 선거에서 중점 이슈로 부각되기도 하였다. 2020년 말에 영국이 유럽연합에서 공식적으로 탈퇴한 브렉시트(Brexit)의 경우 이를 주도한 보수당 정부는 이주노동자들이 영국인들의 일자리를 빼앗아 경제를 침체시킨다는 논리를 전면에 내세웠다.

또 역사적으로 미국에서 시행된 브라세로(Bracero) 프로그램(1942~1964)의 경우, 기존 저소득층 노동자의 임금을 감소시킨다는 사실을 잘 보여주고 있다. 브라세로는 멕시코 노동자가 미국에서 단기 취업을 할 수 있게 하는 프로그램으로 미국과 멕시코 간 외교 협약의 결과로 시작되었다. 매년 추수기간 중 수십만 명의 멕시코 노동자가 리오그란데(Rio Grande) 강을 건너 남부 텍사스(Texas) 농장에 취업하였다. 그러나 브라세로 계약은 1시간당 20센트로 미국 노동자 평균 임금인 1.05~1.79달러의 5분의 1 수준인 저임금이며, 장시간 노동과 불공정한 대우로 인해 인권 문제가 발생하기도 하였다. 1950년대 초 멕시코계 이민자 단체가 새로운 이주 노동을 막기 위해 정치적 로비를 벌였으나, 백인 농장주들의 반대로 실패하였다. 이민자 단체는 브라세로 계약의 임금과 근로조건을 당시 미국 노동시장 기준에 맞추고 불법 노동자 유입을 막으려고 노력하였으나, 저임금 유지를 원하는 농장주들의 정치적 로비로 기존 브라세로 프로그램을 연장하는 법안이 통과되었다.

둘째, 공공 재정에 부담을 주는 이주민에 대한 복지 혜택 부여를 거부하려는 움직임이 반(反)이민 정서로 발전하게 된다. 이민자들이 사회적응에 실패하고 빈곤층으로 전락할 경우 사회복지서비스에 의존할 확률이 높으므로, 재정 지출 증가를 이유로 이민자에 대한 사회복지 지출을 제한하는 정치적 압력이 표출되었다. 반외국인 정서가 팽배하였던 1990년대 중반 미국은 사회복지제도 개혁(수습 기간 제한 및 근로 의무 조건 강화)으로 이민자 복지 혜택을 감축하였다. 1996년 미국의 '이민과 복지 개혁 법안'에 의해 영주권자가 연방 사회복지 혜택을 받을 수 있는 자격 요건이 강화되었다. 미국 내 근로기간이 10년을 넘지 않은 이주민은 사회보장 소득 보조와 푸드 스탬프(food stamp) 혜택에서 제외되었고, 입국 이후 5년 동안은 빈곤 가정 한시적 보조, 의료보험, 주립 아동 건강보호를 받을 수 없게 하였으며, 5년이 지나도 '후견인 지출' 여부를 심사함으로써 자격을 강화하였다. 또한 이민법은 저소득층 시민과 영주권자가 가족의 비자 후견인이 되는 것을 어렵게 하였다. 후견자는 연방 빈곤 기준선의 125% 수입을 유지해야 하고, 이민자가

10년간 근로하는 동안 그 수준을 유지할 만한 자산 능력을 입증해야 한다. 또한 주정부가 서류미비 이민자에게 중등 교육을 지원하지 못하도록 제한하였다. 또 트럼프 대통령 재임 기간(2017.1~2020.1) 동안 '미국 우선주의' 정책으로 인해 이민자들에 대한 복지 혜택 축소는 물론 서류미비 이민자 추방 정책, 멕시코 분리장벽 설치, 이민 쿼터 축소 등으로 반(反)이민정책이 절정에 달하였다. 이런 정책의 배후에는 이민자들로 시작된 이민자들의 나라에서 사회의 주축인 이민자들을 경제의 중심에서 배제함으로써 역설적으로 경제적 부를 누릴 수 있다는 왜곡된 논리가 자리 잡고 있다.

자율학습

선택형

1. 다음 중 알맞은 것은?

① 샐러드볼 이론은 동화주의 이론이다.

② 용광로 이론은 호주의 다문화주의를 의미한다.

③ 샐러드볼 이론은 미국의 다문화주의를 의미한다.

④ 모자이크 이론은 영국의 다문화주의를 의미한다.

⑤ 용광로 이론은 프랑스의 다문화주의를 의미한다.

2. 다문화주의 모델에서 이주자에 대한 관점 중 가장 옳은 것은?

① 노동력　② 배제의 대상

③ 통합의 대상　④ 적극적 규제 대상

⑤ 사회 다양성의 원천

3. 자국 내 이민자들의 다문화주의를 거부하면서, 계약에 의해 단기간 취업한 후 모국으로 돌아갈 것을 약속한 이주노동자만을 받아들이는 것을 주요 정책으로 삼아 차별적 배제 정책을 폈던 나라는?

① 미국　② 독일

③ 프랑스　④ 호주

⑤ 스웨덴

4. 1960년대 이전에는 동화주의 정책을 폈다가 1960년대 이후에는 다문화주의를 중심으로 이민자 정책을 편 나라는?

① 영국　② 캐나다

③ 미국　④ 뉴질랜드

⑤ 호주

5. 브라세로는 외국 다문화사회의 문제 3가지 중 어디에 들어가는가?
   ① 사회적 분열
   ② 정치적 분열
   ③ 문화적 갈등
   ④ 경제적 비용
   ⑤ 정책적 비용

비판적 사고

1. 동화주의와 다문화주의의 차이에 대해 설명하시오.

2. 용광로 개념에 대해 설명하시오.

선택형 정답: 1.③, 2.⑤, 3.②, 4.③, 5.④

PART 1 참고문헌

- 강현민 · Nigora Khon · 홍유나(2014). 중앙아시아 출신 유학생들의 대학생활 초기 적응 연구. 교육문화연구, 20(4), 215-240.
- 강혜영(2015). 문화와 건강, 현문사
- 고은선 · 김성훈(2018). 다문화가정 청소년의 이중언어능력이 학교생활적응에 미치는 영향: 자아존중감과 자아탄력성의 매개효과를 중심으로. 이중언어학, 72, 1-23.
- 교육부(2020). 2020년 다문화교육 지원계획.
- 국가인권위원회(2010), 다문화사회를 위한 정책적 제언
- 국가인권위원회(2017). 결혼이주민의 안정적 체류보장을 위한 실태조사.
- 권재일 · 서덕희 · 서현정 · 이태주 · 조용환 · 한건수 · 한경구 · 한준상 · 황병하(2012). 다문화사회의 이해. 파주: 동녘.
- 권혁 · 임진혁(2019). 대학생들의 다문화교육 경험 및 인식과 글로벌 창업의도와의 관련성. 한국비교정부학보, 23(4), 107-122.
- 금혜성 · 임지혜(2010), 숙명여자대학교 아시아여성연구원다문화사회연구다문화사회연구 제3권 제2호, 독일 · 영국 · 한국의 다문화 사회로의 이행과정 국제비교
- 김경희(2020). 일본 다문화공생 이념의 논리와 상생으로의 전환. 일본학연구, 61, 81-106.
- 김나연(2011). 다문화가족의 사회통합정책에 관한 연구. 동아대학교 사회복지대학원 석사학위논문.
- 김대근 · 강태경 · 이일(2017). 난민심사제도의 개선 방안에 관한 연구. 형사정책연구원 연구 총서, 1-433.
- 김명선(2019). 북한이탈주민의 자기효능감이 남한사회문화적응에 미치는 영향: 경제적 적응의 조절효과를 중심으로. 한국산학기술학회논문지, 20(3), 125-138.
- 김미리 · 안선희(2018). 어린이집 교사의 다문화수용성과 다문화교수역량이 다문화교육 실제에 미치는 영향: 만 4, 5세 반 교사를 중심으로. 아동과 권리, 22(4), 639-662.
- 김미진 · 정옥분(2010). 아동의 다문화 수용성 척도개발과 타당화 연구. 한국인간발달학회, 17(4), 69-88.
- 김범수 · 김현희 · 정영희(2010). 알기쉬운 다문화 교육. 파주: 양서원.
- 김범수 · 서은주 · 손병돈 · 정재훈 · 조석연 · 최현미 등(2008). 다문화사회복지론. 파주: 양서원.
- 김복래(2009). 프랑스, 영국, 미국의 다문화주의에 대한 비교고찰. 유럽연구, 27(1), 207-236.
- 김선영(2009). 한국과 독일의 다문화 비교: 다문화정책 환경과 정책 특징을 중심으로. 한국정책연구, 9(1), 175-194.
- 김성률 · 이원식(2017). 외국인근로자와 관련된 인권문제의 개선방안에 대한 연구: 고용허가제의 내용을 중심으로. 사회복지법제연구, 8(1), 231-252.
- 김성혁 외(2018), 다문화의 이해와 건강(2판), 정담미디어
- 김수진(2019). 한국 다문화사회의 사회통합에 관한 연구, 동아대학교 대학원, 박사학위논문.
- 김영의(2019. 10. 28.). "가정 내 이중언어 환경조성 자녀의 자존감 키운다". 경기다문화뉴스.
- 김윤정(2019. 5. 10.). 특집: 우리사회의 다문화 현상 문제점 및 대안. 내외신문.

- 김이선 · 마경희 외. 여성가족부(2010), 다문화가족의 해체 문제와 정책 과제.
- 김재은 · 윤필규(2017). 한류 문화를 통한 유학생의 문화적응: 한국 춤을 중심으로. 학습자중심교과교육연구, 17(3), 611-630.
- 김지윤 · 강충구 · 이의철(2014). 닫힌 대한민국: 한국인의 다문화 인식과 정책. 아산정책연구원. 1-14.
- 김진중(2014). 캐나다와 호주의 다문화와 이민정책 비교연구. 목원대학교 산업정보언론대학원 석사학위논문.
- 김진희(2018). 다문화교육과 평생교육: 이론과 실제(제2판). 서울: 박영스토리.
- 김진희(2019). 한국 성인의 다문화수용성 비판과 이주민에 대한 편향적 태도 분석. 평생학습사회, 15(2), 127-153.
- 김태환(2016). 한국 이민정책의 배제 · 동화프레임: 이주노동자와 여성결혼이민자정책을 중심으로. 한국이민정책학회보, 1(1), 117-150.
- 나영이 · 홍용희(2016). 한국 내 베트남 결혼이민여성의 부모역할에 대한 인식과 실제. 유아교육연구, 36(2), 213-241.
- 난민인권센터(2020). 2020 난민인권센터 통계자료집.
- 남북하나재단(2019). 2018 탈북청소년 실태조사.
- 남북하나재단(2020a). 2019 북한이탈주민 정착실태조사.
- 남북하나재단(2020b). 2019 북한이탈주민 사회통합조사.
- 노기옥 · 송미송 · 전미순 · 전정희 · 정천석(2019). 문화의 다양성 사회와 건강, 수문사.
- 노인숙 · 정종희 · 전상희 · 전정희 · 유장학 · 장정미 공저(2018). 학습성과기반 다문화 사회의 이해와 건강, 현문사.
- 동서문화(1999). 파스칼 세계대백과사전. 서울: 동서문화.
- 매일경제, 「해외이민의 허실(2) 이민사」, 1975.4.18.
- 문가을 · 박보라 · 이은실 · 최규연 · 이정재 · 이임순 등(2015). 탈북여성 및 결혼이주여성건강 실태 조사. 한국모자보건학회지, 19(1), 103-109.
- 미래인프라연구소(2020). 우리나라의 저출산 고령화 현황.
- 민경숙(2015). 북한이탈주민의 문화적응스트레스에 관한 연구. 한세대학교 일반대학원 석사학위논문.
- 민순 · 김혜숙(2011). 새터민의 적응유연성과 자기효능감과의 관계에서 직업의식의 조절효과. 다문화건강학회지, 1(1), 13-22.
- 박동숙 · 임해영 · 김은경(2019). 결혼이주여성의 적응 경험에 관한 연구. 한국가족복지학, 65, 5-41.
- 박미숙(2019). 난민의 한국사회 정착과정에 관한 연구. 다문화사회연구, 12(2), 217-251.
- 박미숙 · 손영화(2018). 중국계 외국인근로자의 인권 차별 경험을 통한 인권보호 대안모색. 교육문화연구, 24(3), 523-546.
- 박성혁 · 곽한영(2009). 다문화교육정책 국제비교를 통한 우리나라 다문화교육정책의 방향모색. 국제정치논총, 48(1), 268-287.

- 박신규(2017). 외국인근로자의 노동실태 및 정책과제: 전북 지역 사례를 중심으로. 다문화와 디아스포라연구, 11, 99-118.
- 박영주 · 심미정 · 김혜자 · 전나미 · 김혜원 · 이은숙 등(2020). 여성건강간호학(제5판). 서울: 현문사.
- 박은숙(2010). 다문화가정 지원정책에 관한 연구-사회통합을 중심으로-. 경원대학교 사회정책대학원 석사학위논문.
- 박주현 · 최덕경(2011). 다문화사회의 이해와 실천. 서울: 창지사.
- 박주현 · 최덕경(2012). 다문화사회의 이해와 실천. 서울: 창지사.
- 박진우(2015). 다문화가정 청소년의 자아정체성 형성 경험에 관한 연구. 중앙대학교 대학원 박사학위논문.
- 박진우 · 장재홍(2014). 다문화가정 청소년의 자아정체성에 영향을 미치는 환경, 심리적인 요인. 청소년학연구, 21(4), 133-154.
- 박효진 · 박희옥(2020). 일 간호대학생의 다문화수용성과 셀프리더십이 간호전문직관에 미치는 영향. 다문화와 평화, 14(2), 140-159.
- 법무부 출입국 · 외국인정책본부(2020a). 2019 출입국 · 외국인정책 통계연보.
- 법무부 출입국 · 외국인정책본부(2020b). 출입국 · 외국인정책 통계월보. 2020년 6월호.
- 법무부(2018). 제3차 외국인정책 기본계획(2018~2022년).
- 변혜선 · 박미경(2020). 임상간호사의 다문화 수용성과 범문화 효능감이 문화적 역량에 미치는 영향. 보건정보통계학회지, 45(1), 91-99.
- 북한이탈주민후원회(2005). 북한이탈주민 사회적응 실태보고.
- 서범석(2010). 다문화교육정책의 현황과 발전방향 탐색. 한양대학교 대학원 박사학위논문.
- 서종남(2011). 다문화교육: 이론과 실제. 서울: 학지사.
- 선봉규(2017), 다문화가정 자녀의 교육 현황 및 과제: 광주광역시 거주 고려인동포 자녀를 중심으로: 인문사회 21, 제8권 제2호.
- 선봉규(2017). 다문화가정 자녀의 교육 현황 및 과제: 광주광역시 거주 고려인동포 자녀를 중심으로. 인문사회 21, 8(21), 803-830.
- 손보영(2020). 다문화 가정 자녀의 자아정체감 형성 과정에 대한 이해: 민족정체성을 중심으로. 상담학연구, 21(2), 193-217.
- 손영화 · 김영순(2020). 미국 다문화교육의 패러다임 변화와 시사점 고찰. 교육문화연구, 26(3), 611-635.
- 송선화 · 안효자(2011). 필리핀 결혼이주여성의 자녀양육경험. 정신간호학회지, 20(2), 167-179.
- 송종호(2007). 단일민족환상 깨고 다문화주의로의 전환시대. 현대의 민족문제와 다문화주의, 90-121.
- 신현태 · 정우열 · 유근환(2012). 다문화사회와 사회통합에 관한 탐색적 연구-주요국과 한국의 다문화정책 비교를 중심으로-. 한국지방자치연구, 13(4), 177-200.
- 심규석(2008. 1. 25.). "서울말이 영어만큼 어려워." 탈북 청년들의 모임. 연합뉴스.
- 심미선 · 전주성 · 강종훈(2017). 초등교사의 다문화교육 역량 수준 예측 변인 규명. 교육문화연구, 23(3), 261-283.

- 아지조바 피루자 · 오영훈(2019). 우즈베키스탄 유학생들의 대학생활에서의 의사소통 경험에 관한 연구. 학습자중심교과교육연구, 19(11), 355-382.
- 안경식 · 김동광 · 김향은 · 김회용 · 박천응 · 이철호 등(2009). 다문화교육의 현황과 과제. 서울: 학지사.
- 여성가족부(2019a). 2018년 전국다문화가족실태조사 연구.
- 여성가족부(2019b). 2018년 국민 다문화수용성 조사.
- 여성가족부(2019c). 2019년 가정폭력실태조사 연구.
- 오정은(2018). 프랑스의 다문화정책 특성 연구. 한국행정학회 하계학술발표논문집, 2018, 1287-1304.
- 위성욱 · 박진호 · 백경서(2018. 12. 13.). 욕설 · 따돌림 · 폭행 18세 다문화 소녀 "학교가 지옥 같았다". 중앙일보.
- 윤승현(2019). 윤승현의 3줄 교육학.
- 윤아름(2013). 다문화가정 청소년의 자아정체감과 사회적 지지가 진로성숙도에 미치는 영향. 숙명여자대학교 대학원 석사학위논문.
- 윤지원 · 강희선(2015). 여성결혼이민자의 주관적 건강상태에 영향을 미치는 요인: 2012년 전국다문화가족 실태 조사를 중심으로. 여성건강간호학회지, 21(1), 32-42.
- 이미지(2020). 예비교사의 장애인에 대한 태도가 다문화 수용성에 미치는 영향: 통합교육 관련 교과목수강 경험의 조절효과. 교사교육연구, 59(3), 357-370.
- 이선주 · 민무숙 · 신현옥 · 이태정(2009). 다민족 · 다문화사회로의 이행을 위한 정책패러다임 구축(III): 다문화사회의 사회통합과 다각적 협력체계 증진방안(총괄보고서). 서울: 한국여성정책연구원.
- 이애주 · 권숙인 · 도면회 · 정근식 · 은영 · 김동욱(2011). 파독간호 평가사업 최종보고서. 서울: 맑은기획.
- 이재훈(2015.1.15.). "표현의 자유인가, 가진 자의 조롱인가?". 한겨레신문.
- 이정욱(2010). 프랑스 사회의 갈등과 통합-무슬림 이민자 차별과 배제를 중심으로. 부경대학교 대학원 박사학위논문.
- 이종복 · 이성순 · 김재열 · 김현희 · 정명희 · 홍은희 · 이형진 · 조윤희(2012). 다문화 사회의 이해와 복지. 파주: 양서원.
- 이주와 인권연구소(2019). 최저보다 낮은 2018 이주노동자의 노동조건과 주거환경 실태조사.
- 이진아(2015). 캐나다 시민적 다문화주의 정책의 특징과 시사점. 디지털융복합연구, 13(11), 15-23.
- 이홍구(2011). 외국인 노동자 관리정책의 효과적 운영에 관한 연구. 강원대학교 대학원 박사학위논문.
- 임지영(2018). 미취학 자녀를 둔 결혼이주여성을 위한 한국어 통합 교재 개발. 이화여자대학교 외국어교육특수 대학원 석사학위논문.
- 장미혜(2008). 다문화사회의 미래와 정책적 대응방안, 젠더리뷰, 10, 가을, 44-49.
- 장혜경. 한국여성정책연구원(2008), 다민족 · 다문화사회로의 이행을 위한 정책 패러다임 구축(II)
- 정미애(2010). 일본의 외국인 정책과 다문화 공생정책의 간극. 의정논총, 5(2): 299-328.
- 정치학 대사전 편찬위원회(2010). 정치학 대사전(상). 서울: 한국사전연구사.
- 조원탁 · 박순희 · 서선희 · 안효자 · 송기범 · 이형하 등(2019). 다문화사회의 이해와 실천(제3판). 파주: 양서원.

- 지미영(2017). 한국 거주 이민자의 한국어 능력 증진을 위한 지방자치단체 역할에 관한 연구. 한국어교육연구, 12(2), 93-126.
- 최승은(2020). 국내 외국인 유학생의 문화적응 경험에 관한 현상학적 연구. 열린교육연구, 28(1), 143-167.
- 통계청(2020). 사회조사.
- 통계청(2020). 인구주택총조사.
- 통계청 · 법무부(2019). 2019년 이민자 체류실태 및 고용조사.
- 통일부(2020). 2020 북한이탈주민 정착지원 실무편람.
- 한국민족문화대백과사전[다문화가족(多文化家族)]
- 한상복 · 이문용 · 김광억(1997). 문화인류학개론. 서울: 서울대학교 출판부.
- 행정안전부(2020). 2019 지방자치단체 외국인주민 현황.
- 허준영 · 권경득(2018). 독일 다문화 정책의 역사적 배경과 행정체계. 한국행정학회 하계학술발표논문집, 2573-2598.
- 황범주(2008). 다문화가정 자녀를 위한 교육정책 분석. 안양대학교 대학원 박사학위논문.
- 황상심(2007). 농촌지역 다문화가정 아동들의 언어특징 연구. 대구대학교 대학원 박사학위논문.
- 황윤미 · 방명애 · 김혜인(2018). 다문화가정 중학생의 자아정체감과 정서행동 특성. 특수교육논총, 34(2), 101-115.

- Ackerman-Barger, P. W. (2010). Embracing multiculturalism in nursing learning environments. *Journal of Nursing Education, 49*(12), 677-682.
- Bandura, A. (1977). Self-efficacy: Toward a unifying theory of behavioral change. *Psychological review, 84*, 191-215.
- Bank, J. A., & Bank, C. A. (2008). *Handbook of Research on Multicultural Education*, San Francisco: Jossery-Bass.
- Betancourt, J. R., Greem, A. R., Carrillo, J. E., Ananeh-Firempong, O. (2003). Defining cultural competence: A practical framework for addressing racial/ethnic disparities in heath and health care. *Public Health Report, 118*(4), 293-302.
- Geertz, C. (1973). *Interpretation of Culture*. New York: Basic Books, 89.
- Hoff, E., & Naigles, L. (2002). How children use input in acquiring a lexicon. *Child Development, 73*, 418-433.
- LeVine, R. A. (1986). *Properties of Culture: An Ethnographic View, in Culture Theory: Essays on Mind; Self and Emotion*. Cambridge, England: Cambridge University Press. 67-87.
- Majumdar, B., Browne, G., Roberts, J., & Carpio, B. (2004). Effects of cultural sensitivity training on health care provider attitudes and patient outcomes. *Journal of Nursing Scholarship, 36*(2), 161-166.

- Nieto, S., & Bode, P. (2008). *Affirming Diversity*. Boston: Pearson Education, Inc.
- Spradley, J. P., & McCurdy, D. W. (1975). *Anthropology; The Cultural Perspective*. New York: John Wiley & Sons. 5.
- Taylor, C. (1992). *Multiculturalism and The Politics of Recognition*. Princeton: Princeton University Press.
- Taylor, E. B. (1971). *Primitive Culture*(reprint, New York: Harper Torchbooks, 1958).
- Ward, C., Bochner, S., & Furnham, A. (2001). *The Psychology of Culture Shock*. East Sussex: Routledge.
- Weizman, Z. O., & Snow, C. E. (2001). Lexical input as related to children's vocabulary acquisition: Effect of sophisticated exposure and support for meaning. *Development Psychology, 37*, 265−279.

- e−나라지표 http://www.index.go.kr
- KOSIS 국가통계포털 홈페이지 http://kosis.kr
- 교육부 홈페이지 http://www.moe.go.kr
- 국가인권위원회 홈페이지 http://www.humanrights.go.kr
- 뉴스리더 홈페이지 http://www.k1newsleader.co.kr
- 법무부 홈페이지 http://www.moj.go.kr
- 보건복지부 홈페이지 http://www.mw.go.kr
- 서울경제 홈페이지 http://economy.hankooki.com
- 시사저널 홈페이지 http://www.sisapress.com
- 안전행정부 홈페이지 http://www.mopas.go.kr
- 여성가족부 홈페이지 http://www.mogef.go.kr
- 외교통상부 홈페이지 http://www.mofat.go.kr
- 위키백과 https://ko.wikipedia.org/wiki
- 전국다문화가족사업지원단 홈페이지 http://www.liveinkorea.kr/center
- 코시안의 집 http://www.kosian.or.kr/ko01
- 통계청 홈페이지 http://www.kostat.go.kr
- 통일부 홈페이지 http://www.unikorea.go.kr
- 프레시안 http://www.pressian.com
- 행정안전부 홈페이지 http://www.mopas.go.kr

참고 동영상

- 2019년 체류외국인 200만 시대, 다문화 가정 차별에 운다…
  https://www.youtube.com/watch?v=qDIHjS1UXe0
- EBS 다큐시선 '우리 곁의 난민'
  https://www.youtube.com/watch?v=C1HSdySC3jU
- 결혼이주여성의 적응문제: 다문화 고부열전
  https://www.youtube.com/watch?v=SVaNm8bYR8M
  https://www.youtube.com/watch?v=GpLQQmy8fGI
- 다문화가정 자녀의 적응문제: 다문화 가정 청소년에게 서울은 어떤 곳일까?
  https://www.youtube.com/watch?v=8Fy4rc3YBSQ

PART

2

다문화사회와 정책

CHAPTER

6

다문화 관련 법과 제도

개요

우리나라는 이미 '국경 없는 이주민 시대'로 전환되어 다인종 · 다문화사회를 향한 변화가 빠르게 진행되고 있다. 이에 따라 사회통합을 사회적 과제로 인식하는 차원에서 우리나라에 거주하는 외국인이 사회의 한 구성원으로 안정되게 정착하고 적응할 수 있도록 사회적 · 정책적 지원을 위한 다문화와 관련된 법과 제도를 시대적 변화에 맞추어 지속적으로 개선하고 있다.

다문화 관련 법과 제도는 다문화사회 이주 구성원의 기본생활에 필요한 사회보장, 인종적 · 문화적 차이에 따른 차별과 불평등 문제를 해소할 수 있는 제도적 장치로서, 그들의 삶의 질을 향상시키며 궁극적으로는 사회통합을 이루기 위한 것이다.

따라서 본 장에서는 다문화사회의 구성원 간 상호이해를 위한 국적법, 출입국관리법, 난민법, 재한외국인 처우 기본법, 다문화가족지원법, 북한이탈주민 정착지원법, 결혼중개업의 관리에 관한 법률 등의 다문화 관련 법과 사회통합정책에 대하여 알아보고자 한다.

※ 6장에 나오는 다문화 관련 법 전문과 관련 내용은 법제처 국가법령정보센터(http://www.law.go.kr)에서 열람할 수 있습니다.

1. 다문화 관련 법

1) 국적법

(1) 제정 배경 및 목적

국적법이란 '대한민국 국민으로서의 신분이나 국민이 되는 자격을 정한 법률'을 말하며, 국적에 관해서는 민법, 헌법 또는 단행법(單行法)으로 규정하고 있다. 우리나라의 국적법은 1948년 12월 20일 법률 제16호로 제정되었다.

우리나라는 국적의 취득에 관하여 부모의 국적에 따라 결정하는 속인주의(屬人主義)를 채택하고 있다(국적법 제2조). 또한 국적법이 제정되어 1976년 제3차 개정까지는 부계 혈통주의의 기본 골격을 유지하였으나 1998년 전면 개정으로 부모 양계 혈통주의를 채택하였으며, 2005년 제7차 개정에서 병역의무자의 국적이탈제한을 신설하였고, 2010년 5월 4일 제10차 개정된 국적법에서는 제한적 복수국적을 허용하기에 이르렀다.

국적법의 기본 원리는 출생 당시에 아버지나 어머니가 우리 국민인 자의 경우 우리 국민으로 하는 것이다. 이전의 부계 혈통주의는 남녀차별적 요소가 많아 헌법이나 각종 국제협약의 남녀평등 원칙에 위배되고 국제적 흐름이나 시대적 여건에 맞지 않는 부분이 있어 1998년 이후 부모 양계 혈통주의를 취하고 있다. 그러나 예외적으로 부모가 모두 분명하지 아니하거나 국적이 없을 경우에는 대한민국 내 출생자에 대하여 우리 국민으로 생각하고 국적을 부여한다. 또한 대한민국 국적을 취득한 사실이 없는 외국인은 법무부장관의 허가를 받아 국적을 신청할 수 있고 부모가 대한민국 국민이고 양자, 혼인한 부부 등은 간이귀화를 통해 국적을 얻을 수 있다.

다음으로 단일 국적주의의 원칙(복수국적 제한적 허용)은 외국인이 우리 국적을 취득하면 1년 내에 원국적을 포기해야 하고, 원국적을 포기하지 않으면 우리 국적을 상실하게 된다. 만 20세가 되기 전에 복수국적자가 된 경우에는 만 22세가 되기 전까지, 만 20세가 된 후에 복수국적자가 된 경우(혼인, 입양, 인지 등 비자발적으로 외국 국적을 취득한 자가 6개월 내 국적보유신고를 한 경우) 등에 대해서는 2년 내에 하나의 국적을 선택(국적선택 또는 국적이탈)해야 한다. 그러나 2010년 국적법의 개정으로 복수국적자가 우리 국적을 선택하는 경우 법무부장관에게 대한민국에서 외국 국적을 행사하지 않겠다는 '외국국적불행사서약'으로 복수국적 유지도 가능해졌다.

글로벌 · 세계화 시대에 국가 간의 잦은 이동과 교류가 있는 상황에서 국적은 사람의 소속을 의미하므로 갈수록 중요하게 인식되고 있다. 국적이 어떤 나라의 국민인지에 대한 신분 또는 그 자격을 의미한다면 영주권은 국적과 관계없이 외국 정부로부터 그 나라에 영주(무기한 체류, 장기체류)할 수 있도록 부여 받은 권리 또는 자격을 의미한다.

(2) 국적 취득의 조건

❖ 출생에 의한 국적 취득(제2조)

- 출생 당시에 부(父) 또는 모(母)가 대한민국 국민인 자
- 출생하기 전에 부가 사망한 경우에는 그 사망 당시에 부가 대한민국의 국민이었던 자
- 부모가 모두 분명하지 아니한 경우나 국적이 없는 경우에는 대한민국에서 출생한 자

❖ 귀화자의 국민선서(제4조)

- 법무부장관은 귀화허가 신청을 받으면 귀화 요건을 갖추었는지를 심사한 후 그 요건을 갖춘 사람에게만 귀화를 허가한다[개정 2017.12.19.].
- 귀화허가를 받은 사람은 법무부장관 앞에서 국민선서를 하고 귀화증서를 수여받은 때에 대한민국 국적을 취득한다[개정 2017.12.19.].
- 법무부장관은 귀화허가를 받은 사람에게 귀화증서 수여식 일시와 장소를 지정하여 통지한다.
- 국민선서: 나는 자랑스러운 대한민국 국민으로서 대한민국의 헌법과 법률을 준수하고 국민의 책임과 의무를 다할 것을 엄숙히 선서합니다[개정 2018.12.18.].

❖ 일반귀화의 조건(제5조)

- 5년 이상 계속하여 대한민국에 주소가 있을 것
- 대한민국에서 영주할 수 있는 체류자격을 가지고 있을 것
- 대한민국의 「민법」 상 성년일 것
- 법령을 준수하는 등 법무부령으로 정하는 품행 단정의 요건을 갖출 것
- 자신의 자산(資産) 기능(機能)에 의하거나 가족에 의존하여 생계를 유지할 능력이

있을 것

- 국어능력과 대한민국의 풍습 이해, 대한민국 국민으로서 기본 소양(素養)을 갖추고 있을 것
- 귀화를 허가하는 것이 국가안전보장 · 질서유지 또는 공공복리를 해치지 아니한다고 법무부장관이 인정할 것[전문개정 2008.3.14.]

❖ **특별귀화의 조건(제7조)**

- 본인 또는 그 배우자나 직계존비속이 다음 각 목의 어느 하나에 해당하는 사람
- 독립유공자예우에 관한 법률 제4조에 따른 독립유공자(2006~2020년 독립유공자 후손 국적부여자는 362명)
- 국가유공자 등 예우 및 지원에 관한 법률 제4조에 따른 국가유공자로서 국가유공으로 관계 법률에 따라 대한민국 정부로부터 훈장 · 포장 또는 표창을 받은 사람
- 국가안보 · 사회 · 경제 · 교육 또는 문화 등 여러 분야에서 대한민국의 국익에 기여한 공로가 있는 사람

❖ **복수국적**

- 한 개인이 두 개 이상의 국적을 가지고 있는 경우를 말한다.
- 선천적 복수국적자가 되는 경우는 혈통주의(속인주의) 국민의 자녀로서 출생지주의(속지주의) 국가에서 출생한 사람으로, 부 또는 모의 국적과 출생지 국가의 국적을 동시에 취득하는 경우와, 혈통주의(속인주의) 국가의 남자와 혈통주의(속인주의) 국가의 여자 사이에 출생한 사람으로 부의 국적과 모의 국적을 동시에 취득하는 경우이다.

(3) 관련 용어

국적법과 관련된 용어를 살펴보면 다음과 같다.

❖ **국적선택:** 대한민국 국적과 외국 국적 중 하나를 선택하는 것을 말하며 실무적으로 국적을 선택한다는 것은 외국 국적을 포기하고 대한민국 국적을 보유하겠다는 것을 신고하는 것이다.

❖ **귀화:** 우리 국적을 취득한 사실이 없는 외국인이 법무부장관의 허가를 받아 우리

국적을 취득하는 절차로, 혈연 등 우리 국민과 일정한 관계 여부에 따라 귀화 요건에 차이가 있으며, 신원 조회와 적격심사(필기, 면접) 후 귀화 여부가 결정된다.

❖ **복수국적:** 출생이나 그 밖에 이 법에 따라 대한민국 국적과 외국 국적을 함께 가지게 된 사람으로서 대통령령으로 정하는 사람을 복수국적자라 한다[**개정** 2017.12.20.]. 대한민국의 법령 적용에서 대한민국 국민으로만 처우한다.

❖ **국적이탈:** 복수국적자가 국적 선택기간 내에 외국 국적을 선택하기 위하여 우리 국적을 포기하는 것을 말한다. 국적 선택명령이라는 최고절차를 거친 후에도 국적 선택을 하지 아니하면 우리 국적이 상실된다.

❖ **국적상실:** 법무부장관은 복수국적자가 대한민국의 국적을 보유함이 현저히 부적합하다고 인정하는 경우에는 청문을 거쳐 대한민국 국적의 상실을 결정할 수 있다. 국적상실의 조건은 다음과 같다.

- 국가안보, 외교관계 및 국민경제 등에 있어서 대한민국의 국익에 반하는 행위를 하는 경우
- 대한민국의 사회질서 유지에 상당하나 지장을 초해하는 행위로서 대통령령으로 정하는 경우
- 다만 출생에 의하여 대한민국 국적을 취득한 자는 제외한다.

국적법 제10차 개정(2010.5.4.)의 주요 내용

- 우수 외국 인재의 귀화요건 완화
- 대한민국 국적 취득자의 외국 국적 포기 의무 완화 및 외국 국적 포기 방식 변경
- 이중국적자의 용어 변경 및 복수국적자의 법적 지위 명문화
- 복수국적자의 국적 선택 방식 변경
- 대한민국 국적이탈 요건 및 절차 강화
- 국적선택명령제도 도입
- 대한민국 국적의 상실결정제도 도입
- 복수국적자에 관한 통보 의무 등

(4) 주요 내용

우리 국민과 결혼한 외국인도 귀화허가를 받기 전까지는 외국인 신분으로 입국 · 체류하게 된다. 따라서 우리나라에서 지내기를 원한다면 귀화요건을 갖추어 법무부장관에게 귀화신청을 해야 한다. 외국인 귀화의 경우 일반귀화 대상자는 5년 이상, 간이귀화 대상자는 3년 이상 대한민국에 주소지가 있어야 한다. 그리고 귀화허가 신청자는 법무부에서 시행하는 귀화적격심사를 받아야 하는데, 이 심사에는 필기시험과 면접시험이 있다. 우리나라 결혼이민자의 체류 현황은 중국, 베트남 순이었고(**표 6.1**), 우리나라로부터 귀화허가를 받은 국가별 귀화허가자는 중국이 제일 많고, 베트남 2위, 필리핀 3위로 많다(**표 6.2**) (**표 6.3**). 성별에 따른 귀화허가자는 여성 결혼이민자의 영향으로 대

표 6.1 국민의 배우자(결혼이민자) 체류 현황

(단위: 명)

구분＼국적	계	중국	한국계	베트남	일본	필리핀	태국	캄보디아	미국	기타
전체	167,834	60,430	22,760	44,657	14,299	12,043	5,514	4,701	4,024	22,166
	100%	36.0%		26.6%	8.5%	7.2%	3.3%	2.8%	2.4%	13.2%
남자	29,604	13,651	8,146	2,964	1,219	484	103	417	2,894	7,872
	17.6%									
여자	138,230	46,779	14,614	41,693	13,080	11,559	5,411	4,284	1,130	14,294
	82.4%									

출처: 법무부 출입국 · 외국인정책본부(2018)

표 6.2 국가별 귀화허가자

(단위: 명)

국가＼연도	2005	2010	2013	2015	2017
합계	12,299	16,312	11,270	10,924	10,086
중국	10,543	11,874	5,380	6,477	4,781
베트남	356	2,997	3,952	2,722	3,743
필리핀	747	450	524	280	359
몽골	103	181	112	101	93
파키스탄	66	68	33	24	48
기타	484	741	1,060	1,150	930

출처: 법무부 출입국 · 외국인정책본부(2018)

표 6.3 연령별 귀화허가자

(단위: 명)

연도 \ 연령	0~10	11~20	21~30	31~40	41~50	51~60	61세 이상	총계
2010	542	1,525	6,425	3,740	2,842	1,060	178	16,312
2013	274	372	5,655	2,708	1,327	624	310	11,270
2015	551	494	4,014	2,519	1,595	1,161	590	10,924
2017	779	461	3,736	2,742	1,083	736	559	10,086

출처: 법무부 출입국 · 외국인정책본부(2018)

부분이 여성으로 조사되었다.

한국 사람과 결혼한 외국인배우자는 국적법에 따라 귀화절차를 마치기 전까지는 외국인 신분으로 체류하지만, 우리나라에서는 외국인이라 하더라도 국민건강보험의 가입을 통하여 건강보험 혜택을 받고 건강관리를 할 수 있다. 국내에 장기체류 중인 외국인의 경우에도 출입국관리사무소에서 외국인등록증을 발급 받아 여권 및 임금명세서 등을 각 거주지 관할 국민건강보험공단 지사에 제출하면, 외국인등록일로부터 소급하여 지역 건강보험을 적용받게 된다.

2) 출입국관리법

(1) 제정 배경 및 목적

출입국관리법은 대한민국에 입국하거나 대한민국으로부터 출국하는 모든 국민 및 외국인의 출입국관리를 통한 안전한 국경관리와 대한민국에 체류하는 외국인의 체류관리와 사회통합 등에 관한 사항을 규정하는 것을 목적으로 한다[개정 2018.3.20.].

출입국관리법에서의 '대한민국'이란 우리나라 주권이 미치는 장소적 범위로서 대한민국의 영역을 의미하며, 영역은 영토, 영해, 영공으로 구성된다.

'입국'이란 대한민국 밖의 지역으로부터 대한민국 안의 지역으로 들어오는 것을 의미하며, 대한민국 밖의 지역에서 대한민국으로 입국(이하 '입국'이라 한다)하려는 국민은 유효한 여권을 가지고 입국하는 출입국항에서 출입국관리공무원의 입국심사를 받아야 한다. 다만, 부득이한 사유로 출입국항으로 입국할 수 없을 때에는 지방출입국 · 외국인관서 장의 허가를 받아 출입국항이 아닌 장소에서 출입국관리공무원의 입국심사를 받은 후 입국할 수 있다[개정 2014.3.18.]. 실질적으로는 영공 또는 영해 내에 입국

심사장이 없고 영토 내 공항과 항만에서 출입국심사가 이루어진다. 그러나 입국행위는 대한민국 영역 내로 들어오는 시점에 이루어졌다고 보는 것이다.

'출국'은 대한민국 안에 있던 사람이 대한민국 영역 밖의 지역에서 체류 또는 거주하기 위하여 대한민국 밖으로 나가는 것을 의미한다. 대한민국 국민에게는 출국의 자유가 보장되지만 헌법 제37조제2항에 따라 국가안전보장, 질서유지, 공공복리를 위하여 법률로써 제한할 수 있고, 이에 따라 법 제4조(출국의 금지)에서는 형사재판, 범죄수사, 징역형, 국제 · 관세미납자 등에 출국금지 사유를 정하고 있다.

외국인의 체류관리를 위한 체류의 개념을 살펴보면 대한민국 영역 내에서의 외국인의 영구적 거주(permanent residence)와 일시적 거주(temporary residence)를 포괄적으로 의미하며, 일시적 거주에는 장기체류(long-term stay)와 단기체류(short-term stay)가 있다. 영구적 거주는 영주(F-5)자격을 가진 자의 체류를 말하며, 그 밖의 체류는 일시적 체류로 구분하고 단기체류(체류기간 90일 이하)와 장기체류(체류기간 91일 이상)의 외국인 등록 요건인 90일을 기준으로 구분한다.

(2) 관련 용어

출입국관리법과 관련된 용어를 살펴보면 다음과 같다.

❖ **국민:** 대한민국의 국민이다.

❖ **외국인:** 대한민국의 국적을 가지지 아니한 사람이다.

❖ **난민:** 난민법 제2조 제1호에 따른 난민을 말한다.

❖ **출입국관리:** 대한민국에 입국하는 모든 사람에 대한 입국관리, 대한민국에서 출국하는 모든 사람에 대한 출국관리이다.

❖ **외국인체류관리:** 출입국관리법이 국민의 체류관리가 아닌 외국인의 체류관리를 규정하고 관리하는 것이다.

❖ **여권:** 대한민국정부, 외국정부 또는 권한 있는 국제기구에서 발급한 여권 또는 난민여행증명서나 그 밖에 여권을 갈음하는 증명서로서 대한민국정부가 유효하다고 인정하는 것을 말한다.

❖ **출입국항:** 출국하거나 입국할 수 있는 대한민국의 항구 · 공항과 그 밖의 장소로서 대통령령으로 정하는 곳이다.

❖ **재외공관의 장:** 외국에 주재하는 대한민국의 대사(大使), 공사(公使), 총영사(總領事), 영사(領事) 또는 영사 업무를 수행하는 기관의 장이다.

❖ **선박 등:** 대한민국과 대한민국 밖의 지역 사이에서 사람이나 물건을 수송하는 선박, 항공기, 기차, 자동차, 그 밖의 교통기관을 말한다.

❖ **보호:** 출입국관리공무원이 제46조 제1항 각 호에 따른 강제퇴거 대상에 해당된다고 의심할 만한 상당한 이유가 있는 사람을 출국시키기 위하여 외국인보호실, 외국인보호소 또는 그 밖에 법무부장관이 지정하는 장소에 인치(引致)하고 수용하는 집행 활동이다.

❖ **외국인보호실:** 출입국관리법에 따라 외국인을 보호할 목적으로 출입국관리사무소나 그 출장소에 설치한 장소이다.

❖ **외국인보호소:** 출입국관리법에 따라 외국인을 보호할 목적으로 설치한 시설로서 대통령령으로 정하는 곳이다.

❖ **생체정보:** 본인 일치 여부 확인 등에 활용되는 사람의 지문, 얼굴, 홍채 및 손바닥 및 손바닥 정맥 등의 개인정보를 말한다. 생체정보를 제공받은 기관은 그 생체정보를 「개인정보 보호법」에 따라 처리하여야 한다[**본조신설** 2020.6.9.].

❖ **영주자격(제10조)**

- 대한민국의 법령을 준수하는 등 품행이 단정할 것
- 본인 또는 생계를 같이하는 가족의 소득, 재산 등으로 생계를 유지할 능력이 있을 것
- 한국어능력과 한국 사회 · 문화에 대한 이해 등 대한민국에서 계속 살아가는 데 필요한 기본 소양을 갖추고 있을 것[**본조신설** 2018.3.20.]

법무부장관은 대한민국에 특별한 공로가 있는 사람, 과학 · 경영 · 교육 · 문화예술 · 체육 등 특정 분야에서 탁월한 능력이 있는 사람, 대한민국에 일정금액 이상을 투자한 사람 등 대통령령으로 정하는 바에 따라 요건의 전부 또는 일부를 완화하거나 면

제할 수 있다[본조신설 2018.3.20.].

(3) 주요 내용

① 입국허가

외국인이 우리나라에 입국하고자 할 때에는 체류기간 및 체류자격 등의 항목에서 유효한 여권과 법무부장관이 발급한 사증을 가지고 있어야 한다. '유효한 여권'은 여권이 권한 있는 국가기관의 정당한 절차에 의해서 발급되었는지에 관한 형식적 요건과 여권이 표상하는 대상과 소지한 외국인의 동일성에 관한 실질적 요건을 충족하는 여권으로서, 대한민국 정부가 유효하다고 인정하는 여권을 말한다. '법무부장관이 발급한 사증'은 '외국인에 대한 입국허가증명'으로 '한 개인이 다른 나라에 입국하려고 할 때 주재국 영사 등으로부터 여권의 유효성을 검사받고 제출서류의 진위 여부, 입국목적의 정당성 등에 대한 증명과 확인을 받는 행위'라고 할 수 있다.

사증(visa)은 그 소지자가 유효기간(발급일로부터 3개월) 내에 1회에 한하여 입국할 수 있는 단수사증과 유효기간(경우에 따라 다름) 내에 2회 이상 입국할 수 있는 복수사증으로 구분된다. 사증을 발급받은 외국인이 대한민국에 입국하게 되면 공항 · 항만에서 출입국관리 공무원으로부터 여권과 사증의 유효성, 입국목적, 체류기간, 입국금지 대상 여부 등에 관하여 입국심사를 받게 된다. 외국인에 대한 입국심사는 입국허가 여부에 대한 국가의 고유한 주권 행사로서 국가 이익 보호에 최우선을 두고 있다. 입국하려는 외국인은 체류자격과 영주자격이 있어야 하며 입국금지의 사유도 있다.

❖ 외국인을 고용한 자 등의 신고의무(제19조)

취업활동을 할 수 있는 체류자격을 가지고 있는 외국인을 고용한 자는 다음 각 호의 어느 하나에 해당하는 사유가 발생하면 대통령령으로 정하는 바에 따라 15일 이내에 지방출입국 · 외국인관서의 장에게 신고하여야 한다[개정 2014.3.18., 2020.6.9.].

1. 외국인을 해고하거나 외국인이 퇴직 또는 사망한 경우
2. 고용된 외국인의 소재를 알 수 없게 된 경우
3. 고용계약의 중요한 내용을 변경한 경우

② 체류자격

외국인이 입국허가를 받고 나면 국내에서 그 체류자격과 체류기간의 범위 내에서 체류

입국금지사유(출입국관리법 제11조, 전문개정 2010.5.14.)

제11조(입국의 금지 등) ① 법무부장관은 다음 각 호의 어느 하나에 해당하는 외국인에 대하여는 입국을 금지할 수 있다[개정 2015.1.6.].

1. 감염병 환자, 마약류중독자, 그 밖에 공중위생상 위해를 끼칠 염려가 있다고 인정되는 사람
2. 총포 · 도검 · 화약류 등의 안전관리에 관한 법률에서 정하는 총포 · 도검 · 화약류 등을 위법하게 가지고 입국하려는 사람
3. 대한민국의 이익이나 공공의 안전을 해치는 행동을 할 염려가 있다고 인정할 만한 상당한 이유가 있는 사람
4. 경제질서 또는 사회질서를 해치거나 선량한 풍속을 해치는 행동을 할 염려가 있다고 인정할 만한 상당한 이유가 있는 사람
5. 사리 분별력이 없고 국내에서 체류활동을 보조할 사람이 없는 정신장애인, 국내체류 비용을 부담할 능력이 없는 사람, 그 밖에 구호(救護)가 필요한 사람
6. 강제퇴거명령을 받고 출국한 후 5년이 지나지 아니한 사람
7. 1910년 8월 29일부터 1945년 8월 15일까지 사이에 다음 각 목의 어느 하나에 해당하는 정부의 지시를 받거나 그 정부와 연계하여 인종, 민족, 종교, 국적, 정치적 견해 등을 이유로 사람을 학살 · 학대하는 일에 관여한 사람
   가. 일본 정부
   나. 일본 정부와 동맹 관계에 있던 정부
   다. 일본 정부의 우월한 힘이 미치던 정부
8. 제1호부터 제7호까지의 규정에 준하는 사람으로서 법무부장관이 그 입국이 적당하지 아니하다고 인정하는 사람

② 법무부장관은 입국하려는 외국인의 본국(本國)이 제1항 각 호 외의 사유로 국민의 입국을 거부할 때에는 그와 동일한 사유로 그 외국인의 입국을 거부할 수 있다.

[전문개정 2010.5.14.]

[시행일: 2016.1.7.] 제11조

할 수 있다. 체류자격은 이민자가 국내에서 활동할 수 있는 범위를 정하여 허가받은 체류의 자격유형을 말한다.

'체류자격'이란 체류와 활동의 두 가지 요소를 함께 설명하는 개념으로, 대한민국에 체류하고 있는 외국인의 일정 범위 내에서의 활동을 규정하고 있는 출입국관리법상

의 자격을 의미한다. 외국인은 취득한 체류자격에 의해 인정되는 일정한 활동을 행할 수 있음과 동시에 체류자격에 대응하여 정해진 체류기간 내에서 체류가 보장된다. 특히 체류하는 외국인이 취업활동을 하기 위해서는 반드시 취업활동을 위한 체류자격을 취득하고 지정된 근무처에서 근무해야 한다. 근무처는 근로계약에서 고용주로부터 근무에 대한 지휘 · 감독을 받은 장소이다. 다만 취업활동을 위한 체류자격이 아니더라도

표 6.4 등록외국인의 국적별 현황(2020년)

(단위: 명)

국적별	계	중국	베트남	우주베키스탄	필리핀	캄보디아	네팔	기타
인원	1,220,228	506,353	184,992	54,944	43,748	42,334	40,675	347,182
비율	100%	41.5%	15.2%	4.5%	3.6%	3.5%	3.3%	28.5%

출처: 법무부 출입국 · 외국인정책본부(2020)

표 6.5 체류 외국인 주요 국적별 현황(2020년)

(단위: 명)

구분	2016년	2017년	2018년	2019년	2020년 6월
총계	2,049,441	2,180,498	2,367,607	2,524,656	2,135,689
중국	1,016,607	1,018,074	1,070,566	1,101,782	943,540
한국계	627,004	679,729	708,082	701,098	678,200
베트남	149,384	169,738	196,633	224,518	214,774
태국	100,860	153,259	197,764	209,909	189,849
미국	140,222	143,568	151,018	156,982	146,608
우즈베키스탄	54,490	62,870	68,433	75,320	71,329
러시아(연방)	32,372	44,851	54,064	61,427	53,907
필리핀	56,980	58,480	60,139	62,398	53,416
몽골	53,206	45,744	46,286	48,185	46,339
캄보디아	45,832	47,105	47,012	47,565	43,378
네팔	34,108	36,627	40,456	42,781	41,971
인도네시아	47,606	45,328	47,366	48,854	38,354
카자흐스탄	11,895	22,322	30,717	34,638	32,295

출처: 법무부 출입국 · 외국인정책본부(2020)

표 6.6 체류 외국인 취업자격 업무 유형별 현황

(2020.06.30. 현재, 단위: 명)

구분	총계	전문인력	단순기능인력
취업자격 체류 외국인	526,827	44,883	481,944

출처: 법무부 출입국 · 외국인정책본부(2020)

전문인력별 현황

(2020.06.30. 현재, 단위: 명)

계	단기취업 (C-4)	교수 (E-1)	회화지도 (E-2)	연구 (E-3)	기술지도 (E-4)	전문직업 (E-5)	예술흥행 (E-6)	특정활동 (E-7)
44,883	1,750	2,139	13,381	3,016	212	567	3,426	20,392

출처: 법무부 출입국 · 외국인정책본부(2020)

단순기능인력별 현황

(2020.06.30. 현재, 단위: 명)

계	비전문취업(E-9)	선원취업(E-10)	방문취업(H-2)
481,944	258,078	17,120	206,746

출처: 법무부 출입국 · 외국인정책본부(2020)

영주자격(F－5)에 해당하는 사람은 체류자격 구분에 따른 활동의 제한을 받지 않는다. 또한 재외동포(F－4)의 경우에도 단순노무행위, 사행행위 등 선량한 풍속 및 사회질서에 반하는 행위, 기타 공공 이익이나 국내 취업질서 등의 유지를 위하여 그 취업을 제한할 필요가 있다고 인정되는 경우를 제외하고는 체류자격 구분에 따른 취업활동 범위에 제한을 받지 않는다.

③ 사회통합 프로그램

- 법무부장관은 대한민국 국적, 영주자격 등을 취득하려는 외국인의 사회적응을 지원하기 위하여 교육, 정보 제공, 상담 등의 사회통합 프로그램(이하 "사회통합 프로그램"이라 한다)을 시행할 수 있다[개정 2018.3.20.].
- 법무부장관은 사회통합 프로그램을 효과적으로 시행하기 위하여 필요한 전문인력 및 시설 등을 갖춘 기관, 법인 또는 단체를 사회통합 프로그램 운영기관으로 지정할 수 있다.
- 법무부장관은 대통령령으로 정하는 바에 따라 사회통합 프로그램의 시행에 필요한 전문인력을 양성할 수 있다.

3) 난민법

(1) 목적

「난민의 지위에 관한 1951년 협약」 및 「난민의 지위에 관한 1967년 의정서」 등에 따라 난민의 지위와 처우 등에 관한 사항을 정함을 목적으로 한다.

(2) 용어 정의

❖ **난민:** 인종, 종교, 국적, 특정 사회집단의 구성원인 신분 또는 정치적 견해를 이유로 박해를 받을 수 있다고 인정할 충분한 근거가 있는 공포로 인하여 국적국의 보호를 받을 수 없거나 보호받기를 원하지 아니하는 외국인 또는 그러한 공포로 인하여 대한민국에 입국하기 전에 거주한 국가(이하 '상주국'이라 한다)로 돌아갈 수 없거나 돌아가기를 원하지 아니하는 무국적자인 외국인이다.

❖ **난민으로 인정된 사람**(이하 '난민인정자'라 한다)이란 이 법에 따라 난민으로 인정을 받은 외국인을 말한다.

❖ **인도적 체류허가를 받은 사람**(이하 '인도적체류자'라 한다)이란 제1호에는 해당하지 아니하지만 고문 등의 비인도적인 처우나 처벌 또는 그 밖의 상황으로 인하여 생명이나 신체의 자유 등을 현저히 침해당할 수 있다고 인정할 만한 합리적인 근거가 있는 사람으로서 대통령령으로 정하는 바에 따라 법무부장관으로부터 체류허가를 받은 외국인을 말한다.

❖ **강제소환의 금지:** 난민인정자와 인도적체류자 및 난민신청자는 난민협약 제33조 및 「고문 및 그 밖의 잔혹하거나 비인도적 또는 굴욕적인 대우나 처벌의 방지에 관한 협약」 제3조에 따라 본인의 의사에 반하여 강제로 송환되지 아니한다.

(3) 난민처우

❖ **난민인정자 사회보장:** 국내에 체류하는 외국인은 「사회보장기본법」 제8조 등에도 불구하고 대한민국 국민과 같은 수준의 사회보장을 받는다.

❖ **난민인정자 배우자 자녀 입국허가:** 법무부장관은 난민인정자의 배우자 또는 미성년자인 자녀가 입국을 신청하는 경우 「출입국관리법」 제11조에 해당하는 경우가 아니면 입국을 허가하여야 한다.

❖ **인도적체류자의 처우:** 법무부장관은 인도적체류자에 대하여 취업활동 허가를 할 수 있다.

❖ 난민신청자에게 법무부장관은 생계비 등을 지원할 수 있다.

4) 재한외국인 처우 기본법

(1) 목적

재한외국인 처우 기본법 제1장 제1조에서 재한외국인의 처우 등에 관한 기본적인 사항을 정함으로써 재한외국인이 대한민국 사회에 적응하여 개인의 능력을 충분히 발휘할 수 있도록 하고, 대한민국 국민과 재한외국인이 서로를 이해하고 존중하는 사회 환경을 만들어 대한민국의 발전과 사회통합에 이바지함을 목적으로 한다.

(2) 제정 배경

우리나라는 2006년 제1차 외국인정책 회의에서 제시한 이민정책의 기본 원칙인 외국인 인권보장, 국가경쟁력 강화, 다문화 포용 및 사회통합 차원에서 외국인정책에 관하여 적극적 관심을 갖기 시작하였다. 우리나라에 들어와서 거주하는 재한외국인 처우에 대한 법적 근거의 마련은 매우 중요하며, 세계화의 추세에 맞추어 이민정책이 변화되어야 함에 따라 2007년 5월 재한외국인 처우 기본법을 제정하였다. 2008년 12월에는 제1차 외국인정책 기본계획을 수립하여 우리나라를 자본과 기술을 보유한 세계적인 인재가 모여드는 국가로 육성하기 위한 국가 전략으로서의 이민정책 추진, 개방을 통한 국가경쟁력 강화, 인권이 존중되는 성숙한 다문화사회로의 발전 및 법과 원칙에 따른 체류 질서 확립을 이민정책의 기본 방향으로 제시하였다. 법무부 출입국 · 외국인정책본부(2011)의 재한외국인 처우 기본법의 제정 배경을 다음과 같이 설명하고 있다.

첫째, 외국인정책 관련 환경의 급속한 변화이다. 1995년 27만여 명에서 2009년 116만여 명의 외국인체류자의 4배 이상의 증가 시기와 국제화에 따른 국가 간 인적 교류가 활성화되고 세계 최저 수준의 출산율 및 고령 인구의 증가로 경제활동 인구의 급격한 감소가 예상되는 시점에서 국가 경쟁력 제고를 위하여 전문외국인력 유치 확대 및 합리적인 단순 노무 외국인력 활용 방안의 수립이 시급하다. 더불어 외국인근로자, 외국 국적 동포, 결혼이민자 및 난민 등 외국인 체류 유형이 다양화되고, 영주권 또는 국적 취득으로 인한 정주인구가 증가되고 있다.

둘째, 결혼이민자와 전문인력, 외국인 투자자, 유학생, 난민 등의 영주권과 국적 취득 증가로 인한 사회통합이나 다문화포용 등의 새로운 정책 수립 필요성이 대두되었다. 이주민들의 수용과 정책에서 폭력과 실업문제, 보건과 교육 등의 보편적인 권리에서 배제당한 이민자 통합정책의 실패를 경험한 프랑스의 사례는 유입된 외국인에 대하여 무분별하게 지원하는 것보다는 정주 외국인을 이민 초기에 자립하도록 지원하고 가치를 창출할 수 있는 인적 자원으로 성장시키는 것이 사회적 갈등 비용의 최소화 및인권보호와 사회통합, 다문화 · 다양성을 보다 발전적이고 생산적인 사회 가치로 변화시켜 나가는 것이 국가력 · 경쟁력에 기여한다.

셋째, 종합적 · 중장기적 측면에서도 외국인에 대한 법적 추진체계가 필요하다. 외국인 정책은 지속적으로 이동하는 사람에 대한 정책이므로 보다 장기적인 대책이 요구된다. 선진 사회를 향한 기반 구축을 위하여 미래 사회에 대한 능동적 대처가 선행되어야 하며, 정책 수립의 기본은 사회통합과 관련 법적 기반을 마련하는 것에서부터 출발해야 한다.

❖ 프랑스의 이민자 화합의 문제

프랑스는 2차 세계대전 이후 인력난을 해결하기 위하여 북아프리카 출신의 외국 인력의 입국을 허용하고 정주하도록 하였으나 이민자들은 무슬림 문화와 무슬림의 정체성을 강하게 유지하고 주류사회에 동화되지 못하였으며, 그 2세들도 부모의 사회 부적응, 빈곤 등으로 인하여 저학력 · 저임금 계층으로 전락하였다.

특히 1980년대 이후 프랑스의 경기 침체와 실업률 증가로 인하여 사회보장 혜택이 축소되자 이민자의 교육과 고용의 기회가 더욱 줄어들고 하층민으로의 전락이 가속화됨으로써 이민자 2, 3세의 사회적 불만이 누적되어 왔다. 2005년 경찰의 불심검문을 피해 달아나던 소년 2명의 감전 사고와 2007년 경찰과 충돌한 청소년 사건으로 무슬림 인종차별과 빈곤의 문제는 폭발하였으며, 경찰과 시민 사상자와 차량방화로 인해 인민 사회의 문제는 갈등을 지속하고 있다.

(3) 용어 정의

재한외국인 처우 기본법에서 사용하는 용어의 정의는 다음과 같다

❖ **재한외국인:** 대한민국의 국적을 가지지 아니한 자로서 대한민국에 거주할 목적을 가지고 합법적으로 체류하고 있는 자이다.

❖ **재한외국인에 대한 처우:** 국가 및 지방자치단체가 재한외국인을 그 법적 지위에 따라 적정하게 대우하는 것이다.

❖ **결혼이민자:** 대한민국 국민과 혼인한 적이 있거나 혼인관계에 있는 재한외국인을 말한다.

(4) 주요 내용

재한외국인 처우 기본법의 주요 내용을 살펴보면 다음과 같다.

제10조(재한외국인 등의 인권옹호)는 국가 및 지방자치단체는 재한외국인 또는 그 자녀에 대한 불합리한 차별 방지 및 인권옹호를 위한 교육 · 홍보, 그 밖에 필요한 조치를 위하여 노력해야 한다. 이러한 노력은 문화적 다양성을 보다 발전적 가치로 승화시킴으로서 국가의 대외 이미지와 경쟁력 향상에 기여하도록 하기 위함이다.

제11조(재한외국인의 사회적응 지원)는 국가 및 지방자치단체는 재한외국인이 대한민국에서 생활하는데 필요한 기본적 소양과 지식에 관한 교육과 정보제공 및 상담 등의 지원을 할 수 있다는 것이다.

제12조(결혼이민자 및 그 자녀의 처우)는 국가 및 지방자치단체는 결혼이민자에 대한 국어교육, 대한민국의 제도 · 문화에 대한 교육, 결혼이민자의 자녀에 대한 보육 및 교육지원, 의료지원 등을 통하여 결혼이민자 및 그 자녀가 대한민국 사회에 빨리 적응하도록 지원할 수 있다[개정 2010.7.23.].

국가와 지방자치단체는 제1항의 결혼이민자 및 그 자녀와 제2항의 재한외국인 및 그 자녀에 대하여 건강검진을 실시할 수 있다[신설 2017.10.31.].

제13조(영주권자의 처우)는 국가 및 지방자치단체는 대한민국에 영구적으로 거주할 수 있는 법적 지위를 가진 외국인(영주권자)에 대하여 대한민국의 안전보장 · 질서유지 · 공공복리, 그 밖에 대한민국의 이익을 해치지 아니하는 범위 안에서 대한민국으로의 입국 · 체류 또는 대한민국 안에서의 경제활동 등을 보장할 수 있다

특히 제16조(전문외국인력의 처우 개선)는 국가 및 지방단체는 전문적인 지식 · 기술 또는 기능을 가진 외국인력의 유치를 촉진할 수 있도록 그 법적 지위 및 처우의 개

선에 필요한 제도와 시책을 마련하기 위하여 노력하여야 한다. 이 내용은 앞으로의 전문외국인력을 유치하기 위한 국가 간 경쟁이 치열한 세계적인 흐름 속에서 국가 발전 전략으로서 전문외국인력 유치를 촉진하기 위한 국가 및 지방자치단체의 노력 의무를 규정하고 있고 앞으로의 사회에서 이민정책의 큰 틀은 인구 정책이라고 해도 과언이 아닐 것이다.

제18조(다문화에 대한 이해 증진)는 국가 및 지방자치단체는 국민과 재한외국인이 서로의 역사 · 문화 및 제도를 이해하고 존중할 수 있도록 교육, 홍보, 불합리한 제도의 시정이나 그 밖에 필요한 조치를 하기 위하여 노력해야 한다는 내용이다. 문화적 다양성을 적극적 자세로 포용하고 보다 발전적으로 우리 문화의 가치를 승화시킬 수 있는 환경을 조성하여, 사회적 갈등을 예방하고 국가 발전의 원동력으로 활용하기 위하여 국민의 다문화사회에 대한 이해 증진이 무엇보다 요구된다.

제19조(세계인의 날)는 매년 5월 20일을 세계인의 날로 정하고 1주간의 기간을 외국인 주간으로 하여 다양한 행사를 한다는 내용을 담고 있다. 유네스코는 2002년 5월 21일을 '세계 문화 다양성의 날'로 정하였으며, 캐나다는 '다문화의 날', 영국은 '다양성의 날', 호주는 '화합의 날(Harmony Day)'을 정하여 다양한 문화와 인종 간 상호 이해 증진과 화합을 촉진하는 기회로 활용하고 있다. 우리나라의 경남도청에서는 세계인의 날 행사에 외국인근로자, 유학생, 다문화가족 등 700여 명이 참여하여 외국인 이주민과의 소통과 화합, 존중하는 지역사회를 만들기 위한 행사를 진행하였다.

다문화사회에서의 인권 문제는 사회적으로 중요한 이슈이자 선진 국가의 사회공동체임을 알려 주는 기준점을 제시하는 역할도 한다. 다문화사회는 다수의 문화와 소수의 문화가 공존하는 사회인데, 소수자에게 다수의 문화를 일방적으로 강요할 경우 갈등과 인권침해가 발생하기 때문이다. 외국인의 인권을 보호하고 권리를 향상시키며 각종 고충을 해결하기 위하여 법무부에 외국인 인권보호 및 권익증진 중앙 협의회가 있고, 지방 출입국관리사무소에는 외국인 인권보호 및 권익증진 지방 협의회가 있다.

2020년 현재 가정폭력과 인권침해로 인한 상담과 보호기관은 1336센터(18개소), 가정폭력상담소(208개소), 가정폭력피해자보호시설(66개소), 폭력피해이주여성보호시설(32개소), 폭력피해이주여성상담소(5개소)를 전국적으로 운영하고 있다.

이주여성 긴급전화 1366센터(1577－1366)의 이주여성을 위한 위기상담이 365일 24시간 운영되고 있고 2019년 1~10월까지 300,129건의 상담을 하였다. 가정폭력, 성

폭력, 성매매 등의 폭력을 당했거나 긴급하게 보호받아야 할 경우 전문 상담원의 도움을 받을 수 있고, 한국어 외에 6개 국어(영어, 베트남어, 러시아어, 중국어, 태국어, 몽골어)가 지원되고 온라인(http://www.wm1366.org)과 방문 이용도 가능하다.

2019 여성가족부 가정폭력피해자 상담 지원 우수사례

사례1

ㄱ씨는 결혼생활 초기부터 수년간 남편의 지속적이고 반복적인 폭력과 폭언에 시달렸다. 이후 1366경기센터에서 보호를 받다 아이들과 함께 ○○쉼터에 입소하였다. 입소 초기, ㄱ씨는 남편이 위치 추적을 할까봐 두려움이 심한 상태였으나, 쉼터에서 진행한 체계적인 심리상담을 통해 차츰 심신의 안정을 되찾고 요양보호사 직업훈련을 받으며 관련자격증을 취득하였다. 보호시설 퇴소 시 자립지원금(5백만 원)을 지원받아 자녀들과 거주할 집을 구해서 생활하며 자립을 준비하고 있다.

사례2

ㄴ씨는 남편의 음주와 폭력으로 인해 이주여성 보호시설에 아이들과 함께 입소하였다. 본국에서 빵을 만들어 본 경험이 있어 제빵사가 되기 위해 수차례 국가자격증 시험에 도전했으나 불합격하였다. △△쉼터는 ㄴ씨의 심리 안정과 자신감 향상을 위한 심리치유 프로그램을 실시하였고, ㄴ씨의 꿈을 이룰 수 있도록 지속적인 진로 상담 등을 진행하였다. 결국 제빵과 제과기능사 국가자격증을 동시에 취득하여 2019년 6월에 제빵납품업체에 제빵사로 취업하였다. 지금은 자신의 경험을 살려 폭력피해를 당한 다른 이주여성의 멘토 역할을 하고 있다.

(5) 외국인정책 기본계획

2007년 제정된 「재한외국인 처우 기본법」에 따라 2008년부터 2012년까지 '제1차 외국인정책 기본계획', 2013년부터 2017년까지 '제2차 외국인정책 기본계획', 2018년부터 2022년까지 각 부처 및 지자체에서 '제3차 외국인정책 기본계획'을 수립하였다(**표 6.7**).

5) 다문화가족지원법

(1) 제정 배경 및 목적

현대산업의 발달, 자본과 노동이동, 국제결혼의 영향으로 한국의 다문화가족지원법은 2008년 9월 22일 보건복지가족부의 소관으로 제정되었다. 2010년 다문화가족지원법

표 6.7 제3차 외국인정책 기본계획(2018~2020)

구분	내용	
비전	• 국민공감, 안전과 다양성이 존중되는 안전한 대한민국	
목표	• 국민이 공감하는 질서있는 개방 • 이민자의 자립과 참여로 통합되는 사회 • 국민과 이민자가 함께 만들어 가는 안전한 사회 • 인권과 다양성이 존중되는 정의로운 사회 • 협력 바탕의 미래지향적 거버넌스(이민관련국제협력증진)	
정책 비교	2008~2017년 (1, 2차 기본계획)	• 이민의 양적 확대 중심의 개방적 이민 허용 • 사회통합 체계마련과 참여
	2018~2022년 (3차 기본계획)	• 이민의 양적 확대 및 질적 고도화를 병행한 적극적 이민정책 • 사회통합 체계와 체류 · 영주 · 국적연계 강화

개정안에는 제3조 다문화가족지원센터 지정신청 등의 업무 소관이 보건복지부 소관에서 여성가족부로 이전되었다.

다문화가족지원법의 목적은 다문화가족 구성원이 안정적인 가족생활을 영위하고 사회구성원으로서의 역할과 책임을 다할 수 있도록 함으로써 이들의 삶의 질 향상과 사회통합에 이바지하기 위함이다[개정 2015.12.22.]. 또한 국가와 지방자치단체는 다문화가족 구성원이 안정적인 가족생활을 영위하고 경제 · 사회 · 문화 등 각 분야에서 사회구성원으로서의 역할과 책임을 다할 수 있도록 필요한 제도와 여건을 조성하고, 이를 위한 시책을 수립 · 시행하여야 한다[개정 2015.12.22.].

다문화가족지원법은 대한민국 국민과 혼인한 적이 있거나 혼인관계에 있는 재한외국인과 국적법에 의해 대한민국 국적을 취득한 자로 이루어진 '다문화가족'을 지원하기 위한 법으로, 생활정보 제공 및 교육지원(제6조), 가정폭력 피해자에 대한 보호 · 지원(제8조), 의료 및 건강관리를 위한 지원(제9조), 다국어에 의한 서비스 제공(제11조) 등 전문 17조와 부칙으로 구성되어 있으며, 법률 제12079호로 2013년 8월 13일 일부개정되었다. 2015년 개정된 아동 · 청소년 교육(제10조) 내용에는 다문화가족 구성원인 아동 · 청소년에 대하여 학과 외 또는 방과 후 교육 프로그램 등을 지원하고 다문화가정 자녀가 어머니(아버지)의 모국어를 배움으로써 아동이 건전한 정체성을 형성하고 어머니 나라와의 가교 역할을 하는 건강한 사회구성원으로 성장하는 밑거름이 될 수 있도록 다문화구성원의 언어발달을 위하여 한국어 및 결혼이민자 등인 부 또는 모의 모국어 교육을 위한 교재지원 및 학습지원 등 언어능력 제고를 위해 필요한 지원을 하고 있다.

다문화가족지원법 제2조(정의)에서 '다문화가족'이란 재한외국인 처우 기본법 제2조 제3호의 결혼이민자와 국적법 제2조부터 제4조까지의 규정에 따라 대한민국 국적을 취득한 자로 이루어진 가족이며, 국적법 제3조 및 제4조에 따라 대한민국 국적을 취득한 자와 같은 법 제2조부터 제4조까지의 규정에 따라 대한민국 국적을 취득한 자로 이루어진 가족이다. 또한 '결혼이민자 등'이란 다문화가족의 구성원으로서 재한외국인 처우 기본법 제2조 제3호의 결혼이민자이거나 국적법 제4조에 따라 귀화허가를 받은 자를 말한다.

이와 같이 다문화가족지원법, 재한외국인 처우 기본법 및 국적법은 상호 연관되어 다문화사회의 제도적 기반을 구축하는 데 중심 역할을 하며, 다양한 변화 요인에 따라 법은 지속적으로 개정을 거듭하고 있다. 재한외국인 처우 기본법과 다문화가족지원법은 주무 부처는 달라도 그 목적이 '사회통합에 이바지함'이라고 공통적으로 명시하고 있다. 두 법을 비교하면 **표 6.8**과 같다.

다문화가족지원법 제12조(다문화가족지원센터의 지정 등)는 "여성가족부장관은 다문화가족지원 정책의 시행을 위하여 필요한 경우에는 다문화가족지원에 필요한 전문인력과 시설을 갖춘 법인이나 단체를 다문화가족지원센터(이하 '지원센터'라 한다)로 지정할 수 있다."라고 하였으며 "지원센터는 다음과 같은 업무를 수행한다[개정 2020.5.19.]." 라고 하였다.

- 다문화가족을 위한 교육 · 상담 등 지원사업의 실시
- 결혼이민자 등에 대한 한국어교육
- 다문화가족지원서비스 정보제공 및 홍보
- 다문화가족지원 관련 기관 · 단체와의 서비스 연계
- 일자리에 관한 정보제공 및 일자리의 알선
- 다문화가족을 위한 통역 · 번역 지원 사업
- 다문화가족 내 가정폭력 방지 및 피해자 연계 지원
- 그 밖에 다문화가족지원을 위하여 필요한 사업

표 6.8 다문화가족지원 근거법의 비교

구분	재한외국인 처우 기본법	다문화가족지원법
부처	• 법무부	• 여성가족부
제정	• 2007년	• 2008년
목적	• 국민과 재한외국인이 상호이해 • 존중하는 사회환경구축으로 대한민국 사회통합에 이바지함	• 다문화가족 구성원의 안정적 가족생활 지원으로 삶의 질 향상 및 사회통합에 이바지함
대상	• 대한민국 국적을 가지지 아니한 합법적 체류 외국인 결혼이민자를 포함	• 결혼이민자와 출생 시부터 대한민국 국적을 취득한 자 • 귀화허가를 받은 자와 출생 시부터 대한민국 국적을 취득한 자
내용	• 재한외국인 등의 인권옹호 • 재한외국인의 사회적응 지원 • 결혼이민자 및 그 자녀의 처우 • 난민의 처우 • 전문외국인력의 처우 개선 • 과거 대한민국 국적 보유자 처우	• 다문화 이해교육과 홍보 • 생활정보 제공 및 교육지원 • 평등하고 행복한 가족보호 • 아동교육과 교육지원 • 언어서비스 지원 • 다문화가족지원센터 설치와 운영
정책 계획	• 5년마다 외국인정책 기본계획수립	• 5년마다 다문화가족지원정책 수립

다문화가족지원센터에는 다문화가족에 대한 교육 · 상담 등의 업무를 수행하기 위하여 관련 분야에 대한 학식과 경험을 가진 전문인력을 두어야 하며, 국가와 지방자치단체는 제1항에 따라 지정한 지원센터에 대하여 예산의 범위에서 제2항 각 호의 업무를 수행하는 데 필요한 비용의 전부 또는 일부를 보조할 수 있다. 다문화가족지원센터의 지정 기준, 지정 기간, 지정 절차 등에 필요한 사항은 대통령령으로, 제3항에 따른 전문인력의 기준 등에 필요한 사항은 여성가족부령으로 각각 정한다[전문개정 2012.2.1.].

제14조의2항에는 다문화가족 자녀에 대한 적용 특례항목을 두어 늘어나는 다문화가족이 이혼 등의 사유로 해체된 경우에도 그 구성원이었던 자녀의 문제를 해결할 수 있는 실마리를 제공하고 있다[본조신설 2013.8.13.].

2013년 9월 개정안은 모국어 교육지원사업을 활성화하고 가족 간의 유대감을 증진시키기 위한 결혼이민자 부 또는 모의 모국어 교육을 지원할 수 있도록 법적인 근거의 범위를 확대하였다. 2014년 다문화가족지원법에는 다국어 상담과 통역이 가능하기 위해 필요한 서비스와 관련된 법률이 신설되었다.

2017년 제6조 생활정보 제공 및 교육지원, 12월 개정안에는 국가 및 지방자치단체는 결혼이민자 등의 배우자 및 가족구성원이 결혼이민자의 출신국가 문화 이해와 교육 지원을 하도록 하였고 사회적응교육, 직업교육 · 훈련 및 언어소통 능력 향상을 위한 한국어교육을 지원하고 아동 · 결혼이민자의 방문교육, 원격교육 지원, 교재와 강사의 전문성 강화 시책 수립 시행 등의 다양한 방법으로 교육을 지원하고, 교재와 강사 등의 전문성을 강화하기 위한 시책을 수립 · 시행하도록 신설되었다.

제6조. 생활정보 제공 및 교육지원(국가와 지방자치단체의 지원)

- 결혼이민자 등이 필요로 하는 기본적 정보, 아동 · 청소년의 학습, 생활정보 제공[개정 2016.3.2.]
- 사회적응교육, 직업교육 · 훈련 및 언어소통 능력 향상을 위한 한국어교육 지원
- 결혼이민자 등의 배우자 및 가족구성원이 결혼이민자 출신국가의 문화 이해와 교육 지원
- 아동 · 결혼이민자의 방문교육, 원격교육 지원, 교재와 강사의 전문성 강화 시책 수립 시행
- 결혼이민자 등이 한국어교육, 사회적응교육을 받도록 다문화가족 구성원의 노력 필요
- 국가와 지방자치단체는 가구와 소득수준에 따라 방문교육 비용을 차등 지원

(2) 관련 용어

다문화가족지원법과 관련된 용어를 살펴보면 다음과 같다.

❖ **다문화가족:** 다음의 어느 하나에 해당하는 가족이다.

- 재한외국인 처우 기본법 제2조 제3호의 결혼이민자와 국적법 제2조부터 제4조까지의 규정에 따라 대한민국 국적을 취득한 자로 이루어진 가족
- 국적법 제3조 및 제4조에 따라 대한민국 국적을 취득한 자와 같은 법 제2조부터 제4조까지의 규정에 따라 대한민국 국적을 취득한 자로 이루어진 가족

❖ **결혼이민자 등:** 다문화가족의 구성원으로서 다음의 어느 하나에 해당하는 자이다.

- 재한외국인 처우 기본법 제2조 제3호의 결혼이민자
- 국적법 제4조에 따라 귀화허가를 받은 자

(3) 주요 내용

① 다문화가족지원법

결혼이민자 등이 한국 사회에서 생활하는 데 필요한 생활정보 제공 및 한국어, 사회적응, 직업, 가족교육 등의 교육지원을 규정하였다. 또한 가족상담 · 부부교육 · 부모교육 · 가족생활교육 및 문화의 차이 등을 고려한 언어통역, 법률상담, 행정지원 등의 전문적인 서비스와 가정폭력 피해자 보호 · 지원, 산전 · 산후 건강관리, 아동의 보육 및 교육지원 등 언어와 문화적 차이를 고려한 서비스를 지원한다. 또한 다문화가족의 편견과 사회적차별 예방을 위한 홍보영상을 배포하여 다문화가족에 대한 이해를 증진한다. 여성가족부장관은 다문화가족의 현황 및 실태를 파악하고 다문화가족지원을 위한 정책수립에 활용하기 위하여 3년마다 다문화가족에 대한 실태조사를 실시하고 그 결과를 공표하여야 한다.

② 다문화가족지원법 시행령

제11조의2의 제2항에서는 대통령령으로 「사회복지사업법」에 따른 사회복지법인, 「가정폭력방지 및 피해자보호 등에 관한 법률」 제4조의6의 제1항 각 호 외의 부분 후단에 따른 외국어 서비스를 제공하는 긴급전화센터를 운영할 수 있으며 내용은 피해자의 신고접수 및 상담과 관련 기관 · 시설과의 연계, 피해자에 대한 긴급한 구조의 지원, 경찰관서 등으로부터 인도받은 피해자 및 피해자가 동반한 가정구성원(피해자)의 임시 보호이다[개정 2018.3.27.].

③ 다문화가족지원법 시행규칙

다문화가족 실태조사의 대상 및 방법을 규정하였다. 결혼이민자 등과 그 한국인배우자 및 자녀 등을 대상으로 하는 다문화가족 실태조사를 실시하되, 실태조사에는 가족구성원의 성별, 연령, 학력, 취업상태가 포함된 일반 특성, 경제 상태, 생활양식, 자녀양육과 가족문제, 교육상담 서비스 수요 등에 관한 사항이 포함되도록 하였다.

또한 다문화가족지원센터의 전문인력 기준을 규정하여, 다문화가족지원센터에는 건강가정기본법 제35조에 따른 건강가정사, 사회복지사업 제11조에 따른 사회복지사 등 관련 분야의 전문인력을 두도록 하였다. 다문화가족지원센터의 지정 신청 시 심사위원회는 다문화가족지원 관련 학계, 민간 전문가 등을 포함하여 5인 이상으로 구성하도록 하여 다문화가족지원센터의 지정 절차를 정하였다. 2020년 다문화가족지원센터 전국 현황은 **표 6.9**와 같다.

표 6.9 다문화가족지원센터 설치 현황(2020)

서울	부산	대구	인천	광주	대전	울산	세종	경기	강원	충북	충남	전북	전남	경북	경남	제주	계
25	13	8	9	5	5	5	1	31	18	12	15	14	14	23	19	2	227

6) 북한이탈주민의 보호 및 정착지원에 관한 법률(북한이탈주민법)

(1) 목적

군사분계선 이북지역에서 벗어나 대한민국의 보호를 받으려는 군사분계선 이북지역의 주민이 정치, 경제, 사회, 문화 등 모든 생활 영역에서 신속히 적응 · 정착하는 데 필요한 보호 및 지원에 관한 사항을 규정함을 목적으로 한다.

(2) 관련용어

❖ **북한이탈주민:** 군사분계선 이북지역(북한)에 주소, 직계가족, 배우자, 직장 등을 두고 있는 사람으로서 북한을 벗어난 후 외국 국적을 취득하지 아니한 사람을 말한다[전문개정 2010.3.26.].

❖ **보호대상자:** 보호 및 지원을 받는 북한이탈주민을 말한다.

❖ **국가의 책무:** 보호 · 교육 · 취업 · 주거 · 의료 및 생활보호 등의 지원을 지속적으로 추진하고 이에 필요한 재원을 안정적으로 확보하기 위하여 노력하여야 한다[개정 2017.3.21.].

❖ **정착지원시설:** 보호대상자의 보호 및 정착지원을 위하여 통일부장관은 보호대상자에 대한 보호 및 정착지원을 위하여 정착지원시설을 설치 · 운영하는 것을 말한다.

❖ **보호기준:** 보호대상자에 대한 보호 및 지원 기준은 나이, 성별, 세대 구성, 학력, 경력, 자활 능력, 건강 상태 및 재산 등을 고려하여 합리적으로 정하여야 한다[개정 2019.1.15.].

이 법에 따른 보호 및 정착지원은 원칙적으로 개인을 단위로 하되, 필요하다고 인정하는 경우에는 대통령령으로 정하는 바에 따라 세대를 단위로 할 수 있다.

보호대상자를 정착지원시설에서 보호하는 기간은 1년 이내로 하고, 거주지에서 보호하는 기간은 5년으로 한다.

표 6.10 북한이탈주민의 입국 시 연령별 현황

('19.9월말 기준, 단위: 명, %)

구분	0~9세	10~19세	20~29세	30~39세	40~49세	50~59세	60세 이상	계
남	646	1,662	2,566	2,119	1,356	548	334	9,231
여	636	2,065	6,845	7,403	4,467	1,384	980	23,780
합계	1,282	3,727	9,411	9,522	5,823	1,932	1,314	33,011
비율	3.9%	11.3%	28.5%	28.9%	17.6%	5.9%	3.9%	100%

출처: 통일부 북한이탈주민 실무편람(2019)

❖ **보호신청:** 북한이탈주민으로서 이 법에 따른 보호를 받으려는 사람은 재외공관이나 그 밖의 행정기관의 장(각급 군부대의 장)에게 직접 신청하여야 한다.

통보를 받은 국가정보원장은 보호신청자에 대한 보호결정 등을 위해 필요한 조사 및 일시적인 신변안전조치 등 임시보호조치를 한 후 지체 없이 그 결과를 통일부장관에게 통보하여야 한다[개정 2019.1.15.].

❖ **영농정착지원:** 통일부장관은 영농(營農)을 희망하는 북한이탈주민에 대하여 영농정착을 위한 영농 교육훈련, 농업 현장실습, 영농 자금지원의 행정적 · 재정적 지원을 할 수 있다.

(3) 북한이탈주민 정착지원제도

북한이탈주민의 국내정착 프로세스는 보호요청 및 국내이송이 진행되면 조사 및 임시보호조치 보호결정, 하나원 정착, 거주지 보호, 민간참여로 진행된다(**표 6.11**) (**표 6.11**).

표 6.11 북한이탈주민 국내정착 프로세스

구분	내용
조사 및 임시보호 조치	• 입국 후 국정원이 보호결정 여부를 위한 조사 및 긴급한 치료 등 임시보호조치 실시 • 조사종료 후 사회적응교육시설인 하나원으로 신병 이관
보호결정	• 「북한이탈주민대책협의회」 심의를 거쳐 보호여부 결정 • 보호결정 세대단위 결정
하나원 정착 준비	• 사회적응교육(12주, 400시간): 심리안정, 우리 사회 이해 증진, 진로지도 상담, 기초 직업훈련 • 초기정착지원: 가족관계 창설, 주거알선, 정착금 · 장려금 지원 등

표 6.11 북한이탈주민 국내정착 프로세스(계속)

구분	내용
거주지 보호(5년)	• 사회적 안전망 편입(생계 · 의료급여 지급) • 취업지원: 고용지원금, 무료 직업훈련, 자격인정 등 • 교육지원: 특례 편입학 및 등록금 지원 • 보호담당관: 거주지 · 취업 · 신변보호 담당관 제도 운영
민간참여	• 북한이탈주민지원재단을 통한 종합서비스 제공 • 지역적응센터(전국 25곳) 지정 및 운영 • 정착도우미 제도: 민간자원봉사자 연계 • 북한이탈주민 전문상담사(82명): 종합상담 및 애로사항 해결 등 찾아가는 상담서비스 제공

표 6.12 정착지원제도의 주요 내용

구분	항목	교육
사회적응교육	기본교육 하나원	• 하나원 12주 400시간(성별 7개반 운영) • 정서안정, 건강증진, 우리 사회 이해 증진, 진로 및 직업 탐색 • 초기정착지원, 생애 주기별 프로그램
정착금	보조금	• 1인 세대 800만 원, 2인 세대 1,400만 원, 3인 세대 1,900만 원, 4인 세대 2,400만 원, 7인 이상 3,900만 원
	취약계층 보호 가산금	• 60세 이상 720만 원 • 장애가산금, 한부모가정 아동보호 가산금 720만 원
주거	주택알선 주거지원금	• 영구, 국민, 다세대, 임대주택(2년간 소유권 변경 불가) • 1인 세대 1,600만 원, 2인 세대 2,000만 원, 5인 세대 2,300만 원
취업	직업훈련비 훈련수당	• 직업훈련비 전액지원
	취업장려금 고용지원금	• 3년간 근속 시 도시 1,650만 원 • 채용기업주에게 임금의 1/2, 50만 원 한도 지급
사회보장	생계급여 의료보호 연금특례	• 국민기초생활보장 • 의료급여 1종 보장 • 50~60세 미만 시 국민연금 가입특례
교육	학비지원 특례입학	• 중 · 고교 국립대 등록금 면제, 사립 50% 보조 • 대학 진학 시 특례입학
상담	센터별상담	• 지역적응센터, 정착도우미의 상담, 사후지원

출처: 통일부 북한이탈주민 실무편람(2019)

❖ **지역적응센터의 사업 운영 방향(2020년 통일부)**

- 지역적응센터 서비스의 사각지대가 발생하지 않도록 지속적인 서비스대상자의 발굴
- 보호기간 내의 북한이탈주민 전원 서비스대상에 포함하는 원칙
- 초기집중교육에 해당 북한이탈주민이 모두 참여하도록 노력
- 북한이탈주민에 대한 보호, 자립, 자활 및 주민통합의 목표를 균형있게 고려
- 북한이탈주민 개개인에 대한 맞춤형서비스를 강화

❖ **정착도우미**

북한이탈주민이 하나원에서 거주지에 도착할 때까지 그 신변을 보호하고 거주지에서의 생활안내를 하는 등 북한이탈주민을 돕기 위한 자원봉사자(북한이탈주민법 시행령 제41조의2)

7) 결혼중개업의 관리에 관한 법률

(1) 제정 배경 및 목적

1990년 이후 농촌총각의 결혼에 대한 일환으로 시작된 국제결혼은 2000년에 외국인 여성과의 결혼비율이 3.5%로 증가하여 2007년 10.9%, 2018년 9.2%로 증가하였다. 결혼을 중개하여 연결해주는 결혼중개업체도 증가하여 1998년 700여 개 업체에서 2008년 922개, 2010년에는 1,411개의 업체가 등록하였다. 결혼중개업체의 증가는 부정적인 단점들이 발생하여 사랑과 신뢰가 바탕이 되어야 할 결혼이 상업성 성격으로 사회문제가 되어 결혼상대에 대한 한국인 남성에 정확한 상대방 정보가 제공되지 않고, 경우에 따라 매매혼적인 결혼 성격을 띠는 경우도 있어 제도 보완의 필요성을 가지게 되었다.

더욱이 2003년과 2007년에 베트남과 필리핀 여성이 남편의 폭력으로 인해 사망하는 우리 사회의 인권침해에 충격을 주는 사건이 발생하였고, 국제결혼중개업체의 규제나 관련 법 및 제도가 미비하여 다양한 형태의 피해 사례와 문제점이 끊임없이 제기되고 있었다. 이러한 심각한 사회문제는 국제결혼 당사자의 권익을 보호하고 인권을 존중하는 중개 절차를 마련하기 위하여 결혼중개업을 규제하고 건전한 방향으로 유도하는 특별법의 제정이 필요해졌다. 건강한 국제결혼문화 형성에 이바지하기 위하여

2007년 12월 14일에 결혼중개업의 관리에 관한 법률(법률 제08688호, 이하 '결혼중개업법'이라 한다)이 특별법으로 제정되어 2008년 6월 15일부터 시행에 들어갔다.

2007년 12월 14일에 결혼중개업의 관리에 관한 법률이 제정되어 국내결혼중개업은 신고제를, 국제결혼중개업은 등록제를 도입한 이후부터 결혼중개업을 파악할 수 있게 되었다.

(2) 관련 용어

결혼중개업의 관리에 관한 법률과 관련된 용어를 살펴보면 다음과 같다.

❖ **결혼중개:** 결혼을 위한 상담 및 알선 등의 행위이다.

❖ **결혼중개업:** 수수료, 회비, 그 밖의 금품을 받고 결혼중개를 업으로 행하는 것이다.

❖ **국내결혼중개업:** 대한민국 국적을 가진 사람을 대상으로 하는 결혼중개업이다.

❖ **국제결혼중개업:** 대한민국 국적을 가진 사람과 외국인을 대상으로 하는 결혼중개업이다.

❖ **결혼중개업자:** 제3조 제1항에 따라 결혼중개업의 신고를 하거나 제4조 제1항에 따라 결혼중개업의 등록을 한 자이다.

(3) 주요 내용

국제결혼중개업체의 거짓 과장 정보에 의하여 코리안 드림을 꿈꾸며 한국인과 결혼하였지만 결혼생활이 지속되지 못하고 파탄되거나, 한국으로의 입국 수단으로 위장 결혼이 성행하는 문제가 일어났다. 집단 맞선, 3일 이내 결혼, 매매혼 등 국제결혼중개업체가 개입한 인권 문제도 발생하여 세계적인 기삿거리가 되기도 하였다. 특히 업체에 과다한 중개 수수료를 지불해야 하며, 결혼을 사람과 사람의 만남이 아닌 소유물 계약으로 인식하기도 한다. 또한 결혼, 연령, 학력, 혼인 경력, 신체적 · 정신적 장애 여부에 대한 정보가 과장되거나 거짓이어서 결혼이 성사된 이후에 보다 더 심각한 갈등을 일으키는 경우가 많았다. 결혼이민자인 외국인 아내도 입국 후 언어 소통이 되지 않음으로써 기본적인 생활 장애는 물론 남편의 경제적 무능력, 알코올 중독, 상습 폭력 등에 시달려 가출 · 잠적 · 이혼하는 등, 결혼 성사의 단계에서부터 인격적 만남이 아니라 국제결혼중개업체를 통한 만남의 부작용이 심각하게 대두되어 왔다.

결혼중개업의 관리에 관한 법률 제10조, 제12조, 제18조에 결혼중개업자는 결혼중개 시 서면으로 계약을 체결하도록 하고, 거짓 또는 서로 다른 둘 이상의 계약서를 작성하지 못하도록 하며, 거짓 또는 과장되거나 편견을 조장할 우려가 있는 내용의 표시 및 광고를 하지 못하도록 하였다. 이를 위반한 때에는 등록을 취소하거나 영업정지를 명하거나 2년 이하의 징역 또는 1천만 원 이하의 벌금에 처하도록 하였다.

결혼중개업체로 인한 피해 사례

이명준(가명, 44세)씨는 2015년 캄보디아 출신 여성과 국제결혼을 했지만 2018년 이혼했다. 이씨는 40대에 가정을 꾸려야겠다는 마음을 먹고 결혼중개업체에 국제결혼중개를 의뢰했다. 이씨는 20~30대에 경제적으로 어렵고 농장을 운영하느라 지친 인생여정, 건강상태, 자산현황과 어머니를 모시며 가족의 생계를 책임져야 하는 사정을 상세하게 적어 결혼중개업체에 제출했다. 하지만 이씨와 결혼한 여성은 해당 자료를 받지 못했다고 한다. 이씨가 뒤늦게 이 사실을 알게 됐지만 이미 그때는 업체 측에 결혼중개비용을 모두 다 지불한 뒤였다. 돌이켜 생각해보면, 말이 안 통하는 사람과 그렇게 짧은 시간 안에 얼굴을 보고 결혼까지 결심한다는 것 자체가 말이 안 된다. 내가 처한 상황을 상대 여성이 제대로 알지 못하고 시집왔으니 불화가 더 커질 수밖에 없었다(신동아 일보, 2019년 9월).

일반적으로 건전한 다문화가족이 형성되어 사회통합 과정을 거치기 위해서는 국제혼인 성립 단계, 결혼이민 신청 단계, 입국심사 및 입국 단계, 사회 정착 단계의 과정을 거치게 된다. 이 4가지 단계 중 국내 입국 단계까지 적용되는 법규로서는 결혼중개업의 관리에 관한 법률, 민법과 호적법을 비롯해 이용자와 상대방의 자국 법에 의한 혼인 요건의 구비, 국제 사법 규정과 출입국관리법이 있는데, 이 단계까지가 국제결혼중개업과 밀접하게 연관되어 있어 국내 정착 단계에 이르러서야 비로소 '다문화가족지원법'을 비롯한 사회통합을 위한 제도가 기능하게 되기 때문에 결혼중개업의 건전한 발전이 국내의 다문화정책과 사회통합이 성공하기 위한 전제 조건이 되는 것이다.

❖ 2007년 결혼중개업의 관리에 관한 법률 주요 개정 사항

- 인권침해와 관련된 국제결혼의 문제를 해소하기 위하여 만 18세 미만의 자 소개 금지
- 단체 맞선 및 맞선을 위한 집단 기숙 금지
- 결혼 관련 서류의 보존 의무화

- 국제결혼중개업 등록 시 자본금 1억 원을 보유
- 결혼중개업자 외에는 국제결혼 표시 · 광고를 제한

국제결혼중개업법이 제정되어 2년이 되지 않아 국제결혼이 안고 있는 문제점이 심각한 부작용을 초래하여 2010년 11월 18일부터 개정법이 시행되고 있다. 이 개정안으로부터 국제결혼중개업자에게 결혼중개 계약 이용자와 그 상대방에게 신상정보를 제공하도록 하고 통 · 번역 서비스 제공을 의무화하는 등의 국제결혼중개 관행을 개선하고, 예치금 제도를 폐지하고, 신고 및 등록 업무를 시 · 군 · 구로 일원화하는 등 결혼중개업을 건전하게 유도하고자 하는 제도적 정비가 시작되었다.

2012년 여성가족부는 국제결혼중개업 대표자 및 종사자 1,000명을 대상으로 지역별 순회 교육도 실시했다. 이 교육은 국제결혼중개업 종사자가 국제결혼과 다문화가족에 대한 올바른 이해를 바탕으로 건전한 국제결혼중개를 할 수 있도록 지속적인 교육이 필요하다는 인식에서 실시하는 것이며, 2019년에는 결혼중개업관리제도, 결혼중개업의 직업윤리, 결혼중개업관련 소비자보호 방안, 결혼중개업 상담실무 등 4시간 교육을 진행했다. 국제결혼의 건전화를 위해서는 무엇보다도 국제결혼중개업 종사자의 직업윤리 의식 및 책임 의식이 중요하고, 지속적인 국제결혼중개업자의 전문성 향상 및 윤리 의식 제고를 통하여 결혼중개의 건전화 및 이용자의 인권보호가 최우선임을 인식하는 것이 중요하다.

결혼중개업의 관리에 관한 법률 제정(2007년 12월) 이후 결혼중개업의 신고와 등록제를 도입하여 국제결혼의 피해 예방 등의 관리 강화와 결혼상대국과 협의체를 구성하여 불법중개행위에 대한 단속으로 소비자보호원의 결혼중개업 관련 피해구제 신청 현황자료에 따르면 2014년부터 2018년까지 총 128건의 국제결혼 중개 피해구제 신청이 접수되었다(신동아 일보, 2019년 9월).

8) 고용허가제

(1) 산업연수생제도와 고용허가제의 도입 배경

우리나라는 1980년대에서 1990년대에 경제성장과 더불어 고학력, 여성의 사회진출, 저출산, 고령화의 문제로 인하여 경제활동인구의 감소와 중소기업의 노동부족 인력이 심각해지는 상황과 200만호 주택건설을 위한 노동력을 제공하기 위해 유입된 많은 이주노동자의 관리정책이 필요하게 되어 산업연수생제도를 도입하였다. 서유럽과 중동의 오일 국가들의 경기둔화 영향으로 중국과 동남아시아 국가들은 일본과 동북아시아가 유입처가 된 것이다. 1987년은 중국과의 국교 수립으로 인해 중국인 노동자(조선족 포함)가 유입되었고, 1995년 1월 9일에 네팔 출신 산업연수생들이 시민단체의 도움으로 인권과 노동문제에 개선을 요구하며 명동성당에서 농성을 하는 사건이 발생하자 상공부와 법무부 중소기업협동조합중앙회에서 정책집행을 관장하던 이주노동정책에 고용허가제도의 도입을 검토하였다. 2000년 3월에는 전 세계 20개의 인권 비정부기구가 공동명의로 외국인노동자의 인권보호를 요청하는 서한을 유엔주재 한국대사에게 보내는 등, 국제 사회에서 끊임없이 건의안을 제출하고 시민단체가 미등록노동자의 합법화를 주장하였다. 산업연수생을 배정받지 못한 중소기업체들은 연수생보다 더 높은 임금을 지불하고 외국인노동자를 고용하고자 하였고, 연수생으로 들어온 외국인노동자들은 산업장을 이탈하여 불법체류자가 되어 근무하는 경우가 많았다. 이러한 문제들로 인해 산업연수생제도의 불법체류와 근로자의 신분 보장을 위한 외국인력정책위원회의 결정에 따라 산업연수생제도는 고용허가제로 통합되어 2007년 1월 1일부터 실시되었다(**표 6.13**).

❖ **1995년 노동부 예규 258호 제8조 연수생 보호조항(근로기준법, 최저임금법, 산업안전보건법, 산업재해보상보험법, 의료보험에 준거한 보호사항)**

- 폭행 및 강제근로 금지
- 연수수당의 정기 · 직접 · 통화불 지급 및 금품 청산
- 연수시간, 휴게, 휴일, 시간외 · 야간 및 휴일 연수
- 최저임금 수준의 보상
- 산업안전보건의 확보
- 산업재해보상보험과 의료보험 혜택

❖ **일반고용허가자:** 인력송출양해각서(MOU)를 체결한 국가의 외국인구직자명부 등록자 중 사용자와 근로계약을 체결하고 비전문취업(E-9) 체류자격으로 입국하여 합법적으로 취업한 외국인근로자

❖ **특례고용허가자:** 외국 국적 동포가 방문취업(H-2)으로 입국하여 취업교육 이수 후 취업한 외국인근로자

표 6.13 산업연수생제도와 고용허가제의 비교

	산업연수생제도	고용허가제
제도의 목적	개발도상국과의 경제협력 도모를 위한 기술이전	중소제조업 인력난 해결을 위한 외국인고용 (인력확대 및 제도화)
근로자의 신분	연수생	근로자
연도	1995년	2007년
도입 및 관리주체	민간사업주 단체	국가, 공공기관
노동법 적용	최저임금, 산업재해보험 건강보험 적용	내국인 근로자와 동일하게 적용 국민연금, 건강보험, 산재보험, 고용보험 적용

(2) 고용허가제

고용허가제는 국내 인력을 구하지 못한 기업이 적정규모의 외국인근로자를 합법적으로 고용할 수 있도록 허용하는 제도이다. 외국인근로자의 사회보장을 위해 내국인과 외국인근로자 모두에게 동등하게 노동관계법을 적용하며 산재보험, 최저임금, 노동3권을 보장한다. 불법체류 외국인의 문제와 중소기업의 인력부족을 해결하기 위해 외국인력의 도입관리를 정부에서 직접 담당하여 관리체계를 시행하게 되었다. 아시아 지역의 16개 국가로부터 3D 업종에 종사하는 외국인근로자가 국내제조업, 건설업, 농축산업, 어업과 서비스업에 종사하고 있다. 고용허가제의 도입은 송출비리가 감소되고 외국인근로자의 인권 탄압, 열악한 근로조건으로 인한 산업재해 발생 및 사업장 이탈을 예방하는 등의 긍정적 효과가 발생하였다(고정호, 2015).

그러나 고용허가제는 원칙적으로 노동자가 사업주의 동의 없이 이직할 수 없고 임금체불, 폭행, 성폭행, 차별 등이 입증되면 이직을 허용하고 있어 이주노동자가 열악한 노동개선을 하거나 협상을 박탈했다는 단점들이 문제로 지적된다. 고용허가제의 사용주 중심의 제도를 개선하고 외국인의 자유로운 취업과 인권을 보장하는 노동허가제의 도입을 촉구하고 있다.

고용허가제의 한국어능력검정과 기능수준 테스트는 외국인근로자 선발의 첫 관문이 되고 있으나 재직 양성 훈련은 미미한 수준이다. 외국인근로자의 건강한 작업환경 조성과 직업훈련은 저비용 고효율의 효과를 거둘 수 있고, 비숙련 외국인이 양성훈련을 이수하고 본인이 익숙한 산업환경의 기계장치를 지속적으로 사용한다면 외국인근로자의 기술향상을 지원하는 정부정책은 국가대외 이미지 향상과 송출국가와의 긴밀한 외교협력관계 증진에도 큰 기여를 할 것이다(고정호, 2015).

(3) 특례고용허가제

외국인력 정책위원회에서 산업별 특성을 고려하여 정하는 사업 또는 사업장의 사용자가 방문취업(H-2) 자격의 사증을 발급 받고 입국한 중국과 구소련 지역의 외국 국적 동포를 3년 동안 고용할 수 있도록 허용하는 제도이다. 외국인 산업인력 정책심의위원회에서 서비스분야 취업관리제 시행방안을 확정함에 따라 방문동거자의 고용관리에 관한 규정을 2002년 12월에 제정하여 국내호적에 등재되어 있는 자 및 그 직계존비속, 국내 8촌 이내의 혈족 또는 사촌 이내의 인척(2003년 5월 10일 조정)의 초청을 받은 30세 이상의 외국 국적 동포와 방문동거사증(F-1-4), 국내입국 후 고용센터를 통해서 취업이 가능하다.

2. 다문화 관련 제도

1) 우리나라의 사회통합정책

(1) 사회통합정책

우리나라에서는 공식적으로 이민정책이라는 용어를 사용하지 않고, 2006년 개최된 외국인정책 회의에서 '이민정책(immigration policy)'을 외국인정책이라고 정의하였으며, 국경 관리, 심사 · 체류 관리, 사회통합정책으로 구분하고 있다.

사회통합정책은 "이민자와 국민 간 갈등을 최소화하고 상호 존중함으로써 이민자가 우리 사회 구성원으로서 정치, 경제, 사회 각 영역에 참여하여 국가 · 사회 발전에 기여해 나가도록 하는 정책"이다. 외국인정책이 외국인에게 일시적 · 영구적으로 사회구성원 자격을 부여하여 입국 → 체류 → 귀화 → 사회통합 등의 진행 과정에서, 사회통합정책은 넓은 의미에서 외국인정책의 일부분이라고 할 수 있다.

국민과 외국인의 통합을 목표로 한다는 점에서 국민의 다문화 포용성 및 감수성 향상을 통한 이민자에 대한 차별적 인식 및 편견 해소도 사회통합에 해당한다. 체계적인 이민 관리로 이민자의 사회 부적응을 사전에 방지하며 경제생활 및 교육 등에서의 차별과 인권침해를 예방하고, 사회 적응과 개인의 능력 발전(언어 능력 향상, 정보 취득 등)을 유도하는 것은 사회통합의 밑거름이 되는 것이다.

(2) 사회통합프로그램

사회통합프로그램(Korea Immigration and Integration Program, KIIP)은 이민자가 우리 사회 구성원으로 적응하고 자립하는 데 필수적인 기본 소양을 갖출 수 있도록 국가 차원에서 지원하는 프로그램으로 2009년부터 시행되고 있다. 구체적인 내용을 살펴보면 국내 이민자가 법무부장관이 정하는 소정의 교육과정을 이수하여 건전한 국적 취득에 있어 편의를 제공하는 제도이다.

사회통합프로그램의 추진 근거로는 출입국관리법 제39조 및 제40조, 재한외국인 처우 기본법 제11조 및 제21조, 국적법 시행규칙 제4조, 이민자 사회통합프로그램 및 그 운영 등에 관한 규정(훈련) 등이 있다.

사회통합프로그램의 표준화를 위하여 결혼이민자, 동포, 외국인근로자, 유학생, 난민, 전문인력 등 대한민국에 체류하는 모든 이민자에게 참여의 기회가 제공된다. 교육과정은 한국어 과정과 한국 사회의 이해 과정으로 구성되며, 과정 및 단계는 기본 소양 능력에 따라 면제 · 감면 등 차등 적용된다(**표 6.14**) (**표 6.15**).

❖ 사회통합프로그램 기본방향

- 이민자의 국내 생활에 필요한 한국어, 경제, 사회, 법률 등 기본소양을 체계적으로 습득할 수 있는 프로그램의 개발
- 이민자의 한국어 능력, 한국 사회 이해 정도를 측정하기 위한 기본소양 사전평가 및 이수

표 6.14 사회통합프로그램의 단계별 운영망

	한국어와 한국문화					한국 사회 이해	
단계	0단계	1단계	2단계	3단계	4단계	5단계	
과정	기초	초급 1	초급 2	중급 1	중급 2	기본	심화
총 교육시간	15시간	100시간	100시간	100시간	100시간	50시간	50시간
평가	없음	1단계평가	2단계평가	3단계평가	중간평가	영주용 종합평가	귀화용 종합평가

출처: 사회통합정보망 Soci-Net 홈페이지(2020)

- 사회통합프로그램(KIIP)을 이민자에게 직접 제공할 운영기관인 지정운영기관에서 사회통합프로그램 강의 및 다문화 이해를 지도할 전문인력 양성 및 관리

❖ 기본소양평가의 종류

① 사전평가(필기시험 50문항, 구술시험 5문항, 85점 이상 합격)

② 단계평가(필기시험 20문항, 구술시험 5문항, 60점 이상 합격)

③ 중간평가(사회통합프로그램 한국어와 한국문화시험 필기 30문항, 구술 5문항, 60점 이상 합격)

- 합격자는 "사회통합프로그램 한국어와 한국문화시험" 합격증 발급, 5단계 승급

④ 종합평가(영주용종합평가, 귀화용종합평가-필기 40문항, 구술시험 5문항, 60점 이상 합격)

- 한국이민영주적격과정 이수완료 인정 및 합격증(KIPPAT) 발급
- 5단계 기본과정 수료 시 영주적격과정 이수 완료, 심화과정 수료 시 귀화적격과정 이수 완료

사회통합프로그램을 운영하고 있는 기관은 전국에 거점운영기관 49개소, 일반운영기관 236개소로 총 375개소가 있다(2020, 사회통합정보망 Soci-Net 홈페이지).

사회통합은 이민자의 노력과 의지만으로 이루어지는 것이 아니고 이민자와 원주민 모두가 서로 존중하고 서로에게 적응할 때 성공적으로 이루어질 수 있는 것이다. 사회통합 대상자의 우선순위는 정착 가능성이 높은 자이며, 다음으로 사회 적응도가 낮은 자, 입국 시기는 체류귀화자보다 입국 초기인 자이다. 그리고 지원 내용에는 언어와 사회 이해가 포함된다. 즉 사회 안전망 및 이민자 자신의 경제적 · 사회적 위치 유지, 다른 사회적 자원에 접근할 수 있는 수단이 되는 한국어와 사회 이해 교육을 우선 지원한다는 것이다.

(3) 이민자 조기 적응프로그램

국제결혼을 통해 처음 입국하는 새내기 결혼이민자를 대상으로 외국인 등록 시 기초 생활정보, 서로 이해하는 결혼생활을 위한 상호문화이해(부부교육), 체류절차 등 한국 생활에 필요한 각종 정보를 한국어를 포함한 13개 언어로 제공하는 '이민자 조기 적응 프로그램'을 전국 출입국 · 외국인청(사무소), 다문화가족지원센터 및 외국인지원단체

표 6.15 사회통합프로그램의 단계별 운영망

참여대상	특수과목	공통과목, 시간
결혼이민자	• 부부, 가족 간 상호이해 • 선배 결혼이민자의 조언	• 필수 생활정보 • 기초, 법, 질서와 문화 • 출입국 체류 관련제도 • 3시간 교육
중도입국자녀	• 학교 교육제도 소개 • 청소년 문화, 복지시설안내	
외국인	• 외국인의 권리와 의무 • 준법정신	
외국 국적 동포(중국, CIS)	• 준법의식, 생활법률 • 체류, 영주허가제도, 국적 취득	
외국인유학생	• 성공적인 유학생활 조언 • 진로개척 및 직업선택	

에서 운영하고 있다.

2) 다문화 관련 제도

(1) 행복드림-해피스타트 프로그램

행복드림-해피스타트(Happy start) 프로그램은 2013년 말 전국 18개 출입국관리사무소에서 운영하고 있으며, 한국인 배우자와 부모 등의 가족참여를 적극적으로 유도함으로써 결혼이민자의 국내정착을 지원하고 있다. 즉, 국제결혼을 통하여 처음 국내에 입국하는 신규 결혼이민자를 대상으로 외국인 등록 시 비자, 체류기간 연장, 국적 취득, 기초 생활정보 등 국내 정착에 필요한 각종 정보를 제공하는 프로그램이다. 국민의 배우자(F-2) 자격으로 최초 입국한 외국인을 대상으로 하며, 결혼이민자의 가족은 자율적으로 참여를 유도한다. 행복드림-해피스타트 프로그램에 참여하여 이수한 사람의 혜택으로는 최초 외국인 등록 및 체류기간 연장 시 체류기간 2년 부여(규제자 제외), 사회통합프로그램 한국 사회의 이해 과정 2시간 이수 인정이 있다.

(2) 국제결혼 안내 프로그램

국제결혼 안내 프로그램의 도입 취지는 국제결혼 관련 제도 및 현지 문화와 관습, 결혼사증 발급절차, 유의 사항 등을 미리 설명하여 안내함으로써 제2의 인생을 시작하는 국제결혼자가 다른 문화와 환경에서 성장한 외국인 배우자를 잘 이해하고 행복한 가정을 형성할 수 있도록 지원하는 프로그램이며, 2011년 3월 7일부터 교육프로그램 이수가 의무화되었다.

국제결혼 안내 프로그램의 실시 배경은 국가의 국민과 국제결혼을 하려고 하거나 이미 국제결혼을 한 상태에서 외국인 배우자를 초청하려고 하는 우리 국민에게, 국제결혼에 대한 올바른 인식을 제고하고 국제결혼의 부작용을 최소화하며 바람직한 다문화가정을 형성하도록 지원하기 위함이다. 이수대상은 출입국관리법 시행규칙 제9조의 4[**개정시행 2010.3.7.**]를 법적 근거로 법무부장관이 고시하는 국가(7개국: 중국, 베트남, 필리핀, 캄보디아, 몽골, 우즈베키스탄, 태국)의 국민과 국제결혼을 하려고 하거나, 이미 국제결혼을 한 상태에서 외국인 배우자를 초청하려고 하는 우리 국민이다. 고시국가의 선정기준은 이혼율이 높거나 국제결혼을 통해 한국 국적을 다수 취득한 국가의 국민을 대상으로 선정하며 법무부장관이 고시한 국가 국민과 국제결혼을 준비하는 내국인은 국제결혼 안내프로그램을 이수해야 결혼이민(F-6)사증 발급 신청 절차 진행이 가능하다

교과과정의 내용은 (1) 국제결혼 관련 현지 국가의 제도-문화-예절 정보, (2) 결혼이민사증 발급 절차 및 심사기준 등 정부정책 소개, (3) 국제결혼 경험담과 상담사례, (4) 부부 간 인권존중, 가정폭력방지에 대한 인권교육으로 이루어져 있다. 전국 15개 출입국관리사무소(서울, 부산, 인천, 수원, 제주, 대구, 대전, 여수, 양주, 광주, 창원, 춘천, 청주, 전주, 울산) 내 '이민통합지원센터'에서 매주 또는 격주로 운영되고 있다. 2010년부터 2020년 6월까지 국제결혼 안내 프로그램에 총 98,024명이 참여하여 교육을 이수하였다(**표 6.16**).

표 6.16 국제결혼 안내 프로그램 참여자

(단위: 명)

연도 / 구분	총계	2010~2012년	2013년	2014년	2015년	2016년	2017년	2018년	2019년	'20년 1~6월
참여자	98,024	35,003	11,719	8,115	7,057	7,334	7,784	8,821	9,667	2,524

자율학습

선택형

1. 우리나라 국적법의 제정 년도는?
   ① 1948년
   ② 1958년
   ③ 1968년
   ④ 1978년
   ⑤ 1988년

2. 다문화 관련 법과 제도에서 가장 먼저 시행된 것은?
   ① 난민법
   ② 고용허가제
   ③ 산업연수원제도
   ④ 다문화가족지원법
   ⑤ 재한외국인 처우 기본법

3. 고용허가제의 설명으로 옳은 것은?
   ① 1995년 실시되었다.
   ② 여성가족부가 관리주체이다.
   ③ 국내근로자와 동일한 보험적용이 적용된다.
   ④ 4대 보험 중에서 산업재해보험만 적용되고 있다.
   ⑤ 근로자가 원하면 다른 사업장으로 이동이 가능하다.

4. 난민에 관한 설명으로 옳지 못한 것은?
   ① 인도적체류자는 취업활동을 할 수 있다.
   ② 난민신청자는 강제로 송환되지 아니한다.
   ③ 난민신청자는 생계비를 지원받을 수 있다.
   ④ 난민은 상주국으로 돌아갈 수 없는 무국적자이다.
   ⑤ 인도적체류자는 대한민국 국민과 같은 사회보장을 받는다.

5. 다문화가족지원법의 내용으로 옳지 못한 것은?

① 아동교육과 언어교육
② 결혼이민자의 가족상담
③ 다문화교육의 이해와 홍보
④ 결혼이민자와 결혼귀화자의 언어교육
⑤ 대한민국 국적이 없는 합법적 체류 외국인의 처우

비판적 사고

1. 우리나라 국적을 취득한 사실이 없는 외국인이 법무부장관의 허가를 받아 우리나라 국적을 취득하는 절차와 관련된 국적법의 용어는?

2. 북한이탈주민이 처음으로 우리나라에서 생활하며 교육을 받는 곳은?

선택형 정답: 1.①, 2.③, 3.③, 4.⑤, 5.⑤ 주관식 정답: 1.**귀화**, 2.**하나원**

CHAPTER

7

한국의 다문화정책

개요

한국은 1990년대 중반 이후 급격하게 증가한 외국인 및 결혼이민자의 안정적인 사회정착 및 사회통합을 위해 2005년부터 결혼이민자를 대상으로 한 지원 사업을 추진하였고, 2007년 재한외국인 처우 기본법, 2008년 다문화가족지원법 및 결혼중개업 관리에 관한 법률을 제정하였다.

이러한 법적 근거를 토대로 하여 2007년 외국인정책 기본계획, 2008년 다문화 생애주기별 맞춤형 지원 강화대책, 2010년 다문화가족 지원정책 기본계획을 수립하여 다문화정책을 추진하는 한편, 교육부는 매년 다문화가정 자녀 교육지원 대책을 수립하여 추진하고 있다.

따라서 본 장에서는 한국의 다문화정책에 대한 이해를 돕기 위하여 다문화가족 생애주기별 지원강화대책, 외국인정책 기본계획, 다문화가족 지원정책 기본계획을 살펴본 후 보건의료 정책과 사회복지 정책 그리고 교육 정책에 대해 중점적으로 살펴보고자 한다.

1. 다문화가족 생애주기별 맞춤형 지원 강화대책

다문화가족 생애주기별 맞춤형 지원 강화대책은 2008년 보건복지부가 결혼이민자를 포함한 다문화가족의 사회통합을 지원하기 위해 마련한 중장기 정책이다. 동 대책은 '글로벌 코리아를 향한 열린 다문화사회'라는 정책 비전 아래 정책대상별로 결혼이민자의 조기 정착과 자립 역량 강화, 다문화가족의 안정적 생활 유지, 자녀의 건강한 성장 및 글로벌 인재 육성, 국민의 다문화사회 이해 증진 등의 4대 정책 목표를 제시하였다.

보건복지부는 결혼이민자의 한국 사회 적응시기를 결혼준비기(결혼중개 탈법 방지 및 결혼예정자 사전준비 지원)와 가족형성기(결혼이민자 조기적응 및 다문화가족의 안정적 생활 지원), 자녀양육기(다문화가족 자녀 임신 · 출산 · 양육 지원), 자녀교육기(다문화 아동 · 청소년 학습발달 및 역량개발 지원), 가족역량 강화기(결혼이민자 경제 · 자립역량 강화), 가족해체기(해체 다문화가족 자녀 및 한부모 가족 보호 · 지원) 등의 7단계로 구분하고, 생애주기에 맞추어 7대 정책과제와 21개 세부추진과제를 마련하였다(**그림 7.1**).

추진과제의 주요 특징은 가족 생애주기 전반에 걸쳐 다문화가족이 가족을 구성하고 생활을 영위하는 모든 영역의 프로그램을 체계적으로 제공한다는 점이다. 또한 향후 우리 사회의 기둥이 될 자녀의 건강한 성장을 지원하기 위한 자녀양육 · 보육 및 성장 지원 정책에 비중을 두고 있다는 점도 중요하다. 그리고 결혼이민자의 가장 기본적인 문제인 한국어 및 의사소통 문제를 해결하기 위해 통번역 지원 서비스를 본격적으로 실시하였다. 뿐만 아니라 다문화가족지원센터를 중심으로 다양한 기관과의 협력을 통해 통합적이고 폭넓은 서비스를 제공하여 사업의 효율성과 효과성을 높이는데 초점을 두고 있다.

2. 외국인정책 기본계획

외국인정책 기본계획은 「재한외국인 처우 기본법」 제5조에 의거하여 5년마다 수립하는 범정부차원의 외국인정책 계획이다. 「재한외국인 처우 기본법」은 2007년 7월 18일에 제정되었으며, 외국인정책의 기본 방향 및 추진체계를 규정하는 법제도이다.

동 법에 의거해 외국인정책위원회가 출범하였다. 외국인정책위원회는 국무총리를 위

주기별	정책과제	세부추진과제
결혼준비기	결혼중개 탈법 방지 및 결혼 예정자 사전 준비 지원	▪ 국제결혼 탈법 방지 및 결혼당사자 인권보호 ▪ 결혼이민예정자 사전 정보 제공 ▪ 한국인 예비배우자 사전 교육
가족형성기	결혼이민자 조기 적응 및 다문화가족의 안정적 생활 지원	▪ 결혼이민자 의사소통 지원 ▪ 다양한 생활정보 제공 ▪ 다문화가족 생활 보장 ▪ 가족 관계 증진 및 가족 위기 예방
자녀양육기	다문화가족 자녀 임신 · 출산 · 양육 지원	▪ 임신 · 출산 지원 ▪ 부모의 자녀양육 능력 배양 ▪ 영유아 보육 · 교육 강화 ▪ 부모 · 자녀 건강관리
자녀교육기	다문화 아동 · 청소년 학습발달 및 역량개발 강화	▪ 아동 언어 · 학습 · 정서발달 지원 ▪ 아동 · 청소년 역량개발 지원 ▪ 빈곤 · 위기 아동 · 청소년 지원 ▪ 부모의 자녀 교육 역량 강화
가족역량 강화기	결혼이민자 경제 · 사회적 자립역량 강화	▪ 결혼이민자 경제적 자립 역량 강화 ▪ 결혼이민자 사회 연계 강화
가족해체기	해체 다문화가족 자녀 및 한부모가족 보호 · 지원	▪ 한부모가족 지원 ▪ 요보호 아동 지원
전단계	다문화사회 이행을 위한 기반 구축	▪ 사업 추진체계 정비 ▪ 대국민 다문화인식 제고

그림 7.1 생애주기별 정책과제

출처: 보건복지가족부(2008)

원장으로 하고, 기획재정부장관, 법무부장관 등 전부처의 장, 그리고 7인의 민간위원 등 총 30인 내외로 구성된다. 외국인정책위원회는 외국인정책 기본계획 수립, 시행 및 평가, 국적 취득 후 사회적응 및 외국인정책과 관련된 주요사항 등을 심의 · 조정한다. 특히 영주권자, 난민 등을 포함하는 전체 재한외국인, 결혼이민자 및 그 자녀 등을 정책대상으로 하는 재한외국인과 관련된 모든 정책을 총괄한다(**그림 7.2**).

재한외국인 처우 기본법 제5조

제5조(외국인정책의 기본계획)

① 법무부장관은 관계 중앙행정기관의 장과 협의하여 5년마다 외국인정책에 관한 기본계획(이하 "기본계획"이라 한다)을 수립하여야 한다.

② 기본계획에는 다음 각 호의 사항이 포함되어야 한다.

1. 외국인정책의 기본목표와 추진방향
2. 외국인정책의 추진과제, 그 추진방법 및 추진시기
3. 필요한 재원의 규모와 조달방안
4. 그 밖에 외국인정책 수립 등을 위하여 필요하다고 인정되는 사항

③ 법무부장관은 제1항에 따라 수립된 기본계획을 제8조에 따른 외국인정책위원회의 심의를 거쳐 확정하여야 한다.

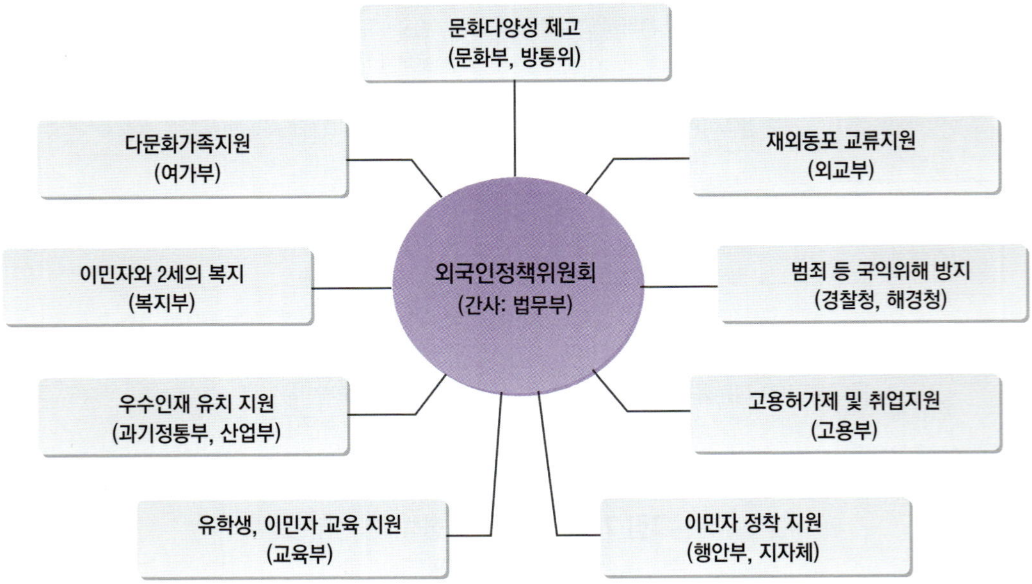

그림 7.2 외국인정책위원회

출처: 법무부(2018)

외국인정책 기본계획은 2007년 제1차 외국인정책 기본계획(2008~2012)을 시작으로 2012년 제2차 외국인정책 기본계획(2013~2017)을 완료하였고, 2020년 현재 제3차 외국인정책 기본계획(2018~2022)을 시행하고 있다. 동 계획은 한국으로 이주하고자 하는 외

국인에게 사회구성원의 자격을 제공하고, 외국인의 원활한 국내 거주를 지원하기 위해 정치 · 경제 · 사회 · 문화 등 종합적인 차원의 정책을 마련하는 것을 목적으로 한다. 동 계획은 법무부를 주관 부서로 하고 국경 및 출입국관리, 외국인 정보, 체류 외국인 질서 확립 관련 정책 등을 중요하게 다루고 있지만, 안전행정부, 보건복지부, 교육부 등 다양한 정부 부처가 참여하여 이민자 사회통합 및 이민자 생활환경 조성(보건복지, 교육 등)을 위한 정책도 추진한다(박종대 · 박지해, 2014). 이러한 측면에서 외국인정책 기본계획은 범부처 차원에서 추진한 다문화정책의 시초라고 할 수 있다.

1) 제1차 외국인정책 기본계획(2008~2012)

제1차 외국인정책 기본계획은 해외 우수 인력의 적극적인 유입을 위한 '국가 전략' 추진 및 외국인근로자, 결혼이민자 등 국내 체류 외국인의 급증에 따른 사회적 파급 효과에 대응하는 중장기적인 관점의 종합적인 정책 마련을 기본 방향으로 제시한다. 제1차 외국인정책 기본계획의 비전은 "외국인과 함께하는 세계일류국가 건설"이며, 정책목표는 (1) 적극적인 이민 허용을 통한 국가경쟁력 강화, (2) 질 높은 사회통합, (3) 질서 있는 이민행정 구현, (4) 외국인 인권옹호이다(**그림 7.3**).

정책목표 달성을 위한 4대 세부 정책과제는 다음과 같다.

① 첫 번째 정책과제는 국가경쟁력 강화이다. 이를 위해 우수한 외국인 인재를 적극적으로 유치하고, 이들의 영주자격 기준 완화 및 복수국적 허용 등을 추진하였다. 특히 외국인에게 편리한 생활환경 조성을 위해 외국인종합안내센터의 통역서비스 확대, 온라인 민원처리 확대, 외국인 특성에 맞는 주택 공급, 외국인을 위한 교통정보 제공(외국인 방송 및 외국어 병기 추진), 영주권자 등 외국인을 대상으로 사회보장수급권 확대, 외국인 장애인에 대한 복지 확대, 취약계층 외국인의 여가환경 개선을 위한 여행 및 공연전시 관람 기회 확대 방안을 마련하였다.

② 두 번째 정책과제는 질 높은 사회통합이다. 이를 위해 전 분야에 걸쳐 이민자 지원을 확대하고 체계적인 지원을 강화하였다. 특히 결혼이민자의 안정적인 정착을 위해 결혼이주여성의 임신 및 출산예정자를 위한 방문지원서비스, 12세 미만 자녀를 양육하는 다문화가족을 위한 방문상담서비스, 취업 지원을 위한 한국어교육, 자격증 교육, 영농정착 지원서비스 제공 방안을 모색하였다. 또한 이민자 자녀의 건강한 성장환경 조

비전	외국인과 함께하는 세계 일류국가
정책목표	1. 적극적인 이민 허용을 통한 국가경쟁력 강화 2. 질 높은 사회통합 3. 질서 있는 이민행정 구현 4. 외국인 인권 옹호
중점과제	1-1. 우수인재 유치를 통한 성장동력 확보 1-2. 국민경제의 균형발전을 위한 인력 도입 1-3. 외국인에게 편리한 생활환경 조성
	2-1. 다문화에 대한 이해 증진 2-2. 결혼이민자의 안정적 정착 2-3. 이민자 자녀의 건강한 성장환경 조성 2-4. 동포의 역량 발휘를 위한 환경 조성
	3-1. 외국인 체류질서 확립 3-2. 국가안보 차원의 국경관리 및 외국인정보 관리 3-3. 건전한 국민확보를 위한 국적업무 수행
	4-1. 외국인 차별 방지 및 권익보호 4-2. 보호 과정의 외국인 인권 보장 4-3. 선진적 난민 인정 · 지원 시스템 구축

그림 7.3 제1차 외국인정책 기본계획 비전 및 목표

출처: 법무부(2018)

성을 위해 이중 언어 교육환경 조성, 취학 전 유아의 학습발달 지원, 한국어교육 지원, 다문화청소년의 학교적응을 위한 보충학습 및 멘토링 서비스 제공, 다문화교육 전문가 배치, 다문화청소년 진로상담 강화, 다문화가정 학부모 교육 및 상담, 학교부적응 및 중도탈락 학생을 위한 교육기회 확대 등의 구체적인 지원 방안을 마련하였다(법무부, 2008).

③ 세 번째 정책과제는 질서 있는 이민행정 구현이다. 국가 질서에 위해를 가하는 외국인의 입국을 차단하고, 외국인범죄를 선제적으로 예방하며 출입국관리시스템의 선진화를 구축하였다.

④ 마지막으로 외국인 인권옹호이다. 국내 거주 외국인의 인권을 보호하기 위해 난민법 제정, 인종차별금지 캠페인, 홍보활동 등 외국인에 대한 구조적 차별을 해결하기 위한 정책을 마련하였다.

2) 제2차 외국인정책 기본계획(2013~2017)

제2차 외국인정책 기본계획은 2012년 12월 외국인정책위원회의 심의 · 의결을 완료하고 2013년부터 5년간 추진한 정책계획이다. 동 계획은 "세계인과 더불어 성장하는 활기찬 대한민국"을 비전으로 하고, 개방, 통합, 인권, 안전, 협력 등의 5대 테마를 토대로 경제활성화 지원과 인재 유치, 대한민국 공동 가치가 존중되는 사회통합, 차별방지와 문화다양성 존중, 국민과 외국인이 안전한 사회구현, 국제사회와 공동발전을 정책목표로 제시한다(**그림 7.4**).

제2차 외국인정책 기본계획의 정책목표 달성을 위한 추진과제는 다음과 같다.

① 경제활성화 지원과 인재유치를 위한 출입국관리시스템의 효율성 강화이다. 이를 위해 워킹홀리데이 협정 체결국 확대(5년간 25개국), 의료관광 활성화, 해외우수인력 발굴 및 지원 강화, 해외 유학생 유치 활성화 및 질적 관리 강화, 외국인 투자유치 확대 등을 추진하였다.

② 대한민국의 공동가치가 존중되는 사회통합을 위해 국적 및 영주제도 개선이다, 이민자 사회통합프로그램 개선 및 프로그램 이수자 대상 혜택 방안 등을 마련하였다. 특히 국제결혼 피해방지 및 결혼이민자 정착 지원을 위해 결혼이민자 맞춤형 한국생활 지원서비스, 자녀양육관련 정보 및 교육서비스, 지격증 교육 지원, 취업교육 참여자 재정지원(취업성공패키지[1], 내일배움카드[2]), 결혼이민자 등 취약계층의 취업에 기여한 사회적 기업에 재정지원 등을 제공하였다. 그리고 이민배경자녀의 건강한 성장환경 조성을 위해 이민배경자녀를 대상으로 한국어교육 및 학교적응교육서비스 제공, 중도입국자녀의 한국 사회 적응 지원, 이주배경청소년을 위한 Rainbow School[3] 운영, 이주

1) 결혼이민자를 대상으로 제공하는 통합 지원프로그램으로서, 취업 시 취업성공수당을 지원한다.

2) 200만 원 한도 내에서 지원하고, 결혼이민자는 자비부담을 20~40% 면제해 준다.

3) 이주배경청소년을 대상으로 한국어교육, 한국생활문화 정보제공, 정체성 확립 및 진로를 위한 상담, 취업연계서비스를 제공하는 프로그램으로 전일제(주 5일, 4개월 과정), 방과후과정, 주말과정, 여름방학과정 등으로 운영한다.

비전	세계인과 더불어 성장하는 활기찬 대한민국	
정책목표 및 중점과제	**정책목표**	**중점과제**
	1. 개방 경제활성화 지원과 인재 유치	1. 내수 활성화 기여, 외래관광객 유치 2. 국가와 기업이 필요한 해외 인적자원 확보 3. 미래 성장동력 확충을 위한 유학생 유치 4. 지역 균형발전을 촉진하는 외국인 투자 유치
	2. 통합 대한민국의 공동가치가 존중되는 사회통합	1. 자립과 통합을 고려한 국적 및 영주제도 개선 2. 체계적인 이민자 사회통합프로그램 운영 3. 국제결혼 피해방지 및 결혼이민자 정착 지원 4. 이민배경자녀의 건강한 성장환경 조성 5. 이민자 사회통합을 위한 인프라 구축
	3. 인권 차별방지와 문화다양성 존중	1. 이민자 인권존중 및 차별방지 제도화 2. 다양한 문화에 대한 사회적 관용성 확대 3. 국민과 이민자가 소통하는 글로벌 환경 조성
	4. 안전 국민과 외국인이 안전한 사회구현	1. 안전하고 신뢰받는 국경 관리 2. 질서 위반 외국인에 대한 실효적 체류 관리 3. 불법체류 단속의 패러다임 다변화 4. 외국인에 대한 종합적인 정보관리 역량 제고
	5. 협력 국제사회와의 공동발전	1. 이민자 출신국, 국제기구 등과의 국제협력 강화 2. 국가 위상에 부합하는 난민정책 추진 3. 동포사회와의 교류와 협력 확산

그림 7.4 제2차 외국인정책 기본계획 비전 및 목표

출처: 법무부(2018)

배경청소년의 직업교육 및 진로상담, 이주배경청소년의 심리 상담 및 복지서비스 확대 등을 제공하였다(법무부, 2012).

③ 차별방지와 문화다양성 존중이다. 외국인 관련 법 제도 및 관련 정책에 대해 사전 분석 및 평가제도를 마련하고, 외국인 및 내국인의 다문화 인식 향상을 위한 교육 강화, 지자체 중심의 이민자 관련 행사 공고 일원화 및 활성화를 추진하였다.

④ 국민과 외국인의 안전한 사회구현이다. 승객 정보 사전 전송시스템 구축을 통해 안전한 국경관리를 강화하고, 밀입국 취약지역의 감시체제를 강화하며, 위법한 외국인의

체류 및 불법체류자의 체계적인 단속 및 관리를 추진하였다.

⑤ 국가사회와의 공동발전이다. 이를 위해 이민자 출신국, 국제기구와 국제협력체계를 구축하고, 난민의 재정착을 위한 수용 방안 및 효율적인 난민신청 절차 방안을 마련하며, 해외 동포의 국내 입국 및 체류지원 계획을 마련하였다.

제1차, 제2차 외국인정책 기본계획의 성과는 다음과 같다. 제1차 외국인정책 기본계획 마련으로 169개의 세부 과제를 추진하였고, 제2차 외국인정책 기본계획을 통해 146개의 세부 과제를 추진하였다. 그 결과 외국인정책 기본계획의 정책목표를 성공적으로 달성한 것으로 평가되었다. 특히 결혼이민자에 대한 맞춤형 지원을 통해 결혼이민자의 경제적 자립, 역량 강화를 증진시키고 있으며, 이민배경자녀의 한국어교육, 공교육 진입 강화, 진로 및 직업교육 지원 등으로 이민배경청소년의 학교적응 및 한국 사회 정착에 긍정적인 성과를 도출하였다(법무부, 2018).

3) 제3차 외국인정책 기본계획(2018~2022)

제3차 외국인정책 기본계획은 "국민 공감! 인권과 다양성이 존중되는 안전한 대한민국"을 비전으로 상생, 통합, 안전, 인권, 협력 등의 5대 핵심가치를 제시한다. 이를 위해 (1) 국민이 공감하는 질서 있는 개방, (2) 이민자의 자립과 참여로 통합되는 사회, (3) 국민과 이민자가 함께 만들어가는 안전한 사회, (4) 인권과 다양성이 존중되는 정의로운 사회, (5) 협력에 바탕한 미래지향적 거버넌스 구축을 정책목표로 제시한다(**그림 7.5**).

(1) 제3차 외국인정책 기본계획 개요

제3차 외국인정책 기본계획은 19개 중앙행정기관, 17개 지방자치단체가 함께 5대 정책목표달성을 위해 총 18개의 중점과제를 선정하여 추진하고 있다(법무부, 2018b). 제3차 외국인정책 기본계획의 기본방향을 위한 구체적인 내용은 다음과 같다(국무조정실, 2018).

① 합리적 개방과 안전한 사회환경 조성이다. 이를 위해 외국인 비자연장 시 세금 체납 확인제도를 확대하고, 건강보험 부당이득금, 법칙금 및 과태료 체납 정보 등을 체류허가 심사 시 활용하도록 하고, 전자여행허가제를 도입하여 국경관리를 강화하며, 이민특수조사대를 설치하여 외국인 범죄에 대해 신속하게 대처하고, 사이버팀을 신설하여 SNS

비전	국민 공감! 인권과 다양성이 존중되는 안전한 대한민국
핵심 가치	<상생> <통합> <안전> <인권> <협력>

정책목표	중점과제
1. 국민이 공감하는 질서 있는 개방	1. 우수인재 유치 및 성장지원 강화 2. 성장동력 확보를 위한 취업이민자 유치 · 활용 3. 관광객 및 투자자 등의 유치를 통한 경제 활성화 4. 유입 체계 고도화 및 체류 · 국적 제도 개선
2. 이민자의 자립과 참여로 통합되는 사회	1. 이민단계별 정착 지원 및 사회통합 촉진 2. 이민배경자녀 역량 강화 3. 이민자 사회통합을 위한 복지지원 내실화 4. 이민자의 지역사회 참여 확대
3. 국민과 이민자가 함께 만들어가는 안전한 사회	1. 안전하고 신속한 국경관리 체계 구축 2. 체류 외국인 관리 체계 선진화
4. 인권과 다양성이 존중되는 정의로운 사회	1. 이민자 인권보호 체계 강화 2. 여성 · 아동 등 취약 이민자 인권증진 3. 문화다양성 증진 및 수용성 제고 4. 동포와 함께 공존 · 발전하는 환경 조성 5. 국제사회가 공감하는 선진 난민정책 추진
5. 협력에 바탕한 미래 지향적 거버넌스	1. 이민관련 국제협력 증진 2. 중앙부처 · 지자체 · 시민사회 협력 강화 3. 이민정책 및 연구기반 구축

그림 7.5 제3차 외국인정책 기본계획 비전 및 목표

출처: 법무부(2018)

를 통한 불법취업 및 알선 정보를 수집 · 분석한다.

② 체계적 외국인 인권보호시스템 구축이다. 이를 위해 농축산어업 외국인근로자의 주거시설 개선을 위해 최소 기준을 설정하고, 비닐하우스 숙소제공 사업장에는 신규인력 배정을 제외한다. 또한 성범죄 및 산업재해로부터 외국인근로자 보호를 위해 성폭력 고용주 및 산업재해를 은폐한 고용주 및 사업장에는 신규 외국인 인력을 배제한다. 예

술 및 흥행분야에 종사하는 외국인의 인권보호를 위해 철저한 계약제도를 도입하고, 국가인권위원회가 외국인 종사자의 인권보호를 위한 사전예방에 적극적인 조치를 취할 수 있도록 한다.

③ 유학생과 취업이민자의 성장 및 자립을 지원한다. 이에는 외국인유학생 유치확대, 외국인 창업지원, 뿌리산업 기술인력 양성 등이 포함된다. 외국인유학생 유치확대를 위해 유학생 채용박람회 및 찾아가는 유학상담실을 확대하고, 외국인의 창업지원 및 활성화를 위해 비자발급 시 학력요건을 완화하고, 주조, 금형, 용접 등 뿌리산업 외국인력 양성을 위해 지정대학(현재 9개 대학)을 추가한다.

④ 외국인 체류와 국적제도의 개선이다. 이를 위해 국내 영주자격 취득요건을 법에 명시하고, 영주권 갱신을 의무화하며, 귀화자의 소속감 제고를 위해 귀화증서 수여제도를 도입하고, 귀화자에 대한 병역의무를 관련기관과 검토하기로 한다.

(2) 제3차 외국인정책 기본계획 주요사업

제3차 외국인정책 기본계획의 주요 추진과제는 다음과 같다.

① 국민이 공감하는 질서 있는 개방이다. 우수인재 유치 및 성장지원 강화를 위해 해외인재유치포털 운영 및 관리, 외국의 접근이 용이한 장소에 글로벌 인재유치센터를 신설, 이민관련 종합 행정 서비스 제공, 해외 우수인재 선별 기능을 강화하기 위한 점수제 도입, 한국 유학 수출 강화를 위한 한국유학박람회 개최 및 외국인유학생 유치 관리역량 인증제를 도입, 국제장학프로그램 확대 적용, 외국인유학생의 학습 및 적응지원 강화, 유학생의 취업 · 창업의 연계 확대 등을 추진한다. 성장동력 확보를 위한 취업이민자 유치활용을 위해 지역수요를 반영한 외국인 취업 및 계절 근로자 제도 개선, 비전문직 취업이민자의 유입 및 관리 강화 방안을 마련한다. 관광객 및 투자자 등 유치를 통한 경제 활성화를 위해 의료관광, 워킹홀리데이, 환승관광, 외국인환자유치 확대 등 목표그룹별 맞춤형 전략 수립, 외래관광산업 활성화를 위한 편의증진, 품질제고 등의 기반을 마련한다. 유입체계 고도화 및 체류 · 국적제도 개선을 위해 유입계획 수립 및 효과분석 체계를 마련하고, 귀화증서 수여제도, 보충적 출생지주의 및 귀화자 병역의무 부여 검토를 추진한다.

② 이민자의 자립과 참여로 통합되는 사회이다. 이민단계별 정착지원 및 사회통합 촉진

을 위해 이민자 체류관리 인프라 구축, '하이코리아[4]' 고도화 추진, 외국인종합안내센터[5] 서비스 강화, 외국인을 위한 방송통신서비스 확대 및 이용환경 개선, 능동적 소통형 민원 응대 시스템 도입 · 운영, '다문화사회전문가[6]' 양성 및 역량강화 방안마련, '내일배움카드[7]' 발급을 통한 취업지원, 외국인 직장인의 상담서비스 확대, 외국인 직장인의 교육활성화를 위한 교재 및 온라인 교육방안 마련, 농촌 결혼이민여성의 정착단계별 교육 및 정착지원, 국제결혼 사증발급 심사기준 및 모니터링 강화, 국제결혼 안내프로그램[8] 확대 실시, 결혼이민자 조기적응프로그램 강화, 결혼이민자형 사회통합프로그램 개발을 추진한다. 이민배경자녀 역량 강화를 위해 '글로벌 브릿지 사업[9]' 추진, 다문화청소년 대상 진로 및 정서 상담 확대, 다문화유치원[10] 확대, 이주배경청소년 대상 레인보우스쿨[11] 확대 적용, 이민자 대상 긴급복지 지원 및 아동복지법 적용 확대, '외국인근로자 등 의료지원 사업' 확대 추진, 외국인 이주민의 지역사회 정책참여활동 증

---

4) 외국인을 대상으로 비자, 출입국절차, 주거 등 생활편의 정보 및 전자민원서비스 제공을 목적으로 구축한 웹사이트(www.hikorea.go.kr)이다.

5) 출입국, 일상생활 관련 불편사항, 다문화가정 내 문제 등에 대한 민원을 처리하기 위해 도입한 콜센터이다. 현재 100여 명의 상담가가 근무하고 20개의 언어로 서비스를 제공한다. 외국인종합안내센터번호는 1345번이다.

6) 다문화교육, 다문화가족 및 이주민 상담, 이민행정 분야 등에서 활동하는 전문인력이다. 한국문화 교육, 사회통합프로그램, 조기적응프로그램 등 이민자 교육을 주로 담당한다.

7) 구직자에게 일정한 금액을 지원하여 스스로 직업능력개발훈련을 선택하고 직업훈련을 받아 취업할 수 있도록 지원하는 제도이다. 기존 실업자, 재직자로 분리 · 운영되던 내일배움카드는 2020년 1월 1일 이후 국민내일배움카드로 통합되었다.

8) 중국, 베트남, 필리핀, 캄보디아, 몽골, 우즈베키스탄, 태국 등 7개 국가 출신의 외국인과 국제결혼을 준비 중이거나, 이미 국제결혼을 완료한 상태에서 배우자를 국내로 초청하려는 국민을 대상으로 현지 국가의 제도, 문화, 예절 등과 결혼사증 발급 절차 및 심사기준 등 정부정책을 교육하는 프로그램이다.

9) 다문화학생의 잠재력을 발굴하고 수학, 과학, 글로벌리더십, 언어, 예체능 분야에서 우수인재로 자랄 수 있도록 지원하는 특별 교육 프로그램이다. 2011년 4개 사업으로 시작하여, 2014년 10개 사업, 2015~2016년에는 17개 사업, 2017년에는 20개 사업으로 확대되었다.

10) 다문화유아의 언어발달 및 기초학습 지원 모델을 개발하기 위해 도입된 사업으로 2015년부터 추진되었다. 일반 아동과 통합하여 언어 및 다문화 이해교육을 실시하면서 다문화유아의 특성을 고려한 개별적인 추가 지도를 실시하는 제도이다. 다문화유치원은 2015년 30개 유치원이 지정되었고, 2017년에는 90개 유치원으로 확대되었다.

11) 중도입국청소년들의 입국 초기 한국 사회 적응을 지원하는 프로그램으로 한국 사회에 대한 기본정보 및 한국어 교육을 실시하고, 사회적 관계 향상 및 심리정서를 지원하기 위해 상담프로그램을 운영한다. 그리고 정규교육과정 편입학을 위한 정보제공 및 상담을 실시한다. 레인보우스쿨은 전국 15개 광역시 · 도의 총 23개 기관에서 운영하고 있다.

진을 위한 외국인 이주민 지원협의회 활성화 및 동포, 외국인노동자, 결혼이민자, 유학생 집중거주지역 등 지역특화형 서비스 모델 개발 등을 추진한다.

③ 국민과 이민자가 함께 만들어가는 안전한 사회구현이다. 안전하고 신속한 국경관리 체계 구축을 위해 바이오 정보를 활용한 출입국시스템 구축 및 자동출입국심사 확대, 전자여행허가제도 검토, 탑승자 사전확인시스템 운영, 환승관리 강화, 해상국경 관리 강화 인프라 구축을 계획한다. 체류 외국인 관리 체계 선진화를 위해 불법체류 단속 강화 및 디지털 기반 정보시스템 구축, 외국인 비자연장 전 세급체납 확인제도 시행, 이민특수조사대 확대 및 사이버팀 신설을 추진한다.

④ 인권과 다양성이 존중되는 정의로운 사회이다. 이민자 인권보호 체계 강화를 위해 외국인 인권보호 및 권익증진 협의회 강화, 위기 · 재난 대응체계 확충, 외국인근로자 산업재해 예방 및 지원 강화, 외국인근로자 채용을 위한 사업주 요건 강화계획을 마련한다. 여성 · 아동 등 취약 이민자 인권증진을 위해 예술흥행 종사자 구제절차 개선, 폭력피해 이주여성 운영지원 내실화, 외국인 아동 인권증진 방안 마련, 인신매매 피해자 식별 및 보호지표 적용, 불법체류 외국인 단속 절차 적법성 강화, 장기보호 외국인 인권증진 방안계획을 마련한다. 문화다양성 증진 및 수용성 제고를 위해 '세계인 주간 및 세계인의 날' 행사에 지역주민, 이민자 참여 활성화, 다문화 관련 방송콘텐츠 확대, 다문화 이해교육 및 세계시민교육 확대, 무지개다리사업 확대 등 상호문화이해 활동을 촉진한다. 동포와 함께 공존 · 발전하는 환경 조성을 위해 동포체류지원센터 지정 확대, 동포의 고국방문 및 체류 편의를 위한 비자제도 및 인프라 개선 등을 추진한다. 국제사회가 공감하는 선진 난민정책 추진을 위해 난민심사 인프라 확충, 재정착희망난민 수용 방식 검토, 난민에 대한 글로벌 컴팩트 채택 등을 추진한다.

⑤ 협력에 바탕한 미래지향적 거버넌스 구축이다. 이민관련 국제협력 증진을 위해 외국인의 자발적 귀환 유도 강화, 외국인의 재정착 프로그램 운영, 개도국 인재 양성 협력, 이민과 난민에 대한 다자간 국제협력체계에 적극적인 참여를 계획한다. 중앙부처 · 지자체 · 시민사회의 협력 강화를 위해 중앙부처간 상호 연계 강화, 지자체의 적극적인 참여 유도, 정책결정과정에서 이민자의 적극적인 참여 유도를 위한 환경조성, 지속적인 민 · 관 협력 체계 구축을 추진한다. 이민정책 및 연구기반 구축을 위해 공무원 역량강화를 위한 교육 활성화, 이민관련 지표 및 법제도 개선, 통계기반의 이민행정 데이터 구축, 대학 및 연구기관과 연계한 연구 활성화 등을 추진한다.

다문화가족지원법 제3조의2, 제3조의4

제3조의2(다문화가족지원을 위한 기본계획의 수립)

① 여성가족부장관은 다문화가족지원을 위하여 5년마다 다문화가족정책에 관한 기본계획을 수립하여야 한다.

② 기본계획에는 다음 각 호의 사항을 포함하여야 한다[개정 2015.12.22.].

1. 다문화가족지원정책의 기본 방향
2. 다문화가족지원을 위한 분야별 발전시책과 평가에 관한 사항
3. 다문화가족지원을 위한 제도 개선에 관한 사항

3의2. 다문화가족 구성원의 경제 · 사회 · 문화 등 각 분야에서 활동 증진에 관한 사항

4. 다문화가족지원을 위한 재원 확보 및 배분에 관한 사항
5. 그 밖에 다문화가족지원을 위하여 필요한 사항

③ 여성가족부장관은 기본계획을 수립할 때에는 미리 관계 중앙행정기관의 장과 협의하여야 한다.

④ 기본계획은 제3조의4에 따른 다문화가족정책위원회의 심의를 거쳐 확정한다. 이 경우 여성가족부장관은 확정된 기본계획을 지체 없이 국회 소관 상임위원회에 보고하고, 관계중앙행정기관의 장과 특별시장 · 광역시장 · 특별자치시장 · 도지사 · 특별자치도지사(이하 "시 · 도지사"라 한다)에게 알려야 한다[개정 2015.12.1., 2020.5.19.].

⑤ 여성가족부장관은 기본계획을 수립하기 위하여 필요하다고 인정하는 경우 관계 기관의 장에게 기본계획의 수립에 필요한 자료의 제출을 요구할 수 있다.

⑥ 제5항에 따라 자료의 제출을 요구받은 관계 기관의 장은 정당한 사유가 없으면 이에 따라야 한다[본조신설 2011.4.4.].

제3조의4(다문화가족정책위원회의 설치)

① 다문화가족의 삶의 질 향상과 사회통합에 관한 주요 사항을 심의 · 조정하기 위하여 국무총리 소속으로 다문화가족정책위원회(이하 "정책위원회"라 한다)를 둔다.

② 정책위원회는 다음 각 호의 사항을 심의 · 조정한다.

1. 제3조의2에 따른 다문화가족정책에 관한 기본계획의 수립 및 추진에 관한 사항
2. 제3조의3에 따른 다문화가족정책의 시행계획의 수립, 추진실적 점검 및 평가에 관한 사항
3. 다문화가족과 관련된 각종 조사, 연구 및 정책의 분석 · 평가에 관한 사항
4. 각종 다문화가족지원 관련 사업의 조정 및 협력에 관한 사항
5. 다문화가족정책과 관련된 국가 간 협력에 관한 사항
6. 그 밖에 다문화가족의 사회통합에 관한 중요 사항으로 위원장이 필요하다고 인정하는 사항

③ 정책위원회는 위원장 1명을 포함한 20명 이내의 위원으로 구성하고, 위원장은 국무총리가 되며, 위원은 다음 각 호의 사람이 된다.

1. 대통령령으로 정하는 중앙행정기관의 장
2. 다문화가족정책에 관하여 학식과 경험이 풍부한 사람 중에서 위원장이 위촉하는 사람

④ 정책위원회에서 심의 · 조정할 사항을 미리 검토하고 대통령령에 따라 위임된 사항을 다루기 위하여 정책위원회에 실무위원회를 둔다.

⑤ 그 밖에 정책위원회 및 실무위원회의 구성 및 운영 등에 필요한 사항은 대통령령으로 정한다[본조신설 2011.4.4.].

3. 다문화가족지원정책 기본계획

다문화가족지원정책은 「다문화가족지원법」에 제3조2항에 의거하여 5년마다 수립하는 다문화가족지원을 위한 국가차원의 계획이다. 「다문화가족지원법」은 2008년에 제정되었으며, 다문화가족의 삶의 질 향상을 위한 정책 방향 및 추진체계를 규정하는 법제도이다.

동 법 제3조4항에 의거해 2009년 12월 다문화가족정책위원회가 설립되었다. 다문화가족정책위원회는 다문화가족지원정책의 총괄 · 조정을 위한 민관 합동 기구로서 위원장(국무총리)을 포함한 20인 내외의 위원으로 구성한다. 위원은 기획재정부장관, 법무부장관, 외교통상부장관, 교육과학기술부장관, 국무총리실장 등 11인의 당연직과 민간의 각계각층 전문가 8인은 위촉직으로 구성되어 있다. 다문화가족정책을 총괄하고 조정하는 기능을 강화하기 위해 다문화가족정책위원회의 실무위원회의 운영을 여성가족부로 조정하였다.[12] 이로써 여성가족부장관이 실무위원회 위원장을 맡아 다문화가족지원정책 시행계획을 수립하고, 다문화정책 관련 부처간 이견을 조정하며, 유사 및 중복업무 방지를 위한 관계부처간 역할 분담 등을 담당한다(**그림 7.6**).

다문화가족정책위원회는 2010년 5월 제2차 다문화가족정책위원회에서 「다문화가족지원정책 기본계획(2010~2012)」을 수립하여 다문화가족지원정책의 토대를 구축하였다. 2011년 「다문화가족지원법」의 개정으로 다문화가족지원을 위한 기본계획 및 연도별 시행계획 수립 근거를 마련하였다. 2012년 12월 11일 제1차 기본계획이 마무리됨에 따라 관계부처 합동으로 「제2차 다문화가족정책 기본계획(2013~2017)」을 마련하였다. 제2차 기본계획은 개정된 「다문화가족지원법」의 적용으로 5년 단위의 계획을 수립하였다. 2017년 제2차 기본계획이 만료되는 시점인 2017년 향후 5년을 이끌 3차 기본계획 수립의 필요성이 제기되어 기본계획 수립을 위한 연구, 관계부처 및 수요자의 의견 수렴, 다문화가족정책 실무위원회 및 정책위원회의 회의를 거쳐 「제3차 다문화가족정책 기본계획(2018~2022)」을 확정하였다.

12) 2010년 다문화가족정책 주관부처가 보건복지가족부에서 여성가족부로 이관됨에 따라 다문화가족정책위원회 실무위원회 운영을 여성가족부로 조정하였다. 훈련개정을 통해 실무위원회 위원장을 국무총리실장에서 여성가족부장관으로 변경하였다.

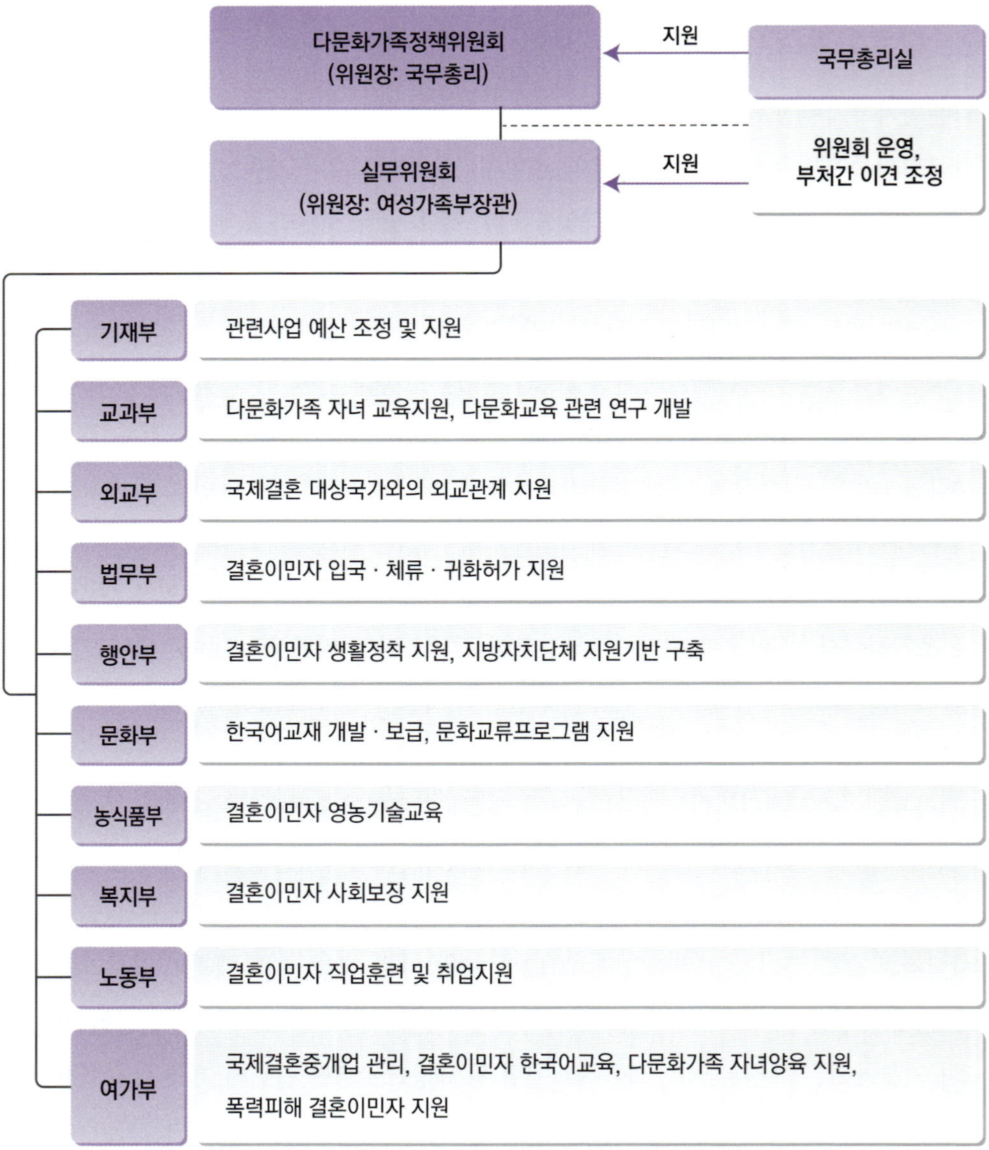

그림 7.6 다문화가족지원정책 추진체계

자료: 국무총리실 · 관계부처합동(2010)

1) 제1차 다문화가족지원정책 기본계획(2010~2012)

제1차 다문화가족지원정책 기본계획은 "열린 다문화사회와 성숙한 세계국가 구현"을 비전으로 제시하고, 다문화가족의 삶의 질 향상 및 안정적인 정착 지원, 다문화가족 자녀에 대한 지원 강화 및 글로벌 인재 육성 등을 목표로 제시하였다(**그림 7.7**). 제1차 다문화가족

지원정책 기본계획의 추진방향은 다문화가족지원정책의 통합지원체계 확립, 분야별 중점과제 선정 및 정부정책 역량 강화, 중 · 장기적 관점에서 수요자 중심의 맞춤형 서비스 확대이다. 다문화가족지원정책의 통합지원체계 확립은 기관 간 역할분담 및 중복사업 통폐합을 통한 자원낭비 방지, 정보공유를 통한 연계체계를 확립하는 것이다. 분야별 중점과제 선정 및 정부정책 역량 강화는 선택과 집중을 통해 정부 자원의 효율적인 활용을 도모

비전	열린 다문화사회로 성숙한 세계국가 구현	
목표	▪ 다문화가족의 삶의 질 향상 및 안정적인 정착 지원 ▪ 다문화가족 자녀에 대한 지원 강화 및 글로벌인재 육성	
추진 과제	다문화가족지원정책 추진체계 정비	▪ 다문화가족지원 관련 총괄 · 조정 기능 강화 ▪ 다문화가족지원 서비스 전달체계 효율화 ▪ 다문화가족지원정책 추진 기반 확충
	국제결혼중개 관리 및 입국 전 검증시스템 강화	▪ 국제결혼중개에 대한 관리 강화 ▪ 결혼이민 예정자 대상 사전정보 제공 확대 ▪ 자립가능한 이민자 유입을 위한 입국 전 검증시스템 강화
	결혼이민자 정착 지원 및 자립역량 강화	▪ 결혼이민자 한국어교육 및 의사소통 지원 강화 ▪ 결혼이민자 직업교육 및 취업지원 활성화 ▪ 안정적 사회통합을 위한 국적 취득 합리화 ▪ 결혼이민자 생활적응 지원 및 사회보장 확대 ▪ 이혼 및 폭력피해 결혼이민자 인권보호 증진 ▪ 배우자교육 운영 및 다문화가족 간 네트워트 강화
	다문화가족 자녀의 건강한 성장환경 조성	▪ 글로벌인재 육성을 위한 맞춤형 교육지원 강화 ▪ 다문화가족 유아 등의 언어발달 지원사업 확대 ▪ 다문화가족 학부모의 자녀교육 역량 강화 ▪ 학교부적응 자녀 지원을 위한 인프라 확충
	다문화에 대한 사회적 이해 제고	▪ 다문화 이해 증진을 위한 사회교육 활성화 ▪ 다문화 이해 증진을 위한 학교교육 강화 ▪ 지자체 일선 공무원 등 다문화 관계자에 대한 교육 확대 ▪ 다문화 이해 증진을 위한 홍보활동 강화

그림 7.7 제1차 다문화가족지원정책 기본계획의 비전 및 목표

자료: 국무총리실 · 관계부처합동(2010)

하고, 다문화가족 자립능력 증진을 위해 취업 및 다문화자녀 교육 대책을 집중적으로 강화하는 것을 핵심으로 하였다. 수요자 맞춤형 서비스 확대는 결혼이민자, 배우자, 자녀 등 대상자별 혹은 가족단위별 지원프로그램을 개발 · 시행하고, 생애주기별 맞춤형 지원 대책을 반영하여 정책의 사각지대를 최소화하는 것이다(국무총리실 · 관계부처합동, 2010).

다문화가족지원정책의 통합적 지원체계를 확립하고, 다문화가족지원서비스의 질적 수준 제고를 위해 5대 중점과제를 마련하였으며, 구체적인 내용은 다음과 같다(국무총리실 · 관계부처합동, 2010).

① 다문화가족지원정책 추진체계 정비이다. 여성가족부 중심의 다문화가족정책 추진을 강화하고, 유사중복업무를 방지하고 효율적인 정책운영을 위해 관계부처간 역할분담을 명확히 하며, 중앙 · 지방정부 사업에 대한 철저한 실태 조사를 통해 중복사업을 발굴 및 조정하였다. 또한 다문화가족지원 지역거점기관 지정 및 지역협의체 운영 등 서비스 전달체계 개선 추진, 다문화가족의 접근성 증진을 위한 다문화가족지원센터 확대, 다문화가족 다수 거주 지자체에 지원 전담부서 설치 및 인력배치 확대를 위한 표준안 마련 등 다문화가족지원 서비스 전달체계 효율화를 추진하였다. 아울러 정책수립 관련 기초통계자료의 확보를 위한 정기적인 다문화가족 현황조사 및 실태조사 실시, 지역특성별 다문화가족지원 사업추진 모델 개발, 결혼이민자 정착지원을 위한 표준서비스 모델을 개발하여 지자체에 제공하는 등의 다문화가족지원정책 추진 기반 확충을 추진하였다.

② 국제결혼중개 관리 및 입국 전 검증 시스템 강화이다. 국제결혼중개에 대한 관리 강화를 위해 국제결혼중개 시 국제결혼중개업체의 결혼당사자에 대한 신상 정보의 서면제공을 의무화하고, 국제결혼중개업체의 외국 현지법령 준수에 대한 실효성 제고를 위한 처벌규정을 강화하였다. 또한 자립 가능한 이민자 유입을 위한 입국 전 검증시스템을 강화하기 위해 결혼사증발급 심사체계를 정비하고, 불법체류자가 국내체류 중에 결혼하면 결혼사증으로 체류할 수 있는 자격을 제한하였다. 이 외에도 결혼이민 예정자를 대상으로 한국어, 한국문화 등에 대한 사전정보 제공 프로그램의 운영을 확대하여 이들의 한국생활 조기적응을 지원하였다.

③ 결혼이민자 정착 지원 및 자립 지원 강화이다. 결혼이민자의 한국어 및 의사소통 지원을 위해 법무부의 사회통합프로그램과 여성가족부 다문화가족지원센터의 한국어교육

프로그램을 연계구축하고, 집합교육 참여가 어려운 결혼이민자는 방문 혹은 온라인 교육을 제공하는 등 한국어교육방법을 다각화하였다. 또한 결혼이민자의 특성에 맞춘 진로설계 지원 프로그램을 개발하는 등 결혼이민자 직업교육 및 취업지원 활성화를 추진하였다. 이 외에도 결혼이민자의 국적 취득 합리적 방안 모색, 결혼이민자의 사회보장 확대 등 안정적인 사회통합을 추진하였다.

④ 다문화가족 자녀의 건강한 성장환경 조성이다. 글로벌 인재육성을 위한 맞춤형 교육지원을 강화하기 위해 한 학교에 등록된 다문화가족 자녀 다수가 15명 이상인 경우 다문화 거점학교로 지정하여 한국어교육 교과학습지도를 지원하고, 다문화가족 자녀의 글로벌 역량 강화 및 부모-자녀간 소통 증진을 위한 이중 언어 교육을 제공하였다. 또한 다문화가족 유아의 발달을 지원하기 위해 다문화가족 유아 대상 언어기초학습교육 및 정서교육 프로그램을 개발하고, 다문화가족 유아의 한국어 및 한국문화 교육 자료를 개발 보급하였다. 이 외에도 다문화가족 학부모의 자녀교육 및 자녀 지원 역량 강화를 위해 지원하였다.

⑤ 다문화에 대한 사회적 이해 제고이다. 일반인의 다문화 이해 증진을 위한 문화체육 프로그램을 활성화하고, 무지개문화탐험대를 운영하며, 다문화청소년 워크숍 등 다문화와 일반인의 교류를 강화하였다. 그리고 다문화가족 밀집지역의 지역문화기반시설을 확충하였다. 교육과정에 다문화에 대한 이해를 증진시킬 수 있는 과목 개발 및 적용을 강화하였다. 이 외에도 지자체 일선 공무원 등 다문화 업무 담당자에 대한 교육을 확대하고, 다문화 이해 증진을 위한 홍보활동을 강화하였다.

2) 제2차 다문화가족지원정책 기본계획(2013~2017)

제2차 다문화가족지원정책 기본계획은 인구변화, 가족형태 및 가족유형 등의 사회변화에 적극적으로 대응하고, 다문화사회로의 진전을 사회발전으로 이끌 수 있도록 기본계획의 패러다임을 재구성하였다. 특히 추진기간, 추진영역, 추진기관 측면에서 큰 변화가 발생하였다. 추진기간 측면에서 다문화가족지원정책 계획수립 및 시행기간이 기존 3년에서 5년으로 늘어났다. 추진영역 측면에서도 다문화가족지원정책 영역이 확장되었다. 제1차 기본계획은 다문화가족지원정책 추진체계 정비, 국제결혼중개 관리 및 입국 전 검증시스템 강화, 결혼이민자 정착지원 및 자립역량 강화, 다문화가족 자녀의 건강한 성장환경 조성, 다문화에 대한 사회적 이해 제고 등 5대 영역의 추진과제를 마련하였으나, 제2차 기본계획은 다양한 문화가 있는 다문화가족 구현, 다문화가족 자녀의 성장과 발달지원, 안정적인 가족생활 기반 구축, 결혼이민자의 사회경제적 진출 확대, 다문화가족에 대한 사회적 수용성 제고, 정책추진체계 정비 등 6대 영역의 과제를 추진하였다. 특히 제2차 기본계획은 다문화가족의 한국 사회 정착 및 통합에 초점을 맞추고 있다. 그리고 참여하는 추진기관의 범위가 확대되었다. 제1차 기본계획은 11개의 중앙행정기관 및 지방자치단체가 참여하였으나, 제2차 기본계획은 13개의 중앙행정기관, 법원 및 지방자치단체가 참여하였다(**그림 7.8**).

제2차 기본계획의 추진방향은 첫째, 평등한 가족문화 구축 및 가족서비스 강화, 둘째, 다문화가족 자녀의 취학 및 학교생활 지원 및 군대와 사회의 다문화 이해 제고 중점 추진, 셋째, 신규 입국 결혼이민자 대상 사회통합 서비스 및 취업지원 강화, 넷째, 다문화가족 정책추진체계 구축 및 다문화가족지원센터 서비스 전달체계의 효율화 강화, 다섯째, 국제결혼이민자의 인권침해 예방 및 사각지대 개선 등이다(여성가족부 · 관계부처합동, 2012).

제2차 다문화가족지원정책 기본계획은 "활기찬 다문화가족, 함께하는 사회"를 비전으로, (1) 사회발전 동력으로서의 다문화가족 역량 강화, (2) 다양성이 존중되는 다문화사회 구현을 목표로 한다(**그림 7.9**). 제2차 기본계획(6대 영역, 86개 세부과제)의 정책과제는

구분	제1차 기본계획	제2차 기본계획
추진기간	2010~2012년(3년간)	2013~2017년(5년간)
과제구성	5대 영역, 61개 세부과제	6대 영역, 86개 세부과제
추진기관	**11개 중앙행정기관 및 지방자치단체** (교과부, 법무부, 행안부, 문화부, 농식품부, 복지부, 고용부, 경찰청, 공정위, 여성가족부 및 국무총리실)	**13개 중앙행정기관, 법원 및 지방자치단체** (교과부, 법무부, 행안부, 문화부, 농식품부, 국방부, 복지부, 고용부, 외교부, 경찰청, 방통위, 법원, 여성가족부 및 국무총리실)

그림 7.8 제1차, 제2차 다문화가족지원정책 기본계획 변화 내용

출처: 여성가족부 · 관계부처합동(2012)

실제로 지원이 필요한 다문화가족에게 서비스가 제공되도록 소득수준, 거주기간 등을 고려하여 합리적인 지원이 이루어질 수 있도록 계획하였으며, 세부 추진과제는 다음과 같다(전미순, 2015).

첫째, 다양한 문화가 있는 다문화가족의 구현이다. 필리핀, 태국 등과 같은 주요 결혼

비전	활기찬 다문화가족, 함께하는 사회	
목표	▪ 사회발전 동력으로서의 다문화가족 역량 강화 ▪ 다양성이 존중되는 다문화사회 구현	
정책과제 (86)	다양한 문화가 있는 다문화가족 구현(7)	1-1. 상대방 문화 · 제도에 대한 이해 제고 1-2. 쌍방향 문화교류 확대 및 사회적 지지 환경 조성
	다문화가족 자녀의 성장과 발달 지원(15)	2-1. 다문화가족 자녀의 건강한 발달 지원 2-2. 한국어능력 향상 2-3. 학교생활 조기 적응 지원 2-4. 기초학력 향상 및 진학지도 강화 2-5. 공교육 등에 대한 접근성 제고
	안정적인 가족생활 기반 구축(16)	3-1. 입국 전 결혼의 진정성 확보 3-2. 한국생활 조기 적응 지원 3-3. 소외계층 지원 강화 3-4. 피해자 보호
	결혼이민자 사회경제적 진출 확대 (16)	4-1. 결혼이민자 일자리 확대 4-2. 직업교육훈련 지원 4-3. 결혼이민자 역량개발 4-4. 사회참여 확대
	다문화가족에 대한 사회적 수용성 제고 (21)	5-1. 인종 · 문화 차별에 대한 법적 · 제도적 대응 5-2. 다양한 인종 · 문화를 인정하는 사회문화 조성 5-3. 대상별 다문화 이해교육 실시 5-4. 학교에서의 다문화 이해 제고 5-5. 다문화가족의 입영에 따른 병영 환경 조성
	정책추진체계 정비 (11)	6-1. 다문화가족 지원대상 확대 및 효과성 제고 6-2. 다문화가족정책 총괄 추진력 강화 6-3. 국가간 협력체계 구축

그림 7.9 제2차 다문화가족지원정책 기본계획의 비전 및 목표

출처: 여성가족부 · 관계부처합동(2012)

이민자의 배우자를 대상으로 결혼이민자 본국의 제도 · 문화 교육을 강화하고, 다문화가족 통합교육을 강화하였다. 이 외에 아리랑 TV 다언어 프로그램 편성, 케이블 다문화 방송을 추진하는 등 쌍방향 문화교류 및 다문화 수용환경 조성을 위해 노력하였다.

구분	그간의 정책	3차 기본계획('18~'22)
국제결혼	▪ 결혼이민관 파견 후 중지 ▪ (女현지사전교육) 대면 ▪ (男국제결혼안내프로그램)	▪ 결혼이민관 파견 추진 ▪ 교육방식 다변화(전화, 우편 등) ▪ 시수 확대 및 인권 · 상호 존중교육 추가
가정폭력피해 이주여성 지원	▪ (상담소)없음 ▪ (보호시설) 운영 외국인 등록해야 입소 가능 ▪ (퇴소 후) 임대주택 지원 ▪ (자립지원금) 없음	▪ 종합상담소(상담, 법률, 의료, 치유, 통역 등) 신규 설치 추진 ▪ 확대 추친, 외국인 등록여부 무관하게 입소 가능 ▪ 확대 추진 ▪ 신설 추진
다문화가족	▪ 가족관계 프로그램 운영 ▪ 다문화가족이 직접 정책과정에 참여하는 '다문화가족 참여회의' 운영(5개 권역 대표) ▪ 한국 국적 배우자가 있어야 근로 · 자녀 장려금 신청	▪ 가족관계 증진 프로그램 다양화, 사례관리 사업 및 정착단계별 지원 패키지 확대 ▪ 다문화가족 참여회의 지역 대표성 확대(16개 시 · 도 대표) ▪ 한국 국적 자녀를 양육하는 한부모 외국인에 대해서도 근로 · 자녀 장려금 지원 가능
다문화가족 자녀	▪ 한국어 능력 향상, 학교생활 초기적응 지원(예비학교 확대, 기초학력 향상 지원 등) 중심	▪ 청소년 성장지원 사업(자녀성장지원프로그램, 이중 언어 인재 양성 사업, 글로벌 브릿지 사업 등) 중점 추진 ▪ 성장배경이 특수한 중도입국자녀 지원 강화(레인보우스쿨 확대 및 운영 방식 다양화, 취업사관학교 운영 · 훈련과정 확대)
다문화 수용성	▪ 대상별(공무원, 경찰, 종사자 등) 다문화 교육 실시 중점	▪ 일반 국민을 대상으로 찾아가는 다문화 이해 교육 활성화 및 부처간 이해교육 협업체계 강화 ▪ 지역사회 다문화 우수 프로그램 발굴 및 포상, 사회적 공감대 형성 프로그램 확산
정책 추진체계	▪ 다문화가족정책위원회를 통한 총괄 · 조정 기능 강화	▪ 위원회 간(다문화가족정책위원회-외국인 정책위원회) 연계 강화 ▪ 다문화가족지원센터 내실화(처우개선, 지역 여건별 통합 추진, 서비스 역량 제고)

그림 7.10 제1차, 제2차 기본계획과 제3차 기본계획의 비교

출처: 여성가족부(2018)

둘째, 다문화가족 자녀의 성장과 발달 지원이다. 다문화가족의 학령기 아동이 정규학교 입학 전에 사전적응교육을 받을 수 있도록 전국에 예비학교를 확대 운영하고, 언어, 수학, 과학, 예체능 등 영역별 학습 능력을 향상시키기 위해 '초등학교 입학 전 프로그램'을 개발 · 운영하였다.

셋째, 안정적인 가족생활 기반 구축이다. 다문화가족지원센터는 다문화가족 코디네이터를 양성하여 다문화가족의 특성에 맞춘 서비스를 제공하고, 가족해체 예방 교육을 강화하고, 다문화 맞벌이 가정의 자녀보육을 위한 돌봄서비스 및 결혼이민자 한부모가족에 대한 지원을 강화하였다.

넷째, 결혼이민자의 사회경제적 진출 확대이다. 결혼이민자를 채용하는 (예비)사회적 기업에게 인건비 및 보험료를 지원하고, 결혼이민자의 활동비율이 높은 민간단체는 정부 지원사업 선정 시 가점을 부여 하는 등 결혼이민자의 사회경제활동 참여를 독려하였다.

다섯째, 다문화가족에 대한 사회적 수용성 제고이다. 인종 · 문화 등을 이유로 차별하는 행위를 금지하도록 법과 제도를 개선하고, 일반 국민의 다문화 수용성을 높이기 위해 홍보와 교육 등을 추진하였다. 또한 군입대하는 다문화가족이 늘어남에 따라 군장병을 대상으로 다문화 수용성을 교육하였다.

여섯째, 다문화가족의 추진체계 정비이다. 이주노동자 가족, 유학생 가족 등 합법적으로 체류하는 외국인가족이 늘어남에 따라 이들을 대상으로 한 가족상담, 자녀발달 지원 등 다문화가족지원서비스의 대상 및 적용범위를 확대하였다.

3) 제3차 다문화가족정책 기본계획(2018~2022)

(1) 제3차 다문화가족정책 기본계획 개요

제3차 다문화가족정책 기본계획은 다문화가족의 도입 및 성장기를 거쳐 정착기로 변화되는 추세를 고려하여 구성하였다. 제3차 기본계획은 이전의 기본계획에 비해 과제 구성을 세분화하였다. 제1차 기본계획은 5대 영역의 61개 세부과제, 제2차 기본계획은 6대 영역의 86개 세부과제를 추진한데 반해, 제3차 기본계획은 5대 대과제, 17대 중과제, 70개 소과제로 구성하였다. 제2차 기본계획에 비해 소과제 수의 감소는 중복 및 유사과제의 통폐합으로 과제추진의 효과성 및 효율성을 높이고자 하였다. 반면 추진기관은 확대되었다. 제1차 기본계획에는 11개 중앙행정기관이, 제2차 기본계획에는 13개 중앙행정기관과 법원이 참여하였으나, 제3차 기본계획에는 법무부, 교육부 등 17

개의 중앙행정기관 및 공공기관이 참여하고 있다.

제3차 기본계획의 추진방향은 첫째, 결혼이민자의 정착주기가 장기화되고 다양한 가족유형이 발생함에 따라 안정된 가족생활을 도모할 수 있는 지원 강화에 역점을 두고 있다. 특히 가정폭력을 경험한 결혼이주여성을 대상으로 가정폭력 피해 대응 체계를 강화한다. 이에는 가정폭력 긴급상담, 전문상담 및 주거시설 확대 운영 등이 포함된다. 둘째, 다문화가족 자녀의 학령기 진입에 따라 학업 및 글로벌 역량, 사회진출을 위한 지원을 강화한다. 특히 중도입국자녀에 대한 지원 범위 및 지원 분야를 확대하기로 한다. 셋째, 결혼이주여성의 초기적응 지원 및 취업지원 서비스의 내실화를 도모하며, 마지막으로 일반 국민을 대상으로 다문화 이해교육을 강화하여 다문화 수용 제고 노력을 강화한다.

(2) 제3차 다문화가족정책 기본계획 주요 내용

제3차 다문화가족정책 기본계획은 "참여와 공존의 열린 다문화 사회"를 비전으로 모두가 존중받는 차별 없는 다문화사회 구현, 다문화가족의 사회적 · 경제적 참여 확대, 다문화가족 자녀의 건강한 성장 도모의 3대 목표를 둔다. 목표 달성을 위한 정책과제는 다문화가족 장기정착 지원, 결혼이민자 다양한 사회참여 확대, 다문화가족 자녀의 안정적 성장지원과 역량 강화, 상호존중에 기반한 다문화 수용성 제고, 협력적 다문화가족 정책운영을 위한 추진체계 강화이다(**그림 7.11**).

제3차 기본계획의 5대 정책과제의 구체적인 내용은 다음과 같다.

① 다문화가족 장기정착 지원을 위해 가정폭력 피해 이주여성을 대상으로 전문상담소를 신설하고 보호시설 확대 및 입소요건을 완화하며, 이들의 주택지원 및 자립지원금을 신설을 추진한다. 국제결혼 피해를 예방하기 위해 결혼이민자 다수국인 베트남에 국제결혼이민관을 파견하여 불법 결혼중개 및 인권실태를 감시하고, 다누리콜센터-소비자원-법률구조공단 간 협업을 통해 국제결혼 피해자 지원을 강화한다. 다문화 한부모가족의 자녀양육 지원을 강화하고, 다문화 한부모가족의 주거 안정을 위한 특별 분양 자격을 부여한다. 가스와 전기의 안전한 사용교육 등 다문화가족을 대상으로 한 안전교육을 다양한 언어로 실시하고, 119신고 다국어 서비스를 실시한다. 다누리 포털 및 한국생활가이드북 등을 지속적으로 업데이트하여 최신 정보를 신규 입국자에게 제공하여 다문화가족의 한국 사회 적응지원을 강화한다.

비전	참여와 공존의 열린 다문화사회	
목표	▪ 모두가 존중받는 차별 없는 다문화사회 구현 ▪ 다문화가족의 사회적 · 경제적 참여 확대 ▪ 다문화가족 자녀의 건강한 성장 도모	
정책과제	다문화가족 장기정착 지원	1. 결혼이주여성 인권보호 강화(가정폭력예방 및 대응체계 구축) 2. 국제결혼 피해예방 지원 3. 안정된 가족생활 지원 4. 서비스 연계 활성화
	결혼이민자의 다양한 사회참여 확대	1. 자립역량 강화 2. 취업 · 창업 지원 서비스 내실화 3. 사회참여 기회 확대
	다문화가족 자녀의 안정적 성장지원과 역량 강화	1. 안정적 성장을 위한 환경조성 2. 학업 및 글로벌 역량 강화 3. 진로준비 및 사회진출 지원 4. 중도입국자녀 맞춤형 지원
	상호존중에 기반한 다문화 수용성 제고	1. 정책환경에 대한 주기적 모니터링 실시 2. 다문화 이해교육 활성화 3. 다문화 수용성 제고를 위한 미디어 환경 조성 4. 지역 환경 조성 및 참여 · 교류 프로그램 활성화
	협력적 다문화가족 정책 운영을 위한 추진체계 강화	1. 정책추진체계간 협력 강화 2. 다문화가족 지원체계 내실화

그림 7.11 제3차 다문화가족정책 기본계획 비전 및 방향

자료: 여성가족부(2018)

② 결혼이민자 사회적 · 경제적 참여 확대를 위하여 한국 국적 자녀를 양육하는 외국 국적 한부모에 대해 근로 및 자녀 장려금을 지원하고, 결혼이민자의 정서적 안정 및 정착지원을 위한 멘토링 프로그램을 강화하며, 결혼이민자 자립지원패키지 프로그램을 확대 · 추진하고, 학점은행제 및 독학 학위제의 기회를 제공한다. 결혼이민자의 취업 · 창업 지원 서비스 내실화를 위해 다문화가족지원센터의 취업기초 소양교육 및 여성새로일하기센터의 역량 교육을 강화한다. 그리고 내일배움카드제, 취업성공패키지 등을 통한 결혼이민자 맞춤형 일자리를 발굴하여 연계한다. 농촌지역

에 정주하는 결혼이주여성을 대상으로 멘토링, 도우미 연계 서비스 등을 제공하여 결혼이주여성의 안정적인 영농정착 지원을 강화한다.

③ 다문화가족 자녀의 안정적 성장과 역량 강화를 위해 이중 언어 인재 DB를 확충하고, 이중 언어 재능이 있는 다문화청소년의 국제교류 프로그램(청소년국가간교

다누리콜센터(1577-1336)

다누리콜센터는 이주여성의 정착단계 및 다문화가족의 생애주기에 따른 맞춤형 종합서비스를 제공하고, 가정폭력피해 이주여성에 대한 상담 및 긴급지원 등과 같은 인권보호를 지원하는 다문화가족 종합정보 전화센터이다. 2013년 8월 「다문화가족지원법」 개정으로 다문화가족 종합정보 전화센터 설치를 위한 법적 근거를 마련하였다. 동법 개정으로 2014년 4월 다문화가족 종합정보센터에 전화센터를 설치 · 운영되었고, 별도로 존재하던 다누리콜센터(1577-5432)와 이주여성긴급지원센터(1577-1366)가 2014년 9월 통합되어 다누리콜센터(1577-1336)로 지정되었다.

다누리콜센터는 가정폭력, 성폭력, 학대 등의 피해로 인해 긴급보호가 필요한 이주여성을 대상으로 전화, 면접, 방문, 사이버 상담을 지원한다. 주요 서비스 내용은 부부 및 가족갈등, 한국 사회 정착을 위한 상담 및 정보 안내이다. 특히 폭력 피해로 긴급지원이 필요할 경우 24시간 긴급보호시설을 제공하고, 의료, 법률, 검찰, 경찰과 연계하여 서비스를 제공한다.

다누리콜센터는 여성가족부가 주관하고, 한국건강가정진흥원에서 위탁 운영 중이며, 서울의 중앙센터를 비롯해 수원, 대전, 광주, 부산, 구미, 전주 등 전국 7개 지역에서 운영하고 있다. 또한 영어, 중국어, 베트남어, 타갈로그어, 캄보디아어, 몽골어, 러시아어, 일본어, 태국어, 라오어, 우즈베크어, 네팔어, 한국어 등 13개 언어로 상담을 지원한다.

다누리콜센터의 여섯 가지 사업방향은 다음과 같다.

첫째, 생활정보를 효율적으로 안내하고, 폭력피해 이주여성 및 국제결혼피해자에 대한 편의증대를 위해 통합서비스를 제공하며, 다문화가족 관련 원스톱 상담서비스를 제공하고, 생애주기에 따른 맞춤정보 제공 서비스 기능을 강화한다.

둘째, 상담인력 확대를 통한 상담원 근무환경 개선 및 인적 역량 확대, 서비스 언어 확대를 통한 이주여성 및 다문화가족 이용편리 증대, 365일 24시간 운영을 통한 서비스기능을 강화한다.

셋째, 다문화가족 서비스 지원체계의 허브기관 역할, 다문화가족 종합정보 온 · 오프라인 밀착상담서비스 제공, 다문화가족 정착단계별, 생애주기에 따른 맞춤정보 제공 및 연계 지원을 활성화한다.

넷째, 가정폭력, 성폭력, 성매매 등 이주여성 폭력피해자 인권보호 및 긴급지원, 이주여성 폭력피해 예방 상담으로 사회적 갈등 방지 및 순기능을 높인다.

다섯째, 가족 내 통역, 의료, 법률, 교육기관, 생활편의시설 이용 시 일반 통역, 3자간 통역지원 및 시스템을 통한 원활한 의사소통 지원으로 가족 내 갈등 예방 및 결혼이민자의 생활편의를 증대한다.

여섯째, 상담 콜백시스템을 강화하여 유관기관(다문화가족지원센터 및 이주여성쉼터 등)의 지원결과 확인 및 차후 상담에 반영하고 있으며, 전화센터의 축적된 정보 및 노하우를 다문화가족지원센터와 공유 · 검증 · 업데이트하여 일관되고 표준화된 다문화가족 정보를 제공한다.

출처: 다누리웹사이트(www.liveinkorea.kr), 여성가족부(2015)

류, 해외자원봉사단 등) 참여를 활성화한다. 다문화가족 자녀의 리더십 개발, 사회성 발달을 지원하는 성장 프로그램인 다재다능(2017년 107개소 → 2018년 152개소)[13]을 확산하고, 글로벌 인재육성을 위한 특별교육 프로그램인 글로벌브릿지를 지속 추진한다. 권역별로 다문화청소년의 진로체험지원 거점센터[14]를 지정 · 운영하여 다문화학생 중심의 진로체험처를 지속적으로 발굴 · 확대하고, 중도입국청소년 대상의 진로교육 프로그램인 무지개 잡아라 등 다문화청소년 진로 프로그램을 활성화 한다.

④ 상호존중에 기반한 사회적 다문화 수용성 제고를 위해 일상생활에 기반한 차별요소를 발견하여 개선을 추진하고, 일반 국민의 다문화 이해를 제고하고 다양한 문화를 인정하는 사회문화를 조성한다. 특히 다문화 수용성 제고를 위한 미디어 콘텐츠 개발 및 홍보사업을 강화하고, 지역사회 다문화 프로그램을 발굴하여 확산한다.

⑤ 협력적 다문화가족 정책운영을 위한 추진체계 강화를 위해 다문화가족정책위원회와 외국인정책위원회간 합동 운영을 추진하고 상호 환류체계를 마련한다. 지역다문화교육지원센터–다문화가족지원센터–청소년상담복지센터 등 지역 내 다양한 유관기관과의 연계를 통해 다문화가족정책지원의 실효성을 강화한다. 지역별 다문화가족 수요를 반영한 지원체계를 강화하고, 다문화가족지원센터의 서비스 역량 제고를 추진한다.

4. 다문화 보건의료 정책

2000년 전후로 국내에 체류하는 외국인노동자 및 결혼이주여성이 급증하면서 한국은 다문화사회로 전환되고 있다. 새로 유입된 인구는 한국의 경제발전, 국제적인 물적 · 인적 자원의 교류 확대로 인한 국익 향상에 기여하고, 혼인수급의 불균형 및 저출산 · 고령화 시대의 인구감소에 긍정적으로 기여할 것으로 기대된다. 그러나 국내에 체류하는 다문화가족의 상당수가 사회경제적으로 취약한 계층에 속해 이들의 지속적이고 안정적인 삶의

13) 다문화가족 자녀의 사회성 및 리더십 개발을 위한 프로그램으로 부모–자녀 관계향상, 사회성 발달, 진로코치 등을 지원한다.

14) 전국 17개 시 · 도에 220개 진로체험지원센터가 설치되어 운영 중이다.

건강가정 · 다문화가족지원센터

건강가정 · 다문화가족지원센터는 지역주민 · 다문화가족의 가족상담, 가족교육, 가족돌봄, 가족문화 서비스 등 가족과 관련된 문제를 종합적으로 상담하고 관련 서비스를 제공하는 센터로서 다양한 가족형태에 맞는 가족교육과 가족 상담을 제공하고, 가족 돌봄 지원 및 평등한 가족문화 조성을 위한 사업을 추진하는 기관이다. 동 기관은 2014~2015년 여성가족부가 기존의 건강가정지원센터와 다문화가족지원센터를 통합하여 시범적으로 운영하였으며, 2016년부터 본격적인 통합작업이 추진되었다. 건강가정 · 다문화가족지원센터는 2016년에 78개소가 운영되었으며, 2017년 101개소, 2018년 152개소로 확대되었다. 2020년 2분기 기준 전국 시 · 군 · 구에 196개소가 운영 중에 있다.

건강가정 · 다문화가족지원센터는 가족 · 부모 교육 및 상담서비스와 다문화가족 지원서비스를 제공한다. 가족 · 부모 교육 및 상담서비스는 모든 유형의 가족이 필요로 하는 서비스를 지원하는 것으로서 부모역할지원, 부부역할지원, 이혼전 · 후 가족지원, 가족간 관계 향상 지원, 가족내 갈등 해결을 위한 상담, 한부모 및 조손가족의 지속적인 관리를 통한 가족역량 강화, 일 · 가정양립 지원, 가족친화문화 프로그램 운영 등을 포함한다. 다문화가족 지원서비스는 다문화가족의 국내정착과 자립을 지원하는 것으로서 기본적으로 가족, 성평등 및 인권, 사회통합, 상담 등에 대한 교육을 실시한다. 결혼이민자의 역량 강화를 위해 한국어교육을 제공하고, 센터 이용이 어려운 다문화가족을 대상으로 자녀양육 및 자녀 생활 지원, 한국어교육 등 방문 맞춤형 서비스를 제공한다. 이중 언어 환경 조성을 위해 부모코칭, 부모와 자녀 간 상호작용 프로그램 등을 지원하고, 언어발달 지연을 보이는 다문화가족 자녀를 대상으로 언어촉진 교육을 지원한다. 한국말이 서툰 결혼이민자 및 외국인을 위한 통번역 서비스를 제공하고, 다문화가족의 복잡한 문제 해결을 위해 대상자를 발굴하여 심리검사 · 법률상담 · 위기가족긴급지원 등의 종합 서비스를 제공한다.

건강가정 · 다문화가족지원센터의 모체인 건강가정지원센터와 다문화가족지원센터에 대해 간략하게 알아보면 다음과 같다. 건강가정지원센터는 「건강가정기본법」 제35조에 근거하여 가정문제 예방, 상담 및 치료, 건강가정 유지를 위한 프로그램 개발, 가족문화운동 전개, 가정 관련 정보 및 자료 제공 등 건강가정사업 실시를 위해 시 · 군 · 구 단위에 설립된 가족정책의 전달체계이다[건강가전지원센터 홈페이지(www.familynet.or.kr)]. 다문화가족지원센터는 「다문화가족지원법」 제12조에 의거해 설립되었으며, 다문화가족의 안정적인 정착과 가족생활을 지원하기 위하여 한국어 · 문화교육, 가족교육 · 상담, 자녀 지원, 직업교육 및 다문화인식 개선 등 다양한 프로그램을 통합적으로 제공 및 연계하는 원스톱 서비스 기관이다.

출처: 여성가족부 홈페이지(www.mogef.go.kr), 다누리홈페이지(www.liveinkorea.kr)

유지를 위한 보건의료지원서비스 제공이 필요하다. 예를 들어, 결혼이주여성의 경우 한국생활 적응 전에 임신, 출산, 자녀양육을 경험하기 때문에 기본적인 건강관리 및 건강보호, 모성 및 영유아 건강서비스 제공이 요구되는 대상이다. 이외에도 다문화가족의 국내 정주기간이 길어지면서 식습관 변화 및 사회경제적 요인으로 만성질환이 증가하고, 부부 및 가족 갈등, 자녀의 정체성 및 사회적응 문제 등으로 인한 정신건강 문제가 증가하는 등 새로운 문제들을 야기하고 있다(김혜련, 2010; 김혜련 외, 2012; 여성가족부, 2019).

이러한 문제를 해결하기 위해 한국정부는 범정부 차원에서 다문화가족의 보건의료정책을 추진하여 이들의 삶의 질 향상을 위해 노력하고 있다. 기본적으로 재한외국인의 처우개선 및 다문화 수용성이 높은 사회발전을 위해 2007년 「재한외국인 처우 기본법」을 제정하였으며, 결혼이민자 및 다문화가족의 사회통합을 지원하기 위해 2008년 「다문화가족지원법」을 제정하였다. 이러한 법적 근거를 토대로 건강보험, 의료서비스, 모자보건 등 보건의료 대상에 다문화가족을 포함하고 있다(부록 2, 부록 3 참조). 따라서 다문화가족의 건강증진을 위한 국민건강증진종합계획을 살펴본 후, 다양한 보건의료제도 및 서비스를 살펴보고자 한다.

1) 국민건강증진종합계획

국민건강증진종합계획(Health Plan)은 국민건강증진법 제4조에 따라 국민의 건강증진 및 질병예방을 위해 수립하는 국가 차원의 건강증진 로드맵이다. 국민건강증진종합계획은 2002년에 제1차 계획(2002~2005)을 수립하였고, 2005년 제2차 계획(2006~2010)을 수립하였다. 2010년에는 제3차 계획을 수립하였는데, 동 계획은 2011년부터 2020년에 이르는 10년 계획을 담고 있다. 그리고 제3차 계획은 다문화가족을 중요한 집단으로 포함하였다. 2015년에 수립된 제4차 계획(2016~2020)은 제3차 국민건강증진종합계획의 중간 수정의 형태로 수립되었다(보건복지부 · 한국건강증진개발원, 2015).

제3차 국민건강증진종합계획의 목표는 "건강수명연장과 건강형평성 제고"이며, 이를 위해 총 32개 중점과제를 도출하였다. 그 중에서 중점과제 26개는 다문화가족의 건강증진으로서 다문화가족에 대한 체계적인 건강관리사업 강화로 결혼이민자 가족과 자녀의 건강권을 보호하여 향후 다문화사회 이행에 따른 질병부담을 감소시키며, 사회통합 기여를 목적으로 한다. 다문화가족 건강증진의 세부사업은 (1) 결혼이민 여성 및 자녀에 대한 건강관리 프로그램 개발 운영과 (2) 다문화가족에 대한 맞춤형 방문건강관리사업이다. 결혼이주여성 및 자녀에 대한 건강관리 프로그램 개발 운영은 결혼이주여성에 대한 기본 모자보건서비스를 강화하고, 다문화가족 자녀를 대상으로 영유아 건강검진, 성장발육 예방접종 및 모니터링을 강화한다. 또한 결혼이주여성의 건강향상을 위해 건강검진, 임신 및 출산 후 관리, 영유아 관리를 실시한다. 즉, 산전후 관리, 영유아 필수예방접종 관리, 비만 등과 같은 만성질환 예방을 위한 식생활 관리, 우울증, 스트레스, 가정폭력 등으로 인한 정신보건 관리를 강화한다. 그리고 다문화가족의 보건의료 이용 접근성 향상을 위해 5개 국어로 번역된 건강검진표 및 12개 국어로 번역된 예방접종 안내를 제공하고, 상담 시 통역서비스를 제공한다. 한편 다문화가족에 대한 맞춤형 방문건강관리사업을 위해 다문화가족을 대상으로 산전 · 후 관리, 모유수유, 영유아예방접종 등의 건강관리를 위해 방문서비스를 제공하고, 다문화가족을 대상으로 건강관리 교육을 실시한다(보건복지부, 2011).

제4차 국민건강증진종합계획은 "온 국민이 함께 만들고 누리는 건강세상"을 비전으로 하며, 목표는 제3차 계획과 동일하게 "건강수명 연장과 건강형평성 제고"이다(**그림 7.12**). 제3차 종합계획 사업 분야를 유지하되, 건강환경실천 확산, 예방중심의 상병관리, 안전 환경 보건, 인구집단별 건강관리 분야 등의 6개 분야, 27개 과제를 선정하였다.

제4차 계획은 제3차 계획에서 분리하여 관리하던 다문화가족 건강증진과 취약가구 건강증진을 '취약가정건강'으로 통합하여 관리한다. 취약가정건강은 사회, 경제, 문화적으로 취약한 가정을 대상으로 건강격차해소 및 건강형성평 제고를 위하여 공공보건 의료기관을

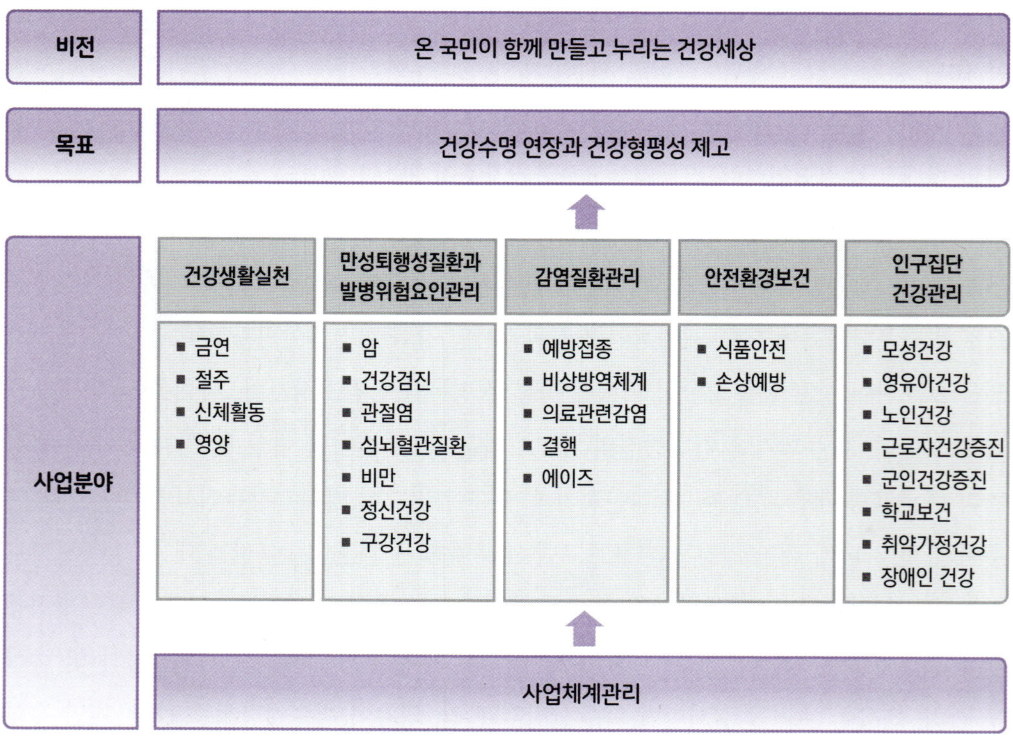

그림 7.12 제4차 국민건강증진종합계획 기본 틀

출처: 보건복지부 · 한국건강증진개발원(2015)

통한 건강관리서비스 제공을 목적으로 한다. 취약가정 건강증진을 위해 (1) 지역사회통합 건강증진 사업을 추진한다. 금연, 절주, 신체활동, 예방, 비만, 구강보건, 심뇌혈관질환예방관리, 아토피천식예방관리, 치매관리, 장애인재활 등 다양한 사업분야에서 사회, 경제, 문화적으로 취약한 가정이 스스로 건강생활을 실천할 수 있도록 교육 및 상담 서비스를 확대한다. (2) 취약가정 건강서비스 확대를 위한 인프라 구축을 강화한다. 장애인, 노인, 다문화가정을 대상으로 실태조사를 실시하여 취약가정의 건강수준을 파악하고, 장애인, 독거노인 및 중증장애인, 결혼이민자 및 다문화가정 자녀 지원사업에 건강서비스를 연계하고, 건강서비스 인프라 수준이 낮은 지역에 거주하는 취약가정을 위해 U-health 건강관리시스템을 시범적으로 적용 · 운영한다(보건복지부 · 한국건강증진개발원, 2015).

2) 다문화 보건의료제도

다문화가족을 대상으로 시행되고 있는 다양한 보건의료제도 및 서비스 중에서 다누리(www.liveinkorea.kr), 복지로(www.bokjiro.go.kr)에서 제공하는 내용을 중심으로 현재 다문화가족을 대상으로 지원하고 있는 건강보험제도, 의료급여제도, 모자모건사업 내용을 살펴보고자 한다.

(1) 건강보험제도

한국은 국민보건을 향상시키고 사회보장을 증진하기 위해 국민의 질병 · 부상에 대한 예방 · 진단 · 치료 · 재활과 출산 · 사망 및 건강증진에 대하여 보험급여를 실시하고 있다. 따라서 건강보험에 가입하면 아프거나 출산할 때 저렴한 비용으로 의료서비스를 이용할 수 있으며, 정기적으로 건강검진을 받을 수 있다. 한국은 1963년부터 지속적인 확대적용을 통해 1989년에는 전국민을 대상으로 의료보험적용이 실현되었다. 건강보험 가입자는 직장가입자와 지역가입자로 구분되는데, 직장가입자는 사업장의 근로자 및 사용자, 공무원 및 교직원이 가입하는 형태이다. 직장가입자에 의해 생계를 유지하는 자는 피부양자로 등록할 수 있다. 직장가입자와 피부양자를 제외한 가입자는 지역가입자가 된다.

국내에 거주하는 외국인의 경우에도 건강보험에 가입할 수 있는데, 기존에는 외국인등록을 한 자가 건강보험 적용 사업장에 근로하거나, 공무원 · 교직원으로 임용 또는 채용될 때 직장가입자로 등록되었다. 외국인 등록을 한 외국인 중 직장가입자 혹은 피부양자에 해당되지 않을 경우 신청에 의해 지역가입자가 가능하였다.

국내에 거주하는 외국인의 경우에도 건강보험에 가입할 수 있는데, 기존에는 외국인 등록을 한 자가 건강보험이 적용되는 사업장에 근로하거나, 공무원 · 교직원으로 임용 또는 채용될 때만 직장가입자로 등록되었다. 외국인 등록을 한 외국인 중 직장가입자 혹은 피부양자에 해당되지 않을 경우 지역가입자로 등록이 가능하였다. 이 경우 국민건강보험법 시행규칙 별표 9에 해당하는 체류자격을 유지해야만 하는 조건이 있었다.

외국인의 체류자격(국민건강보험법 시행규칙 별표 9)

1. 문화예술(D-1), 산업연수(D-3), 취재(D-5), 종교(D-6), 주재(D-7), 기업투자(D-8), 무역경영(D-9), 구직(D-10)
2. 교수(E-1), 회화지도(E-2), 연구(E-3), 기술지도(E-4), 전문직업(E-5), 예술흥행(E-6), 특정활동(E-7), 비전문취업(E-9), 선원취업(E-10)
3. 방문동거(F-1), 거주(F-2), 동반(F-3), 재외동포(F-4), 영주(F-5), 결혼이민(F-6)
4. 기타(G-1)(「난민법」에 따라 인도적체류허가를 받은 사람과 공단이 정하는 사람으로 한정한다)
5. 관광취업(H-1), 방문취업(H-2)

출처: 국가법령정보센터(www.law.go.kr)

그러나 2018년 12월 이후 외국인의 건강보험가입 조건이 변경되었다. 국내에서 6개월 이상 거주한 외국인에 한하여 건강보험 신청이 가능하게 되었다. 2019년 7월 16일부터는 국내에서 6개월 이상 거주하는 경우 의무적으로 건강보험에 가입해야만 한다. 다만 외국인유학생의 경우, 체류의 특수성을 고려하여 2021년 2월까지 의무가입 대상에서 제외되고, 2021년 3월부터는 건강보험 지역가입자로 의무가입해야 한다(연합뉴스, 2019. 7. 16).

외국인의 건강보험 가입방법은 다음과 같다. 외국인이 건강보험이 적용되는 직장에 다닐 경우, 회사가 국민건강보험공단에 외국인등록증 사본 및 직장가입 증명서 등의 필요서류를 제출하면 가입된다. 직장에 다니는 배우자가 건강보험에 가입되어 있는 경우, 피부양자로 배우자의 건강보험에 등록이 가능하다. 이 경우 피부양자 자격취득신고서, 외국인등록증사본, 가족관계증명서 등 피부양자 확인에 필요한 서류를 국민건강보험공단에 제출해야 한다. 한국인 배우자와 외국인 모두 직장인이 아닐 경우, 지역보험에 가입 가능하고, 국민건강보험공단에 방문하여 외국인등록증 사본과 신청서를 제출해 신청해야 한다.

(2) 의료급여제도

의료급여제도는 생활유지 능력이 없거나 생활이 어려운 저소득 국민의 의료문제를 국가가 보장하는 공공부조제도로서, 건강보험과 함께 국민 의료보장의 중요한 수단이 되는 사회보장제도이다. 생활유지 능력이 없거나 생활이 어려운 국민들에게 발생하는 의료문제 즉, 개인의 질병, 부상, 출산 등에 대한 의료서비스(진찰, 검사, 치료 등)의 제공을 목적으로 한다. 원칙적으로 외국인은 의료급여 대상에 포함되지 않으나, 예외적으로 국민기초생활보장법령이 정하는 바에 따라 외국인근로자 및 그 자녀(18세 미만), 국적 취득 전 결혼이민자 및 그 자녀, 난민 및 그 자녀 등은 의료급여 수급자가 될 수 있다(보건복지부, 2020).

지원 내용은 입원, 당일 외래 수술을 포함한 수술, 요양급여 대상 검사 및 초음파 등 산전 진찰에 따른 검사, 18세 미만의 외국인근로자 자녀, 국적 취득 전 결혼이민자 및 난민 등 자녀의 외래진료 등을 포함한다. 입원 시, 입원부터 퇴원까지 발생한 총 진료비의 90%를 지원하고, 10%는 본인부담하며, 1회당 500만 원 범위 내에서 지원한다. 1회당 총 진료비가 500만 원을 초과하는 경우, 동일인이 1회 이상 수술을 받는 경우에는 의료기관 자체심의를 거쳐 진료비 초과사유서를 작성하여 시 · 도에 제출한다. 반대로 상급병상 이용에 따른 추가 부담 입원료, 선택진료비, 선별급여, 완화의료, 포괄간호입원료 등의 일부 비용은 지원대상에서 제외된다(보건복지부, 2020).

외국인의 의료지원은 국립중앙의료원, 전국 지방의료원, 적십자사, 시 · 도지사 지정 사업시행 의료기관 등 전국 16개 시 · 도 지정의료기관에서 서비스를 받을 수 있다.

(3) 모자보건

① 임산부 건강관리

결혼이민자를 포함한 임산부는 보건소에서 무료건강관리를 받을 수 있다. 외국인등록증을 가지고 보건소에 방문하면, 보건소에서 임신 조기진단 검사, 소변검사(당뇨, 단백질검사), 혈액검사(혈색소, 적혈구검사, 백혈구검사, 혈청매독검사, 간염검사, 혈액형검사)를 받을 수 있다(**표 7.1**).

표 7.1 임산부가 받아야 하는 검사항목 및 검사내용

검사항목		검사내용
혈액검사	일반혈액검사	임산부의 건강을 확인하고, 임신 유지에 문제가 없는지 알아보기 위한 혈액검사 - 혈색소, 혈소판, 적혈구 수치 및 에이즈, 풍진 등의 질병 여부 검사
	혈액형검사	ABO혈액형 및 Rh 검사 - Rh음성인 임산부에게는 임신 28주에 Rh면역글로블린을 투여
	매독검사	매독여부 검사 - 태아 사망의 주요 원인이고, 태아감염을 초래함
	간염검사	간염여부 검사 - 특히 B형간염은 분만 및 수유 시 태아에게 감염될 수 있고, 임신 중 증상이 악화될 수 있음
소변검사		당과 담백질 검사 - 임신중독증이나 당뇨병 등을 진단함
초음파검사		요로감염여부 검사 - 태아 성장발육 정도, 태아의 위치 및 모양, 기형유무 등을 검사

출처: 다누리홈페이지(www.liveinkorea.kr)

고위험 임산부의 경우 별도의 의료지원을 받을 수 있다. 11대 고위험 임신질환(조기진통, 분만관련 출혈, 중증 임신중독증, 양막의 조기파열, 태반조기박리, 전치태반, 절박유산, 양수과다증, 양수과소증, 자궁경부무력증, 분만전 출혈)으로 진단받고 입원치료를 받은 기준 중위소득 180% 이하 가구 구성원인 자를 대상으로 건강보험이 적용되지 않는 의료비에 대해 300만 원 한도 내에서 지원받을 수 있다. 해당 고위험 임산부는 의사진단서 1부(질병명 및 질병코드 포함), 입퇴원진료확인서, 진료비 영수증, 진료비 세부내역서 각 1부(입원횟수별로 별도 제출), 주민등록등본 1부, 건강보험증 사본 및 건강보험료 납부확인서 각 1부, 의료비 지원금 입금계좌 통장사본 1부(지원대상자 명의) 등을 구비하여 주소관할지 보건소에 제출하면 지원을 받을 수 있다.

이 외에도 모유수유교실, 임산부체조교실, 출산준비교실, 아기마사지교실 등을 운영하고, 보건소에 등록한 초기 임산부에게는 임신일로부터 3개월까지 엽산제를 지원하며, 임신 16주 이상 임산부에게는 철분제를 지원한다.

② 산모 · 신생아 건강관리지원사업

산모 · 신생아 건강관리지원사업은 전문교육을 받은 산모 · 신생아 건강관리사가 출산

가정을 방문해 산모의 건강회복을 돕고, 신생아를 보살펴 출산 가정의 부담을 경감시켜주는 것을 목적으로 한다. 지원대상은 국내에 주민등록(주민등록을 한 재외국민 포함), 등록된 외국인, 산모 또는 배우자가 「국민기초생활 보장법」에 따른 생계 · 의료 · 주거 · 교육급여 수급자 또는 차상위계층 등이 포함된다. 산모 및 배우자의 건강보험료 본인부담금 합산 액이 전국가구 기준 중위소득 120% 이하인 출산 가정이다. 등록된 외국인의 경우와 부부 모두가 외국인인 경우 각각의 국내 체류자격 비자(사증) 종류가 F-2(거주), F-5(영주), F-6(결혼이민)인 경우에 지원받을 수 있다. 지원대상에 포함되는 출산가정이 출산 예정일 전 40일 또는 출산 후 30일 이내에 신청한 경우 전문적인 산후관리 도우미가 출산가정에 방문하여 산후 관리, 목욕, 수유지원 등의 신생아 건강관리, 산모 식사준비, 산모 · 신생아 세탁물 관리 및 청소 등의 지원을 받을 수 있다.

③ 영양플러스 사업

영양플러스 사업은 취약계층 임산부 및 영유아의 영양문제(빈혈, 저체중, 영양불량 등)를 해소하고, 올바른 식생활을 유도하여 건강증진 및 삶의 질 제고를 위해 보건복지부에서 주관하고, 지역보건소에서 운영하는 사업이다. 동 사업은 2005년부터 2007년까지 시범사업을 실시한 후, 2008년부터 전국 보건소에서 시행하고 있다. 지원대상은 만 6세 미만의 영유아, 임산부 및 출산수유부이고, 사업운영 보건소 관할지역 내에 거주하고 있어야 하며, 가구 규모별 기준 중위소득의 80% 이하여야 한다. 그리고 빈혈, 저체중, 성장부진, 영양섭취상태 불량 중 한 가지 이상의 영양 위험 요인을 보유하고 있어야 한다. 국제결혼 상태인 경우, 부부 중 최소 1인 이상이 한국 국적을 보유해야만 지원대상에 해당한다. 지원대상자에 해당하지 않는 외국인노동자들은 의료봉사단체인 라파엘클리닉을 통해 기형검사 등의 산부인과 진료를 받을 수 있다.

지원대상자는 영양교육 및 상담, 보충식품 공급, 정기적 영양평가 등의 서비스를 지원받을 수 있다. 영양교육 및 상담은 대상범주 및 영양위험요인을 고려한 바람직한 식생활 관리 방법 교육 및 모유수유 촉진 교육을 진행하는데, 집단교육, 10인 이하의 소그룹 교육, 1:1 상담, 1개월에 1회 이상 가족단위의 상담으로 진행된다. 보충식품 공급은 대상 구분 및 특성에 따라 처방하며, 보충식품은 쌀, 감자, 달걀, 우유, 검정콩, 김, 미역, 당근, 참치통조림, 귤, 오렌지쥬스 등이 포함된다. 또한 3개월에 한 번씩 정기 영양평가를 실시한다. 영양평가는 신장 및 체중 등의 신체계측, 빈혈 등 생화학적

검사, 영양섭취상태조사 등의 형태로 진행되고, 영양평가는 사업참여 전 대상자 선정시, 자격재평가 필요시, 정기적 중간평가, 사업종료 시 진행한다.

④ 어린이 국가예방접종 지원사업

어린이 국가예방접종 지원사업은 2009년 3월부터 필수예방접종비용 국가지원사업으로 시작되어 현재까지 시행 중에 있다. 어린이 예방접종 지원 확대 등으로 양육에 대한 경제적 부담을 경감하고, 예방접종률 향상을 통해 예방접종 대상 감염병 퇴치 기반을 마련하여 국민건강을 보호하기 위해 BCG, B형간염, 소아마비, 홍역, 유행성이하선염, 풍진을 포함한 17종 백신에 대한 예방접종 비용을 국가가 지원하는 사업이다.

지원대상은 만 12세 이하의 어린이다. 다문화가정의 자녀인 경우, 주민등록번호 또는 외국인등록번호(면제자 포함)가 있는 경우, 보건소나 가까운 지정의료기관에서 무료로 접종이 가능하다. 우리나라에 3개월 이상 체류하는 외국인 중 외국인 등록을 하지 않은 외국인은 본인(또는 보호자)을 확인할 수 있는 증빙서류(여권 등)를 지참하여 보건소를 방문해 예방접종을 위한 임시 관리번호를 부여받은 후에 보건소에서 무료 접종이 가능하다.

그리고 B형간염 양성 산모로부터 출생한 신생아에게 면역글로불린 및 B형간염 예방접종, 항원 · 항체 검사 실시에 대한 비용 전액을 지원하는 B형간염 주산기감염 예방사업을 실시한다. 지원대상은 B형간염 표면항원(HBsAg) 또는 e항원(HBeAg) 양성 산모로부터 출생한 영유아로서, 분만 전 분만기관에 산모의 B형간염 검사결과지를 제출하고 사업에 대해 안내받은 후, 개인정보제공동의서 제출 시 무료 지원이 가능하다. 이에 해당하는 영유아는 출생직후 12시간 이내에 면역글로불린 및 B형간염 1차 예방접종을 실시한다. 생후 1개월, 6개월에 B형간염 2차 · 3차 예방접종을 실시 한 후 생후 9~15개월에 B형간염 항원 · 항체 1차 정량검사를 실시한다(**표 7.2**).

이 외에 건강보험 가입자 및 의료급여 수급자 대상 가정의 영유아에게 만 6세가 될 때까지 건강검진 7회(4개월, 9개월, 18개월, 30개월, 42개월, 54개월, 66개월) 및 구강검진 3회(2세, 4세, 5세)를 지정된 인근 병원에서 무료로 검진을 받을 수 있다. 다문화가정의 영유아검진 활성화를 위해 2010년부터 건강검진 통역서비스를 제공하고, 영유아검진 안내문을 영어, 중국어, 베트남어, 일본어, 필리핀어 등으로 번역하여 제공한다(보건복지부, 2010).

표 7.2 국가예방접종의 종류와 접종 시기 및 횟수

대상감염병	백신 종류	횟수	시기
결핵	BCG(피내용)	1	출생 후 1개월 이내
B형간염	HepB	3	출생 후~6개월
디프테리아 파상풍 백일해	DTap	5	출생 후 1개월 이내, 1개월, 6개월, 15~18개월, 만 4~6세
	Tdap/Td	1	만 11~12세
폴리오	IPV	4	2개월, 4개월, 6~18개월, 만 4~6세
b형 헤모필루스 인플루엔자	Hib	4	2개월, 4개월, 6개월, 12~18개월
폐렴구균	PCV	4	2개월, 4개월, 6개월, 12~18개월
	PPSV	-	고위험군에 한하여 24개월 이상 시 접종
홍역 유행성이하선염 풍진	MMR	2	12~15개월, 만 4~6세
수두	VAR	1	12~15개월
A형간염	HepA	2	12~23개월(1, 2차)
일본뇌염	IJEV(불활성화백신)	5	12~23개월(1, 2차), 24~36개월, 만 6세, 만 12세
	LJEV(약독화생백신)	2	12~23개월, 24~35개월
사람유두종 바이러스감염증	HPV	2	만 11~12세(1, 2차)
인플루엔자	IIV	-	생후 6개월 이후 매년 접종
로타바이러스 감염증	RV1	2	2개월, 4개월
	RV5	3	2개월, 4개월, 6개월

출처: 질병관리본부(2020), 다누리 웹사이트(www.liveinkorea.kr)

5. 다문화 복지정책

한국은 산업구조 및 인구구조 변화로 인해 외국으로부터의 인구유입이 가속화되면서 각종 이민정책과 다문화사회에서 필요한 다양한 프로그램을 적극적으로 개발하고 있다. 여성결혼 이민자 가족의 사회통합 지원 대책, 혼혈인 및 이주자 지원방안, 외국인정책 기본방향 및 추진체계, 「재한외국인 처우 기본법」 및 「다문화가족지원법」에 의한 다문화가족지원센터 설치와 정보제공, 교육, 상담지원 등을 제공한다. 그럼에도 불구하고 국내체류 외국인 및 다문화가족은 일반적인 생활을 위한 의사소통의 어려움, 한국 사회체계 전반에 대한 이해부족, 정보소외, 사회참여의 상대적 어려움, 경제적 빈곤, 문화적 갈등 등의 복합적인 문제와 사회적 차별에서 자유로울 수 없다. 최근에는 세계화의 진전과 더불어 새로운 이주민을 수용하게 된 국가에서 이주문제에 대한 적절한 해법의 일환으로 다문화 복지에 대한 관심이 높아지고 있다(김숙령 · 이선희, 2013).

이러한 측면에서 다문화가족의 삶의 질 향상을 위해 추진하고 있는 다양한 복지제도 및 서비스에 대해 살펴보고자 한다.

1) 국민기초생활지원

국민기초생활지원은 생활이 어려운 사람들에게 국가가 생계비와 주거비(국토부), 교육비(교육부), 의료비 등의 급여를 제공하여 기본적 생활을 국가가 보장해주고, 근로능력이 있는 자에게는 체계적인 자활지원 서비스를 제공하여 자활 · 자립을 지원해주는 제도이다. 지원대상은 경제수준이 낮은 전국민을 대상으로 하며, 가구소득과 부양의무자의 유무 및 능력 등을 고려하려 선정된다. 가구소득의 경우 가구소득인정액이 급여별 수급자 선정기준 이하여야 한다. 가구소득에 따른 수급자 선정기준은 급여의 종류에 따라 금액이 상이한데, 4인 가족을 기준으로 생계급여(중위 30%)는 1,364,061원 이하, 의료급여(중위 40%)는 1,845,414원 이하, 주거급여(중위 40%)는 2,029,956원 이하, 교육급여(중위 50%)는 2,300,016원 이하여야 한다. 부양의무자 조건의 경우, 부양의무자가 없거나 부양의무자가 있어도 부양능력이 없거나 부양을 받을 수 없는 경우 국민기초생활보장 급여를 받을 수 있다.

외국인도 국민기초생활보장 급여를 지원받을 수 있는데, 다음과 같은 일정 조건을 갖추어야 한다. 첫째, 국내에 등록 · 체류하고 있는 외국인 중 대한민국 국민과 혼인하여 본인 또는 배우자가 임신 중이거나, 대한민국 국적의 미성년 자녀를 양육하고 있는 경우이다. 이 경우, 한국 국적을 가지고 있는 배우자와 이혼했거나 한국 국적을 가진 배우자가 사망하였을 경우도 이에 포함된다. 둘째, 배우자의 대한민국 국적인 직계존속(부모, 조부모 등)과 생계 혹은 주거를 같이하고 있는 경우이다. 이 이외의 외국인은 국민기초생활보장 대상자가 될 수 없으나, 같은 가족 내에 한국인이 있다면 그 한국인은 대상자가 될 수 있다.

생계급여에 포함되는 항목은 의복, 음식물 및 연료비, 기타 일상생활에 기본적으로 필요한 금품 등이고, 주거급여는 거주지, 거주유형, 가구규모 등을 고려하여 주거 안정에 필요한 임차료, 수선 유지비 등을 포함하고, 교육급여는 입학금, 수업료, 교과서대, 부교재비, 학용품비 등을 포함한다. 이 외에도 수급자가 출산(예정) 시 영아 1인당 600,000원을 현금으로 지급하고, 수급자가 사망하였을 경우 사망자 1인당 750,000원을 지급한다.

국민기초대상자 신청은 읍 · 면사무소 또는 주민센터에서 신청이 가능하고, 대상자 자격 여부는 신청일로부터 30일 이내, 늦어도 60일 이내에 확인이 가능하다.

2) 국민연금

국민연금은 가입자 및 사용자로부터 정률의 보험료를 받고, 이를 재원으로 사회적 위험에 노출되어 소득이 중단되거나 상실될 가능성이 있는 사람들에게 다양한 급여를 제공하는 사회보장제도이다. 국내체류 외국인은 한국인과 동일하게 국민연금 가입대상에 포함된다. 즉, 18세 이상 60세 미만의 외국인이 사업장에 근로자로 일하면 사업장가입자가 되고, 자영업자 등 그 외의 경우는 지역가입자가 된다. 다만, 외국인의 본국에서 한국의 연금 가입을 보장하지 않을 경우 해당 국적의 외국인은 한국의 국민연금에 가입할 수 없다. 또한 한국이 외국인의 본국과 체결한 '사회보장에 관한 협정'을 통해 국민연금 가입에 대해 별도로 정한 경우에는 그 규정이 정하는 바에 따른다. 이러한 이유로 베트남, 미얀마, 방글라데시, 네팔, 사우디아라비아, 싱가포르, 이란, 파키스탄, 캄보디아, 남아프리카공화국, 동티모르, 몰디브, 벨로루시, 아르메니아, 이디오피아, 이집트, 통가, 피지, 그루지야, 스와질랜드, 나이지리아, 말레이시아 등 22개국 출신의 외국인은 우리나라 국민연금에 가입할 수 없다.

국내체류 외국인이 한국 국민연금에 가입하여 10년 이상 납부한 후 지급연령에 도달하면 노령연금을 지원받을 수 있으며, 이 외에 장애연금, 유족연금 등을 받을 수 있다. 외국인은 납부한 국민연금 보험료에 대해 원칙적으로는 반환일시금 지급이 허용되지 않으나, 아래와 같은 경우에는 본국으로의 출국, 사망, 60세 도달 시 그동안 납부한 보험료에 일정 이자를 가산한 금액을 일시금으로 지급을 요청할 수 있다.

❖ 해당 외국인의 본국이 대한민국 국민에게 국민연금 반환일시금과 유사한 수준의 일시금을 지급하는 경우

- 상호주의에 따른 반환일시금 지급 대상국(27개국): 태국, 필리핀, 말레이시아, 인도네시아, 스리랑카, 카자흐스탄, 홍콩, 벨리즈, 그레나다, 세인트빈센트그라나딘, 짐바브웨, 카메룬, 가나, 바누아투, 버뮤다, 수단, 엘살바도르, 요르단, 케냐, 트리니다드토바고, 부탄, 콜롬비아, 우간다, 튀니지, 인도, 스위스, 터키

❖ 대한민국과 외국인의 본국 간에 체결한 사회보장협정에 반환일시금 지급에 관한 규정이 있는 경우

- 사회보장협정에 의한 반환일시금 지급 대상국(18개국): 독일, 미국, 캐나다, 헝가리, 프랑스, 호주, 체코, 벨기에, 폴란드, 슬로바키아, 불가리아, 루마니아, 오스트리아, 브라질, 페루
- 상응성 인정국: 스위스, 터키, 인도

❖ 우리나라 체류자격이 E-8(연수취업), E-9(비전문취업), H-2(방문취업)에 해당하는 외국인근로자의 경우

3) 고용지원

(1) 고용보험

고용보험은 고용안정, 직업능력개발사업 등을 통해 실업의 예방, 고용의 촉진 및 근로자의 직업능력 개발과 향상을 꾀하고, 근로자가 실업한 경우에 생활에 필요한 급여를 지급함으로써 근로자의 생활안정과 구직활동을 촉진하려는 사회보장보험이다.

외국인근로자의 경우 고용보험 적용제외 대상이나 일부체류자격의 경우 고용보험 적용 대상이 된다. 「외국인근로자의 고용 등에 관한 법률」의 적용을 받는 외국인근로자는 고용보험 적용 의무대상자이다. 이외 외국인근로자의 경우, 주재(D-7), 기업투자(D-8) 및 무역경영(D-9), 영주(F-5), 재외동포(F-4)의 체류자격을 가진 경우 고용보험에 가입 가능하다. 반면 65세 이상, 1개월 동안 소정근로시간이 60시간(1주 15시간) 미만, 국가공무원법 및 지방공무원법에 의한 공무원, 사립학교교원연금법의 적용을 받는 자, 선원법에 의한 선원, 거주 자격이 없는 외국인근로자 등의 경우는 고용보험 적용이 제외된다.

고용보험에 가입된 근로자가 실직했을 경우, 실업급여를 받을 수 있다. 실업급여는 실업으로 인한 생계불안을 극복하고 생활안정에 도움을 주어 재취업의 기회를 획득할

수 있는 제도이다. 「산업재해보상보험법」이 적용되는 사업 또는 사업장에 고용된 외국인근로자는 산업재해로 인한 보상을 받을 수 있다.

최근 코로나 사태로 노동자의 근로시간이 단축되거나 일자리가 축소되는 등 국민의 생계가 위협받고 있으며, 특히 취약계층에 대한 타격은 더욱 크다. 이러한 문제를 해결하기 위해 한국정부는 2025년까지 모든 노동자가 실업급여를 받을 수 있는 '전 국민 고용보험' 도입계획을 발표하였다. 전 국민 고용보험은 프리랜서, 자영업자, 학습지교사 등과 같은 특수고용직 종사자에게 고용보험 적용을 의무화하여 최소한의 생계를 유지하고자 하는 것이 핵심이다. 다문화가족은 특수고용직, 프리랜서, 자영업자인 경우가 많아 동 계획의 시행에 큰 관심을 두고 있다(MiGnews, 2020).

(2) 취업성공패키지 지원사업

취업성공패키지 지원사업은 저소득층 등의 취업취약계층이 취업지원 프로그램에 성실히 참여할 수 있도록 참여수당과 훈련참여 지원수당을 지원하고, 취업에 성공한 자에게 취업성공수당을 지급하는 제도이다.

참여수당, 훈련참여지원수당의 지원대상은 저소득층, 청년층, 중장년층이다. 저소득층은 18~69세의 차차상위계층 이하의 가구 구성원으로, 노숙인, 북한이탈주민, 결혼이민자, 신용회복지원자, 니트족, 위기청소년, 쪽방 · 비닐하우스 등 비주택거주자, 여성가장, 영세자영업자(연간매출액 1억 5천만 원 미만인 사업자), 임대사업자, 비영리법인의 대표, 기타 사업소득자로서 가구원의 건강보험료를 기준으로 중위소득 60% 이하인 자를 포함한다. 청년층은 고졸 이하 비진학 미취업자, 장기구직자(대학졸업 후 실업상태에 있는 미취업자), 고교 마지막 학년 및 대학 등 마지막 학기 졸업예정자를 포함한다. 중장년층은 만 35~69세에 해당하며, 중위소득 100% 이하의 가구원 중 실업급여 수급자 또는 수급 종료 이후 미취업자, 고용보험 가입이력은 있으나 수급 요건을 충족하지 못한 미취업자, 고용보험 가입이력이 없더라도 신청일 기준 6개월 이상 계속 실직상태에 있는 자, 연간매출액 1억 5천만 원 미만인 영세자영업자, 기타 사업소득자(임대사업자, 비영리법인 대표 등)로서 가구원의 건강보험료를 기준으로 중위소득 100% 이하인 자를 포함한다.

취업성공수당은 사업 참여 중에 일정한 요건(고용보험가입, 주당 30시간 이상 등)의 일자리에 취업한 경우 지급되며, 기초생활수급자 중 조건부수급자, 차차상위 이하

저소득층, 노숙인 등 비주택거주자, 북한이탈주민, 신용회복지원자, 결혼이민자, 위기 청소년, 여성가장, 건설일용직, FTA피해실직자 등을 대상으로 지원한다.

취업성공패키지 참여 시 수당 지급 내용은 다음과 같다.

① 참여수당은 개인별 취업지원 계획 수립일 이후 프로그램 내용에 따라 1인당 최대 25만 원을 참여 대상자가 신청한 날로부터 14일 이내에 지급받을 수 있다.

② 훈련참여지원수당은 (1) 참여기간 출석일수의 80% 이상을 수강한 경우, (2) 1개월 기준으로 훈련일수 1일당 18,000원, 최대 월 28만 4,000원 한도에서 참여 대상자 본인 계좌로 직접 지급된다. 단, 훈련참여기간 중 교통비 및 식대 이외에 별도의 훈련수당을 지급 받거나 생계급여 수급자의 경우에는 지급받을 수 없다.

③ 취업성공수당은 취업일 기준으로 3개월 지속하여 취업한 경우 30만 원, 6개월 경과 후 40만 원, 12개월 경과 후 80만 원을 각각 나누어 지급하며, 최대 150만 원을 지급받을 수 있다.

4) 긴급복지지원

긴급복지지원은 갑작스러운 위기상황으로 생계가 곤란한 경우 생계비 등을 일시적으로 지원해주는 제도이다. 외국인의 경우, 「긴급복지지원법」 제5조의2에 따라 (1) 대한민국 국민과 혼인 중인 사람, (2) 대한민국 국민인 배우자와 이혼하거나 그 배우자가 사망한 사람으로서 대한민국 국적을 가진 부모나 자녀를 돌보고 있는 사람, (3) 「난민법」 제2조제2호에 따라 난민(難民)으로 인정된 사람, (4) 본인의 귀책사유 없이 화재, 범죄, 천재지변으로 인해 피해를 입은 사람, (5) 그 밖에 보건복지부장관이 긴급한 지원이 필요하다고 인정하는 경우(본인의 귀책사유 없이 재난 등으로 피해를 입은 사람, 「난민법」 제2조제3호에 따른 인도적체류자)에는 긴급복지지원을 받을 수 있다.

긴급복지 지원대상은 갑작스러운 위기사유 발생으로 생계유지 등이 곤란한 저소득층으로 위기사유와 소득 · 재산기준 등의 요건을 충족하는 가구이다. 먼저 위기사유는 (1) 주소득자의 사망, 가출, 행방불명, 구금시설에 수용 등으로 소득을 상실한 경우, (2) 중한 질병 또는 부상을 당한 경우, (3) 가구 구성원으로부터 방임 또는 유기되거나 학대 등을 당한 경우, (4) 가정폭력 또는 가구 구성원으로부터 성폭력을 당한 경우, (5) 화재 등으로 인하여 거주하는 주택 또는 건물에서 생활하기 곤란한 경우, (6) 보건복지부령에 따라 지자체 조례로 정한 사유가 발생한 경우, (7) 그 밖에 보건복지부장관이 정하여 고시하는 경우 등의 7가지이다.

❖ 보건복지부장관이 정하여 고시하는 경우

1. 주소득자와의 이혼
2. 단전된 때
3. 주소득자 또는 부소득자의 휴업 · 폐업 · 사업장의 화재 등 실질적인 영업곤란으로 인한 생계 곤란
4. 주소득자 또는 부소득자의 실직으로 생계 곤란
5. 교정시설 출소자 생계 곤란
6. 가족으로부터 방임(放任) · 유기(遺棄) 또는 생계곤란 등으로 노숙을 하는 경우

소득 · 재산기준은 기준 중위소득 75% 이하로 대도시 거주자는 188,000,000원 이하, 중소도시 거주자는 118,000,000원 이하, 농어촌 거주자는 101,000,000원 이하이고, 금융재산은 5백만 원 이하여야 한다.

긴급지원 절차는 지원요청 및 신고 → 현장 확인 후 선지원 → 사후조사 → 적정성 검사 → 사후연계의 과정을 거친다. 즉, 위기사항이 발생하면 거주지 시 · 군 · 구 및 읍 · 면 · 동 담당 부서 또는 보건복지콜센터 129로 전화한다. 담당 공무원이 현장을 확인하고, 우선 지원해준 후 적격자인지를 다시 심사한다. 만약 지원받을 상황이 아니거나 자격 조건을 갖추지 못한 것으로 결정되면 지원이 중단되고, 지원받은 금액은 반환할 수 있다. 긴급지원이 끝나더라도 위기 상황이 해소되지 않으면 관련 국가제도나 민간 사회복지프로그램을 소개받을 수 있다.

지원내용은 4인 가족을 기준으로 했을 때, 생계비 1,194,900원, 주거비 643,200원, 복지시설이용비 1,450,500원, 의료비 300만 원(1회) 등을 지원받을 수 있다.

5) 가정 · 육아 복지

(1) 임신 · 출산진료비 지원사업

임신 · 출산진료비 지원사업은 건강한 태아의 분만과 산모의 건강관리, 출산친화적 환경 조성을 위해 임신 및 출산과 관련된 진료비를 전자바우처 형태로 지원하는 제도로 2008년 12월 15일 시행되었다. 지원대상은 임신확인서로 임신이 확진된 건강보험 가

입자 또는 피부양자이다. 임신이 확인된 모든 산모는 임신기간 중 의료기관을 통해 초음파검사, 양수검사 등과 같은 검사비용을 임신 · 출산진료비 지원 전용 카드(국민행복카드)를 통해 지원받을 수 있다(전미순, 2015).

국민행복카드

국민행복카드는 2015년 5월 1일 출시한 임신 · 출산진료비 지원 전용카드이다. 동 카드는 기존의 고운맘카드(건강보험 임신출산 진료비 지원)와 맘편한카드(청소년산모 임신출산 의료비 지원)를 통합한 것이다. 국민행복카드의 신청절차는 다음과 같다.

임신확인서 발급 ➡ 카드신청 접수 ➡ 카드 수령 ➡ 카드 사용

임신 · 출산진료비 지원금은 국민행복카드 수령 후부터 사용 가능하고, 분만예정일 이후 1년 이내에 사용해야 하며, 동 기간 내에 미사용한 잔여금액은 자동 소멸된다.

출처: 전미순(2015), 보건복지부 홈페이지(www.bokjiro.go.kr)

임신 · 출산진료비 지원 금액은 당초 단태아의 경우 50만 원이고, 쌍둥이 이상의 다태아의 경우 70만 원이었으나, 2019년부터 단태아 60만 원, 다태아 100만 원으로 인상되었고, 분만취약지에 거주하는 산모는 80만 원을 지원받을 수 있다.

(2) 다문화 보육료 지원사업

다문화 보육료 지원사업은 어린이집을 이용하는 다문화가정의 영유아 자녀에게 보육료를 지원하여 부모의 양육에 대한 부담을 덜고, 부모의 원활한 경제활동을 지원하는 제도이다. 지원대상은 초등학교 취학 전인 만 0~5세에 해당하는 다문화가족 자녀이다. 다문화 보육료는 보호자의 소득수준에 관계없이 지원하고, 다문화가족의 결혼이민자(인지신고 또는 귀화허가를 받은 자 포함)와 대한민국 국적을 취득한 자 사이에서 출생한 자녀는 동일세대 여부와 상관없이 지원한다. 다만, 다문화가족의 결혼이민자(인지신고 또는 귀화허가를 받은 자 포함)와 대한민국 국적을 취득한 자 사이에서 출생한 자녀가 아닌 전처 또는 전 남편과의 사이에서 출생한 자녀는 다문화가족과 동일 세대원으로 생계를 같이 하는 경우에 지원이 가능하다. 또한 대한민국 국적인 아동에 한해서만 지원 가능하다.

다문화가정 자녀의 보육료 지원을 받기 위해서는 아이행복카드를 발급받아야 한다. 아이행복카드는 어린이집 혹은 유치원에 다니면서 정부로부터 보육료(유아학비)를 지원받고 있는 모든 아동의 부모는 신청 가능하고, 소득수준에 따른 기준을 적용받지 않는다.

다문화 보육료 및 아이행복카드 신청을 위해서는 신분증, 통장사본, 카드신청서류 등을 필수적으로 구비하여 신청해야 한다. 이외에 다문화 보육료를 지원받는 부모 중 행복e음을 통해 다문화가족임이 확인되지 않을 경우 혼인관계증명서를 제출해야 하고, 난민의 경우 난민인정증명서를 제출해야 지원받을 수 있다.

다문화 보육료 지원내용은 다음과 같다(**표 7.3**). 다문화가정 자녀 중 취학대상 아동이 취학을 유예하는 경우 만 5세 아동에 해당하는 보육료를 재지원받을 수 있다.

아이행복카드

아이행복카드는 보육 정책의 체감도를 높이고 수요자 중심 보육정책을 실현하기 위하여, 보육료를 어린이집에 지급하는 대신에 전자카드 형태로 부모에게 직접 지급하여 어린이집을 이용하면서 결제하도록 하는 보육전자바우처로서 2009년 처음 도입하였다.

보육전자바우처 도입 당시에는 어린이집용 전자바우처인 아이사랑카드와 유치원용 전자바우처인 아이즐거운카드로 구분되었다. 아이사랑카드는 보건복지부가 관리하고, 아이즐거운카드는 교육부에서 관리하는 등 관리주체가 달라 어린이집과 유치원 시설 간 이동 시 카드를 교체해야 하는 부모의 불편이 증가하자 2015년에 두 카드를 통합하여 아이행복카드로 일원화하였다.

출처: 보건복지부 홈페이지(www.bokjiro.go.kr)

표 7.3 다문화 보육료 지원 금액

	기본보육료	야간추가 보육료	24시간 보육료
만 0세반	470,000원	470,000원	705,000원
만 1세반	414,000원	414,000원	621,000원
만 2세반	343,000원	343,000원	514,500원
만 3세반	240,000원	240,000원	360,000원
만 4세반	240,000원	240,000원	360,000원
만 5세반	240,000원	240,000원	360,000원

자료: 복지로 홈페이지(www.bokjiro.go.kr).

(3) 아동수당 지원사업

아동 돌봄에 대한 국가 책임을 강화하기 위해 보건복지부는 2019년부터 소득에 관계없이 만 6세 미만의 모든 아동에게 월 10만 원의 아동수당을 지급하기 시작하였다. 2019년 9월부터 아동수당 지원대상 범위를 만 7세 미만 아동까지 확대 · 적용하였다. 다만 다문화가정의 경우 몇 가지 요건을 충족해야 한다. 우선 부모가 모두 외국인이더라도 아동은 반드시 한국 국적을 보유해야 한다. 복수국적의 아동일 경우 국외여권사본을 제출해야 하고, 해외출생 아동은 보육료 등의 납입증명서, 예방접종 증명서, 입국시 여행증명서 등 국내 실제 거주중임을 공적으로 확인할 수 있는 서류를 거주지 지자체에 제출해야 아동수당을 지원받을 수 있다.

(4) 가족역량강화지원사업

가족역량강화지원사업은 한부모 · 조손가족 등 취약가족 및 긴급위기가족이 가진 복합적인 문제를 해결하고, 지속적인 사례관리를 통해 가족기능 회복과 정서 · 경제적 자립역량을 강화하는 것을 목적으로 한다.

지원대상은 기준 중위소득 72% 이하 (손)자녀를 양육하는 한부모 · 조손가족 등 가족기능 및 역량 강화를 위해 지원이 필요 가족으로서, 자립의지가 있는 비수급 · 저소득 가구를 우선 지원한다.

핵심지원내용은 자녀학습 및 정서지원을 위한 배움지도사 파견, 생활도움 서비스를 위한 키움보듬이 파견 등이 있다. 자녀학습정서지원은 초등학교 및 중학교에 재학중이거나 이에 상응하는 연령대의 (손)자녀를 대상으로 배움지도사를 파견하여 학습동기 · 목표 점검, 기초학습 · 자기주도학습 · 부진교과목 지도 등의 학습을 지원하고, 일상생활지도, 멘토 · 멘티 서비스 등의 정서안정 지원을 제공한다. 동 서비스는 1년 이내에 지원하고, 필요한 경우 1년 연장이 가능하다. 생활도움 서비스는 18세 미만 (손)자녀와 생계 · 주거를 함께하는 취약 · 위기가족을 대상으로 하고, (조)부모의 건강상태 악화 긴급상황 발생 등으로 인한 (손)자녀의 긴급 일시돌봄, 가사활동지원, 개인활동지원, 정서지원 등 전반적인 생활을 지원하는 서비스이다. 이외에 심리경제적 자립 및 역량강화를 위한 사례관리를 지속적으로 추진하고, 부모교육, 자녀양육교육 등의 프로그램을 제공한다.

6. 다문화교육 정책

다문화학생 비율이 2014년 1.08%에서 2019년 2.51%로 증가함에 따라 다문화학생의 교육수요 및 동등한 교육기회 보장에 대한 요구가 높아지고 있다. 특히 다문화학생의 국적 · 연령 · 특성 등이 다양해지고, 중도입국 · 외국인 학생의 증가로 학생별 맞춤형 교육에 대한 요구가 높아지고 있다. 또한 다문화유아 · 난민 · 미등록 아동, 중도입국청소년, 다문화학생 밀집지역 등 정책 사각지대 지원을 통한 교육격차 해소의 필요성이 제기되고 있다.

교육부는 2006년 다문화가정 자녀 교육지원 대책을 시작으로 매년 다문화학생 교육지원 계획을 수립하고 있다. 이를 통해 모든 학생이 문화적 차이를 수용하고 이해하며, 학교에서 조화롭게 생활할 수 있는 다문화 친화적 교육환경을 조성하고, 한국 사회의 개방성과 통합성을 높일 수 있는 교육기반을 마련하기 위해 노력하고 있다. 특히 다문화학생 교육권 보장을 위한 「초 · 중등교육법 시행령」을 개정하고, 다문화교육 정책 학교를 운영하며, 다문화학생 대학생 멘토링 및 글로벌브릿지 운영 사업 등을 추진하는 등 다문화학생 교육 프로그램을 지원하고 있다. 또한 교과보조교재, 이중 언어교재 등 다문화학생의 교육에 도움이 되는 자료를 발간하고, 중앙다문화교육센터 및 지역다문화교육지원센터 운영 등 다문화교육 추진체계를 구축하였다.

최근 교육부는 다문화학생 교육지원과 학교 현장의 수용성 제고로 모든 학생이 함께 배우고 성장하는 교육기반 조성을 위한 2020년 다문화교육 지원계획을 마련하였다. 따라서 '출발선 평등을 위한 2020년 다문화교육 지원계획'을 자세히 살펴보고자 한다.

1) 비전 및 주요 과제

교육부는 학생, 교원, 학부모, 지역사회 등 다문화교육과 연계된 모든 구성원들의 적극적인 참여를 유도하고, 다문화학생의 교육권과 행복권을 보장하기 위해 2020년 다문화교육 지원계획을 수립하였다(**그림 7.13**).

출발선 평등을 위한 2020년 다문화교육 지원계획은 다문화학생이 문화적 배경, 인종적 특성 등으로 인해 차별받지 않고 동등한 교육 기회를 제공받기 위해 "함께 배우며 성장하는 학생, 다양하고 조화로운 학교" 구축을 비전으로 (1) 다문화학생 교육기회 보장 및 교육격차 해소, (2) 다양한 문화가 공존하는 성숙한 교육환경 구축을 목표로 제시한다(교육

비전	함께 배우며 성장하는 학생, 다양하고 조화로운 학교	
목표	▪ 다문화학생 교육기회 보장 및 교육격차 해소 ▪ 다양한 문화가 공존하는 성숙한 교육환경 구축	
추진과제	1. 출발선 평등을 위한 교육기회 보장	1. 다문화학생 공교육 진입 제도 안착 2. 학교교육 준비도 격차 해소
	2. 학교 조기 적응을 위한 언어 · 학습 지원	1. 맞춤형 한국어교육 제공 2. 기초학력 지원
	3. 안정적인 성장을 위한 진로 · 정서 지원	1. 이주배경을 반영한 진로교육 지원 2. 정서지원 체계 강화
	4. 다양성이 공존하는 학교 환경 조성	1. 전체 학교의 다문화교육 확대 2. 교원의 다문화교육 역량 제고 3. 가정 및 지역사회와의 연계
	5. 학교 현장 중심 지원체계 강화	1. 현장의 교육수요에 따른 지원사업 운영 2. 중앙-지역 간 연계 강화

그림 7.13 2020년 다문화교육 지원계획 비전 및 목표

출처: 교육부(2020)

부, 2020).

2) 세부 추진과제

2020년 다문화교육 지원계획은 5대 중점과제와 11개 추진과제를 설정하였으며, 자세한 내용은 다음과 같다.

① 출발선 평등을 위한 교육기회 보장이다. 첫 번째 중점과제는 다문화학생의 실질적인 교육권을 보장하기 위해 제도개선 및 공교육 진입절차 지원을 목적으로 한다. 다문화학생 공교육 진입 제도 안착을 위해 「초 · 중등교육법 시행령」을 개정하여 중도입국 다문화학생의 학교 배정, 학력심의 등 공교육 진입 과정의 절차 개선을 위해 최선을 다하고 있다. 또한 다문화교육지원센터를 통한 공교육 진입의 전 과정을 지원하고, 다국어 학력심의 진단도구를 개발 · 배포하여 학력증빙 절차를 지원하는 계획을 마련하였다.

그리고 중도입국 및 난민자녀에게 해당국가 언어로 번역된 국내학교 편입학 안내 자료를 발송하고, 다문화가족지원센터, 다누리콜센터, 외국인노동자지원센터 등 유관기관에 공교육 진입 안내자료를 2020년 상반기에 배포하기로 한다.

학교교육 준비도 격차 해소를 위해 다문화유아에 대한 기본현황을 파악하여 교육복지 지원비를 반영하고, 누리과정 및 한국어교육과정을 연계한 진단도구를 2020년 상반기에 개발 및 보급한다. 그리고 초등학교 입학 예정 다문화학생을 대상으로 학교생활 조기적응 지원을 위한 준비교육시스템인 징검다리과정을 중학교 입학 · 편입학 예정 다문화학생으로 확대하여 시범 · 운행하기로 한다. 특히 예비 중학생 대상의 징검다리과정은 신체적, 정신적, 환경적 변화를 겪는 사춘기 청소년을 대상으로 하기 때문에 또래문화 기반 의사소통 영역과 체험활동기반 학교생활 영역 중심의 프로그램을 개발한다(**표 7.4**).

② 학교 조기적응을 위한 언어학습지원이다. 두 번째 중점과제는 다문화학생 조기 적응을 위한 입국 초기 한국어교육 및 기초 학력 지원 강화를 목적으로 한다. 중도입국 및 입국초기의 외국인 학생(유아) 등을 대상으로 특별학급 형태의 한국어 학급을 확대(2018년 223학급 → 2019년 326학급 → 2020년 250학급 예정)하여 한국어 집중교육을 지원한다. 그리고 진단부터 보정 및 관리까지 맞춤형 한국형 교육을 지원하는 '한국어능

초 · 중등교육법 시행령 개정(안)

현행	개정 후
[아동 및 학부모] 개별 중학교 장에게 입학 · 전학 및 편입학 신청 ▼ **[학교장]** 관련 서류를 확인하고 정원 및 학칙에 따라 허가여부 결정	**[아동 및 학부모]** 거주지 관할 교육장에게 입학 · 전학 및 편입학 신청 ▼ **[교육장]** 거주지 학교군 내의 결원을 고려하여 학교 배정 및 학년 가배정 실시 **[학교장]** 학년 결정 등 편입학 절차 진행

기대효과: 학교장의 편입학 등 미허가에 따른 교육권 침해 해소 및 다문화학생 특정학교 편중현상 개선
추진과정: 2019년 11월 전국시도시교육감협의회 총회에서 대정부 제안사항으로 교육부 제출

출처: 교육부(2020)

력 진단-보정 시스템(부록 4 참조)'의 적용을 확대한다. 2019년에 개발된 동 시스템은 개발당시에는 3~6학년을 대상으로 적용하였고, 2020년 3월 중 · 고등학교로 확대 적용하고 있으며, 2021년에는 초등학교 1~2학년으로 확대 · 적용할 계획을 마련하였다. 다문화학생의 기초학력 지원을 위해 대학생과 다문화학생 간 1:1 멘토링을 실시하여 체계적이고 개별적으로 학습을 지원하고, 다문화학생이 교과이수 과정 중에 반드시 알아야 하는 중요한 개념 및 어휘를 이해할 수 있도록 수학 및 과학 과목의 보조교재를 개발 · 보급 계획을 수립하였다.

③ 안정적인 성장을 위한 진로정서지원이다. 세 번째 중점과제는 다문화학생의 강점을 개발하여 안정적으로 성장할 수 있도록 진로교육을 제공하고, 지역사회와 연계한 정서 지원 체계 구축을 목적으로 한다. 다문화학생의 이중 언어 학습을 장려하기 위해 2019년에는 중국어, 베트남어, 일본어, 필리핀어로 교재를 개발하여 보급하였으며, 2020년에는 러시아어, 몽골어, 태국어, 캄보디아어, 인도네시아어 교재를 개발하여 보급한다. 또한 교육부-LG연암문화재단-한국외대 다문화학생 이중 언어 교육 업무협약을 체결하여 매년 '전국 이중 언어 말하기대회'를 개최하여 다문화학생의 이중 언어학습을 장려한다. 그리고 한국에서 활동하는 귀화 한국인 중 전문가 등의 우수인재를 멘토로 선정하여 다문화학생에게 진로 멘토를 받을 수 있도록 '원격영상 진로멘토링(mentoring.career.go.kr)'을 운영한다. 다문화학생의 정서지원체계를 강화하기 위해 정서행동 특성 검사 시 다국어 버전의 검사지를 제공하여 다문화학생의 정서 및 행동발달 지원 접근성을 제고하고, 다문화가족지원센터, 청소년상담복지센터 등 다문화 아동 청소년 지원기관과 연계하여 정서지원이 필요한 학생에게 전문 지원을 제공한다(**그림 7.14**). 다문화학생의 학교폭력 사전 예방을 위해 어울림 프로그램을 강화하고, 피해가

표 7.4 2020년 중학교 징검다리과정 프로그램

구분	또래문화 기반 의사소통 영역	체험 · 활동 기반 학교생활 영역
활동 목적	• 나와 타인 이해, 친구 관계 형성 및 유지 능력 향상, 표현 능력 개발	• 흥미 및 적성, 진로 및 진학, 중학교 수업 및 생활 이해
활동 내용	• 짝 대화, 모둠 대화 등 • 발표 · 역할극 등 수행평가 활동, 공감적 듣기 • 나 전달법 등	• 학교시설 탐방, 교육활동 사전 체험 등 • 선택수업 신청 등 자유학기 관련 활동, 창의적 체험활동 관련 활동 등

출처: 교육부(2020)

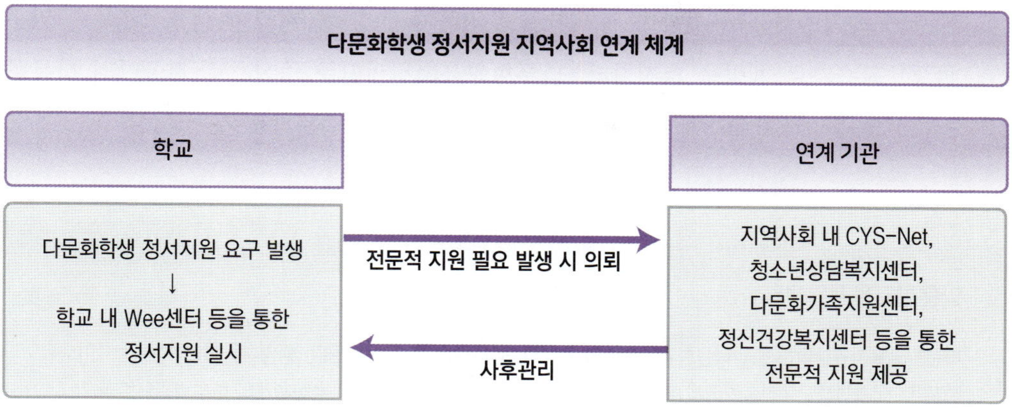

그림 7.14 다문화학생 정서지원 지역사회 연계 체계

출처: 교육부(2020)

발생했을 경우 다문화 전문가의 참여를 강화하며, 다문화 학부모의 적극적인 참여를 유도하기 위한 안내자료를 제작 · 보급하기로 한다.

④ 다양성이 공존하는 학교 환경 조성이다. 네 번째 중점과제는 학생 및 교원의 다문화 역량을 제고하고 학부모 및 지역사회의 다문화 교육활동 참여기회를 확대하여 학교 현장의 수용성 제고를 목적으로 한다. 학교 구성원의 다문화 감수성 제고를 위해 연간 2시간 이상 다문화교육 관련 교과 및 비교과활동을 권고하고, 모든 학생의 다문화 감수성 제고를 위한 세계시민교육 연계 수업 모델을 개발하기로 한다. 현직 교원의 다문화 역량 강화를 위해 「다문화가족지원법」 및 시행령을 개정하여(2017.12) 다문화 이해교육 관련 연수를 의무적으로 실시하고, 국내 한국어 교원을 대상으로 '찾아가는 배움이음터'를 운영한다.

⑤ 학교 현장 중심 지원체계 강화이다. 마지막 중점과제는 학교 현장의 다문화학생 지원이 원활하게 이루어질 수 있도록 내실 있는 지원체계 마련을 목적으로 한다. 다문화학생이 밀집한 학교[15] 재학생의 기초학력 보장을 위해 '두드림 학교' 우선 지정을 권장하고, 지자체, 지역기반 대학교 등의 자원을 연계한 교육 사업을 추진한다. 중앙-지역 간 선도인력 교류 및 협력 강화를 위해 정책학교 활동 경험이 풍부한 교원을 중심으로

---

15) 다문화학생 비율이 30% 이상인 학교(전교생 100명 이상)를 의미하고, 정책학교라고도 한다. 다문화정책학교는 재학중인 모든 학생을 대상으로 다문화 이해교육을 실시하고, 한국어교육 지원이 필요한 경우 한국어 학급을 운영한다.

다문화교육지원단을 구성하여 정책학교 운영을 지원하고, 지역 특색을 살릴 수 있는 다문화 교육자료 개발을 추진한다. 다문화교육지원센터를 중심으로 전국단위 다문화교육의 효과적인 정책추진과 지역 다문화교육 정책을 운영하도록 장려한다.

다문화교육지원센터

다문화교육지원센터는 중앙다문화교육센터와 지역다문화지역센터로 구분된다. 중앙다문화교육센터는 2015년 5월부터 국가평생교육진흥원에서 위탁 · 운영하고 있으며, 국가 다문화교육 추진체계의 중추기관으로 국가 다문화교육 정책연구 및 정책사업을 선도적으로 추진하고 있다.

지역다문화교육지원센터는 교육부가 2014년 전국 5개 시 · 도교육청을 다문화교육지원센터 사업자로 선정하여 운영되기 시작한 센터이다. 동 센터는 다문화교육 정책을 기획하고 지역의 특성에 맞는 교육 모델을 개발하여 학교 다문화교육을 지원하는 지역 거점센터로서의 역할을 담당한다. 2020년 현재 전국 17개 다문화교육지원센터가 운영 중에 있으며, 지역 맞춤형 다문화교육을 중점적으로 추진한다.

출처: 중앙다문화교육센터(edu4mc.or.kr), 교육부(2014, 2020)

자율학습

선택형

1. 다문화가족 생애주기별 맞춤형 지원에 대한 설명으로 옳지 않은 것은?
   ① 자녀양육기 – 요보호아동 지원
   ② 결혼준비기 – 결혼예정자 사전준비 지원
   ③ 가족형성기 – 다문화가족의 안정적 생활 지원
   ④ 자녀교육기 – 다문화 아동 · 청소년 역량개발 강화
   ⑤ 가족역량 강화기 – 결혼이민자 경제적 · 사회적 자립역량 강화

2. 외국인정책 기본계획에 대해 옳게 설명한 것은?
   ① 외국인정책 기본계획은 법무부단일의 다문화정책이다.
   ② 외국인정책 기본계획은 재한외국인 처우 기본법 제3조에 의거한다.
   ③ 외국인정책 기본계획은 2021년 현재 제2차 기본계획을 시행하고 있다.
   ④ 외국인정책 기본계획의 주요사항은 외국인정책위원회에서 심의 · 조정한다.
   ⑤ 외국인정책 기본계획은 10년마다 수립하는 범정부 차원의 외국인정책이다.

3. 제3차 다문화가족지원정책 기본계획의 내용과 거리가 먼 것은?
   ① 다문화가족 장기정착 지원을 위해 다문화가족 통합교육을 실시한다.
   ② 다문화 수용성 제고를 위해 홍보를 강화하고, 지역사회 프로그램을 발굴한다.
   ③ 다문화가족 자녀의 성장을 위해 다재다능 및 글로벌브릿지를 확대 · 추진한다.
   ④ 내일배움카드, 취업성공패키지 등의 결혼이민자 맞춤형 일자리를 발굴 · 연계한다.
   ⑤ 국제결혼 피해자 지원을 위해 다누리콜센터–소비자원–법률구조공단 간 협업을 강화한다.

4. 다문화 복지제도에 대한 설명으로 적절한 것은?
   ① 모든 외국인근로자는 고용보험 적용대상에서 제외된다.
   ② 국내 거주 외국인 중 난민만 긴급복지지원을 받을 수 있다.
   ③ 우리나라에 등록 · 거주하는 외국인은 모두 국민기초생활보장 지원대상이다.
   ④ 대한민국 국적의 영유아 자녀를 둔 다문화가정은 보육료 지원을 받을 수 있다.
   ⑤ 대한민국 국적의 영유아 자녀를 둔 다문화가정은 국내거주 유무에 상관없이 아동수당을 지원받을 수 있다.

5. 다문화교육 지원계획의 중점과제와 추진과제가 바르게 연결되지 않은 것은?
   ① 학교 조기적응을 위한 언어 · 학습지원 – 모국어 교육 제공
   ② 출발선 평등을 위한 교육기회 보장 – 다문화학생의 공교육 진입 지원
   ③ 다양성이 공존하는 학교 환경 조성 – 다문화교육 및 다문화교육 역량 제고
   ④ 학교 현장 중심의 지원체계 강화 – 두드림 학교 지정 및 지역자원 연계 교육
   ⑤ 안정적인 성장을 위한 진로 · 정서 지원 – 이주배경을 반영한 진로교육 지원

비판적 사고

1. 외국인정책위원회와 다문화가족정책위원회의 기능을 간략하게 설명하시오.

2. 다문화가족지원정책의 필요성에 대해 논하시오.

3. 제1차, 제2차 다문화가족정책 기본계획과 제3차 다문화가족정책 기본계획을 6가지 분야로 구분하여 비교하시오.

선택형 정답: 1.①, 2.④, 3.①, 4.④, 5.①

CHAPTER

8

외국의 다문화정책

개요

전 세계 많은 나라들이 다양한 역사적 배경과 다인종 · 다언어로 인한 다문화적 문제가 세계 곳곳에 만연한 현상으로 확산되고 있다. 급격한 세계화로 인해 국가 간의 이동이 활발해지고 다양한 이유로 많은 사람들이 모국을 떠나 이민자나 난민으로 다른 나라에 머물거나 정착하고 있다.

이에 따라 외국의 많은 나라들은 이민국으로서 다양한 유형의 문화가 공존하게 되면서 수많은 갈등과 어려움을 겪어왔으며, 지금까지도 다양한 문제를 안고 있어 필연적으로 다문화정책을 수립하여 추진하지 않을 수 없는 사회적 배경을 가지고 있다.

따라서 본 장에서는 미국, 캐나다, 호주, 독일, 프랑스, 영국, 중국, 일본 등을 중심으로 각국의 다문화사회 형성 과정과 이주민의 시민적 · 정치적 · 사회적 권리에 대해 살펴보고자 한다. 그럼으로써 우리 사회가 다문화사회로 변화하면서 취해야 할 발전적 방안과 정책의 모색을 위한 성찰의 장이 되고자 한다.

다문화사회의 원리가 되는 '다문화주의(multiculturalism)'는 1970년대 캐나다와 호주에서 가장 먼저 제기되었으며, 이후 미국을 비롯하여 영국, 스웨덴 등 유럽 국가들도 이민자, 난민, 외국인근로자 등의 증가에 따라 이들과의 공존 정책으로 받아들이기 시작했다. 다문화주의가 등장하게 된 이론적 배경으로는 1950~1960년대 무렵 전세계적으로 영향력을 끼친 포스트모더니즘(post modernism, 탈현대주의)을 들 수 있다. 포스트모더니즘은 당시 유럽 중심의 단일화된 문화에 대해 비판적이었다. 모더니즘(modernism)에 대한 비판적 반동으로 등장한 포스트모더니즘은 대중문화에 대한 특별한 관심을 가지고, 다양하고 가변적이며 혼성적인 문화가 이 시대의 문화적 양식이라는 입장을 취한다(김진중, 2014).

초기 다문화주의는 다양한 인종의 정체성이 복잡하게 얽혀 있는 나라에서 사회통합을 위한 개념으로 제시되었다. 그러나 최근 세계적으로 인구 이동이 활발히 진행되면서 각종 편견과 차별로 인한 문제가 발생하고 있다. 많은 나라에서 이미 오래 전부터 인종 소요, 폭동 등 다문화의 문제가 도출되었고, 특히 교육 수준이 낮은 이주근로자의 실업 문제와 외국인 이주민의 집단 거주 지역의 슬럼화 현상은 사회를 병들게 할 뿐만 아니라 범죄 발생의 요인이 될 수 있다. 한편 내국인의 외국인 이주민에 대한 배타적이고 경계적인 시각이나 사회적 갈등으로 인하여 파생되는 사회문제도 적지 않아 간과할 수 없는 일이다(김형민, 2010).

미국, 캐나다, 호주는 이들 중 대표적인 국가로 흔히 이민국이라고 알려져 있을 만큼 매우 다양한 유형의 문화가 공존하고 있다. 그러나 이 과정에서 지금까지도 다문화와 관련된 많은 갈등과 문제들을 안고 있다.

다문화사회를 살아가면서 만나게 되는 '타인'을 사회의 구성원으로 인정하고 이해하는 일은 최소한의 평화적 공존을 위해 필요한 중요한 과제이다. 이를 위한 두 가지 기둥이 바로 의무와 인정이다. 즉 우리는 다른 국가에 살고 있거나 다른 국가에서 온 이방인 역시 우리 자신과 동등한 존엄성을 인정받아야 한다는 도덕적 의무를 가지는 한편, 가치와 문화의 차이를 인정하고 대화를 통하여 서로를 이해하려는 노력을 계속해 나가야 한다는 것이다(서운석, 2010).

우리와 다문화주의 배경은 다르지만 미국을 비롯하여 캐나다, 호주, 독일, 프랑스, 영국, 중국, 일본 등 외국 여러 나라의 다문화정책을 시민적 · 사회적 · 정치적인 측면에서 살펴보고자 한다.

1. 미국

미국은 다인종 · 다민족 · 다문화가 용해되어 있는 국가로 현대 선진 국가 중에서 이민자의 규모가 가장 크고 이민자의 특성이 다양한 나라이며 이민으로 세워진 최초의 국가이다. 미국은 1607년 영국 버지니아 회사 소속 104명의 사람들이 버지니아 제임스 타운에 처음으로 정착하고, 뒤이어 1620년에 영국 청교도들이 종교적 박해를 피해 메사추세츠주의 플리머스에 상륙함으로 인해 시작되었다. 이후 유럽 출신의 이민자들을 시작으로 비유럽 국가들의 이민자들이 지속적으로 유입되면서 많은 갈등과 진통 속에 오늘의 다문화사회를 형성하게 되었다. 이민은 미국 사회의 역동적 특성과 정체성이 근거하고 있는 원천이라 할 수 있다. 때문에 미국을 이민자의 나라라고 부르며, 미국 이민자들의 꿈을 '아메리칸 드림(american dream)'이라는 단어로 표현한다.

초기 미국의 이민자 정책은 '동화주의'였다. 즉 이민자들에게 미국의 정신을 주입하는 동화주의를 기반으로 다양한 문화를 수용하는 이른바 '용광로(melting pot)' 개념을 중심으로 정책을 펼쳤다. 그러나 1960년대 이후 미국 사회에서 인종차별주의에 반대해서 일어난 흑인민권운동과 새로운 이민법의 발효로 이민자 정책에도 변화를 가져왔다. 이후 미국 사회에서는 다문화주의에 대한 논의가 시작되어 사적 영역에서 주류사회의 문화가 존재함을 인정하면서도 동시에 다양한 소수집단의 문화를 존중하는 입장인 다문화주의를 정책으로 채택하게 되었다. 이 이념은 최근에는 다양한 민족 문화가 미국 문명을 풍부하게 한다는 샐러드 볼(salad bowl)이라는 개념으로 발전하기에 이르렀다. 무엇보다 미국은 이러한 다문화사회로의 변화에 따른 다문화교육을 이론적으로 체계화하고, 이를 실천할 수 있는 구체적인 방안과 프로그램을 연구하면서 다문화교육의 이론과 실제의 선구자적 역할을 하고 있다.

1) 이주민 정책과 유입 과정

오랫동안 원주민들이 살고 있었던 땅에 유럽인들이 유입되기 시작하면서 미국의 역사는 시작되었다. 미국 정부의 공식적인 기록에 따르면 1820년부터 1960년까지 3,450만 명 이상의 유럽인이 미국으로 이민하였다. 이 기간 동안 전체 인구의 82%를 유럽인이 차지하였다. 1820년에서 1921년까지 미국 국회가 이민을 제한하기 위해 최초의 할당법을 통과시키자 유럽인은 이전의 개별 이민보다 더 거세게 단시일에 걸쳐 대규모의 거대한 물결을 이루면서 미국으로 들어왔다.

북미에 대규모로 정착한 첫 번째 유럽인 집단은 영국계 이주민들이었다. 이들은 원주민을 종속시키고 그들의 땅을 정복하였다는 점에서 이후에 이민 온 유럽인과는 매우 달랐다. 이들 초기 정착민은 영국 왕의 지원을 받았고, 영국 왕은 미국이라는 나라를 원자재의 새로운 공급처이자 영국의 제조 물품을 소비하는 식민지로만 생각하고 있었다.

당시의 식민지는 인종(인구의 20%는 아프리카계 미국인이었다), 종교, 언어 면에서 매우 다양하였으나 앵글로계 개신교 문화가 식민지의 핵심 문화로 자리 잡게 되었다. 영어가 식민지 미국의 주 언어가 되었고 영국법이 미국법 제도의 근간이 되었다. 그리고 공교육은 비영국인 이민자를 사회화시키는 하나의 방법이 되었다.

세계적으로 대규모의 이민이 발생한 이유는 복잡하고 지역에 따라 다양했다. 예를 들어 아일랜드에서는 경제적 변화가 이민의 주된 이유였고, 노르웨이, 네덜란드, 프러시아에서는 종교적 요인이 이민의 주된 원인이었다(김형민, 2010). 이민 물결은 나폴레옹 전쟁 직후 시작되어 시민전쟁 이전에 절정을 이루었다. 500만 명 이상의 이민자가 미국에 도착하였는데, 이는 1790년 미국에서 실시된 첫 번째 인구 조사에서 밝혀진 당시의 전체 인구보다 많은 수였다.

미국에서는 아직도 이민으로 인한 인구학적 변화와 문화적 변화가 계속 진행되고 있다. 그러나 그동안 미국 이민정책은 이민에 대하여 일관되게 모호한 입장을 보이고 있다는 평가를 받아왔다. 이민에 의해 유지되는 국가지만 너무 많은 이민을 받아들인다는 여론이 항상 있었기 때문에 이민정책에도 이러한 양면성이 반영되어 있으며, 특히 지난 트럼프 행정부(2017~2020년) 시대에는 미국의 정체성을 부정하는 반(反)이민정책이 사회의 주류를 형성하기도 했다.

미국에는 이민자를 사회에 효과적으로 통합시키기 위한 공식적 정책이 없다. 미국 이민은 자격 요건에 따라 우선순위가 주어지는 선호 체제(preference system)라고 할 수 있는데, 이것은 이민 자체를 통합 가능성에 비추어 결정한다는 의미이다. 즉 순위를 결정하여 이민 자격을 부여하는 체제를 운영하므로써 먼저 이민 신청을 접수하였더라도 우선순위가 아니면 자격 부여가 뒤쳐지게 된다. 선호 체제에서는 가족 결합과 고용이 우선순위를 부여 받는다. 이민 후에는 이민 초청자인 가족 혹은 고용주가 사회 정착을 보증하는 방식으로 운영된다. 이러한 방식은 세계 어느 사회보다 더 개인주의적이고 사생활을 우선시하는 문화적 전통과 관련된 것으로 보인다.

미국 연방법원은 1875년 이민 업무가 연방정부의 책임이라고 선언하였고, 1880년대에 들어와 급증하는 이민을 관리하기 위해 1891년 이민국이 창설되었다. 이민의 급증에는 국경 봉쇄, 도시화와 산업화, 전통을 유지하기 위한 서부 유럽과 동부 유럽의 이민 지속, 가톨릭 이민과 유태인 이민의 증가 등 4가지 요인이 작용하였다.

1907년 미국의 이민은 최고점에 도달하여 한 해 동안 1,300만 명이 이주해 왔으며, 1차 세계대전 중에는 다소 감소하였으나 종전과 함께 다시 대량 이민이 시작되었다. 특히 1903년 1월 13일 아침, 한국의 첫 이민자를 실은 배[갤릭(Gaelic)호]가 하와이 호놀룰루(Honolulu) 항구에 도착하였다. 하와이에 도착한 한국의 첫 이주민 집단은 오아후(Oahu)섬 와일루아(Waialua) 농장 목굴리아 동네에서 사탕수수 재배 등의 중노동에 종사하였다. 1903년 모두 16차례의 선편에 1,133명, 1904년 33차례의 선편에 3,434명, 그리고 1905년 7월 초까지 16차례의 선편에 2,659명이 도착하는 등 총 7,226명의 한국인이 1900년 초 미국에서 새 삶의 터전을 일구었던 것이다(김형민, 2010).

이후 20년 동안 이민은 급감하며 대공황 시기 수 년 동안에는 전무할 정도로 감소하였다. 2차 세계대전 20여 년 동안 많은 수의 이민이 유입되지 않았다. 그러다가 1952년 기존의 모든 관련법을 통합하여 이민법(Immigration and National Act)을 제정하였다. 그러나 이 법이 유럽의 이민을 옹호하는 결과를 낳고 있다는 비판에 직면하면서 1965년에 이민법을 개정하였다. 1990년대는 대량 이민이 이루어져 이 기간 중 8,800만 명이 합법적 이민으로 정착하게 되었고, 같은 기간 중 방문과 이민을 제한하고자 하는 규제가 시행되기 시작하였다.

이후 1965년 이민법을 개정하여 이민자 가족의 결합과 숙련 기술자 유입을 목적으로 개방적이고 허용적인 이민정책으로 전환하였으나, 2001년 9월 11일에 발생한 테러를 기점으로 다시 규제적이고 제한적인 이민정책으로 전환하고 있다. 2003년 법무부에서 이민을 관장하던 이민국을 해체하고 국토안보부로 이민 업무를 이관하였다.

현재 이민은 국토안보부(Department of Homeland Security, DHS)가 주관하며 국무부, 노동부, 법무부, 보건부, 교육부가 관련 업무를 수행하고 있다. 특히 이민 비자 관련 업무는 국토안보부 산하 이민귀화국(U.S. Citizenship and Immigration Services, USCIS)에서 담당하고 있다. 다문화정책 수행에 있어서는 민간단체인 비정부조직(non-government organization)과 공조 체제를 유지하고 있다. 그중 하나로 '새로운 미국인 이니셔티브(A New American Initiative)'를 예로 들 수 있다. 이 프로그램은 미국 사회에 살고 있는 이민자들과 난민들이 정부와 사회에서 제공하는 서비스와 프로그램을 적극 활용할 수 있도록 도움을 줌으로써 생활이 향상되게 하는 데 목적이 있다. 즉, 정부가 사회통합을 위한 노력을 주도하지만 주정부 및 민간단체들과 협력하여 지침과 예산을 제공하고 있다.

2) 이주민의 시민적 권리

미국에서 시민권자가 되어 정식으로 미국 구성원으로 살아가는 것은 매우 중요하다. 시민적 권리는 개인적 자유(individual freedom)를 위하여 필요한 기본적인 권리를 의미하며, 여기에는 언론 · 사상 · 종교의 자유 등 개인이 시민으로서 누려야 하는 기본적인 자유가 포함된다. 시민권자만이 받을 수 있는 여러 혜택이 있지만 중요한 혜택 중 하나는 시민권자가 된 후 범죄를 저지르더라도 이민국은 시민권자를 국외로 추방시키지 않는다는 것이다. 시민권자의 또 다른 혜택으로 지역, 주정부, 연방정부 차원의 각종 선거에 참여할 수 있다는 것이다. 그리고 시민권자의 배우자, 자녀 또는 부모를 미국에 초청하여 영주권과 시민권을 받게 할 수 있다. 이 외에도 시민권자는 연방정부 및 주정부에서 일할 수 있고, 어려운 상황에 처했을 때, 공공혜택을 받을 수 있으며, 또한 해외여행을 할 때 해외 체류기간의 제한이 없다.

시민권자가 되려면 신청 자격이 되어야 한다. 시민권 신청을 하려면 나이가 18세 이상인 자로서 최소 5년 이상 영주권자로 범죄 기록 없이 미국에서 2년 반 이상 거주해야 하며, 현재 살고 있는 주에서 적어도 3개월 이상 거주해야 한다. 시민권자의 배우자인 경우에는 특별히 최소한 3년 동안 미국에서 영주권자로서 거주하면 N-400 시민권 신청 서류 및 기타 서류를 준비하여 미국 이민귀화국(USCIS)으로 보내면 된다. 그 다음 미국 역사와 정부에 대한 지식과 영어 능력을 인터뷰 과정에서 테스트하여 통과하고, 시민권 선서를 하면 시민권자가 된다. 영주권자는 영어를 전혀 못해도 될 수 있지만, 영어를 제대로 못하면 시민권자가 될 수 없다. 또한 시민권신청자가 윤리적 · 도덕적으로 문제가 있다고 판단될 경우 이민국 심사관이 시민권 발급을 거부할 수도 있다. 따라서 범죄 기록이 있으면 시민권자가 되기 힘들다.

성인이 미국 시민으로서 갖추어야 할 시민적 소양의 내용과 기준은 정부와 협조하고 있는 NGO가 개발한다. 성인은 지역사회에 있는 성인 학교, 지역 대학 혹은 다양한 자원봉사 기관에서 미국 정착에 필요한 영어, 시민적 소양, 기타 필요한 정보를 얻게 된다. 도서관에서 이용할 수 있는 학습 기회도 11개 언어로 주어지고 있다. 귀화의 법적 조건은 크게 3가지로 구분할 수 있다. 첫째는 일반적 조치로서 최소 18세 이상의 영주권자로 5년 이상의 거주자이다. 둘째와 셋째는 특별한 조치로서 미국 시민의 배우자 혹은 군 복무 경력자이다.

미국의 사회통합의 기본 개념은 다문화주의 등 전향적 요구가 확대되고 있음에도 불구하고 아직 이민자를 초청국의 규범에 동화시키는 것을 원칙으로 하고 있다. 그럼에도 불구하고 미국에는 이민자를 사회에 효과적으로 통합시키기 위한 공식적인 정책이 없다. 입국 당시 일정 수준의 영어 능력이 요구되지도 않으며, 필요할 경우 이민자를 위한 통역 서비스를 제공한다. 이민자 당사자가 정착을 준비하거나 정착한 후 당사자의 노력에 의해 영어를 학습하고 적응에 필요한 능력을 개발해야 한다. 대부분의 지역에서 이민자들은 체류자격에 관계없이 공립학교에 고등학교 과정까지 무료로 다닐 수 있다. 모든 학교에서는 외국인 학생을 위해 외국어로서의 영어(English as a Second Language) 프로그램 등이 제공되며, 긴급하게 교육이 필요한 이민 학생(초 · 중등학교)을 위해서 긴급 이민 교육 프로그램이 제공되는 경우도 있다. 또한 이민자들의 정착을 돕는 지역 내 자원봉사 단체나 자원봉사자들을 통해 도움을 얻을 수도 있다.

3) 이주민의 정치적 권리

미국에 거주하는 일부 이민자는 그들의 법적 지위에 따라 선거에 참여하는 투표권을 부여받는다. 미국에 귀화한 이민자의 경우 다른 미국 본토 시민과 마찬가지로 모든 종류의 선거(federal, state and local election)에 투표권이 있다. 반면 영주권을 가진 이민자의 경우, 모든 종류의 선거에 투표할 권리를 부여받고 있지는 못하고 있다. 하지만 2002년 뉴욕시 교육청은 교육위원 선거에서 이민자의 투표 참여를 매우 예외적으로 허용한 바 있다.

다양한 종류의 공직 후보로 참여하는 피선거권은 시민권자에 한정하여 부분적으로 부여되고 있는 현실이다. 구체적으로 미국 헌법에 대통령으로서의 피선거권은 '미국에서 출생한 시민', 연방 하의원은 '미국 시민권 획득 7년 이상', 연방 상원의원은 '미국 시민권 획득 후 9년 이상'이라고 구체적으로 명시함으로써 비시민 이민자(예를 들어 영주권자)의 피선거권 부여를 원천적으로 제한하고 있다(김형민, 2010).

2010년도부터 비유권자의 투표 행위를 방지한다는 명분으로 투표할 때 사진이 부착

된 신분증(photo I.D.) 제출을 의무화하는 투표자신분확인법(Voter ID Law)이 미국 전국 34개 주에서 추진된 적이 있다. 전국의 이민자 인권 단체가 이를 강력하게 반대하였다. 뉴욕에서는 60여 개의 사회 · 이민자 · 인권 단체와 노조 등이 연합해 투표 권리 캠페인 '스탠드 포 프리덤(Stand for Freedom)'을 시작하여, 캠페인에 참여하는 민권 센터 등 각 소수민족단체 대표자들이 기자회견을 열고 투표 참여를 제한시키는 규정에 반대하는 공동입장을 밝혔다. 기자회견에서는 뉴욕 이민자 연맹을 필두로 이민자 단체 대표자들이 영어와 해당 민족 언어로 투표 권리 제한 법률에 반대하는 성명서를 발표하였다. 투표 시 신분증 제시가 의무화될 경우 노년층, 장애인, 이민자 등 각 주가 발행하는 신분증을 보유하고 있지 않은 유권자들의 투표 참여가 어려워진다는 것이다. 또 흑인, 히스패닉 등 소수 인종과 가난한 서민은 자동차가 아예 없어 대표적인 신분증인 운전면허증이 없는 사람들이 많다. 텍사스(Texas) 주와 같은 경우 주에서 발행하는 신분증 신청 시 출생증명서 원본 등을 요구하고 있는데, 이는 노인이나 이민자에게는 제출하기 어려운 서류이며, 결국 투표권을 박탈당할 수 있다는 우려를 낳고 있다. 이에 이민자 및 인권 단체들은 '투표 제한 법령이 시행될 경우 여러 주에서 상당 숫자의 유권자가 투표 참여를 원천 봉쇄당하는 결과를 초래하는 만큼 앞장서서 막아야 할 것'이라며 문제를 제기했다. 하지만 결국 2014년을 기점으로 31개 주에서 투표자신분확인법이 제정되었으며, 특히 조지아, 인디애나, 캔자스, 테네시 주 등에서는 이를 엄격히 적용하고 있는 실정이다.

미국의 대통령 선거는 선거인단(electoral college)에 의해 대통령을 선출하는 간접 선거 방식이다. 1972년 제정된 연방법에 의해 4년 주기로 11월 첫 번째 화요일에 실시된다. 가장 중요한 것은 주별로 유권자들이 먼저 '선거인단'을 뽑고 그 선거인단이 대통령을 선출하는 선거라고 할 수 있는데, 미국은 우리나라와는 달리 적극적으로 선거에 참여하고자 하는 의지를 가진 사람만이 선거전 유권자 등록을 거쳐 투표권을 행사할 수 있다. 선거인단선출은 해당 주에서 한 표라도 더 얻은 후보가 그 주의 표를 모두 가져가는 '승자독식 방식'이 적용되며, 네브라스카 주와 메인 주만 이런 방식을 사용하지 않고 득표율에 따라 선거인단을 나누는 방식을 사용한다. 유권자 등록 시에는 자신이 선호하는 정당이나 정당 없음으로 등록을 해야 한다. 이러한 미국의 선거 제도는 이민자들의 정치적 영향력을 감소시키기 위한 의도적 정책이라는 주장도 있지만, 기본적으로 '자유주의적 정치관'에 근거한 것이다. 자유주의적 정치관은 '선거 참여'를 개인의 이익을 정치에 반영하기 위한 행위로 보고, 그것을 완전히 자유의 영역으로 인식하기 때문에 능동적으로 정치적 의사를 표출하고자 하는 사람에게만 투표권을 준다고 해도 아무런 문제가 되지 않는다고 생각하기 때문이다. 미국의 승자독식 방식의 선거인단 제도가 헌법에 규정되어 있기 때문에 현재에도 실시되고 있지만 이에 대해 여러 비판이 제기되고 있다. 그러나 대통령 후보들이 각 주의 크기에 상관없이 여러 주를 동등하게 취급하게 된다는 점에서 여전히 바람직하다고 보는 의견도 있다.

4) 이주민의 사회적 권리

이민 절차의 공정성과 유연성을 위하여 미국에서는 관련법과 규정의 집행은 엄격하지만 절차의 공정성과 편의성이 보장되도록 집행 절차를 지속적으로 개선하고 있다. 우선 이민의 자격을 심의하는 과정에서 노인, 장애인, 폭력이나 학대 피해자 등 사회적 취약 집단에 대한 인도적 배려를 증진하고자 노력한다. 영주권이나 시민권 신청 절차나 심의에서 부당한 판정을 받거나 불이익을 받을 경우에는 이민국에 항의하는 기회가 보장되어 있다. 문제가 이민국 수준에서 해결되지 않을 경우 법무부 관련 부서에 재심의를 요청할 수 있다. 미국 시민권자는 미국 내에서 자유롭게 취업을 할 수 있지만, 영주권자의 경우 미국 공무원이나 공공기관의 정직원은 될 수 없다.

미국의 경우 사회통합의 관건은 이주자가 거주 지역에 정착하는 것이라고 인식하고 중앙정부와 관련 지방자치단체, 민간 업체, 기업 등이 역할 분담과 협업을 유지하고 있다. 특히 이민의 자격 부여를 통하여 통합 가능성을 높이는 노력뿐만 아니라, 이미 이주한 사람을 지역에 통합시키고자 하는 노력을 병행하고자 하는 것이 미국의 정책이며, 다문화사회는 지역을 중심으로 실현될 수 있다. 그러므로 사회통합정책은 중앙정부, 지역자치단체, 시민단체가 다문화적 통합의 파트너로서 적절하게 협력할 수 있도록 수립되어 있다.

전통적인 이민 국가인 미국은 합법적 이민자의 경우 공적 사회복지서비스의 혜택을 받을 수 있기 때문에, 서류미비 이민자(undocumented immigrant)에 관한 사회복지 프로그램을 살펴보는 것이 다문화정책적 시사점을 얻는 데 도움이 된다. 서류미비 이민자 가족의 경우에는 정부의 공식적인 서비스에 접근할 수 없으며, 주로 자녀 교육과 모성 보호에 한해 사회복지 프로그램을 제한적으로 제공하고 있다. 특히 여성과 아동을 위한 전국적 프로그램인 '여성, 유아, 아동을 위한 특별 보충 식품 지원 프로그램(Special Supplemental Nutrition Program for Women, Infants, and Children, WIC)'은 체류자격에 관계없이 이용할 수 있다. 또한 서류미비 이민자의 자녀에게도 학교 교육을 받을 수 있는 기회를 보장하고 있으며, 각 주별로 융통성 있게 서류미비 이민자 자녀에 대한 교육지원 정책을 제공하고 있다. 주에 따라 지역 커뮤니티 병원(Community Health Center)과 소셜워커(Social Worker) 및 의료 자원 봉사자들이 의료보험이 없는 이민자들에게 의료서비스를 제공하기도 한다.

미국에서는 이민자들의 사회적 권리 향상을 위해서 현재 수많은 민간단체들이 활동하고 있다. 그중 로스앤젤리스에 위치한 '민족학교(Korean Resource Center, KRC)'는 1983년 설립된 민간단체로 미주 한인 사회에 널리 알려져 있다. '민족학교'는 경제적 · 사회적으로 어려움을 겪는 미주 한인 저소득층 가정 및 이민자 커뮤니티의 발전과 권익을 위해 노력하고 있으며, 특히 이민법, 의료보험, 주거문제 등으로 활동 영역을 나누어서 서비스를 제공하고 있다. 또한 민족학교는 정의롭고 인도적인 미국 사회 건설을 위해 여러 유색인종 및 이민자 커뮤니티와의 연대 강화에도 힘쓰고 있으며, 이를 위해 최근에는 이민자의 권리를 향상시키기 위해 '2020 인구조사'에 보다 적극적으로 참여하도록 홍보활동을 전개했다.

2. 캐나다

캐나다는 전체 인구의 약 20%가 해외에서 유입된 다인종과 다민족으로 이루어진 대표적인 이민 국가이다. 캐나다는 1960년대 이전의 백인 위주의 동화주의 정책에서 벗어나 전 세계의 다양한 지역과 분야에서 이민을 온 사람들을 다문화주의 정책을 통해 사회적 통합을 이룬 국가이다(전미현 · 김대희, 2019). 500만 명 이상의 이민자들과 200개 이상의 민족으로 구성된 캐나다는 이민자에 대하여 상대적으로 개방적이고 관대하며, 평등한 정책을 적극 추진하고 있는 나라 중 하나이다. 이런 정책의 결과로 캐나다는 세계에서 유일하게 대량 이민이 경제 발전 전략의 중심에 위치하고 있다.

역사적으로 캐나다의 두 지배 집단인 영국계와 프랑스계를 제외한 소수민족의 이민 생활은 순탄하지 않았다. 일본계와 독일계 캐나다인들의 이민사는 지배적 민족집단에 의한 차별로 근래 민족 활동이 과거에 비해 상당히 위축되어 있다. 하지만 이탈리아계와 우크라이나계 캐나다인들은 이들의 문화적 특수성에 기초한 생활양식을 보존하면서 이민 생활에 따른 많은 어려움을 극복해 왔다. 또한 이들은 민족 정체성 보존을 위한 적극적인 활동을 전개해 왔으며 이러한 노력은 현재 캐나다의 다문화주의 정책과 일부 소수집단의 위상 정립에 유리하게 작용하고 있다. 이처럼 캐나다의 다문화주의 정책하에서 소수민족의 위상 제고를 위한 노력의 사례는 다문화공존 상황에서의 민족정체성 보존이 이질적인 집단 사이에서 공존과 공영에 보다 유용한 의미를 지닐 수 있다는 점을 예증하고 있다(이유진, 2009).

캐나다가 채택하고 있는 이민자 통합정책의 기본 이념은 다문화주의이다. 프랑스계 캐나다인과 영국계 캐나다인 사이의 전통적인 갈등을 해소하고 다문화 · 다민족화의 현실을 반영하려는 정치적인 노력의 일환으로 1971년 세계 최초로 다문화주의를 국가 공식 정책으로 채택하여, 인종 · 민족 · 언어 · 종교에 관계없이 모든 캐나다인에게는 법 앞의 평등과 기회의 평등이 보장되며, 그들의 가치관과 존엄성을 인정한다고 선언하였다.

캐나다 사회에서 다문화주의는 정부정책의 가이드라인이자 캐나다 사회 구성을 위한 국가 담론의 토대이며 민족적 · 인종적 다양성의 인정과 사회활동 참여에의 평등한 권리를 보장하는 원칙이다(M. Mahtani 2002). 캐나다의 다문화주의 정책은 "잠재력을 실현하고, 공동체에 기여하며, 경제 활동을 영위하고, 정치 체제에 참여하고자 할 때, 정의로운 법의 보호 아래 인도적인 사람들과 다양한 배경을 가진 시민들이 동등한 기회를 제공받을 수 있는 평화와 번영의 나라에서 살기 위한 노력이다"(Adams, 2007: 149).

캐나다의 다문화주의 정책은 자유주의적 사회정의 이념, 신자유주의 이념 및 신보수주의 이념의 세 가지 이념 체계로 분류할 수 있다. 즉, 정체성을 중시하는 다양성 · 인권과 평등의 중시, 재화의 사회적 재분배의 중시, 불평등 배경, 사회적 단합의 추구 등이다. 캐나다의 다문화주의 정책은 역사적으로 변화되어 왔다. 즉, 캐나다 다문화주의 정책은 1970년대의 종족(ethnicity) 다문화주의, 1980년대의 공평(equity) 다문화주의, 1990년대부터 2000년대 초반의 시민적(civic) 다문화주의, 2000년대 후반 이후의 통합적(integrative) 다문화주의로 정책이 발전되어 왔다(이진아, 2015).

캐나다는 대량 이민을 국가 경제 발전 전략의 중심에 두고 있는 이민 국가로, 심각한 민족 갈등 없이 이민자의 사회통합에 상당히 성공한 나라라고 할 수 있다. 캐나다 통합 정권의 특징은 정책의 입안과 프로그램 설정이 연방정부가 중심이 되어 체계적으로 이루어지는 반면, 이민자 대상 서비스의 전달은 대부분 비정부단체 등에 의해 수행된다는 점이다. 이러한 체제는 정부 조직의 비대화와 비효율을 피하고 현장 자원을 적극 활용하는 모델로, 이민자 통합 성공의 배경 요인으로 평가되기도 한다. 그러나 최근 언어적 · 문화적으로 이질적인 유색인종 이민자가 대량으로 유입되어 사회통합 시스템에 과부하가 걸리면서 그들의 정착과 적응이 순조롭지 않음이 지적되고 있다. 이민자 정착 서비스 전달에 있어서 정부의 역할과 비정부 행위자 역할의 적절한 수준에 대한 보다 근본적인 의문이 제기되고 있으나, 기존 정권의 기조에 대한 근본적인 변화 요구는 나타나지 않고 있다.

캐나다 주류사회집단인 영어권 캐나다인이 불어권 캐나다인과 다른 소수민족을 포용하면서 이중 언어 정책을 통하여 사회통합을 시도해 가는 것은 캐나다 사회가 민족(종족) 모델(ethnic model)에서 시민 모델(civic model)의 특징을 갖는 사회로 전환되고 있다는 것을 의미한다. 20세기에 캐나다의 사회문화적 변화 과정은 특정 민족집단에 '누가(영국계 혹은 프랑스계)' 속해 있는지 또는 '무엇(문화, 언어, 종교 등)'이 국가 이익을 구성하는지에 대한 종족적 민족주의적 정의를 약화시켰다. 반면 이민자, 소수민족, 비백인, 비기독교 집단과 같은 다른 집단의 중요성이 증가하면서 이들을 통합하고 포용할 수 있는 다문화적 정체성을 확보하기 위하여 국가 경계선 내에 있는 모든 국민의 기본적 권리와 의무를 평등하게 확보하는 시민적 개념 정의가 확대되었다.

캐나다 정부는 1971년 영어 사용 시민과 불어 사용 시민의 갈등을 해소하기 위하여 다문화주의와 더불어 이중 언어 교육을 시행하였고, 영어와 불어의 2개 언어를 공식 언어로 채택하여 선언하였을 뿐만 아니라 소수민족에게는 모국어와 영어 또는 불어를 택일하는 정책을 채택하여 모든 사람에게 언어적 정의를 실현하고 공식 언어 교육을 통하여 다민족을 통합하는 연계 언어로서의 역할을 하게 하였다는 점에서 중요한 시사점을 제공하고 있다.

1) 이주민 정책과 유입 과정

캐나다 정부는 1982년 개정된 헌법에 캐나다 최초의 원주민 집단으로 캐나다 토착민(First Nations, 과거 인디언이라 불림), 이누트(Inuit, 과거 에스키모라 불림), 초기 정착시기 이들과 유럽이주자들의 혼혈 후손들인 메티스(Metis)를 캐나다 3대 주요 원주민 집단으로 규정한 바 있다. 캐나다의 원주민들이 아메리카 대륙으로 건너온 것과 관련해서 여러 학설이 있는데, 그 중 몽고족 계통과 시베리아쪽의 유라시아인들이 빙하기 시절 아시아 대륙과 아메리카 대륙을 연결했던 베링육교(Beringia)를 지나 이주해 정착한 학설이 가장 많이 알려져 있다. 기원전 500년경부터 이들은 캐나다 전 지역에 거주하면서 독립적인 통치 방식과 문화와 관습을 발전시켰다. 그렇지만 18세기 유럽인들의 침략으로 이들의 삶의 처지는 바뀌었다. 특히 북아메리카 원주민의 영토를 빼앗기 위해 영국과 프랑스가 7년간(1754~1763년) 벌인 식민지 쟁탈전에서 영국이 승리한 후 캐나다의 많은 영토가 영국계인 앵글로색슨족의 지배를 받게 되었고, 그 결과 원주민의 삶은 온갖 차별과 박해로 어려움에 처하게 되었다. 현재 140만 명의 원주민이 살고 있으며, 전체 인구의 4%를 차지하고 있다.

캐나다 원주민들에 대한 차별정책은 오랫동안 지속되었는데, 그중 2015년 캐나다 진실화해위원회(TRC)의 보고로 알려진 '기숙학교' 문제이다. 보고서에 따르면, 15만 명의 캐나다 원주민 자녀들은 대여섯의 나이에 강제로 기숙학교에 보내졌다. 그곳에서는 성적 · 신체적 폭력이 만연했다. 원주민 자녀들은 '고맙습니다'라고 말할 줄 모른다고 따귀를 맞고 머리카락을 뜯기고 주먹질을 당했다. 또 자기 전 기도문을 못 외워도 처벌을 당했고, 밤에는 신부 · 수녀들의 성추행도 자행되었다. 이런 엄청난 차별 행위는 약 100여 년간 지속되었으며, 6,000여 명의 소년 소녀들이 소리 없이 죽어 나갔다. 캐나다 원주민 기숙학교의 진상을 6년여간 조사해온 캐나다 진실화해위원회가 2015년 활동을 마감하면서 381쪽 분량의 보고서를 내, 캐나다 정부와 가톨릭교회 등이 자행한 '문화적 학살'을 직시해야 한다고 밝혔다. 위원회는 6년여에 걸쳐 생존자와 목격자 6,750명의 1,355시간에 이르는 증언을 수집하고 분석하여 원주민 기숙학교의 어두운 과거를 세상에 알렸다. 1883년 원주민 동화 정책의 일환으로 캐나다 정부가 시행한 원주민 기숙학교 정책은 1996년이 되어서야 완전히 폐지되었다. 진실화해위원회는 원주민의 언어 · 문화 복원 지원, 역사 교육과 추모 활동 등 94개의 권고안을 내놨다. 특히 당시 시설의 60% 이상을 가톨릭교회에서 운영했던 점을 들어 교황의 공식 사과도 요구하였다.

캐나다에는 현재 200여 개의 민족이 거주하고 있는데, 우선 20세기 이전부터 정착해 온 영국계와 프랑스계가 있고, 그 밖에 독일, 이탈리아, 유크레인 등 20세기 초반 이후 대거 이주해 온 유럽인들이 거주하고 있다. 세계경제 대공황과 2차 세계대전을 거치면서 캐나다 이민이 주춤하였으나 1980년대 전후로 비유럽계 이민자들이 대거 들어오기 시작했고, 이들 중 가시적인 소수 인종의 수가 급격히 늘어나고 있다. 2017년에 실시된 인구센서스에 따르면 해외출생 이민자는 총 754만 839명으로 총인구의 21.9%를 차지했으며, 2036년에는 총인구의 24.5~30.0%가 될 것으로 예상된다. 캐나다는 전쟁, 박해, 경제적 이유 등으로 떠도는 난민들을 적극 수용하는 나라로도 잘 알려져 있다. 2016년에는 47,000명의 난민을 수용했고, 2019년에는 28,100명의 난민을 받아들였다. 2016년 시리아 난민의 정착을 국가 우선과제로 삼고, 공항까지 나가 이들을 환영하는 행사도 개최했다.

캐나다 이민정책의 핵심은 민족 · 인종이나 출신 지역에 관계없이 일정 자격만 갖추면 이민이 가능한 점수제(point system)이다. 1967년 도입된 이 제도를 계기로 캐나다에는 1970년대 이후 대부분 비유럽인, 특히 아시아와 카리브 지역 등 개도국 출신 유색인종(visible minorities)이 이민자로 유입되었다.

캐나다의 여타 소수민족보다 일찍 정착한 독일계 캐나다인들은 캐나다의 지배적 민족집단인 영국계와 프랑스계를 제외한 소수민족 중 가장 많은 수를 차지하고 있다. 이들은 퀘벡(Quebec) 주와 두 개의 주를 제외한 모든 지역에서 영국계 다음으로 많은 수를 차지하고 있다. 유럽의 정치적 · 경제적 혼란을 피해 북미로 이주해 정착한 초기 독일 이민자들은 어느 정도의 자본을 소지한 농민, 소상인 및 숙련된 수공업자가 대부분이었다. 특히 사회적 · 경제적 이동을 극히 제한시켰던 독일의 길드(guild) 체계로 인하여 다수의 숙련 수공업자가 해외 이주에 적극적으로 나섰다. 이와 같은 이유로 초기 캐나다 지역 개발에 유용하였던 이민자들은 이민 생활에서 여타 민족이 겪었던 어려움을 겪지 않을 수 있었다. 또한 앵글로색슨계와 인종학적으로 가깝다는 것뿐만 아니라 영국과 독일 왕실의 친화성도 캐나다에서 독일인이 환영받는 이유 중의 하나로 작용하였다(이창언, 1999).

19세기 후반부터 대규모로 해외로 이주한 이탈리아계 캐나다인 역시 자국 내부의 사정과 산업화로 수반된 국제 노동시장의 거대한 변화에 따라 이주해 온 사람들이다. 이들은 독일 이주민과는 달리 별다른 기술과 자본을 보유하지 못한 채 이주한 사람들이 대부분이었다.

소수민족 중에서 다섯 번째로 규모가 큰 집단인 우크라이나계 캐나다인은 자국에서 거주지 이전이 자유롭지 못하였으나, 1870년대에 오스트리아-헝가리 제국의 지배하에 있던 갈리시아(Galicia) 지방과 트랜스 카타피아 지방에 거주하던 우크라이나인의 이주가 허용되면서 1880년대 수만 명의 가난한 농민이 미주 대륙으로 이주할 수 있었다.

캐나다가 받아들이는 이민은 기본적으로 가족 재결합 이민, 경제 혹은 독립 이민, 난민의 세 범주가 있다(**표 8.1**). 경제 · 독립 이민은 특종 직종의 전문성을 가졌거나, 기타 캐나다에 경제적으로 기여할 수 있는 자가 신청할 수 있으며, 신청자의 개인 능력이나 자산이 선정 근거가 된다. 앞에서 밝혔듯이 캐나다 이민자 선별 정책의 핵심은 점수제로 이민 신청자의 학력, 경력, 언어 능력, 그 밖에 캐나다 내의 이미 정해진 취직처 여부, 배우자

표 8.1 캐나다 이민의 범주

<table>
<tr><th colspan="3">가족 이민(family class)</th></tr>
<tr><td rowspan="4">경제 혹은 독립 이민
(economic or independent class)</td><td colspan="2">숙련 근로자(skilled workers) 및 전문직 종사자(professionals)</td></tr>
<tr><td rowspan="3">사업 이민
(business)</td><td>기업가(entrepreneurs)</td></tr>
<tr><td>투자자(investors)</td></tr>
<tr><td>자유업 종사자(self-employed)</td></tr>
<tr><td rowspan="2">난민
(refugees)</td><td colspan="2">난민신청자(refugee claimants)</td></tr>
<tr><td colspan="2">정부 후원 난민(government-sponsored refugee)</td></tr>
</table>

출처: 이유진(2009)

교육 수준, 캐나다 내 친척 거주 여부 등 이민 후 정착에 도움이 될 만한 요소에 따라 부여된다. 이 평가에서 일정 점수 이상이면 이민자로서 고려될 수 있는 요건을 충족하는 것으로 간주한다.

2015년 1월부터 캐나다 정부는 새로운 이민자 선발방식인 '의향서모델(Expression of Interest, EOI)'을 도입하여 연방 전문인력 이민, 연방 전문기술인력 이민, 캐나다 경력 이민, 주정부 지명 이민 등을 주요 이민프로그램에 적용하고 있다. EOI에 의하면 캐나다 이민 희망자가 경력, 자질, 이민 의향서를 온라인으로 제출해 놓으면, 주정부, 고용주, 연방정부가 이들 이민신청자 풀(pool)에서 가장 적합한 이민 후보라고 판단하여 이민 초청을 해야만 정식 이민 신청이 가능하게 된다.

2001년 캐나다의 유색인종 인구는 400만 명에 달하였는데 이 중 중국인이 100만 명으로 최대 소수민족이 되었다. 현재는 중국, 인도, 파키스탄 등에서도 이민자가 유입되고 있다. 이처럼 기존 유럽계 주민 위주의 사회에 언어와 문화가 다른 이질적인 이민자가 다수 유입되면서 여러 문제가 발생하고, 특히 이민자가 일부 지역에 집중적으로 정착하여 그들을 수용하고 정착을 지원할 수 있는 이민자 통합 체제에 과부하가 걸리면서 그러한 문제가 더욱 부각되고 있다. 캐나다에도 다른 국가와 유사하게 대도시 지역이나 산업이 밀집된 지역에 집주하는 경향이 있다. 매년 신규 이민자의 절반 정도가 온타리오(Ontario) 주, 그 다음은 퀘벡 주, 브리티시 컬럼비아(British Columbia) 주 순으로 정착하여 이들 3개 주가 80% 이상을 점유하며, 앨버타(Alberta) 주, 마니토바(Manitoba) 주가 그다음 순이다. 지역별로 이민자가 차지하는 비중은 토론토가 46.1%, 밴쿠버 40.8%, 몬트리올

23.4%이며, 토론토와 밴쿠버는 지역 인구의 절반 가량이 이민자들이다. 2017년 기준 캐나다의 이민자는 인종 별로는 아시아(중동 지역 포함)권의 이민자 수가 61.8%로 가장 높으며 상위 7개국은 중국, 필리핀, 인도, 이란, 파키스탄, 시리아, 한국이다. 2017년부터 처음으로 아프리카 대륙 이민자 수가 큰 폭으로 증가하여 유럽 이민자 수를 추월해, 전체 이민자 중 13.4%로 2위를 차지했다.

온타리오 주 남부에 위치한 공업도시인 해밀턴(Hamilton) 시는 이민자 밀집 도시 중에 하나이다. 해밀턴시는 인구 20% 이상이 이민자이며, 70개 이상의 언어가 가정에서 사용되고 있는 실정이다. 최근에는 유색인종 이민자가 급증하고 있으며, 동남아시아인, 남아시아인, 아프리카인, 중동인, 중국인이 다수를 차지한다.

2) 이주민의 시민적 권리

시민권은 부모가 캐나다 시민인 경우 또는 캐나다 영토 내에서 출생한 경우 등 출생에 의해서 취득할 수 있고, 그 밖에 캐나다 시민권법(The Citizenship Act of Canada)에 의해 취득할 수도 있다. 캐나다의 경우 신규 이민자 통합은 자연스럽게 시민권의 취득으로 이어진다. 물론 시민권의 취득으로 이민자의 사회통합이 모두 완료되는 것은 아니다. 그러나 일단 시민으로서의 모든 법적 · 제도적 권리와 의무를 기존 사회의 구성원과 동일하게 부여 받음으로써 이민자는 중간자적인 존재에서 벗어나게 된다.

캐나다 이민자는 영주권을 취득하여 입국 후 3년이 지나면 시민권 신청 자격이 주어진다. 캐나다는 이민 후 정부가 제공하는 각종 이민자 정착 · 통합 프로그램과 서비스를 활용해서 가능하면 단시일 내 캐나다 사회에 안정적으로 정착할 수 있도록 유도하고, 그 후에는 언제든 시민권을 취득할 수 있도록 제도적인 장치를 마련하고 있다. 시민권 취득 관련 절차가 상대적으로 투명하고 예측 가능하며, 결정권자의 재량이나 자의적 판단이 개입될 가능성이 비교적 낮다. 연방 이민부 홈페이지에서 시민권 신청 자격, 절차, 소요 시간 등을 공개하고 있다.

법률에 의거하여 캐나다 시민이 되기 위해서는 다음과 같은 조건을 충족해야 한다.

❖ 캐나다 영주권자로서 18세 이상일 것

❖ 18세 미만의 경우 피부양자로 시민권 취득 가능

❖ 캐나다에서 최소한 3년간 거주하였을 것: 시민권 신청 시점에서 과거 5년의 기간 중

최소한 3년(1,095일)을 캐나다에서 거주하였을 것

❖ 시민권 신청 시점에서 과거 5년간의 기간 중 3년의 소득에 대한 세금 신고를 한 자

❖ 18~54세의 신청자는 영어 또는 불어 중 한 가지 언어에서 말하기, 듣기 영역에서 기초 수준 이상의 능력을 갖추고 있음을 증명할 것

❖ 캐나다에 대한 기본적인 지식을 갖출 것

❖ 영주권 취득 후 추방 명령을 받은 경험과 범죄 경력이 없을 것

시민권 신청 자격을 갖춘 사람은 시민권 신청서(CIT 0002)를 기타 서류와 함께 이민국에 제출한 후 시민권 시험을 통과하면 시민권자가 된다. 캐나다는 이민자가 일정한 적응과 사회통합의 기간을 거치면 시민권을 취득하여 그 나라의 시민으로서 적극적으로 사회에 참여하게 된다. 캐나다 시민권 제도의 특징 중의 하나는 캐나다에서 출생하지 않은 영주 이민자가 비교적 단시일 내에 시민권을 취득할 수 있다는 것이다. 최근 캐나다에서는 연간 15만 명 이상이 시민권을 취득하고 있는데, 이는 미국에 이어 세계 두 번째로 많은 수치이며, 인구 1,000명당 연간 신규 시민권 취득자 수가 평균 6.5명으로 세계 최고 수준이다.

3) 이주민의 정치적 권리

캐나다는 입헌군주제, 연방국가, 의회민주주의를 채택하고 있다. 현재 10개 주(province)와 3개의 특별지역(territories)으로 구성되어 있다. 미국과 캐나다는 모두 다수의 주(州)로 구성되어 있으며, 각 주마다 입법 기관과 주지사를 수반으로 하는 행정기관이 존재하고 있다. 비록 이들 두 나라의 정치 형태가 대통령제와 의원내각제라는 형태로 구분되기는 하지만 중앙에는 모두 연방의회와 연방정부가 구성되어 있다. 이를 통해 두 나라의 정치 구조에서 지방 분권적 성격이 두드러짐을 알 수 있다. 그런데 지방 분권적 성격은 캐나다에서 보다 강하게 작용하고 있다. 미국은 연방정부의 영향이 보다 강하게 나타나는 데 비해 캐나다는 공적 기관에 대한 신뢰도가 높고 연방정부보다 주정부에 대한 충성과 신뢰도가 상대적으로 높다. 따라서 캐나다에서 이민 수용과 같은 국가적 차원의 정책은 각 주마다의 특수한 상황과 이익 집단의 상충하는 이해관계에 많은 영향을 받기 때문에 이를 조정하는 과정이 보다 신중하게 진행되었다.

캐나다에서는 20세기 중반까지 유색인종에 대한 차별이 사회 전 영역에 만연하였다.

특히 아시아인의 이민은 2차 세계대전이 끝난 뒤에도 수년 간 금지되었다. 주로 철도 건설 현장 인부나 어로 작업을 위하여 19세기 말과 20세기 초에 이주해온 아시아계의 경우도 20세기 중반까지 투표권을 행사할 수 없거나 주택 구입 시 여러 가지 제약을 받는 등 많은 불이익을 감수해야 했다. 흑인 다음으로 열등하게 간주된 아시아인에 대한 인종적 편견과 이에 따른 차별은 정부와 지방정부에서 실시하는 모든 선거에 참여할 수 없는 것으로 나타났다. 또한 고용 기회와 주택 계약, 일부 공공시설에서의 격리 등 아시아계에 대한 민족 차별적 관행은 당연한 것으로 간주되었다.

캐나다 의회는 1977년 '인권법(Canadian Human Rights Act)'을 제정하여 인종, 성별, 연령, 출신 국가, 민족, 피부색, 종교에 근거한 차별을 금지하였고, 1982년 헌법의 일부로 '인권과 자유 헌장'을 제정하여 다문화주의를 캐나다가 국가로서 지향하는 가치로 선언하였다. 또한 1985년에는 '다문화법(The Multicultural Act)'을 제정하여 영어와 불어 이외의 언어를 사용하는 공동체의 존재를 인정하고, 모든 국민에게 자신의 문화유산을 유지하고 고양할 수 있는 자유가 인정된다는 것을 법제화하였다.

4) 이주민의 사회적 권리

캐나다의 이민자 통합정책의 목표는 이민자의 사회적 · 문화적 · 경제적 · 정치적 통합을 촉진함으로써 이민자들이 단시간 내에 적응 · 정착하여 캐나다에 기여하고, 궁극적으로 시민권을 취득하여 캐나다 사회의 모든 영역에서 적극적으로 참여할 수 있는 완전한 시민이 되는 것이다. 따라서 연방정부는 이민자의 원활한 사회통합을 위한 노력은 공동체 사회 자본에의 중요한 투자라는 인식하에 막대한 예산을 투입하여 다양한 이민자 통합 프로그램을 운영하고 있다. 연방정부의 통합 프로그램은 기본적으로 이민자 정착 및 적응 프로그램, 신규 이민자 언어 교육, 호스트 프로그램(host program) 등을 주축으로 구성되어 있다. 이들 프로그램은 신규 이민자의 의사소통 능력을 키우고, 그들이 정부 · 단체 등이 제공하는 각종 서비스에 접근할 수 있도록 지원하며, 사회적 네트워크의 구축을 지원하는 등 다양한 방법을 통하여 이민자 각자가 교육, 취업, 소득 등에 있어서 자신의 목표를 달성할 수 있도록 지원하는 것이 기본 목표이다.

대표적인 예로 '이민자 정착과 통합을 위한 기구(Settlement and Integration Service Organization, SISO)'는 온타리오 주 해밀턴 시에서 이민자 정착을 위해 통합 서비스를 전문적으로 수행하는 민간단체로 1993년에 설립되었다. SISO는 70개국 이상의 언어로 서비스를 제공하며, 750명 이상의 자원봉사자가 근무하고 있다. SISO는 이민자들의 취업, 언어, 사회통합을 위한 다양한 서비스를 제공하고 있으며, 지난 2016년에는 '시민 통합을 위한 해밀턴센터(Hamilton Center for Civic Inclusion)'를 개소해서 해밀턴 시를 더 통합적인 다문화도시로 만들고자 노력하고 있다.

캐나다 연방정부는 이민자들을 대상으로 다문화정책을 적극 지원하고 있다. 캐나다의 독특한 다문화정책 지원 프로그램에는 신규 이민자 언어 교육(Language Instruction for Newcomers to Canada, LINC) 프로그램, 이민자 정착 및 적응 프로그램(Immigrant Settlement and Adaptation program, ISAP), 자원봉사자가 신규 이민자의 도우미 역할을 하는 호스트(HOST) 프로그램 등이 있다. 신규 이민자 언어 교육 프로그램은 이민자에게 영어와 프랑스어의 두 언어에 대한 교육을 제공한다. 1992년부터 실시된 이 프로그램은 수강자에게 대중교통비와 탁아 돌봄 서비스까지 제공한다. 이민자 정착 및 적응 프로그램은 캐나다 적응 교육, 지역사회 안내, 전문가 지원 상담, 취업 서비스 등을 제공한다. 이 프로그램을 통해 이민자는 취업, 지역 활동에 대해 일대 일로 도움을 받을 수 있다. 호스트 프로그램은 이민자에게 '캐나다 친구'를 소개해 줌으로써 이민자들의 현지 적응을 돕는다. 이 프로그램을 통하여 이민자들은 캐나다의 언어와 문화를 배우고 현지에 잘 적응할 수 있게 된다.

3. 호주

미국, 캐나다와 더불어 호주는 원주민과 다양한 이민자로 구성된 대표적인 다문화국가이다. 호주의 다문화정책은 문화적 · 인종적 다양성에 기반을 둔 국민 국가(nation state) 형성의 모범적인 사례라고 할 수 있다. 호주의 역사는 이민의 역사와 궤를 같이한다고 말할 수 있을 정도로 이민이 호주 사회의 형성과 발전에 미친 영향은 매우 크다. 따라서 호주의 이민정책과 이에 따른 이민 구성의 변화는 현재 호주 정부가 추진하고 있는 다문화주의를 이해하는데 핵심 키워드라고 할 수 있다. 호주는 2차 세계대전 이후 앵글로계를 제외한 다른 민족들에게 적극적으로 이민의 문호를 개방했고, 600만 명의 사람들이 이민을 왔다. 매년 7만여 명에 달하는 이민자 수는 연평균 1%에 해당하는 인구성장과 동일한 비율이다(김진중, 2014).

호주가 이민을 받아들이는 것은 이민자들의 호주에 대한 선호도 무시할 수 없는 이유이지만 그보다도 넓은 영토에 비해 턱없이 부족한 인구와 인구 상승률에 기인한다. 매년 2%를 밑도는 인구 증가율은 경제의 발전과 국방을 스스로 책임지는 것은 고사하고 장기적으로는 국가의 생존 자체도 위험에 빠뜨릴 수 있는 심각한 위협이다. 국내의 인구만으로는 자립을 달성할 수 없었던 호주가 선택할 수 있는 유일한 대안은 이민을 적극적으로 유치하는 것이었다.

1) 이주민 정책과 유입 과정

호주는 6만 년 전부터 호주 대륙에 살아왔던 원주민인 앱오리진(aborigins), 영국 중심의 백인, 중국인을 중심으로 하는 아시아인 등으로 크게 세 집단으로 구성되어 있다. 1770년 당시 영국은 미국이라는 식민지를 상실한 상태에서 이를 대신할 땅으로 호주를 새로운 유형지로 정하고, 영국 해군인 제임스 쿡(James Cook) 선장이 현재의 시드니 근처 보터니(Botany)만에 도착하여 이 지역을 뉴사우스 웨일즈(New South Wales)라고 정하고 영국에 합병함으로 호주의 근대 역사가 시작되었다. 1786년에는 영국 내무대신 시드니 경의 제의로 부랑자들과 범죄자들을 유배하기 위한 영국의 유배지로 결정되었다. 이 조치에 따라 1788년에 1,500명의 죄수와 관리 및 수행원을 거느린 11대의 함대가 시드니 항에 도착하면서 백인에 의한 호주의 역사가 시작되었다. 이후 80년간에 걸쳐 약 16만 명의 죄수들이 호주로 들어왔고, 이들은 초기 호주 식민지 개발의 중요한 노동력을 제공하게 된다. 따라서 호주 최초의 이민은 영국의 죄수들로 이루어졌다고 볼 수 있다. 이에 반해 중국인은 1851년부터 시작된 금광 개발로 10만 명 이상이 계약 노동자로 유입되게 된다. 기존의 백인 노동자와 노동자 조합은 이들의 이민을 반대하고 폭력을 행사하였다. 결국 중국인을 비롯한 아시아인의 이민이 법적으로 제재를 받았고, 수많은 노동자가 인종차별로 인해 본국으로 돌아가 1900년경 중국인 영주권자는 2만 7천여 명에 불과하였다. 호주로 이주한 이민자들은 1970년대까지는 대체로 유럽인이 주류를 이루었고, 영국계가 주축이 된 주류는 철저히 비백인 이주자에 대한 억압적인 인종차별정책을 펼쳐왔다.

지난 반세기에 걸쳐 호주에서 가장 중요한 변화는 '백호 정책(White Australia)'에서 비차별적 · 개방적 이민정책으로의 전환'과 이와 병행하여 수반된 '동화 정책에서 다문화주의 정책으로의 이행'이다. 백호 정책은 인종적으로 순수한 백인 국가를 이루려는 목표 아래 유색인을 범죄자, 정신 이상자, 전염병 환자, 성매매자 등과 함께 바람직하지 않은 이주민으로 분류하고 유색인의 호주 이민을 적극적으로 저지하였던 정책이다. 그러나 1973년 당시 휘틀람(Whitlam) 노동당 정부가 백호주의 정책을 공식 폐지하면서 이민이 급증하였고, 이민장관 그래스비(Al Grassby)에 의해 처음으로 '다문화주의'라는 언어가 사용되면서 다인종 · 다문화사회로의 변화가 가속화되었다. 이러한 사회 변화에 따라 호주의 교육은 1972년 급격히 다문화교육 접근으로 패러다임을 변경하였다. 특히 호주는 아시아 국가로부터의 이민 수용으로 수입 · 수출국 다변화를 통한 경제 성장을 유도하였다(이용승, 2003).

1901년 호주가 단일 국가를 형성한 후 현재까지 호주의 이민정책은 엄격한 백호 정책을 단계적으로 완화하고 결국은 폐기하는 방향으로 진행되었다. 이제 인구의 유입에 따른 이질적인 문화를 어떻게 관리할 것인가 하는 것이 이민정책의 핵심이 되었다. 이는 호주로 이민오는 인종의 범주를 확대하는 과정이었는데, 이민에 대한 문호 개방을 기준으로 크게 세 시기로 나누어 볼 수 있다.

제1기는 1901년에서 2차 세계대전 직후의 기간으로 철저한 백호 정책에 기반해 앵글로-캘틱과 북유럽인만을 받아들이는 시기이다. 이 시기에 실시한 이민정책은 1901년 제정된 이민제한법의 영향을 받은 것으로, 중국과 태평양 연안 국가의 이민을 제한하는 데 목적이 있어 비유럽인의 통과가 불가능한 '받아쓰기 시험'을 실시하였다. 이러한 정책을 쓴 이유는 모국인 영국과 민족적 정체성을 유지하려는 열망과 함께 백인이 유색인종보다 우월하다는 신념 때문이었다.

제2기는 2차 세계대전 이후 백호주의를 공식적으로 포기하던 1972년까지로, 남 · 동유럽인의 이주를 수용한 시기, 즉 2차 세계대전 종전 직후에 시작되는데, 호주는 종전과 함께 두 가지 사실에 직면하게 된다. 첫째는 군사적 안보 동맹국인 영국 등이 호주와 멀리 떨어져 있는 것과 공산 세력의 공격에 대한 두려움이 존재한다는 것, 둘째는 지속적인 경제 발전과 자연 자원 개발을 위해 큰 규모의 국내 시장과 노동력이 요구된다는 것이다. 결국 유일한 대안은 이민을 받아들이는 것이었다.

제3기는 1973년 이후부터 현재까지로 아시아인을 비롯해 비유럽인에게 문호를 개방한 시기로 구분된다. 특히 이 시기의 이민정책은 백호주의의 폐기와 함께 이주민의 수적 증가뿐 아니라 유용한 인재를 유입하는 데 중점을 두고 있다. 1982년에는 숙련 노동자를 우선적으로 선호하는 이민 선발 제도를, 1988년에는 전문가의 단기체류를 쉽게 하는 '기술이전 계획'을 도입하였다.

1992년 호주 대법원에서는 '마보 결정(Mabo Decision)'이라는 역사적 판결을 이끌어 냈다. 에디 마보라는 원주민이 낸 '토착민 토지 소유권 인정'이라는 소송에 대법원이 승소 판결을 내린 것이다. 이 판결은 호주의 역사를 다시 쓰게 할 정도로 큰 의미를 지니는데, 그동안 영국인들이 호주땅을 식민지로 삼으면서 근거로 삼았던 '호주땅은 백인들이 당도하기 전까지 주인이 없었다'라는 논리를 전적으로 부정했고, 식민지 국가 건설을 점령이 아닌 약탈 행위로 해석할 수 있게 하였기 때문이다. 이 결정은 앱오리진들이 백인들보다 이 땅에 먼저 정착했다는 사실을 공식적으로 인정한 상징적인 판결로서, 이후 호주가 다문화국가로 발전하는데 이론적인 토대로 크게 영향을 미치고 있다.

2) 이주민의 시민적 권리

호주 헌법에는 시민권에 대한 정의나 시민권 획득에 대한 조항은 없다. 1920년 국적법에도 호주인은 호주인이 아닌 영국 신민(British subjects)으로 표현되었다. 1948년에 제정된 호주 국적 및 호주 시민권법(Australian Nationality and Australian Citizenship Act)에 비로소 호주 시민권이 언급되고 있다. 또한 1949년 1월 26일부터 호주 여권이 발급되기 시작했다. 따라서 1948년 이전까지 외국인은 비(非)영국인을 의미하였으며, 그 이후에야 호주 시민권을 가지지 않은 자를 외국인이라고 규정하게 되었다. 특히 1903년 연방귀화법을 통하여 연방이 형성되기 이전 주법에 근거해 귀화한 모든 거주자는 연방에서도 신분이 그대로 유지된다고 규정하였으나 아시아, 아프리카, 태평양 군도(뉴질랜드 제외)에서 온 이주민은 귀화를 신청할 수 없도록 하였다.

그러나 정부의 다문화정책 · 다문화주의 정책이 시작되던 1973년 시민권법 개정을 통하여 시민권 획득에 있어 영국 연방 출신 이주민과 기타 국가에서 온 이주민 사이의 차별이 폐지되었다. 1948년 제정된 법에는 속지주의(출생지주의) 원칙에 근거해 부모의 국적과 관계없이 호주 내의 출생자에게 자동적으로 호주 국적이 주어졌다. 하지만 1986년 8월 19일 개정된 시민권법에 의해 속지주의가 속인주의로 바뀌었고 호주 국내에서 출생하더라도 부모 중 최소 한 명이 호주 시민권자이거나 영주권자일 경우에만 호주 시민권이 주어지게 되었다.

호주 시민권 신청 자격은 신청일 기준 최근 4년간 합법적인 비자로 거주하고, 4년 중 마지막 1년은 호주 영주권자 신분으로 90일 이상 해외에서 체류하지 않았어야 한다. 그 외에 뉴질랜드 국적자, 호주 시민권자의 배우자, 인도적 차원의 난민 등도 호주 시민권을 신청할 수 있다.

3) 이주민의 정치적 권리

호주에서 참정권은 법적 신분에 따라 결정되는데, 이주민은 기본적으로 호주에 귀화한 시민과 비시민으로 나뉜다. 시민은 호주 국민으로서 모든 선거의 피선거권과 선거권을 가진다. 이에 반해 비시민인 영주권자는 거의 모든 면에서 시민과 유사한 대우를 받지만 각종 공직과 의회 선거에서의 선거권과 피선거권은 부여받지 못하고 있다. 그러나 1984년에 호주 시민에게만 투표권을 제한하기 전까지는 호주는 호주 시민권을 가지지 않은 영국 연방 국가에 속하는 일부 외국인에게도 투표권을 허용하였다.

1984년 1월 선거권에 대한 자격을 호주 시민권자로 하고 예외 규정을 두었는데, 1984년 1월 25일까지 연방 선거 명부에 등록된 영국 시민은 호주 시민권을 갖지 않더라도 계속 투표권을 보유할 수 있게 하였다. 이들은 영국, 캐나다, 인도, 말레이시아, 뉴질랜드, 홍콩 등을 포함하여 (구)영국 연방 국가에서 온 사람들이며, 경우에 따라 선거 결과에 영향을 미칠 가능성을 배제할 수 없다. 그러나 이들에게 피선거권은 부여되고 있지 않다.

호주에서 시민이 아닌 자는 원칙적으로 지방자치단체 선거에 참여할 수 없지만, 주에 따라 일부 예외가 있다. 퀸즐랜드(Queensland)와 노던 테리터리(Northern Territory), 오스트레일리안 캐피털 테리토리(Australian Capital Territory)를 제외한 나머지 주에는 재산 투표(property vote)가 있다. 이는 그 지역에 거주하지 않더라도 해당 지역에 재산(상점, 공장 등)을 소유하고 있으면 재산에 대하여 지역자치단체 선거의 투표권이 나오는 것을 말한다. 사람이 아니라 재산이 투표권을 가지는 것이기 때문에 여러 선거구에 재산을 가지고 있는 경우 복수의 투표권을 행사할 수 있다. 이 제도는 1인 1표라는 민주주의에 어긋난다고 비판을 받지만, 역설적으로 비시민이 지방 선거에 참여할 수 있는 기회를 부여한다. 왜냐하면 투표권이 재산에 근거해서 나오기 때문에 재산 소유주가 외국 국적자일지라도 18세 이상인 경우 투표권이 부여된다. 심지어 빅토리아(Victoria)와 태즈메이니아(Tasmania) 주는 이들에게 피선거권도 허용하고 있다.

이와 같이 호주는 외국인에게 투표권을 일부 허용하고 있지만 이것은 외국인 이주민 전체에 대한 보편적 권리로서가 아니라 호주 역사에서 유래하는 극히 독특하고 예외적인 형태의 외국인 참정권이라고 볼 수 있다. 호주와 유사한 정치 체제를 갖고 있는 뉴질랜드나 영국이 영주권자나 외국 국적 소유자에게 지방 선거권을 부여하고 있는 것과 다르게 호주는 이주민의 선거권에 대하여 이들보다 훨씬 엄격하다. 호주는 2002년에 이중국적제를 도입하였으나 이중국적자는 연방 의회에 출마하거나 의원이 될 수 없기 때문에 시민권을 획득하였다고 해서 항상 피선거권이 보장되는 것은 아니다.

4) 이주민의 사회적 권리

1960년대 중반에 호주는 일방적인 동화 정책에서 통합(integration) 정책으로 선회했다. 앞서 언급하였듯이 1966년에 호주 정부는 인종과는 무관한 이민정책 실시를 선언하였는데, 이는 호주 사회의 언어적 · 문화적 다양성이 확대될 것임을 의미한다. 따라서 사회가 거의 영국계 이민자들로만 구성되었을 때 실시하였던 동화 정책은 더 이상 적절한 정책일 수 없었다. 또 하나는 이민자들이 호주 사회에 적응하지 못하고 떠나는 경우가 많다는 점이었다.

이 시기에 호주 정부가 실시한 통합정책에는 이주민을 위한 무료 상담, 학교에서 이주민을 위한 지원, 집중 영어 강좌 수강 기간 동안 생활비 제공, 무료 전화 통역 서비스, 이주민 단체의 자조 프로그램 지원 등이 있다. 호주 정부는 전국 어디서나 전화(161-450)로 연결이 가능한 통역 · 번역 라인인 TIS (National Translating and Interpreting Service)를 설치하고 1,800여 명의 전문인력을 고용하여 100여 개국 언어로 통역 · 번역 서비스를 제공하고 있다. 이 서비스는 통역을 필요로 하는 이민자 누구나 쉽게 접근할 수 있고 특히 의료 기관, 시민 단체, 복지 기관, 지방 행정 기관, 노동조합을 대상으로 할 때에는 무료로 서비스를 받을 수 있다.

4. 독일

독일은 우리나라와 유사하게 혈통주의 중심의 이민정책을 펴고 있는 나라이다. 독일은 유럽연합 회원국 중 정치적 · 경제적 이유로 이주하는 사람이 가장 선호하는 국가이다. 특히 독일의 임금 및 복지 수준이 다른 나라들에 비해 상대적으로 높아 독일로의 이주 현상은 계속 증가하고 있다. 독일 GNP (gross national product, 국민총생산)의 약 10%는 국제 이주민에 의해 창출되고 음식업, 건설업, 병원, 양로원 등 독일 산업의 일정 부분을 외국인에게 의존하고 있다. 특히 독일은 부족한 노동력을 보충하기 위해 유럽국가 중에서도 많은 이민자들을 받아들였고, 동독과 서독의 통일 과정을 통해 많은 이질적인 문화가 한 나라 안에 공존하게 되는 등의 이민자와 다문화의 영향이 큰 국가라고 할 수 있다. 따라서 최근 들어 사회적 통합에 많은 노력을 기울이고 있으며, 특히 연방정부 차원에서 조직적이고 체계적인 통합 프로그램이 시행되고 있는데, 무엇보다도 같은 언어와 가치관을 공유하는 것을 중요한 기본 여건으로 간주하고 있으며, 동시에 사회적 · 경제적 · 정치적 기회를 내국인과 동등하게 부여하는 것을 기본 원칙으로 하고 있다. 독일에서는 전통적으로 혈통주의에 입각한 동화주의적 혹은 차별배제적 이민정책을 취하고 있음에도 불구하고 미국(흑인 폭동사태)이나 프랑스(파리 이민자 소요사태)와 달리 대규모 이민자 폭동사례를 찾기는 어렵다(허준영 · 권경득, 2018). 하지만 늘어나는 이주민들의 사회통합 문제와 관련해 적극적인 조치를 취하지 않은 탓에 인근 프랑스처럼 이민자 2 · 3세의 사회통합 문제가 심각한 상태에 이르러 점차 연방차원의 대응을 시작하게 되었다.

1) 이주민의 정책과 유입 과정

독일은 2차 세계대전 후 경제 복구를 위해 외국인 노동력의 유입을 장려하였고, 이에 따라 1955년 이탈리아를 시작으로 그리스, 터키 등 주변 국가와 노동력 파견 협약을 통하여 귀국을 전제로 일시적인 체류허가만 내주는 '초청노동자(gastarbeiter)'가 들어오기 시작했다. 그러나 수입된 노동자로서 노동 집약적인 사탕무 재배에 종사하던 폴란드 농업 노동자, 1890년대 호경기에 모집된 공업 노동자, 1차 세계대전 시기 강제로 출국을 금지당해 군수 사업에 종사한 노동자 등이 불경기나 전쟁 종료와 함께 본국으로 귀국하게 되었다.

독일은 2차 세계대전 패배 후 인권 규범과 문화를 실현하면서 인종주의적이며 국가주의적인 사고와 정치의 틀을 벗어버리려고 노력하였다. 전쟁 후에는 경제가 급속도로 성장하면서 노동력 부족 현상을 해결하기 위해 외국인노동자를 수입하기 시작하였다. 이주노동자의 취업 허가는 교체순환 원칙에 따라 1년 단위로 해당 사업장 또는 일자리에 제한하였다. 1965년에는 외국인법이 제정되었고, 터키나 아시아 등으로 외국인노동자의 충원 지역을 확대해 나갔다. 그러나 1966년 경제 침체로 인해 터키인과 외국인 일부 노동자를 귀환시켰다. 그 결과 외국인노동자의 고용이 25% 정도 감소하였다.

1970년대 초반 외국인 과잉 유입에 대한 우려와 경제 상황의 악화는 이주민 가족의 고용 제한, 가족 재결합의 제한, 차등적인 아동 보조금 지급 등을 통하여 이주민 유입을 줄이고 기존의 외국인을 귀환시키기 위한 정책으로 이어졌다. 1973년 독일 정부는 세계적인 오일 쇼크에 따른 경제 위기 상황으로 정부가 외국인노동자의 고용을 중단하는 정책을 시행하게 되었다. 이때 실제로 외국인노동자의 수는 260만 명에서 200만 명 정도로 감소하였으나, 이주민의 수는 가족 재통합을 통한 대규모 이주 영향으로 인해 오히려 증가하였다. 본래의 계획과는 달리 본국으로 귀국하지 않고 오히려 가족까지 독일로 데려오는 사례가 늘어남에 따라 이주노동자 문제가 일시적 현상이 아니라는 인식이 퍼지면서 새로운 정책이 요구되었다.

1982~1998년까지 보수 자유 연합 정권 시기는 독일이 이민국임을 강력하게 부정하는 시기이면서 동시에 이미 독일에 살고 있는 외국인의 권리가 강화되는 시기였다. 1980년대 초에는 독일이 이민국이 아님을 명문화하고 외국인의 귀국을 장려하였으며, 독일의 국가 정체성을 보호해야 한다는 주장과 터키인, 아시아인 및 아프리카인은 기본적으로 독일에 동화될 수 없다고 보는 적대적인 사고로 귀국촉진법을 활용하였다. 하지만 이미 독일에 체류해 온 외국인노동자들이 돌아가지 않아 귀국자의 비율은 5%에 지나지 않았다. 1980년대 말 동구권의 붕괴에 따라 대규모로 이주민을 수용하면서 제한적인 이주민 정책을 더욱 강화하였다.

그러나 2005년 1월에 발효된 새로운 이민법은 독일인들이 다양성을 독일적인 것보다 한층 더 중요한 것으로 포용하고 다민족사회가 되려는 자발적인 노력을 처음으로 제도화한 것으로 평가된다. 사실상 다문화주의 쪽으로 정책의 방향을 전환한 것이다. 새로운 이민법의 실행으로 이제 독일은 사실상 이민 국가임을 인정하는 셈이 되었다. 그러나 여전히 우파 세력들은 정당의 지지와 유권자의 표를 얻기 위하여 빈번히 이민자의 문제를 제기하고 있는 실정이다.

독일은 인도적인 차원에서 난민 수용에 가장 적극성을 보여 왔다. 따라서 시리아 내전 발발로 인해 유럽난민위기가 촉발된 2015년부터 100만 명 이상의 대규모 난민을 적극 받아들였다. 그러나 2015년 이후 대규모 난민 유입과 이들의 수용과정에서 나타난 수차례의 테러 사건으로 인해 독일 사회는 이민자들은 물론 난민들을 사회 안으로 적극 포용하고 아우르는 사회통합의 문제를 과제로 안게 되었다.

2) 이주민의 시민적 권리

독일의 기본법은 개인 권리의 보장을 위하여 국가 주권의 제한을 명시하고 있다. 이러한 인권과 기본법에 관한 정신은 외국인노동자의 정착과 가족 재통합을 보장하는 조치의 수립에 영향을 미쳤다.

1990년대 초부터 현실화된 편리한 국적 취득은 이주민을 확실하게 인정하는 정책 전환의 발판을 마련하였다. 체류를 원하는 이주민은 독일어와 독일 문화, 역사, 법규 등의 강좌에 의무적으로 참여하고 일정한 시험을 통과하여야 한다. 불참자나 미이수자에 대해서는 체류연장 불허 등의 불이익을 준다. 독일 노동허가제의 기본적인 특징은 다른 이민국가와는 달리 이주노동자가 독일 사회에 정착하는 것을 유도하지 않고 일정 기간이 지나면 본국으로 돌아가도록 하는 정책이다.

독일에서 국적 취득은 일정 기간 독일에 거주할 경우 자동적으로 이루어지는 것이 아니라 귀화 신청으로 가능하다. 독일 국적의 취득 방법에는 독일에서 출생했을 경우, 독일인 부모에게서 출생했을 경우, 독일인 부모에게 입양되었을 경우, 귀화했을 경우로 나누어진다. 그동안 독일은 이주민의 이중 국적을 허용하지 않음에 따라 법적으로는 독일 국적 취득이 가능하지만 독일로 귀화하지 않고 자신의 모국적을 그대로 유지하는 외국인이 많았다. 지금은 독일 국적을 가진 독일인 부모의 자녀에게만 독일 국적을 제공하는 전통적인 혈통주의에 대하여 속지주의적 원칙이 더해졌다. 2000년 1월 1일 이후 개정된 국적법에 따르면, 비독일인 부모에서 태어난 아이들은 적어도 부모의 한쪽이 영주 허가권을 가지고 있을 경우, 아니면 적어도 독일에서 8년 이상 거주하고 있을 경우 독일 국적을 취득할 수 있다. 그리고 기존 15년 이상 독일에 거주해야 한다는 귀화 조건이 8년으로 단축됨으로써 국적 취득이 훨씬 용이해졌다. 귀화 조건이 다소 완화된 것이다.

독일 국적 취득을 통해 독일 시민권자가 되면 다른 독일 시민권자와 동등한 권리를 행사하고 동등한 의무를 지게 된다. 독일 시민권자는 독일 연방과 주, 지자체에서 투표권을 행사할 수 있으며 의회에 입후보할 수도 있다. 또한 직업의 선택이 자유로우며, 유럽 시민으로서 유럽 연합 회원국들 안에서 자유롭게 거주하고 많은 나라에서 비자 없이 입국이 가능하게 된다.

독일 국적법은 독일에 거주하고 있는 외국인은 가족을 독일에 데려올 수 있도록 한 기존의 외국인법을 외국인 체류법으로 대체했으며, 외국인과 그 가족은 외국인 체류법 외에 유럽인권조약 제8조에 의거해 가족과 관련된 권리 및 보호를 받을 수 있게 되었다. 독일은 외국인가족에 대한 고정관념에서 벗어나 이주민의 체류 신분, 출생 문화, 민족적 구성 등 이질성과 다양성을 존중하고, 이들을 사회의 주변부로 배제시키지 않으면서 사회적 유대 강화와 사회문화적 통합의 노력을 중시하고 있다. 또한 외국인가족 문제를 다루는 데 있어 단순한 노동 문제의 차원이 아닌 복지적 · 교육적 측면 등 사회 전반의 문제로 인식하고 종합적인 접근을 시도하고 있다.

2005년 1월 1일 발효된 독일의 새로운 이민법은 특정한 체류 조건을 갖추고 독일에서 장기체류를 하는 경우 이주노동자들에게 연방 차원의 재정적 지원으로 이루어지는 통합교육 과정에 참여할 수 있는 권리가 주어진다는 점을 명시하고, 이 과정을 이수할 것을 규정하고 있다.

3) 이주민의 정치적 권리

독일에서 외국인 사회통합의 모습은 정책적인 지원과 배려를 넘어선 정치적 참여의 기회가 제공되었다는 점에서 의미를 찾을 수 있다. 그 성과로서 가장 먼저 분명하게 가시화된 것은 노동시장에서의 외국인노동자의 사회적 · 경제적 권리였다. 실제로 독일의 외국인노동자는 고용이 재개된 1955년부터 내국인과 동일한 노동 조건과 사회보장 조건을 보장받을 수 있었다. 무엇보다 1972년에 만들어진 새 경영조직법(노동자 대표법)은 외국인노동자에게 노동자 대표평의회의 선거권과 피선거권을 부여함으로써 독일 노동시장 또는 독일 사회 생산 시스템 내의 외국인 참여 기회를 높여 주었다(금혜성 · 임지혜, 2010). 독일 정부는 외국인노동자와 동반가족의 사회통합에도 많은 노력을 기울여서 이룩한 성과가 많은 것도 사실인데, 일부 이민자 집단의 통합에 있어서는 여전히 부족한 점이 많다. 앞으로 독일 정부가 이민자들의 경제적 · 사회적 통합을 이민정책의 중심과제로 삼고 이민자들의 보다 적극적인 수용을 위해 더 노력을 기울일 것으로 기대된다.

독일 정부는 1990년대에 들어서 이주민에게 투표권을 개방하였으나, 1990년 10월 31일 독일 연방 헌법 재판소가 판결한 두 판례에서 외국인에 대한 기초의회의원선거의 선거권을 인정하는 것을 위헌이라고 판결함으로써 독일 이주민의 정치적 권리가 후퇴하였다. 독일에서 이주민은 영구 거주자라도 국적이 없는 한 국가의 선거에 투표할 권리가 주어지지 않을 뿐만 아니라 이주민이 대표자가 될 수도 없다. 그러나 2,000명 이상의 이주민이 거주하는 도시의 경우 외국인의 의견을 수렴하기 위한 외국인 대표 기구를 구성할 수 있도록 정책을 시행해 다양한 문화 간의 이해를 위한 정책을 시도하고 있다.

4) 이주민의 사회적 권리

독일은 2005년 이민법을 제정하여 전국적으로 이민자 통합교육정책을 제공하고 있다. 즉 국적 및 난민, 이민, 망명 등 이주와 관련된 문제를 체계적으로 다룰 수 있는 제도적 장치를 마련하게 된 것이다. 이 법은 독일 사회로의 통합을 위하여 이민자에게 사회통합프로그램의 참여를 의무화하였다. 이 법의 두드러진 특징으로는 이민자 통합정책에 대한 연방정부의 책임을 분명하게 규정하여 연방정부의 역할, 의무에 관한 가이드라인을 제시하면서 예산 지원을 명시한 점이다.

이민법에 따라 제공되는 연방정부 차원의 사회통합프로그램은 모든 이민자에게 적용된 단일 과정을 만들었다는 데 의의가 있다. 이 사회통합프로그램은 초기오리엔테이션(Erstorientierung)과 통합코스(Integrationskurse)를 통한 적극적 통합교육 정책이다. 이 프로그램을 통해 이민자들에게 독일 언어와 독일 사회의 법과 제도에 대한 기본적인 지식을 제공하고 있다. 통합 과정의 목표는 독일어에 대한 충분한 지식 및 독일의 법질서, 문화 및 역사, 특히 독일 연방 민주주의의 가치와 법치, 평등한 권리, 관용 및 종교 자유의 원칙에 대한 지식뿐만 아니라 일상에 대한 지식을 제공하는 것이다(허준영 · 권경득, 2018).

2007년 독일 정부는 사회통합 과정의 강화, 독일어 교육의 중시, 교육과 재교육 기회의 보장과 이를 통한 노동시장으로서의 진입 강화, 이주여성의 삶의 질 향상 및 기회 균등 제고, 지역의 지원을 통한 통합, 시민적 참여와 동등한 기회 보장을 통한 통합, 역동성과 국제적 연대를 강조한 과학의 발전 등 10가지 영역을 국가 통합 계획으로서 사회통합의 방향을 제시하였다. 이 프로그램은 600시간의 독일어 과정과 30시간의 독일 사회로의 통합을 위한 오리엔테이션 과정을 포함하고 있다. 또한 독일 정부는 자치단체별로 다문화가족을 위한 행정 부서를 따로 설치하고 이주민 아동과 청소년들의 적응 및 언어 교육을 위한 프로그램을 지원하고 있다.

독일은 외국인들도 의료보험, 실업보험, 연금 등 사회보험서비스의 수혜 대상으로 간주하여 독일인과 동등하게 혜택을 주고 있다. 주 차원에서 외국인에게 노동시장에 대한 정보를 제공하고 직업과 관련된 네트워크를 강화할 뿐만 아니라 노동청, 지방자치단체, 직업소개소, 고용센터 등과의 유기적인 협력을 통하여 외국인에 대한 고용 기회를 확대하기 위한 통합적 시스템을 운영하고 있다.

독일 정부는 외국인가족의 문제해결을 위해서 정책적 차원에서 목표나 원칙을 제시하는 연방 포럼 '가족'이라는 프로그램을 시행하고 있다. 연방 포럼 '가족'은 2005년 현재 독일 전국에 걸쳐 약 100개의 가족 관련 조직으로 구성되어 있는 연합체인데, 가족친화적 사회 구조를 만들기 위한 다양한 정책을 제안하고 있다. 연방 포럼 '가족'은 2003년부터 2004년까지 '이민가족: 통합과 배제 사이에서'라는 가족 정책 관련 주제를 선정해 외국인 가족 대상 연방정부 가족 정책을 채택했다. 그 내용을 살펴보면, "(1) 구체적으로 적절하고 충분한 보육 인프라를 통해 외국인 아동의 성공적인 사회통합의 기반을 구축하고, (2) 여러 나라의 언어로 운영하는 보육시설과 전일제학교 운영을 확대해 부모의 취업활동을 보장하며, (3) 이러한 교육 인프라 구축은 아동 · 청소년을 보육 · 교육하는 교사 등 교육 인력이 다문화적 관계에 대한 이해를 바탕으로 업무를 수행할 수 있도록 이들에 대한 다문화교육을 제공한다"이다(김정진, 2016).

5. 프랑스

프랑스는 유럽의 대표적인 다민족국가이다. 많은 유럽 국가들이 오래 전부터 다양한 민족이 공존한 다민족국가였음을 주장하지만, 2차 세계대전 이전까지 대부분의 유럽 국가에서 다민족이란 유럽인들, 즉 기독교를 믿는 백인들 사이의 다민족이었다. 이에 반해, 프랑스는 19세기에도 이미 아프리카와 아시아출신 외국인들이 유입되었다. 프랑스가 거느렸던 세계 각지의 식민지로부터 비유럽인이 이주해 오는 경우가 많았다. 20세기에는 1차 세계대전과 2차 세계대전 직후 인구가 부족한 상황에서 프랑스의 경제 재건을 위해 정부가 나서서 외국인노동자의 이민을 수용하여, 프랑스 거주민의 민족 구성이 더욱 다양해졌다(오정은, 2017).

역사적으로 프랑스는 1789년에 일어난 대혁명 이후 자유, 평등, 박애 정신을 바탕으로 하는 프랑스만의 독특한 '공화주의'를 구축하였다. 더군다나 세계 최초로 '인권선언'을 한 나라답게 프랑스 사회는 인권을 보호하고 관용의 가치를 높게 여긴다(오원, 2008). 이에 프랑스는 이민자에 대한 차별이 없고, 이민자 통합 역시 원활하게 진행되는 것 같아 보인다. 하지만 프랑스의 역사를 들여다보면 인종주의 혹은 제노포비아(xenophobia, 외국인 혐오)에 관한 문제가 저변에 깔려 있는 것을 알 수 있다.

프랑스 정부의 다문화정책은 이주민의 문화적 다양성을 프랑스가 추구하는 공화주의에 동화시키기 위한 동화주의로 알려져 있다. 프랑스는 대혁명 이념의 공화주의를 유지하기 위하여 프랑스에 거주하는 모든 구성원은 자신의 정체성과 무관하게 프랑스 사회에 동화되어야 한다는 정책을 채택하고 있다. 즉, 프랑스를 구성하는 모든 구성원은 공화주의의 가치 아래 통합되어야 하고 민족, 문화, 종교 등의 개인적 특수성은 공적 영역에서 고려하지 않는다. 하지만 오랜 이민자 수용 경험과 다민족 · 다문화사회의 전통을 가진 프랑스에서 이렇게 획일적인 동화가 강요된다는 것은 어울리지 않는 일이며, 따라서 자유, 평등, 박애 정신을 바탕으로 하는 프랑스 정부의 이민자 사회통합정책이 다문화를 거부하는 동화주의라는 사실에 의문을 제기하는 학자들도 있다.

프랑스 정부는 2005년 대도시 주변의 외곽지역인 방리유(Banlieue)에서 일어난 소요사태를 계기로 동화주의 통합정책을 개선하기 위한 제도적 보완책을 마련하였으나 이주정책에 있어서는 오히려 폐쇄적으로 전환하였다. 사실 프랑스의 이민 문제는 1980년대부터 본격적으로 대두되었다. 1980년대 경기가 둔화되자 프랑스 정부는 경제적 이민을 제한하고, 가족 재결합을 위한 이민만 허용하였다. 기존의 노동력 충당을 위한 경제 이민이 가족 이민으로 성격이 달라지면서 프랑스 국민도 이민을 바라보는 시각이 달라지고 이에 따라 이민 문제가 경제, 도시, 사회, 민족 문제 등으로 대두되기 시작하였다. 프랑스에서 방리유는 주로 이민자 및 프랑스의 저소득층이 거주하는 도심 외곽 지역으로 경제적 · 지역적 · 사회적으로 낙후되고 차별받는 공간을 의미한다. 이 사태는 도시에서의 사회경제적 배제와 인종 문제 등 다양한 이슈가 섞인 문제이며, 이민자 내부에 평화적으로 사태를 진정시키기 위한 움직임이 있었으나 오히려 치안만을 강조해 상황이 더욱 확산되었다(오원, 2008).

또한 방리유 소요사태로 이슬람계 이민자가 프랑스 사회에서 오랫동안 사회문화적 · 종교문화적인 차별을 받고 있다는 점이 지적되었다. 이런 점으로 인해 프랑스적 사회통합 모델에 의문이 제기되었다. 소요를 일으킨 이민자 2, 3세대들은 오히려 프랑스가 공화주의적 가치를 변화시키려 하지 않는다고 말했다. 그들은 인종, 성, 종교, 출신 국가들을 떠나 프랑스 시민으로 인정받기를 원하며, 이 소요 사태에 참여하지 않은 더 많은 수의 이민자 2, 3세대에게 더욱 주목해야 한다고 지적했다.

프랑스의 사회통합 모델은 이민자들이 프랑스 사회에 동화되는 것을 전제로 하는 사회통합을 철저히 지향해 왔다. 프랑스 정부는 이주노동자들을 공화국의 시민으로 통합 또는 동화시키려는 시도를 여전히 포기하지 않고 있다. 프랑스의 이러한 이민자 사회통합 방식은 강제적이고 관리적인 성격이 강하다. 즉, 프랑스의 이민자 사회통합정책은 정부가 이민자에게 명령하는 방식이며, 이러한 방식은 프랑스가 이민자에게 프랑스의 가치를 따르는 프랑스인이 될 것을 강요하는 것처럼 비추어진다. 하지만 프랑스가 이민자에게 제공하는 사회통합 지원의 내용 안에는 프랑스 문화에 동화될 것을 요구하는 내용은 없으며, 한결같이 공화국의 가치를 강조하지만, 그것은 공공질서를 따르는 시민의식의 강조를 의미한다. 즉, 프랑스의 이민자 사회통합 방식에는 동화주의적 측면에서 강제적인 요소가 있지만, 결국 이를 통해 구현하는 프랑스의 사회통합은 이민자의 다양한 문화를 인정하며 자유, 평등, 박애가 존중되는 하나의 공화국을 완성하는 것이다(오정은, 2017).

1) 이주민 정책과 유입 과정

프랑스는 19세기부터 이민을 받아들인 나라이다. 18~19세기의 전반적인 출산율 저하의 영향과 특히 영국, 독일에 비해 낮은 출산율을 보이며 노동력 부족 현상을 겪었던 프랑스는 국가 주도 아래 외국인노동자를 받아들이고 속지주의와 속인주의를 결합한 독특한 국적법으로 이주노동자를 유입하고자 노력하였다. 프랑스는 1차 세계대전이 끝나고 인접 유럽 국가와의 협약을 통하여 다양한 이주노동자를 유치하였으며, 2차 세계대전이 끝난 1945년을 기점으로 이민율은 점차 증가해 1973년에 정점에 달하였다. 이 시기에는 특히 기업주의 요구에 따라 이민노동자에게 국적을 부여하는 이민 장려책이 대규모로 실시되었다. 그러나 중동 전쟁과 석유 파동으로 인해 성장세가 감소하고 세계경제 위기가 심화되자 프랑스의 실업률이 높아졌고 국내의 반외국인 분위기도 심해졌다.

1970년대의 경기 침체로 인하여 이주민 유입에서 통제로 돌아섰지만 가족 재결합이라는 새로운 이주 형태가 생겨나면서 더 이상 이주민 문제를 묵과할 수 없게 되었다. 이에 프랑스 사회는 다양한 문화와 정체성이 어우러지게 되었고, 이들을 어떻게 공화국에 흡수할 것인가가 핵심적인 쟁점으로 부각되었다. 1970년대 데스탱(d'Estaing) 정부 시기에는 이주민 정책의 특징을 비유럽 출신 이주민의 본국 강제 송환, 입국 규제, 동화를 위한 교육 및 문화 정책 등으로 정리할 수 있다. 그러나 1981년 미테랑(Mitterrand) 정부가 들어서면서부터 이러한 흐름이 바뀌어 과거에는 이주민 문제를 경제적인 측면에서 이해하였다면 이후에는 민족 및 문화 정체성의 문제 또는 사회문제로 파악하기 시작하였다.

미테랑 정부의 이주민 정책은 유화적인 노선으로 불법 이주민을 합법화하고 가족 재결합에 대한 제한을 폐지하였으며, 이주민에 대한 실효성 없는 경제 지원 조치를 철폐하였고 결사의 자유를 허용하였다. 이와 같은 조치는 이주민에게 시민적 권리와 사회적 권리 나아가 정치적 권리까지 인정한 것으로 이들을 프랑스 사회로 동화시키기 위한 보다 적극적인 통합 전략의 틀을 마련하였다는 점에서 의미를 지닌다. 그러나 프랑스 사회의 반이주민 정서와 극우파 정권의 등장으로 위기를 맞이하였다.

오늘날 프랑스의 다문화정책은 강력한 통제와 적극적 통합이라고 말할 수 있다. 2000년대 중반, 정권을 잡은 프랑스 우파정권은 유입 이민자를 까다롭게 선별하고 프랑스 내 이민자에게 공화국 시민이 될 것을 강요하는 방식으로 이민정책을 수정하였다. 이 과정에서 프랑스의 이민자 사회통합정책이 강압적인 동화주의 방식이라는 평판이 확산된 것이다. 2005년 사르코지(Sarkozy)가 내무부장관에 취임하면서 불법체류 외국인을 엄격하게 단속하고 추방함으로써 공화국의 정체성을 강조했다. 2011년 내무부장관에 취임한 클로드 게앙(Claude Gueant)도 불법체류 외국인에 대한 적극적인 추방계획을 발표하고 사르코지의 통제 정책을 이어갔다. 2017년에 집권한 중도 우파 정부 역시 통제원칙을 고수하고 있다.

프랑스는 난민을 적극 수용한 나라로도 유명하다. 1980~1990년대 탈냉전과 동유럽 사회주의국가의 체제 변화로 대량 난민이 서유럽에 유입되었는데, 이 과정에서 프랑스는 난민을 적극 받아들여 다문화국가로의 변화가 촉진되었다. 프랑스는 유럽 난민 사태 직전인 2010년 기준으로 유럽 제1의 난민 수용국이었고, 난민들에게도 관대한 대우를 했다. 이후 독일에게 이 지위를 빼앗겼지만, 프랑스는 여전히 다수의 난민들을 국내에 수용하고 있다. 프랑스는 2017년 현재 거주 이주민들의 출신국 현황을 보면 아프리카계 43.8%, 유럽계 36.1%, 아시아계 14.5%를 차지하고 있다. 또한 2011년 시리아 내전 발발 이후 난민들을 받아들이기 시작해서 2012년에는 전체 난민신청자 가운데 시리아 난민이 1.1%(450명)이었는데, 2015년에는 5.7%(3,405명)로 증가했다(오정은, 2017).

2) 이주민의 시민적 권리

현재 프랑스는 속지주의와 속인주의를 보완적으로 적용한 국적법을 시행하고 있다. 1851년부터 시행되어 온 속지주의 국적부여 원칙에 따라 여전히 다양한 문화적 · 인종적 배경을 가진 사람들이 프랑스 국적을 취득하고 있다. 이 국적법은 1993년 개정되어 속인주의를 첨가하였다. 이민자가 시민권을 획득하는 기본이 되는 국적 취득 방법은 출생, 결혼, 귀화, 국적 회복 등이다. 그중에서 프랑스 배우자와의 결혼으로 획득한 국적의 경우 다른 유럽 국가들처럼 간소한 귀화가 아닌 간단한 신고만으로 국적을 얻을 수 있다. 그러나 일반적인 국적 취득의 경우 일정 기간 동안의 프랑스 거주, 프랑스어 사용, 경제적 능력 등의 조건이 있다. 이를 통하여 공동체의 귀속 의지를 표명하고 기존 사회구성원과의 통합과 연대를 위해 협력할 적극적 의사를 나타냄으로써 프랑스 국민이 된다.

1998년 9월 1일 이후 프랑스 내에서 출생하였으며 부모가 외국인인 미성년자는 프랑스 내에서의 거주가 확실하면 성년이 되는 만 18세에 국적 취득이 가능하며, 11세 이후 프랑스에 입국한 자는 최소 5년 이상 프랑스 내에 계속적 · 비계속적인 상시 거주지를 가지고 있어야 한다.

거주 기간이 전혀 필요하지 않은 경우는 부모 중 어느 한쪽이 프랑스 국적을 취득하고 있음에도 외국에 거주하는 미성년 자녀, 프랑스 국적을 취득하였거나 취득한 적이 있는 자의 배우자 및 성년의 자녀, 프랑스 군대에서 복무를 완수하였거나 프랑스 혹은 연합국의 군대에서 복무하기로 예정된 자, 프랑스로의 귀화가 프랑스 국익에 이익이 되는 외국인 등이다.

프랑스 정부는 자격을 갖춘 자에게 10년 유효기간의 갱신 가능한 장기체류증을 발급한다. 즉, 프랑스 시민권 또는 장기체류증 소지자의 가족 등의 경우 형식요건만 구비하면 장기체류증 당연취득 대상이 되며, 이외에도 프랑스에서 5년 이상 합법적 체류자격(학생 체류자격 제외)을 유지한 후 발급신청을 하면 행정당국은 신청자의 생계능력, 정착동기 등을 검토한 후 장기체류증을 발급한다. 난민과 무국적 외국인도 장기체류증을 신청할 수 있다. 즉, 난민자격을 취득한 외국인의 배우자와 미성년 자녀, 무국적자로서 3년 이상 프랑스내 합법적 체류를 입증한 사람과 배우자 및 미성년 자녀 등은 10년간 체류를 허용하는 장기체류증이 발급된다. 장기체류증을 받은 외국인은 체류자격은 인정되지만 참정권은 부여되지 않는다. 하지만 취업과 의료보험 혜택 등에 있어서는 프랑스 국민과 동등한 자격을 갖는다.

3) 이주민의 정치적 권리

국민과 시민의 구분이 이루어지면서 시민권의 핵심인 정치적 권리의 행사 여부가 그 차이를 결정하는 역할을 한다. 이주민의 참정권, 선거권 등은 여전히 엄격히 규제하는 항목이다. 국적을 취득하면 시민적 권리는 자동적으로 얻게 된다. 그러나 정치적 권리는 프랑스의 국적자로서 헌법과 선거법에서 그러한 권리를 인정한 사람에게만 주어진다. 프랑스는

EU 회원국의 국민에게는 지방 선거에서의 정치적 권리를 인정하였으나, 제3국에서 온 이주민은 여전히 정치적 권리에서 배제되어 있다.

프랑스 선거법에는 이주민의 선거권 및 피선거권을 명문화한 규정이 없다. 선거 및 피선거권의 자격은 18세 이상의 프랑스인으로, 법률에 의해 선거권을 박탈당하지 않으며 선거인 명부에 등록한 자라고 명시한다. 마스트리히트(Maastricht) 조약에 따라 이주민의 정치적 권리를 허용하는 규정이 명문화되었다. 이러한 시민에 속하는 자는 '시장 또는 부시장이 될 수 없으며, 상원의원 선거인단으로 임명되거나 상원의원 선거에 참여할 수 없다'라고 규정되어 있다.

4) 이주민의 사회적 권리

프랑스에서 이주민의 사회적 권리는 '이주민과 그 가족을 위한 사회적 행동기금' 제도에 따라 보장받고 있다. 주거, 교육, 직업 훈련 등 여러 가지 프로그램이 준비되어 있고, 국가의 예산 보조도 받고 있다. 파스쿼법(1993)을 통하여 이주민이 합법적으로 체류하고 있을 경우 사회보장 체계가 부여하는 혜택을 받을 수 있다. 그러나 이것으로 사회적 · 경제적 소외를 해결해 주지 못하고 있다. 프랑스 혁명 직후 1789년 프랑스 제헌국민의회가 선포한 '인간과 시민의 권리선언' 제1조는 '모든 인간은 태어나면서부터 자유롭고 평등한 권리를 가진다. 사회적인 차별은 공통의 이익에 근거해서만 있을 수 있다'라고 규정하고 있다. 이에 따라 프랑스는 공적 영역에서 종교적 색채를 드러낼 수는 없었으나, 2003년 차도르(Chador) 착용 금지법 사건에서 나타나듯이 이슬람 교리의 공적 영역으로의 확대에 대한 국가의 규제를 이주민들은 개인의 자유를 억압하는 폭력으로 여기게 되었다.

2003년부터 프랑스 이주민은 '유입통합계약'에 서명을 하면 2006년까지는 자발적으로 시민 교육을 받아야 했다. 시민 교육의 내용으로는 언어 교육, 프랑스 생활에 대한 정보 교육, 사회적 지원 등의 프로그램이 포함되었으며, 그중 언어 교육이 중심 교육이었다. 프랑스는 다른 유럽 국가보다 소수 인종이 많아 전체 인구의 10~15%에 이르지만 정계 · 관계 진출 인사는 극소수이며, 학생 선발이나 공무원 채용 시 인종별 쿼터제 등의 소수 인종 우대 정책은 시행되지 않았다. 즉, 전통적인 동화주의 정책에 따라 어떤 인종(민족) 집단도 국가의 공공정책에서 특권을 누리거나 보호를 받지 못하며, 오직 개인이 능력을 발휘하여 신분상승을 이루도록 차별 없는 공공 정책이 시행된 것이다. 시간이 지나면서 이러한 정책에도 일부 변화가 있었다. 2007년 사르코지 정부가 출범하면서 교육, 기업 고용,

정당, 방송 등 분야에 소수 인종 출신이 보다 많이 진출할 수 있도록 돕는 계획을 세웠다. 2010년부터 그랑제콜 예비 학교 입학생 중 30%를 소수 인종에서 선발하도록 하였으며, 기업의 직원 채용 과정에서 인종차별을 없애기 위해 100대 기업에 대하여 취업 희망자의 이름을 적지 않는 '무기명 이력서'를 받도록 제안하였다. 그러나 이주민이 직업을 잃을 경우, 학력이 비교적 낮다는 점 때문에 이들을 가난에서 구원하는 것이 어려운 상황이다. 낮은 학력 수준은 이주민의 경제 활동에 영향을 끼치고, 상위 계층으로 이동할 수 있는 기회는 자연히 줄어들게 된다.

2016년에는 귀화를 원하는 사람이 아니더라도 프랑스에 정착하기를 원하는 모든 이민자들에게 의무적으로 사회통합교육을 받도록 강제하는 공화국통합계약(le Contrat d'Integration Republicaine, CIR) 프로그램이 시행되었다. 이 프로그램은 프랑스에서 거주비자를 받고 체류하는 외국인들이 의무적으로 이수해야 한다. 이민자에게 사회통합교육 이수를 강제하고 약속을 받아내기 위해 '계약'의 방식을 취하는 것인데, 이는 매우 독특한 방식이다. 국가가 공권력을 동원하여 이민자에게 프랑스 사회에 통합될 것을 강요하는 정책이다. 이 제도를 도입한 이후 프랑스에서는 이민자의 사회통합프로그램 이수율이 높아지고 있다.

6. 영국

영국은 약 24만km^2에 7,000여만 명의 인구가 사는 나라이다. 영국의 정식 국호는 '그레이트 브리튼과 북아일랜드 연합 왕국(United Kingdom of Great Britain and Nothern Ireland)'이고 일반 명칭은 영국 연합왕국(United Kingdom)이다. 국명에서 알 수 있듯이 영국은 잉글랜드(England), 스코틀랜드(Scotland), 웨일스(Wales), 북아일랜드(Nothern Ireland)로 구성되어 있다. 영국은 이외에도 영국 연방 회원국인 인도와 파키스탄, 방글라데시 등에서 이민 온 아시아인과 이슬람교인, 자메이카 바하마(Bahama)에서 온 카리브해 흑인 등 여러 인종들이 사회의 구성원으로 살아가고 있다. 프랑스에 비해 영국의 종족 간 · 인종 간 갈등이 눈에 띄지 않는 이유는 바로 그들의 실용주의적 접근 때문이다. 이로 인하여 갈등의 양상이 국가 차원으로 비화되는 일이 적다.

영국의 경우 2차 세계대전 이후 식민지 국민이 대거 영국에 이주함으로 다문화교육에 대한 인식이 제고되었고, 이후 사회적 혼란과 문제가 발생할 소지가 커지게 되자 1962년 영국 연방 이민법을 제정하게 된다. 이후 이민자 유입이 점점 증가하여 오늘날 영국 사회는 흑인 및 아시아인과 공존하는 양상으로 변화하게 되었다. 최근에는 세계의 부호들이 런던으로 이주하는 등 외국인의 비율이 런던 인구의 31%를 차지하게 되었다. 또한 2005년 지하철 폭탄과 버스 테러로 56명이 사망하고, 700여 명이 부상당하는 사건을 경험하면서 다문화적 상황을 받아들이려는 분위기가 조성되었다. 영국은 다문화정책과 관련하여 초창기에는 동화주의를 표방하였으며, 1960년대 중반을 기점으로 사회통합을 위한 다문화주의를 표방하게 되었다.

1965년에 인종관계법이 통과된 이후 영국에서는 다문화주의적 접근방식이 대세를 이루었다. 1966년에 로이 젠킨스(Roy Jenkins) 내무부장관은 통합을 단선적인 동화의 과정이 아니라, 상호적인 관용 속에서 문화적 다양성을 수반한 균등의 기회로 간주했다. 젠킨스의 이러한 절충적인 견해는 교육에 관한 일련의 보고서들을 통해 더욱 강화되었다. 가령 '만인을 위한 교육(Education for All)'을 주창하는 스완 보고서(Swann Report)는 교원과 학생을 위한 제도나 장소, 연령, 인종의 구분에 상관없이 모든 학교에 다문화주의 교육시스템을 만들 것을 주장했다. 1983년에는 영국 전역의 105개의 교육기관 중에서 36개 교육기관이 다문화주의 교육을 연구했다. 1992년 이후로는 영국에서는 다문화주의적 감성과 가치에 중점을 둔 국가적 커리큘럼이 시행되었다(김복래, 2009).

영국은 세계적 식민대국을 이루었던 역사의 경험을 바탕으로 하여 다문화국가가 성립되었다. 하지만 영국은 다문화라는 용어의 사용을 피하고 있다. 이러한 용어 자체가 이미 문화간의 차별성을 내포하고 있다고 보기 때문이다. 그렇기에 다문화를 전담하는 부서도 존재하지 않고, 특히 이미 영국인이 된 다문화가정 및 이주민은 백인 영국인과 전혀 차별없이 법적으로 대우하고 있는 실정이다. 인종관계법, 평등법 등은 같은 영국인에 대해서 차별이 없는 동일한 대우를 약속하고 있으며 보다 적극적인 자세로 사전에 차별에 대한 위험을 차단하는 형태를 취하고 있다. 즉, 국적을 취득하거나 영주권을 얻는 것은 점차 어려워지고 있지만 일단 영국의 시민권을 얻으면 강력한 법적 보호를 받게 되고 보다 적극적으로 권리를 향유할 수 있게 되는 것이다. 이러한 적극적인 보호시스템을 통해 이민자들을 보다 강력하게 사회로 통합하고자 하는 것이다.

2010년 이후로 영국적 가치를 우선시하는 정책으로 영국 정부의 이민자 정책이 바뀌면서, 새로 유입되는 이민을 최소화하고, 이미 유입된 인구에 대해서는 차별을 없애고 영국적 가치로 통합하려는 노력을 기울이고 있다. 이러한 점에서 영국이 다문화국가인가, 영국에 다문화주의가 존재하는가에 대한 질문을 던져볼 수도 있을 것이다. 결국 영국의 다문화정책은 아직도 현재 진행형이며 그 개념과 정책적 수단은 끊임없이 변하고 있는 동태적인 개념이다(장익현, 2018).

1) 이주민 정책과 유입 과정

영국은 다인종 유입 이민의 역사가 오래된 국가이다. 로마인, 색슨족, 앵글족, 바이킹, 노르만족 등이 침략해 왔고 이들이 영국에 정착하면서 이들의 문화가 뒤섞여 존재하였다. 19세기에는 아일랜드의 대기근으로 수많은 아일랜드인이 영국으로 건너왔고, 2차 세계대전 이후 나치의 억압을 피하기 위한 유태인과 영국의 식민지였던 곳으로부터 대규모의 이주민이 영국 땅으로 건너왔다. 2차 세계대전 이후 노동력의 부족에 기인한 필요에 따른 노동력의 유입은 제국적 시민주의에 의해 허용되었고, 이러한 형태의 이민족의 유입은 1990년대까지 안정적으로 유지되었다(금혜성 · 임지혜, 2010).

20세기 후반 이후 영국은 두 차례의 대대적인 국제 이주를 경험하였다. 2차 세계대전과 함께 인프라가 파괴되고, 산업 기반이 노후화하면서 영국 내에서 만성적인 노동력 부족이 발생하였다. 영국은 이러한 노동력 수요를 충족시켜줄 인력을 기존의 영국 제국의 식민지 국가, 이제는 독립한 영국 연방 국가로부터 노동력을 수입함으로써 해결하려 하였다. 하지만 영국 연방 출신으로 구성된 1세대 정착민들의 경험은 실제로는 훨씬 적대적이었고, 영국의 초기 수십 년간에 걸친 정착의 역사는 종종 대중주의(populism)적 감정과 이민족에 대한 제도적 불관용으로 점철되었다.

1950년대부터 서인도 제도 흑인의 이주를 시작으로 서아시아의 인도와 파키스탄을 포함한 확대된 영국 연방 국민들의 영국 이주가 1960년대 초반까지 제한 없이 진행되었다. 이는 영국이 자기 위상을 유지하기 위한 방편의 일환으로 영국 연방 국민의 영국 이주를 묵인하는 자유방임의 원칙이었다. 그러나 1962년 영국 연방 국민의 영국 이주를 통제하기 위한 영연방 이주민법(The Commonwealth Immigration Act)을 시행하면서 이주민은 지속적으로 감소하게 되었다. 영국 내 이주민의 급격한 증가를 방지함으로써 이주민 공동체의 분리주의가 위협 요인이 되지 못함에 따라, 유색인종에 대한 강력한 동화 정책보다는 기회의 평등과 문화의 다양성을 인정하는 다문화주의 정책의 사회적 배경이 마련된 것이다. 영국은 유럽, 러시아, 중동, 아프리카, 캐리비안(Caribbean)을 조상으로 둔 이민자들의 국가임을 쉽게 알 수 있다. 과거에는 침략과 약탈을 목적으로 영국에 들어왔지만 오늘날의 이민자들은 보다 나은 직장과 삶을 위해 영국을 찾고 있다(최동주, 2009).

역사적으로 영국은 이민자를 끊임없이 받아들였지만, 1970년대에 이르러 그 수가 폭발적으로 증가하자 이민법을 제정하여 이민자에 대해 강경책을 시행하게 된다. 그럼에도 불구하고 난민 수용 등으로 인하여 이민자 수는 줄지 않았고, 1990년대 초반 이후 장기적인 경제 성장이 이루어지면서 새로운 이주 노동력이 유입되었다. 이것으로 영국의 두 번째 대규모 이주 시기를 형성하게 된다. 식민지가 아닌 다른 지역으로부터 유입된 이주 인구는 경제 핵심 분야의 노동력 부족을 해결하기 위한 것이었다. 특히 1933년 런던 경제가 호황을 경험하면서 요식업, 레저 및 기타 서비스 관련 무역에서 새로운 형태의 수요가 창출하게 되었고, 처음으로 영국 내에서도 지역 간 이주 현상이 일어나게 되었다.

2004년 구동구권의 유럽연합(EU) 가입을 계기로 수십만 명의 노동 인력이 일시에 영국으로 유입되었다. 이는 영국 이민 사상 전례를 찾아볼 수 없을 정도의 높은 수치이며 영국 정부의 예상치를 몇 배 이상 웃도는 수치였다. 따라서 영국 정부는 동구권의 값싼 노동력이 대거 유입되자 자국민의 실업률 상승과 사회보장 제도의 붕괴에 대하여 우려하게 되었다. 그리하여 미봉책으로 출입국 통제가 가능한 유럽연합 회원이 아닌 국가의 이민을 봉쇄하였다. 영국 내 소수민족 중 출신 지역별 최대 그룹은 인도이며 그 뒤로 파키스탄, 캐리비안, 아프리카와 방글라데시아가 주를 이룬다.

2011년의 인구통계에 따르면 전체 6,300만 명의 영국인 중 비백인 인구는 13%에 이르며, 이중 인도계 2.3%, 파키스탄계 1.86%, 카리브해 출신 흑인이 3.0%를 차지하고 있다(ONS, 2011). 이 자료를 2001년 자료와 비교해보면 백인 인구는 5% 감소하였고, 비백인 인구는 거의 모든 집단에서 증가추세를 보이는데, 특히 인도계(파키스탄, 방글라데시 포함) 인구는 10년간 4.39%에서 6.92%로 증가하였다(장익현, 2018).

2020년 1월 31일 영국은 유럽연합을 공식적으로 탈퇴했다. 국제적으로 널리 알려진 '브렉시트(Brexit)'안이 공식적으로 발효된 것이다. 2016년 유럽연합 잔류와 탈퇴를 놓고 보수당 정권이 주도한 국민투표에서 탈퇴안이 가결된 후 3년만의 일이다. 또 유럽연합 초석인 유럽경제공동체(ECC)에 합류한 지 47년만이다. 이 역사적인 사건으로 이민자 배제를 중심으로 한 영국의 독자적인 발전을 추구하는 브렉시트 찬성파에서는 환호하며 지지했고, 유럽연합과의 교류를 통하여 국제사회 속에서 이민자 다문화국가로의 번영을 추구하던 브렉시트 반대파는 우려의 목소리를 냈다. 브렉시트의 발효로 영국의 이민 제도에도 부정적으로 영향을 끼칠 전망이다. 영국 내무부는 이미 브렉시트 이후 저숙련 노동자 등의 이민 불허를 뼈대로 하는 이민 제도를 발표했다. 사실상 이민 제한이 유럽연합 탈퇴의 가장 큰 이유였던 영국의 이민 제도 변경은, 이민 허용 범위 및 조건을 놓고 논란을 벌이는 다른 선진국에도 큰 영향을 줄 것으로 보인다. 2020년 2월 18일 영국 내무부는 외국인의 영국 취업허가 때 숙련 기술 보유와 영어 능력 등을 고려하는 점수제를 시행하겠다고 발표했다. 점수제가 시행되면, 단순 육체노동에 의존하는 저숙련 저임금 노동자나 영어를 구사하지 못하는 사람에게는 사실상 비자 발급이 불허된다. 앞으로 브렉시트의 영향으로 영국으로의 외국인의 유입이 제한되고 이민은 축소될 수밖에 없을 것으로 전망된다.

2) 이주민의 시민적 권리

1972년 개정된 연방이민법(Commonwealth Immigration Act)은 영국 여권을 소지한 영국 연방 주민이 영국 정부로부터 노동 허가를 받고, 부모나 어머니가 영국에서 출생하였다는 것을 입증해야만 영국에 정착할 수 있게 하였다. 이 개정된 이민법으로 인하여 이민에 대한 강력한 규제가 시행되었고, 이민이 허가된 대부분의 경우는 가족 초청으로 이루어진 경우로 제한되었다.

영국의 새로운 이민정책은 대략 다음과 같은 내용이다. 유럽연합 비회원국에서 영국에 오는 영국 국민의 배우자나 약혼자는 앞으로 21세부터 결혼 비자를 신청할 수 있고, 신청 시 먼저 영어 시험을 통과해야 한다. 결혼 비자 연령의 조정으로 인도, 파키스탄 등에서 혼인 비자를 신청하는 사람이 연간 3,000명 정도 줄어들 것이라고 예측하고 있으며, 가족 방문 비자를 신청하는 외국인을 위해 보증을 서는 영국인은 이 외국인이 예정 기간을 넘겨 불법으로 장기체류할 경우 1,000파운드의 벌금을 물어야 한다. 그리고 비자 보증 영국인은 초청 외국인 친지가 머무는 동안 숙소와 비응급 의료비를 책임져야 한다.

불법 장기체류자는 적발 시 예금 계좌를 동결 당하고 서류미비 이민자의 가족은 향후 다른 친척을 영국으로 초대할 수 없다. 학교와 기업이 신원을 보증한 학생이나 종업원이 비자가 만료된 후 고국에 돌아가지 않을 경우 해당 학교와 기업은 향후 외국인을 받아들일 수 없다. 학생의 경우 속해 있는 모든 교육기관에 대하여 학생 등록과 출석 기록을 유지하며 수시로 보고해야 하는 의무도 부과되었다. 방문객 비자도 6개월에서 3개월로 단축되었고, 비자 신청 시 위조서류를 사용한 사람은 자동적으로 비자 발급 금지 대상에 오르게 된다.

2010년 이후 영국의 다문화정책은 다양한 문화의 포용과 공존보다는 영국적 가치를 우선시하는 방식으로 변해가고 있다. 최근 영국은 보다 강화된 이민법의 개정을 통해 이민을 규제하고 자국의 안정을 도모하고 있다. 과거 엄청난 이민자를 대거 수용하며 영국 사회가 겪어야 했던 불안 요인을 제거함과 동시에 이민자가 백인 사회에 잘 적응할 수 있도록 예전보다 강화된 제도적 장치를 통하여 선별된 이들만을 받아들이겠다는 것이다. 2002년에는 시민권 테스트와 시민권 의식을 법으로 규정하였고, 2005년에 영국으로 귀화하기를 희망하는 모든 후보자들은 영어자격증과 '영국 생활(Life in the UK) 시험'을 통과하도록 요구되었다. 영국 생활 시험은 역사, 정치, 사회 문제로 구성되어 있으며 미국 시민권 테스트와 유사한 점이 많다. 충성서약을 포함한 시민권 의식과 함께, 시민권과 영어 테스트는 영국식 통합을 위한 의미심장한 통로를 창설하는 것을 의미한다. 이러한 현상은 과거 영국에서는 결코 볼 수 없었던 것이다(김복래, 2009). 또한 2006년에는 '이민과 망명 및 국적에 관한 법'이 개정되어 입국을 거부당한 외국인이 항소할 수 있는 권한을 축소했다. 또한 2021년부터 정식 발효된 브렉시트의 영향으로 이민법 역시 좀 더 강화되어 외국인노동자들이 영국에 입국하기는 더 어려워질 전망이다.

3) 이주민의 정치적 권리

비백인 혹은 이민족 이주민의 정치 참여와 정치계 입문 비율은 꾸준히 증가하고 있다. 1987년 4명의 비백인 정치가가 총선에서 처음으로 당선되면서 영국에서의 이주민에 대한 처우에 많은 변화가 나타나기 시작하였고, 이후로 1997년에는 9명, 2005년에는 15명이 당선되었다. 2016년에는 파키스탄계 이민자 가정 출신의 이슬람교도인 사디크 칸이 런던 시장에 당선되는 역사적인 사건이 일어났다. 이는 특히 영국 역사상 최초로 이슬람계 시장이 탄생했다는 점에서 큰 의미를 갖는다. 사디트 칸 시장의 당선으로 이민자들의 정치계 진출이 더욱 확대될 것으로 기대된다.

선거권에 관련하여 좀 더 살펴보면 스웨덴, 덴마크 등 북유럽 국가가 1970년대부터 3년 이상 거주한 외국인에게 지방 선거에 참여할 권리를 중앙정부 차원에서 보장하고 있는 것과는 달리, 영국은 소수의 정착 외국인에게 차별적 요건을 제시함으로써 사실상 선거권을 제한하고 있다. 특이하게도 영국은 특정 출신국에만 선거권을 부여하는 차별적 형태를 취하고 있는데, 과거의 식민 지배/종속의 관계에 근거하여 과거 영국의 식민지 국가였던,

현재 영국 연방 국가의 시민(commonwealth citizens)에게만 선거권을 차별적으로 부여하는 차별주의를 선택하고 있다(김희정, 2006: 재인용).

4) 이주민의 사회적 권리

영국은 1976년 인종 관련법을 폐지하였고, 이에 기초해 설립된 인종평등위원회가 있다. 인종 관련법은 인종차별 행위 철폐와 상이한 인종 집단 간의 기회 균등과 상호 호혜 증진을 목적으로 제정되었다. 이 법은 유색인종에 대한 교육, 주택, 고용 등에 있어서 차별을 금지하는 내용을 담고 있었으며, 이 법안을 토대로 인종평등위원회가 수립되어 이주민 공동체에 대한 재정 지원을 포함한 다양한 지원을 수행해왔다. 이 법은 아시아계, 흑인, 무슬림 이민자 모두에게 적용되어 백인 사회에서 이민자가 겪을 수 있는 여러 종류의 차별을 없애고자 노력하였다.

1980년대 들어서 지방정부의 우호적인 인종 간 관계의 도모와 인종차별 철폐에 대한 책임이 강조되면서 각 시청이 교육 정책, 경찰 정책, 지방 정책 입안 과정에서 소수민족의 정치적 · 경제적 · 사회적 배제 문제를 해결하기 위해 노력하였고, 사회복지의 혜택, 정치 참여의 기회, 노동 권리의 확보 등에 차등이 없도록 법적으로 보장하고 있다.

경제적인 혜택을 받지 못하였던 이슬람계는 인종평등위원회가 제공한 이주민 공동체에 대한 재정 지원을 포함한 다양한 지원을 통하여 경제적 기반을 다지고 자립성을 기를 수 있었다. 이와 더불어 2000년부터 개정되어 시행되고 있는 인종관련법은 인종차별에 대한 공공기관의 보다 강력한 대처와 적극적인 정책을 요구하며, 공공기관과 공적 기능을 수행하는 사적 기구 모두 차별적인 행위의 금지, 기회의 평등과 우호적인 인종 관계의 증진에 기여해야 한다는 것을 강조하고 있다. 또한 공공기관은 일반 법규에서 인종평등 계획 등을 포함시키고 준수해야 함을 밝히고 있으며, 법률의 경우 인종적 증오를 불러일으키거나 인종차별을 초래한 경우 등 인종 관련 범죄에 대한 법적 처벌에 대한 규정을 담고 있다.

영국 역사에서 다문화와 관련해서 가장 중요한 '평등법'이 2010년에 제정되었다. 이 법은 다양한 영역(고용, 교육, 주거, 정치활동, 여타 사회적 자원 활용 등)에서 차별을 금지하고, 여러 가지 이유로 인한 불평등(연령, 장애, 성별, 인종, 종교, 성적 정체성, 결혼 및 동성결혼)을 하나의 법과 위원회에서 통합 · 관리한다는 의의를 가지고 있다. 해당 법안의 제정과정에서 4천명이 넘는 기관과 개인들이 참여했으며, 이러한 새로운 평등법은 기존의 이민자와 관련된 9개의 법안을 대체하게 되었다. 이 법에 따르면 모든 공공기관은 다음과 같은 의무를 진다.

❖ 법에 의해 차별, 괴롭힘, 희생 등의 행위로 규정된 모든 행위를 근절

❖ 특정 특징을 담지한 개인과 그렇지 않은 개인 사이의 동등한 기회보장

❖ 특정 특징을 담지한 개인과 그렇지 않는 개인 사이의 우호적 관계 증진 노력

또한 기관들이 적극적인 차별시정 조치를 취할 수 있는 상황과 관련된 규정을 둠으로서 기관들이 불평등과 차별 문제에 보다 적극적으로 개입할 수 있는 여지를 마련해두고 있다. 무엇보다도 이 법의 가장 특징적인 내용은 복합차별(Multiple discrimination)을 인지할 수 있게 했다는 점이다. 복합차별이란 단일 원인으로 인한 차별뿐만 아니라 한 사람이 자신이 가지고 있는 여러 가지 측면을 동시에 고려하여 받는 차별을 말한다. 가령 이슬람교도 여성이 이슬람교도라는 이유와 여성이라는 이유로 받는 복합적인 차별을 예로 들 수 있다(장익현, 2018).

영국은 보편적 인권을 기반으로 하여 다문화에 대한 특별한 정책적 관심을 기울이거나 통일된 체계를 가지고 있지는 않다. 영국인이라면 인종/문화와 관계없이 동일한 처우를 받도록 제도적으로 지원하고 있으며, 소수민족이 취약계층에 속할 경우 일반적인 복지제도를 바탕으로 지원하고 있다. 이런 배경에서 영국은 사회복지에 있어서 영주권자나 시민권자의 차등을 두지 않고, 이들 모두 사회의 구성원으로서 최상의 환경에서 혜택을 받으며 생활할 수 있도록 하고 있다. 영주권자나 시민권자가 아닌 이민자 집단에게도 영국 사회에 통합되어 보다 나은 삶을 향유할 수 있도록 사회복지나 교육, 언어 및 문화 프로그램 등을 통하여 영국 사회에 동질감을 느끼고 하나의 공동체 안에서 모두 다 같은 영국 사회의 구성원으로 살아간다는 인식을 할 수 있도록 노력하고 있다.

7. 중국

중국은 전통적으로 다문화, 다인종, 다민족으로 이루어진 국가이다. 일반적으로 중국은 한족(漢族)의 이미지가 강하여 한족의 나라로 여겨지지만, 오늘날 중국의 영토 안에는 중국 정부가 공식으로 인정하는 55개의 소수민족이 주류 민족인 한족과 함께 공존하는 다민

족(多民族) 국가이다. 1949년 중국(중화인민공화국)은 건국과 동시에 '단 하나의 중국(只有一個中國)'이라는 통일 정책을 시행하였다. 특히 중국은 정권의 안정과 영토의 안정을 꾀하기 위해 국내적으로는 분열의 소지가 많은 소수민족 문제를 해결하기 위해 노력하였다. 중국의 소수민족은 그 수에 있어서나 정치, 경제, 문화, 사회의 모든 부문에서나 지배적 위치를 차지하고 있는 한족 이외의 소수 여타 민족집단을 지칭한다. 중국은 현재 소수민족 정책에 자본과 국력을 투자하고 있다. 1982년에 제정된 헌법 제4조에도 "중화인민공화국의 각 민족은 일률로 평등하며, 그 어떤 민족에 대한 기시(형벌)와 압박을 금지한다"라고 규정되어 있다. 소수민족을 억압하거나 차별하지 않고 중국 내 민족들의 평등과 단합의 정책을 실시하겠다고 선포한 것이다.

2010년 실시된 인구조사에 따르면 13억 중국 인구 중 외국인은 약 110만 명이며, 55개 소수민족은 113,792,211명으로 총 인구의 8.49%를 차지하고 있지만, 분포가 상당히 넓어서 전국 총 면적의 64%의 면적을 차지하고 있다. 인구 밀도는 한족 거주지보다 훨씬 낮다. 다섯 개의 소수민족 자치구 외에 절대 다수의 성(省), 시(市)에도 소수민족 자치구와 자치현이 있으며, 주로 내몽고, 신장, 티베트, 광시, 닝샤 지구 및 헤이룽장, 지린, 광둥, 허난, 타이완 등의 성에 분포해 있다. 이들 소수민족 분포의 특징은 '대잡거(大雜居) 소취거(小聚居)'라고 말할 수 있다. 여기서 대잡거는 소수민족이 여러 성지역에 뒤섞여 거주하는 것을 말하고, 소취거는 소수민족이 민족별로 향, 현과 같은 소규모 범위에서 집단 거주하는 형태를 의미한다. 즉, 소수민족이 중국 전역에 널리 분포되어 거주하는 상황과 또 개별 소수민족들이 민족자치지역을 중심으로 집단 거주하는 상황을 의미한다.

소수민족이 거주하는 지역은 광물과 자원이 풍부하며 중국의 변경 지대에 위치하여 주변 국가와 서로 인접해 있기 때문에 국방과 인접 국가의 관계에 있어 매우 중요한 지리적 위치를 차지하고 있다. 그러나 지역이 광대하고 오지에 위치하여 인구 밀도가 낮고 교통의 불편함으로 개발이 비교적 늦어져 경제와 문화가 상대적으로 낙후되어 있다.

국경 지역에 분포되어 있는 소수민족이 독립을 주장하면 정권은 물론이고 영토도 흔들리게 되어 중국은 소수민족 정책에 자본과 국력을 투자하고 있다. 현재 중국에는 한족과 55개의 소수민족이 거주하고 있다. 전체 인구에서 한족이 차지하고 있는 비중이 92%이며, 소수민족은 약 8%에 해당하나 소수민족의 정치적 대표는 인구의 비중을 넘어서 전국인민대표대회 위원 총원의 14.36%를 차지하고 있다.

중국에서의 다문화 관련 논의는 중국의 개혁개방이 심화되고, 세계무역기구 가입 등으로 세계화가 촉진되면서 필연적으로 대두되었다. 그러나 중국의 다문화 관련 논의는 중국의 정치적 상황의 한계가 그대로 노출되는 논의였다. 한국에서 사용하는 '다문화주의'에 해당하는 용어는 중국에서 '다원문화주의'로, 다문화는 '다원문화'로 표현된다. 이와 함께 '다원일체문화(多元一體文化)', '문화다원주의(cultural pluralism)', '문화적 다양성(文化的多樣性)', '다원문화적(multicultural)', '정체성의 정치학(同政治, identity politics)', '차이의 정치학(差異政治, politics of difference)' 등이 사용되고 있다. 이러한 용어는 중국만의 독특한 특색을 잘 보여준다. 지난 10여 년간 중국에 다문화주의 시각 혹은 다문화적 접근법이 도입되어 다양하게 논의되었는데, 서구에서 정리된 다문화주의 이론을 바라보는 시각은 다분히 부정적이면서, 정치적 성격이 강하다고 평가하고 있다. 이런 부정적인 시각에서 중국의 다문화에 대한 논의는 여전히 '중화(中華)중심적'이라고 볼 수 있다. 특히 중화일체를 강조하면서, 실제적으로는 다문화 내부의 소수민족을 사상화하여, 중화민족의 일원으로 재포섭하고, 이들에게 애국을 강요하는 수단으로서 기능한다는 것이다. 또한 다원문화주의가 그 다원성으로 인해 오히려 중국에서는 분열적 요소가 될 수 있다는 비판도 있다.

중국의 다문화정책은 한 마디로 '동화형 다문화주의'이다. 한문화(漢文化)와 다른 소수인종의 문화를 동화시키고 통합하는 방식의 동화와 통합 과정을 통하여 독특한 문화 형태를 유지해 왔다. 중국 정부가 중국 내 소수민족의 고유문화의 보존과 유지를 장려하고 권장하고 있을 뿐만 아니라 그들에 대한 지원을 강화하고 있지만, 장기적으로는 단일종족 · 단일문화를 지향하고 있다. 그러므로 일반적으로 말하는 중국의 민족주의는 소수민족이 한족에 동화되는 것을 전제로 단일종족 · 단일문화를 추구한다는 점에서 한족과 소수민족을 포괄한 56개 민족 전체를 대상으로 한 민족주의를 의미한다. 이런 중국의 다문화주의는 '다원일체문화론(多元一體文化論)'이라는 개념으로 요약된다. 이렇게 중국식 다문화주의는 본연의 기능을 수행하지 못하고 한족의 문화정체성을 강화함으로써 오히려 소수민족의 문화정체성을 훼손한다는 비판을 받고 있다. 즉, 중국의 다문화정책은 '중화일체'를 강조하면서, 실제적으로는 다문화 내부의 소수민족을 교육하여, 중화민족의 일원으로 재포섭하고, 이들에게 애국을 강요하는 수단으로서 기능하다는 것이다. 다원문화주의가 그 다원성으로 인해 오히려 중국에서는 분열적 요소가 될 수 있다고 학자들은 진단하고 있다(이진영, 2014).

1) 이주민 정책과 유입 과정

중국 정부는 1950년부터 중국 안에 살고 있는 민족들의 조사에 착수하여 개혁 · 개방 시기에 들어간 1979년에는 윈난성에 거주하는 지누어족을 민족으로 승격시키는 등 한족을 제외한 55개 소수민족을 확정하였다. 이러한 민족 평등 정책은 55개 소수민족이 자치와 언어, 의석 수 등을 확보하게 되어 민족 간 불신 등을 없애고 화합하는 데 큰 공헌을 하게 되었지만 그 이면에 많은 문제도 낳게 되었다.

무엇보다도 만주, 티벳, 몽골, 위구르족 등의 다수 그룹과 지누어족 같이 극히 숫자가 적어 단지 소수 부족으로 불리고 있던 그룹이 동일하게 민족으로 취급되고, 한족에 대하여 모두 획일적으로 소수민족으로 분류됨에 따라 고유의 전통과 역사 속에서 정치적인 공동체를 형성해 왔던 다수 그룹의 독자성은 상대적으로 약화되어 중화 세계 속으로 포섭되었던 것이다.

다문화사회와 관련하여 중국에서 가장 본질적으로 접근하는 방법이 다문화교육이다. 특히 중국은 1978년 개혁개방 이후 다문화 관점을 도입하여 소수민족에 대한 정책을 재해석하고 재구조화하는 작업을 수행해 왔다. 다문화교육은 다양한 다민족 국가에서 다양한 민족을 주류사회로 편입시키기 위한 노력의 일환으로 시작되어 점차 이들에 대한 공평한 기회를 제공하고, 더 나아가 인종, 사회계층, 성별, 문화 등에 있어 다른 집단이 학습을 위하여 균등한 기회를 갖게 하기 위한 노력으로 발전한 일종의 교육 개혁 운동으로 나타났는데, 무엇보다도 중국 다문화교육의 의미는 소수민족에서 의미를 갖는다. 하지만 중국에서의 다문화교육은 사실상 다원일체론을 중화민족으로 확장시킨 소수민족 교육으로 볼 수 있다. 즉, 다원(多元)보다는 일체(一體)를 강조하는 동화주의적 성격이 강한 다문화교육을 실시하고 있다는 것이다.

2) 이주민의 시민적 권리

중국은 2013년 7월 1일부로 중화인민공화국출입국관리법이 새롭게 시행되었다. 출입국관리법은 국민의 출입국, 외국인의 출입국, 외국인의 중국 내 체류, 거류의 관리, 교통운송 수단의 출입국에 대한 심사를 다룬다. 이 법에 의하면 외국인은 체류 및 거류를 180일을 기준으로 구분하고 있고, 180일을 초과하여 거류하는 경우에는 사증을 거류증으로 발급받아야 한다. 거류증은 취업류 거류증과 비취업류 거류증으로 구분되며, 중국 내 취업을 위해서는 취업류 거류증을 발급받아야 한다. 이는 중국 내 불법 취업에 대한 감독 및 제제가 강화되는 최근의 추세를 반영한다. 개정 출입국관리법에는 중국판 그린 카드(영구거류제도)를 법제화하였는데, 국제적 인재, 외국인 직접 투자, 선진 기술을 받아들이기 위해 이 제도를 신설했다. 하지만 실제로 취득 조건이 까다로워 영구거류증을 취득한 외국인의 수는 많지 않다. 중국은 난민에 관한 국제 협약에는 가입되어 있지만, 국내법으로서의 난민법을 별도로 제정하지는 않았다. 중국의 국적법에서는 부모양계혈통주의, 보충적 출생지주의를 취하고 있다. 부모 쌍방 혹은 일방이 중국 국민이면서 외국에 거주하며, 본인 출생과 동시에 외국 국적을 보유하면 중국 국적은 상실되고 만다. 따라서 복수국적은 전혀 인정하지 않는다. 중국 국적을 취득하기 위해서는 먼저 영구거류증을 소유하고 있어야 한다. 즉 영구거류증 취득 후에야 귀화를 신청할 수 있게 된다(김명아 · 구본준 · 윤상윤, 2014).

중국 정부는 이른바 민족 식별 정책에 근거하여 소수민족 사회의 발전을 위하여 인력 배양과 민족 간부의 육성 분야에 많은 지원을 하고 있다. 중국 소수민족들은 약 60여 종의 언어를 사용하고 있는데 어떤 소수민족은 거주지가 다름에 따라 두 가지 혹은 몇 가지 언어를 함께 사용하고 있다. 이 60여 종의 언어는 5개 어계, 10개 어족, 16개 어지로 나누어진다. 여러 소수민족의 언어 속에 한어의 명사를 많이 받아들인 것이 하나의 특징이 되며, 한 개의 족이 다른 민족의 언어까지 능숙하게 구사하고 있는 것도 특징의 하나이다.

중국 소수민족 중에는 역사적으로 종교를 믿는 사람이 매우 많았다. 종교는 중국 여러 소수민족의 사회 · 경제 제도 및 생활 습관과 밀접한 관계를 맺고 있으며 광범위하고 막대한 영향력을 끼치고 있다. 소수민족의 종교 중에서 중요한 지위를 차지하고 있고 영향력이 큰 종교는 이슬람교와 불교이고, 그 밖에 기독교, 천주교, 도교, 무교, 기타 민간 신앙이 있다. 이슬람교는 회족과 위구루족 등의 10개 민족이 신봉하고 있다. 불교는 티베트족 · 몽고족 등의 소수민족이 많이 믿고 있는데 그 신자가 수백만 명에 달한다. 중국 소수민족은 국가의 종교 신앙 자유 정책에 근거하여 자기의 신앙에 따라 어느 종교나 다 믿을 수 있다.

한족의 경우, 초등학교 건립에 우선을 두면서 문맹 퇴치 및 교육 목적 달성에 무게를 두고 있다. 그러나 소수민족의 경우 초등학교 설립 등 초급 교육기관의 설립에 중점을 두고 있는 이유는 문맹 퇴치 및 교육이라는 원래의 목적에 추가하여 소수민족 문화의 보존이라는 또 하나의 목적을 추구하기 때문이다.

3) 이주민의 정치적 권리

1949년 중국이 건국된 이후 중국 정부가 펴고 있는 소수민족 정책의 핵심은 민족구역자치 제도이다. 중앙 집권 체제하의 소수민족 구역 자치 제도의 이론적인 구조는 소수민족 자치의 선택권, 자치 지방의 입법권 및 자치 민족의 관리권 등으로 구성되어 있다. 그러나 이는 '중국인민정치협상공동강령'과 헌법의 규정에 의거하면 소수민족은 그들의 운명에 관한 결정권이 없다는 뜻이다. 더구나 1975년 헌법에서 '소수민족 자치 기관은 기존 법제에 의거하여 자치 조례를 제정할 수 있다'는 규정을 삭제하였다가 1982년 헌법에 다시 본 규정을 삽입하는 일이 있었다.

중국은 소수민족의 평등한 권리를 위해서 특별히 참정권을 부여하였는데, 1953년 중화인민공화국 전국인민대표대회 선거법의 규정에 근거하여 전국 인구의 14분의 1을 차지하는 소수민족이 총 인민대표 중 7분의 1의 비율을 차지하도록 되어 있다. 1979년 새로 제정한 중화인민공화국 전국인민대표대회와 지방각급 인민대표대회 선거법에는 '인구가 특히 적은 민족의 경우 적어도 한 명의 대표는 있도록 해야 한다'라고 명확히 규정하였다. 제6차 전국인민대표대회 대표는 도시의 경우 약 11만 명 중 1명이, 농촌의 경우 약 88만 명 중 1명이 당선되었지만 소수민족은 모두 자기의 대표를 가지게 되었고 그중에는 인구가 겨우 2천 명이 조금 넘는 낙파족, 고산족, 400여 명의 두룽족, 허저족도 포함되었다. 제7차 전국인민대표대회(1988년)에서 445명의 소수민족 대표가 당선되었다. 이는 전국인민대표 총 수(2,978)의 14.94%에 해당되는 비율이었다.

4) 이주민의 사회적 권리

중국 다문화정책의 대상은 이주민보다는 소수민족이므로 사실상 소수민족의 사회적 권리는 매우 중요하다. 중국 정부는 소수민족의 경제 발전이 중요하다는 점을 인식하고 소수민족의 자립성 확보, 경제 활동 및 경제 계획상의 자주권 부여라는 큰 틀 안에서 재정 우대, 세수 우대, 소수민족 공업 및 농업의 육성 정책, 민족 무역 장려, 빈민 구제 등에 많은 노력을 기울이고 있다. 한편, 1978년 개혁개방 후 급격한 인구 유동은 중국에 새로운 환경을 제공하였다. 인구의 90% 이상을 차지하는 한족의 소수민족 지역 진출이 확대되기 시작하였고, 소수민족의 도시 지역으로의 인구 유동도 촉진되었기 때문이다. 이러한 인구 유동으로 이주민인 소수민족의 사회적 권리도 변화를 겪고 있다. 역사적으로 서로 구분되어 살던 **한족과 소수민족**이 급격한 유동을 통한 상호 이주를 하면서 '다문화사회'라는 새로운 인구학적 지형이 형성된 것이다. 그 결과 최근 한족과 소수민족 간의 충돌도 빈번해지고 있다.

가장 최근에 일어난 사건을 예로 들면, 2013년 10월 12일 미얀마와 국경지대인 윈난성 시솽반나(西雙版納) 다이족자치주 징훙(景洪)시 멍룽진에서 현지 다이족 원주민 1천여 명이 후난(湖南)성 출신 한족 이주민들과 유혈 충돌을 벌였다. 후난성 출신 조직폭력단이 이곳에 진출하면서 도박장 개설, 마약 장사 등을 한 것에 대해 현지 주민의 오랜 불만이 누적되었고, 현지 경찰이 한족들과 결탁해 이들을 비호했기 때문이다. 또한 소수민족 자치 지역인 시짱(西藏.티베트)자치구, 신장(新疆)위구르자치구, 네이멍구(內蒙古)자치구 등에서 한족과 소수민족 간 유혈 충돌이 분리독립 요구를 포함하여 조금 더 조직적이고 연속적인 형태로 표출되고 있다. 소수민족 지구에서의 '다문화사회'는 새로운 단계로 접어든 것이다. 그리고 이에 대한 하나의 해법으로 등장한 것이 중국식 다문화주의적 접근이다. 이제 중화민족 공통의 특성에 기반을 두고 장기적 측면에서의 단일한 문화를 형성하자는 '다원일체문화론'이 이러한 갈등의 상황에서 어떻게 기능할지 중요한 기로에 서게 된 것이다.

8. 일본

일본은 20세기에 들어와 제국주의 정책을 바탕으로 군사력을 통해 한반도를 포함하여 동남아시아 일부 국가를 식민화하면서 이 지역 출신의 노동자를 받아들임으로써 부족한 노동력을 충당하였다. 이로 인하여 일본에는 2차 세계대전이 끝난 후에도 본국으로 돌아가지 못한 조선인과 중국인 등을 포함하여 50만 명이 넘는 외국인(1950년 일본 전체 인구의 0.71%)이 거주하고 있었다. 일본의 외국인 비율은 OECD 국가 중 가장 낮은 수준이나 1992년을 기점으로 전체 인구의 1%를 초과하였다.

현재 일본에서는 이주민의 정착화가 진행되고 있으며, 이주민을 관광객이나 일시적 체제자보다 생활자 내지 지역주민으로 인식해야 한다는 의견이 주목을 받고 있다. 또한 이주민을 종합적으로 지원함과 동시에 지역사회 구성원으로서 사회 참여를 촉진하는 시스템의 구축 또한 중요하다는 인식도 확산되고 있다.

일본은 1980년대 말 이후 경제발전으로 인해 외국인 이주자들이 급속하게 유입됨에 따라, 이들에 관한 정책을 마련하기 위해 노력해 왔다. 1990년대에는 일부 혁신적 지방자치체들이 '내향적 국제화'라는 이름으로 독자적으로 국제교류를 촉진하고, 지역사회에 거주하는 외국인 이주자 지원 정책을 강구해 왔다. 또한 2000년대에 들어와서 많은 지자체들이 외국인 이주자들을 지역사회주민으로 받아들이고, 이들의 정착 생활을 지원하기 위한 정책들을 시행하게 되었고, 2005년에는 중앙정부가 이러한 지역사회의 동향을 반영하여 이른바 '다문화공생(多文化共生)' 정책을 공식적으로 추진하게 되었다(최병두, 2010). 이후 이 용어는 일본 사회 곳곳에서 사용되기 시작하였다. '다문화공생'이란 일반적으로 서로 다른 문화적 배경을 가진 사람들이 차이를 인정하고 존중하며 대등한 관계를 형성하는 것으로 정의된다. 즉 국적과 민족이 서로 다른 사람들이 서로의 문화적 차이를 인정하고 대등한 관계를 구축하여 지역사회의 구성원으로 함께 살아가자는 것이다(신현태 · 정우열 · 유근환, 2012).

현재 저출산 고령화로 인해 일본의 노동력은 급속히 감소하고 있기 때문에 사회의 활력을 유지하기 위해서는 외국인을 포함한 모든 사람의 능력을 최대한 발휘할 수 있도록 하는 사회 변화가 불가피하다. 또한 세계화의 진전에 따른 국제적 인구이동을 막을 수 없다는 현실적인 판단에 의하여 새로운 지역사회의 모습으로서 국적과 민족의 차이를 넘는 '다문화공생'을 추진해 나갈 필요성이 제기되고 있는 상황이다. 즉, 외국인 이주자들을 더 이상 일시적인 존재로 보지 않고 지역사회주민으로 적극 받아들이고 이들의 정착 생활을 지원하기 위한 정책이 필요하다는 것이다. 그러나 일본은 중앙정부가 다문화정책을 주도하는 우리나라와는 달리 중앙정부는 신중하고 점진적으로 대응하는 반면, 지방정부가 보다 적극적으로 다문화공생 정책을 수행하고 있다.

1) 이주민 정책과 유입 과정

일본은 1980년대 후반 젊은이들이 3K 노동(일본어로 '힘든, 더러운, 위험한' 노동)을 기피함으로 인해 국가 내 노동력이 심각하게 부족해졌다. 한편 주변 아시아 국가의 실업 문제 등과 맞물려 많은 외국인근로자가 일본으로 유입되었다.

일본 내 외국인 등록자의 국적 수는 약 180개국 이상으로, 전통적인 재일 외국인 집단인 재일 조선인을 포함해서 한국인과 조선족이 가장 많으며, 중국, 브라질, 필리핀, 페루,

미국 등이 그 뒤를 잇고 있다. 그러나 한국인과 조선족이 차지하고 있는 비율은 계속 감소하고 있다. 즉, 식민 지배의 소산인 소위 '올드커머(old comer)' 외국인은 감소하는 반면, '뉴커머(new comer)' 외국인은 꾸준히 증가하고 있는 추세이다. 뉴커머 외국인 중 중국인이 1970년대 중반 이후 계속 증가하고 있으며, 일본 이민자의 후손으로 구성된 브라질 국적자도 1989년 말부터 3년에 걸쳐 대폭 증가한 뒤 이후 매년 증가세를 유지하고 있다.

일본은 1970년대 말부터 이전과 전혀 다른 외국인의 대량 유입을 경험하였다. 이 시기부터 주로 동남아와 남미 출신의 많은 외국인이 더 나은 경제적 기회를 찾아 일본으로 들어와 합법 또는 비합법적으로 계속 체류하였다. 특히 1988년 이후 외국인 등록자 수와 총인구 차지 비율이 급증하였다. 1992년 외국인 등록자 수는 일본 총 인구 대비 1%를 넘은 후에도 일정한 증가세를 유지하고 있다. 이러한 급증의 원인은 1980년대 후반부터 시작된 외국인노동자의 유입 그리고 그에 따른 1990년 6월 출입국관리 및 난민 인정법 개정이다. 또한 1985년 플라자(Plaza) 합의에 따른 급속한 엔고(엔화의 가치가 높아지는) 현상을 배경으로 외국인노동자가 일본에 들어오기 시작하였고, 이와 동시에 일본에서도 노동 수요가 크게 확대되면서 일본 정부는 노동자 수입 관련 법 정비를 서둘러야만 했다.

일본인의 국제결혼 건수를 살펴보면 여성보다 남성의 국제결혼 건수가 훨씬 많다. 1980년대 농촌 지역에서는 결혼상대로 외국인 여성을 선택하는 경우가 많아졌고, 이에 따라 외국인 배우자를 알선하는 결혼중개업자도 급증했다. 일본인과 외국인 사이에서 태어나는 혼혈아도 많기 때문에 타국 문화와 습관을 이어받은 아이가 많아져 아이 개인의 정체성도 다양화되었다. 1990년대 이후 외국인의 급증과 정착 외국인의 증가에 따라 2000년대에 와서는 함께 사는 주민으로서 외국인과의 공생을 모색하기 시작하였고, '다문화공생'이라는 개념이 태동하기 시작했다. 다문화공생은 주로 지역 차원에서 먼저 논의되기 시작하다가, 2005년도에 이르러 정부의 정책의제로 채택되었다. 일본 총무성은 지방정부의 적극적인 다문화공생 시책과 재계의 다문화사회 수용입장 표명 등에 영향을 받다 마침내 2006년 3월 전국적인 다문화사회추진계획을 발표하기에 이르렀다. 이 계획에는 중앙정부와 지방정부의 역할, 다문화추진체계의 구축을 중심 내용으로 하고 있다(김정진, 2016).

2) 이주민의 시민적 권리

일본은 일본계 외국인 2세와 3세 및 그 가족은 신청만으로도 정착민(정주자) 체류자격을 부여받을 수 있어 체류와 취업이 가능하다. 일본에서는 정부와 재계가 다문화공생 사회를 위해 대안을 모색하고 있다. 일본에서 다문화공생은 정치적 입장이나 이념을 불문하고 공유되는 양상을 보이고 있다. 1990년대 일본에서는 독자적인 문화를 지닌 다양한 소수민족 집단이 형성되었으나 정확한 자신의 혈통을 인정하기는 어려웠다. 일본인과 소수민족집단의 내부로부터 다민족 · 다국적 · 다문화화가 진행되기 시작하였다. 일본에서는 복수국적은 불가능하며 모국의 국적을 유지할 경우에는 불법체류가 될 가능성도 있다.

3) 이주민의 정치적 권리

재일한국인의 참정권 요구와 시민 주권 해결에 대한 학계의 노력으로 외국인의 참정권 및 공무 담임권 문제가 논의되었다. 그 결과, 1945년 8월 태평양 전쟁에서 패한 후 재일본조선인연맹이 참정권과 시민권을 요구하는 운동을 전개하여 전후의 종주 외국인 참정권 요구의 효시가 되었다.

1993년 9월 오사카부 기시와다 시에서 처음으로 의견서가 채택되어 지방자치제가 공식적으로 정착 외국인의 참정권을 인정하였다. 2001년 1월 공명당과 자유당이 영주 외국인의 지방 선거권 부여 법안을 국회에 상정하였기 때문에 지방 참정권 문제가 진전되는 듯하였다. 그러나 이 법안은 피선거권을 인정하지 않았고, 일본에 정착하고 있음에도 조선 국적자와 무국적자를 배제하고 있다. 이에 대응하여 '재일한국인 · 조선인을 비롯한 외국 국적 주민의 지방 참정권을 요구하는 연락회'가 결성되었고, 적극적인 개정안 요구 활동이 전개되었다. 이 같은 내용이 실현될 것이라고 우려하는 일부 국회의원과 보수 지식인들이 위기감을 부추기기 시작하여 이를 억제할 목적으로 '국적 취득 완화안' 작성을 검토하였다. 그러나 이러한 움직임에도 불구하고 2003년 영주 외국인이 지방 정치에 직접 참여할 수 있는 주민 투표 조례가 오카야마 현의 10자치제에서 제정되었고, 이후 25도부현으로 증가하였다. 일본에서는 이주민의 정치적 권리가 이처럼 조금씩 향상되는 모습을 보이고 있다.

2005년 일본 정부가 채택한 다문화공생 정책과 이로 인해 확산된 다문화공생 담론은 지역사회에서 외국인 이주자들이 '외국인시민회의'의 결성을 통해 자신의 입장을 스스로 표현하고 지역사회 정책에 반영되도록 하는 노력을 제도적으로 보장하게 되었다. 또한 외국인 이주자들과 많은 지자체들은 '외국인집주도시회의'를 구성하여 이들과 관련된 정보의 교류와 문제 해결 방안의 모색에 공동으로 대처하는 새로운 '다문화공생 거버넌스(governance)' 체제를 구축하고 있다(최병두, 2010).

4) 이주민의 사회적 권리

일본은 '국제인권규약'을 비준하였는데, 이 규약은 일본의 내국인과 외국인의 평등을 포함한 비차별적 평등을 기본 원칙으로 하고 있었기 때문에 일본은 당연히 정착 외국인을 차별할 수 없게 되었다. 이에 따라 일부 지방자치단체가 재일한국인에게 아동 수당, 공영 및 공단 주택 입주, 주택 금융의 대부 등을 제공하였다. 또한 정착 외국인을 대상으로 한 것은 아니지만 1982년 발효된 '난민 조약'은 국민연금의 피보험자 자격을 '일본 국내에 거주하는 일본 국민'을 '일본 국내에 거주하고 있는 사람'으로 개정하면서 재일한국인도 혜택을 받게 만들었다. 그러나 일본은 아직 고용허가제를 도입하지 않아 단순 노동자를 수입하지 않겠다는 일본의 의지를 보여주며, 사회복지권을 비롯한 이주민의 사회적 권리가 제대로 보장받지 못하고 있는 실정이다.

2006년 총무성이 마련한 다문화사회 추진계획은 일본 다문화정책의 핵심으로 다문화 공생 촉진 프로그램이라고 말할 수 있다. 이 계획은 외국인을 단순한 지원대상이 아니라 공생관계로 정책방향을 전환시켰다. 이 계획은 지역의 외국인 이주민에 대한 행정서비스 향상, 인권 보장, 다양한 문화에 대한 시민의 이해와 개방적인 태도가 확립되는 공생, 즉 사회통합적인 관점의 지역사회의 건설을 목표로 하고 있다. 이에 구체적인 정책수단으로 의사소통을 위한 다양한 언어 지원, 거주, 교육, 노동, 의료, 복지, 보건 등 기본적인 생활환경을 보장하며, 지역주민의 타문화에 대한 의식계발, 외국인 이주민의 자립 및 사회참여 촉진으로 상호교류를 활성화하는 데 중점을 두고 있다(김정진, 2016).

일본 정부는 고령화 사회로 인한 노인 돌봄 일손 부족을 해결하기 위해 2008년부터 EPA (Economic Partnership Agreement) 협정을 토대로 필리핀, 인도네시아로부터 외국인 간호사를 수용하였다. 2018년에는 단순노동자를 수용하지 않는다는 기본방침 하에 산업적 요구가 큰 건설업 등 15개 업종에 대한 외국인 체류자격을 신설하는 내용으로, 출입국관리법을 개정했으며, 이로 인해 2019년 4월부터 특정 기능을 가진 외국인의 일본 국내 활동을 인정하였다(김경희, 2020). 사실상 이주민의 증가로 인해 그들의 사회적 권리가 조금씩 보장되고 있는 셈이다.

자율학습

선택형

1. 다음 중 미국과 관련이 있는 것은?
   ① 직접선거
   ② 대통령단임제
   ③ 샐러드볼 이론
   ④ 1607년 청교도 이주
   ⑤ 비선호 체제(non preference system)

2. 다음 중 캐나다와 관련이 있는 것은?
   ① 방리유
   ② 동화주의
   ③ 이민점수제
   ④ 다문화공생
   ⑤ 용광로 이론

3. 1992년 호주 대법원에서 내린 '마보 결정(Mabo Decision)'의 주요 내용은?
   ① 인종차별주의 폐지
   ② 백호주의 정책 폐지
   ③ 원주민의 거주권 인정
   ④ 원주민 탄압의 역사 인정
   ⑤ 토착민 토지 소유권 인정

4. 중국의 다문화주의 정책을 가장 잘 요약한 단어는?
   ① 문화다원주의
   ② 문화적 다양성
   ③ 차이의 정치학
   ④ 다원일체문화론
   ⑤ 소수민족 문화 보존

5. 일본에 관한 설명 중 옳은 것은?
   ① 복수국적을 허용한다.
   ② 고용허가제를 실시하고 있다.
   ③ 정착자(정주자)는 취업활동에 제한을 받는다.
   ④ '뉴커머(new comer)' 외국인은 꾸준히 감소하고 있는 추세이다.
   ⑤ 2008년부터 EPA 협정을 토대로 필리핀, 인도네시아로부터 외국인 간호사를 수용하였다.

비판적 사고

1. 2015년 1월부터 캐나다 정부가 새로운 이민자 선발방식으로 도입한 '의향서모델(Expression of Interest, EOI)'에 대해 설명하시오.

2. 일본이 2006년부터 실시하고 있는 '다문화공생 정책'에 대해 설명하시오.

선택형 정답: 1.③, 2.③, 3.⑤, 4.④, 5.⑤

PART 2 참고문헌

- 강의영(2014.10.19.). “미국 대법 투표 때 사진 붙은 신분증 요구할 수 있어”. 연합뉴스.
- 강휘원(2009). 캐나다 다문화사회의 통합과 이중 언어정책. 국가정책연구, 23(3), 193~222. 교육과학기술부(2011). 교육지원정책 추진계획.
- 고정호(2015). 고용허가제의 개선방향. 서울대학교 대학원 석사학위 논문.
- 교육부(2020). 출발선 평등을 위한 2020년 다문화교육 지원계획.
- 국무총리실관계부처합동(2010). 다문화가족지원정책 기본계획(2010~2012).
- 금혜성 · 임지혜(2010). 독일, 영국, 한국의 다문화사회로의 이행과정 국제비교. 다문화사회연구, 3(2), 33~70.
- 김경희(2020). 일본 다문화공생 이념의 논리와 상생으로의 전환. 일본학연구, 61, 81~106.
- 김명아 · 구본준 · 윤상윤(2014). 한중 출입국 관리 제도에 관한 비교법적 연구. 서울: 한국법제연구원.
- 김복래(2009). 프랑스, 영국, 미국의 다문화주의에 대한 비교고찰. 유럽연구, 27(1), 207~236.
- 김숙령 · 이선희. 2013. 다문화사회 정착을 위한 이민복지정책에 관한 연구. 법학연구. 40. 503~520.
- 김정규(2010). 미국, 캐나다, 호주의 다문화주의 비교연구, 사회이론, 37, 159~203.
- 김정진(2016). 일본과 독일의 다문화 정책. 월간 공공정책, 128, 24~27.
- 김지은(2015.6.4.). “캐나다 기숙학교의 비극… ‘따귀 맞고 머리카락 뜯기고 밤이면 성추행”. 한겨레신문.
- 김진중(2014). 캐나다와 호주의 다문화와 이민정책 비교연구. 목원대학교 산업정보언론대학원 석사학위논문.
- 김형민(2010). 미국의 다문화 참정권에 관한 연구. 민족연구, 44~64.
- 김혜련(2010). 다문화가족의 건강 및 보건의료 실태와 정책과제. 보건복지포럼 165. 46~57.
- 김훈수(2019.1.26.). “달라진 캐나다 고용시장, 이민자 인기 배경은?”. KOTRA 해외시장뉴스.
- 김희정(2006). 정주 외국인의 선거권: 당위성과 현황. 한국국제이주연구소 정기세미나.
- 박종대 · 박지혜(2014). 한국 다문화정책의 분석과 발전 방안 연구. 문화정책논총, 28(1). 35~63.
- 박혜진(2011). 한국의 외국인 노동자 정책 결정 과정 연구. 서강대학교 대학원 석사학위 논문.
- 방승민(2020.2.7.) “브렉시트는 혼란의 끝이 아니라 ‘시작’이었다”. 시사저널.
- 법무부(2018a). 제3차 외국인정책 기본계획(2018년~220년).
- 법무부(2018b). 2018 중앙행정기관 외국인정책 시행계획.
- 보건복지부(2011). 제3차 국민건강증진종합계획(2011~2020).
- 보건복지부(2020). 2020년 외국인근로자 등 의료지원 사업 안내.
- 보건복지부·한국건강증진개발원(2015). 제4차 국민건강증진종합계획 2016~2020.
- 서운석(2010). 한국중국베트남의 다문화사회 인식 비교 분석. 다문화사회연구, 3(1).
- 성진(2016.10.13). “한인 ‘서류 미비자’를 위해 발로 뛰는 전기석씨”. 선데이저널.
- 손영화 · 김영순(2020). 미국 다문화교육의 패러다임 변화와 시사점 고찰. 교육문화연구, 26(3), 611~635.

- 신현태 · 정우열 · 유근환(2012). 다문화사회와 사회통합에 관한 탐색적 연구－주요국과 한국의 다문화 정책 비교를 중심으로－. 한국지방자치연구, 13(4), 177~200.
- 여성가족부(2015). 다문화가족 종합정보 전화센터 기능 개선 및 종합발전 방안 연구. 여성가족부 연구보고서 2016-02.
- 여성가족부(2018). 제3차 다문화가족지원 기본계획(2018~2022).
- 여성가족부(2019). 2018년 전국다문화가족실태조사 연구. 여성가족부 연구보고서 2019-01. 서울: 한학문화.
- 여성가족부 · 관계부처합동(2012). 제2차 다문화가족정책 기본계획(2013~2017).
- 오원(2008). 2005년 프랑스 사태의 원인에 관한 연구. 서울시립대학교 대학원 석사학위논문.
- 오정은(2018). 프랑스의 다문화정책 특성 연구. 한국행정학회 하계학술발표논문집, 2018, 1287~1304.
- 이광수(2019.7.1.). "중국의 소수민족 포용 정책, 민족구역자치[民族區域自治]". 열린뉴스통신.
- 이용승(2003). 호주의 다문화주의. 고려대학교 대학원 석사학위논문.
- 이유진(2009). 캐나다의 이민자 통합정책 레짐에 대한 연구－온타리오주를 중심으로－. 다문화사회연구, 2(1), 5~31.
- 이재훈(2015.1.15.). "표현의 자유인가, 가진 자의 조롱인가?". 한겨레신문.
- 이진아(2015). 캐나다 시민적 다문화주의 정책의 특징과 시사점. 디지털융복합연구, 13(11), 15~23.
- 이진영(2014). 중국식 다문화 관련 논의의 이론과 실천. 다문화사회연구, 7(1), 5~34.
- 이창언(1999). 캐나다의 사회정책과 소수 민족 이민사. 사회과학연구, 18(2), 193~213.
- 이혜영(2019). 스웨덴과 중국의 다문화정책에 대한 비교. 스칸디나비아 연구, 24, 197~234.
- 장익현(2018). 영국의 다문화 정책의 전환과 성과에 관한 연구. 한국행정학회 하계학술발표논문집, 2018(0), 1305~1316.
- 전미순(2015). 다문화의 이해와 건강(2판) 제7장 한국의 다문화 정책. 정담미디어.
- 통일부(2019). 북한이탈주민 실무편람.

- MiGnews(2020.8.12). 전국민 고용보험… 특수고용직 많이 종사하는 다문화가족에 도움 될 듯. 코로나 사태에서 실업급여 못 받는 사람 없도록, 정부 '전 국민 고용보험' 도입한다. http://www.danews.kr/m/page/view.php?no=4688
- 국무조정실(2018.2.12). [보도자료]외국인정책위원회 및 다문화가족정책위원회 연석회의. https://www.gov.kr/portal/ntnadmNews/1352194 (검색일: 2020.11.16)
- 보건복지부(2010). 다문화가족 영유아 건강검진, 어머니 나랏말로 검진받아요. 보건복지부 보도자료. http://www.mohw.go.kr/react/al/sal0301vw.jsp?PAR_MENU_ID=04&MENU_ID=0403&CONT_SEQ=237312&page=654
- 연합뉴스(2019.7.16). 오늘부터 외국인 건강보험 의무가입… 월 11만원 이상 내야. https://www.yna.co.kr/view/AKR20190716028400017

- 국가법령정보센터 https://www.law.go.kr
- 다누리 홈페이지 liveinkorea. kr.
- 다문화가족지원 포털다누리 https://www.liveinkoera.kr/center
- 대한민국비자포털 https://www.easylaw.go.kr/
- 법무부 https://www.moj.go.kr/
- 보건복지부 www.mohw.go.kr/
- 복지로 홈페이지 bokjiro.or.kr.
- 사회통합정보망 https://www.socinet.go.kr/
- 여성가족부 https://www.socinet.go.kr/
- 여성가족부 홈페이지 mogef.go.kr.
- 출입국·외국인정책본부 https://www.immigration.go.kr/
- 통일부 http://www.unikorea.go.kr/

PART

3

다문화사회와 건강

CHAPTER

9
다문화사회의 건강적 접근

개요

우리나라의 다문화적 배경을 가진 집단은 결혼이주자, 외국인근로자, 북한이탈주민, 다문화가정 자녀, 유학생 및 난민 등 다양한 형태로 각기 다른 상황에서 한국으로 들어와 적응에 많은 어려움을 겪고 있다. 그러므로 다문화구성원이 건강하고 행복하게 새로운 한국 문화에 적응하도록 돕기 위하여 이와 관련된 이론을 이해하여 적용할 필요가 있다. 따라서 칼리스타 로이(Callista Roy)의 적응 이론과 문화적 돌봄을 다룬 메들린 레닌저(Madeleine Leininger)의 횡문화 돌봄 이론, 자아효능, 건강신념이론과 사회적 지지를 소개하고자 한다.

한편 다문화사회에 대한 이해를 높이고 편견 없이 다문화가정을 수용할 수 있는 능력, 즉 문화적 역량과 그 구성 요소인 다문화인식, 다문화지식, 다문화기술을 확인하고 발전시키는 노력이 필요하다.

따라서 본 장에서는 다문화사회의 건강 개념, 다문화건강 관련 이론, 문화적 역량과 건강 문화의 개념에 대하여 알아보고자 한다.

1. 다문화사회의 건강 개념

우리나라의 사회적 구조가 다문화사회로 전환되면서 인간의 기본권에 속하는 건강권의 보호에 대한 다각적 차원의 대비책이 요구된다. 세계보건기구는 건강을 "신체적 · 정신적 · 사회적 안녕 상태"라고 정의하였다. 우리 사회의 중요한 일원이며 다문화사회의 주요 구성원인 외국인근로자, 결혼이주자, 북한이탈주민, 외국인유학생 등은 건강하고 행복한 삶을 살 권리가 있다. 이들의 다양한 인종, 종교, 문화를 존중하고 서로 공존의식을 형성하는 등 우리의 사회적 시각을 확대하는 것이 절실히 요구된다. 또한 이들이 성공적인 심리적 · 사회문화적 적응을 통해 인간의 전체적인 측면의 신체적 · 정신적 · 사회적 · 영적 건강의 안녕 상태를 확립하여, 심리적 · 경제적 · 문화적 차이를 잘 극복하고 건강하고 행복한 삶을 살 수 있도록 사회적 · 제도적 정책과 건강한 사회적 환경이 마련되어야 한다.

1) 건강권의 권리

우리나라 헌법 제36조 제3항에는 '모든 국민은 보건에 관하여 국가의 보호를 받는다'라고 규정하여, 국민의 건강권이 기본권임을 규정하였다. 보건의료기본법에서는 국가의 임무에 대한 규정을 국가는 국민건강의 보호 · 증진을 위하여 필요한 법적 · 제도적 장치를 마련하고 이에 필요한 재원을 확보하도록 노력해야 하고, 모든 국민의 기본적인 보건의료 수요를 형평성 있게 충족시킬 수 있도록 노력해야 한다고 규정하였다.

세계인권선언 제1조에서는 "모든 인간은 태어날 때부터 자유로우며 그 존엄과 권리에 있어 동등하다"고 규정하고 있으며, 제3조 "생명과 신체의 자유와 안전에 대한 권리" 내용이나 제25조 제1항의 건강은 단지 질병에 걸리지 않거나 허약하지 않은 상태뿐만 아니라 신체적 · 정신적 · 사회적으로 온전히 행복한 상태를 말한다. 인종, 종교, 정치적 신념, 경제적 혹은 사회적 조건에 따른 차별 없이 최상의 건강 수준을 유지하는 것이 인간이 누려야 할 기본권의 하나이다. "인류의 건강은 평화와 안전을 보장하기 위한 기본전제이며 개인과 국가 사이에 충분한 협조를 통해서 이룰 수 있다"는 내용은 외국인도 원칙적으로 기본권의 주체이며, 대한민국에 거주하는 외국인근로자에게도 자국민과 같은 건강권을 보장해야 한다.

2) 다문화사회와 건강

우리나라의 다문화사회는 서구 유럽과 비슷한 형태로 외국 노동력 유입으로 인한 이주근로자와 1990년대 이후 결혼이주자의 증가로 인해 2020년 외국인근로자는 200만 명이 넘었고, 2000년 이후 북한이탈주민도 계속 증가하여 2020년에는 3만여 명이며, 해외로부터 외국인유학생의 꾸준한 증가 등으로 인해 단일민족사회에서 다문화사회의 양상으로 변화하고 있다.

외국인 이주민은 어떠한 형태이든지 새로운 사회에서의 이주생활에서 생소한 문화에 적응해야 하고, 의사소통의 어려움, 신분상의 불안전성, 경제적 어려움 등 새로운 사회의 적응을 방해하는 다양한 요소에 직면하며, 이는 그들의 정신 건강에 부정적인 영향을 미친다(Bhugra, 2004). 우리나라 외국인 이주민은 총인구 대비 2015년 3.35%에 이르고 있으며, 2004년 고용허가제의 도입으로 내국인과 동등한 대우 보장이 약속되었지만 사업장 이동제한 문제와 불법체류 등이 문제되고 있다(이동만, 2015). 외국인근로자는 과도한 업무, 저임금, 현장의 안전문제, 언어 장벽, 자녀 교육 문제, 불안정한 법적 지위, 근로환경의 열악함 등으로 인하여 여러 가지 질환과 스트레스에 노출되어 있다. 외국인근로자는 우리 사회의 인력해소와 경제발전에 기여한 소중한 인력이므로 건강에 관한 관심과 노력이 필요하다(정한나, 2019).

다문화가족 결혼이민자들의 건강은 질병 감염 고위험국에서 입국하는 경우도 있고 이주 후 우리 사회에 적응하기 전 상당수 임신과 출산을 겪게 되기 때문에 다문화가족의 건강검진은 전염병 예방과 사회 의료비용의 절감, 태어나게 될 자녀의 건강차원에서 매우 중요한 의미를 가진다(박서영, 2013). 결혼이주여성들의 피임 지식은 정관절제술, 응급 피임법, 경구 피임약과 관련된 지식이 부족했고, 자궁내장치와 배란시기와 관련된 문항에서는 49~54%의 정답률을 나타내었다. 피임에 대한 지식과 실천이 부족한 부분에는 다문화가족지원정책이 언어와 문화적응에 국한되어 있어 임신과 출산 등 생식건강과 관련된 지원사업들이 일회성에 그치는 경우가 많아 보건소를 통한 체계적인 교육과 남편에 대한 피임 지식도 함께 연구할 필요성이 요구된다(최선미, 2012). 다문화가족 결혼이민자들의 건강은 새롭게 형성될 가족과 자녀, 우리 사회 전반의 건강 문제와 연관이 있어 언어적, 경제적, 문화적 접근성을 고려하여 의료서비스의 이용에 불편감을 완화시키고 언어적 문제, 가정폭력 문제, 자아실현을 위한 취업 등의 욕구도 충족되어야 한다. 또한 다문화청소년은 학습과 취업진로, 중도입국자녀는 언어와 문화적 적응문제 등이 건강과 밀접하게 연결된다.

북한이탈주민은 언어가 동일하지만 의사소통에서 많은 차이가 있으며, 문화의 차이나 경제적 어려움, 불안정한 직업, 자녀 교육 등으로 내국인보다 많은 불안과 스트레스를 겪는다. 2010년 북한이탈주민 전문상담사 제도와 2013년 정착도우미제도를 도입하여 정신건강검사와 심리상담, 정착지원에 관한 여러 가지 서비스를 제공하고 있으나 구직활동과 직장생활의 어려움, 새로운 환경에 적응하는 북한이탈주민들의 새로운 건강습관과 생활양식의 변화 등 스스로의 건강과 적응을 관리하고 지지해주는 문제들이 필요하다. 또한 북한이탈주민은 다른 이주민과 달리 전통적인 문화와 언어에 있어 남한과 동질성의 특성을 가지고 있다. 하지만 사회주의와 자본주의라는 다른 체계와 그에 따르는 정서, 감정, 가치관, 생활양식 등의 차이와 탈북으로 인한 건강과 스트레스, 적응, 취업과 직장선택 등에 관한 문제들이 제기되고 있다(백정숙, 2020).

우리나라 난민법은 2012년 제정되었고 난민입국의 사회적 관심사였던 1977년 베트남 보트 피플이 '월남난민구호소' 개소 후 38차례 입국하였으나 국내 정착이 허용되지 않았고, 2018년 제주도 난민 500여 명이 비자 없는 조건에 입국하여 2018년 6월 29일 법무부는 "제주 예멘 난민 관련 대책"으로 제도를 보완하여 난민 심판관 도입, 난민법 개정 추진, 난민심사관 증원, 난민 적응 교육 강화를 도입하였다. 내용은 난민심사기간 축소와 심사관 인력 증원, 한국의 법질서 · 가치 · 문화를 준수하도록 사회적응교육을 강화하는 것이다(김현, 2020; 류지오, 2019). 우리나라 난민신청자는 1994~2018년까지 48,906명으로, 정치적 · 종교적 사유가 많다(법무부 출입국 외국인정책 통계 연보 2018).

난민인정자는 내국인과 동일한 수준의 사회보장을 제공받기 때문에 국민건강보험의 혜택을 받을 수 있다. 난민신청자에 대한 의료지원은 난민법 제42조에 명시되어 있으며, 이를 근거로 건강검진비, 응급의료비 등이 지원되고 난민의료비는 응급 및 외래진료비로 대부분 난민지원센터에서 생활하는 사람들에게 해당된다.

난민의 기본적인 생리적 욕구를 지원해 주는 난민지원센터는 82명을 수용할 수 있는 규모로 생활관, 교육동, 식당, 종교실 등을 갖추고 있다. 또한 난민신청자와 난민인정자는 미성년 자녀의 법에 따라 내국인과 같은 수준의 초등 및 중등교육을 받을 수 있고, 한국어와 사회적응교육 및 필요시 직업교육도 받을 수 있다. 그러나 한국에 체류 중인 난민 대부분은 언어 문제와 개인의 능력에 맞는 구직 활동이 어려운 실정이다. 정부는 2018년 8월 7일 난민지원을 확대하는 국가인권정책 기본계획을 통과시켜 난민 사회통합 강화 및 처우개선을 중심으로 난민의 특성에 맞는 사회통합프로그램을 개발하여 난민정착에 적용하고 있다.

우리 사회의 중요한 일원이며 다문화사회의 주요 구성원인 외국인근로자, 결혼이주자, 북한이탈주민, 중도입국자녀, 외국인유학생 등은 건강하고 행복한 삶을 살 권리가 있다. 이들의 다양한 인종, 종교, 문화를 존중하고 서로 공존의식을 형성하는 등 우리의 사회적 시각을 확대하는 것이 절실히 요구된다. 또한 이들이 성공적인 심리적·사회문화적 적응을 통해 인간 전체적인 측면의 신체적·정신적·사회적·영적 건강의 안녕 상태를 확립하여, 심리적·경제적·문화적 차이를 잘 극복하고 건강하고 행복한 삶을 살 수 있도록 사회적·제도적 정책과 건강한 사회적 환경이 마련되어야 한다.

2. 다문화건강 관련 이론

최근 한국 사회는 결혼이주자, 외국인근로자, 북한이탈주민, 다문화가정 자녀, 유학생 및 난민 등의 인구 유입에 따라 인종적·문화적 다양성의 다문화사회에 접어들고 있다. 다문화라는 의미는 하나 이상의 복수 문화를 말하는 것으로, 하나의 제도권 안에서 서로 다른 문화, 가치관, 윤리, 믿음, 사회구조와 제도 및 인간의 행동 등을 포괄한다.

다문화건강이란 다문화사회 구성원에 대한 인간 존엄성의 존중 차원에서 기본적으로 건강권을 유지하기 위하여 인종적·문화적 다양성에 의해 발생할 수 있는 충돌을 조화롭게 극복하여 형성되는 총체적 결과이며, 다문화건강 수준은 건강과 질병의 연속선상에 영향을 미치는 주요 요인에 따라 결정될 수 있다.

우리나라 다문화사회 주요 구성원의 건강 수준을 결정하는 요인은 개인이나 집단 또는 인종 등의 다각적인 요인이 있다. 그러나 다문화는 하나의 제도권 안에서 서로 다른 문화 간에 발생할 수 있는 충돌을 극복하는 문화적 다양성을 포함하고 있기 때문에, 다문화건강 수준의 주요 결정 요인에는 사회적 연결망 속에서 발생하는 적응과 부적응 및 문화적 돌봄 등이 중요하게 영향을 미칠 수 있다.

따라서 본 장에서는 다문화건강 관련 이론으로 다문화건강 수준의 주요 결정 요인인

적응과 문화적 돌봄을 다룬 칼리스타 로이(Callista Roy)의 적응 이론과 메들린 레닌저(Madeleine Leininger)의 횡문화 돌봄 이론, 자기효능 이론, 사회적 지지 이론, 건강신념이론을 살펴보고자 한다.

1) 적응 이론

인간은 하나의 체계로서 주위 환경으로부터 계속적으로 자극을 받으며 환경의 변화에 부단히 적응해 나가는 존재이다. 적응 수준은 개인에 따라 각각 다르며 적응과 부적응에 따라 고도의 안녕에서 죽음에 이르기까지 건강–질병 연속선상 위의 어느 점에 위치하게 된다. 웹스터 사전에 의하면 '적응'이란 주어진 환경에 보다 잘 존재하기 위해 개체 혹은 일부분이 변형된 것으로 정의하며, 적응 개념은 인생의 문제를 보다 효과적으로 해결하기 위하여 일상적인 행동에 약간의 변화를 가져오는 성격, 대인 관계 행동, 인식 및 판단 등과 같은 내적 · 외적 힘에 대한 유기체의 적응 행동을 나타낸다. 건강도 적응 개념에서의 적응 장애는 질병이나 다양한 건강상의 문제점을 초래할 수 있다.

칼리스타 로이(Callista Roy, 1991)의 적응 이론은 인간 상호 관계에 초점을 두고 적응을 통한 삶의 과정을 진술한 이론으로, '적응'은 인간과 환경의 통합을 창출하기 위하여 개인이나 집단의 인식 수준으로 생각하고 느끼는 삶의 과정으로 정의하였다. 칼리스타 로이 이론의 기본 가정에 의하면 첫째, 인간은 생물적 · 심리적 · 사회적 존재로서 계속적으로 변화하는 환경과 끊임없이 상호작용하며, 변화하는 환경을 극복하기 위해 생물적 · 심리적 · 사회적 측면의 선천적 · 후천적 기전을 사용한다. 둘째, 건강과 질병은 인간 생활의 불가피한 차원의 하나이다. 셋째, 환경적 변화에 긍정적으로 반응하기 위해 인간은 적응해야만 한다. 넷째, 개인의 적응은 그가 노출되어 있는 자극에 대한 기능이다. 다섯째, 개인의 적응 수준은 긍정적인 반응을 가져올 수 있는 자극 범위를 시사해 주는 영역을 의미한다. 여섯째, 인간은 적응의 생리적 욕구, 자아 개념, 역할 기능 및 상호 의존성 등의 4가지 적응 모드(mode)를 가진다.

인간은 변화하는 내적 · 외적 환경과 끊임없이 상호작용하며 환경의 변화에 부단히 적응해 나가는 존재로서, 개인이 받는 내적 · 외적인 자극의 투입은 초점 자극, 상황 관련 자극 및 잔여 자극으로 구분한다. 초점 자극은 인간의 행동에 가장 큰 영향을 미치는 직접적인 사건이나 상황으로 인간의 의식 내에 가장 많이 존재하고 있는 것이다. 상황 관련 자극은 초점 자극의 영향 요인에 관련된 인간 행동에 관련되는 모든 자극으로, 현재의 상태에 영향을 주며, 측정될 수 있고, 내적 · 외적 세계에 존재하는 모든 환경적 요인을 뜻한다. 또한 잔여 자극은 인간 행동에 간접적으로 영향을 줄 수 있는 요인으로 신념, 태도, 습관 및 경험 등을 말한다.

개인이 받는 내적 · 외적 자극인 초점 자극, 상황 관련 자극 및 잔여 자극이 투입되면 이러한 자극은 인간의 선천적 · 후천적 대처 과정으로 인지 기전과 조절 기전의 2가지 적응 기전이 기능하도록 촉구한다. 인지 기전은 상징적 반응에 영향을 일으키는 환경적 자극을 확인하고 축적하며, 자극이 주어졌을 때의 주의 집중 및 기억에 대한 행동을 포함하는 인지 정보 처리 과정, 모방과 강화의 행동을 포함하는 학습 과정, 문제 해결과 의사결정에 관한 행동을 포함하는 판단 과정, 애착, 애정, 불안 해소 행동을 포함하는 정서 과정을 통하여 사회심리적 반응을 관장하는 기전을 뜻한다. 조절 기전은 인체가 변화하는 환경을 극복할 수 있도록 자극이 주어졌을 때 중추신경계 반응이나 투쟁과 도피의 자극에 대응하는 반사 행동을 관장하는 자율신경계 반응, 내분비계의 호르몬 반응 등을 관장하는 기전으로 자동적인 무의식적 반응을 나타낸다.

적응 과정은 인지 기전과 조절 기전이 잘 기능하도록 촉진하며, 적응에 대처하기 위한 인지 기전과 조절 기전의 결과로 나타난 4가지 적응 양식인 생리적 · 신체적 양식, 자기개념 · 집단 정체성 양식, 역할 기능 양식 및 상호 의존 양식 등에 의해 조절된다. 적응 수준은 개인에 따라 각각 다르며, 적응과 부적응에 따라 고도의 안녕에서 죽음에 이르러 건강–질병 연속선상 위의 건강 수준을 결정하는 어느 점에 위치하게 된다. 즉 건강은 적응적 인간과 환경의 상호작용 반영이다. 개인의 내적 · 외적 자극이 적응 수준 안에 떨어지면 개인은 효율적인 적응을 나타내지만, 적응 수준 밖에 떨어지면 개인은 비효율적으로 반응하게 되어 적응 문제를 일으킬 수 있다(이소우 · 김주현 · 이병숙 · 이은희 · 정명숙, 2000).

적응 수준이란 상황에 적극적으로 반응하기 위한 인간의 능력을 뜻하며, 적응 수준의 개념은 인간과 환경이 계속 상호작용을 하는 것을 의미하고, 자극과 적응 수준을 인간의 적응 체계에 투입하여 작용한다. 적응의 대처 기전은 선천적 · 유전적 · 인종적 공통성이 있고 후천적인 대처 기전은 학습과 같은 전략을 통해 개발된다. 적응 수준은 인간 적응 체계의 과정인 통합, 보상, 손상 과정의 3가지 수준으로 구분한다. 통합 과정은 인간의 요구를 충족시키기 위해 삶의 구조와 기능이 전체적으로 통합되어 하나로 작용하는 과정을 의미한다. 그리고 보상 과정은 인지 기전과 조절 기전이 통합 과정에 대한 도전으로 작용하는 것을 뜻하며, 손상 과정은 통합과 보상 과정이 모두 불충분할 때 적응 문제가 발생하는 것을 의미한다. 적응 수준과 개인에 대한 모든 자극은 인간 체계에 대한 대처 능력의 범위를 결정한다.

문화는 인간의 권리로서 돌봄을 받는 동안에 문화적 가치관, 신념, 요구는 이해되고 존중되며 적합하게 다루어져야 한다. 로이의 적응 모델을 적용한 결핵환자 연구에서는 생리적 양식을 신체적 증상으로 측정하였고, 자기개념 양식은 정신적 · 영적 통합성을 존재하기 위해 자기가 누구인지를 아는 자신에 대한 신념과 감정의 통합요인으로 자아존중감과 스티그마를 측정하였고, 역할 기능 양식은 치료순응으로, 상호 의존 양식은 애정을 주고 받으며 존경심과 가치관과 관련된 상호작용에 초점을 맞추며 사회적 지지로 측정하였다(박수정, 2017).

결핵환자의 치료유형을 개인이 받는 내적 · 외적인 자극의 투입에 적용하면 초점 자극으로, 연령, 교육, 가족, 월수입, 상병질환을 상황 자극으로, 결핵 치료 경험을 잔여 자극으로, 적응 수준을 삶의 질로 간주한다. 결핵환자의 삶의 질 변화양상을 파악한 연구결과에서 신체적 삶의 질 변화에 유의하게 영향을 미치는 요인은 신체적 증상과 치료순응이었고, 정신적 삶의 질 변화에 유의하게 영향을 미치는 요인은 자아존중감, 사회적 지지, 신체적 증상이었다. 그러므로 결핵치료가 끝난 후에도 정신적 삶과 적응 수준을 통합 수준으로 향상시키기 위한 주기적인 간호사정이 필요하고, 신체적 증상을 감소시키고 자아존중감과 치료순응을 높이고 사회적 지지의 지속성이 요구된다(박수정, 2017).

Berry(1997)는 모국 문화를 유지하는 정도와 거주 나라의 문화와 접촉하는 정도의 두 가지 기준에 의해 개인적 특성과 반응 양식에 따라 적응 유형이 결정된다고 보았으며 통합, 분리, 동화, 주변화 등 4가지로 범주화하였다. 문화적응의 유형 중에서 통합은 이주민이 이주국에 대한 애착을 갖고 있으며, 이주국 또한 다양한 문화를 수용하고, 이주민에 대한 편견과 차별의 수준이 낮음을 의미하는 점에서 긍정적인 유형으로 평가받고 있다(sam & Berry 1995).

인간은 하나의 체계로서 주위 환경으로부터 계속적으로 자극을 받으며 환경의 변화에 부단히 적응해 나가는 존재이다. 건강은 적응적 인간과 환경의 상호작용의 반영으로, 적응 장애는 질병이나 다양한 건강상의 문제점을 초래할 수 있다. 우리나라의 다문화사회 주요 구성원이 판이하게 다른 정치, 경제, 사회, 문화 환경 속에서 새로운 우리 사회와 공존하기 위한 전략으로써 '적응'은 매우 중요한 상황이다. 문화적응은 결혼이주자, 외국인근로자, 북한이탈주민, 다문화가정 자녀, 유학생 및 난민 등이 우리 사회 정착과정에서 새로운 생활과 사회 적응에 수반되는 문제를 최소화하고, 적응 과정에서 발생할 수 있는 개인적 · 심리적 · 문화적 부적응과 경제적 갈등으로 인한 피해와 문제를 최소화하는 것이 관건이다.

결혼으로 인한 환경 변화로 결혼이주여성의 문화적응 스트레스와 결혼만족도의 상관관계를 살펴보면 문화적응 스트레스와 결혼만족도는 부적 상관관계를 나타내었고, 문화적응 스트레스의 하위요인인 의사소통문제, 사회적 편견, 문화 충격, 적대감 등이 부적 상관관계를 나타내어 이는 의사소통의 문제와 사회적 편견, 문화 충격, 적대감이 클수록 결혼만족도가 낮아지는 것으로 해석된다. 연구의 결과를 토대로 결혼이주여성의 부부가 문화적응을 위한 스트레스를 극복하려면 서로의 문화를 이해하고 공유할 수 있는 프로그램의 지속적인 지원과 유지가 필요하며, 결혼이주여성의 언어능력을 증진하기 위한 지속적인 노력도 필요하다(서연, 2020).

Lazarus(1980)을 의하면 스트레스에 영향을 많이 주는 요인은 인지적 평가와 관련이 있으며 일차 · 이차 평가 단계를 겪고 인지적 평가가 이루어졌다. 일차 단계에서는 과거의 경험이 한 개인이 효율적으로 문제를 해결할 수 있도록 돕는지 또는 정서적으로 안정되어 있는지 등이다. 이차 단계에서는 간접적으로 자신이 가진 대처 자원과 선택을 평가하는데 있다. 그러나 사람마다 스트레스에 대처하는 방식이 다양하게 나타나며, 스트레스를 받으면 나타나는 반응도 다양하다.

고설동(2012)의 연구에 따르면 중국인 유학생의 경우 스트레스 받을 때의 대처방식으로 소극적인 대처방식(정서 중심적 사고)보다 적극적인 대처방식(문제중심적 대처, 사회적 지지 추구방식)을 더 사용했다고 밝혔다. 또한 문제중심적 대처방식을 사용할수록 문화적응 스트레스인 문화적 충격, 두려움 등을 줄일 수 있으며 사회적 지지 대처방식과 문화적응 스트레스인 향수병과 유의미한 정적 상관관계를 보였다. 즉, 정서 중심대처를 사용할수록 문화적응 스트레스인 향수병, 문화적 충격, 지각된 차별 등이 높아질 수 있는 반면, 정서 중심적 사고방식을 사용할수록 문화적응 스트레스가 높아질 수 있다고 설명하였다.

농촌 다문화가족 한국인 남편의 문화적응은 스트레스와 갈등의 관계에서 농촌 지역 다문화가족 구성원이 동화와 통합 과정을 거치며 잘 지내는 경우도 많지만 부부 사이의 서로 다른 생활문화와 기대수준, 부부 및 부모와 자녀 간 의사소통의 어려움, 경제적 기대수준의 차이로 인하여 일반 가정의 부부에 비해 결혼생활에 어려움을 겪게 되며, 이러한 부분은 스트레스로 작용한다(박명순 · 이미진, 2016).

북한이탈주민들의 국내 적응문제는 사람에 따라 정도의 차이는 있지만, 대부분의 북한이탈주민들은 북한에서의 탈북과정에서 기아와 가족해체, 공개처형 목격 등을 경험한 경우 이로 인해 신체적 질병뿐만 아니라 정신질환, 예를 들어 우울증, 외상후스트레스증후군(PTSD) 등을 앓게 되며, 이러한 문제는 경제적 · 심리적 문제와도 연결된다. 그와 더불어 북한이탈주민은 언어에 대한 표현과 자본주의 체계의 시장원리 등 모든 문화를 다시 적응해야 하는 어려움을 겪는다(이슬기, 2015).

표 9.1 적응의 4가지 유형

유형	내용
생리적 욕구	• 환경의 자극에 대한 생리적 통합성 욕구 • 신체의 기본욕구, 식욕, 수면, 영양, 배설 • 활동과 휴식
자아개념 양상	• 정신적 통합성을 유지하기 위해 일어나는 적응양상
역할 기능	• 주어진 지위에 따른 사회적 통합 • 역할이행은 주어진 상황과 상호작용에 의존
상호 의존성	• 사람 사이의 가까운 관계 • 중요한 영향을 주는 사람과 지지체계 간의 특별한 관계를 포함

앞에서 논했듯이 세계보건기구는 건강을 신체적 · 정신적 · 사회적 안녕 상태라고 정의하였다. 여기서 안녕 상태란 긍정적 적응으로 해석되며, 결혼이주자를 비롯한 외국인근로자, 북한이탈주민 등의 적응은 우리 사회의 구성원으로서의 기능을 할 수 있는 수준인가의 문제이다. 이들이 어떻게, 얼마나 잘 적응하느냐는 이들의 신체적 · 정신적 및 사회적 건강에 매우 중요한 영향 요인이 된다.

칼리스타 로이 이론에 의하면 인간의 생존에는 환경의 요구와 적응 능력의 계속되는 자기 조절 기전이 작용하며, 적응 과정은 심리적 · 사회문화적 적응뿐만 아니라 생리적 과정과 연결되어 인간의 전인적 측면에서 진행된다. 따라서 건강은 인간의 총체적 차원에서 적응 결과라는 점에서 중요하다.

❖ 질병-안녕 연속 모형

건강과 질병은 한 곳에 고정된 것이 아니라 연속선상에 있고 신체 심리적인 증상과 징후를 표현하며 중재·교육함으로서 다문화 적응의 다양한 문제에 접근하고 역동적인 균형상태를 유지하여 건강증진에 기여할 수 있다(**그림 9.1**). 이러한 건강증진의 노력은 개인과 친구, 이웃, 자조모임, 지역사회복지관, 보건소, 다문화가족지원센터와 연계되고 실행된다.

Maslow(1971)는 인간이 기본적으로 가지고 있는 욕구를 생리적 욕구, 안전 욕구, 사회적 욕구, 존경 욕구, 자아실현 욕구의 5가지로 분류하였다(**그림 9.2**).

생리적 욕구는 북한이탈주민과 난민의 기본생활을 영위하기 위한 기초생활보장에 포함되며, 안전 욕구는 외국인근로자가 근무하는 산업장의 안전한 근로조건에 대한 보장, 사회적 욕구는 사회생활을 영위하기 위한 인간관계 형성으로 심리적 지지를 유지할 수 있는 친구, 직장 상사의 사회적 지지 등이 있다. 존경 욕구는 다문화 인권교육, 다양성을 존중하는 사회, 이중 언어의 자부심 등이 있으며, 자아실현 욕구는 직업을 가지기 위한 다문화청소년들의 취업준비, 결혼이민자여성들의 직업훈련 등이 포함된다.

2) 횡문화 돌봄 이론

최근 한국 사회는 국제 교류가 일상적인 생활의 일부분으로 자리 잡고 있으며, 결혼이주자, 외국인근로자, 북한이탈주민, 다문화가정 자녀, 유학생 및 난민 등의 인구 유입에 따라 인종적·문화적 다양성을 가진 다문화사회에 접어들고 있다. 다문화는 하나의 제도권 안에서 서로 다른 문화, 가치관, 윤리, 믿음, 사회구조와 제도 및 인간의 행동 등을 포괄하기 때문에 다문화사회 구성원의 횡문화에 대한 이해가 매우 중요하다. 우리의 다문화사회

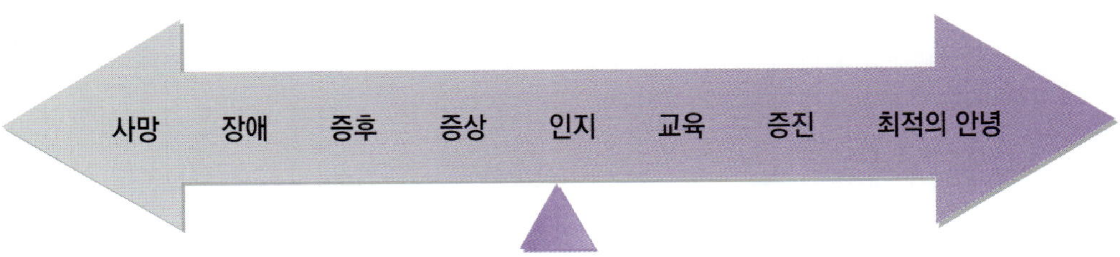

그림 9.1 질병-안녕 연속 모형

출처: Travis, J. W.(1977). Wellness for helping professionals. 3rd ed. Mill Valley, CA: Wellness Associates.

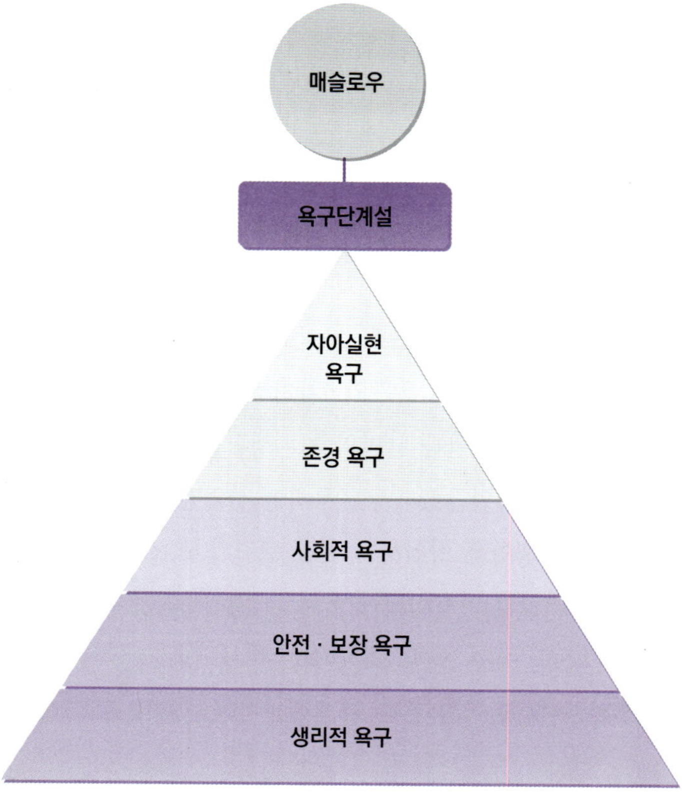

그림 9.2 매슬로우의 욕구단계설

주요 구성원이 우리 사회에 안정된 사회적 정착을 형성하여 서로 공존하는 다문화사회를 만들어 나가기 위해서는 횡문화적 이해가 필요하다.

모든 인간 사회는 각기 다른 자연적 · 인위적 환경을 지니고 있으며, 그 환경에 적응하는 수단이나 공유된 지식으로서의 문화는 매우 다양하다. 인간 환경은 끊임없이 변화하며, 변화하는 환경에 적응하기 위해 인간이 가지고 있는 문화적 요소 간의 내적 · 외적인 교류와 함께 개인적, 집단적 혹은 사회적 돌봄이 이루어진다.

돌봄은 인간 생존의 필수 조건일 뿐만 아니라 자연적 · 인위적 재앙을 극복하고 건강하게 살아가기 위해 서로 의존하는 가운데 상호 간에 유대감을 강하게 형성하여 인간 집단을 연결시키는 고리이기도 하다. 돌봄은 인간의 생존과 성장 발달에 필수적인 조건으로 전 인류사에 걸쳐 인간 문화에 표현되어 왔다. 다른 사회적 행위와 마찬가지로 그들이 본래 가지고 있는 문화적인 행위 유형, 가치, 신념에 기초한 것으로 삶 속에서 습득 · 전달되어 온 것이기 때문에 문화에 상충되는 가치, 신념, 행위 패턴으로 갈등과 스트레스를 겪을 수 있다.

메들린 레닌저(Madeleine Leininger)의 횡문화 돌봄 이론(1985)은 사회학, 정신심리학, 인류학 이론으로부터 도출된 이론으로, 문화적 이해 속에서 인간의 출생과 발달, 성장, 생존 및 평화로운 죽음에 이르기까지 생물학적 · 문화적 · 사회적 · 환경적 차원의 돌봄을 설명하였고, 개인이 가지고 있는 돌봄 개념의 본질은 개인이 속한 문화적 의미, 생활 양식, 건강 신념 및 일상적 행위에 대한 지식 등을 내포한 개인이 속한 해당 문화가 원형임을 밝혔다.

돌봄은 하나의 현상으로서 인간의 상태나 생활방식을 개선하고 향상시키기 위해 분명한 또는 예상되는 욕구를 가진 개인이나 집단을 도와주고 지지하고 촉진하려는 활동이며, 문화는 사고, 결정, 행동 및 생활 등이 학습되고 공유되어 전수된 가치, 신념, 규범 및 생활방식을 말한다.

문화와 돌봄은 서로 다른 양상을 나타내지만 일상생활 속에서 인간이 살아가고 활동하는 것에 크게 영향을 미친다. 그러므로 다양한 교류가 이루어지고 있는 세계화의 시대에 다양한 문화적 배경을 가진 다문화 간호대상자에게 그들의 문화를 고려한 간호를 제공하는 것이 중요하다. 간호대상자에게 문화적으로 적합한 간호가 제공되면 간호수행에 협조적으로 순응하며 건강결과에도 긍정적인 영향을 미친다. 문화는 인간의 권리로서 돌봄을 받는 동안에 문화적 가치관, 신념, 요구는 이해되고 존중되며 적합하게 다루어져야 한다. 그러므로 간호사가 문화와 돌봄 현상에 대한 교육을 받고 횡문화 돌봄을 이해하고 문화적으로 적합한 간호를 수행하면 문화적인 충돌, 갈등, 스트레스 그리고 해가 될 수 있는 간호 수행 같은 환자에게 부정적이고 위험이 될 수 있는 결과를 예방할 수 있다(Leininger & McFarland, 2002).

'다문화 간호'라는 용어는 '문화적으로 적합한 간호'를 의미하지만, transcultural nursing을 한국어로 번역하는 과정에서 횡문화 돌봄보다 사회적으로 익숙한 용어인 '다문화 간호'를 사용한 것이라면, 본래의 의미를 명확히 전달할 수 있도록 문화 적합 간호, 문화 민감 간호 등 다른 용어의 사용도 고려해볼 필요가 있다(장선미 · 김정은, 2018).

다문화사회 주요 구성원이 모국과 다른 문화의 생활 습관 속에서 살아가면서 다양한 문제점들이 표출되고 있다. 그중 문화 차이에서 오는 인식의 차이와 이중 문화로 인한 갈등은 일상생활 속에서 고통과 긴장 그리고 스트레스 등을 유발하며, 그들은 이를 고스란히 떠안게 된다. 결과적으로 이는 건강 문제와 연결되며 안정된 정착을 불안정하게 만드는 복합적인 상황에 노출될 수밖에 없다.

다문화사회의 주요 구성원인 결혼이주자를 비롯한 외국인근로자, 북한이탈주민 등의 신체적, 사회적 및 환경적 건강은 사회적 비용과 부담을 최소화하는 매우 중요한 기본적인 요소이다. 최근 다문화사회라는 하나의 제도권 안에서 서로 다른 문화, 가치관, 윤리, 믿음, 사회구조와 제도 및 인간의 행동 등을 포괄하는 다문화사회 구성원 간의 횡문화에 대한 이해가 사회적 이슈로 부각되고 있다.

따라서 새롭게 형성되는 다문화사회 모든 구성원에게 일상적 혹은 특수한 상황에서 서로의 문화적 가치와 신념 양상의 차이를 내포한 삶을 인정하는 횡문화적 돌봄과 조화 및 배려는 아름다운 사회를 만들어 가며 공존하는 데 있어 필연적 요구이다.

3) 자기효능

자기효능감(Self-efficacy)은 구체적인 장면에서 의도한 결과를 이끌어내기 위해 필요한 행동을 조직하고 실행하는 능력을 말한다. 또한 어떤 문제를 자신의 실력으로 성공적으로 해결 할 수 있다는 자신에 대한 기대감이나 신념을 뜻한다. 자기효능감의 형성은 일차적으로 가족내에서 이루어지며, 가족 중에서도 부모와의 관계에 의해 상당한 영향을 받는다. 자기효능감은 과제수준, 강도, 일반성의 세 가지 차원을 가진다. 첫째, 과제수준은 과제를 수행하려는 동기에 영향을 주는 과제나 상황의 난이도에 따라 효능감이 달라지는 정도를 말한다. 둘째, 강도는 장애가 발생했을 때 자기효능감의 지속 정도를 말하며, 강한 자기효능감은 쉽게 없어지지 않으며 그에 맞는 대처행동을 찾는다고 한다. 셋째, 일반성은 완수 경험의 파급 효과가 어디까지 적용될 수 있는지를 의미하는 것이다(Bandura, 1997).

(1) 자기효능감의 구성요소

① 성취감

성취감은 일정수준의 행위를 성공적으로 수행함으로써 자신감을 갖게 되는 직접적인 경험의 결과로, 행동수행에 대한 성공적 경험이 반복적인 축적을 통해 얻어지며, 가장 강력한 자기효능의 자원이 된다. 개인의 주요한 경험에 기초하기 때문에 특히 영향력이 강하다. 계속적인 성공은 성공의 기대를 불러일으키기 때문이다. 예를 들어,

특정 동물에 대해 공포감을 느끼는 사람이 그것을 극복하여 얻는 자기효능감이 증가되면 다른 동물에 대한 공포감도 감소되고 그에 대한 대처노력도 증가된다.

② 대리경험

대리경험은 비슷한 상황에 있는 다른 사람들의 성공적인 행동을 관찰함으로써 자신의 상황을 관리할 수 있는 간접적인 경험을 말한다. 다른 사람들이 위험한 행동을 하고도 안전한 것을 보면 관찰자들은 자신 역시 지속적으로 노력하면 향상될 수 있다고 생각한다. 성취가 사람의 능력에 따라 좌우되는 직접적인 증거인 반면, 대리경험은 모델링을 따라 꾸준한 노력을 통한 성공의 경험으로 자신의 역량과 인지를 향상시키는 것이다.

③ 구두설득

구두설득은 사람으로 하여금 자신이 소유한 능력을 긍정적으로 믿을 수 있게 유도하여 성취하도록 이끄는 것이다. 사람들은 자신의 능력을 평가할 때 평가능력이 있는 다른 사람에게 어느 정도 의존하기 때문이다. 사회적으로 어려운 상황을 잘 헤쳐 나가도록 설득된 사람들과 효과적으로 처리하기 위해 일시적 도움을 공급하도록 기대되는 사람들은 더 많은 노력을 하게 된다.

④ 생리적 상태의 조절

생리적 상태의 조절은 인간이 자신의 능력을 판단하는 과정에서 신체적 정보인 생리적 상태와 정서적인 반응에 의존하는 것을 말한다. 사람들은 어떤 상황에서 스트레스를 느끼거나 신체적 반응이 나타나는지 알고 있기 때문에, 가급적이면 혐오반응이 발생하지 않도록 기대하는 경향이 있다. 불안하거나 긴장될 때처럼 각성상태가 높을 때 개인의 수행능력은 저하되고 성취도는 낮아진다. 일반적으로 스트레스가 많고 부담스러운 상황은 감정을 이끌어 낸다. 그리고 감정은 환경에 의해 좌우되므로 환경과 심리적인 작용이 생리적 상태에도 영향을 준다.

(2) 자기효능과 다문화 건강 연구

청소년의 건강한 성격형성과 사회생활에 토대가 되는 자아존중감과 자기효능감은 다문화사회를 살아가는 청소년에게 역량을 발휘하게 하며, 자기효능감이 높은 사람은 새로운 문화에서의 사회적 활동을 성공적으로 수행하여 사회문화적 적응력을 증가시키는 요소가 된다. 또한 청소년의 다문화 수용성을 높이기 위해서는 다문화 경험과 교사의 지지, 자기효능감 프로그램의 체계적인 구축이 필요하다(전자배, 2018).

결혼을 통한 가정의 형성에서 결혼이주여성의 정서적 지지는 자신감과 자녀양육에도 중요한 영향을 미친다. 다문화청소년이 지각한 외국인 어머니의 지지가 성취목표지향성과 대인관계지향성에 유의미한 영향을 미치며, 자기효능감은 외국인 어머니의 지지와 성취목표지향성, 외국인 어머니의 지지와 대인관계지향성의 관계를 연결해주며, 다문화청소년의 성취목표지향성과 대인관계지향성에 외국인 어머니의 지지와 자기효능감이 중요한 부분으로 확인되었다(관다영 · 전혜성, 2019).

자신이 무엇인가 할 수 있다는 자기효능은 북한이탈주민이 남한생활에 적응하고 직장생활과 사회생활을 유지하는데 심리적 적응력을 높여준다. 경제적 적응이 높은 이주민들은 정착사회의 진입효과가 빠른 편이다. 정착사회의 진입효과가 늦어지게 되면 장기적으로 경제적 적응에 부정적으로 작용하게 되면서 개인은 정서적인 불안감을 갖게 된다. 심리적인 불안감은 점차 자기 능력에 대한 불신으로 이어져 자신의 능력과 자신감은 낮아지고, 개인의 적응의지를 낮출 수 있는 결과를 초래할 수 있게 된다(유시은 외, 2008).

김명선(2015)의 연구를 살펴보면 북한이탈주민은 자기효능감이 높을수록 사회문화적으로 남한 사회에 쉽게 적응하며, 북한이탈주민의 친구 지지는 그들의 자기효능감과 문화적응 관계에 통계적으로 유의미한 조절효과가 나타났다. 주변에서 자기를 지지해준다는 인식이 이러한 과정의 효과를 가져오는 것으로 나타났다. 북한이탈주민의 자기효능감과 사회적 지지, 경제적 적응을 시기별로 설명하면, 하나원에서 교육받는 기간을 접촉시기로 볼 때, 이때 가장 중요한 것은 북한이탈주민이 남한 사회에 적응하기 위한 자신감과 심리적 안정감을 회복하는 것이다. 이후 하나원을 퇴소하면서 거주지역 배정을 받게 되면 갈등시기로 접어들고 남한 사회의 정보가 부족하고 사회적 안전망이 부족한 상황에서 사회적 지지의 형성이 중요하다. 갈등시기를 지나면서 사회의 일원으로 활동을 시작하며, 이를 해결시기라고 할 수 있다. 이때는 그들이 사회활동을 통해 원하는 직업에 만족감을 갖게 되는 사회적응시기로 사회적인 활동이나 직업에 대한 책임을 갖게 되는 단계라고 볼 수 있다. 국가의 경제적 적응과 자기효능감은 서로 밀접한 상호작용을 하며 북한이탈주민의 사회문화 적응에 긍정적 효과를 나타내고 있어 우리 사회의 관심과 지지를 필요로 한다. 배정숙(2020)의 연구에서는 자기효능감이 북한이탈주민의 취업과 직업에도 영향을 주며 정서적 · 평가적 지지를 포함하는 사회적 지지는 자기효능감을 향상시켜 진로를 스스로 결정할 수 있는 자신감을 높일 수 있다고 나타났다. 자신감의 변화는 직업세계에 적응할 수 있는 적응력을 높이는 중요한 변인임을 알 수 있다. 새로운 진로의 도전과 성취의 경험, 타인의 지지와 격려, 주변사람들의 취업 및 직업 성공 사례들을 통한 대리경험은 진로결정 자기효능감을 높게 하므로 북한이탈주민의 진로적응 상담과 프로그램 전략수립에 긍정적인 기회를 제공할 수 있다.

자기효능은 건강증진에도 영향을 미치는 것으로 조사되었는데 건강문해력과 지각된 건강상태는 음(−)의 상관관계가 있었고 자기효능감과는 정(+)의 상관관계, 가족 지지와 자기효능감은 정(+)의 상관관계로 나타나 건강에 대한 이해도가 높고 가족 지지가 높을수록 자기효능감도 높다는 것을 알 수 있다(안지숙 · 김혜련 · 양숙자, 2013). 결혼이주여성을 대상으로 한 강초희(2016)의 연구에서 결혼이주여성의 건강증진행위에 영향을 미치는 요인으로는 가족 지지와 자기효능감으로 나타나(변수설명력 34.2%) 가족 지지와 자기효능감이 건강증진요인의 변수로써 중요하다는 것을 알 수 있다.

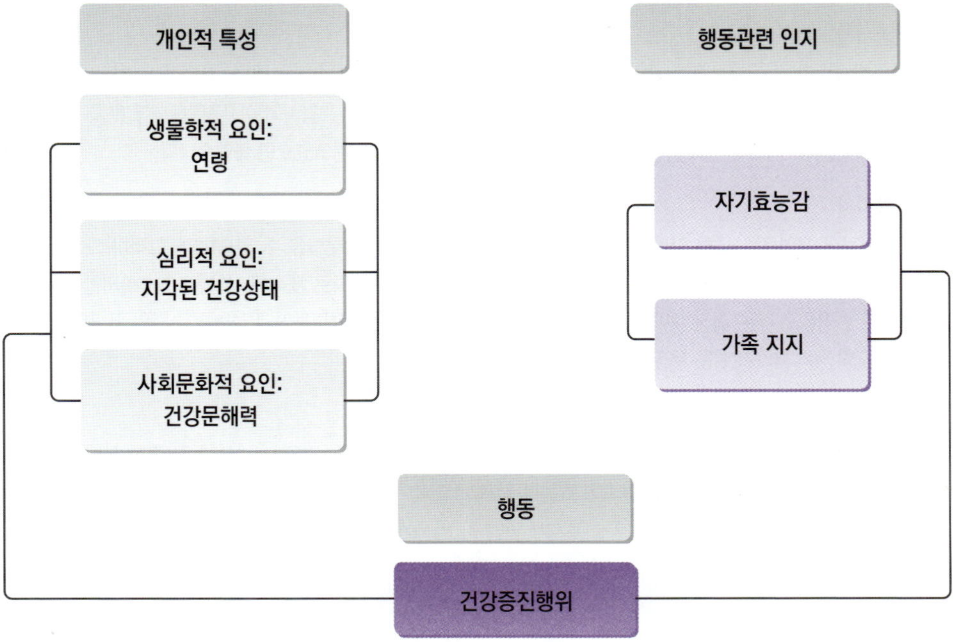

그림 9.3 건강증진행위 관련 변수

출처: 강초희(2016)

Pender의 건강증진 이론에 근거한 다문화가정 결혼이주여성의 건강증진행위와 건강 관련 삶의 질에 영향을 주는 변수를 확인한 논문에서 자기효능감이 건강증진행위에 강력한 예측변인이었다(박현옥, 2014).

김명선(2015)의 연구에서 자기효능감의 예를 살펴보면 다음과 같다.

- ❖ 나는 내가 세운 목표를 대부분 달성할 수 있다.
- ❖ 어려운 일에 부딪혔을 때 나는 그것을 성취할 수 있다고 확신한다.
- ❖ 나는 내가 중요시하는 것을 얻을 능력이 있다고 생각한다.
- ❖ 나는 노력을 기울이면 무슨 일이든 성공할 수 있다고 믿는다.
- ❖ 어려움이 여러 번 닥쳐와도 나는 그것을 성공적으로 극복할 수 있을 것이다.
- ❖ 나는 다른 사람보다 대부분의 일을 더 잘 할 수 있다.
- ❖ 상황이 별로 안 좋아도 나는 무슨 일이든 상당히 잘 할 수 있다.

병원검진 이용과 다문화 사례

안내봉사자:

외국인 환자들의 경우 검사대기 때의 불안감이 내국인 환자들보다 더 큰 것 같습니다. 검진안내 도우미로 검진센터 내 이동을 하다보면, 많은 외국인 환자들이 "다음 진료가 무엇인지", "검사가 아픈지" 등의 질문을 자주 하기도 합니다. 이러한 불안감과 궁금증을 해소해 줄 만한 좋은 방안이 마련되었으면 좋겠습니다.

사회복지사:

건강보험공단 사이트를 통해 다문화가족을 위한 영문번역 문진표를 다운받을 수 있습니다. 그러나 그 내용이 빈약하여 일반적으로 종합검진센터에서는 병원별 각기 다른 문진표를 따로 제작해 사용합니다. 하지만 한국사람에게도 번거롭고 빠른 시간 내에 작성하기 어려운 수준이므로 다문화가족들에게 적합한 수준의 꼭 필요한 문항들을 포함한 이해하기 쉬운 문진표가 필요합니다.

의사:

다문화가족분들 중에는 한국말이 서투신 분이 많습니다. 그래서 검진내용 설명 시 이해하지 못한 상태에서 무조건 알았다고 하는 경우가 종종 있습니다. 초음파 검사 시 조치가 필요한 소견을 보이는 환자가 있어서 재방문의 필요성과 주의 사항을 설명했는데 사회복지사 면담 시 의사에게 설명받은 적이 없다고 말해서 난감했던 적이 있습니다.

4) 사회적 지지

(1) 사회적 지지의 내용

사회적 지지는 1970년대 예방 심리학에서 본격적으로 연구되면서 많은 관심을 받기 시작했다. 사회적 지지에 대한 연구는 사회와 개인의 관계가 개인의 건강에 어떻게 영향을 미치는지에 대한 의문에서 출발했다. 이후 사회관계 구조와 기능을 다루는 사회적 관계망에 대한 연구와 같이 지속적인 연구가 이루어졌다. 국내에서는 박지원(1985)을 시작으로 사회적 지지에 대한 연구가 진행되었고, 그는 사회적 지지를 측정하는 척도를 개발하는 연구를 진행하였고 선행연구들을 분석하여 사회적 지지의 하위영역을 크게 정서적 지지, 정보적 지지, 물질적 지지, 평가적 지지의 4가지 하위영역으로 분류하였다.

사회적 지지의 제공원은 공식적 · 비공식적 지지로 나눌 수 있다. 공식적 지지는 공인된 기관이나 단체, 복지시설로부터 필요한 욕구를 채울 수 있는 도움을 받는 것을 의미한다. 예를 들면 여성결혼이민자가 다문화센터로부터 정서적인 위로를 제공받는 것이 포함된다. 비공식적 지지는 가족, 친구, 친인척, 이웃 등으로부터 받는 지지를 의미한다. 사회적 지지의 종류는 **표 9.2**와 같다.

(2) 사회적 지지의 역할

사회적 지지는 인간의 기본 욕구인 사회적 욕구를 충족시켜 줌으로써 건강자체를 증진시킨다. 또한 사회적 지지는 질병으로부터 더 빨리 회복되게 하고 재활속도를 빠르게 한다. 사회적 지지는 건강식이, 운동, 적당한 수면 그리고 약물 복용, 흡연과 같은

표 9.2 사회적 지지의 내용

구분	내용	
제공자	부모, 시부모, 배우자, 자녀, 형제자매, 사회복지사, 친구, 선후배, 직장 상사, 선생님, 의료인, 종교인, 법률가	
유형	정서적 지지	사랑, 돌봄, 이해, 격려, 존경, 신뢰, 관심
	정보적 지지	상담, 사건해결과 관련된 여러 가지 정보 제공
	물질적 지지	금전, 시간, 음식, 생활용품, 노동
	평가적 지지	칭찬, 인정 등 자신을 평가하게 해주는 태도 및 범위

건강증진행위를 촉진시킨다. 또한 사회적 지지는 스트레스 발생을 예방하고 경감시키며 정서적 지지는 자아존중감과 자신감에 영향을 주어 간접적으로 우울증을 감소시키고 복잡한 현대생활에서 도시인의 정신질환에 대한 노출로부터 보호하는 방패막 역할을 한다.

사회적 지지는 스트레스의 영향을 중재할 수 있고, 사회적 지지 자체가 본질적으로 사회적 · 상호작용적이며, 사회문화적 배경 내에서 발생한다. 따라서 누가 지지를 해주느냐 하는 것은 지지의 수혜자가 누구이며 그들의 관계, 문화적 속성, 문제해결을 위한 문화적 속성이 무엇이냐에 따라 달라질 수 있으므로 다양한 사회적 관계를 고려한 사회적 지지가 필요하다.

(3) 사회적 지지 연구

여성가족부가 실시한 다문화가족실태조사(2015)에 의하면 결혼이민자의 85% 가량이 한국생활 적응에서 언어에 대한 어려움 34.0%, 외로움 33.6%, 경제적 어려움 33.3% 등으로 사회적 관계형성에 어려움이 있는 것으로 나타났다(김만호, 2017). 정서적 지지와 정보적 지지, 평가적 지지는 언어 교육 향상과 외로움에 대한 심리적 안정을 가져온다. 사회적 지지가 다문화가정여성의 심리적 안녕감에 영향을 미친다는 것은 다문화가정여성이 타인으로부터 보살핌과 사랑과 존중을 받으며, 의사소통과 상호 의무적 관계에 속한 구성원이라는 소속감을 느끼며, 타인으로부터 얻을 수 있는 모든 형태의 지원을 받고 있다는 확신이 들도록 다문화가족지원센터의 역할과 가족의 의미에서 중요한 의의를 찾을 수 있다(김철주, 2020). 사회적 관계망을 유지하고 있는 여성은 고립되어 있는 여성과 비교하면 안녕감이 높은 것으로 나타났고, 사회적 지지는 피해여성의 기능을 실제로 향상시킬 수 있다(Cohen & Wills, 1985).

허세미(2016)의 외국인근로자 사회적 지지 연구에 의하면 사회적 지지 및 문화적응 간의 관계 분석에서 이주노동자의 국적에 따른 문화적응은 언어 장벽($F=5.29$, $p<.001$), 어울림($F=4.51$, $p<.001$)에 통계적으로 유의한 것으로 나타나 사회적 지지와 문화적응은 유의미한 정적 상관관계를 나타냈다. 사회적 지지가 높을수록 문화적응을 잘 하고 있다는 것을 알 수 있다. 사회적 지지는 외국인근로자에게 정서적으로 한국 사회에 잘 적응하도록 도움을 주고 정서적 지지가 많을수록 심리적 안정감과 행복감도 가지게 된다. 또한 외국인근로자 138명을 대상으로 한 연구에서 사회적 지

지가 높을수록 심리적 행복감 정도가 높았고, 문화적응 스트레스 정도가 낮을수록 심리적 행복감도 높게 나타났다. 외국인근로자의 심리적 행복감에 가장 큰 영향력을 미치는 요인은 사회적 지지, 학력 순으로 나타났으며 심리적 행복감을 향상시키기 위해서는 외국인근로자의 사회적 지지와 건강상태를 증진시킬 수 있는 간호학적 접근이 요구된다(정한나, 2019).

사회적 지지는 외국인근로자의 문화적응과 직무수행에도 영향을 주는 중요한 요소이다. 외국인근로자의 교육프로그램 참여는 사회적 지지가 문화적응과 유의미한 상관관계가 있는 것으로 나타나 교육프로그램의 참여 횟수가 많을수록 언어 장벽이 줄어들고 문화 충격도 감소되므로 지역사회에서 지역주민과 이주민이 상호작용할 수 있는 문화체험과 다양한 교육프로그램의 지속적인 유지가 가능한 사회적 분위기가 요구된다. 외국인근로자의 문화적응문제는 언어 장벽(M=3.5), 문화 충격(M=2.77), 편견 · 차별(M=2.72), 어울림(M=2.54) 순으로 나타났다(박근수 · 송병국, 2015).

❖ **직접적으로 지각한 지지 문항**(박지원, 1985)

- 나는 가끔 낯선 곳에 있는 것처럼 느껴진다.
- 나는 인생에 실패했다는 느낌이 자주 든다.
- 나에게는 언제 방문해도 반갑게 맞아 줄 친지의 집이 있다.
- 나는 누구를 믿어야 할지 모를 때가 많다.
- 나는 스스로 가치 있는 사람이라고 느끼고 있다.
- 나는 세상에 혼자 있는 것처럼 느껴진다.
- 내 주위에는 더 이상 의지할 만한 곳이 없다.
- 나는 내 자신에 대해 항상 긍정적으로 생각한다.
- 나는 매사에 열등감을 느낀다.
- 나는 사람들로부터 떠나 혼자 있었으면 좋겠다는 생각이 든다.
- 나는 나 자신에 대해 만족한다.
- 나는 내가 멀리 떠나버린다면 아파할 사람이 많을 것으로 생각한다.
- 일단 내가 누군가를 좋아하면 그들도 곧 나를 좋아하게 된다고 생각한다.
- 나는 거의 모든 부류의 사람들과 어울려 지낼 수 있다.

• 다른 사람이 나를 칭찬하더라도 있는 그대로 믿기 어렵다.

다문화아동들에 대한 사회적 지지는 학교생활적응에 가장 큰 영향력을 미치는 변인이라는 사실이 초등학생에서 나타나고 있다는 것은 학령기 자녀를 둔 부모들에게 주는 시사점이 크다. 따라서 중학생 이하인 자녀의 학교생활적응을 높이기 위해서는 교사나 친구의 지지와 가족과 자녀의 관계가 얼마나 긍정적으로 유지되고 있는 것이 중요하기 때문에 부모의 정서적인 가족 분위기, 학교, 친구들의 다문화 수용성을 가지는 태도와 실천이 중요하다(정지민, 2015).

결혼을 통한 가정의 형성에서 결혼이주여성의 정서적 지지는 자신감과 자녀양육에도 중요한 영향을 미친다. 가족관계는 사회적 지지와 심리적 안녕감에 조절역할을 하는지를 연구한 결과, 사회적 지지가 다문화여성의 심리적 안녕감에 영향을 미치는 요인은 가족관계의 수준에 따라 조절효과가 있는 것으로 나타났다. 배우자의 관계, 배우자 부모님과의 관계, 배우자 형제와의 관계 등 가족관계의 수준이 높을수록 삶의 질이 높아진다(김새봄, 2013; 박명순 · 이미진, 2016). 긍정적인 가족관계는 심리적 안정감과 사회적 지지가 자존감을 증대시키고 가족의 대화와 결혼만족도를 향상시킨다(김미경, 2010; 김철주, 2020; 이현우, 2011).

또한 다문화청소년에게 사회적 지지는 진로태도성숙에 중요한 영향을 미치는 것으로 나타났다. 가족의 지지는 자아분화와 진로태도성숙 간의 관계를 조절하며 청소년의 건전한 성장과 발달을 이루게 하고, 교사의 지지는 진로상담과 진로탐색에 영향을 받으므로 청소년의 건전한 성장을 위해 가족과 학교의 협력이 필요하다(조경미, 2019).

사회적 지지는 북한이탈주민에게도 중요한 영향을 미치고 있다. 1993년 이후 러시아 및 동유럽 사회주의 국가의 붕괴와 북한은 고난의 행군(1997) 이후 최악의 식량난을 경험하며 탈출현상이 증가하기 시작하여 북한 내의 식량난이 악화되면서 가족단위의 탈출이 확산되었다. 이러한 변화는 귀순북한동포보호법을 1997년 7월 1일부터 북한이탈주민의 보호 및 정착지원에 관한 법률로 전면 개정하였다. 법률적 지원은 북한이탈주민에 대한 종합적인 보호 및 정착지원을 지원하고 자유민주주의 체제에 적응할 수 있도록 각종 보호와 혜택을 부여하여 정착의 토대가 되도록 제정하고 사회적 지지를 지원하였다.

북한이탈주민은 북한에서의 기아와 결핵, 영양실조, 빈혈 등의 건강 문제로 건강증진행위의 접근이 계속적으로 요구된다. 건강행위는 건강을 지켜주고 예방하고 건강을 증진시킬 수 있는 행위이며, 위험행위는 흡연, 음주, 식습관, 수면, 스트레스 등이고, 건강을 높여주는 행위로는 운동, 체중조절, 건강검진, 구강보건, 신체관리 등이 있다(김나래, 2008). 북한이탈주민의 여러 가지 적응과 관련된 스트레스와 불안 등에 정서적 지지가 중요하고, 또한 사회에서 소외감을 느끼지 않고 적응할 수 있도록 지역사회의 관심과 노력이 필요하다.

5) 건강신념모델 이론

건강신념모델(health belif model, HBM)은 인간의 행위가 목표를 달성할 가능성에 대한 생각에 달려 있다라는 심리학과 행동 이론을 기본으로 하며, 인간은 부정적 영역에서 긍정적 영역으로 변화하려는 경향과 이러한 행동은 자신의 지각세계에 따라 결정된다는 점에 착안하여 미국의 심리학자들이 개발하고, 이후 Rosenstock(1974)이 정교화시켰다.

1950년대 사회심리학회에서는 자극반응 이론과 인지 이론의 두 가지 이론에서 도출된 학습 이론의 영향을 받아 인간행동을 이해하려는 노력과 접근이 시작되었고 강화로 자극반응연구가들은 학습된 결과가 행동을 일으킨다고 믿는다.

건강신념모델은 가치기대적 이론이며 건강개념이 건강 관련 행동으로 형성될 때, 해석은 질병을 피하거나 건강해지려는 욕망, 사람에게 접근 가능한 특별한 건강행위가 질병을 예방하거나 완화시킨다는 신념으로 보았다. 건강신념모델을 보건사업에 적용한 예는 결핵검진 참여에 대한 행동으로 적용되었고 1952년대에 호치바움(Hochbaum, 1958)은 이동차량을 이용한 도시 주민들의 X선 간접촬영을 실시한 연구를 통해 결핵에 대한 건강신념에 적용하였다. 결핵이 의심된다고 인지한 민감한 집단과 초기 발견이 가능하다고 믿는 집단 중 82%가 특정 기간 중에 자발적으로 X선 검진에 참여하였고, 이러한 신념이 없는 집단의 3/4이 행동을 취하지 않는다는 사실을 통해 민감성과 유익성이 서로 강한 관계를 가진다고 설명하였다. 질병예방 프로그램이 개발되고 이후에는 사람들의 증상에 대한 반응에 작용되도록 확대되었다.

(1) 건강신념모델의 4가지 개념

① 지각된 유익성

특정 행위를 할 경우 얻을 수 있는 혜택에 대한 지각으로, 개인 건강행위의 원천이 되는 신념은 질병에 대한 위협감이 높은 경우와 특정 건강행위를 취할 경우 유익성이 장애성보다 더 높은 경우에 의해서 결정되어진다.

② 심각성

질병에 걸린 경우 혹은 치료를 하지 않았을 경우에 어느 정도 심각하게 되는지에 대한 지각으로, 개인이 특정 건강 문제에 지각하는 민감성과 심각성이 지각되어 위협감이 된다고 하였다. 지각된 위협감은 인간이 행동을 취하기 위한 심리적인 준비로서 건강행위를 하지 않았을 때 초래되는 건강 문제에 대한 개인이 지각된 위협의 정도를 의미한다.

③ 지각된 민감성

자신이 어떤 질병에 걸릴 위험이 있다고 지각하거나, 이미 질병에 걸린 경우, 의료적 진단을 받아 들이거나 재발할 위험이 있다고 생각하는 등 질병에 민감하게 반영하는 것을 의미한다.

④ 장애성

특정건강행위에 대한 부정적인 지각으로서 어떤 행위를 하려고 할 때, 그 건강행위에 잠재되어 있는 부정적인 측면과 위험성, 부작용, 고통, 불편, 시간소비, 습관변화 등이 건강행위를 방해하는 요인이 되는 것을 의미한다.

(2) 건강신념 연구

북한이탈주민의 건강신념에서 지각된 유익성과 자기효능감이 북한이탈주민의 건강행위에 영향을 미치며 개인적 특성에는 민간요법, 제3국 체류기간, 북송경험이 건강행위에 영향을 미치는 것으로 나타났다. 그러므로 북한이탈주민이 바람직한 건강행위를 실행할 수 있도록 지각된 유익성과 자기효능감을 높이는 중재가 필요하다(전정희, 2010).

건강신념 연구에서 지각된 건강상태는 자궁경부암과 정적인 관계를 가지고 있었고 자기효능감이 예방 활동에 가장 큰 영향을 미치는 강력한 변인으로 나타났다(마샤오통, 2018). 결혼이주 베트남 여성들의 자궁경부암 예방교육프로그램에 건강신념모델을 이용하여 자궁경부암 예방행위 의도를 갖고 예방행위를 실천할 수 있도록 90분간의 교육과 30분간의 상담을 주 1회, 4주간에 걸쳐 총 4회 실시한 결과, 자궁경부암의 지각된 민감성 높이기, 지각된 심각성 높이기, 지각된 장애성 낮추기, 지각된 유익성 높이기로 구성하여 집단 프로그램에 이용하였다. 결혼이주 베트남 여성들의 흥미를 유도할 뿐만 아니라 자궁경부암의 지식수준을 높이고, 자궁경부암의 세포진검진에 대한 지각된 장애성을 낮추며, 자궁경부암 예방행위 의료를 높이고, 교육프로그램을 받은 실험군은 대조군에 비해 자궁경부암 검진 건강신념 중 지각된 민감성이 증가되고 지각된 장애성이 감소하여 앞으로 베트남 문화를 고려한 검진과 교육에 이용할 수 있다(구상미, 2015).

❖ **자궁경부암의 장애성**

- 자궁경부암 검진을 받는 것은 시간적 부담이 따른다.
- 자궁경부암 검진을 받는 것은 절차가 복잡하다.
- 자궁경부암 검진을 받는 것은 부끄럽다.
- 자궁경부암 검진 결과가 걱정된다.
- 자궁경부암 백신접종 비용이 부담된다.
- 자궁경부암 예방 백신 부작용이 염려된다.
- 자국경부암 예방 백신 주사는 아플 것이다.

3. 문화적 역량과 건강

우리나라는 결혼이주자나 외국인근로자, 북한이탈주민 등의 증가로 인해 다문화사회로 빠른 이동을 하고 있으며, 다문화에 대한 많은 관심을 보이고 있다. 우리 사회가 다양한 문화권의 사람들로 확대되면서 사회적 편견이나 의사소통의 어려움 등은 다문화가정을 한국 사회로 통합하는 데 걸림돌이 되고 있다. 그러므로 다문화사회를 성공적으로 이끌기 위해서는 다양한 문화적 배경의 사람과 효과적으로 상호 공존하는 다문화적 공존과 문화의 어려움을 이해하고 열린 마음으로 상호 존중하는 자세가 필요하다. 또한 다문화가정에 대한 이해를 높이고 편견 없이 다문화가정을 수용할 수 있는 능력, 즉 문화적 역량에 대한 필요성이 대두되고 있다.

1) 문화와 역량의 개념

① 문화

문화(culture)란 사람들의 상호 교류 속에서 그들의 외면과 내면에 새겨진 역사적 · 전통적 · 가치적 · 사회적 구조의 요소이며(Green, 1982), 언어, 사고, 의사소통 기술, 행동, 습관, 신념, 가치, 인종, 민족, 종교, 사회적 집단과 같은 제도를 모두 포함하는 통합된 인간의 행동 양식이다(Cross et al., 1989).

② 역량

역량(competence)이란 무엇인가를 할 수 있는 기술을 갖고 있으면서 그 기술을 적절하게 사용할 수 있는 능력이 있으며, 동시에 지속적으로 개발하려는 충분한 의지가 있는 것을 의미한다(Salo-Lee, 2006).

③ 문화적 역량

문화적 역량(cultural competency)이란 자문화와 타문화에 대한 정확한 인식과 문화 차이로 인한 갈등을 해결할 수 있는 능력이며, 다양한 배경의 사람들과 효과적으로 상호작용할 수 있는 역량이다.

베탄쿠르 등(Betancourt et al., 2003)은 문화적 역량을 '소수집단의 문화를 인구집단의 독특한 욕구로 이해하고, 이에 반응할 수 있는 작업을 실행할 수 있는 능력'이라고 정의하였다. 문화적 역량은 자신과 다른 표상적 의사소통과 무의식적인 의사표현, 문화적 관습들을 해석할 수 있는 능력이다. 서로 다른 문화적 배경을 가진 사람들의 행동과 사고방식을 접했을 때 자신의 언어, 경험, 현재 인식의 방법 등과 연관되어 있는지를 이해하고 문화적으로 다른 사람들의 문화적 경험이나 인식의 방법 등과 비교하여 파악할 수 있는 것이다. 개개인이 다문화적 상황에서 효과적으로 되기까지 거쳐야 하는 다문화인식 발달 단계는 부정, 방어, 최소화, 수용, 인지적 적응, 행동적 적응까지 6단계로 나누어진다(Bennet, 2009).

2) 문화적 역량의 구성 요소

① 문화인식

문화인식(cultural awareness)이란 자신과 문화적 차이가 있는 사람과의 상호작용 시 자신의 태도, 신념, 가치, 가정, 자기 인식 등 사회 내에 존재하는 문화적 다양성에 대해 인식하고 존중하며 이해하는 것이다.

② 문화지식

문화지식(cultural knowledge)은 문화에 대한 지식을 습득하는 것으로, 그들이 가지고 있는 역사와 전통, 가치 체계, 세계관, 가족 체계, 신념, 관습, 현실 상황에 대한 이해를 할 수 있도록 노력하는 것이다(김연희, 2007).

③ 문화기술

문화기술(cultural skill)은 문화적 기술을 개발하고 유지하는 것으로, 다른 문화권의 사람과 효과적으로 의사소통할 수 있는 능력이며, 다문화 대상자의 문화적 배경(신념, 가치관, 삶의 방식 등)을 서비스 제공 기획 과정에 포함시키는 능력이다(김연희, 2007).

❖ 문화적 민감성

문화적 민감성은 문화인식에 영향을 주는 중요한 요인으로, 나와 다른 문화를 존중하고 수용하려는 태도, 신념, 행동을 말하는 것이다. 다양한 문화권에 속한 사람들의 신념, 가치, 행동, 관습 등을 이해하고 상호작용할 수 있는 기술을 습득하여 능숙하게 행동할 수 있는 능력을 의미한다(St.clair er al, 1999). 문화적 민감성에 대한 하위요인은 문화적 통합태도, 문화적 지식습득, 문화적 기회균등, 문화적 독특성 인정 및 언어사용 배려 등의 다섯 가지로 분류하며 구체적인 내용은 다음과 같다.

- **문화적 통합태도:** 이주자들과의 만남과 접촉에 대한 주관적인 느낌으로 이주자들을 거부감 없이 대할 뿐만 아니라 더 나아가 이들과의 결혼에 대해서도 개방적인 태도를 보이는 것이다.
- **문화적 지식습득:** 다른 문화, 예술, 외국인과의 만남에 흥미를 가지고 즐기며, 참여하는 행동에 대한 의식을 의미한다.
- **문화적 기회균등:** 이주자에 대한 사회적 차별을 반대하고, 그들의 권리를 인정하며 정부지원이나 고용기회의 균등에 대한 긍정적 사고를 말한다.
- **문화적 독특성 인정:** 자신의 문화적 정체성을 발견하며, 다른 문화에 대해 거부감이나 위협보다는 있는 그대로 그 문화를 수용하고, 인종과 문화적 특성을 존중하는 것이다.

- **언어사용 배려:** 이주자들의 모국어를 인정하고, 사회적 활동에서 모국어를 사용할 수 있도록 배려하는 마음을 말한다.

❖ 문화적 독특성 수용

- 이주자들은 자국의 전통춤이나 놀이를 하지 말아야 한다.
- 우리나라에서 외국 국기나 상징이 새겨진 복장은 가급적 피해야 한다.
- 문화적 · 종교적 색채가 강한 의상을 입고 다니는 이주자들을 보면 거북하다.
- 외국인을 사귀면 내 고유한 문화를 상실할 것 같다.
- 인종과 민족적 배경에 상관없이 개인의 능력에 따라 평가되어야 한다.

❖ 다문화 인식 문항

- 한국에도 다양한 인종과 민족이 살고 있다.
- 나와 다른 인종과 민족일지라도 존중해주어야 한다.
- 한국에 거주하는 다문화가정 사람들을 한국인으로 인정해야 한다.
- 정부와 시민단체가 다문화가정을 지원하는 것은 바람직한 일이다.
- 기회가 된다면 다문화가정의 사람들과 정기적인 모임을 갖고 싶다.
- 나는 인종과 민족이 다른 사람들 간의 결혼을 찬성한다.
- 나는 신문, TV 등에서 다루는 다문화가정 관련 기사를 관심 있게 본다.
- 나는 다른 문화에 대해 수용 및 존중하려는 태도를 갖고 있다.

3) 문화적 다양성

문화적 다양성 보존의 논의는 1995년 세계무역기구(WTO) 출범 이후 2001년 제31차 유네스코 파리총회에서 유네스코 문화다양성 선언(Universal Declaration on Cultural Diversity)이 채택되고 2002년에는 제57차 UN총회에서 발전과 대화를 위한 "세계 문화다양성의 날"이 제정되어 각 문화를 보호할 수 있는 기틀을 마련하고, 154개국이 참여하여 2007년 10월에 협약이 발효되었다(이순배 외, 2015).

그린(Green)은 문화적 역량에 개인이 가진 문화적 제한점에 대한 인식, 문화적 차이에 대한 개방성, 공감, 존중, 서로 다른 문화 상호작용을 학습기회로 보는 견해, 문화적 자원을 중재로 이용하는 능력, 모든 문화의 가치를 인정하는 것을 포함하여 설명한다.

문화적 역량(cultural competence)에 대한 논의는 미국에서 흑인주도의 민권운동이 시작되면서 문화적 다원주의가 확산되기 시작하였고, 이는 소수자집단들의 인권보호 및 평등에 대한 사회적 요구로 발전하였다. 특히 클라이언트에게 직접 서비스를 제공하는 사회복지, 교육학, 간호학 등의 휴먼서비스(human service) 분야에서 주요한 개념으로 인식되고 있으며, 서비스 성과에 중요한 영향을 끼치는 것으로 알려져 있다(송기범 · 장은동, 2010).

문화적 인식에 영향을 주는 가장 중요한 요인으로 인생 초기의 경험은 전생애 발달과정에 영향을 주며, 보다 어린 시기의 문화생활은 성인이 되어서도 건강한 문화생활의 원동력이 되고, 어린시절 문화생활만족도는 문화인식에 긍정적인 영향을 줄 수 있다. 또한 문화동기가 높다는 것은 문화에 대한 인식이 긍정적임을 알 수 있다. 문화참여 인식이나 문화참여 지속성은 자발적인 활동과 관련된다. 그러므로 학령기 아동과 청소년의 지속적인 다문화 프로그램 참여를 활성화해야 한다(심미영 · 이둘녀, 2015).

다문화 특성과 다문화 관련 개념에 대한 다문화 지식, 다문화 배경에 대한 편견과 선입견에서 벗어나 객관적이고 공정하게 수용하는 다문화 태도, 다문화교육을 실천하는 데 필요한 다양한 능력을 포함하는 다문화 기술로 구분하였다(강종훈, 2015). 다문화가정을 긍정적으로 수용하기 위해서는 자문화와 타문화를 동시에 인정하는 문화적 역량이 필요하며, 자기 민족에 내재된 문화에 대한 올바른 인식과 함께 다른 사람, 인종, 지역의 문화적 차이를 인식하고 이해하고자 하는 능력을 더욱 함양해야 한다(Banks & Banks, 2008).

문화교육역량은 다문화에 대한 지식을 키우고 다문화사회에서 상호 교류를 하며 환경에 맞추어 가면서 지식을 깨달아 가는 것을 의미한다. 또한 다문화 기술로 다양한 다문화를 이해하며 다양한 교수방법을 적용하는 실천적 기술과 문화간에 소통할 수 있는 의사소통 능력이다(이병준, 2007). 다문화교육역량은 자신과 다른 문화에 대한 인식능력으로, 서로 다른 집단에 대해 갖는 고정관념과 편견으로 인정하고, 문화간의 차이를 올바르게 받아들이는 태도이기도 한다. 다문화 인식은 교사의 가치관과 신념을 인식하고 여러 가지 문화에 대한 고정관념과 편견을 인식하는 것이다. 효과적인 다문화교육의 실천을 위해서는 교사들의 다문화교육역량이 요구된다.

다문화 통합 어린이집교사의 연구에서 다문화 민감성, 다문화교수효능감과 다문화교육역량 간의 상관관계는 모두 유의미한 정적관계를 나타냈다. 이 결과는 다문화 민감성이 높을수록 다문화교육역량이 높아진 것을 의미하며, 다문화교수효능감이 높을수록 다문화교육역량도 높다는 것을 알 수 있다. 그러므로 다문화학령기 아동을 교육하는 다문화교수효능감을 높이기 위해서는 자신과 다른 문화를 존중하는 마음과 자신과 다른 문화의 사람들과 교류하는 행동에 자신감을 가지는 생각을 가져야 하며 교육현장에서 다문화에 대한 수업을 실시할 때 수업환경 및 여건을 형성하고 적절한 자료와 다른 문화를 가진 사람들과 교류하여 다문화 민감성을 높여야 한다(변미애, 2018). 다문화가족을 대면하고 문화적 역량강화의 필요성이 요구되는 보육교사, 상담교사, 의료인 등은 문화적 다양성과 역량을 포용하는 태도로 다문화가족에 대한 지지와 역할을 수행해야 한다.

다문화에 대한 긍정적인 인식과 역량은 다문화청소년들에게도 긍정적인 다문화를 수용하고 차별인식에 긍정적인 영향을 준다. 세계화와 국제화 사회에서 변모하는 다문화 시대의 일원으로 살아갈 청소년들의 건강하고 평등한 사회에 꼭 필요한 차별인식을 높이기 위해 청소년의 다문화 수용성을 높일 수 있는 기회를 제공하는 것이 필요하다. 이러한 교육은 다문화지원센터와 교육부에서 청소년의 조기적응과 개인의 특성을 고려한 맞춤형 교육과 학업성취에 2018년 다문화가족계획사업에 중점을 두고 노력하고 있다.

다문화가정과 지역사회의 건강관리에 참여하는 간호사의 다문화 역량은 다문화가정의 문화인식을 적용하여 건강증진에 기여할 수 있다. 방문간호사를 대상으로 연구한 문화적 역량 연구에서 방문간호사의 문화역량과 관련된 점수를 보면 문화인식 4.14, 문화적태도 4.07, 문화지식 및 기술 3.15로 문화지식 및 기술이 문화인식과 문화적태도보다 부족한 것을 알 수 있다. 보건소간호사의 문화적 역량에 영향을 주는 요소로는 방문간호사 이전의 경력, 방문간호업무 만족도, 다문화가족 간호만족도, 다문화가족연계서비스 경험으로 나타났으며, 보건소 방문간호사의 문화적 · 기술적인 경험과 교육을 활용하여 지역사회 다문화 역량을 증가시킬 수 있다(이정미 · 강서영, 2019). 문화적 역량을 증진시키기 위해서는 문화적 민감성이 필요하며 지역사회의 사회복지사, 방문교사, 상담사, 간호사는 다문화가족의 문화간 유사성과 차이점을 긍정적으로 적용하고 문화적 민감성을 가지고 적용할 수 있어야 한다.

❖ 북한이탈주민에 대한 문화적 역량

- 나는 사회복지사와 북한이탈주민이 서로 가치관과 신념을 기꺼이 나눌 수 있어야 한다고 생각한다.

- 나는 북한이탈주민의 문화에 따라 가족의 범위가 달라질 수 있다는 것을 충분히 이해하고 이를 수용할 수 있다.
- 나는 나의 문화적 배경과 경험이 북한이탈주민을 대하는 나의 태도에 어떻게 영향을 미치는지 충분히 이해하고 있다.
- 나는 북한이탈주민 개인마다 우리 사회에 적응하기를 바라는 수준이 각자 다르다는 것을 알고 있으며, 이를 존중한다.
- 나는 북한이탈주민 출신국가의 사회적 규범과 가치관을 구체적으로 알고 있다.
- 나는 북한이탈주민이 우리나라에 살면서 한국인과는 다른 어려움을 경험한다는 것을 알고 있다.
- 나는 북한이탈주민이 현재 어떤 사회적 · 경제적 상황에 처해 있는지 잘 알고 있다.

자율학습

선택형

1. 자기효능의 구성요소로 알맞은 용어는?

( )은 비슷한 상황에 있는 다른 사람들의 성공적 행동을 관찰함으로써 자신의 상황을 관리할 수 있는 간접적 경험을 말한다.

① 성취감 ② 자신감
③ 대리경험 ④ 구두설득
⑤ 생리적 상태의 조절

2. 북한이탈주민에게 사랑과 돌봄으로 관심을 보이는 사회적 지지의 유형은?

① 정서적 지지 ② 정보적 지지
③ 물질적 지지 ④ 평가적 지지
⑤ 심리적 지지

3. 결혼이주여성과 난민이 직업을 가지고 싶어 하는 것에 해당되는 욕구는?

① 생리적 욕구
② 안전의 욕구
③ 자존감의 욕구
④ 자아실현의 욕구
⑤ 사랑의 소속의 욕구

4. 결혼이주여성이 산후조리를 하면서 고국의 문화와 음식의 선호를 인정하고, 이슬람 외국인근로자의 종교적인 문화를 인정하고 배려해 주어 건강유지를 적용하는 이론은?

① 적응 이론
② 자기효능 이론
③ 건강신념 이론
④ 스트레스 이론
⑤ 횡문화 돌봄 이론

5. 다른 문화권의 사람들과 효과적으로 의사소통할 수 있는 능력으로, 다문화 대상자의 문화적 배경(신념, 가치관, 삶의 방식 등)을 서비스 제공 과정에 포함하는 문화적 역량의 요소는?
   ① 문화인식
   ② 문화지식
   ③ 문화기술
   ④ 문화적 민감성
   ⑤ 문화적 독특성

비판적 사고

1. 건강행위에 잠재되어 있는 부정적인 측면과 위험성, 부작용, 고통, 불편, 시간소비, 습관변화 등이 건강행위를 방해하는 요인이 되는 건강신념모델의 예를 적용하여 설명하시오.

2. 사회적 지지의 유형 4가지를 다문화에 적용하여 설명하시오.

선택형 정답: 1.③, 2.①, 3.④, 4.⑤, 5.③

CHAPTER

10

다문화사회의 건강 문제

개요

다문화사회를 구성하고 있는 외국인 이주민이 우리 사회에 적응함에 있어 겪는 공통적인 고통과 어려움에는 한국어를 못함으로 인한 의사소통 장애, 경제적 고통, 문화 부적응 등이 있다.

이들은 이러한 고통과 어려움으로 심한 스트레스를 겪으며 더 나아가 우울, 불안, 공포, PTSD(post traumatic stress disorder) 등의 문제도 겪게 된다. 또한 외국인근로자는 심한 노동과 열악한 환경 등으로 인하여 많은 신체적 건강 문제를 겪고 있다. 그러나 경제적 어려움과 의사소통의 문제 등으로 인하여 건강 문제를 해결하는 데 많은 어려움이 따른다.

따라서 본 장에서는 우리나라에서 다문화사회를 구성하고 있는 외국인 이주민의 건강 문제를 확인하고 이에 대한 대책에 대하여 살펴보고자 한다.

1. 결혼이주자

최근 세계화와 더불어 국가 간 인구이동이 보편화되면서 국경의 장벽이 무너지고 다양한 민족의 배우자를 선택하는 국제결혼이 급증하고 있다. 한국 남성과 이주여성의 국제결혼은 1990년대 '농촌 총각 장가보내기' 운동의 일환으로 시작되어 2000년 이후 크게 증가하고 있다(손승영, 2011). 이로 인해 우리나라에서 다문화가족은 2008년 14만 4천 명에서 2017년 33만 명으로 2배 이상 꾸준한 증가추세를 나타내고 있다(여성가족부, 2019).

결혼이주여성은 베트남, 중국, 태국 등의 아시아 국가 비율이 높고 연령 차이도 10년 이상 상당한 차이가 있다. 결혼이주여성이 한국 남성과 결혼한 이유는 "경제적으로 더 나은 한국에서 살기 위하여"가 가장 높은 비율을 차지하고 있다(김미우, 2011). 우리나라 남성과 이주여성의 국제결혼은 과거 결혼중개업체를 통한 결혼 비율은 점차 줄어들고 있지만, 결혼까지 걸리는 시간이 불과 1~2일인 경우가 과반수 이상을 차지하기 때문에 충분한 교제와 이해가 부족한 상태에서 결혼이 이루어지고 있다(여성가족부, 2018).

현재 우리나라 결혼이민자는 173,882명이며, 혼인귀화자 수는 137,495명이다(법무부, 2020). 국적별로 본 결혼이민자 수는 베트남이 42,304명, 한국계 중국인이 37,990명, 중국이 32,865명, 필리핀이 10,913명이며(**그림 10.1**), 그 밖에도 태국, 캄보디아, 우즈베키스탄 등의 출신 국가가 다양해지고 있다(행정안전부, 2020).

국제결혼 증감 추이분석을 살펴보면 2019년 23,643건으로 2010년 34,235건에 비해 10,592건 감소하였으며, 이는 총 혼인 수가 2010년 32만 6,104건에서 2019년 23만 9,200건으로 감소한 결과로 분석되며, 그 중 국제결혼은 9.9% 수준으로 한국에서 결혼한 10쌍 중 1쌍은 국제결혼을 하고 있다. 한국 남성과 외국 여성의 혼인은 1만 7,700건으로 전년보다 6.5% 증가하였으며, 한국 여성과 외국 남성의 혼인은 6,000건으로 전년보다 2.2% 감소하였다. 외국인과의 혼인 중 74.8%가 한국 남성과 외국 여성의 혼인으로 대부분을 차지하고 있다. 여성의 국적은 베트남이 37.9%로 가장 많으며 중국 20.6%, 태국 11.6% 순으로 나타났다. 남성의 국적은 미국 24.6%, 중국 23.6%로 비슷한 분포를 보이며, 그 다음 베트남이 10.7%를 차지하고 있다(통계청, 2020).

결혼이주여성의 평균 연령은 24.5세이고 한국인 남편의 평균 연령은 38세로, 부부의 평균 연령 차이는 14.1세이다. 지역별로는 80%가 도시에, 20%가 농촌에 거주하고 있으며, 특히 필리핀과 베트남 여성들은 70% 이상이 중소도시와 농촌에 거주하고 있고, 이들

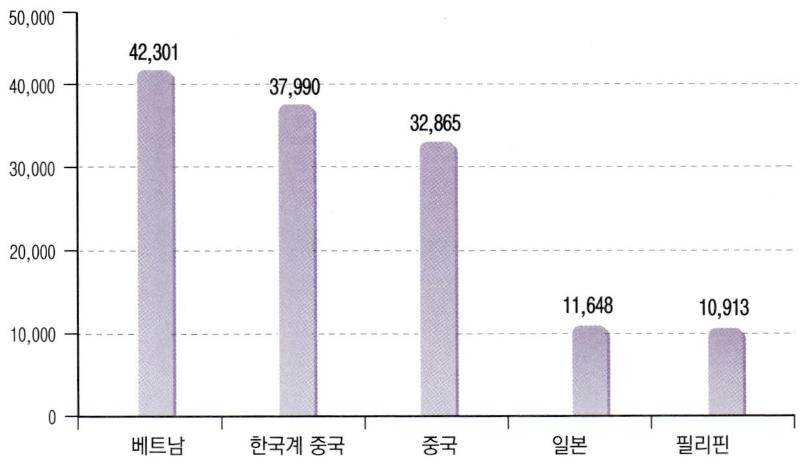

그림 10.1 국적별 결혼이주여성

에 비해 중국 여성은 상대적으로 대도시에 더 집중되어 있다(보건복지가족부, 2020; 김두섭, 2015).

결혼이주여성들은 초기 정착하는 과정에서 새로운 환경이나 식생활의 변화 등으로 영양섭취가 부족하고 적응생활 과정에서 겪는 여러 가지 스트레스 등으로 인해 건강 문제가 발생하고 있다. 그리고 임신과 출산, 양육에 대한 새로운 상황과 직면하게 되면서 건강관련 정보가 부족하고, 병원 이용에 대한 부담감이 증가되며, 건강보험 등의 한국 의료제도에 대한 정보 또한 요구되고 있다. 이렇게 결혼이주여성이 증가됨으로 인해 문화적 갈등 차이와 가족 관계 부적응 및 자녀 교육과 관련된 정보부족이나 차별 등의 사회적 문제가 가중되어 다양한 스트레스와 건강 문제가 나타나고 있다(변성원, 2013; 이연옥 · 장덕현, 2015).

1) 결혼이주자의 건강

(1) 신체적 건강

국제결혼이주여성은 새로운 환경과 문화에 적응하기 시작하면서 동시에 입국 1년 내에 임신과 출산을 경험하게 되고 육아 과정을 겪으면서 다양한 건강 문제를 보이게 된다. 그 중 음식이 입맛에 맞지 않아 잘 먹지 못해서 생기는 빈혈이 14%로 가장 많으며, 그 외 위장질환 10.1%, 부인과질환 8% 순으로 나타났다(**그림 10.2**). 임신 · 출산 후 합병증은 빈혈이 19.6%로 가장 높고 산전 · 후 출혈 9.4%, 저체중이나 임신 중 체중증가

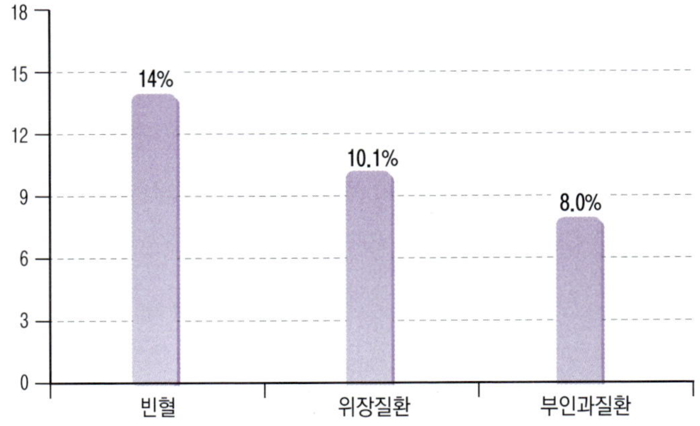

그림 10.2 결혼이주여성의 건강 문제

및 미달이 8.3%, B형간염이 8.2%로 나타났다(보건복지가족부, 2020).

결혼이주여성의 모성건강 관련 실태를 살펴보면 인공임신중절 수술이 2005년 20.2%에서 6.3%로 상당히 감소하였으며, 불임이 11.4%, 자연유산 경험이 10.9%, 사산 경험이 2.1%를 차지하였다(**그림 10.3**). 인공유산의 이유로는 터울 조절이 21.9%로 가장 높았고, 자녀를 원하지 않아서가 18.8%, 산모 및 태아의 건강상태로 인해서가 15.6%, 가족의 출산 반대 등이 3.1%이다(보건복지가족부, 2020)(**그림 10.4**).

잦은 인공유산의 경험이나 자연유산, 사산 등은 여성의 건강 문제를 저해할 수 있다. 특히 인공유산의 이유가 터울 조절이나 가족의 출산 반대 등 원치 않는 임신을 예방하기 위해서인 경우는 피임 등의 성교육을 통하여 임신과 출산을 조절함으로써 여성의 건강증진을 도모할 수 있다.

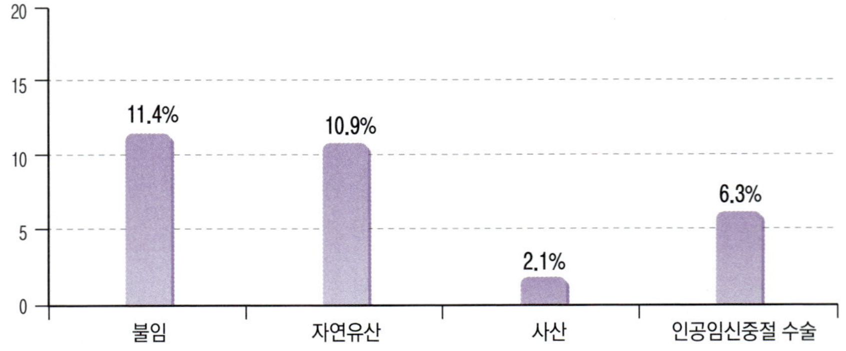

그림 10.3 결혼이주여성의 모성 건강실태

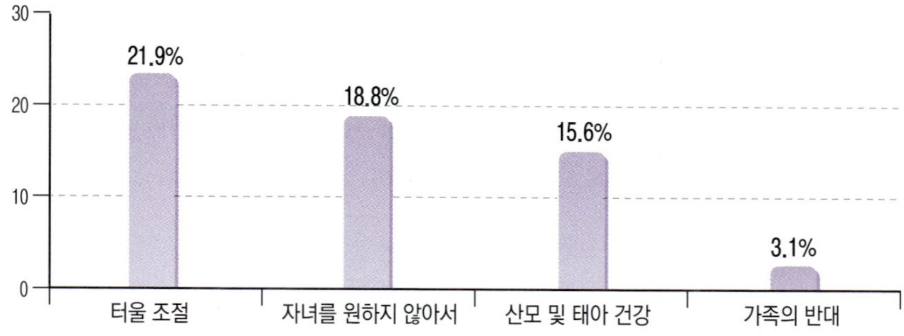

그림 10.4 인공유산의 이유

결혼이주여성의 산부인과질환으로는 질염이 가장 많았으며, B형간염 항원 양성률과 인유두종바이러스, 골다공증은 우리나라보다 높게 나타났다(문가을 등, 2015).

국제결혼이주여성의 건강 관련 선행 연구 분석에 의하면 정신적 · 사회적 건강에 대한 주제가 주를 이루고 있으며, 신체적 건강과 관련된 연구는 미흡하였던 것으로 나타났다. 신체적 건강과 관련해서는 '의료서비스 기관 이용'에 관한 논문과 '건강증진 행위'에 관한 논문이 소수 발표되었다(안옥희 · 전미순 · 황윤영 · 김경애 · 윤미선, 2010).

이는 여성 결혼이민자의 주관적 건강상태가 5점 만점에 평균 4.12점으로 좋게 나타난 연구에서와 같이 결혼이주여성의 평균 연령이 30세 미만으로 성인의 주관적인 건강상태 평가에 영향을 미치는 고혈압, 당뇨병, 관절염 등의 만성질환 유병률이 높지 않은 것이 연령과도 연관이 있는 것으로 생각된다(윤지원 · 강희선, 2015; 김광숙 · 문선숙, 2011).

(2) 정신적 건강

많은 국제결혼이주여성은 본국의 친구나 가족과의 관계가 끊어짐으로써 상실감을 경험하게 되며, 새로운 환경에 대한 대처능력 부족과 사회적 지지망의 결여로 소외감을 느끼게 되고 낯선 문화에 대한 스트레스가 더해진다. 이러한 스트레스로 인해 불안, 우울, 신체화 증상, 정체성 혼란 등의 사회적 부적응을 보이기도 한다(손승영, 2011; 임혁, 2010; 장덕희 · 이경은, 2010).

결혼이주여성의 전체 스트레스는 5점 척도에 평균 2.62점으로 중간보다 약간 높으며, 하위 영역별로 살펴보면 경제적 스트레스가 2.79점, 가족 관계 스트레스는 2.72점, 문화적응 스트레스는 2.46점으로 경제적인 어려움으로 인한 스트레스가 가장 높다. 결혼이주여성의 가정은 대부분 저소득층이 많아 가정경제의 어려움으로 인한 경제적 문제를 많이 가지고 있으며, 이러한 상황들은 부부갈등의 소지가 될 수 있고 우울이나 불안, 스트레스 등의 정신적 건강 문제를 일으킬 수 있다. 또한 가족 관계 스트레스 중에서 자녀 관계의 스트레스가 가장 높아 자녀양육에 많은 어려움을 겪고 있는 것으로 나타났다(김미우, 2011; 최정혜, 2011). 또한 한국의 전통적이고 가부장적인 사고와 시부모와의 관계 등 한국문화 강요로 인한 신체화 장애가 높은 것으로 나타났다. 농촌에 거주하며 배우자 학력이 낮을수록 신체화 장애가 높았고, 취업한 경우는 업무에 대한 부담감으로 인해 스트레스를 받게 되고 심리적 갈등을 제대로 표현하지 못하여 신체화 장애가 높은 것으로 나타났다. 도시는 농촌에 비해 문화적 충격이 덜하며 문화적응이나 주부생활 스트레스가 낮고, 결혼만족도와 배우자 지지가 높아 신체화 장애가 낮은 것으로 볼 수 있다(남인숙, 2010; 김순옥 · 임현숙 · 정구철, 2013).

문화적응 스트레스는 불안, 차별, 언어사회적 장벽, 소외감, 가족 갈등 중 특히 언어사회적 장벽 스트레스가 높았으며, 다음으로 불안, 차별 순으로 나타났다(김은정 · 장명선 · 정순둘 · 조숙현 · 허영숙, 2017).

결혼이주여성의 우울은 배우자의 학력과 경제적 지원 및 한국어 능력에 따라 유의미하게 설명할 수 있다. 배우자의 학력이 낮을수록 부부갈등이 증가하고, 결혼만족도는 낮아지며, 배우자 지지가 감소하여 우울이 심해질 수 있다고 하였다. 그러나 친정에 경제적 지원 시에는 우울이 더 낮아지는 것으로 나타났다. 대부분 경제적 생활향상을 위해 국제결혼을 한 이주여성들은 76.4%가 본국에 송금을 하고 있으나, 기대보다 가계소득이 낮아 금액이 만족스럽지 못할 경우 더 우울이 발생하는 것으로 추정된다(남인숙, 2010; 김순옥 · 임현숙 · 정구철, 2013).

결혼이주여성의 우울에 영향을 미치는 변수는 생활만족도와 사회적 지지이다. 사회적 지지의 부족은 결국 낮은 생활만족도와 사회 부적응 및 우울 등은 정신건강 상의 문제로 표출될 수밖에 없으며, 결혼이주여성들이 지각하는 사회적 지지가 높을수록 우울의 정도는 낮았고 생활만족도는 높은 것으로 나타났다(김현실, 2011; 김순옥 · 임현숙 · 정구철, 2013). 동남아시아 결혼이주여성의 산전우울 예측요인으로 생활 스트레스와 결혼생활만족도, 정서적 지지가 43.0%인 것으로 설명되고 있다. 임신과 육아에 대한 스트레스와 언어와 문화 장벽 및 월수입 등의 생활 스트레스가 높을수록 산전우울이 높았으며, 남편과의 결혼생활만족도가 높을수록, 남편의 정서적 지지가 높을수록 산전우울이 낮게 나타난 결과와도 일맥상통하는 것으로 나타났다(신현희 · 신영희,

2015).

결혼이주여성의 우울에 영향을 미치는 경제수준, 남편의 음주 문제, 부부폭력 피해 경험, 결혼만족도, 사회적 지지에 대한 위계적 회귀분석 결과 결혼만족도가 낮을수록, 부부폭력 피해경험이 많을수록, 사회적 지지가 낮을수록 우울 수준이 높아지는 것으로 나타났다(최현미 · Mikyung Kim-Goh · 윤명숙, 2013)

국제결혼이주여성의 정신적 건강에 관한 연구는 다른 분야보다 월등히 많다. 주로 다룬 정신적 건강 영역의 주제는 결혼만족도, 생활만족도, 사회적 지지, 스트레스, 우울, 부부갈등 등으로 나타났다. 이런 주제의 연구가 많이 진행된 것은 이들 여성의 가족 간 갈등과 지원체계의 부족으로 생활만족도의 저하를 경험한 현실을 반영한 것으로 보인다(안옥희 등, 2010; 김순옥 · 임현숙 · 정구철, 2013).

(3) 임신 및 출산

국제결혼이주여성에게서 임신과 출산 및 육아의 과정은 여성의 자발적 선택이기보다는 주로 주위의 권유에 의한 경우가 많다. 결혼중개업자들은 이주여성에게 임신 및 출산이 결혼생활에 빨리 적응하는 방법이라고 말한다. 즉 집안의 대를 이어줌으로써 여성의 결혼생활이 더 안정될 것이라는 기대감을 갖게 한다(손승영, 2011). 많은 결혼이주여성이 한국 문화에 적응하기도 전에 결혼 후 1년 이내에 임신과 출산을 경험하게 되는데, 가부장제 가정의 출산과 양육 문화의 차이 및 의사소통의 어려움 등 문화적응 단계에서 심한 갈등을 겪게 된다. 결혼이주여성의 대다수가 경제적으로 소득수준이 낮고, 이들의 남편이 육체적인 노동직이나 단순 노동에 종사하며 취약한 계층의 가구에 속한다(정정순, 2010).

국제결혼이주여성들의 총 임신 횟수는 2.4회이며 1회 임신한 경우가 52.6%로 가장 많았고, 2회는 25.9%, 경험이 없는 경우도 11.6%로 나타났다. 결혼 후 첫 임신까지의 기간은 1년 미만이 83.7%이며 평균 6.6개월로 나타났다. 또한 산전 진찰 시 병원비 부담과 의사소통의 어려움을 겪고 있었으며, 임신 중 음식이 출신국가와 달라 60% 이상에서 음식관련 어려움을 겪는 것으로 나타났다(보건복지가족부, 2020). 그리고 임신 · 출산 과정에서 모국의 방식을 무시당한 채 한국의 풍습에 따라 몸조리를 하게 되면서 자신의 정체성에 대한 혼란을 경험하게 된다.

다음은 베트남 여성이 한국에서 출산 후 먹는 음식에 관한 경험 이야기이다(안옥희 · 전미순 · 황윤영, 2011).

> "한국하고 베트남은 애기 낳을 때 먹는 음식이 달라요. 출산 후에 먹는 음식도 달랐고, 그래서 몸조리 관리도 달랐구요. 우리나라(베트남)는 애기 낳을 때 부추국, 양배추국, 돼지고기조림 그리고 사골 곰탕국 같은 음식을 많이 먹어요. 한국에서는 안 먹잖아요. 꼭 미역국 한 개로 다 먹잖아요. 베트남 음식도 먹고 싶은데 못 먹고……."

임현숙(2011)은 결혼이주여성의 임신 · 출산을 통한 삶의 전환 체험에서 본질적 주제를 '혼란과 긴장의 낯선 생활 세계에 힘이 없는 이방인으로 놓임', '이주생활은 임신 · 출산으로 더 힘들어짐', '아이의 탄생은 고통스러운 현실을 견딜 수 있는 힘이 됨', '가족 내 주체자로서 힘이 생김'으로 도출하였다. 즉 임신과 출산은 이주생활을 더 힘들게 하였으며, 이들에게 가해지는 임신 강요, 아들 선호, 임산부로서의 부당한 대우는 그들 스스로 자녀 생산의 도구로 취급받고 있다는 느낌이 들게 하였다. 이주여성에게 남편뿐만 아니라 새로운 생활환경에 대해 파악하지 못한 상태에서 준비되지 않은 임신은 낯선 세계에서의 적응을 더 어렵게 하는 위협적인 생활 사건으로 인식되었고, 출산 · 양육 또한 무섭고 두려운 일로 인식되었다. 또한 언어 장벽으로 인해 건강 전문인의 설명을 이해하지 못하거나 자신의 상황을 표현하기 어려워 건강 전문인의 도움을 제대로 받을 수 없었다. 하지만 자녀의 탄생은 남편과 새로운 가족 관계를 형성하게 하였으며, 가족적 지위가 상승되는 기회가 주어지는 기쁨이 되기도 한다. 또한 시댁이나 이웃과의 안정적 관계를 형성하는 데 큰 도움이 되었으며, 특히 가족 내 주체자로 힘이 생김을 느꼈다.

이주여성의 임신과 출산에 있어서 무엇보다 문제인 것은 기본적인 의료서비스조차 받기 어려운 현실이다. 결혼이주여성 중 3분의 1이 의료보장체계에 속해있지 못하고, 의료서비스를 이용할 때에 의료비 부담, 직업 활동 중단에 따른 경제적 부담이 가중되며, 진료 대기의 시간 소비 등은 장애 요인이 되고 있다(최현미, 2014).

다문화가족이 처한 가장 큰 어려움 중의 하나는 자녀양육과 교육의 문제이다(김영주, 2010). 결혼이주여성의 임신 · 출산 경험은 '임신으로 인한 출산에 대한 기대'를 주었으나 '자녀양육에 대한 부담 및 다문화 정체성에 대한 고민' 등의 부담감이 양가감정으로 표현되었다. 또한 산후 몸조리 방법의 차이로 인한 '문화 충격' 그리고 임신 중 자국의 음식 문화와의 차이로 인한 영양섭취의 어려움, 언어 장벽으로 인한 임산부 교육에 대한 아쉬움과 낮은 수준의 여성 생식기계 건강, 산후관리 방법의 차이에 대한 부적응 등이다(정정순, 2010).

(4) 가정학대 및 가정폭력

가정폭력이란 가정구성원 사이의 신체적 · 정신적 또는 재산상 피해를 수반하는 행위를 말한다. 가정구성원이란 배우자 또는 배우자였던 사람, 자기 또는 배우자와 직계존비속관계에 있거나 있었던 사람, 계부모와 자녀의 관계 또는 적모와 서자의 관계에 있거나 있었던 사람, 동거하는 친족 등을 말한다(가정폭력범죄의 처벌 등에 관한 특례법 제2조).

결혼이주여성은 우리나라에서 사회적 · 경제적으로 약자의 입장이며 한국인 남편에 의한 가정폭력에 당하는 경우가 많다. 다문화 가정폭력은 2015년 782건에서 2016년 976건, 2018년 1,273건으로 매년 크게 증가하고 있다(김기훈, 2019).

결혼이주여성은 언어 소통의 어려움으로 인해 가정폭력에 대하여 적절히 대처하지 못하고 있으며, 가정폭력 피해 여성들은 우울, 불안, 외상후스트레스장애 등의 경험이 높기 때문에 결혼이주여성 또한 정신건강 문제 발생 가능성이 높을 것으로 추정된다(박을순, 2011).

진애경(2009)의 연구에서 이주여성의 한국어 능력은 한국어를 전혀 이해하지 못하거나 대체로 이해하지 못한다는 응답이 47.5%로 의사소통에 상당한 어려움이 있음을 보여 주었다. 특히 이들 중 모국의 문화도 잘 유지하지 못하면서 한국 문화에 적응하지 못하는 이주여성이 가정폭력을 더 많이 경험하고, 문화적응 스트레스도 더 많이 받는다고 하였다.

결혼이주여성 600명 중 신체적 폭력이 30% 이상이고 언어적 · 정서적 폭력이 27%로 비슷하게 중복하여 발생하는 것으로 나타났다(조윤오, 2010). 결혼이주여성의 우울에 가장 큰 영향을 미치는 것은 심리적 폭력으로, 가정폭력 중 심리적 폭력 발생빈도가 가장 높게 나타났다(박을순, 2011). 특히 다문화가정여성의 경우 경제적 폭력이 더 높게 나타났다. 이는 언어 능력 부족과 전문적 훈련 부족으로 경제활동이 자유롭지 못함으로 인해 경제권이 남성에게 있어 일방적으로 경제적 폭력에 시달리고 있다(전명길, 2017).

다문화가정에서 일어나는 가정폭력은 한국어 소통 능력이 부족하여 관련기관이나 주변사람들에게 구조요청이 어렵고 폐쇄적인 가족구조로 인해 가정폭력 피해가 누적되고 있다. 또한 매매혼적인 결혼을 하여 가부장적인 권위의식으로 피해가 더 심각하며, 법률이나 경제력 부족으로 가정폭력 피해는 점차 확산되어 일반 가정보다 더 많은 피해가 발생하고 있다(전명길, 2017). 가정폭력은 우울에 유의미한 영향을 미치며 남편으로부터 정서적 · 언어적 폭력을 경험할수록 우울 수준이 높은 것으로 나타났다(김민정, 2011; 정윤경, 2010).

다문화가정 내에서 일어나는 폭력이나 학대를 가정 내의 문제로 국한할 것이 아니라, 우리 사회의 문제로 인식하여 위기에 처했을 때 언제든지 신고하고 상담 기관을 이용할 수 있는 시스템 구축과 홍보 등이 필요하다. 그리고 가정폭력 피해 이주여성에게 일정기간 체류보장 및 경제활동이 가능한 체류자격을 부여하여 출국할 수밖에 없는 상황에서 구조할 수 있는 방안을 제시하고, 가난한 나라에서 결혼 목적으로 이주해온 여성이므로 차별하고 무시해도 된다는 인식에 대한 개선이 필요하다. 또한 피해여성이 회복할 수 있도록 일정기간동안 안정적인 주거지 마련과 직업교육 등도 필요하다(전명길, 2017).

(5) 구강 건강

조순우(2011)의 구강 건강에 대한 실태조사 결과, 대상자의 국적은 베트남이 43.5%로 가장 많았으며 그 외 중국 20.5%, 캄보디아 11.5%, 필리핀 9.0%, 일본 7.5% 순이었다. 이들은 대부분 20대와 30대 초반의 비교적 젊은 연령층으로, 치주질환이 74.6%, 우식치 71.4%, 사랑니 맹출 68.3%, 결손치가 52.4%로 나타났다(**그림 10.5**).

반면에 치료적 개입이 필요한 보철물 장착률이나 충전치율은 낮았다. 국내 이주 후 치과 진료 접근성은 통증에 대한 부담과 경제적 어려움이 가장 큰 영향을 미쳤다. 그러므로 결혼이주여성의 구강 건강관리 개선을 위해서는 경제적 부담을 감소시켜 주고, 언어 장벽 해소와 구강 건강관리에 대한 관심과 동기를 고취시킬 수 있는 프로그램을 개발하여 그들을 참여시키는 노력이 필요하다.

윤현경(2010)의 구강 건강관리에 관한 연구를 살펴보면 경북 지역 4개 시 · 군 조사 결과 다문화가정여성의 나이는 25~29세가 대부분이며, 국적은 베트남 여성이 가장 많았고, 베트남과 필리핀 이주여성이 67.9%를 차지하고 있었으며, 대부분이 전

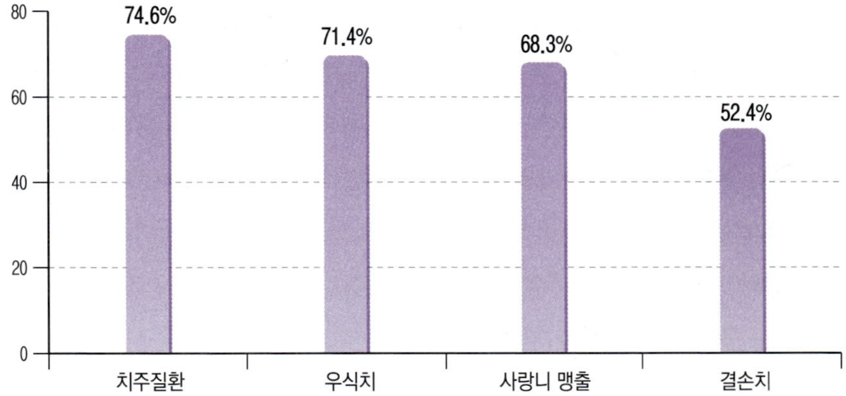

그림 10.5 경남 지역 결혼이주여성의 구강 건강실태

업주부였다. 이들의 1일 칫솔질 횟수는 2.47회이며, 칫솔질 형태는 위아래 옆으로가 57%이며, 구강 영양제 섭취와 구강 건강 교육은 대다수가 아주 낮은 비율을 나타냈다. 학력이 높을수록 하루 평균 칫솔질 횟수가 많았으며, 남편의 학력이 높을수록, 나이가 많을수록 구강 건강을 목적으로 사용하는 용품의 수가 많았다. 필리핀과 일본 국적의 국제결혼여성은 다른 국적의 국제결혼이주여성에 비해 치과 처치 빈도가 높았으며, 나이가 많을수록, 월 소득이 높을수록 치과 처치 빈도가 높았다. 월 소득이 높은 국제결혼이주여성일수록 주관적 구강 건강 상태가 좋았으며, 필리핀 국적의 이주여성은 다른 국적의 여성에 비해 결손 치아가 많았다. 이들의 70% 이상이 교육 수준과 관계없이 구강 건강 교육을 받은 경험이 없는 것으로 나타났다.

인간의 평균 수명이 점점 늘어나고 있는 상황에서 구강 건강은 삶의 질과 밀접한 관련이 있다. 노후에도 건강한 치아를 유지하며 맛있는 음식을 스스로 씹고 먹을 수 있는 것은 삶의 만족도를 상승시키는 데 일조할 것이다. 그러므로 결혼이주여성이 건강한 치아를 유지·보존할 수 있도록 구강 보건교육과 정기적인 구강 검진 및 치료를 받을 수 있는 프로그램 개발이 필요하다.

(6) 가족건강성

가정은 가장 작은 사회집단이며, 가족은 가정의 구성원이다. 건강한 가정이란 그 구성원인 가족이 사랑을 바탕으로 서로 협동하고 인내하며 타협하는 과정에서 유대감을 형성해 가는 공동체이다. 또한 가족구성원의 상호작용이 잘 이루어짐과 동시에 체계적인 균형을 잘 유지하는 가정을 건강한 가정이라고 할 수 있다. 건강한 가정은 태어나는 것이 아니라, 가족원의 의식적인 노력에 의해 만들어지는 것이다.

가족건강성은 현대 사회의 변화되는 가족구조 속에서 어떤 형태의 가족이든 가족이 건강하게 유지되고 존속되기 위한 필수 요소이다. 다문화가정이 성공적으로 사회통합을 이루기 위한 다양한 적응 문제의 핵심을 '문화민감성'과 '가족건강성'의 관점에서 볼 수 있다. 경제 수준과 문화민감성은 가족건강성에 유의한 영향을 미치며, 경제 수준이 높을수록 가족건강성이 높고 발달되어 있으며, 문화민감성이 높을수록 가족건강성이 높다(최은경, 2011).

결혼이주자의 스트레스나 적응상의 갈등 문제는 개인 차원의 문제일 뿐만 아니라 자녀양육 문제나 가족 불화의 원인이 될 수 있으므로, 이는 가족의 건강성을 넘어 사회의 건강성에도 영향을 미친다. 특히 가정불화는 가정폭력으로 이어질 가능성이 높고, 별거나 이혼의 문제가 제기될 수 있으므로 가족건강성에 큰 영향을 미친다.

2019년 한국인 남성과 결혼이주여성의 이혼은 우리나라 총 이혼건수의 6.2%로 2009년 9.0%에 비하여 감소하였다(통계청, 2020). 이혼 사유를 보면 성격 차이가 가장 많고, 배우자의 가출이나 외도 등의 애정 문제, 경제적 문제, 배우자 가족과의 갈등 순으로 나타났다(여성가족부, 2019).

국제결혼이주여성의 가족건강성은 5점 만점에 평균 3.16점으로 보통 이상의 수준이며, 한국 주부보다는 가족건강성이 낮은 편이다. 이를 하위 영역별로 살펴보면 가족구성원 간의 의사소통과 가족 간의 유대, 문제해결 수행능력, 가족 간의 가치 공유 순이다. 이들의 스트레스는 가족건강성과 부적으로 밀접한 상관관계에 있다. 즉 이들의 스트레스 감소는 가족건강성을 향상시킬 수 있으므로(최정혜, 2011) 스트레스를 경감시킬 수 있는 프로그램을 개발하여 적용하는 것이 필요하다.

국제결혼이주여성의 가족건강성에 유의한 차이를 보이는 변인은 국제결혼이주여성의 국적, 교육 수준, 남편의 교육 수준, 종교의 유무, 남편의 직업, 월수입 정도, 결혼 경로, 결혼만족도, 자아존중감 등이다. 국제결혼이주여성의 국적별 가족건강성은 일본 출신이 다른 출신에 비해 높게 나타났으며, 이주여성의 학력이 고졸이나 전문대졸 이상인 경우 중졸 이하 집단보다 가족건강성이 높으며, 남편의 학력이 고졸이나 전문대졸 이상인 경우 중졸 이하 집단보다 높게 나타났다. 또한 종교를 가진 이주여성이 갖지 않은 경우보다 가족건강성이 높으며, 남편의 직업이 연구/전문직, 사무직일 때, 월수입이 300만 원 이상일 때 가족건강성이 더 높았다. 결혼 경로에 따른 가족건강성도 차이가 있는데, 종교적으로 결혼한 경우가 결혼정보회사 소개로 결혼한 것보다 가족건강성이 더 높았으며, 자아존중감이 높은 집단 그리고 결혼만족도가 높은 집단에서 가족건강성이 높게 나타났다(최정혜, 2011).

결혼이주여성이 결혼 후 안정된 가족으로 정착되기 위해 필요한 핵심 요소 중 하나는 양성평등 의식이며, 이는 다문화주의의 빠른 정착을 위해서도 필요하다. 양성평등주의적 시각은 이주여성이 지닌 장점과 문화적 다원주의를 실현하기 위해서도 요구되며(손승영, 2011), 인간의 존엄성을 서로 인정하고 신뢰 형성에도 도움이 되어 안정된 가정이 형성되는 데 큰 기여를 할 수 있다.

2) 결혼이주자를 위한 중재

결혼이주자가 한국 사회에 적응하기 위해 가장 필요한 것은 한국어교육이라고 볼 수 있다. 한국어는 기본적인 일상생활이나 취업뿐만 아니라, 가족 및 부부 관계에서 의사소통과 상호이해 및 배려하는 데 있어서 가장 중요한 수단이 된다. 그러므로 의사소통 및 언어 문제를 해결하기 위한 지역 내 한국어교육기관이나 대학 내 평생 교육원에 한국어 프로그램 등을 개설하여 언어 교육을 지원하고, 이중 언어 자료를 개발하는 것은 결혼이주여성이 한국 사회에 성공적으로 적응하는 데 든든한 기반이 될 수 있다.

그 밖에 외국인 주부가 어려워하는 것은 '문화적 이질감'과 '생활 습성의 차이'이다. 일부 국가에서는 남편과 아내가 가사를 거의 동등하게 분담하는 것이 당연하지만, 한국은 가족의 개념과 범위가 달라서 일가친척들의 가족 대소사 일을 해야 하는 며느리의 역할에 대해 이주여성은 이해하지 못하는 경우가 있다(최현미, 2014). 그렇기 때문에 한국인 남편이나 가족도 국제결혼여성의 고국 문화를 알고 존중해야 하며, 결혼이주자에게 며느리의 역할을 너무 많이 요구하는 것은 결혼생활에 갈등과 불신을 초래할 수 있다는 것을 알아야 한다. 그러므로 결혼이주자의 한국생활 적응을 위한 프로그램은 이주여성뿐만 아니라 남편과 시어머니 등 시댁 가족이 함께 참여할 수 있도록 구성하는 것이 바람직하다. 서로의 문화를 이해하고 존중하여 사랑하고 신뢰할 수 있는 기반을 조성하는 것이 우선적으로 요구된다. 그렇게 함으로써 가족 갈등을 해소할 수 있고 이주여성에 대한 가정 학대나 폭력을 예방할 수 있으며 행복한 다문화가정을 만드는 지름길이 될 것이다.

결혼이주여성의 모국 문화와 한국 문화를 동등하게 이해하고 표현할 수 있는 프로그램 개발이 필요하며, 정기적으로 부부나 가족의 문제, 부모 · 자녀 문제 등에 대한 상담이 필요하다. 이주여성은 자녀를 양육하고 교육시키는 데도 많은 어려움이 뒤따른다. 한국어 실력이 낮은 경우 자녀의 학교 숙제를 돌봐 주기 어렵고, 한국의 교육과정과 교육 내용이 낯설고, 자녀와의 의사소통에도 장애가 생긴다. 그러므로 다문화가정 자녀의 학교에서도 다문화가정의 부모를 학교에 초대하고 학교의 교육과정을 이주여성이 이해할 수 있는 외국어로 설명하여 이주여성이 자신감을 갖고 자녀들을 돌볼 수 있도록 다양한 프로그램의 개발과 지원이 필요하다. 또한 어린 자녀의 숙제 돌보기는 남편이나 시댁의 협조와 참여가 절실히 요구되며, 이는 이주여성의 자녀 교육에 대한 스트레스를 완화시키는데 큰 도움이 될 것이다. 재혼한 국제결혼가정의 경우 중도입국 아동 및 청소년은 한국어를 전혀 못하여 학교생활에 많은 어려움이 따른다. 그러므로 이들을 위한 입학 전 학교 적응 프로그램이나 한국어 학교 등의 지원이 필요하다. 이러한 시스템 구축을 위하여 결혼이주여성에게 사회적 지지체계가 요구되며, 일차적으로 비공식적 지지체계 지원이 필요하다. 일차적 집단은 가까이에서 직접적으로 긍정적 영향을 미칠 수 있는 지지체계로 남편, 가족, 이웃들에게 이주여성의 문화를 배우고 이해할 수 있는 기회를 제공하는 것이다. 주의할 것은 일회성으로 그칠 것이 아니라 진정으로 이해하는 기회가 되어야 하며, 사회구성원으로써의 역할을 할 수 있도록 지역사회활동에 참여하여 이주여성에 대한 인식의 변화를 가져오는 것이 중요하다. 또한 이주여성들로 구성된 자조모임 형성 및 활성화를 위한 지원도 필요하다. 그 다음 공식적 지지체계로 지역사회복지관이나 이주여성 상담소, 다문화가정센터 등에서 다양한 프로그램을 운영할 수 있도록 지원하는 것이다. 주기적으로 요구도 조사를 시행하고 기관들 간의 네트워크를 형성하여 효율적으로 서비스가 제공될 수 있도록 다양한 프로그램 개발과 운영이 필요하다(김순규 · 이주재, 2010).

결혼이주여성의 언어 문제, 문화적응 스트레스와 함께 중요한 문제 중 하나는 경제적인 어려움이다. 그들이 경제적인 어려움에서 벗어날 수 있도록 생계유지에 도움이 되는 자녀 보육, 기술 교육, 취업 알선 등의 제공이 필요하다. 또한 이들의 적성과 능력을 고려한 자활교육도 지원하여 적성에 맞는 일을 하며 일에 보람을 느끼고, 삶의 질을 향상시킬 수 있도록 다양한 프로그램을 개발하여 시행하는 전략이 필요하다.

3) 모자 건강을 위한 프로그램

결혼이주여성은 자신의 선택으로 임신을 하는 것이 아니라, 주위 사람들의 권유에 의해 또는 한국 사회에 빨리 적응하기 위해 결혼 후 1년 이내에 임신과 출산을 경험하게 된다. 이는 결혼이주자가 한국의 새로운 언어와 문화를 배우는 시기에 또 다른 스트레스를 경험하게 되는 것이다. 또한 원치 않는 아이를 임신한 경우 낙태를 경험하기도 하는데, 이는 여성의 건강을 해칠 뿐만 아니라 많은 의료비를 지불하게 되어 경제적으로도 어려운 이중 고통을 겪기도 한다. 낙태는 피임교육을 통하여 사전에 충분히 예방할 수 있다. 특히 임신한 결혼이주자여성의 어려움 중 하나는 고국과의 음식 문화 차이로 인한 영양섭취 부족이다. 그러므로 건강한 아이를 출산하고 양육할 수 있도록 이들 여성을 위한 모자 건강 프로그램의 개발과 운영이 요구된다.

다문화건강의 모자 건강 프로그램에 대한 예는 다음과 같다(정정순, 2010).

첫째, 결혼이주여성의 임신 · 출산 및 육아에 대한 문화적 차이와 다양성을 고려하고, 충분한 영양섭취가 필요한 시기이므로 이주여성의 고국 음식 재료 구입 및 조리법에 대한 서비스가 이루어질 수 있는 프로그램이 개발되어야 한다.

둘째, 결혼이주여성의 생식기계 건강유지와 증진을 위하여 외국어로 된 피임교육과 보건 교육이 필요하다.

셋째, 보건소를 중심으로 한 다문화가족만을 위한 산전 · 산후 교육 프로그램 개발이 필요하다.

넷째, 출신 국적별 통역 요원을 양성하여 등록된 임산부에게 '멘토'의 역할을 강화한다.

다섯째, 지역별로 '다문화가정 산모 건강증진 센터'를 운영한다.

위와 같은 프로그램은 결혼이주자가 한국에 와서 임신 · 출산 · 양육 과정을 거치는 동안 고국 음식을 섭취함으로써 충분한 영양섭취뿐만 아니라 고국에 대한 정취를 느낄 수 있게 도움을 줄 것이다. 또한 임신과 출산에 대한 교육은 건강한 아이를 출산하고 양육하여 건강하고 행복한 다문화가정을 이루는 데 일조를 할 것이다.

2. 외국인근로자

1980년대 후반부터 한국 사회에는 '3D 직종 취업 기피 현상'이 만연하고 건설 경기의 호황으로 인해 중소기업의 생산직 인력난이 심화되자, 이에 대한 대응책으로 1987년 무렵부터 외국인근로자가 한국으로 유입되기 시작하였다.

일반적으로 임금 수준이 낮은 국가에 사는 노동자는 보다 나은 생계와 직업적 활동을 위해 자신의 나라보다 임금 수준이 높은 국가로 이동하여 더 많은 보수를 주는 노동에 종사하고자 한다. 노동자가 자신의 직업 활동을 통해 가족의 생계를 책임지고, 가족과 함께 이주하고 이주국에서 함께 생활하고 있다면, 외국인근로자의 인권으로서의 권리는 이주국(host state)에서 보장해야 한다(박진완, 2010).

외국인근로자에 대한 국제적 규범을 마련하려는 국제사회의 노력은 ILO(International Labour Organization, 세계노동기구)를 중심으로 일찍부터 시작되었으며, UN도 외국인근로자에 대해 관심을 가지고 1990년 12월 모든 이주노동자와 그 가족의 권리 보호에 관한 국제 협약(International Convention on the protection of the rights of all Migrant Workers and Members of their Families, 이하 이주 협약)을 제정하였다(최홍엽, 2010).

국제연합의 이주 협약 제1조 1항에서 '이주노동자란 자신의 본국이 아닌 국가에서 보수가 지급되는 활동에 종사하거나 또는 현재까지 종사해온 자'로 정의하고 있다(박진완, 2010). 한국은 이주근로자를 산업연수생이라는 명분으로 장시간 노동과 감금, 폭행 등 인권 유린의 대상이 되도록 방치해 왔으며, 이들의 법적 지위가 불법 상태이기 때문에 각종 인권 문제와 노동 착취의 문제가 심각해지고 있다.

외국인근로자(고용허가제) 고용 동향을 살펴보면, 일반은 MOU(memorandum of unders · tanding, 양해 각서) 체결 국가에서 비전문취업 비자(E−9)로 입국하여 합법적으로 취업한 인원이며, 특례는 재외동포가 방문취업 비자(H−2)로 입국하여 취업한 인원이다.

외국인 고용허가제는 순수 외국인을 고용허가하는 일반고용허가제와 외국 국적 동포를 고용허가하는 특례고용허가제로 구분된다. 일반고용허가제에 의한 고용허가 국가는 2019년 필리핀, 몽골, 스리랑카, 베트남, 태국, 우즈베키스탄, 파키스탄, 인도네시아, 캄보디아, 중국, 방글라데시, 키르기스스탄, 네팔, 미얀마, 동티모르, 라오스의 16개국이고, 특례고용허가제에 의한 고용허가는 중국, 우즈베키스탄, 카자흐스탄, 키르기스스탄, 우크라이나, 타지키스탄의 6개국이다.

외국인근로자가 주로 취업하는 부분은 제조업, 서비스업, 농축산업 등이며 사업장 규모는 30인 미만이 89.1%, 10인 미만 사업장은 80% 이상이다. 서비스 업종에는 음식점과 가사간병 및 청소 · 폐기물 처리업이 주를 이루고 있다(김기우 · 김상호 · 오계택, 2011). 전체 외국 인력의 업종별 점유율은 제조업이 49.1%로 가장 높았으며, 서비스업 32.8%, 건설업 14.8%, 농축산업 2.5% 순으로 차지하고 있다(**그림 10.6**). 평균 노동시간은 1주당 54.4시간으로 52~68시간 근무자가 49.7%를 차지하며, 1주당 휴일은 1.3일로 1일 쉰다는 응답이 49.5%로 가장 많았다. 노동시간을 업종별로 비교했을 때 제조업은 평균 주 53.9시간으로 가장 짧았고, 농축산어업이 61.2시간으로 가장 길었다. 반면, 휴일은 농축산어업이 1주일에 0.7일로 가장 짧고, 제조업이 1.4일로 가장 길었다(이주와 인권연구소, 2019).

한국에 체류하고 있는 외국인은 2,135,689명이다. 취업자격으로 체류한 외국인은 526,827명으로 전문인력이 44,883명, 단순기능인력이 481,944명에 달한다. 단순기능인력은 주로 비전문취업(E-9) 258,078명과 선원취업(E-10) 17,120명, 방문취업(H-2) 206,746명이다. 또한 2020년 6월 법무부가 발표한 불법체류자 398,518명이 대부분 외국인근로자라는 점을 감안한다면, 한국에 거주하는 외국인근로자는 약 92만 명으로 추정된다. 이러한 통계를 볼 때 한국에 체류하는 외국인 중 외국인근로자가 약 43%를 차지한다.

한국에 거주하는 외국인근로자들의 국적을 살펴보면 중국인이 191,956명으로 약 36.2%를 차지하고 있으며, 그 다음 베트남이 45,708명(8.1%), 캄보디아 34,878명(6.1%)

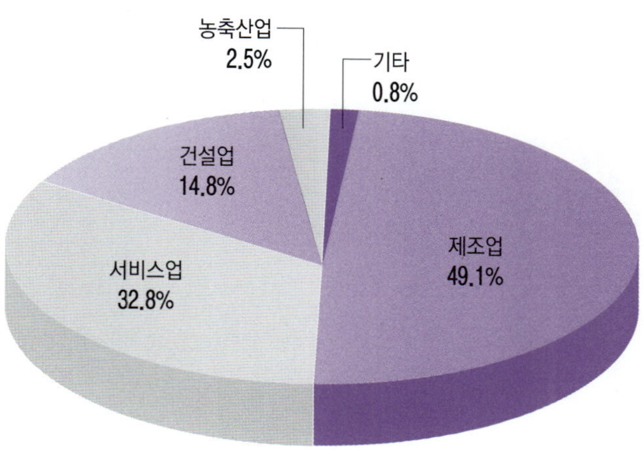

그림 10.6 전체 외국인 업종별 점유율

순으로 집계된다. 외국인근로자는 경기(38.4%), 서울(14.3%), 경남(8.2%), 충남(6.4%) 순으로, 공단이 밀집해 있는 수도권에 52.7%가 집중 거주하고 있다(법무부 출입국 · 외국인정책본부, 2020)(**그림 10.7**). 외국인근로자 유입은 국내 기업의 인력부족을 해소하고 생산 및 소비활동에 기여하는 긍정적인 면이 있는 반면 한편으로는 내국인의 고용이나 근로조건의 악화 요인으로 작용될 수 있고, 입국이나 체류 지원에 따른 비용소모와 사회적 갈등 가능성의 부정적인 측면을 동시에 가지고 있다(김기우 · 김상호 · 오계택, 2011).

외국인근로자의 체류자격을 기준으로 전문인력과 단순기능인력으로 분류할 수 있다(**그림 10.8**). 전문인력은 전문적인 지식 기술 또는 기능 등을 가진 외국인으로서, 교수(E-1), 회화지도(E-2), 연구(E-3), 기술지도(E-4), 전문직업(E-5), 예술흥행(E-6), 특정활동(E-7) 등의 체류자격을 가진 외국인을 말하며, 단순기능인력은 비전문취업(E-9), 선원취

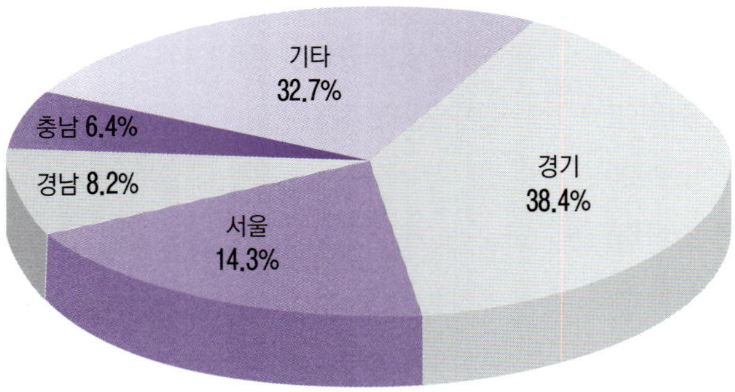

그림 10.7 외국인근로자 거주 지역

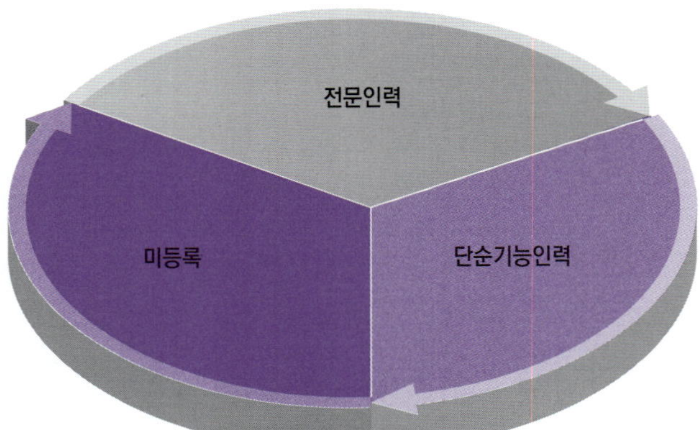

그림 10.8 이주근로자의 유형

업(E-10), 방문취업(H-2)으로 체류하는 외국인근로자이다(노호창, 2019). 그 외 관광, 방문 등의 단기사증을 발급받아 국내에 들어온 후 체류기간을 초과한 채로 취업을 한 미등록 근로자로 임금체불이나 산업재해, 직업병, 부당 해고 등의 문제에 노출되기 쉽다(김혜온, 2012).

1) 외국인근로자의 건강

(1) 신체적 건강

외국인근로자와 내국인근로자가 1년 동안 경험한 건강 문제를 비교한 연구에서 내국인근로자 1.6개에 비하여 외국인근로자는 1.2개로 더 낮게 나타났는데, 대체로 다른 연구에서도 외국인근로자는 건강한 편이라고 나타났다(이복임, 2014). 수도권에 거주하는 외국인근로자의 만성질환 유병률은 고혈압이 27.7%로 가장 많으며, 알레르기 16.0%, 위 · 십이지장 궤양 9.6%, 당뇨병 7.5%, 고지혈증과 천식이 5.3% 등으로 나타났다(이지현, 2011)(**그림 10.9**). 그리고 광주 지역에서도 외국인근로자에게 가장 많은 질병은 고혈압이며, 그 다음으로 피부염, 관절염, 고지혈증, 갑상선질환, 심근경색증, 협심증, 폐결핵, 천식 등을 앓고 있다. 최근 1년 동안 병의원 진료가 필요했음에도 불구하고 외국인근로자의 약 23.2%에서 치료를 받지 못한 것으로 나타났는데, 치료를 받지 못한 이유는 '시간이 없어서'가 59.4%로 대부분을 차지하였고, '증세가 가벼워서'가 31.3%, '진료비가 부담이 되어서가' 1.8%로 나타났다(안상윤, 2019).

외국인근로자의 생물학적 노출 지표와 건강실태조사에서 경인 지역의 내국인근로자와 외국인근로자를 비교하였을 때 혈중 납의 수치가 이주노동자에게서 더 높게 나왔

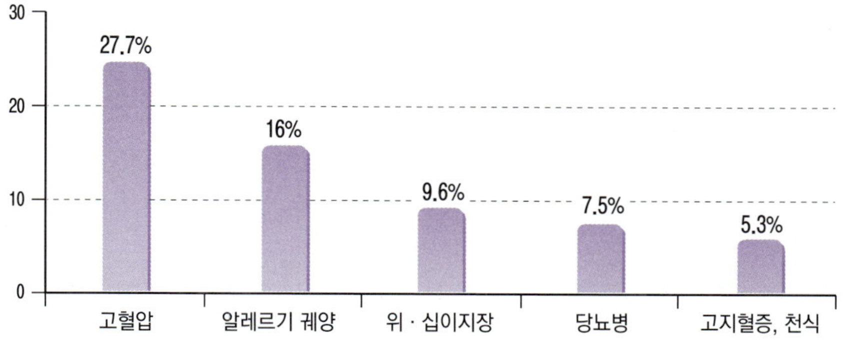

그림 10.9 수도권 거주 외국인근로자 만성질환 유병률(%)

으며 카드뮴도 더 높게 나왔다. 이는 중금속 노출에 한해서 내국인노동자에 비해 이주노동자가 더 열악한 작업 환경에서 근무하고 있으며, 같은 납 노출 사업장이라 하더라도 이주노동자가 납에 더 많이 노출되는 열악한 공정에서 일을 한다고 유추해 볼 수 있다(송윤희 · 김규상 · 이선운 · 최선행, 2008).

안산시에 거주하는 이주근로자가 가장 많이 호소하는 건강 문제는 근골격계 31.7%이며, 소화기계 20.7%, 호흡기계 12.5%, 피부과 6.5%, 순환기계 5.5%, 치과 5.2%, 신경계 4.2% 순이었다(**그림 10.10**). 또한 남자의 경우 고혈압 의심이 37.6%, AST, ALT 검사에서 질환 의심이 각각 7.6%, 19.1%였으며 빈혈 의심이 3%로 나타났다(이향련 등, 2009). 이주노동자가 근골격계 증상을 가장 많이 호소하는 이유는 이주노동자의 주된 직종이 체력 소모가 많은 3D 직종이며, 과다한 노동시간과 노동 강도로 인한 직무 스트레스와도 밀접한 관계가 있다. 특히 직무 스트레스 하부 영역 중 물리 환경, 직무 요구, 직무 불안정, 직장 문화 영역은 근골격계 증상과 높은 관련성이 있다(조민희, 2010).

대구 · 경북 지역의 산업 현장에서 일하는 근로자의 건강관리실태를 조사한 결과에서 외국인근로자 중 음주를 하지 않는 사람이 43.5%이며, 흡연율은 33.3%였다. 이들의 월 소득은 140만 원에서 160만 원 사이였으며, 1년 이상의 체류기간은 전체의 72.0%였다. 종교적인 측면에서는 이슬람 종교를 가진 그룹이 건강 상태나 건강관리실태가 다른 종교 그룹보다 더 높았다. 특히 외국인근로자는 의료기관 이용 시 언어 장애로 인해 많은 어려움을 겪고 있었다(김승대, 2009).

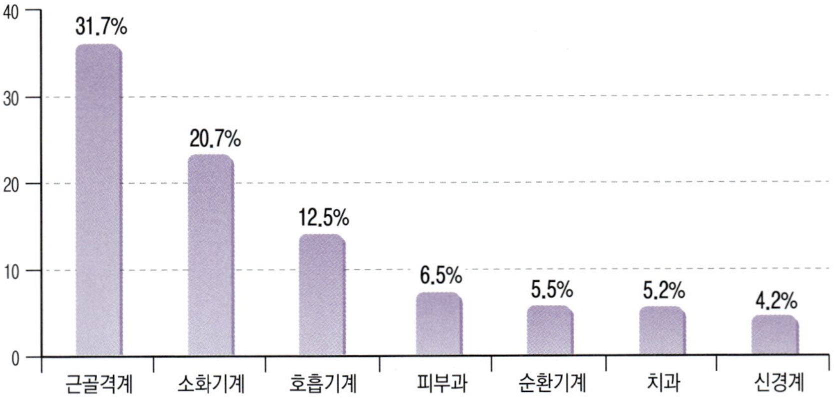

그림 10.10 안산시 이주근로자의 기관별 건강 문제 호소

외국인근로자는 근무시간이 길고 노동 강도가 강화되면 산업재해 위험성도 증가하고 건강이 나빠지거나 질병이 생길 가능성이 높아진다. 그럼에도 불구하고 많은 이주노동자들이 아프고 다쳤을 때 제대로 치료받지 못하는 어려움을 호소했다(이주와 인권연구소, 2019).

"아픈데 쉬지 못하게 한다. 일하다 다쳤는데 병원에 데려다 주지 않는다. 내 돈으로 치료하거나 치료하고 난 뒤 월급에서 뺀다."

- 파키스탄 제조업 남성

"전에 일을 하던 공장에서 다리를 다쳤는데 병원에 데려다 주지 않았다. 혼자 걸어서 병원에 가서 깁스를 하고 돌아왔다. 그런데 일을 시켰다. 그것이 억울하다."

- 몽골 제조업 여성

(2) 정신적 건강

외국인근로자들은 의사소통 문제와 생활 습관이나 문화적 차이 그리고 외국인에 대한 사회적 편견 및 차별 등으로 인해 일상생활에서 스트레스를 많이 받고 있으며, 이러한 스트레스는 정신건강 질환의 원인이 되고 있다는 점에서 대책 마련이 시급하다(안상윤, 2019; 이병운 · 고준기, 2010).

광주 지역 외국인근로자를 대상으로 평소 일상생활에서 느끼는 스트레스가 어느 정도인지 조사한 연구에서 전체 125명 중 111명이 스트레스를 느끼고 있으며, 4점 척도에서 평균 2.71로 상당수가 일상생활에서 스트레스를 겪고 있는 것을 볼 수 있다. 그러나 실제로 최근 1년 동안 정신적인 문제로 상담을 받은 근로자는 대상자 중 3명 정도만 상담을 받았으며 142명은 상담을 받아 본 적이 없는 것으로 나타났다(안상윤, 2019).

외국인근로자의 정신건강에 영향을 미치는 인구사회학적 변인으로는 성별, 연령, 교육 수준, 경제 수준 등을 들 수 있다. 성별이나 연령, 교육 수준은 연구에 따라 조금씩 다른 결과를 보이고 있어 한마디로 설명하기는 어려우나, 경제 수준과 지위가 낮은 사람이 우울과 높은 상관관계가 있다는 것을 확인할 수 있다(정기선 · 한지은, 2009).

외국인근로자는 불법체류자격을 감수하고 경제적 목적 달성을 위하여 장기간 사회적 · 법적 · 경제적 · 심리적 스트레스를 경험하면서, 특히 공포와 불안이 심화된다. 외국인근로자가 한국에 입국하여 생활하기 시작하면서 경험하는 문화적응 스트레스는 문화 충격, 차별, 낯선 환경 적응의 어려움 등으로서 우울, 공포, 불안, 전체 심도 지수 등에 큰 영향을 미친다. 특히 외국인근로자의 직장폭력 경험은 정신건강에 지속적으로 부정적인 영향을 미친다. 이들이 느끼는 공포와 불안은 한국어가 서툴수록, 그리고 이주민지원단체활동을 하는 경우에 더 심하다(양옥경 · 박향경 · 손가현, 2010).

서툰 한국어 실력을 가진 이주노동자의 경우 본인 스스로 직장 내에서 더욱 위축되어 공포와 불안이 가중된다. 또한 이주민지원단체활동 참여가 공포와 불안의 중요한 변인이 되는 이유는 이주민지원단체활동 내용이 주로 열악한 노동 조건 개선 및 의료 지원사업, 산업재해 및 임금체불, 직장폭력, 사기 등을 다루는 상담 사업이어서(이정환 · 이성용, 2007) 여기에 참여한 외국인근로자가 공포나 불안을 더 많이 느끼는 것이다. 특히 미등록 외국인근로자의 경우 보건의료서비스 이용이 제한적이며, 정신보건서비스 또한 의사소통의 어려움으로 인해 제한이 많다. 또한 여성 이주노동자는 남성 이주노동자와는 다른 어려움과 불이익을 경험한다. 여성 이주노동자가 남성 선호적이며 남성 중심적인 작업 여건의 노동 환경에 적응하는 과정은 이들의 정신건강에 부정적인 영향을 줄 수 있다(양옥경 · 박향경 · 손가현, 2010).

이선웅 등(2009)의 경기 지역 일부 외국인근로자의 직무 스트레스와 우울 증상의 상관성 조사를 살펴보면 전체 연구 대상에서 우울 증상은 25.2%였지만 비중국 국적 및 불법체류자는 각각 32.1%, 32.8%에 달하는 결과를 보였다. 또한 직무 스트레스 하위 영역 중 물리적인 환경, 직무 요구, 직장 문화가 우울증 발생과 유의한 상관성을 나타냈다.

외국인근로자는 새로운 한국생활의 적응과 언어 문제, 경제적 어려움, 열악한 업무 환경 등과 관련되어 많은 스트레스를 겪으며, 이로 인하여 불안과 우울, 공포 등을 경험할 수 있다. 이러한 경험은 그들의 정신건강에 부정적인 영향을 미치며 직장 내에서의 능률과 직업 만족도를 저하시켜 결국 외국인근로자 삶의 질을 떨어뜨린다. 그러므로 그들이 한국생활과 직장에 적응하는 데 있어서 스트레스와 우울, 불안을 줄여, 직업 능률과 삶의 질을 높일 수 있도록 여러 방면에서의 프로그램 개발과 적용이 요구된다.

(3) 건강 인식

수도권에 거주하는 외국인근로자의 건강 인식을 조사한 결과, 남녀 간에 차이가 있음이 확인되었다. 여성의 경우 국적, 연령, 수면 시간, 질환 유무, 일반 정신건강, 삶의 만족도 등이 건강 인식과 관련성이 있었고, 여성의 62.8%가 건강하다고 생각하며, 38.4%가 건강보험에 가입해 있었다. 반면에 남성은 한국에서 사용하는 월급 대비 금액의 비율, 한국에서 아픈 경험, 삶의 만족도 등이 건강 인식과 관련이 있었다. 특히 가족과 떨어져 사는 경우와 월급 대비 금액을 많이 소비하는 경우에 건강이 좋지 않았고, 남성의 77.4%가 건강하다고 생각하며, 64.3%가 건강보험에 가입해 있었다(이지현, 2011).

남녀 외국인근로자의 건강 인식은 중상 이상으로 높았으나, 여성 외국인근로자의 건강보험 가입은 낮은 수준으로, 여성은 남성보다 신체적 · 정신적 건강 측면에서 더 취약한 것으로 나타났다. 그러므로 여성 근로자가 남성 위주의 작업 환경에서 근무하는 것은 체력 소모가 많으며, 우울이나 불안 등을 더 많이 경험할 수 있다. 그러므로 여성 외국인근로자가 건강보험에 가입하지 않은 이유를 확인하고, 문제를 해결하여 몸이 아프면 언제든지 편하게 의료기관을 이용할 수 있도록 건강보험에 가입할 수 있는 제도적 뒷받침이 우선적으로 요구된다.

2) 외국인근로자의 건강을 위한 대책

외국인근로자는 고용 · 산재 및 건강보험의 혜택을 받을 수 있도록 법적인 절차가 마련되어 있다. 하지만 방문 취업제로 입국한 동포는 서비스업 등 규모가 작은 업종에서 일하는 경우, 건강보험 등 기본적인 보장을 받지 못하는 경우가 있다. 특히 불법체류자는 직장건강보험이나 산재보험의 가입이 불가능하다.

현재 산업재해보상은 외국인근로자에게도 상당히 평등하게 진행되고 있지만 적용 배제 사업장(330m^2 이하의 공사, 2천만 원 이하의 공사, 농업이나 어업의 5인 미만의 개인사업장, 자영업자, 특수 고용 형태 종사자)에 취업하였을 경우 산재를 적용받지 못하는데, 이는 한국인도 마찬가지이다. 그러므로 모든 사업장에서 전면적인 산업재해보상이 이루어져야 한다(박해성, 2008: 재인용).

외국인근로자가 질환으로 인하여 한국에서 의료서비스를 받고자 할 때, 의사소통의 어려움과 자국의 의료 체계와는 다른 한국의 생소한 병원 체계, 건강보험, 산재보험 등에 직면하게 된다. 그러므로 한국어 의사소통 문제를 해결하기 위한 한국어교육이 우선적으로 요구된다. 또한 발생할 수 있는 산재 사고에 대한 예방교육 프로그램과 건강관리 프로그램을 개발하고, 외국인근로자에게 정기적으로 건강 교육을 제공하여 사고와 질병을 예방해야 한다. 특히 만성질환 건강관리 교육과 정기적인 건강검진은 외국인근로자의 질병 예방과 건강증진에 큰 도움이 될 것이다. 그 밖에도 외국인지원단체에서 이루어지는 홈 비지팅(home visiting) 프로그램이나 종교단체에서 실시하는 의료봉사활동을 통해 이들의 건강검진을 실시하거나 생활환경을 개선할 수 있다.

무엇보다도 외국인근로자가 가장 원하는 것은 고용 안정이다. 현재의 고용허가제는 강제 노동과 감금 노동의 위험이 있다. 따라서 정부 차원에서는 저임금, 고노동에 대한 대책이 필요하고, 휴일 근로와 특근 등 노동 환경을 개선해야 하며, 지역에서도 노동 권리의 침해와 부당 노동 행위 등에 대해 적극적인 대처가 필요하다. 특히 외국인근로자가 의료 서비스를 지원받는 과정에서 겪는 의사소통의 문제와 진료비 문제를 해소하기 위하여 외국인근로자가 밀집해 있는 공단 인근 지역의 병원을 대상으로 '외국인근로자 지정 병원 제도'를 도입하는 것도 고려해 볼 수 있다(최현미, 2014).

3. 북한이탈주민

북한이탈주민이란 북한이탈주민의 보호 및 정착지원에 관한 법률 제2조1항에 의하면 북한에 주소, 직계가족, 배우자, 직장 등을 두고 있는 사람으로서 북한을 벗어난 후 외국 국적을 취득하지 아니한 사람을 말한다. 외국에 체류하고 있는 북한이탈주민이 한국행을 희망하는 경우, 인도주의와 동포애 차원에서 전원 수용한다는 원칙하에 국내법과 UN 난민 협약 등 국제법에 부합되게 이들을 보호 · 수용하고 있다(통일부, 2012).

북한이탈주민의 입국 현황을 보면 1990년대 중반 이후 북한의 식량 사정 악화를 계기로 증가하기 시작하여, 1998년 947명에서 2001년 1,000명을 넘어선 이래 2019년 5월 기준으로 총 2만 8,652명이 국내에 입국하였다(남북하나재단, 2019). 탈북 이유로는 식량이 부족해서가 가장 많으며 북한 체제의 감시 · 통제가 싫어서, 가족에게 더 나은 생활환경을 제공하기 위해 등이 있는 것으로 나타났다. 제3국을 통하여 우리 공관에 들어온 탈북자에 대한 우리 당국의 지원 및 한국에 먼저 입국한 가족의 입국 지원 활동 증가도 영향을 미치는 것으로 추측하고 있다.

북한이탈주민의 북한에서의 최종 직업은 무직이 48%, 노동자 출신이 40%로 대부분을 차지하며, 그 외 종사한 직업은 극소수에 불과하다. 특히 여성의 경우는 북한에서도 부양

(가정주부)으로 노동시장에서 이탈해 있었기 때문에 국내 여성이 결혼 · 출산 · 육아 이후 재취업에 어려움을 겪고 있는 것과 유사하게 경력 단절 여성으로서 남한의 노동시장 진입에 어려움을 겪을 것으로 예상된다. 이러한 북한이탈주민의 직업 경력 현황으로 미루어 볼 때, 경력 단절의 장기화, 낮은 직업 및 직무 능력으로 인한 경제적 적응 등 전반적으로 어려움을 겪을 것으로 보인다(강창구, 2010).

남북통합 학력은 중 · 고등학교 졸업 이하가 66.2%로 가장 많고, 대학 재학 이상이 14.8%, 전문대학 졸업 이하가 14.4%이다. 이는 우리나라 일반 국민의 평균 학력에 비해 낮은 것으로, 이러한 저학력 특징은 남한 사회에 적응하는 데 있어서 학력 부족이라는 진로 및 적응 장벽 지각 현상으로 나타날 수 있다(전연숙, 2010; 남북하나재단, 2019).

북한이탈주민이 국내에 입국하면 남한 사회 적응 훈련을 위한 과정으로 하나원을 수료하고 거주지 보호를 받게 되는데, 하나원 수료 후 거주지 배정 현황은 서울 30%, 경기 26%, 인천 9% 순이다. 이와 같이 거주지 배정의 서울 · 경기 지역 편중 현상은 임대 및 국민주택이 밀집한 지역 중심으로 이루어지고 있는 한계 때문이다. 또한 지방으로 배정받은 북한이탈주민의 경우에도 다시 수도권으로 이동하는 현상이 빈번하게 발생하고 있어서 실제 수도권 거주 인원은 거주지 배정 당시보다 증가되는 경향이 있다.

북한이탈주민에 대한 현황 파악은 이들의 정착지원금 예산 산정과 북한이탈주민의 원활한 정착을 위한 정책 방향 설정에 활용되며, 2005년을 기점으로 기존의 기초생활보장 위주의 정책에서 자립 자활 위주의 정책으로 변경하는 지표로 이용된다.

1) 북한이탈주민의 건강

북한이탈주민이 탈북 과정에서 겪는 신체적 · 정신적 충격은 많은 건강상의 문제를 초래할 수 있으며, 이들의 남한 사회에 대한 성공적인 적응과 사회통합을 위해서는 건강 문제를 해결하기 위한 건강관리 체계가 매우 중요하다. 그러나 북한이탈주민의 건강 문제나 건강 실태에 대한 총체적인 통계 자료가 미흡하여, 본 장에서는 부분적으로 연구된 자료에 근거하여 신체적 건강 문제와 정신적 건강 문제로 나누어 서술하였다.

(1) 신체적 건강

북한이탈주민의 건강에 대한 주관적 인식을 조사한 결과, 자신이 건강하다고 응답한 대상자는 21.9%에 불과하고 79.1%에서 자신의 건강이 보통(38.5%) 혹은 건강하지 못하다(39.6%)고 인식하고 있다(강영실 · 하영미 · 은영, 2012). 북한이탈주민의 신체적 건강 악화는 1990년대 말 북한의 극심한 경제난으로 인한 영양불균형으로 건강이 양호하지 않으며, 북한의 의료 체계 붕괴로 정상적 진료나 치료를 받지 못한 것이 근본적 원인이다. 대상자의 약 81.3%에서 한 가지 이상의 건강 문제를 가지고 있다고 응답하였으며 건강 문제 유형별로는 관절염 48.7%, 디스크 43.6%, 위염이나 위궤양 38.5%의 분포를 보였으며 그 외 구강문제 16.7%, 불면증 15.4%, 불안 혹은 만성 두통 12.8%, 간질환 11.5%, 고혈압 10.3% 순으로 나타났다(강영실 · 하영미 · 은영, 2012).

2018년 3월 기준 통계부 자료에 의하면 북한이탈주민 수는 30,530명으로, 이중 여성이 71%를 차지한다. 북한이탈주민 10명 중 7명이 여성이며 이 가운데 20~40대의 가임기 여성이 74.9%를 차지하고 있다. 이렇듯 여성의 수가 늘어남에 따라 중국을 비롯한 제3국을 통하여 국내에 입국하는 탈북 과정의 경우 인신매매를 당하거나 비정상적인 결혼생활이나 취업 등으로 열악한 보건의료 환경에 노출되면서 신체적 · 정신적 건강이 더 악화되는 경우가 대부분이다(강동완, 2018). 이소희(2015)의 연구에서 국립중앙의료원의 북한이탈주민 진료 기록 관련 자료를 보면 산전 진찰을 받는 산부인과 진료가 가장 많으며, 그 다음으로 소화기내과는 위장염, 정형외과는 척추협착증, 정신건강의학과는 우울증, 신경과는 두통으로 나타났다.

이상의 건강 관련 연구에 의하면 북한이탈주민이 탈북 이후 남한 사회에 이주하여 주로 호소하는 건강 문제는 소화기계 질환, 근골격계 질환 및 정신과적 질환으로 간주되며, 신체적 질환에 외로움이나 우울 등의 정신적 문제가 가중될수록 남한 정착 과정에서 삶의 질에 부정적인 영향을 미치고 있음을 보고하였다(민성길 · 전우택 · 엄진섭 · 유시은, 2010). 또한 탈북 이후의 주요 질환 양상에서 정신과 문제가 부각되었다는 것을 알 수 있다. 이는 북한에서나 탈북하는 과정에서 겪는 여러 가지 외상 경험, 제3국에서의 장기간 체류로 인한 스트레스와 남한 정착 과정에서 느끼는 남북한 문화 차이나 다양한 여건들이 정신건강을 위협하는 요인으로 작용할 수 있다(김연희 · 전우택 · 조영아, 2010).

북한이탈주민을 대상으로 산부인과 검사를 시행한 결과 B형간염 항원 양성률이 우리나라의 0.2%에 비하여 11.8%로 높게 나타났으며, 인유두종바이러스 유병률 또한 29.1%로 우리나라의 10~15%에 비해 높은 것으로 나타났다. 골다공증 비율도 우리나라 폐경 전 여성 0.5%에 비해 6.3%로 높았으며, 클라미디아나 트리코모나스 등의 성

매개감염병은 우리나라와 유사한 결과를 보였다(문가을 등, 2015).

북한이탈주민의 건강증진생활양식은 4점 만점에 평균 1.78점으로 '건강증진행위를 전혀 하지 않는다'와 '건강증진행위를 가끔 한다'의 사이에 위치한 점수로, 어떠한 대상자들보다 낮은 점수를 보이고 있다(강영실 · 하영실 · 은영, 2012). 북한에서 행하였던 탈북 이전의 치료 추구 행위는 남한 사회에 이주하여 적응하는 과정에서 자신의 건강 문제를 해결하는 방법으로 기능하여 건강 문제를 해결하는 데 저해 요인으로 작용할 수 있기 때문에, 이들에게 올바른 치료 추구 행위 및 건강한 생활 습관을 형성하기 위한 건강 교육 등의 간호 중재가 요구된다.

종합해 보면 북한이탈주민의 신체적 주요 건강 문제는 탈북 과정에서 겪는 고통, 탈북 이전의 건강 수준, 영양 상태, 탈북 시기 및 다양한 탈북 형태 등에 따라 소화기계, 근골격계, 정신 · 신경계 등에서 매우 다양하게 나타날 수 있다. 따라서 북한이탈주민을 위한 건강 정책이나 건강관리 프로그램의 운영 시에는 이들의 독특한 신체적 건강 문제 특성을 고려하는 것이 매우 중요할 것으로 생각된다.

(2) 정신적 건강

우리 사회에도 외국인근로자, 결혼이주여성, 다문화가정 자녀, 북한이탈주민, 조선족, 한국인 등의 다양성, 다인종을 포함한 외국인 110만의 다문화 시대가 도래하였다. 소수집단과 다수집단의 서로 다른 심리 과정은 집단 구성원 간의 사회통합의 저해 요인으로 작용할 수 있다. 더욱이 우리 사회의 소수집단을 구성하고 있는 외국인근로자, 결혼이주여성, 다문화가정 자녀, 북한이탈주민, 조선족에 대한 한국인의 감정온도와 사회적 거리감은 전반적으로 부정적 경향의 편애를 보이며, 특히 북한이탈주민에 대해서는 가장 선호하지 않는 것으로 나타났다. 이러한 북한이탈주민에 대한 우리 사회의 감정온도 및 사회적 거리감은 이들의 소외감이나 정신적 건강 문제와 연결될 수 있다(김혜숙 · 김도영 · 신희천 · 이주연, 2011). 이러한 북한이탈주민에 대한 부정적인 사회적 분위기와 더불어 생존을 위하여 경제적 · 문화적 · 정치적으로 새로운 경험에 노출되면서, 남한에 이주하여 정착을 준비하는 북한이탈주민은 다양한 심리적 갈등으로 인하여 외로움, 죄책감, 불안감 및 우울 등의 정신적 건강 문제가 더욱 가중될 수 있다.

북한이탈주민들이 탈북과정에서 겪는 인권유린, 가족해체, 구타, 폭력, 투옥, 기아, 신변노출 위험 등의 경험이 외상후스트레스장애의 발병 원인으로 작용하며, 1999년

입국한 하나원 입소자들을 대상으로 한 조사에서 29.3%가 외상후스트레스장애를 경험한 것으로 나타났다(김연희 · 전우택 · 조영아, 2010). 북한이탈주민은 성별, 나이, 결혼 여부, 교육 연한, 고용 상태, 신체 질환 여부와 같은 인구학적 변인을 통제한 경우에도 남한 주민보다 우울 척도(The Center for Epidemiologic Studies Depression Scale, CES-D)에 의한 우울 점수가 높았으며, 신체 질환을 동반한 경우에도 우울 수준이 높은 것으로 나타났다. 남한 사회에 적응하는 기간도 정신적 건강 문제에 영향을 주어, 북한이탈주민의 경우 이주 초기 1~2년 사이에 정신적 건강 상태가 매우 악화되는 것으로 보고되었다(김석주 · 김효현 · 김정은 · 조성진 · 이유진, 2011). 해외이주여성의 경우에는 3~5년 사이에 문화적응 스트레스가 가장 높았고, 문화적응 스트레스와 우울 수준은 정적 상관관계를 보였으며, 사회적 지지가 좋을수록 문화적응 스트레스와 우울 수준은 낮은 것으로 나타났다(박형원, 2010). 따라서 북한이탈주민의 남한 이주시기를 고려한 문화적응 훈련은 건강한 정신건강을 회복하는 데 매우 필요한 것으로 간주된다.

탈북 과정에서 생존을 위한 극한적 상황에의 노출은 신체적 · 정신적인 악화 상태를 초래할 수 있다. 제3국에서의 도피 생활, 남한으로의 입국에서 겪는 역경의 과정에서 치료를 제대로 받지 못해 목숨이 위태로웠던 질병이나 부상 등의 외상 사건을 경험하며, 이로 인한 외상후스트레스장애로 인해 우울이나 불안과 같은 정신적 문제가 발생된다. 특히 이러한 문제는 남성보다 여성에게서 더 높게 나타났다. 정신건강 문제에 영향을 미치는 요인으로 먼저 가족의 지지가 중요하다. 2007년에 입국하여 정착한 북한이탈주민의 외상후스트레스장애 유병율은 5.2%로 2000년도 25.5%에 비하여 현격하게 감소하였다. 이는 이미 남한에 입국한 가족의 도움으로 별 어려움 없이 탈북하는 북한이탈주민이 늘어난 것과 관련되는 것으로 보인다. 그 다음으로 탈북 과정에서 제3국에 체류하는 기간으로 1년 미만 집단이 그렇지 않은 집단보다 유의하게 낮은 것으로 나타났다. 그 외 근로능력이 떨어지는 경우에 정신건강이 좋지 않은 것으로 나타난 것은 경제적 안정이 심리적 적응을 넘어 경제적 적응을 가져오는 방법이라는 것을 알 수 있으며, 식량부족과 이로 인한 이별이나 강제북송 등의 위험이 정신건강에 영향을 미치는 것으로 나타났다(김연희 · 전우택 · 조영아, 2010).

국내에 입국하는 북한이탈주민 중 여성 비율이 남성 비율보다 많아 제3국을 통하여 입국하는 여성의 경우 체류기간이 길수록 신변의 안전에 대한 위협감, 탈북자라는 멸시와 심리적 위축감이 정신적 건강을 더욱 악화시키는 요인으로 작용한다. 이들은 극도의 정신적 긴장감을 극복하기 위해 여러 가지 정신적 방어기제를 사용하기도 한다. 북한이탈주민의 여성이 주로 사용하는 정신적 방어기제는 성숙하고 능동적인 방어기제였으며 퇴행, 통제, 투사와 같은 미성숙한 정신적 방어기제는 사용하지 않았다. 국내로 입국한 기간이 길수록 수동-공격적 방어기제를 적게 사용하는 반면, 유머는 많이 사용하는 것으로 나타났다. 또한 미성숙한 정신적 방어기제를 많이 사용하는 북한이탈주민인 경우 정신건강에 문제가 많은 것으로 보고되었다(김희경, 2010).

정신적 방어기제는 캐플런과 새독(Kaplan & Sadock, 1989)에 의해 개발된 4단계의 자아도취적 단계, 미성숙 단계, 신경증적 단계, 성숙 단계로 구분한다. 자아도취적 단계의 정신적 방어기제는 투사, 부정, 왜곡이고, 미성숙 단계에서는 동일시, 수동-공격, 신체화, 행동화, 퇴행, 회피, 신경증적 단계에서는 허세, 반동 형성, 전치, 통제, 합리화, 해리이며 성숙 단계에서는 억제, 예견, 이타주의, 유머, 승화 등의 정신적 방어기제를 사용한다.

종합적으로 북한이탈주민의 정신건강 문제는 다각적인 요인, 즉 북한이탈주민에 대한 우리 사회의 부정적 분위기, 남한 사회에 적응하는 기간, 탈북 시의 동반 가족 형태, 탈북 과정에서 겪는 극한의 고통, 탈북 기간, 탈북 목적 및 개인적 특성(성별, 경제력, 교육 등) 등에 의해 심각한 상황에 노출될 수 있다. 그러므로 북한이탈주민을 위한 건강 정책이나 건강관리 프로그램 운영 시에는 이들의 독특한 정신건강 문제의 특성을 고려하는 것이 매우 중요할 것으로 생각된다.

2) 북한이탈주민을 위한 건강 정책

북한이탈주민이 남한 사회에서 성공하였다고 볼 수 있는 것은 직업을 가지고 경제활동을 하며 다른 사람의 도움 없이 독립적으로 살아가는 것이라고 볼 수 있다. 그렇게 하기 위해서는 여러 가지 갖추어야 할 조건들이 따르겠지만 가장 기본적으로 신체적 · 정신적 건강을 유지하는 것이 가장 우선순위가 될 수도 있다. 북한이탈주민의 건강 문제는 탈북 이전의 생활환경이나 탈북 과정에서 겪는 육체적 · 정신적 고통으로 인하여 심각한 상태에 노출될 수 있다. 북한이탈주민은 탈북 이전 상당 기간 동안의 심한 식량난으로 인해 만성적인 영양 부족과 더불어 열악한 보건의료 체계 및 보건의료 수준으로 만성화된 질병 및 결핵, 파라티푸스, 간염 등의 전염성 질환과 탈북 과정에서 겪은 힘든 고통 등으로 매우 심각한 신체적 · 정신적인 건강 문제에 시달리고 있다. 따라서 국내 입국 과정 및 정착 후 대두되는 건강 문제에 대해 효율적으로 대처하는 방안 모색이 요구되며, 이는 우리 사회에서의 성공적인 정착을 위한 취업과 경제적 자립으로 연결되는 매우 중요한 연결 고리가 될 것이다.

북한이탈주민의 성공적인 남한 사회 정착을 위한 우리나라 정부 차원의 제도적 장치를 보면, 1997년 7월 제정된 북한이탈주민의 보호 및 정착지원에 관한 법률에 근거하여 1999년 7월 개원한 정착 지원 시설인 '하나원'이 있다. '하나원'에서는 국내 입국한 북한이탈주민을 대상으로 3개월간의 교육과정을 통하여 한국 사회 적응 훈련을 실시한 후 우리 사회에 적응하여 지내도록 하였다.

우리나라 국가 건강검진은 1980년에 시작하여 2011년 기준으로 일반 검진 66%의 수검률을 기록하였고, 영유아 건강검진(2007년 도입), 생애전환기 건강진단(2007년 도입), 암검진(1990년 도입) 등 성별 및 연령별 특성을 반영한 다양한 검진 체계를 갖추며 성장해 왔다. 2011년부터는 북한이탈주민의 건강을 위한 건강관리서비스의 일환으로 2007년부터 정부에서 시행하고 있는 기존의 맞춤형 방문 건강관리사업을 북한이탈주민의 특성에 맞게 재편성하여 '북한이탈주민 건강관리사업'으로 실시하고 있다. 이 사업은 북한이탈주민 출신인 상담사와 간호사 등 전문인력이 빈곤, 질병, 장애, 고령 등 건강 위험 요인이 큰 취약 계층, 즉 북한이탈주민을 직접 찾아가 건강관리서비스를 제공하는 사업이다(보건복지가족부, 2011).

정부가 정책적으로 이 사업을 시행하는 이유는 북한이탈주민이 탈북 이전 또는 탈북 과정에서 장기간의 영양 결핍과 열악한 생활 여건, 심각한 스트레스 등에 노출되어 건강상 문제를 가진 경우가 많으나 신분 노출에 대한 우려, 외부 접촉 기피, 언어적 장벽 등으로 방문 건강관리서비스에 등록시키기 어려운 상황이기 때문이다. 이로 인해 북한이탈주민은 집중적인 건강관리가 필요한 대상임에도 불구하고 서비스의 사각지대에 놓여 있다. 이러한 문제점을 해결하기 위해 간호사와 북한이탈주민 출신 상담사가 팀을 이루어 북한이탈주민을 방문하고, 상담 및 통역을 하면서 건강관리서비스를 제공하는 사업을 시작하게 된 것이다.

2011년 북한이탈주민 건강관리사업이 이들이 집단적으로 거주하는 서울 강서구, 부천시 원미구 등 지역 10곳을 우선 선정하여 시범적으로 수행되었다. 선정된 사업 수행 지역의 보건소에는 방문간호사와 북한이탈주민 상담사가 2인 1조로 배치되어 활동하였다(**표**

10.1). 상담 인력은 북한이탈주민 중 상담사 자격증(북한이탈주민 전문 상담사 3급, 민간 자격증) 소지자를 우선 선발하였고, 자격증 소지자 선발이 어려운 경우, 북한이탈주민 중 적격자를 채용하여 운영하였다. 건강관리서비스 대상으로 선정된 북한이탈주민에 대해서는 결핵, B형간염, 정신질환 여부 등 대상자의 신체적 · 정신적 건강 상태를 파악한 후에 복약 지도, 영양 · 운동 정보 제공, 의학 용어 통역, 건강생활 행태 개선 상담, 건강검진 연계, 보건소 내외 자원 연계 등의 서비스가 제공된다.

표 10.1 북한이탈주민 건강관리사업 지정 보건소

시 · 도	서울	경기	인천	광주	강원	충남	전북	경남
보건소명	강서구	부천시 원미구 안산시 단원구 성남시 분당구	남동구	북구	춘천시	아산시	전주시	김해시

북한이탈주민 집단거주지역(서울 · 경기 200명, 그 외 100명 이상) 중 시 · 도의 추천을 받아 선정출처: 보건복지부(2011)

보건복지가족부는 2009년 시행된 건강검진 기본법에 따라 확정된 제1차(2011~2015) 국가건강검진 종합계획에 2012년부터 의료급여수급권자(기초생활보장 수급권자, 북한이탈주민 등)에 해당하는 북한이탈주민도 일반 건강검진을 받을 수 있게 하였다. 이는 북한이탈주민을 포함한 의료급여수급권자를 위한 사전 예방적 건강관리 체계 구축에 큰 역할을 할 것으로 간주된다. 향후 정부와 민간 차원의 다각적인 지원책으로 경제적 어려움뿐만 아니라 신체적 · 정신적 건강 문제에 대하여 계속적인 건강관리와 건강교육 및 심리적 상담서비스를 제공하여, 이들이 새로 이주한 지역사회에서 성공적으로 잘 적응할 수 있도록 하는 정책적인 차원의 건강관리서비스 확대 노력은 매우 중요한 일이다.

4. 다문화가정 자녀

결혼이주자, 외국인근로자, 북한이탈주민 등의 다문화가정 증가에 따라 다문화가정의 자녀도 증가하고 있다. 다문화가구의 평균 자녀수는 0.95명으로, 평균 연령은 8.3세이다. 만 5세 이하 미취학 자녀 중 76.0%는 어린이집과 유치원에 다니고, 20.2%는 돌봄시설에 자녀를 보내지 않은 채 양육수당을 수령하고 있고, 돌봄시설에 보내지 않으면서 양육수당도

받지 않는 가구는 3.0%를 차지하고 있다(여성가족부, 2019). 외국인근로자 가정 자녀는 외국인근로자와 그 가족의 권리보호에 관한 국제협약(UN 아동권리협약)에 의거하여 한국 아동과 동일한 교육 기본권을 가지며, 불법체류자의 자녀도 이와 동등한 권리를 갖는다(김정순, 2010).

1) 언어 및 교육 문제

결혼이주여성은 일상생활의 의사소통에는 큰 문제가 없으나 한정된 어휘력을 소유하고 있기 때문에 자녀의 한국어 발달에 영향을 미치게 되고, 그로 인해 결혼이주여성 자녀는 일반가정 자녀에 비해 언어 발달에 어려움이 있다. 어머니의 한국어가 부족하기 때문에 저학년에서는 언어구사의 어려움을 겪게 되고, 고학년에서는 학습장애를 경험하며, 점차적으로 교우관계 장벽에 시달리고 있다. 상당수의 다문화가정 자녀들은 부모의 낮은 사회경제적 지위 그리고 언어와 문화의 차이로 인한 교육방식 때문에 가정과 학교 교육에서 문제가 드러나고 있으며, 이러한 결과로 학습결손이 가중되고 더불어 편견과 차별로 인해 잘 적응하지 못하는 것으로 나타났다(윤동화, 2014).

자녀양육의 어려움 중 5세 이하 자녀에게 한국어를 직접 가르치는 어려움은 6.7%인데 비하여 6~24세 자녀는 학업 등의 정보 부족이 40.6%로 가장 높았다(여성가족부, 2019). 그러므로 다문화가정 자녀의 학습 능력이 언어로 인하여 뒤처지지 않게 하기 위해서는 자녀의 초등학교 입학에 앞서 학습에 필요한 한국어 능력을 갖추도록 다문화가정 자녀에 대한 언어 교육이 필수적으로 이루어져야 하며, 이러한 교육을 바탕으로 학습과 관련된 어휘력을 길러줄 필요가 있다(김지애, 2010).

현재 국제결혼가정의 자녀는 한국 국적을 가지고 있는 합법적인 거주자인 데 반하여, 한국에 체류하는 외국인근로자 자녀는 합법적인 체류자격이 없다. 그들의 상당수는 한국에서 태어났거나 한국에 장기체류한 아동으로, 언어나 문화적인 정체성이 한국인에 가까워 본국으로 송환되었을 때 적응하는 데 어려움이 많다. 그러나 본국에서의 적응을 위한 예비 교육이나 프로그램 없이 귀국시키고 있는 것이 현실이다. 이에 교육과학기술부는 2008년 초 · 중등교육법 시행령 개정을 통하여 불법체류자 자녀라 할지라도 중학교까지는 의무교육을 받을 수 있도록 법령을 마련하였다(조승호, 2011).

북한이탈주민의 가정은 남한에 정착하는 과정에서 사회적 · 문화적 · 심리적 문제로 인해 어려움을 경험하며, 특히 발달 과정상에 있는 아동과 청소년의 경우 학교 적응 문제나 정체감 형성에 있어서 혼란을 겪는다. 북한이탈주민 자녀의 초 · 중 · 고 교육상태는 아동의 90%가 정규학교에 다니고 있으며, 10%는 대안교육시설에서 공부하고 있다. 제3국 출생 탈북민 자녀는 전체 탈북민 자녀의 35.5%를 차지하며, 초등학생 비율이 51.8%로 북한 출생 자녀보다 많다. 학교 중도 탈락률은 2007년 12.8%에서 2009년 4.9%로 감소추세를 보이고 있다. 탈락사유에는 동급생보다 나이가 많아서 적응하기 어려운 점과 학업능력 부족, 검정고시 등이 있다. 재학생들의 학교생활 어려움은 학업부진이 가장 많고 언어와 문화, 교우관계, 선생님과의 관계 등이다. 비재학 청소년이 학교를 다니지 않는 이유로는 재학준비의 어려움이 가장 많고 학력 차이, 돈을 벌기 위해, 필요성을 느끼지 못해서 등이 있다(이소희 · 이선혜, 2013).

다문화가정의 어머니는 자신의 생활 및 사회 적응에의 어려움으로 인하여 자녀양육이나 교육 지원의 능력이 부족한 편이다. 다문화가정의 자녀는 유아기 시절 한국어가 미숙한 어머니와 함께 생활하므로 언어 발달 지체를 보이거나 문화 부적응으로 인하여 학교생활에서 문제를 보이기도 한다. 또한 재혼 가정의 중도입국이주 청소년이나 국내 단기체류 아동의 경우에도 가장 큰 문제는 이들의 한국어 능력이 매우 부족한 것이다. 이로 인하여 정규 학교에 입학하는 것이 어렵거나, 입학해도 학교생활의 적응이 어려워 학업을 중단하는 경우가 많음에도 불구하고 이들을 위한 마땅한 대안 학교도 없는 실정이다(조승호, 2011).

2) 대책

다문화가정의 자녀는 친구들과 다른 특수성이 있는 가정환경에서 살고 있다는 것 자체에 대하여 특히 거부감과 수치심, 소외감을 느끼고 있다. 즉 학교 선생님의 관심이나 친구들에게 소개되는 자신의 위치가 그들로 하여금 스스로 위축되게끔 하고 있다. 그러므로 이 자녀들이 학교생활에서 위축되지 않도록 교사의 세심한 배려가 요구된다.

장덕희 · 신효선(2010)의 '다문화가정 자녀의 학교부적응에 미치는 환경요인' 연구에 의하면 다문화가정이면서 빈곤가정의 아동인 경우에 적응상의 어려움이 가중되며, 어머니의 학력이 낮을수록, 생계비 지원을 받을수록, 외모가 친구들과 차이가 클수록 학교부적응 정도가 높다고 하였다. 반면에 학교의 수업 태도가 긍정적일수록, 친구 관계가 긍정적일수록 다문화가정 자녀의 학교부적응 정도는 완화되었다. 그러므로 다문화가정 자녀의 학교부적응 완화를 위해 또래 관계 향상과 학습 태도 증진을 지원하는 구체적인 방안이 필요하다. 이를 위하여 학교의 교사나 사회복지사는 다문화역량을 갖추어야 하며, 학교에서의 다문화교육이 필요하다.

5. 유학생

1) 개요

21세기에 접어들면서 우리나라의 국제적 위상이 향상되고 세계화 분위기가 고조되면서 국가 간에 인적 · 물적 교류가 매우 활발해지고 있으며, 정보통신기술과 교통 등의 발달로 인해 경제적 · 사회적 · 문화적 측면에서는 국경의 의미가 퇴색하고 있는 상황이다. 이러한 시대의 빠른 변화에 대처하기 위한 국가적 생존 전략의 하나로 선진국 대열의 국가들은 글로벌 인재 육성 정책을 우선적으로 채택하여 추진하고 있다. 우리나라의 경우 학령인구가 급격히 감소하고 생산가능 인구 감소추세에 대비하여 대학의 국제 경쟁력을 강화하고, 우수 외국인유학생을 유치하고자 하는 노력을 기울이고 있으며, 교육부는 2023년까지 유학생 20만 명을 유치하기 위한 프로젝트를 진행하고 있다. 우수한 외국인유학생 유치와 다양한 지원 체계는 단지 지식인을 배출하는 데 그치는 것이 아니라 미래 사회를 이끌어 나갈 세계적 인재의 네트워크 구축이라는 중요한 의미를 가지고 있다.

외국인유학생이란 유학 또는 연수 활동을 할 목적으로 우리나라에 체류하는 외국인을 말한다. 외국인유학생이 입학할 수 있는 교육과정으로는 대한민국 학생과 동일한 조건에서 수업을 받는 정규 과정과 단기 과정 및 외국인을 대상으로 하는 한국어 연수 과정이 있다.

외국인유학생이 대한민국에 입국하기 위해서는 대한민국의 재외공관에서 유학(D-2) 또는 일반연수(D-4)나 단기방문(C-3)에 해당하는 사증을 발급받아야 한다. 그러나 외국인유학생의 본국이 대한민국과 수교하지 않는 국가이거나, 대한민국 법무부장관이 외교통상부장관과 협의해서 지정한 국가에 해당하는 경우에는 사증 대신 외국인 입국허가서를 발급받아 입국할 수 있다. 대한민국에 90일을 초과해서 체류하는 외국인유학생은 입국한 날부터 90일 이내에 외국인 등록을 해야 하고, 대한민국 체류 중에 외국인 등록사항이 변경되면 외국인 등록사항 변경신고를 해야 하며, 체류지가 변경되면 체류지 변경신고를 해야 한다. 또한 외국인유학생이 아르바이트를 하려면 체류자격 외 활동허가를 받아야 한다. 외국인유학생은 학업을 마친 후 본국이나 제3국으로 출국할 수 있으며, 국내에서 취업하거나 상위 교육기관에 진학할 수도 있다.

국내 외국인유학생의 국적별 체류 현황을 살펴보면 중국을 비롯하여 미국, 캐나다 및 일본 등의 250개국에서 입국한 18만 4,193명이 한국어 연수 등의 목적으로 국내에서 수학하고 있다. 그 중 중국인 유학생이 7만 5,240명으로 가장 많은 비율(40.8%)을 차지하고 있다(법무부 출입국 · 외국인정책본부, 2019).

최근 10여 년에 걸쳐 국내 외국인유학생이 급격하게 증가하면서 사회적 · 문화적 · 환경적 측면에서 이들에 대한 많은 문제점이 제기되고 있다. 대학생활 부적응 문제, 아르바이트 비용 착취 문제, 불법 취업 문제, 성폭력 문제 등이 계속 이어진다면 우수한 해외 인력 자원 확보나 활용이라는 정책적 의미를 왜곡시킬 우려가 있다. 따라서 교육과학기술부에서는 이들의 학사 관리를 포함한 유학생 입학 · 생활 등에 대한 지원, 관리의 미흡한 점에 대하여 각 대학에 시정 · 개선을 요구해 나갈 방침으로, '글로벌 교육비전 2020'에 유학생 유치 및 질적 관리 대책을 주요 과제로 포함시켜 실천력을 높여 나갈 정책을 추진하고 있는 중이다.

세계 교육 시장에서 한국 교육이 높은 위상을 차지하여 G20 교육 리더로서의 역할을 담당하기 위해서는 우수한 인재가 국내에 들어와 학업과 생활에 전념하고, 자국에 돌아가서는 한국의 긍정적 이미지를 위한 홍보 대사 및 지도자로서의 역할을 할 수 있게 하는 것이 매우 중요하다. 이를 위해서는 외국인유학생 수를 양적으로 늘려 나가는 것도 중요하지만, 국내 대학의 외국인유학생에 대한 질적 관리 역량이 무엇보다도 필요하다.

학업이라는 정확한 목표를 가지고 우리나라의 새로운 문화에 들어 온 국내 외국인유학생의 경우 국내에서 단기간 체류하면서 목표를 성취하고 고국으로 돌아갈 계획을 가지고 있기 때문에, 장기간 체류하려는 외국인에 비해 사회문화적 적응을 위한 노력을 덜 기울이고, 독특한 개인적 특성이 학업 과정이나 일상생활에 그대로 반영될 수 있다(박연숙 · 전미순 · 백승순 · 지현순, 2011). 루이스와 그린(Lewis & Green, 2000)은 미국 내에 거주하는 두 종족[투스칼루사(Tuscaloosa), 위치타(Wichita)]을 대상으로 건강증진프로그램을 적용한 연구 결과에서 종족에 따라 건강 태도, 건강 신념 및 건강 행위 변화가 다르게 나타났음을 보고하였다. 따라서 다문화사회를 형성하고 있는 지역사회에서 건강 정보 및 건강교육을 제공하는 경우 다문화적 속성을 고려한 사회문화적 특성은 매우 중요한 지표임을 알 수 있다. 그러므로 국내 외국인유학생이 유학생활 과정에서 겪을 수 있는 사회문화적 충돌과 더불어 원래 그들이 고유하게 가지고 있던 개인의 독특한 사회문화적 특성으로 인하여 신체적 · 정신적 건강 문제가 가중된다면 한국에서의 유학생활에 대한 인식에 부정적 영향을 줄 수 있기 때문에, 이들의 독특한 건강 문제를 규명해 보고 건강 정책과 건강관리 프로그램에 반영하는 것은 매우 중요한 부분이다.

2) 건강 문제

일반적으로 외국인유학생은 자신의 사회적 · 문화적 환경에 익숙해지는 청소년기를 지낸 후 청년기에 속하는 대학생이기 때문에, 우리나라에서의 유학생활 동안 익숙하지 않은 타 문화에 대한 사회적 · 환경적 적응 과정에서 다양한 신체적 · 정신적 스트레스를 경험하게 된다. 즉 사회적 · 문화적 환경의 외부적 요인인 식생활 변화, 기후 변화 및 거주 문제 등과 유학생활 과정에서 겪는 언어적 문제, 지각된 차별, 정체성 혼란 및 지지 체계의 상실감 등의 내부적 요인이 혼합되어 신체적 · 정신적 건강 문제를 유발할 수 있다.

이들의 건강 문제는 우리나라에서 외국인유학생으로 생활하면서 학업이나 생활 적응력이나 만족도에 영향을 주는 주요 요인이지만 아직까지는 국내 외국인유학생에 대한 건강 문제, 건강 행태 및 의료 이용에 대한 구체적인 실태조사가 부족한 상황이다. 더욱이 외국인유학생의 건강에 대한 간호학적 관점의 연구가 매우 미흡한 편으로, 이들의 건강 문제에 대한 부분적인 논의에 그치고 있는 실정이다.

외국인유학생의 건강실태에 대한 조사 연구에 의하면 신체적 · 정신적 건강 문제는 다음과 같다(이내영 · 한지영, 2011). 신체적 건강 문제는 성 관련 문제가 45.5%, 구강질환 40.2%, 눈의 피로감 35.7%, 충치 13.4%, 잦은 치통 13.4%, 팔다리의 심한 통증 12.5%, 식후 불편감 16.1%, 수면 장애 12.5%, 잦은 심한 두통 12.5% 등으로 성 관련 문제가 가장 많은 것으로 나타났다(**표 10.2**). 외국인유학생이 대부분 청년층에 속하는 학생이기 때문에 성 관련 문제가 많이 발생한 것으로 간주되며, 특히 외국인유학생이 많은 대학교에서는 성교육이나 성 건강에 관한 보건교육의 필요성이 강조되고 있다.

또한 외국인유학생들이 호소하고 있는 정신적 건강 문제는 매일의 일상생활을 통한 스트레스가 88.4%, 지적에 대한 마음의 상처 40.2%, 갑작스런 소음에 놀람이 39.3% 등으로 나타났다(**표 10.3**).

따라서 외국인유학생들의 신체적 · 정신적 건강 문제는 질병 치료를 위한 전문적 진료가 요구되는 건강 문제이기보다는 젊은 층에서 흔히 볼 수 있는 일반적인 건강 문제이며,

표 10.2 Physical Complaints

Characteristics	Categories	%
Cardiovascular	Frequently suffer from chills	8.9
	Have severe soaking sweats at night	8.0
	Often bothered by thumping of the heart	7.1
	Often have difficulty breathing	3.6
Respiratory	Nose continually stuffed up	9.8
	Have to clear your throat frequently	8.9
	Often catch severe colds	6.3
Gastrointestinal	Usually feel bloated after eating	16.1
	Constantly suffer from bad constipation	9.8
	Often suffer from an upset stomach	9.8
	Suffer from frequent loose bowel movements	3.6
	Often feel a choking lump in your throat	2.7
	Ever troubled with vomiting	1.8
Musculoskeletal	Have severe pains in arms or legs	12.5
	Back pains hard to keep up with work	8.9
	Constant numbness/tingling in body part	8.9
	Suffer from back pain	8.0
Neurological	Eyes continually blink or water	35.7
	Difficulty falling or staying asleep	12.5
	Suffer badly with frequent severe headaches	12.5
	Often have spells of vertig	8.9
	Often have spells of severe dizziness	8.0
Urogenital	Other sexual problems	45.5
	Menstrual pain	17.9
	Get up every night and urinate	3.6
	Sexually transmitted disease	0.9
Dental	Others	40.2
	Dental caries	13.4
	Often had severe toothaches	13.4
	Periodontitis	4.5

출처: 동서간호학연구지, 17(1)

표 10.3 Psychological Complaints

Characteristics	%
Under stress through every day living	88.4
Criticism always upset you	40.2
Sudden noises make you jump/shake badly	39.3
Considered a nervous person	30.4
Always do things on sudden impulse	26.8
Angry to have anyone tell you what to do	25.9
Annoyances get on your nerves	21.4
Often suddenly scared for no reason	21.4
Often awakened by frightening dreams	21.4
Easily upset or irritated	20.5
Feel alone and sad at a party	18.8
Strange people or places make you afraid	17.9
Usually feel unhappy and depressed	17.9
Sweat/tremble during exams/questioning	16.1
Things get on your nerves/wear you out	14.3
Considered a nervous person	11.6
Life look entirely hopeless	9.8
Extremely shy or sensitive	8.9
Wish you were dead	8.0

출처: 동서간호학연구지, 17(1)

이들은 문화적 · 언어적 차이를 극복하고 학업에 전념하기 위하여 자신의 건강유지 위주의 건강관리에 주로 관심을 가지고 있는 것으로 보고하였다.

한중문화협회의 자료에 따르면 외국인유학생의 70% 정도를 차지하는 중국 유학생의 경우 한국에서의 유학생활에서 가장 힘든 점은 문화적 차이와 건강 및 의료 체계 접근 문제임을 언론에서 시사한 바 있다. 따라서 외국인유학생을 유치한 많은 대학에서는 학생 건강을 관리하기 위한 기구인 대학 내의 보건진료소 등에서 외국인유학생을 위한 신체적 · 정신적 돌봄을 포함한 건강증진 프로그램을 활성화하여 운영하는 것이 매우 필요한 것으로 사료된다.

그러나 외국인유학생의 대학 내 보건소 이용률이 41.1%로 과반수에 미치지 못하고 있는 실정이며(이내영 · 한지영, 2011), 국내의 외국인유학생 중 불법체류자가 8,484명으로 9.42%에 이르고 있는 실정이다(표 10.3). 자칫 대학 당국의 소홀한 학생 복지 운영으로 외국인유학생이 건강 위험의 사각지대에 놓일 수 있으며, 부실한 학사 운영은 학사 관리나 사회질서의 혼란을 초래할 수 있다. 따라서 외국인유학생을 유치한 많은 대학에 학생 복지 차원에서의 건강관리서비스의 체계적인 운영 전략과 철저한 학사 관리를 위한 정책이 요구된다.

3) 외국인유학생을 위한 의료 체계

국내 많은 대학은 국제 협력 및 교류를 확대하여 대학의 국제 경쟁력을 강화하기 위해 외국인유학생을 적극적으로 유치하고 있다. 2012년 3월 기준 우리나라는 외국인유학생 9만 119명을 유치하였고, 이제 외국인유학생 10만 명 시대에 도래하였다. 위에서 살펴보았듯이 외국인유학생은 유학생활 중에 낯선 사회문화적 환경에 접하여 다양한 신체적 · 정신적 건강 문제에 노출될 수 있으므로, 외국인유학생 10만 명 시대에 돌입하면서 이들의 건강 문제에 대한 대비책으로 제도적인 의료 체계의 지원이 요구된다.

우리나라 의료 체계는 헌법에 명시된 국민의 인간다운 생활을 할 권리와 동 권리를 실현하기 위한 국가의 사회복지 증진 의무의 법적 근거 하에 1997년 국민의료보험법을 제정하여, 우리나라 전 국민의 건강증진과 사회보장의 증진을 목적으로 국민건강보험 제도를 실시하고 있다.

외국인유학생의 경우, 2011년 1월 1일부터 본인의 신청에 따라 우리나라 건강보험법의 적용을 받는 국민건강보험에 가입할 수 있다. 국민건강보험법에 따른 건강보험은 그 가입자가 보험료를 부담하면 병원 등을 이용할 때 국민건강보험공단에서 보험금을 지급해 줌으로써 본인의 의료비 부담을 절감해 주는 일종의 사회보험이다. 대한민국에서 3개월 이상 거주한 외국인유학생(아직 대한민국에 3개월 이상 거주하지 않은 외국인유학생이라도 유학 등의 사유로 3개월 이상 거주할 것이 명백한 경우를 포함)이 외국인 등록을 한 경우에는 본인의 신청에 따라 건강보험 지역가입자가 될 수 있다[국민건강보험법 제93조제2항, 국민건강보험법 시행령 제64조제2항, 국민건강보험법 시행규칙 제45조제2항, 별표 7 및 장기체류 재외국민 및 외국인에 대한 건강보험 적용기준(보건복지부 고시 제2010-111호, 2010.12.17. 발령, 2011.1.1. 시행) 제2조제2항]. 그러나 체류기간이 초과되었음에도 불구하고 체류기간 연장 허가를 받지 않고 체류하는 경우에는 국민건강보험의 가입자가 될 수 없다(국민건강보험법 시행령 제64조제3항 및 장기체류 재외국민 및 외국인에 대한 건강보험 적용기준 제2조제3항).

외국인유학생이 국민건강보험에 가입하려면 국민건강보험공단에 건강보험 지역가입자 자격취득 · 변동신고서와 함께 다음의 서류를 제출해야 한다(국민건강보험법 시행령 제64조제5항, 국민건강보험법 시행규칙 제45조제3항제1호 및 장기체류 재외국민 및 외국인에 대한 건강보험 적용기준 제4조제2항제1호).

외국인유학생의 국민건강보험 가입을 위한 제출 서류

유학(D-2)사증 소지자의 경우

- 외국인등록증 사본 또는 외국인등록사실증명서 1부
- 입학 또는 재학증명서 1부

일반연수(D-4)사증 소지자의 경우

- 외국인등록증 사본 또는 외국인등록사실증명서 1부
- 연수 · 입학 또는 재학증명서 1부

외국인유학생의 국민건강보험 가입자격의 상실은 장기체류 재외국민 및 외국인에 대한 건강보험 적용기준 제4조제3항에 따라 적용되는데, 그 내용은 다음과 같다.

외국인유학생의 국민건강보험 가입 자격 상실의 적용 기준

- 사망한 날의 다음 날
- 출입국관리법에 따른 체류기간이 종료된 날의 다음 날
- 출입국관리법에 따른 강제퇴거명령이 발부된 날의 다음 날(단, 강제퇴거명령에 대한 이의신청을 한 경우에는 심사결정이 확정된 날까지는 제외)
- 체류기간이 종료되지 않은 경우에는 출국한 날의 다음 날(단, 1개월 이하의 일시출국은 제외)
- 직장가입자 또는 그 피부양자로 된 날
- 보험료를 미납할 경우 그 납부기한이 속하는 달의 다음 달 1일

국민건강보험에 가입한 외국인유학생의 건강보험료는 전년도 말의 지역가입자 세대당 평균 보험료를 기준으로 산정되는데, 체류자격이 유학(D-2)에 해당하는 경우에는 그 보험료의 50%를 경감 받게 된다. 따라서 우리나라 국민건강보험에 가입한 외국인유학생은 유학생활 과정에서 발생하는 신체적 · 정신적 질병이나 부상에 대하여 보험 급여를 통하여 의료서비스를 제공받을 수 있다(법제처, 2012).

외국인유학생의 경우 건강보험을 가입하지 않은 상태에서 병원 등을 이용하면 그렇지 않은 때보다 의료비 부담이 커지기 때문에 대한민국에서 학업을 위해 오래 체류하는 경우에는 건강보험에 가입하여 우리나라 의료서비스 혜택을 받는 것이 유리하다.

그러나 우리나라 국민건강보험에 가입한다 하더라도 보험료 지불 및 의료비 부담에서 자유롭지 못한 경제적 문제가 발생할 수 있다. 앞에서 논하였듯이 외국인유학생을 유치한 많은 대학에서는 유학생활 동안 안정적인 학업을 이수할 수 있도록 학교생활 및 건강 상태 등을 파악하여 건강권을 보장해 줄 수 있는 대학 내 보건진료소 및 자원봉사 활성화 등의 정책 수립이 필요할 것이다.

6. 난민

1) 개요

난민(refugee)은 외국을 도피처로 삼아 도망 나온 일종의 비자발적 이민자이며, 국적국의 보호를 받을 수 없다는 점에서 매우 취약한 법적 지위의 외국인이다. 우리나라에서는 2018년 500명이 넘는 예멘인들이 제주도로 입국하여 난민 신청을 하면서 사회적으로 큰 화두가 되었다. 난민협약에 '난민'이란 인종, 종교, 국적, 특정 사회집단의 구성원인 신분 또는 정치적 견해를 이유로 박해를 받을 수 있다고 인정할 합리적인 근거가 있는 공포로 인하여 국적국의 보호를 받을 수 없거나 보호받기를 원하지 아니하는 외국인 또는 이러한 공포로 인하여 대한민국에 입국하기 전에 거주한 국가(이하 '상주국'이라 한다)로 돌아갈 수 없거나 돌아가기를 원하지 아니하는 무국적자인 외국인을 말한다.

우리나라의 난민 보호 역사는 '1951년 난민의 지위에 관한 협약'과 '1967년 난민의 지위에 관한 의정서'를 근거로 2012년에 「난민법」을 제정함으로써 난민인정심사 및 난민처우의 법적 근거를 명확히 하였고, 2013년부터 이 법을 시행하여 왔다(김대근 · 강태경 · 이일, 2017). 우리 법무부에 난민신청을 한 사람이 2013년 1,574명, 2014년 2,896명, 2015년 5,711명, 2016년 7,542명으로 매년 급증하고 있음에도 불구하고, 난민인정자 수는 전체 난민신청자의 약 1% 남짓으로 매우 낮은 형편이었다. 1994년 이후 2020년 6월까지 난민신청자는 69,636명이며, 심사결정 종료자는 31,099명이다. 이 중 인정받은 난민은 3.4%로 1,058명이며, 2,320명이 인도적 체류허가를 받아 총 3,378명이 난민인정 및 보호를 받고 있다(법무부 출입국 · 외국인정책본부, 2020).

난민의 종류는 종교 난민, 정치 난민, 경제 난민 등이 있으며, 최근 기후 변화에 따라 환경 난민이 늘고 있는 추세이다. 현재 한국에 와 있는 난민 중 종교적 이유가 가장 많으며 그 다음이 정치적 사유로 난민이 된 경우이다(피난처, 2007; 법무부 출입국 · 외국인정책본부, 2020).

2) 건강 문제 및 난민의 삶

난민은 다른 다문화구성원에 비해 가장 어려운 신체적 · 정신적 고통을 겪는다. 이들은 공통적으로 비자발적이고 갑작스러운 이주를 경험하며, 이주 과정에서 추가적인 정신적 외상을 경험할 가능성이 높은 집단이다. 생명의 위협을 느끼게 하는 전쟁과 핍박으로 인해 도망치다시피 본국을 떠나온 난민은 모든 정신적 · 물질적 자원이 소진된 경우가 많다. 난민 가정의 대부분은 본국에서 지식인 계층에 속하지만, 한국에서 그들의 지위는 '외국인근로자' 또는 '후진국 국민'이며 심한 경우는 "사회에 물의를 일으키는 위협적인 존재"로 인식되기 때문에 이는 이들의 한국에서의 삶을 더욱 힘들게 하는 것 중 하나이다.

난민이 한국 사회에 적응하기 위해서는 한국어와 한국 사회 적응교육을 받아야 하는데 이러한 교육을 받을 수 있도록 제도적으로 마련된 것이 난민지원센터나 사회통합프로그램이다. 그러나 이러한 제도가 있음에도 불구하고 정보를 제공받은 경우는 전체 난민의 약 19% 정도이며, 또한 난민센터에 입소하는 난민자는 전체의 약 2%에도 미치지 못하므로 극히 일부에 불과하다.

난민이 한국에서의 취업 활동을 하기 위해 한국어와 한국 사회에 적응하는 것은 매우 중요하고 당사자들도 필요성을 이해하고는 있지만 우선은 난민인정 문제를 먼저 해결해야 하고 장시간 노동을 해야 하기 때문에 교육에 참여할 시간적 · 정신적 여유가 없는 것으로 나타났다. 난민신청자는 대부분 단순노무직에 종사하고, 난민인정자는 직업이 없는 사람이 18.5%에 달했으며, 공장 · 건설현장 아르바이트와 레스토랑 서빙 · 판매 · 영업 등 아르바이트에 종사하는 사람이 47.4%를 차지했다(박현정, 2013). 취업 후에도 한국 노동자에 비해 30~40% 낮은 임금과 지급 시기에서도 차별을 받고 있는 것이 현실이다(김시정 등, 2016).

한국의 난민들은 산업연수생보다도 훨씬 낮은 보수를 받고 일하고 있다. 한 난민은 공단에서 일하면서 느낀 삶의 고달픔과 비참함을 다음과 같이 표현하고 있다.

> "제가 난민(신청) 비자이기 때문에 월급을 80만 원 준대요. 연수생 비자로 온 분은 한 달에 아침 8시부터 저녁 7시까지 일하고 120만 원을 받아요. G1 비자는 일할 수 없지만 일을 시켜준다는 것에 고마워하고 일하라고 하였어요. 제 경우 아침 7시 30분부터 일을 시작해서 밤 11시나 12시까지 일했어요. 저에게는 야간 수당이 없어요. 다른 외국 분들은 저처럼 일하면 150만 원이나 180만 원을 받아요. 저에게 항상 하는 말이 "너는 난민이다"라는 거예요. 저는 '난민'이라서 사람이 아니라는 생각을 했어요. 저는 '일종의 노예'라는 생각이 들었어요(난민들의 피난처, 2011)."

다음은 네팔에서 온 한 난민신청자의 바람이다. 일할 수 있는 능력이 있음에도 불구하고 '난민신청자'의 신분이므로 아무것도 할 수 없었으며, 그러다 보니 빚은 늘어나고 모욕감은 쌓여 가는 삶의 어려움을 보여주고 있다. 한국 정부에게 '난민도 인간으로서 인정받으며 살아갈 수 있도록' 관심을 가져 주기를 호소하고 있는 내용이다.

> "일을 할 수 없는 상황이지만 사실 나는 많은 일을 할 수 있어요. 내가 네팔에서 영국 왕립학교를 졸업하였기 때문에 전문 번역자와 통역자로서 영어를 완벽하게 해요. 병원, 법정, 정부에 가서 번역과 통역을 해서 다른 사람을 도와주고 싶어요. 그런데 내가 지금 아무 것도 '선택'할 수가 없어서 한국에 머무를수록 나의 모욕감은 쌓여가고 나의 빚도 늘어만 가요. 인간으로 품위를 가지고 살아갈 수 있도록, 내가 할 수 있는 일을 할 수 있도록 한국 정부는 관심을 가져 주세요(난민들의 피난처, 2011)."

콩고 난민 가정은 모두 정치적 이유로 망명을 하여 한국으로 온 사람들이며, 난민 신청을 하였으나 아직 난민으로 인정받지 못한 상태이다. 이들은 법적으로 취업이 금지되어 있으나 생계를 위하여 불법으로 노동을 하고 있으며, 주로 남편들이 공장에서 단순노동을 하여 한 달에 120만 원 정도의 수입으로 살아가고 있다. 다음 내용은 이들은 어떤 때는 자신들이 난민인 것을 자랑스러워하면서도 다른 때는 수치심을 느낀다는 점과 한국인들이 난민에 대한 인식이 부족함을 보여주고 있다.

> "계좌에 잔액이 있어서 찾으려고 은행에 갔어요. 그런데 비자가 만료되는 바람에 쉽게 찾을 수 없었죠. 그래서 난민 신청서를 보여주면서 사정 이야기를 하니까, 직원들이 '난민이래. 난민' 하면서 서로 수군거리는 거예요. 출입국사무소에서도 마찬가지에요. 일이 있어서 찾아가면 (한국말로) '허, 난민~' 하면서 비아냥거리기 일쑤죠(박진숙 · 전혜정, 2009)."

난민들은 한국어로 인한 어려움과 까다로운 법적절차 등으로 다양한 어려움을 겪고 있다.

> "난민들은 까다로운 법적 절차 때문에 난민으로 인정받기는 매우 힘들어요. 난민임을 입증해야 증거들이 필요하고 난민으로 인정받지 못하면 취업도 할 수 없고 병원도 갈 수 없기 때문에 많은 사람들이 어렵게 살아가고 있어요."
>
> "처음에는 수급자여서 무료로 진료받고 그랬는데 지금은 무료가 아니예요. 지금 선생님한테 제가 병원 갈 때 병원비 얼마나 내야 되는지 물어봐요. 영수증도 모아야 해요(박미숙, 2019)."

위에서 볼 수 있듯이 한국 내 난민은 극소수여서 아직 다문화가정 지원에서도 많이 소외되어 있다. 아직 난민에 대한 연구나 교재도 미비하여 그들의 건강과 관련된 자료도 확인할 수 없는 상황이다. 하지만 이 사람들이 여러 가지 면에서 어떤 다문화가정보다 더 어려운 상황에 처해 있다는 것은 분명한 사실이다. 특히 경제적인 어려움으로 삶의 고통을 느끼고, 정서적 · 정신적인 면에서 다른 다문화가정과는 또 다른 불안, 공포, 외상후스트레스장애가 심하였을 것으로 추측된다.

한국 정부는 난민에 대한 올바른 인식을 가지고 이들의 인권을 보호하고 지지하는 데 협조하여 그들이 한국에서 빨리 정착할 수 있도록 제도적인 뒷받침을 해주어야 한다. 또한 이들은 자신의 나라에서는 대부분 지식인이므로, 이들의 지식을 활용할 수 있는 기회를 제공하면 그들의 삶의 만족감을 증진시키고 더 나아가 우리 국익에도 도움이 되어 모두가 발전하는 방향으로 나아갈 것이다.

자율학습

선택형

1. 다음 중 결혼이주여성들이 겪는 문제에 대한 설명으로 옳은 것은?
   ① 결혼이주여성들은 첫 임신기간이 한국 사회 적응을 위한 준비로 늦어지고 있다.
   ② 대부분 결혼이주여성들은 미리 한국어를 배워 오므로 의사소통에는 문제가 없다.
   ③ 다문화가족 자녀들은 한국 사회 적응이 빠른 편으로 자녀 적응은 큰 문제가 아니다.
   ④ 결혼이주여성들은 문화적 차이로 인해 가족에 적응하기 어렵고 이혼건수가 늘고 있다.
   ⑤ 결혼이주여성 가구의 과반수가 중산층에 속하므로 경제적 문제보다 문화적 문제가 더 크다.

2. 가부장적인 남편 및 시부모님과의 갈등으로 인해 가족관계 스트레스를 호소하고 있는 결혼이주여성에 대한 올바른 중재 내용은?
   ① 이혼 법적 절차에 대한 정보를 제공한다.
   ② 시부모님과 떨어져 독립적 가정을 꾸리도록 교육한다.
   ③ 남편에게 결혼이주여성의 모국문화를 따르도록 교육한다.
   ④ 결혼이주여성에게 한국에서는 한국문화에 적응해야 함을 교육한다.
   ⑤ 시부모님과 남편에게 결혼이주여성의 모국문화를 존중하고 이해하도록 교육한다.

3. 우리나라에 거주하고 있는 외국인근로자의 건강 문제에 대한 설명으로 옳은 것은?
   ① 외국인근로자들은 빈혈을 가장 많이 호소하고 있다.
   ② 산업기술연수생은 미등록 근로자로 산업재해, 직업병 등의 문제에 노출되기 쉽다.
   ③ 외국인근로자들은 국내근로자들에 비해 중금속에 더 많이 노출되고 있는 실정이다.
   ④ 외국인근로자들의 직장폭력 경험은 정신건강에 일시적으로 부정적인 영향을 미친다.
   ⑤ 외국인근로자를 고용한 모든 사업장에서는 전면적인 산업재해보상이 이루어지고 있다.

4. 북한이탈주민의 건강 문제에 대한 설명으로 옳은 것은?
   ① 현행법 상 북한이탈주민은 일반 건강검진을 받을 수 없다.
   ② 만성적 영양결핍으로 신장과 체중이 왜소화되는 경향을 보이고 있다.
   ③ 남한 사회에 적응하는 기간은 정신적 건강 문제에 영향을 주지 않는다.
   ④ 우리 사회의 외국인 이주민에 대한 사회적 거리감은 북한이탈주민이 가장 낮다.
   ⑤ 탈북 과정에서 겪은 고통으로 인해 건강 문제가 정신과 문제로 국한되어 나타나고 있다.

5. 우리나라에 거주하고 있는 외국인유학생의 건강 문제에 대한 설명으로 옳은 것은?
   ① 성 관련 문제가 가장 많이 발생되고 있다.
   ② 과반수가 대학 내 보건소를 이용하고 있다.
   ③ 체류자격이 유학에 해당하는 경우 국민건강보험에 가입할 수 없다.
   ④ 체류자격이 유학에 해당하는 경우 의료비의 50%를 경감받게 된다.
   ⑤ 질병 치료를 위한 전문적 진료가 요구되는 신체적 · 정신적 건강 문제들이 발생되고 있다.

비판적 사고

1. 직장폭력을 경험한 외국인근로자들의 정신건강 문제에 대해 설명하시오.

2. 학대나 구타를 당하는 결혼이주여성을 위한 중재방안에 대하여 설명하시오.

선택형 정답: 1.④, 2.⑤, 3.③, 4.②, 5.①

CHAPTER

11

다문화사회와 팬데믹

개요

다문화사회에서 팬데믹의 발생은 전염성 질환이 만연되고 있는 국가나 지역사회 및 유동인구에 대하여 경계와 심리적 저항, 차별적 태도 등이 증가하게 되면서 다양한 사회적 마찰이 유발되고 있다. 그러므로 다문화사회에서 팬데믹의 발생으로 인해 나타나는 문제점들을 분석하고 이에 대한 대안을 강구하기 위한 노력이 필요하다.

전염성 질환과 팬데믹에 대한 개념을 이해하기 위하여 전염성 질환의 발생 양상, 전염병 위험도에 따른 세계보건기구의 경보단계, 역사적으로 지금까지 선포되었던 팬데믹 질환들에 대해 살펴보고, 최근 전 세계를 쇼크에 빠지게 한 코로나19에 대하여 알아보고자 한다. 또한 코로나19로 인한 팬데믹이 다문화사회에 어떠한 문제를 유발하고 있는지에 대한 검토를 통해 이 시대에 우리 사회가 어떻게 변해 가야 할 것인가에 대한 과제를 제시하고자 한다.

따라서 본 장에서는 전염성 질환과 팬데믹, 코로나19, 팬데믹이 다문화사회에 미치는 영향에 대하여 알아보고자 한다.

1. 전염성 질환과 팬데믹

1) 전염성 질환의 발생 양상

전염성 질환(communicable disease)은 감염성 질환(infectious disease)과 같은 의미로 사용되기도 하지만 엄밀하게 말하면, 병원체가 숙주의 체내로 침입하여 발육 또는 증식하는 것에 의하여 발병하는 질환을 감염성 질환(감염병)이라고 하며, 그 중에 사람으로부터 사람으로 전파하는 질환을 전염성 질환(전염병)이라 한다. 따라서 세균성 식중독이나 기생충병은 감염성 질환이지만 전염성 질환이 아니라고 표현할 수 있다. 전염병은 병원체, 감염경로, 숙주의 감수성의 3조건이 갖추어져야 발생하며, 이를 전염병 발생의 3대 요인이라고 한다.

전염병 발생은 세계적으로 확산되는 팬데믹, 에피데믹, 엔데믹, 스포라딕인 양상으로 구분된다.

팬데믹(pandemic, 범세계유행성)은 새로운 질병이 전 세계적으로 유행하는 것을 의미하며, 그리스어인 '판데모스(pandemos)'에서 유래되어 판(pan)은 모두(everyone)를 의미하고 데모스(deoms)는 인구(population)를 뜻하여 전염병이 세계적으로 전파되어 모든 사람이 감염된다는 의미를 가지고 있다. 세계보건기구(WHO)가 설정한 팬데믹의 기준은 강력한 전염성, 사람 대 사람 간 전염, 동일한 전염병이 2개의 대륙 이상에서 발생할 것 등으로 이를 갖추었을 때 팬데믹으로 선포하게 된다는 것이다. 다만 감염자의 수와 사망률 등 구체적인 기준은 없다.

에피데믹(epidemic, 유행성)은 팬데믹처럼 대륙을 넘나드는 넓은 영역에 거쳐 유행하는 것은 아니지만, 비교적 넓은 영역에 퍼지는 감염병을 말한다. 팬데믹이 전 세계로 확산되는 데 비해 에피데믹은 특정 지역에 한정되는 경우를 말하며, 감염 속도가 2주 이하로 매우 빠르다는 특징이 있다.

엔데믹(endemic, 국지성)은 넓은 지역에서 강력한 피해를 유발하는 팬데믹이나 에피데믹과는 달리, 특정 지역의 주민들 사이에서 주기적으로 발생하는 풍토병을 말한다. 엔데믹은 한정된 지역에서 주기적으로 발생하는 감염성 질환이므로 감염자 수가 어느 정도 예측이 가능하다. 예를 들면, 동남아시아 · 남미 · 아프리카 등에서 많이 발생하는 말라리아나 뎅기열 등이 이에 속한다.

스포라딕(sporadic, 산발성)은 일부 지역에 한정되어 물리적 · 시간적 간격을 두고 발병하는 질환으로, 일반적으로 감염자들 사이에서의 전파보다 별개의 감염원을 통해 감염되는 경우가 많다. 예를 들면 광견병과 같은 질병이 이에 속한다.

2) 전염병 경보단계와 팬데믹

세계보건기구는 전염병의 위험도에 따라 전염병 경보단계를 1단계에서 6단계까지 나누어 구분하고 있는데, 최고 등급인 6단계를 팬데믹이라고 한다. 우리나라에서는 팬데믹이라는 용어를 대체할 수 있는 우리말을 2020년 3월 문화체육관광부와 국립국어원에서 '감염병 세계적 유행'이라는 용어로 선정하였으나, 일반적으로 팬데믹이라는 용어로 통용되어 사용되고 있다.

세계보건기구가 규정한 전염병 경보 6단계는 다음과 같다.

❖ 1단계: 동물 사이에 한정된 전염으로 사람에게는 안전한 상태

❖ 2단계: 동물 사이에서 전염되다가 소수의 사람들에게도 전염되는 상태

❖ 3단계: 사람들 사이의 전염이 증가하는 상태

❖ 4단계: 사람들 사이의 전염이 급속하게 확산되어 세계적인 유행병이 될 수 있는 초기 상태

❖ 5단계: 에피데믹으로 전염병이 널리 퍼져 세계 동일 권역(대륙)의 최소 2개국에서 병이 유행하는 상태로 대유행이 임박한 상태

❖ 6단계: 팬데믹으로 전염병이 2개국을 넘어 전 세계적으로 유행하는 상태

전염병 경보 1~3단계에서는 주로 대비책을 준비하고, 4단계부터는 각국에서 여행자제 조치 등의 구체적인 전염병 확산 방지 지침을 내리고 철저한 예방사업에 돌입하도록 하고 있다. 세계보건기구가 2020년 1월 30일에 발표한 국제적 공중보건 비상사태(Public Health Emergency of International Concern, PHEIC)는 대규모 질병 발생 중 국제적인 대응을 특히 필요로 하는 것을 의미하며 선언한 것이다. 기존에는 콜레라, 페스트, 황열 유행을 의미했었지만, 신흥 감염증이나 바이오 테러에 대응하는 필요성과 전염병 탐지 은폐 방지의 관점에서 국제 보건 규칙이 2005년 개정되어 원인을 불문하고 국제적으로 공중보건에 위협이 될 수 있는 모든 사건이 대상이 되고 있다(Halabi, Sam F.;

Crowley, Jeffrey S.; Gostin, Lawrence Ogalthorpe, 2017). 그러나 팬데믹 단계에서는 환자를 일일이 진단하고 격리하기 어려우므로 전염병이 확산되는 것을 완화하는 정책으로 전환하게 된다. 물론 억제와 완화 정책은 이분화되는 것이 아니며 동시에 이루어지도록 한다.

3) 팬데믹의 역사

역사적으로 볼 때, 인류에게 가장 악명이 높았던 팬데믹은 14세기에 중세 유럽 인구의 1/3을 사망하게 했던 흑사병이라고 하는 페스트이다. 20세기에 발생했던 팬데믹으로는 1918년에 발생한 스페인독감(사망자 약 2,000~5,000만 명 추정), 1957년에 발생한 아시아독감(사망자 약 100만 명 추정), 1968년에 발생한 홍콩독감(사망자 약 80만 명 추정)을 들 수 있다. 1948년에 설립된 세계보건기구는 1968년 홍콩독감, 2009년 6월 신종플루라고 하는 인플루엔자 A(H1N1) 그리고 2020년 3월 코로나19(코로나바이러스감염증-19)에 대하여 팬데믹을 선언하였다. 이 팬데믹 질환들에 대하여 살펴보면 다음과 같다.

(1) 홍콩독감

홍콩독감(Hong Kong Flu)은 1968년에 홍콩에서 처음으로 발생한 독감으로, 인플루엔자 바이러스 A형의 H3N2 아형(A/H3N2형)에 의한 인플루엔자이다. 이 독감은 같은 해에 확산되어 1970년 초반까지 계속되었다.

감염경로는 일반적으로 환자가 기침이나 재채기를 할 때 나오는 분비물(비말)을 직접 접촉하거나, 바이러스가 묻은 오염된 손으로 자신의 얼굴(눈, 코, 입)을 만졌을 때 주로 감염된다.

증상은 발병하면 38℃ 이상의 고열이 나면서 기침과 인후통, 호흡곤란, 전신쇠약, 코막힘 등을 보인다. 일반적으로 이러한 증상은 4~5일 정도 지속되지만 최대 2주까지 지속되기도 한다.

당시 이 독감이 유행하는 6개월여 동안 홍콩은 물론 베트남 · 인도 · 필리핀 등의 주변 아시아 국가를 넘어 호주, 아프리카, 남미, 유럽, 미국 켈리포니아로 확산되면서 세계적으로 1백만 명 이상의 인구가 사망했다. 사망률은 스페인독감의 사망률인 2%보다 낮은 0.37%로 추산하고 있다. 중국은 1957년에 아시아독감을 치명적으로 겪은 바 있으나, 그 이후에도 의료시스템이 개선되지 않아 많은 피해를 입었는데, 홍콩독감이 실제 중국 본토에서 홍콩으로 확산되었다는 설도 제기되었다(W.K. Chang, 1969).

(2) 신종플루

신종플루 즉, 인플루엔자 A(H1N1) pdm09는 인플루엔자 바이러스 A형이 변이를 일으켜 생긴 바이러스로, 2009년 3월 말 미국 켈리포니아주 샌디에고에서 발열, 기침 및 구토로 내원한 10세 소아의 비인두 흡입 검체에서 처음으로 검출되었다. 신종인플루엔자 A(H1N1) pdm09는 돼지독감 바이러스의 유전자가 조합된 새로운 인플루엔자 바이러스이므로 초기에는 '돼지독감'으로 호칭되었다.

감염경로는 감염된 사람의 호흡기로부터 기침과 재채기 등에 의해 외부로 방출된 바이러스를 들여 마실 때 감염되고, 호흡기 분비물 외에도 설사와 같은 다른 체액에 의한 전파도 가능한 것으로 알려져 있다.

증상으로는 갑작스런 고열(38~40℃), 근육통, 두통, 오한 등의 전신증상과 마른기침, 인후통 등의 호흡기 증상이 있고, 설사와 구토도 흔하게 나타나는 양상을 보인다. 인플루엔자 바이러스가 폐를 침범하여 폐렴을 일으키면 발열과 호흡곤란이 빠르게 진행되며, 세균성 폐렴이 합병되면 농 섞인 객담, 흉통 등이 동반된다.

당시 신종플루는 214개국에서 발병하여 전 세계적으로 1만 8,500명이 사망하였는데, 우리나라에서도 75만 명이 감염되어 250여 명의 사망자가 발생한 바 있다. 세계보건기구는 2009년 4월 신종플루 확산세가 급증하자 최초로 국제적 공중보건 비상사태를 선포한 데 이어 6월 11일에는 감염병 경보 중 최고 단계인 팬데믹을 선포하기도 했다. 그러나 신종플루는 항바이러스제인 타미플루가 치료제로 사용되면서 현재는 신종플루가 아닌 A형 독감으로 호칭되고 있다.

(3) 코로나19

코로나19(코로나바이러스감염증-19, Corona Virus Disease 19, COVID-19)는 2019년 12월 중국 우한에서 처음으로 발생한 이후 중국 전역과 전 세계로 확산된 새로운 유형의 코로나바이러스(SARS-CoV-2)에 의한 호흡기계 전염병이다.

감염경로는 감염자의 비말(침방울)이 호흡기나 눈·코·입의 점막으로 침투될 때 감염된다. 감염이 되면 약 2~14일의 잠복기를 거친 뒤 37.5℃ 정도의 발열과 기침, 호흡곤란 등 호흡기 증상이 나타나며, 폐렴이 주 증상으로 나타나지만 무증상 감염 사례 빈도도 높게 나타나고 있다(**표 11.1**).

표 11.1 코로나19의 개요

구분	내용
질병명	• 코로나19(corona virus disease 19; COVID-19)
최초 발생	• 시기: 2019년 12월 • 장소: 중국 후베이(湖北)성 우한(武漢)
질병 분류	• 법정감염병: 제1급감염병 신종감염병증후군 • 질병 코드: U07.1
병원체	• SARS-CoV-2: Coronaviridae에 속하는 RNA 바이러스
전파경로	• 기침이나 재채기로 호흡기 비말 등 • 오염된 물건을 만진 뒤 눈, 코, 입을 만짐
잠복기	• 1~14일(평균 4~7일)
증상	• 발열, 권태감, 기침, 호흡곤란 및 폐렴 등 • 경증에서 중증까지 다양한 호흡기감염증 발현 • 그 외 가래, 인후통, 두통, 객혈과 오심, 설사 등
예방과 치료	• 예방: 2020년 12월부터 영국을 시작으로 백신 접종 • 치료: 대증적 치료(수액, 해열제 등) 및 치료제 투여(표 11.3 참조)
치명률	• 전 세계적 치명률은 약 3.4%(WHO, 3.5 기준)이나, 국가별 · 연령별로 매우 상이 함 • 고령, 면역기능이 저하된 환자, 기저질환을 가진 환자가 주로 중증으로 진행되며, 사망률 증가

2. 코로나19

코로나19(corona virus disease 19; COVID-19)의 발생초기에는 원인을 알 수 없는 호흡기 전염병으로 알려졌으나, 세계보건기구가 2020년 1월 9일 이로 인해 유발되는 폐렴의 원인이 새로운 유형의 코로나바이러스(SARS-CoV-2, 국제바이러스분류위원회 2월 11일 명명) 병원체가 확인되었다고 밝혔다.

2020년 1월 21일 중국 정부는 우한 의료진 15명이 확진 판정을 받았다며 코로나19의 사람 간 감염 가능성을 공식으로 확인하였는데, 이 의료진 감염 여부는 사람 사이의 전염을 판별하는 핵심 지표로 알려졌다. 이후 감염 확산세가 이어지자, 세계보건기구는 1월 30일 '국제적 공중보건 비상사태'를 선포했다. 그 이후 코로나19 확진자가 전 세계적으로 속출하자 세계보건기구는 3월 11일 홍콩독감(1968), 신종플루(2009)에 이어 사상 세 번째로 코로나19에 대해 세계적인 대유행으로 팬데믹을 선포하였다.

코로나19의 질병명도 발생초기에는 중국의 '우한'이라는 지역에서 시작되었으므로 '우한 폐렴'으로 불러졌으나, 세계보건기구가 지리적 위치, 사람 이름, 동물 · 식품 종류, 문화, 주민 · 국민, 산업, 직업군이 포함된 병명 사용을 금해야 한다는 권고에 따라, '신종코로나바이러스감염증'으로 부르게 되었다. 그러다가 2020년 2월 11일 세계보건기구는 신종코로나바이러스감염증의 공식 명칭을 'COVID-19'로 정하였다. 이에 우리나라에서는 2월 12일 '신종코로나바이러스감염증'의 한글 공식 명칭을 '코로나바이러스감염증-19'(국문 약칭 코로나19)로 명명하였다.

1) 병인

코로나19의 병원체는 '사스-코로나바이러스-2(SARS-CoV-2)'이다. 국제바이러스분류위원회(ICTV)는 2020년 2월 11일 코로나19의 병원체에 SARS-CoV-2라는 이름을 제안한 논문을 발표했는데, 위원회는 이 바이러스가 2003년 유행한 사스(SARS, 중증급성호흡기증후군)와 비슷하다는 점을 강조한 것이라고 밝혔다.

세계보건기구는 코로나19 바이러스를 유전자와 해당 유전자가 만드는 단백질에서의 아미노산 종류에 따라 기존 S, V, G 등의 3개 그룹(clade)으로 분류하였다. 여기에 세계보건기구가 운영하는 유전자 정보사이트(GISAID)는 약 3만 개에 이르는 SARS-CoV-2의 게놈 염기서열 중 9개를 '마커(표지)'로 삼고, 이 염기서열의 종류 조합을 기반으로 하여 S, V, L, G, GH, GR, 기타 등의 7개로 코로나19 바이러스를 분류하고 있다. GISAID는 2019년 말 중국 우한에서 처음 등장한 것으로 추정되는 SARS-CoV-2 중 하나를 'L'로 분류하고 참고 기준으로 삼았다. 이후 염기서열의 변화에 따라 S와 V가 등장했으며, 2020년 2월에는 G 그룹이 등장했다. 그런데 이후 G 그룹의 비중이 점차 증가하면서 GH와 GR로 세분화되었다.

코로나19 유행 초기에는 중국을 포함한 아시아 지역에서 주로 S, V 그룹이 확인되었는데, 우리나라에서도 코로나19 발생 초기 중국 우한 교민 등으로부터 유입된 바이러스는 S 그룹, 신천지 대구교회 중심으로 확산되던 것은 V 그룹이었다. 이후 유럽, 북미, 남미 등 전 세계로 확산되면서부터는 G, GR, GH 그룹이 주로 유행하고 있다. G 그룹은 614번째 아미노산이 아스파트산(D)에서 글리신(G)으로 바뀌는 변이가 일어난 것으로, 국내 질병관리청에서도 2020년 5월 서울 이태원 클럽을 중심으로 집단감염이 발생한 이후에 유행한 코로나19 바이러스의 대부분을 GH 그룹이라고 설명하였다.

2) 전파경로

코로나19는 감염자의 비말(침방울)이 호흡기나 눈 · 코 · 입의 점막으로 침투될 때 전파된다. 여기서 비말감염은 감염자가 기침 · 재채기를 할 때 침 등의 비말에 바이러스 · 세균이 섞여 나와서 타인에게 감염시키는 것으로 통상 이동거리는 2m로 알려져 있다. 눈의 경우 감염자의 침 등이 눈에 직접 들어가거나, 바이러스에 오염된 손으로 눈을 비비면 전염될 수 있다. 중국 당국은 2020년 2월 19일 공기 중에 떠 있는 고체 또는 액체 미립자, 즉 에어로졸에 의한 전파 가능성도 있음을 발표한 바 있다.

3) 발생 현황

코로나19의 최초 감염은 2019년 12월 중국 후베이성 우한시에서 원인불명의 폐렴이 집단적으로 발병하면서 비롯되었다. 세계보건기구는 2020년 1월 30일에 코로나19 비상사태를 선포하였으며, 그 이후 유럽과 미국에서 확진자가 급증하자 2020년 3월 11일 코로나19에 팬데믹을 선언하였다.

우리나라에서는 2020년 1월 20일 한국을 방문한 중국인이 최초의 감염자로 확진되어 1월 27일 코로나19 위기경보 수준을 '주의(국내유입)'에서 '경계(국내 제한적 전파)' 수준으로 격상하고, 중앙사고수습본부를 설치하게 되었다.

중국 우한에 체류 중인 교민들을 한국으로 이송하기 위해 2020년 1월 30일부터 2월 11일까지 3차례에 거쳐 전세기가 투입되었으며, 2월 18일 대구광역시 신천지교회의 집단 감염과 경상북도 청도 대남병원의 확진자가 급증하면서 확진자는 기하급수적으로 증가하게 되었다. 그 이후 감염병 위기경보인 관심(해외 유행) → 주의(국내 유입) → 경계(국내 제한적 전파) → 심각(전국 확산) 수준을 2월 23일에 경계에서 심각으로 상향 조정하게 되었으며, 국회에서는 2월 26일 코로나19에 대응하기 위한 감염병 유행 지역 입국금지 근거 및 환자 강제 입원 규정 등을 골자로 하는 감염병 예방 · 관리법, 검역법, 의료법 개정안을 의결하였다.

지금까지 코로나19 발생 현황은 우리나라의 질병관리청 중앙방역대책본부의 발표에 의하면 2021년 1월 31일을 기준으로 한, 전 세계적 누적 확진자는 총 102,577,968명이고, 사망자는 2,219,887명이며, 우리나라의 경우 누적 확진자는 78,205명이고, 사망자는 1,420명이다.

4) 증상

잠복기는 약 2~14일 정도이며, 주요 증상은 발열과 기침, 인후통, 호흡곤란과 같은 호흡기 증상, 폐렴이 나타난다. 환자에 따라 두통, 근육통, 오한, 가슴 통증, 설사 등의 증상이 나타나기도 하며 무증상 혹은 경증으로 자각하기 어려운 경우도 있다.

건강한 성인은 시간이 지나면 회복될 가능성이 높지만, 노약자나 기저 질병이 있던 사람 등 면역 기능이 낮은 사람이 감염될 경우 치명적일 수 있다. 일부는 감염 후 급성호흡곤란증후군(ARDS), 급성 폐 손상, 패혈성 쇼크, 급성 신장 손상 등으로 진행되기도 하며, 심할 경우에는 사망에 이를 수 있다.

세계보건기구는 2020년 2월 1일 무증상 감염자의 전파 가능성을 재차 밝혔으며, 다만 무증상 감염자의 전파는 드물게 발생하고 있으며, 주요 전염 경로가 아닐 수 있다고 발표하였다. 우리나라에서도 보건복지부는 코로나19가 무증상 · 경증 환자에서 감염증이 전파되는 경우도 나타나고 있다며, 해당 증상들은 차도가 좋아지기도 하지만 일부에서 중증 폐렴을 유발할 가능성이 있어 주의가 요구된다고 발표하였다.

코로나19의 특성을 일반 단순 감기나 독감과 비교해 보면 그 차이점은 **표 11.2**에서 보는 바와 같다.

표 11.2 감기, 독감, 코로나19의 비교

구분	단순 감기	독감	코로나19
잠복기	평균 1~3일	평균 2~3일	평균 2~14일
발병 위치	주로 상기도	주로 상기도와 하기도	주로 하기도
주요 증상	재채기, 코막힘, 콧물, 인후통, 기침, 미열, 두통 및 근육통	인후통, 발열, 기침, 재채기, 콧물, 코막힘, 오한, 두통, 근육통, 극심한 피로	발열, 마른기침, 인후통, 호흡곤란, 폐렴 또는 무증상으로 진행
회복 기간	일주일 안에 회복	약 7~10일	약 13~18일(국내 기준)
진단 검사	별도 검사 없음	독감 바이러스 검사	코로나 유전자 유무 검사

5) 진단

코로나19의 진단은 샘플을 채취한 후 이를 분석하여 SARS-CoV-2가 검출되는지를 확인하는 것이다.

진단을 위한 검사물 채취는 코와 입을 통한 상기도와 가래를 통한 하기도 검체를 채취한다. 검체의 채취는 의료진이 개인보호구를 착용한 상태에서 시행한다. 하기도 검체인 가래는 별도의 통에 담고, 상기도는 잘 휘어지는 긴 면봉을 비강에 삽입하여 콧물 등 분비물을 코의 후벽에서 채취한다(이지현, 2020; 김연희, 2020). 사전에 의뢰인과 검사실 사이 협의가 된 경우 혈청을 채취한다.

모든 검체는 체취한 즉시 2~8℃에 보관하고 가급적 빨리 검사실로 보내는 것이 좋은데, 검사법으로는 세포배양법, 항원항체검사법, 분자검사법 등이 있다. 세포배양법은 검사시간이 오래 걸리고 대용량 검사를 하기에 부적합하여 통상적인 진단검사로는 부적절하고 위험하다는 평가를 받고 있다(송수연, 2020). 항원항체검사법은 항원을 검사하거나 항체를 확인하는 검사로 감염병에 대한 항체가 생기려면 2~4주 정도의 기간이 소요되기 때문에 감염 초기에는 적합하지 않아 이는 기존 검사법의 보조수단으로 사용되고 있다. 분자검사법은 유전자 염기서열을 이용하여 검사하는 것으로 판코로나 PCR 검사 및 염기서열 분석, 실시간 역전사 중합효소 연쇄반응법 등이 있다.

우리나라에서는 코로나19 감염자 조기발견을 위하여 2020년 12월 현재 역학적 연관성, 증상 유무 등에 관계없이 검사를 받을 수 있도록 검사 대상을 확대하고 있다. 검사 방법은 다음과 같다.

❖ **비인두도말 PCR검사:** 코 속 깊숙이 면봉을 넣어 검체를 채취한 후 PCR검사

❖ **타액검체 PCR검사:** 타액을 별도의 검체 통에 뱉은 뒤 PCR검사

❖ **신속항원검사:** 코 속 깊숙이 면봉을 넣어 검체를 채취한 후 검사키트에 검체를 혼합한 용액을 떨어뜨려 현장에서 30분 후 결과를 확인하고, 양성인 경우 반드시 PCR검사 시행

6) 치료

2020년 12월 현재 코로나19로 확진되면 기침, 인후통, 폐렴 등의 주 증상에 따라 항바이러스제나 2차 감염 예방을 위한 항생제 투여 등 대증적 치료를 하고 있다. 또한 일부 환자의 경우에는 항바이러스제를 투여하지 않고 자가면역으로도 치유가 가능하다. 그러나 증상이 호전된 뒤에도 무증상으로 바이러스가 3~4주 지속되는 경우도 있으며, 드물게 바이러스가 다시 활성화하는 경우도 있기 때문에, 치료가 종료되어도 최소한 2주 정

도의 자가격리를 권장하고 있다.

코로나19가 팬데믹 상황에 이르고 장기화 조짐을 보이자 전 세계적으로 코로나19 치료제와 백신 개발에 관심이 집중되고 있다. 그 결과 2020년 11월 미국에서 화이자와 모더나의 RNA 백신이 약 95% 이상 예방효과가 있다는 보고를 하였으며, 2020년 12월 8일 미국의 제약사 화이자와 독일 바이오엔테크가 공동으로 개발한 백신을 영국에서 세계 최초로 접종하기 시작했다.

2020년 12월 현재까지 코로나19 백신과 치료제가 개발된 현황은 **표 11.3**과 같다. 한편 우리나라에서도 치료제가 개발되어 임상실험 중에 있으며, 곧 승인 절차를 거쳐 환자

표 11.3 주요 코로나 백신 및 치료제 개발현황

구분	약물명 (약물특성)	제약사 (약품명, 협력기관)	개발단계	비고
백신	RNA 백신 (스파이크 mRNA)	화이자 (BNT162b2)	임상3상 중 긴급사용승인 신청	방어율 95% (9월 11일 중간보고)
	RNA 백신 (스파이크 mRNA)	모더나 (mRNA-1273)	임상3상 중 긴급사용승인 신청	방어율 94.5% (9월 16일 중간보고)
	전달체 백신 (아데노바이러스)	아스트라제네카 (AZD1222)	임상 3상 중	방어율 70~90% (침팬지 아데노바이러스)
	전달체 백신 (아데노바이러스)	존슨	임상 3상 중	아데노바이러스 (혈청형 26)
치료제	렘데시비르 (뉴클레오시드)	길리어드	FDA 승인	약효성은 논란
	덱사메타손 (항염증 스테로이드)	-	**긴급사용승인**	중증 치사율 30% 감소
	바리시티닙 (항염증제)	릴리	**긴급사용승인**	렘데시비르와 병용투여시 증세호전 30%
	Bamlanivimab (항스파이크 항체)	릴리 (LY-CoV555)	**긴급사용승인**	경증 입원율 70% 감소
	항스파이크 항체	리제너론 (REGN-COV2)	**긴급사용승인**	경증 입원율 70% 감소

* FDA가 공식승인하거나 긴급승인 코로나 치료제는 **별색**으로 표시
출처: 류왕식(2020.12.03). 코로나19 대응, 치료제와 백신의 개발 현황. 한국파스퇴르연구소.

들에게 투약이 이루어질 것으로 보도되고 있다(조선비즈, 2020; 연합뉴스TV, 2020).

7) 예방

코로나19 감염을 예방하기 위해서는 예방수칙을 잘 지켜야 한다. 일상생활 중의 예방수칙은 흐르는 물에 30초 이상 손 씻기를 철저히 하고, 외출 시 마스크 착용을 철저히 착용하는 것이다. 우리나라의 경우 식품의약품안전처가 정하는 보건용 마스크 사용을 권장하고 있는데, KF80(황사용) · KF94 · KF99(이상 방역용) 등급으로 나누어 보건용 마스크를 관리하고 있다. 숫자가 높으면 미세입자의 차단 효과가 크지만, 산소투과율이 낮아 호흡하기 어렵다는 단점이 있다. 손 씻기의 경우 흐르는 물에 비누로 30초 이상 손을 씻는 것이 가장 효과적이지만, 세면대가 없는 곳에서는 알코올 손 소독제를 사용하는 것을 권장한다.

한편, 미국 질병통제예방센터(CDC)와 국립보건원(NIH)의 연구에 따르면 코로나19 바이러스는 에어로졸 형태로 3시간 이상, 구리 표면에서 4시간, 마분지에서 24시간, 플라스틱이나 스테인리스 표면에서 2~3일간 전염력을 유지할 수 있다고 보고하였다. 따라서 손을 자주 씻는 것이 중요하며, 손으로 눈을 비비거나 코를 만지지 않도록 하는 것이 예방에 매우 중요하다.

코로나19를 결정적으로 예방하기 위해서는 백신 접종을 하는 것인데, 전 국민을 대상으로 백신 접종을 시행함으로써 집단 면역 형성을 하여 사망자를 최소화하고 지역사회 전파를 차단시키는 것이 중요하다.

3. 팬데믹이 다문화사회에 미치는 영향

2020년 12월 현재 전 세계는 코로나19의 확산이 지속되고 있어, 확진자와 사망자가 급증하고 있다. 이에 따라 세계 경제는 마비되었고, 일부 국가는 국경을 차단한 채 고립상태를 자처하기에 이르렀다. 또한 수많은 근로자들이 일자리를 잃었고 사람들 간의 교류는 현저히 줄어들었다. 이러한 가운데 다문화사회에서 외국인에 대한 차별이 심화되고 있는 양상을 보이고 있다.

코로나19로 인한 팬데믹이 다문화사회에 미치는 영향을 외국에서의 문제와 국내에서의 문제로 구분하여 살펴보면 다음과 같다.

1) 외국에서의 문제

코로나19 발생 초기인 2019년 말부터 2020년 전반기에는 특히 미국, 캐나다, 호주와 같은 나라에서 인종차별이 두드러지게 나타났는데, 이는 코로나19가 중국에서 처음으로 발생했기 때문에 중국인을 비롯하여 주로 아시아인이 이유 없이 욕설을 듣거나 폭행을 당하고 생명까지 위협을 받는 등의 '아시아 포비아'가 확산되었다.

실제로 코로나19 인종차별 대처 웹사이트(racismiscontagious. com)에 따르면 "코로나19 사태 이후 아시아계 미국인은 언어 및 인종차별에 시달리는 분명히 비상식적인 상황임에도 주목도가 낮다"고 지적하고 "미국 내 아시안을 대상으로 한 증오, 폭력 범죄 등에 관련된 자료를 통합, 시각화하고 누구나 접근할 수 있는 플랫폼을 만들고자 했다"라고 밝힌 바 있다. 이 웹사이트에 따르면 2020년 2월 1일부터 4월 3일까지 접수된 피해 사례는 총 1,135건으로 1일 평균 100여 건의 피해가 보고되고 있으며 피해자 중 3분의 2는 여성이고, 전체 피해자의 61%는 비중국계로, 한국계는 17%에 달한다고 보고한 바 있다. 실제로 2020년 3월 10일 뉴욕 맨해튼 한복판에서 한인 유학생이 '바이러스'라는 모욕과 폭행을 당해 뉴욕 주지사까지 나서 철저한 조사를 지시한 바 있으며, 3월 27일에는 텍사스의 한 대학에서 한인 유학생이 백인 남학생에게 총기로 위협을 당하는 사례도 있었다.

중국에서도 코로나19의 해외 역유입에 대한 경계를 최고 수준으로 높인 가운데 중국 내에서 외국인들이 차별 대우를 받는 사례가 있었다. 호주 국적인 M씨는 식당에 들어가다 저지당하여 "코로나19 발병 이후 중국을 떠난 적이 없다"고 설명했지만 소용이 없었다. 그는 "80년대에 베이징에 온 뒤로 이런 일을 겪은 적은 없었다"고 하였다. 광저우에서 16년간 살아 온 캐나다인 D씨는 코로나19가 발생되자 행인들이 자신을 피해가고, 세차장에서 세차를 거부당하기도 하였으며, 자신의 친구들도 비슷한 경우가 자주 있었다고 하였다(한국경제, 2020). 한편 중국은 코로나19 역유입 환자가 급증한다는 이유로 외국인 입국을 사실상 금지하는 조치까지 하였다.

코로나19로 인한 외국에서의 다문화적 문제는 인종차별의 문제와 더불어 다양한 형태로 나타나고 있으며, 각국의 문화적 배경과 그 나라의 정책과 제도에 따라 다르게 나타나고 있다.

2) 우리나라에서의 문제

코로나19로 인한 팬데믹 상태가 장기화되면서 우리나라에 거주하는 외국인 이주민에 대한 차별이 심해지고 있다. 국가인권위원회가 공개한 '코로나19와 이주민 인권 모니터링 결과 보고서(2020. 11. 27)'에 따르면 전국 곳곳에서 거주하는 외국인 이주민 10명 중 6명(60.3%)은 코로나19와 관련하여 일상에서 차별을 경험했다고 호소하였다.

우리나라에 거주하고 있는 외국인 이주민들이 겪는 문제를 살펴보면, 코로나19로 인한 '가장 힘든 점(**그림 11.1**)', '일터에서 경험한 피해(**그림 11.2**)', '차별을 경험한 장소(**그림 11.3**)', '일상에서 차별과 혐오를 경험한 유형(**그림 11.4**)', '코로나19 관련 정보를 받은 통로(**그림 11.5**)', '정책과 제도별 차별 경험(**그림 11.6**)', '피해지원에 대한 인식과 수혜 경험(**그림 11.7**)' 등은 다음과 같다.

외국인 이주민들은 코로나19로 인해 가장 힘든 점으로 소득 감소로 인한 경제적 피해(65.7%)를 들고 있으며(그림 11.1), 코로나19로 인하여 일터에서 경험한 피해는 임금체불 및 임금삭감(28.5%), 무급휴업(27%), 해고 및 권고사직(15.0%) 등의 순위를 보이고 있다

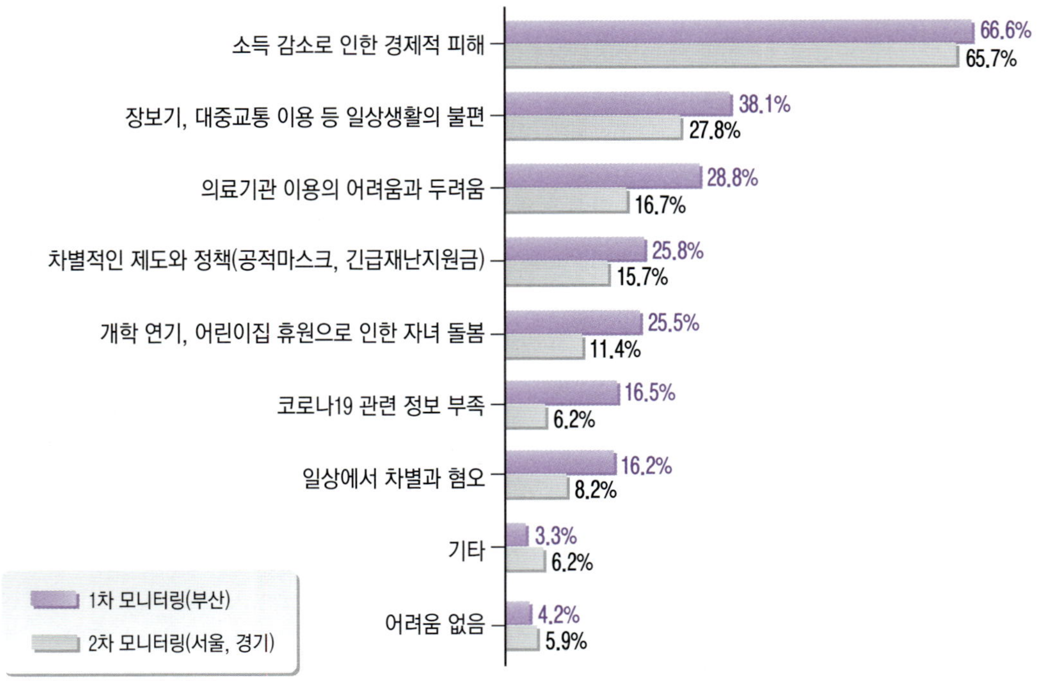

그림 11.1 코로나19로 인한 가장 힘든 점

출처 : 국가인권위원회. 코로나19와 이주민 인권 모니터링 결과 보고서(2020.11.27)

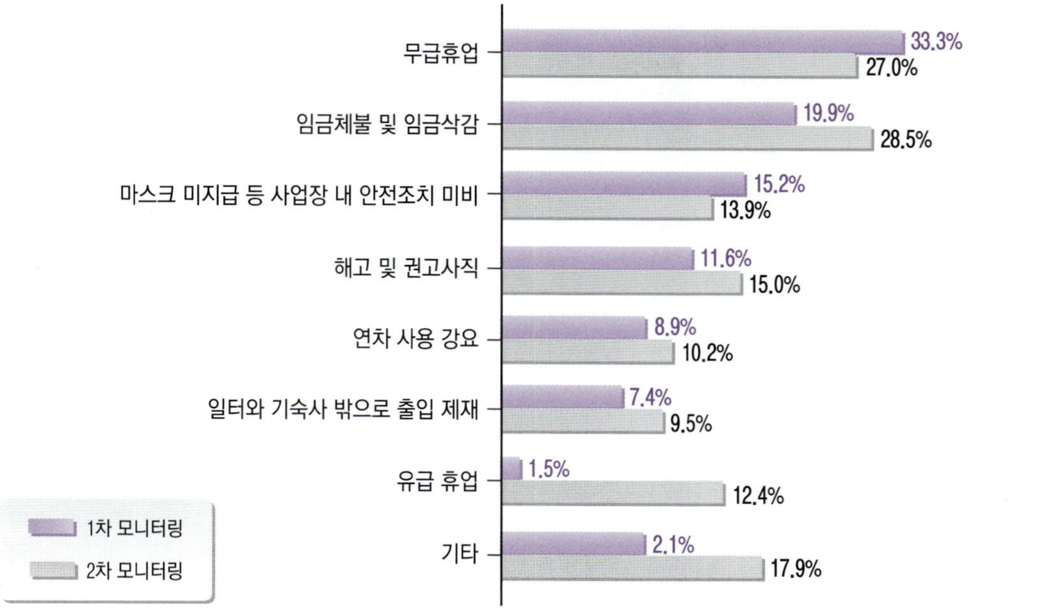

그림 11.2 코로나19로 일터에서 경험한 피해

출처 : 국가인권위원회. 코로나19와 이주민 인권 모니터링 결과 보고서(2020.11.27)

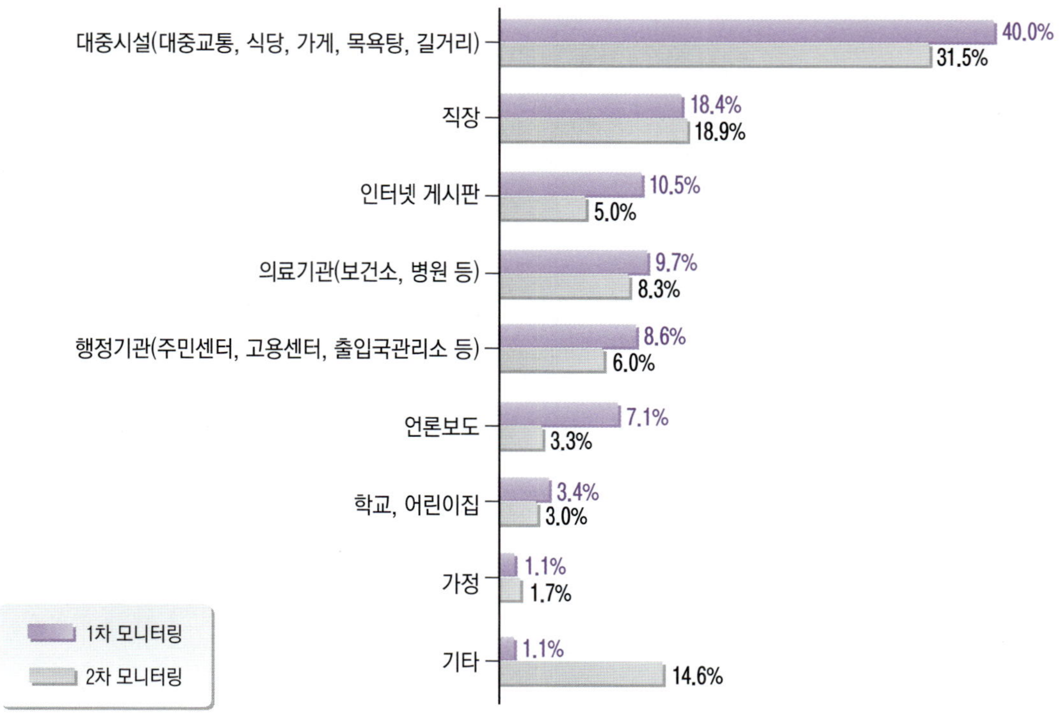

그림 11.3 코로나19관련 차별을 경험한 장소

출처: 국가인권위원회. 코로나19와 이주민 인권 모니터링 결과 보고서(2020.11.27)

대중시설	시선, 피함, 과격한 혐오 발언(비난, 호통), 코로나 원인 · 바이러스 취급, 감염 우려 표현, 쫓아냄, 잔소리, 부정적 태도, 마스크 구하지 못해 차별을 겪음, 입장금지, 히잡을 벗김, 수군거림, 불친절
인터넷	부정적 기술(외국인 추방)
직장	직장 내 차별 구직 차별
의료기관	접수 거부

그림 11.4 일상에서 차별과 혐오를 경험한 유형

출처 : 국가인권위원회. 코로나19와 이주민 인권 모니터링 결과 보고서(2020.11.27)

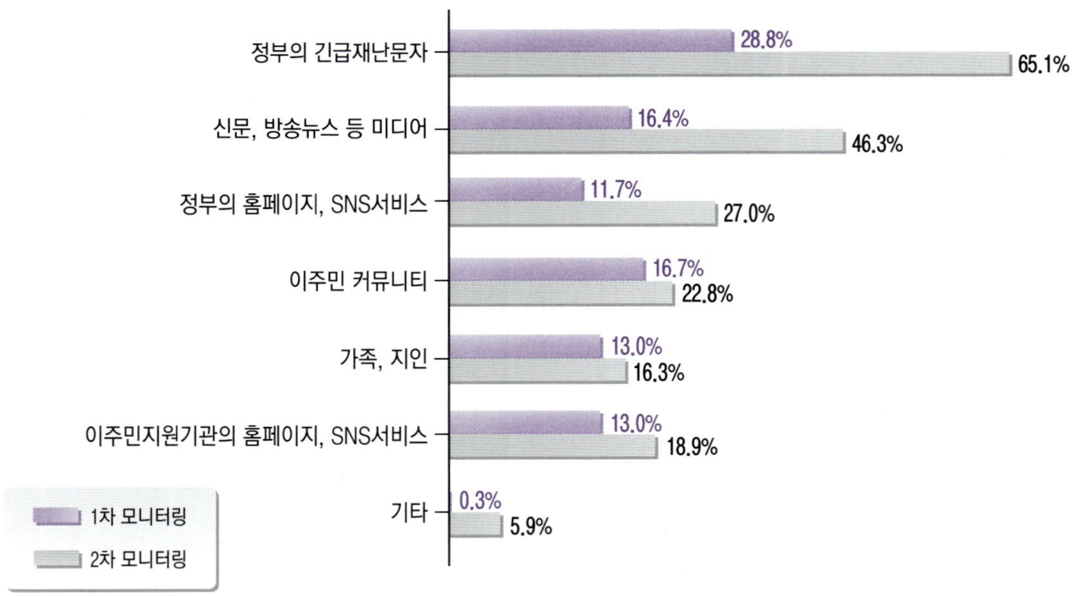

그림 11.5 코로나19 관련 정보를 받는 통로

출처: 국가인권위원회. 코로나19와 이주민 인권 모니터링 결과 보고서(2020.11.27)

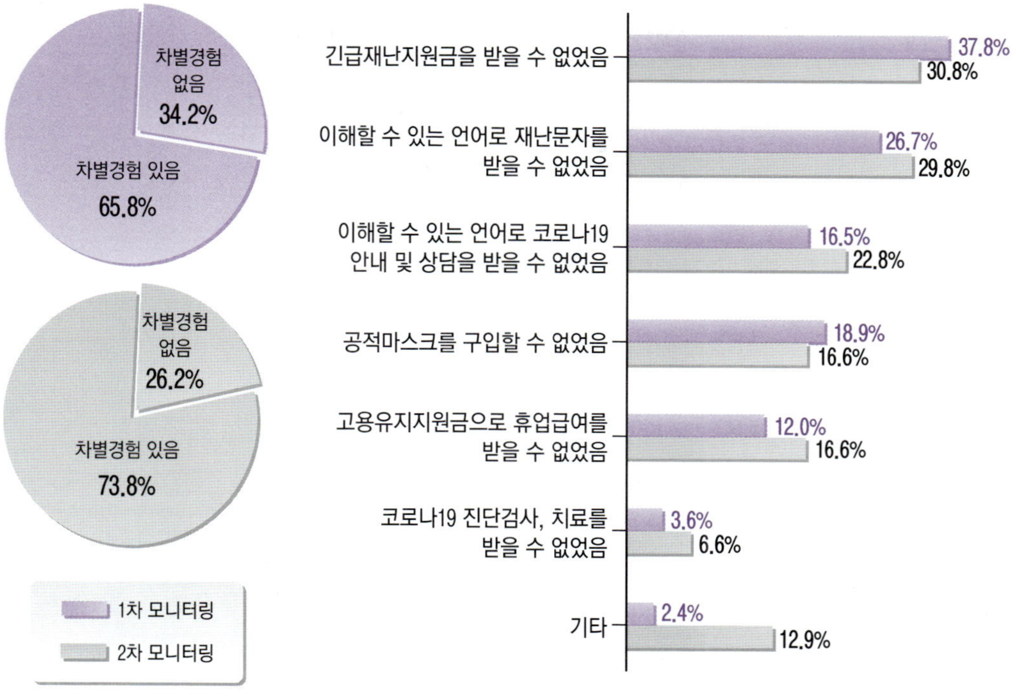

그림 11.6 코로나19 관련 정책과 제도별 차별 경험

출처: 국가인권위원회. 코로나19와 이주민 인권 모니터링 결과 보고서(2020.11.27)

(그림 11.2).

외국인 이주민들이 코로나19와 관련하여 차별을 경험한 장소로 대중교통이나 식당, 목욕탕 등의 다중이용시설을 비롯하여 길거리에서 출입금지 및 이용 제한과 같은 차별을 당했다고 답변했다(그림 11.3, 그림 11.4). 어떤 외국인은 동네마트를 이용하던 중 쫓겨났다고 하였고, 또 다른 외국인은 레스토랑을 이용할 수 없다고 하였다. 특히 중국인에 대한 적대적 발언이 심각한 것으로 나타났다. 또한 직장과 의료기관, 행정기관, 인터넷 게시판 등에서도 차별을 당했다. 외국인이라는 이유로 병원에서 진료를 바로 받지 못하거나 직장에서 한국 동료와 동등한 대우를 받지 못하였다. 코로나19 이후 외국인 이주민의 53%는 의료서비스 이용에 어려움을 겪었다고 응답하고 있으며, 무슬림인 한 외국인은 강제로 히잡이 벗겨지기도 하였다.

외국인 이주민들이 코로나19와 관련하여 정보를 받은 통로는 정부의 긴급재난문자(65.1%), 신문과 방송 등 미디어(46.3%), 정부의 홈페이지와 SNS서비스(27.0%) 등으로 나타나고 있다(그림 11.5). 코로나19 관련 정책적과 제도적 차별 경험은 긴급재난지원금

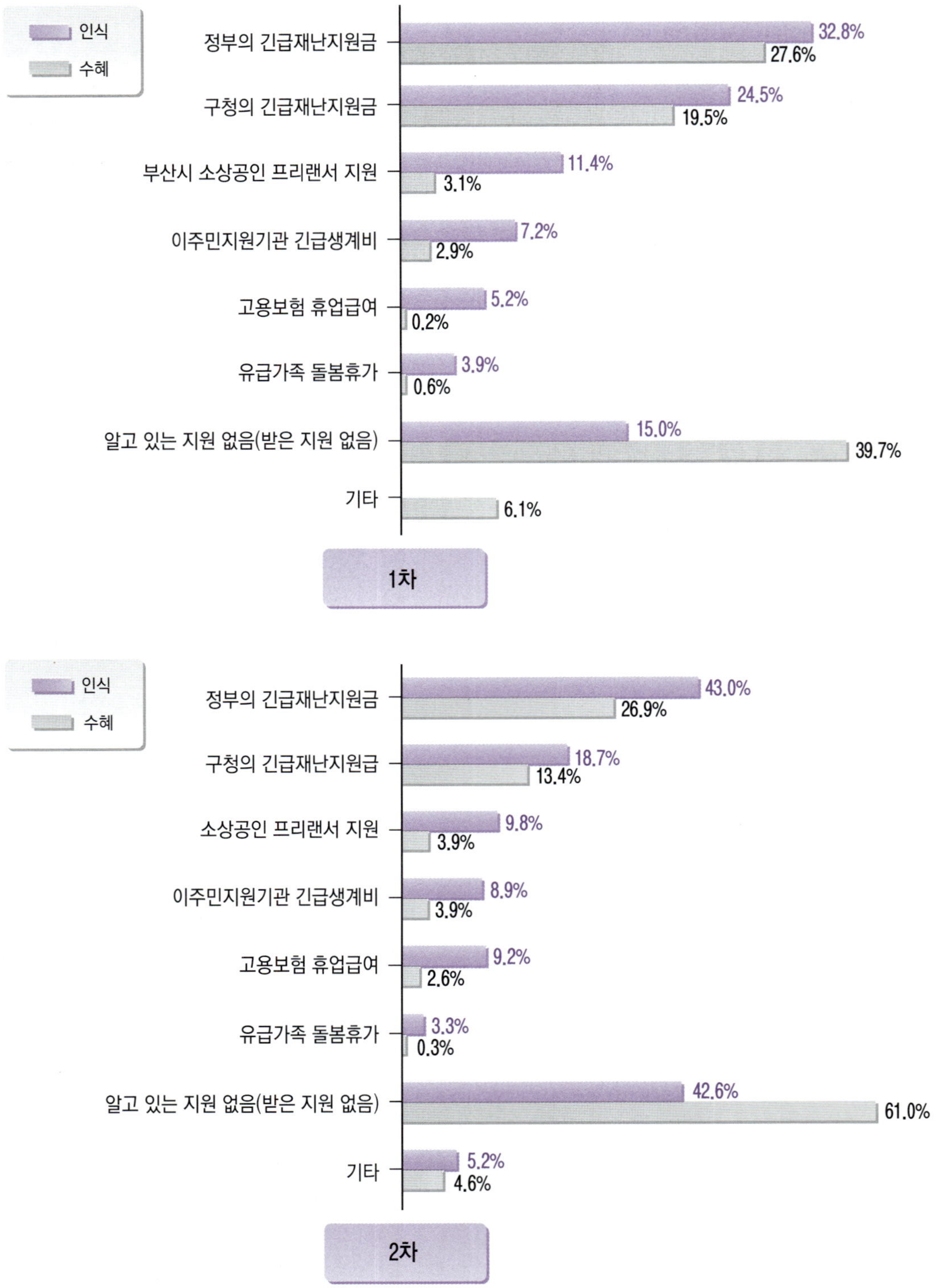

그림 11.7 코로나19 피해지원에 대한 인식과 수혜 경험

출처: 국가인권위원회. 코로나19와 이주민 인권 모니터링 결과 보고서(2020.11.27)

을 받을 수 없었다(30.8%), 이해할 수 있는 언어로 재난문자를 받을 수 없었다(29.8%), 이해할 수 있는 언어로 코로나19 안내 및 상담을 받을 수 없었다(22.8%), 공적마스크를 구입할 수 없었다(16.6%) 등의 순위로 응답하고 있다(그림 11.6). 즉 응답자의 73.8%가 정책적 · 제도적 차별을 받았다고 응답하고 있어 외국인 이주민들은 정부 지원을 제대로 받지 못하는 사각지대에 있다는 것이다.

외국인 이주민들이 코로나19 피해지원에 대한 인식과 수혜 경험은 정부의 긴급재난지원금을 인식하는 사람은 43.0%이며, 수혜한 사람은 26.9%로 응답하고 있다. 또한 코로나19로 인한 피해지원이 있는 것을 몰라서 지원을 받지 못했다고 응답한 경우도 61.0%로 나타나고 있다(그림 11.7).

이와 같은 문제들을 분석해 볼 때 외국인 이주민들은 외국인이라는 이유로 일상생활에서 혐오와 차별을 받거나 공적마스크, 재난지원금 등의 제도적 · 정책적 차원에서 배제되는 등 재난 상황에서 인권이 더욱 취약해지고 있다. 이와 같은 외국인 이주민에 대한 차별적 대우는 전체적인 코로나19 방역에도 도움이 되지 않으므로 이주민에 인권 개선을 위한 방안을 더욱 적극적으로 모색하여 팬데믹 시대의 다문화 관련 사회적인 문제를 극복하기 위한 노력이 요구된다.

자율학습

선택형

1. 강력한 전염성을 가진 새로운 질병이 사람 대 사람 간 전염, 동일한 전염병이 2개 대륙 이상에서 발생하는 것을 무엇이라고 하는가?

① sporadic
② endemic
③ infection
④ epidemic
⑤ pandemic

2. 세계보건기구(WHO)가 규정한 전염병 경보 6단계 중 4단계에 해당하는 것은?

① 사람들 사이의 전염이 증가하는 상태
② 전염병이 2개국을 넘어 전 세계적으로 유행하는 상태
③ 동물 사이에서 전염되다가 소수의 사람들에게도 전염되는 상태
④ 사람들 사이의 전염이 급속하게 확산되어 세계적인 유행병이 될 수 있는 초기 상태
⑤ 전염병이 널리 퍼져 세계 동일 권역(대륙)의 최소 2개국에서 병이 유행하는 상태로 대유행이 임박한 상태

3. 코로나19에 대한 설명으로 옳은 것은?

① 잠복기는 평균 2~3일이다.
② 발병 위치는 주로 상기도이다.
③ 회복기간은 평균 7~10일까지이다.
④ 진단검사는 다양하나 주로 항체검사를 하여 진단한다.
⑤ 주 증상은 발열, 마른기침, 인후통 등의 호흡기계 증상이다.

4. 코로나19 예방을 위한 대중교육 내용으로 옳은 것은?

① 손 씻기는 흐르는 물에 1분 이상해야 한다.
② 보건용 마스크의 숫자가 높으면 호흡하기가 편리하다.
③ 세면대가 없는 곳에서는 알코올 손 소독제를 자주 사용하는 것이 좋다.
④ 코로나19 바이러스는 에어로졸 형태로 24시간 전염력을 유지할 수 있다.
⑤ 코로나19 바이러스는 플라스틱이나 스테인리스 표면에서 1주일간 전염력을 유지할 수 있다.

5. 우리나라 외국인 이주민들이 코로나19로 가장 힘들어 하는 점은 무엇인가?
   ① 일상에서 차별과 혐오
   ② 코로나19 관련 정보 부족
   ③ 소득 감소로 인한 경제적 피해
   ④ 의료기관 이용의 어려움과 두려움
   ⑤ 장보기, 대중교통 이용 등 일상생활의 불편

비판적 사고

1. 인류에게 위협을 주었던 팬데믹의 역사에 대해 약술하시오.

2. 팬데믹 시대에서 나타나는 다문화 관련 사회적인 문제를 극복하기 위한 방안에 대해 논의하시오.

선택형 정답: 1.⑤, 2.④, 3.⑤, 4.③, 5.③

PART 3 참고문헌

- 강동완(2018). 북한이탈주민의 사회 적응과 정착 지원 방안: 보건 · 의료 분야 실태와 과제를 중심으로. 정치 · 정보연구, 21(2), 185~206.
- 강영실 · 하은영 · 은영(2012). 북한이탈주민의 주관적 건강인식과 건강증진 생활양식. 지역사회간호학회, 23(3), 231~243.
- 강창구(2010). 북한이탈주민(새터민)의 정착장애요인 분석을 통한 정착지원 방안. 통일문제연구, 통권 제53호.
- 강초희(2016). 결혼이주여성의 가족지지, 자기효능감, 건강문해력, 지각된 건강상태가 건강증진행위에 미치는 영향. 동국대학교 대학원 석사학위논문.
- 고설동(2012). 재한 중국유학생의 문화적응유형에 따른 지각된 사회적지지, 대인관계 및 스트레스 대처. 부산대학교 대학원 석사학위논문
- 고성진 · 권진 · 이광수(2017). 유비쿼터스 보건행정학, 수문사.
- 관다영 · 전혜성(2019). 다문화청소년이 지각한 외국인 어머니의 지지가 성취목표지향성과 대인관계지향성에 미치는 영향에서 자기효능감의 매개효과. 한국가족치료학회, 27(3), 529–548.
- 구상미(2015). 결혼이주베트남여성을 위한 자궁경부암 예방교육프로그램 개발과 효과 검증. 대전대학교 대학원 박사학위논문.
- 국가인권위원회(2020). 코로나19와 이주민 인권 모니터링 결과 보고서, 2020.11.27.
- 국제개발협력NGO(2020). "코로나19가 확산시킨 아시안 인종차별", 2020.08.24
- 김광숙 · 문선숙(2011). 여성 결혼이민자의 주관적 건강상태, 건강행위 실천, 결혼만족도. 한국보건간호학회지, 25(2), 174~186.
- 김기우 · 김상호 · 오계택(2011). 외국인 근로자의 고용 및 저임금 실태와 국내법상 지위. 연구총서, 2011:6, 1~156.
- 김기훈(2019). "5년간 다문화가정 가정폭력 4천300여건…작년 51% 급증". 연합뉴스.
- 김나래(2008). 종합건강검진센터 이용자의 재검진 이행에 영향을 주는 요인 분석. 연세대학교 생활환경대학원 석사학위논문.
- 김대근 · 강태경 · 이일(2017). 난민심사제도의 개선방안에 관한 연구. 한국형사정책연구원.
- 김두섭(2015). 거주지역의 민족구성이 혼인이주여성의 차별경험과 주관적 건강인식에 미치는 주변효과. 가족과 문화, 27(4), 34~61.
- 김만호(2017). 일본인 여성결혼이민자의 문화적응유형이 자녀교육수행에 미치는 영향: 문화적응 스트레스의 매개효과. 경기대학교 대학원 박사학위논문.
- 김명선(2015). 북한이탈주민 남한사회문화적응 결정요인의 통합적 고찰. 단국대학교 대학원 석사학위논문.
- 김미우(2011). 결혼 이주 여성의 성역할 정체감과 결혼 만족도에 관한 연구. 숙명여자대학교 산업대학원 석사학위논문.
- 김민정(2011). 국제결혼 이주여성의 문화적응 스트레스 및 가정폭력이 우울과 심리적 안녕감에 미치는 영향–사회적 지지의 매개효과를 중심으로. 한국가족치료학회지, 19(3), 1~28.

- 김석주 · 김효현 · 김정은 · 조성진 · 이유진(2011). 북한이탈주민의 신체질환과 우울증상의 연관성에 관한 연구. 정신신체의학, 19(1), 20~27.
- 김순규 · 이주재(2010). 국제결혼이주여성의 한국어 능력과 사회적 지지가 한국생활 적응에 미치는 영향. 한국가족복지학, 15(1), 5~20.
- 김순옥 · 임현숙 · 정구철(2013). 결혼이주여성의 배우자지지, 가족지지가 정신건강에 미치는 영향. 한국콘텐츠학회논문지, 13(11), 221~235.
- 김승대(2009). 외국인 근로자들의 일상적인 건강장애에 미치는 영향: 대구 · 경북지역을 중심으로. 한국콘텐츠학회, 9(9), 268~277.
- 김시정 · 김지은 · 신주영 · 이병호 · 전효빈 · 최보경(2016). 대한민국 체류 난민의 취업 실태 연구. 공익과 인권, 통권 제16호.
- 김연희(2007). 한국 사회의 다문화와 사회복지분야의 문화적 역량, 사회복지연구, 35(3), 117~144.
- 김연희(2020). "6시간 검사 완료 진단키트 이렇게 만들었다.", 시사IN, 2020. 02. 16.
- 김연희 · 전우택 · 조영아(2010). 북한이탈주민 정신건강 문제 유병율과 영향요인: 2007년 입국자 중심으로. 통일정책연구, 19(2), 141~174.
- 김영주(2010). 결혼이주여성의 자녀출산, 양육정책에 대한 비판적 고찰: 젠더관점과 다문화 관점을 중심으로. 한국인구학, 33(1).
- 김은정 · 장명선 · 정순둘 · 조숙현 · 허영숙(2017). 결혼이주민의 안정적 체류보장을 위한 실태 조사. 국가인권위원회.
- 김정순(2010). 다문화가정 자녀의 교육정책에 대한 지원방안 연구. 동국대학원 석사학위논문.
- 김지애(2010). 초등학교 입학 전 다문화가정 자녀를 위한 학습도구어 선정 및 교육. 이중언어학, 44, 129~155.
- 김철주(2020). 사회적지지가 다문화 가정여성의 심리적안녕감에 미치는 영향에 관한연구. 초당대학교 대학원 박사학위논문.
- 김혁준(2018). 노인을 위한 로이적응모델기반 통합건강관리 프로그램의 효과. 전북대학교 대학원 석사학위논문.
- 김현(2020). 한국의 난민정책에 관한연구. 인천대학교 대학원 박사학위논문.
- 김현실(2011). 결혼이주여성의 사회적 지지, 생활만족도가 우울에 미치는 영향-대구 · 경북 지역을 중심으로-. 정신간호학회지, 20(2), 188~198.
- 김혜숙 · 김도영 · 신희천 · 이주연(2011). 다문화시대 한국인의 심리적 적응: 집단 정체성, 문화적응 이데올로기와 접촉이 이주민에 대한 편견에 미치는 영향. 한국 심리학회지, 25(2), 51~89.
- 김혜온(2012). 다문화교육의 심리학적 이해.
- 김희경(2010). 탈북 여성의 방어기제와 정신건강의 관계. 한국심리학회지, 15(1), 155~173.
- 남북하나재단(2019), 2019 북한이탈주민 정착실태조사.
- 남북하나재단(2020). 2019 북한이탈주민 정착실태조사.
- 남인숙(2010). 도시와 농촌거주 결혼이주여성의 스트레스, 배우자 지지와 결혼 만족도에 관한 비교, 충남대

학교 대학원 석사학위논문.
- 노호창(2019). 외국인근로자 고용에 있어서의 법적 · 정책적 쟁점. 노동법학 제70호.
- 대한진단검사의학회(2020). 대한진단검사의학회 신종 코로나바이러스 대책위원회 · 질병관리본부 감염병 분석센터(2020.03.11). 2019 신종 코로나바이러스 검사실 진단 지침(보고서) 제3판.
- 두산백과(2020). 코로나바이러스감염증-19. naver 지식백과.
- 류왕식(2020). "코로나19 대응, 치료제와 백신의 개발 현황". 한국파스퇴르연구소, 2020.12.03
- 류지호(2019). 난민 수용의 경제적 효과와 난민 정착을 위한 정책 제언. 동아대학교 대학원 석사학위논문.
- 마샤오통(2018). 20대 중국인들의 자궁경부암 예방접종에 관한 커뮤니케이션 연구, 지각된 건강상태, 자기효능감과 공포의 변인을 중심으로 한 건간신념모델의 확장. 부산대학교 대학원 석사학위논문.
- 문가을 · 박보라 · 이은실 · 최규연 · 이정재 · 이임순 · 이준환(2015). 한국모자보건학회지, 19(1), 103~109.
- 민성길 · 전우택 · 엄진섭 · 유시은(2010). 북한이탈주민의 남한에성의 삶의 질: 3년 추적조사. 대한신경정신의학회, 49, 104~113.
- 박명순 · 이미진(2016). 농촌 다문화가족 한국인 남편의 문화적응 스트레스와 생활 갈등의 관계에서 사회적 지지의 매개효과. 한국다문화교육학회, 9(1), 25~48.
- 박미숙(2019). 난민의 한국사회 정착과정에 관한 연구. 다문화사회연구, 12(2), 217~251.
- 박수정(2017). 결핵환자의 삶의질 변화. 전남대학교 대학원 석사학위논문.
- 박연숙 · 전미순 · 백승순 · 지현순(2011). 국내 중국 유학생의 개인적 특성이 건강태도에 미치는 영향. 다문화건강학회, 1(1).
- 박을순(2011). 가정폭력이 결혼이주여성의 정신건강에 미치는 영향. 강원대학교 대학원 석사학위논문.
- 박진숙 · 전혜정(2009). 난민 가정의 문화 정체성에 대한 문화기술지적 사례 연구. 한 국가족관계학회지, 14(1), 1~31.
- 박진완(2010). 이주노동자 권리협약에 규정된 권리들의 헌법적합성에 대한 검토. 세계 헌법연구, 16(2), 139~170.
- 박현정(2013). "영어 잘 가르칠 수 있는데…", 한겨레 21, 2013.10.2, http://h21.hani.co.kr/arti/cover/cover_general/35459.html (최종접속일: 2016.7.31.).
- 박형원(2010). 해외이주 한인 여성의 문화적응 스트레스와 정신건강: 재영 한인 여성을 중심으로. 한국콘텐츠학회논문지, 10(8), 308-316.
- 백정숙(2020). 북한이탈주민의 사회적지지와 진로결정 자기효능감이 진로적응성에 미치는 영향: 문화적응 스트레스의 조절된 매개효과. 서울사이버대학교 대학원 석사학위논문.
- 법무부 출입국 · 외국인정책본부(2019). 출입국 외국인정책 통계월보 2019년 10월호. 서울: 법무부.
- 법무부 출입국 · 외국인정책본부(2020). 2019 출입국 외국인정책 통계연보.
- 변미애(2018). 다문화 통합 어린이집교사의 다문화민감성과 다문화교수 효능감이 다문화교육역량에 미치는 요인. 국민대학교 대학원 석사학위논문.

- 변성원(2013). 결혼이주여성의 건강행위 어려움. 한국디지털정책학회, 11(12), 631~637.
- 보건복지가족부(2011). 북한이탈주민 건강관리사업.
- 보건복지가족부(2020). 결혼이주여성 생식건강실태조사 결과.
- 서연(2020). 결혼이주여성의 문화적응스트레스가 결혼만족도에 미치는 영향에 관한연구. 인제대학교 대학원 석사학위논문.
- 손승영(2011). 한국 가족과 젠더–페미니즘의 정치학과 젠더질서의 재편성–. 아산재단 연구 총서 320집. 서울: 집문당.
- 송수연(2020). "메르스 때 못했던 민간기관 검사, 코로나19에는 달랐다 : 코로나 진단 빠른 이유", 청년의사 (2020.02.29).
- 송윤희 · 김규상 · 이선운 · 최선행(2008). 이주노동자들의 생물학적 노출 지표와 건강 실태. 대한산업의학회지, 20(2), 63~73.
- 시사상식사전(2020). 코로나바이러스감염증–19. naver 지식백과.
- 신현희 · 신영희(2015). 동남아시아 결혼이주여성 임부의 생활스트레스, 사회적지지 및 산전우울과의 관계. 지역사회간호학회지, 26(2), 108~118.
- 심미영 · 이둘녀(2015). 청소년의 다문화 경험이 다문화 인식과 고정관념에 미치는 영향. 한국콘텐츠학회, 15(10), 214~224.
- 안상윤(2019). 광주광역시 외국인 근로자의 보건의료 및 정신적 스트레스 실태에 관한 연구. 인문사회21, 10(1), 1181~1192.
- 안옥희 · 전미순 · 황윤영(2011). 국제결혼이주여성의 적응경험. 다문화건강학회지, 1(1), 33~43.
- 안옥희 · 전미순 · 황윤영 · 김경애 · 윤미선(2010). 국제결혼이주여성 건강관련 선행연구 분석. 한국농촌의학 · 지역보건학회지, 35(2). 134–150.
- 양옥경 · 박향경 · 손가현(2010). 이주노동자의 정신건강에 영향을 미치는 요인 연구. 정신보건과 사회사업, 35, 141–175.
- 여성가족부(2018). 2017년 국제결혼중개업 실태조사 결과 발표.
- 여성가족부(2019). 2018년 전국다문화가족 실태조사 연구.
- 연합뉴스TV(2020). 이낙연 "코로나 치료제와 백신 접종 앞당기겠다.", 2020.12.23. 13:03.
- 유시은(2009). 북한이탈주민의 경제적 적응 영향 요인 분석. 연세대학교 대학원. 박사학위논문.
- 윤동화(2014). 다문화가정 해체가 자녀교육에 미치는 영향에 대한 연구. 동신대학교 일반대학원 박사학위논문.
- 윤지원 · 강희선(2015). 여성결혼이민자의 주관적 건강상태에 영향을 미치는 요인: '2012년 전국 다문화가족 실태조사'를 중심으로. 여성건강간호학회지, 21(1), 32–42.
- 윤현경(2010). 국제결혼이주여성의 구강건강 관리에 관한 연구. 영남대학교 환경보건 대학원 석사학위논문.
- 이내영 · 한지영 (2011). 외국인유학생의 건강 실태 조사. 동서간호학회연구지, 17(1), 48–56.

- 이동만(2015). 외국인근로자의 신분에 따른 직무만족도와 생활만족도에 관한연구. 신한대학교 대학원 석사학위논문.
- 이병운 · 고준기(2010). 외국인근로자의 보건의료 현황과 문제점. 한양법학회, 31.
- 이병준(2007). 다문화 역량이란 무엇인가? 한국교육사상연구회. 학술논문집, 37, 1~11.
- 이복임(2014). 외국인 근로자와 내국인 근로자의 건강수준 및 결정요인 비교. 한국직업건강간호학회, 23(3), 180-188.
- 이선웅 · 김규상 · 김태균 · 류향우 · 이미영 · 원용림 · 송윤희(2009). 경기지역 일부 이주노동자들의 우울증상의 상관성. 대한산업의학회지, 21(1), 76-86.
- 이소희(2015). 탈북민 보건 의료 이용 현황 및 통일 대비 과제. 북한연구학회 주최 세계북한학대회 학술회의 발표논문집.
- 이소희 · 이선혜(2013). 다문화 및 북한이탈주민 가정 자녀의 정신건강. 소아청소년정신의학, 24, 124-131.
- 이순배 · 공명숙 · 김정훈 · 조윤희 · 남윤정(2015). 한국사회의 다문화현상 이해. 공동체.
- 이슬기(2015). 북한이탈주민대상 서비스제공자의 문화적 역량이 직무몰입에 미치는 영향. 성균관대학교 대학원 석사학위논문.
- 이연옥 · 장덕현(2015). 결혼이주여성의 건강관련 정보에 대한 접근. 한국도서관정보학회지, 46(3), 171~199.
- 이정미 · 강서영(2019). 보건소 방문간호사의 문화적역량, 학습자중심교과교육학회. 19(4), 127~144.
- 이정환 · 이성용(2007). 외국인근로자의 이주특성과 연구동향. 한국인구학, 30(2), 147~168.
- 이주와 인권연구소(2019). 최저보다 낮은 2018 이주노동자의 노동조건과 주거환경 실태조사.
- 이지현(2011). 수도권에 거주하는 외국인근로자의 건강인식과 의료이용. 연세대학교 대학원 석사학위논문.
- 이지현(2020). "검진업무 본격화 '치료검체' 역할분담 필요성 제기.", 메디칼타임스(2020.02.08)
- 이향련 · 스테파니아 · 조영임 · 최은영 · 박정애 · 박영미(2009). 한국 이주노동자의 건강관련 특성. 한국산업간호학회지, 18(1), 5~13.
- 임혁(2010). 여성결혼이민자의 정신건강 영향요인에 관한 연구. 정신보건과 사회사업, 34, 198~221.
- 임현숙(2011). 결혼이주 여성의 임신 · 출산을 통한 삶의 전환 체험. 여성건강간호학회지, 17(3), 243~255.
- 장덕희 · 신효선(2010). 다문화가정 자녀의 학교 부적응에 미치는 환경요인. 한국청소년학회, 17(3), 123~147.
- 장덕희 · 이경은(2010). 결혼이민여성을 위한 공식적 지지가 정신건강과 문화적응에 가지는 효과. 젠더와 문화, 3(1), 67~97.
- 장선미 · 김정은(2018). 간호학과 교과과정 내의 횡문화 간호교육 현황. 한국간호교육학회지 24(2), 181~189.
- 전명길(2017). 다문화가정의 가정폭력에 관한 연구. 법이론실무연구, 5(3), 249~269.

- 전연숙(2010). 여성 북한이탈주민의 진로장벽척도 개발. 한국기술교육대학교 대학원 박사학위논문.
- 전자배(2018). 다문화가정 부모의 문화적응 태도가 다문화청소년의 자아존중감에 미치는 영향. 다문화교육학회, 11(3), 121~146.
- 전정희(2010). 북한이탈주민의 건강신념이 건강행위에 미치는 영향. 한국방송통신대학교 평생대학원 석사학위논문.
- 정기선 · 한지은(2009). 국제결혼 이민자의 적응과 정신건강. 한국인구학, 31(3), 87~114.
- 정윤경(2010). 가정폭력 치료프로그램 이수자의 정서적 폭력이 아내의 우울에 미치는 영향. 한국사회복지학, 62(1), 185~209.
- 정정순(2010). 결혼이주 여성의 임신 · 출산과 문화적응. 인제대학교 대학원 박사학위논문.
- 정지민(2015). 다문화아동 사회적지지, 자아존중감이 학교생활 적응에 미치는 영향연구. 인제대학교 대학원 석사학위논문.
- 정한나(2019). 외국인근로자의 문화적응 스트레스와 사회적지지가 심리적 행복감에 미치는 영향. 고신대학교 대학원 석사학위논문.
- 조경미(2019). 다문화가정 청소년의 자아분화와 진로태도성숙 간의 관계에서 사회적지지의 조절효과. 목포대학교 대학원 박사학위논문.
- 조민희(2010). 이주노동자들의 직무스트레스와 근골격계 증상의 관련성. 가톨릭대학교 보건대학원 석사학위논문.
- 조선비즈(2020). "1호 '메이드 인 코리아' 코로나 치료제… 셀트리온 · 대웅제약, 누가 빠를까?", 2020.12.23.
- 조순우(2011). 경남지역 결혼이주 여성의 구강건강 관련특성. 인제대학교 대학원 석사학위논문.
- 조승호(2011). 다문화가정 자녀를 위한 교육정책 연구. 한양대학교 대학원 석사학위논문.
- 조윤오(2010). 다문화가정 여성의 가정폭력 피해경험에 대한 연구. 피해자학연구, 18(1), 159~183.
- 진애경(2009). 국제결혼이주여성의 가정폭력 경험과 문화적응 유형에 따른 문화적응 스트레스. 대구대학교 대학원 석사학위논문.
- 최은경(2011). 다문화가정 구성원의 가족 건강성에 영향을 미치는 요인. 경북대학교 과학기술대학원 석사학위논문.
- 최정혜(2011). 국제결혼이주여성의 스트레스와 가족건강성 연구. 한국가족복지학, 16(4), 29~46.
- 최현미(2014). 결혼이주여성 남편의 문화적응 스트레스가 결혼만족도에 미치는 영향에 대한 의사소통능력의 조절효과. 한국가족사회복지학회, 45, 259~284.
- 최현미 · Mikyung Kim-Goh · 윤명숙(2013). 농촌지역 결혼이주여성의 우울 영향요인 연구. 회과학연구, 29(3), 119~142.
- 최홍엽(2010). UN의 이주권리자 권리협약과 한국의 노동법 현실, 영남법학, 31, 511~544.
- 통계청(2020). 2019년 혼인 · 이혼 통계.
- 통일부(2012). 북한이탈주민정책.

- 피난처(2007). 국제 난민학교 자료집. 서울: 피난처.
- 한경 경제용어사전(2020). 코로나바이러스감염증-19. naver 지식백과.
- 한국경제(2020). "중국서 코로나19 역유입 늘자 차별받는 외국인", 2020. 04. 01.
- 한국일보(2020). "아시안 대상 '코로나 인종 차별' 신고하세요", 2020. 03. 23
- 행정안전부(2020). 2019 지방자치단체 외국인주민 현황.

- Bandura, A. (1977). Self-Efficacy: Toward Unifying Theory of Behavioral Change. Psychological Review, 84(2), 191~215.
- Bank, J. A., & Bank, C. A. (2008). Hanbook of reseach on Multcultural Eucation. San Francisco: Jossey~Bass.
- Bennett, C. I. (2009), Comprehensive multicultural education: Theory and practice, Boston: Pearson Education Allyn & Bacon.
- Betancourt, J. R., Greem, A. R., Carrillo, J. E., Ananeh- Firempong, O. (2003). cohen, S., & Wills, T. A.(1985). stress, social support, and the buffering hypothesis. Journal of Psychological Bulletin, 98(2): 310~357.
- Defining Cultural Competence: A. practical Framework for Addressing Racial/Ethnic Disparities in Health and Health care. Public Health Report, 118 (4), 293~302.
- Halabi, Sam F.; Crowley, Jeffrey S.; Gostin, Lawrence Ogalthorpe(2017). Global Management of Infectious Disease After Ebola. Oxford University Press. p.110.
- U.S. Centers for Disease Control and Prevention(2020). Coronavirus Disease 2019(COVID-19)
- W. K. Chang(1969). National Influenza Experience in Hong Kong, 1968. Bull. Org. mond. Sante Bull. WHO. 41, pp. 349~351.
- WIKPEDIA(2020). Coronavirus disease 2019(COVID-19).

- 난민들의 피난처 홈페이지 http://blog.naver.com/pnan
- 보건복지부 홈페이지 http://www.mohw.go.kr
- 여성가족부 홈페이지 http://www.mogef.go.kr
- 질병관리청 홈페이지 http://www.kdca.go.kr

부록 1 「다문화의 이해와 건강」 교수-학습 계획서 (예시)

<table>
<tr><td>연도/학기</td><td>학년도 학기</td><td colspan="2">○○학과</td><td>학년</td><td>학년</td></tr>
<tr><td>교과목명</td><td>다문화이해</td><td>교과구분</td><td>교양필수</td><td>학점/시수</td><td>2/2.0</td></tr>
<tr><td rowspan="2">담당교수</td><td rowspan="2">○○○</td><td>연락처</td><td colspan="3"></td></tr>
<tr><td>E-mail</td><td colspan="3"></td></tr>
<tr><td>교과목 개요</td><td colspan="5">본 강좌는 다문화사회로 급속히 변화하고 있는 시점에서 개인, 가족, 지역사회 및 국가적 차원에서의 다양한 문화를 이해하여 문화의 다양성을 수용하고, 다양한 문화권에서 나타나는 건강문제의 적절한 중재방안과 우리 사회가 나아가야 할 바람직한 방향을 모색할 수 있는 문화적 역량을 함양한다.</td></tr>
<tr><td>교과목 목표</td><td colspan="5">■ 프로그램 학습성과
학습성과: 국내 · 외 의료 환경에서 효과적인 의사소통을 할 수 있다.
■ 수업목표
본 강좌를 이수한 학생은
1. 문화와 다문화의 기본적 개념과 관련 개념을 서술할 수 있다.
2. 국가별 문화의 다양성을 이해할 수 있다.
3. 우리나라의 다문화 현황과 정책을 이해하고 외국의 정책과 비교하여 설명할 수 있다.
4. 다문화사회에서 나타나는 건강 문제를 설명할 수 있다.
5. 다양한 문화적 배경을 가진 대상자와 효과적으로 의사소통할 수 있다.
6. 다문화 관련 연구 동향을 파악하고 실무에 응용할 수 있다.</td></tr>
<tr><td>주교재</td><td colspan="5">김성혁 등(2021). 다문화의 이해와 건강. 서울: 학지사메디컬.</td></tr>
<tr><td>부교재</td><td colspan="5"></td></tr>
<tr><td>참고교재</td><td colspan="5"></td></tr>
<tr><td rowspan="2">평가배점 및 방법</td><td>출석</td><td>중간고사</td><td>기말고사</td><td>과제</td><td>계(%)</td></tr>
<tr><td>20</td><td>30</td><td>30</td><td>20</td><td>100</td></tr>
<tr><td>수업관련 유의사항</td><td colspan="5">■ 평가방법 설명
- 출석 20%: 학사 규정에 근거
- 과제: 다문화 관련 논문 Review 발표(조별) → 발표 및 제출 일자(14주차)
• 보고서 및 발표(발표자료 유인물 전 학생에게 배부 및 제출): 다음 기준에 따름
- Review 논문은 최근 5년 이내의 논문을 search, 학위 논문 제외, 출처 DB주소/명 기입
- 서론, 연구방법 → 각 1page 내외
- 연구결과 → 4page 내외
- 결론 및 제언 → 1page 내외
• 과제평가 항목 및 배점
- 주제의 적절성/내용의 충실성/논의/요약능력
- 자료수집 능력 및 정직성/ppt 작성 및 발표 능력
- 보고서의 기한 내 제출/양식 준수

■ 수업 시 준수 사항
- 지각 3회는 결석 1회로 간주
- 입원, 부고 등 정당한 사유에 의한 결석 시 수업 전 문자 전송 후 반드시 1주일 이내에 관련 서류(의사 진단서/사망진단서 및 가족관계증명서 등) 제출 → 진단명에 따라 인정하지 않을 수 있음
- 과제 제출일 준수, 수업자료 지참, 질문 및 발표에 적극적 태도를 지향</td></tr>
</table>

부록 1 (계속)

주	수업내용	수업방법	학습자료
1	■ Orientation - 교과목 개요, 교수-학습계획 설명 - 조 편성 ■ **다문화 마음지수테스트 및 다문화 마음다지기** - 다양한 문화를 바라보는 자신의 마음지수 자가평가 - 다문화를 이해하고 문화역량 함양을 위한 자가평가 결과에 따른 실천과제 확인	• 강의 및 질의응답 • 발표	• 유인물 & 주교재 • 컴퓨터 • Beam Projector • 다문화 마음지수테스트 (http://www.ollybolly.org/)
2	■ **1장 문화와 다문화의 개념** - 문화의 개념 - 다문화의 개념 - 다문화사회로의 이행 - 다문화사회 진입 배경	• 강의 및 질의응답	• 유인물 & 주교재 • 컴퓨터 • Beam Projector
3	■ **2장 다문화에 대한 이론** - 다문화 이론 - 다문화 관련 용어	• 강의 및 질의응답	• 유인물 & 주교재 • 컴퓨터 • Beam Projector
4	■ **3장 세계화와 다문화** - 세계화의 의미 - 세계적인 인구 이동의 역사 - 인구 이동과 문화적 갈등 ■ **4장 한국 다문화사회의 이해 I** - 한국의 다문화 현황	• 강의 및 질의응답	• 유인물 & 주교재 • 컴퓨터 • Beam Projector
5	■ **4장 한국 다문화사회의 이해 II** - 한국 다문화사회의 문제	• 강의 및 질의응답	• 유인물 & 주교재 • 컴퓨터 • Beam Projector
6	■ **5장 외국 다문화사회의 이해** - 외국의 다문화 현황 - 외국 다문화사회의 문제	• 강의 및 질의응답	• 유인물 & 주교재 • 컴퓨터 • Beam Projector
7	■ **6장 다문화관련 법과 제도** - 다문화관련 법과 제도	• 강의 및 질의응답	• 유인물 & 주교재 • 컴퓨터 • Beam Projector
8	■ **중간고사**	• 시험 • 강의 및 질의응답	• 유인물 & 주교재 • 컴퓨터 • Beam Projector

부록 1 (계속)

주	수업내용	수업방법	학습자료
9	■ **7장 한국의 다문화정책** - 다문화가족 생애주기별 지원 대책 - 외국인정책 기본계획 - 다문화가족지원정책 기본계획 - 보건의료정책, 사회복지정책, 교육정책	• 강의 및 질의응답	• 유인물 & 주교재 • 컴퓨터 • Beam Projector
10	■ **8장 외국의 다문화정책** - 외국의 다문화정책 및 다문화건강관련 정책	• 강의 및 질의응답	• 유인물 & 주교재 • 컴퓨터 • Beam Projector
11	■ **9장 다문화사회의 건강적 접근** - 다문화사회의 건강 개념 - 다문화 건강관련 이론 - 문화적 역량과 건강	• 강의 및 질의응답	• 유인물 & 주교재 • 컴퓨터 • BeamProjector
12	■ **10장 다문화사회의 건강 문제** - 우리나라 다문화사회 구성원(결혼이주자, 외국인근로자, 북한이탈주민, 다문화가정 자녀, 유학생, 난민)의 분포와 건강상태 - 우리나라 다문화사회 구성원의 건강증진을 위한 방안	• 강의 및 질의응답	• 유인물 & 주교재 • 컴퓨터 • Beam Projector
13	■ **11장 다문화사회와 팬데믹** - 전염성 질환과 팬데믹 - 코로나19 - 팬데믹이 다문화사회에 미치는 영향	• 발표 및 피드백 • 토론	• 조별과제 PPT • 컴퓨터 • Beam Projector
14	■ **조별발표** - 다문화 관련 연구 동향을 파악하고 실무적용방법을 토론	• 발표 및 피드백 • 토론	• 조별과제 PPT • 컴퓨터 • Beam Projector
15	■ **기말고사** ■ **다문화 마음지수테스트** - 다문화마음지수 자가평가 - 다문화 이해를 학습한 경험이 자신에 어떤 의미가 있었는지 기술	• 시험 • 발표 • 토론	• 다문화 마음지수테스트 (http://www.ollybolly.org/) • 컴퓨터 • Beam Projector

재한외국인 처우 기본법(약칭: 외국인처우법)

[시행 2017.10.31.] [법률 제14974호, 2017.10.31., 일부개정]

법무부(외국인정책과) 02-2110-4116

제3장 재한외국인 등의 처우

제10조(재한외국인 등의 인권옹호) 국가 및 지방자치단체는 재한외국인 또는 그 자녀에 대한 불합리한 차별 방지 및 인권옹호를 위한 교육 · 홍보, 그 밖에 필요한 조치를 하기 위하여 노력하여야 한다.

제11조(재한외국인의 사회적응 지원) 국가 및 지방자치단체는 재한외국인이 대한민국에서 생활하는 데 필요한 기본적 소양과 지식에 관한 교육 · 정보제공 및 상담 등의 지원을 할 수 있다.

제12조(결혼이민자 및 그 자녀의 처우) ① 국가 및 지방자치단체는 결혼이민자에 대한 국어교육, 대한민국의 제도 · 문화에 대한 교육, 결혼이민자의 자녀에 대한 보육 및 교육 지원, 의료지원 등을 통하여 결혼이민자 및 그 자녀가 대한민국 사회에 빨리 적응하도록 지원할 수 있다. [개정 2010.7.23.]

② 제1항은 대한민국 국민과 사실혼 관계에서 출생한 자녀를 양육하고 있는 재한외국인 및 그 자녀에 대하여 준용한다.

③ 국가와 지방자치단체는 제1항의 결혼이민자 및 그 자녀와 제2항의 재한외국인 및 그 자녀에 대하여 건강검진을 실시할 수 있다. [신설 2017.10.31.]

제13조(영주권자의 처우) ① 국가 및 지방자치단체는 대한민국에 영구적으로 거주할 수 있는 법적 지위를 가진 외국인(이하 "영주권자"라 한다)에 대하여 대한민국의 안전보장 · 질서유지 · 공공복리, 그 밖에 대한민국의 이익을 해치지 아니하는 범위 안에서 대한민국으로의 입국 · 체류 또는 대한민국 안에서의 경제활동 등을 보장할 수 있다.

② 제12조제1항은 영주권자에 대하여 준용한다.

제14조(난민의 처우) ① 「난민법」에 따른 난민인정자가 대한민국에서 거주하기를 원하는 경우에는 제12조제1항을 준용하여 지원할 수 있다. [개정 2012.2.10.]

② 국가는 난민의 인정을 받은 재한외국인이 외국에서 거주할 목적으로 출국하려는 경우에는 출국에 필요한 정보제공 및 상담과 그 밖에 필요한 지원을 할 수 있다.

제15조(국적 취득 후 사회적응) 재한외국인이 대한민국의 국적을 취득한 경우에는 국적을 취득한 날부터 3년이 경과하는 날까지 제12조제1항에 따른 시책의 혜택을 받을 수 있다.

제16조(전문외국인력의 처우 개선) 국가 및 지방자치단체는 전문적인 지식 · 기술 또는 기능을 가진 외국인력의 유치를 촉진할 수 있도록 그 법적 지위 및 처우의 개선에 필요한 제도와 시책을 마련하기 위하여 노력하여야 한다.

제17조(과거 대한민국 국적을 보유하였던 자 등의 처우) 국가 및 지방자치단체는 과거 대한민국의 국적을 보유하였던 자 또는 그의 직계비속(대한민국의 국적을 보유한 자를 제외한다)으로서 대통령령으로 정하는 자에 대하여 대한민국의 안전보장 · 질서유지 · 공공복리, 그 밖에 대한민국의 이익을 해치지 아니하는 범위 안에서 대한민국으로의 입국 · 체류 또는 대한민국 안에서의 경제활동 등을 보장할 수 있다.

부록 3 다문화가족지원법상 다문화가족 지원 내용

다문화가족지원법(약칭: 다문화가족법)

[시행 2020.5.19] [법률 제17281호, 2020.5.19., 일부개정]

여성가족부(다문화가족과) 02-2100-6372

제6조(생활정보 제공 및 교육 지원) ① 국가와 지방자치단체는 결혼이민자 등이 대한민국에서 생활하는데 필요한 기본적 정보(아동 · 청소년에 대한 학습 및 생활지도 관련 정보를 포함한다)를 제공하고, 사회적응교육과 직업교육 · 훈련 및 언어소통 능력 향상을 위한 한국어교육 등을 받을 수 있도록 필요한 지원을 할 수 있다. [개정 2011.4.4., 2016.3.2.]

② 국가와 지방자치단체는 결혼이민자 등의 배우자 및 가족구성원이 결혼이민자 등의 출신 국가 및 문화 등을 이해하는 데 필요한 기본적 정보를 제공하고 관련 교육을 지원할 수 있다. [신설 2017.12.12.]

③ 국가와 지방자치단체는 제1항 및 제2항에 따른 교육을 실시함에 있어 거주지 및 가정환경 등으로 인하여 서비스에서 소외되는 결혼이민자 등과 배우자 및 그 가족구성원이 없도록 방문교육이나 원격교육 등 다양한 방법으로 교육을 지원하고, 교재와 강사 등의 전문성을 강화하기 위한 시책을 수립 · 시행하여야 한다. [신설 2011.4.4., 2017.12.12.]

④ 국가와 지방자치단체는 제3항의 방문교육의 비용을 결혼이민자 등의 가구소득수준, 교육의 종류 등 여성가족부장관이 정하여 고시하는 기준에 따라 차등지원할 수 있다. [신설 2015.12.1., 2017.12.12.]

⑤ 국가와 지방자치단체가 제4항에 따른 비용을 지원함에 있어 비용 지원의 신청, 금융정보 등의 제공, 조사 · 질문 등은 「아이돌봄 지원법」 제22조부터 제25조까지의 규정을 준용한다. [신설 2015.12.1., 2017.12.12.]

⑥ 결혼이민자 등의 배우자 등 다문화가족 구성원은 결혼이민자 등이 한국어교육 등 사회적응에 필요한 다양한 교육을 받을 수 있도록 노력하여야 한다. [신설 2015.12.1., 2017.12.12.]

⑦ 그 밖에 제1항 및 제2항에 따른 정보제공 및 교육에 필요한 사항은 대통령령으로 정한다. [개정 2011.4.4., 2015.12.1., 2017.12.12.]

제7조(평등한 가족관계의 유지를 위한 조치) 국가와 지방자치단체는 다문화가족이 민주적이고 양성평등한 가족관계를 누릴 수 있도록 가족상담, 부부교육, 부모교육, 가족생활교육 등을 추진하여야 한다. 이 경우 문화의 차이 등을 고려한 전문적인 서비스가 제공될 수 있도록 노력하여야 한다.

제8조(가정폭력 피해자에 대한 보호 · 지원) ① 국가와 지방자치단체는 「가정폭력방지 및 피해자보호 등에 관한 법률」에 따라 다문화가족 내 가정폭력을 예방하기 위하여 노력하여야 한다. [개정 2011.4.4.]

② 국가와 지방자치단체는 가정폭력으로 피해를 입은 결혼이민자 등을 보호 · 지원할 수 있다. [신설 2011.4.4.]

③ 국가와 지방자치단체는 가정폭력의 피해를 입은 결혼이민자 등에 대한 보호 및 지원을 위하여 외국어 통역 서비스를 갖춘 가정폭력 상담소 및 보호시설의 설치를 확대하도록 노력하여야 한다. [개정 2011.4.4.]

④ 국가와 지방자치단체는 결혼이민자 등이 가정폭력으로 혼인관계를 종료하는 경우 의사소통의 어려움과 법률체계 등에 관한 정보의 부족 등으로 불리한 입장에 놓이지 아니하도록 의견진술 및 사실확인 등에 있어서 언어통역, 법률상담 및 행정지원 등 필요한 서비스를 제공할 수 있다. [개정 2011.4.4.]

제9조(의료 및 건강관리를 위한 지원) ①국가와 지방자치단체는 결혼이민자 등이 건강하게 생활할 수 있도록 영양 · 건강에 대한 교육, 산전 · 산후 도우미 파견, 건강검진 등의 의료서비스를 지원할 수 있다. [개정 2011.4.4.]

② 국가와 지방자치단체는 결혼이민자 등이 제1항에 따른 의료서비스를 제공받을 경우 외국어 통역 서비스를 제공할 수 있다. [신설 2011.4.4.]

[제목개정 2011.4.4.]

제10조(아동 · 청소년 보육 · 교육) ① 국가와 지방자치단체는 아동 · 청소년 보육 · 교육을 실시함에 있어서 다문화가족 구성원인 아동 · 청소년을 차별하여서는 아니 된다. [개정 2015.12.1.]

② 국가와 지방자치단체는 다문화가족 구성원인 아동 · 청소년이 학교생활에 신속히 적응할 수 있도록 교육지원대책을 마련하여야 하고, 특별시 · 광역시 · 특별자치시 · 도 · 특별자치도의 교육감은 다문화가족 구성원인 아동 · 청소년에 대하여 학과 외 또는 방과 후 교육 프로그램 등을 지원할 수 있다. [개정 2015.12.1.]

③ 국가와 지방자치단체는 다문화가족 구성원인 18세 미만인 사람의 초등학교 취학 전 보육 및 교육 지원을 위하여 노력하고, 그 구성원의 언어발달을 위하여 한국어 및 결혼이민자 등인 부 또는 모의 모국어 교육을 위한 교재지원 및 학습지원 등 언어능력 제고를 위하여 필요한 지원을 할 수 있다. [개정 2013.3.22., 2015.12.1.]

④ 「영유아보육법」 제10조에 따른 어린이집의 원장, 「유아교육법」 제7조에 따른 유치원의 장, 「초·중등교육법」 제2조에 따른 각급 학교의 장, 그 밖에 대통령령으로 정하는 기관의 장은 아동 · 청소년 보육 · 교육을 실시함에 있어 다문화가족 구성원인 아동 · 청소년이 차별을 받지 아니하도록 필요한 조치를 하여야 한다. [신설 2015.12.1.]

[제목개정 2015.12.1.]

제11조(다국어에 의한 서비스 제공) 국가와 지방자치단체는 제5조부터 제10조까지의 규정에 따른 지원정책을 추진함에 있어서 결혼이민자 등의 의사소통의 어려움을 해소하고 서비스 접근성을 제고하기 위하여 다국어에 의한 서비스 제공이 이루어지도록 노력하여야 한다.

제11조의2(다문화가족 종합정보 전화센터의 설치 · 운영 등) ① 여성가족부장관은 다국어에 의한 상담 · 통역 서비스 등을 결혼이민자 등에게 제공하기 위하여 다문화가족 종합정보 전화센터(이하 "전화센터"라 한다)를 설치 · 운영할 수 있다. 이 경우 「가정폭력방지 및 피해자보호 등에 관한 법률」 제4조의6제1항 후단에 따른 외국어 서비스를 제공하는 긴급전화센터와 통합하여 운영할 수 있다.

부록 4 한국어능력 진단-보정 시스템

사업 내용

- 한국어능력이 부족한 초 · 중 · 고 다문화학생을 위한 체계적인 한국어능력 진단을 통한 맞춤형 학습자료를 제공
- 중도입국 · 외국인학생의 편 · 입학과 동시에 등록하여 상시로 한국어능력을 진단하고, 성취도검사 및 보정학습 반복 진행

  * 4단계 도달 시 원적학급 복귀와 동시에 척도검사(온/오프라인)를 실시하며 교사의 판단 하에 4단계 수준 미달인 경우에도 원적학급 복귀 여부 결정 가능

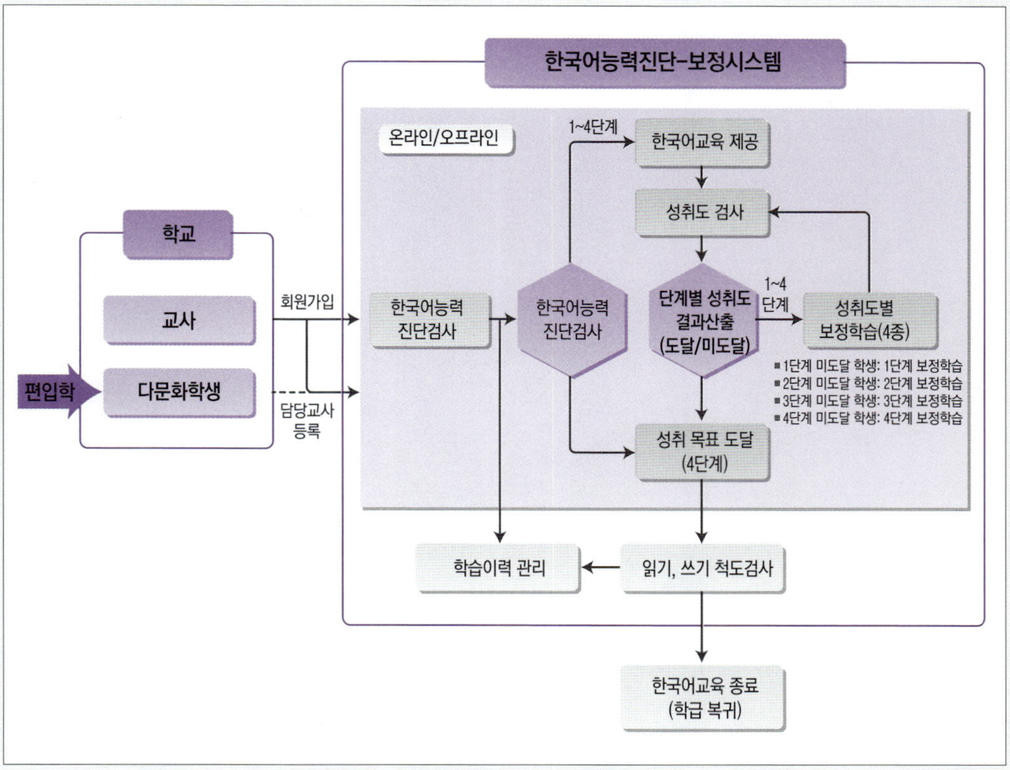

한국어능력 진단-보정 시스템 시행 흐름도

운영

- 한국어학급(초등) 및 지역 다문화교육지원센터 대상 시스템 개통(2019.9월)
- 초등학교에서 중 · 고등학교로 적용 대상 확대(2020.3월)

  ※ (2019년) 초등학교 3~6학년 → (2020년) 중 · 고등학교 → (2021년) 초등학교 1~2학년
- 한국어학급 시범적용 후 시스템 기능개선을 통해 다문화학생 재학 학교 전체로 확대 추진 예정

찾아보기

ㄱ

찾아보기

ㅂ

ㅅ

ㅇ

찾아보기